DIREITO CONSTITUCIONAL
ESTUDOS INTERDISCIPLINARES SOBRE FEDERALISMO, DEMOCRACIA E ADMINISTRAÇÃO PÚBLICA

Marcelo Figueiredo

Prefácio
Francisco Rezek

DIREITO CONSTITUCIONAL

ESTUDOS INTERDISCIPLINARES SOBRE FEDERALISMO, DEMOCRACIA E ADMINISTRAÇÃO PÚBLICA

2ª edição

Belo Horizonte

2019

© 2012 Editora Fórum Ltda.
2019 2ª edição

É proibida a reprodução total ou parcial desta obra, por qualquer meio eletrônico, inclusive por processos xerográficos, sem autorização expressa do Editor.

Conselho Editorial

Adilson Abreu Dallari
Alécia Paolucci Nogueira Bicalho
Alexandre Coutinho Pagliarini
André Ramos Tavares
Carlos Ayres Britto
Carlos Mário da Silva Velloso
Cármen Lúcia Antunes Rocha
Cesar Augusto Guimarães Pereira
Clovis Beznos
Cristiana Fortini
Dinorá Adelaide Musetti Grotti
Diogo de Figueiredo Moreira Neto (in memoriam)
Egon Bockmann Moreira
Emerson Gabardo
Fabrício Motta
Fernando Rossi
Flávio Henrique Unes Pereira

Floriano de Azevedo Marques Neto
Gustavo Justino de Oliveira
Inês Virgínia Prado Soares
Jorge Ulisses Jacoby Fernandes
Juarez Freitas
Luciano Ferraz
Lúcio Delfino
Marcia Carla Pereira Ribeiro
Márcio Cammarosano
Marcos Ehrhardt Jr.
Maria Sylvia Zanella Di Pietro
Ney José de Freitas
Oswaldo Othon de Pontes Saraiva Filho
Paulo Modesto
Romeu Felipe Bacellar Filho
Sérgio Guerra
Walber de Moura Agra

CONHECIMENTO JURÍDICO

Luís Cláudio Rodrigues Ferreira
Presidente e Editor

Coordenação editorial: Leonardo Eustáquio Siqueira Araújo
Aline Sobreira de Oliveira

Av. Afonso Pena, 2770 – 15º andar – Savassi – CEP 30130-012
Belo Horizonte – Minas Gerais – Tel.: (31) 2121.4900 / 2121.4949
www.editoraforum.com.br – editoraforum@editoraforum.com.br

Técnica. Empenho. Zelo. Esses foram alguns dos cuidados aplicados na edição desta obra. No entanto, podem ocorrer erros de impressão, digitação ou mesmo restar alguma dúvida conceitual. Caso se constate algo assim, solicitamos a gentileza de nos comunicar através do e-mail editorial@editoraforum.com.br para que possamos esclarecer, no que couber. A sua contribuição é muito importante para mantermos a excelência editorial. A Editora Fórum agradece a sua contribuição.

Dados Internacionais de Catalogação na Publicação (CIP) de acordo com a AACR2

F475d	Figueiredo, Marcelo
	Direito Constitucional: estudos interdisciplinares sobre federalismo, democracia e Administração Pública / Marcelo Figueiredo. 2. ed. – Belo Horizonte : Fórum, 2019.
	407p.; 17x24cm
	ISBN: 978-85-450-0667-1
	1. Direito Constitucional. 2. Direito administrativo. I. Título.
	CDD: 341.2
	CDU: 342

Elaborado por Daniela Lopes Duarte – CRB-6/3500

Informação bibliográfica deste livro, conforme a NBR 6023:2002 da Associação Brasileira de Normas Técnicas (ABNT):

FIGUEIREDO, Marcelo. *Direito Constitucional*: estudos interdisciplinares sobre federalismo, democracia e Administração Pública. 2. ed. Belo Horizonte: Fórum, 2019. 407p. ISBN 978-85-450-0667-1.

Dedico esse livro à memória do grande amigo e notável jurista mexicano Jorge Carpizo. Homem de infinitas qualidades, de imensa sabedoria que soube, como ninguém, louvar, cultuar e pesquisar as raízes e a força do sentimento e da cultura jurídica ibero e latino-americana. Todos os constitucionalistas, especialmente os latino-americanos, somos certamente muito devedores de sua obra e de seu legado.

A todos os meus alunos e alunas (da graduação e da pós-graduação) que ao longo dos anos ensinaram-me boas lições com suas perguntas, reflexões e questionamentos.

SUMÁRIO

PREFÁCIO
Francisco Rezek 13

NOTA INTRODUTÓRIA 15

A REELEIÇÃO DO TITULAR DO PODER EXECUTIVO NAS AMÉRICAS: A SITUAÇÃO DO BRASIL 19
1   Introdução 19
2   O parâmetro norte-americano 20
3   A realidade brasileira 23
4   A realidade Latino-Americana 34

A GREVE E OS SERVIÇOS PÚBLICOS: DA PROIBIÇÃO AO EXERCÍCIO DE UM DIREITO COM RESPONSABILIDADE 41
1   Introdução 41
2   Os serviços públicos e os serviços essenciais 41
3   A greve no setor privado e nos serviços essenciais e seus limites 43
4   A greve na função pública em alguns países 45
5   A greve no serviço público no Brasil 47
6   Da responsabilidade civil por abuso do direito de greve 49
7   Da responsabilidade civil do Estado 53

BREVE SÍNTESE DA POLÊMICA EM TORNO DO CONCEITO DE INTERESSE PÚBLICO E SUA SUPREMACIA: TESE CONSISTENTE OU DEVANEIOS DOUTRINÁRIOS? 57
1   Introdução 57
2   A visão dos juristas brasileiros contemporâneos 58
3   A visão dos juristas "clássicos" brasileiros 60

O CONTROLE DOS ATOS POLÍTICOS E DE GOVERNO 67

NOÇÕES BÁSICAS DA ADMINISTRAÇÃO PÚBLICA BRASILEIRA 79
1   O direito administrativo brasileiro sob influência do direito estrangeiro: sistemas de base romanística e da *Common Law* 80
2   Tendências atuais do direito administrativo brasileiro 81
3   Acepções da expressão "Administração Pública" 81

O PRINCÍPIO DA SEGURANÇA JURÍDICA E AS AGÊNCIAS REGULADORAS 83
1   Introdução 83

2	O princípio da segurança (jurídica)	83
3	A regulação – uma visão geral	87
4	O conceito de agência no ordenamento jurídico brasileiro	88
5	O princípio da segurança jurídica nas relações jurídico-administrativas – Alguns exemplos	93

DESAPROPRIAÇÃO ... 95

1	Introdução	95
2	A expropriação forçada no direito alienígena	98
3	As constituições brasileiras e o poder expropriatório	102
4	A indenização na desapropriação. Coração do instituto	105
5	Os requisitos da desapropriação: a utilidade pública, necessidade pública e o interesse social	109
6	O direito de terceiros	110
7	Competência	110
8	Tipos de desapropriação	112
9	A desapropriação ambiental	113
10	Procedimento expropriatório	115
11	A retrocessão e o direito de preferência	118
12	Algumas decisões sobre desapropriação no Supremo Tribunal Federal	118

COLÓQUIO *LA EVOLUCIÓN DE LA ORGANIZACIÓN POLÍTICO-CONSTITUCIONAL DE AMÉRICA DEL SUR* ... 123

1	De 1964 a 1988	123
2	A reforma do Estado no Brasil	124
3	O sistema de governo e os partidos políticos	126
4	O Poder Judicial, Constitucional e a defesa dos direitos fundamentais	131
4.1	O ativismo do judiciário brasileiro e seus exemplos	132
4.2	Alguns casos julgados pelo Supremo Tribunal Federal no Brasil	133
4.2.1	Mandado de Injunção e o direito de greve dos servidores públicos	133
4.2.2	Número de vereadores proporcional à população	136
4.2.3	Verticalização das coligações partidárias	136
4.2.4	Cláusula de barreira	137
4.2.5	Fidelidade partidária	138
4.2.6	Interrupção da gravidez de feto anencefálico	139
5	Os mecanismos de defesa da Constituição	140

NOTAS A RESPEITO DA UTILIZAÇÃO DE JURISPRUDÊNCIA ESTRANGEIRA PELO SUPREMO TRIBUNAL FEDERAL NO BRASIL ... 143

O CONTROLE DAS POLÍTICAS PÚBLICAS PELO PODER JUDICIÁRIO NO BRASIL: UMA VISÃO GERAL ... 153

PERSPECTIVAS DO CONSTITUCIONALISMO LATINOAMERICANO: RUMO À RENOVAÇÃO DO CONSTITUCIONALISMO LIBERAL E SOCIAL 185

1	Considerações introdutórias	185
2	Do constitucionalismo ocidental ao constitucionalismo no espaço da União Europeia	187
3	Alguns traços de aproximação entre o Direito Lusófono (Português) e o Direito Brasileiro	188
3.1	O Constitucionalismo brasileiro – Uma breve análise	189
4	A visão de Rodrigo Uprimy	192
5	A nossa visão: existe um "novo constitucionalismo" na América Latina ou é possível simplesmente falar de alguns avanços?	196

LA DEMOCRACIA DE CIUDADANÍA: UNA AGENDA PARA LA CONSTRUCCIÓN DE CIUDADANÍA EN LATINOAMÉRICA 205

I	La aceptación de la palabra "Democracia"	205
II	Elecciones en Latinoamérica – Una visión general	208
III	La Democracia Exigible	214
IV	Después de la transición: una nueva fase en la ruta democrática	215
V	Democracia de ciudadanía y democracia exigible	217
VI	La Democracia Contemporánea – ¿Hacia dónde caminamos?	219

O MODELO FEDERAL BRASILEIRO: SUA HISTÓRIA, SUA REGULAÇÃO ATUAL E SEU SISTEMA DE RECURSOS FINANCEIROS 223

1	História – Os antecedentes da República e da Federação – A queda do Império...	223
2	A Conjuração Mineira	225
3	De Pedro II à República	227
4	A República e a ideia federativa	228
5	As Constituições Brasileiras até 1988	230
5.1	A Constituição de 1988 e a Federação	231
6	A partilha de competências na Constituição Federal de 1988	232
7	As características do federalismo constitucional	234
8	A discriminação de rendas tributárias na federação brasileira	236
9	A violação das competências constitucionais e a sanção de inconstitucionalidade dos atos do poder público	239

OS DESAFIOS DO FEDERALISMO FISCAL NO BRASIL 241

1	Introdução	241
2	A Constituição Federal de 1988 e as competências tributárias	241
3	A importância das transferências	244
4	As transferências intergovernamentais no Brasil como mecanismos de redistribuição de renda – Uma boa política ou uma política necessária?	246
5	Conflitos federativos e instâncias de mediação	251
6	Principais pontos abordados	255
	Referências	257

CONSTITUIÇÃO E FEDERALISMO NO MUNDO GLOBALIZADO: PODERES EXECUTIVO E LEGISLATIVO NO SISTEMA FEDERAL BRASILEIRO 259

1	Introdução	259
2	A Federação como sistema de organização política	261
3	As transformações constitucionais recentes na América Latina segundo Uprimny	262
4	Os Poderes Executivo e Legislativo no sistema federal brasileiro	265

CONSTITUIÇÕES, MERCADOS GLOBAIS E DESENVOLVIMENTO SUSTENTÁVEL 269

1	Os fatos	269
2	O problema	271
3	O desenvolvimento e meio ambiente	272
4	Os benefícios e os riscos da constitucionalização do ambiente	273
5	O Direito Internacional e a formação do direito ambiental comunitário no Mercosul	275
	Referências	277

SEGURANÇA ENERGÉTICA NO BRASIL 279

1	Introdução	279
1.1	Características da energia elétrica e das atividades da indústria elétrica	280
2	A eficiência energética brasileira	282
2.1	Os recursos renováveis	283
2.2	O Brasil e as energias renováveis	284
2.3	Os recursos não renováveis – A Bioeletricidade vai ter fatia maior na matriz energética no Brasil	284
3	A integração energética sul-americana – O anel energético do Cone Sul	286
4	O sistema elétrico brasileiro – Seu padrão regulatório e alguns exemplos da América do Sul	287
5	O plano decenal de energia e as políticas públicas para fontes alternativas e renováveis e a geração de energia elétrica	292
6	O setor de biocombustíveis no Brasil	298
6.1	O biodiesel	299
7	A expansão da produção – Segurança alimentar, impactos sobre o meio ambiente e emprego	300

LA INTEGRACIÓN SUPRANACIONAL, ESPECIALMENTE EL TEMA DEL MERCOSUR Y ASUNTOS CORRELATOS 303

I	Introducción	303
II	La Unión Europea y el Mercosur	308
III	Las Constituciones de Argentina, Brasil, Paraguay y Uruguay	310
IV	Parlamentos Supranacionales en Europa y en Latinoamérica	313
IV.a	El Parlamento Europeo (PE)	314
IV.b	El Parlamento Europeo – Una visión más cercana	316
IV.c	Sistema Electoral	317

IV.d	La Organización	319
IV.e	Las Competencias	321
IV.f	Competencias de Control	321
IV.g	Competencias Presupuestarias	322
IV.h	Competencias Normativas	322
IV.i	El Funcionamiento	323
V	El Parlamento Latino-Americano (Parlatino)	327
V.a	El Parlamento Centroamericano (Parlacen)	328
V.b	El Parlamento Andino (Parlandino)	328
VI	El Parlamento del Mercosur – una visión general	331
VI.a	La Agenda Positiva y el Parlamento del Mercosur	332
VI.b	La democracia en el Mercosur	334
VI.c	Mercosur – 20 años que han transformado el Cono Sur	339
VI.d	Proyectos de Ley Presentados en Brasil con respecto a las elecciones, el 7 de octubre de 2012, del Parlamento del Mercosur	342

TRANSIÇÃO DO BRASIL IMPÉRIO À REPÚBLICA VELHA 349

1	A Colônia – O caráter geral da colonização brasileira	349
2	A Corte no Brasil – D. João VI (1808), a Revolução do Porto e a Independência	351
3	A Constituinte de 1823, A Constituição Imperial de 1824 e o Primeiro Reinado	354
4	O Segundo Reinado	359
5	A Primeira República (1889-1930)	366

A DURAÇÃO DO TRABALHO E TEMAS CORRELATOS NO CONTEXTO DA GLOBALIZAÇÃO ECONÔMICA 373

1	A evolução da duração da jornada de trabalho	373
2	O tema da flexibilização das relações de trabalho – As diferentes visões	375
3	A visão da centralidade da atividade econômica da empresa	377
4	Novas formas de trabalhar	378
5	As alterações flexibilizadoras da legislação brasileira – O contrato a prazo, o banco de horas, o trabalho a tempo parcial e a suspensão do contrato de trabalho para a participação do trabalhador em curso ou programa de qualificação profissional	379
5.1	O banco de horas	380
5.2	O trabalho a tempo parcial	380
5.3	A suspensão do contrato de trabalho para a participação do trabalhador em curso ou programa de qualificação profissional	382
6	O setor público	383
7	Considerações finais	384

O CARÁTER CONTRAMAJORITÁRIO DO PODER JUDICIAL: O CASO *MARBURY* VS. *MADISON* – UMA PREOCUPAÇÃO SOBRETUDO NORTE-AMERICANA? 387

1	Introdução	387
2	Evolução histórica do controle de constitucionalidade	390

2.1	O caso *Marbury* vs. *Madison* – Uma visão rápida	391
2.2	A evolução do caso *Marbury* vs. *Madison* e a política da supremacia judicial	393
3	As críticas à supremacia judicial e as eventuais alternativas	399
3.1	As eventuais alternativas	401
4	O caso brasileiro (a visão de Vilhena)	406

PREFÁCIO

O Professor Marcelo Figueiredo, notável publicista que hoje dirige a Faculdade de Direito da Pontifícia Universidade Católica de São Paulo, reúne neste volume, em abordagem interdisciplinar, escritos seus sobre temas atuais, e tão controvertidos quanto estimulantes, nos domínios do direito constitucional e do direito administrativo.

O Autor fala do longo e árduo caminho para se alcançar a democracia como objetivo – não como meio – do desenvolvimento humano. O Brasil já sofreu, em momentos diversos de sua história, os efeitos da ruptura da ordem constitucional e a penumbra do Estado autoritário. Ainda assim temos sido provavelmente, dentre as grandes nações, a que no plano externo mais valorizou o direito e defendeu seu primado; a que não traiu princípios do direito das gentes; a que menos se acomodou às violações do direito internacional que se banalizaram, infelizmente, nas últimas décadas. Daí resulta nosso incontornável peso no plano internacional. O que nos atormenta a cada dia tem a ver com nossa problemática interna, já que no plano externo este é um país sem remorsos e sem infâmia.

Esta obra ora trazida a público vai além dos direitos e garantias constitucionais. Há aqui uma reflexão oportuna, necessária e convincente sobre os serviços públicos, os atos de governo e a administração pública. No Brasil, como em toda parte, as pessoas de bem querem que o Estado funcione à luz de uma ordem jurídica transparente de sensatez e de simplicidade e que o exercício do poder, em todos os seus planos, seja marcado pela inteligência e pela decência. A cada dia fica mais claro que nos tornamos uma sociedade menos passiva frente aos vícios de comportamento da classe política e às tropelias da máquina administrativa. Já não se pode admitir que aqueles dentre nós que, por condescenderem demais consigo mesmos, condescendem também com os defeitos do Estado e com o exemplo vicioso do poder público, pautem toda a dimensão humana do Brasil e nos arrastem no cordão de sua tolerância.

O Autor traça ainda um panorama histórico dos principais períodos políticos que atravessamos ao longo do tempo. Estuda a intensa, a inédita participação popular na gênese da Carta de 1988, que tanto proporcionou no domínio dos direitos e garantias fundamentais – não só de direitos humanos elementares, mas da vasta gama de garantias e direitos correlatos, às vezes coletivos, que vão além do básico absoluto, e que não raro conflitam entre si, impondo aos tribunais, aos operadores do direito na sua generalidade, uma tarefa bem menos simples que a de ativistas leigos a empunhar bandeiras fáceis.

Marcelo Figueiredo analisa o fenômeno da integração regional, tratando de aspectos peculiares do MERCOSUL, nossa experiência hoje vintenária, e preleciona sobre a construção da cidadania na América Latina. Disserta sobre a segurança energética do Brasil e nosso desenvolvimento sustentável, à sombra da também vintenária Conferência do Rio de Janeiro sobre meio ambiente e desenvolvimento, um dos temas mais caros aos publicistas de sua geração.

Trabalho de um jurista de reconhecida autoridade, concebido com exemplar rigor científico pelo Professor e Diretor da Faculdade de Direito da Pontifícia de São Paulo, este livro tem lugar certo na melhor bibliografia do direito público do Brasil de nosso tempo.

São Paulo, março de 2012.

Francisco Rezek

Doutor pela Universidade de Paris, Panthéon-Sorbonne. Diploma *In Law* da Universidade de Oxford (Pós- Doutorado). Ex- Procurador da República. Ex- Chanceler da República. Juiz da Corte Internacional de Justiça das Nações Unidas (1997/2006). *Honorary Fellow* do Wolfson College/University of Oxford. Ministro Aposentado do Supremo Tribunal Federal. Professor Titular da UnB. Autor de diversas obras publicadas no Brasil e no Exterior. Advogado em São Paulo.

NOTA INTRODUTÓRIA

Antigamente os professores de direito tinham uma rotina de trabalho bem diferente da atual. Suponho que meu bisavô, que não era professor de direito, mas professor de medicina, (se fosse professor de direito) certamente estaria confinado ao seu ambiente de trabalho, à academia, à sua biblioteca, ao Hospital e seu consultório e ao ambiente da Faculdade, a seus alunos e, esporadicamente, uma ou outra viagem fora de sua cidade (nacional ou internacional).

Embora fosse comum no início do século passado a classe média brasileira sair do país para realizar seus estudos de pós-graduação, uma vez retornando ao país de origem, o professor em geral aquietava-se em seu ambiente de trabalho e raramente saía do país. É claro que existiam exceções e não estou me referindo aos internacionalistas, mas àqueles que se dedicavam às disciplinas que examinavam e ainda examinam sobretudo o direito interno.

Mas com o fenômeno da globalização (ou da mundialização) tudo mudou. O mundo sob certo aspecto ficou "menor" com a velocidade da informática, da tecnologia, das comunicações. Hoje falamos em tempo real com nossos colegas e amigos com muita facilidade. Sem dúvida um dos aspectos positivos da polêmica e multifacetada globalização que como tudo na vida traz aspectos positivos e também negativos.

Como dizíamos, o professor de direito no século XIX e em boa parte do século XX era um ser mais isolado. Fazia seus estudos de graduação – e quando tinha recursos e apoio familiar suficiente – ia normalmente à Europa – em geral Portugal, Espanha, Itália, França e em menor escala à Alemanha, para se aperfeiçoar. Voltava, prestava concursos e ficava em Universidades Públicas ou privadas (que havia em muito menor quantidade) para suas aulas, suas conferências, e eventualmente uma viagem ou outra, para atender a Congressos Nacionais e muito raramente internacionais. Se o professor ocupava algum cargo público dividia-se (como hoje) entre a academia e a função de juiz, de promotor, de delegado, de procurador, etc., mantendo sua rotina de trabalho *em seu ambiente doméstico* por assim dizer.

Entretanto, esse mundo mudou. Hoje, quer por força da facilidade das comunicações, da tecnologia e dos transportes, o professor de direito profissionalizou-se. Já existem no Brasil e na América Latina, tal como na Europa, profissionais dedicados *exclusivamente* ao ensino (o que não é o meu caso, pois também exerço a advocacia consultiva, nas "horas vagas"), o que também era uma raridade no passado, dada a exiguidade dos salários e vencimentos que recebiam.

Hoje o professor de direito dedicado à academia e que abraça uma carreira acadêmica tem diante de si inúmeras atividades que eram impensáveis no século passado. Ainda que lhe apeteça mais a pesquisa científica do que a administração da Universidade ou da Faculdade, não está livre de ser obrigado a enfrentar a burocracia infernal das Universidades.

São papéis e mais papéis, formulários, reuniões de Departamento, Conselhos de todo tipo (*v.g.* Universitário, Departamental, Câmaras de Pós-Graduação, de Graduação, Grupos de Trabalho, reunião com Centros Acadêmicos, estudantes, Empresas etc.). Isso sem mencionar as ideias geniais dos burocratas da educação superior de Brasília que em seus gabinetes almofadados e climatizados criam verdadeiras pérolas para atazanar as nossas vidas. A cada dia surge uma nova sigla para uma nova tarefa que devemos suportar em nosso calvário para atendê-los. São "Núcleos", "Comissões", "GTs", "Orientações", "Manuais", "Avaliações", enfim, o abecedário é pequeno para abrigar as siglas que inventam dia após dia, e com elas as obrigações e vínculos cada vez mais autoritários.

Mas a Universidade (creio que no Brasil e no mundo) mesmo é um espaço, um microcosmo que reproduz a realidade e a diversidade social.

Encontramos nela uma verdadeira *fauna e flora humana*. Temos evidentemente o Professor muito preparado, dedicado, vocacionado para o magistério, mas também há, como na realidade da vida, várias categorias e personagens "esquisitos", *para dizer o menos*.

Assim, por exemplo, encontramos os aduladores, vulgarmente conhecidos pela sigla "P.S", os geniozinhos – em geral sem nenhuma inteligência emocional, causadores de seguidos problemas de relacionamento com os alunos, os recalcados, em geral apreciadores de medalhas e condecorações (que psicologicamente, suponho devem pretender – sem êxito – suprir algum buraco emocional bem mais profundo). Imaginam que seu prestígio aumenta na exata proporção das medalhas que se autoatribuem, como se ninguém soubesse disso... Há ainda os alpinistas, os carreiristas (em geral servidores públicos, que, frustrados em suas carreiras, querem fazer política em qualquer lugar, especialmente na Universidade) em geral sem qualquer talento. Há os apaniguados ou aparentados de algum nome mais destacado, com ou sem talento (pouco importa em um país que confunde habitualmente o público com o privado), os loucos, sim porque na Universidade, como na vida, também há loucos, alguns sob tratamento e monitoramento médico-psiquiátrico, outros com tratamento inadequado ou insuficiente, que infernizam as nossas vidas com suas denúncias vazias, com seus conchavos corporativistas e com suas ambições inimagináveis. Há também os simplesmente incompetentes, e os que se acham muito importantes e preparados e que, não raro, almejam os mais altos cargos da República, seja porque conhecem um deputado, um senador, um amigo de um amigo em Brasília ou porque algum outro maluco disse que estaria predestinado a ser Presidente da República, Ministro de um Tribunal Superior ou, quem sabe, mesmo Embaixador da Santa Sé, e assim vamos tocando os desequilíbrios e as assimetrias do ser humano.

Há ainda os Deuses, em geral imortais que (não importa o que ocorra) continuam palpitando sobre tudo e todos, como verdadeiras almas penadas a procura de luz e os Professores de Deus, os intocáveis, religiosos ou ateus, pouco importa, mas sempre intocáveis, porque suas verdades são absolutas. Contrariá-los significa a condenação eterna no fogo ardente do inferno!

E assim caminhamos, assim *"la nave va"* como diria Fellinni! em um mundo que deveria ser cada vez mais plural e tolerante, como diria Waltzer!

Mas voltando à nossa dura realidade universitária, o Estado e suas autoridades governamentais, em maior ou menor escala, quer por força da intervenção governamental no ensino superior (que ocorre sob vários pretextos), quer diante da necessidade de supervisionar a qualidade de seus cursos; fato é que o professor de direito não é mais aquele profissional tranquilo, reflexivo, que se ocupa de produzir doutrina e de ser um elemento de ligação entre gerações de pesquisadores e de juristas.

Essa é, na verdade, uma pequena parte de sua atividade, por mais que ele procure não se envolver na agitada vida acadêmica do momento.

Basta ser professor de direito de alguma Instituição de prestígio para, automaticamente, se engajar em um número razoável de atividades na Universidade e em sua Faculdade. Aliás, já se requer hoje uma carga horária mínima de quem pretende se dedicar a uma carreira universitária que não lhe permite diversificar tanto como no passado suas atividades.

Isso sem mencionar as orientações de dissertações ou teses, trabalhos de TCC, iniciações científicas, etc.

Seja como for, tudo para explicar ao leitor e ao estudante de direito que hoje o professor de direito é bem mais solicitado que no passado.

Não está confinado como no passado ao seu ambiente doméstico de ação, à sua cidade, aos seus estudantes apenas. É chamado a participar de conferências, aulas, cursos, seminários, mesas redondas em todo o mundo.

Antigamente era comum sermos convidados a um Congresso (em geral em nosso país) e o organizador ficava feliz com a nossa aceitação, e lá partia o professor "sem lenço e sem documento", apenas com suas anotações (suas garatujas) um pouco erráticas em uma folha de papel sulfite (ou almaço). Era o máximo que precisávamos.

Hoje a coisa mudou. Além do convite, que é sempre honroso, em geral telefônico, seguido de um impresso, o organizador, com muito tato e amabilidade (sobretudo quando você não o conhece), solicita um texto, com "X" caracteres em letra "Y", com "Z" espaços, em tal formatação, para eventual e futura publicação.

Assim, aquilo que era anotações mais ligeiras no passado, hoje passa a dever respeitar um padrão editorial, com preocupações de citação, rodapés, número de páginas, resumo em língua estrangeira, padronizações, etc.

Enfim, aceitar hoje um inocente convite de "dar uma palestra" ou uma conferência passa a ser uma tarefa um tanto mais complexa que no passado. Isso quando não há ainda a sugestão de utilização de mídias eletrônicas, *power points*, gráficos, tabelas, felizmente menos usual no Direito e mais presente no mundo das exatas e das engenharias.

Assim, caro leitor, já foi o tempo do professor de direito que todo engravatado pegava o seu bonde ou o seu ônibus (não tão cheio como hoje) e ia tranquilamente dar suas aulas na Faculdade de Direito e ainda voltava para almoçar em casa.

Bons tempos.

Isso tudo para mostrar – sobretudo aos alunos que pretendem seguir uma carreira universitária – que o dia a dia do professor é bem mais agitado e estressante do que no passado, mas é verdade, também bem mais emocionante...

O convívio com os alunos e com os bons colegas supera todas as naturais dificuldades de um ambiente de competição e muitas vezes de gente magnífica, mas também (por que não dizer) de gente muito pequena.

Destarte, hoje a atividade em sala de aula é (mais) um importante aspecto de nossas vidas, mas também uma (pequena) parcela das múltiplas atividades que somos obrigados a enfrentar, ou que nossa atividade exige.

Dentre elas, temos as constantes viagens internacionais para conferências, palestras, aulas magnas, seminários, estâncias de pesquisa, além da atividade em organizações internacionais, associações, diretorias de entidades de ensino, conselhos editoriais, etc.

Desse modo, cada convite para uma intervenção nos obriga não só a um mínimo de reflexão (o que sempre se deu), como também (e muitas vezes) a redigir um texto escrito.

Assim, ao contrário do passado, onde o professor podia com muita calma passar os dias escrevendo "o seu Manual" e que acabaria adotando mais cedo ou mais tarde, o seu Curso, hoje torna-se cada vez mais difícil obtermos um "tempo livre" para redigir «uma grande obra». Normalmente a escrevemos em nossas férias, com privação do prazeroso convívio da família e dos amigos.

É claro que em certos momentos da carreira somos demandados a escrever dissertações, teses, e trabalhos dessa natureza, mas isso já é outra coisa...

Por tudo isso, os "pequenos" escritos, a preparação de artigos, de intervenções em congressos, em conferências, passa a também ser um indicador importante da produção científica do Professor de Direito, de sua experiência acadêmica, científica e profissional e se ela não vem a público, fica simplesmente perdida nas gavetas de nosso escritório ou de nossa biblioteca sem que se tenha um interlocutor ou um leitor para criticá-las.

Por isso, achei uma boa ideia publicá-las. Elas nada mais são do que o resumo de minha participação em congressos, mesas redondas, seminários nacionais e internacionais nos últimos dois anos aproximadamente.

Elas podem ser úteis aos estudantes, aos colegas advogados, juízes, promotores e procuradores, enfim, aos profissionais do direito e da academia.

Espero – com mais essa modesta publicação – seguir contribuindo com a Justiça nessa missão de professor de direito e de advogado que abracei há algum tempo com todo fervor e dedicação.

Por fim, quero agradecer sinceramente ao grande jurista, o Professor Francisco Rezek, a amabilidade de aceitar prefaciar este trabalho.

Sua participação é uma grande honra para mim, não só devido ao grande apreço e admiração que devoto ao Ministro Resek, homem de invulgar cultura e de grande brilhantismo intelectual, como também pelo natural enriquecimento que me oferece. Sempre aprendo muito com suas lições quer por suas obras, seja em suas memoráveis conferências.

O autor

A REELEIÇÃO DO TITULAR DO PODER EXECUTIVO NAS AMÉRICAS: A SITUAÇÃO DO BRASIL[1]

1   Introdução

O Instituto Iberoamericano de Direito Constitucional e a sua seção colombiana, em conjunto com o Departamento de Direito Constitucional da renomada Universidade Externado da Colômbia e o Instituto de Investigações Jurídicas da Universidade Nacional Autônoma do México, decidiram convocar diversos colegas para refletir sobre o tema da *reeleição do titular do poder executivo* em nossa região.

Assim sendo, tentaremos oferecer um relato sobre a situação em cada um de nossos respectivos Países, trocando experiências políticas e acadêmicas a esse respeito.

Inicio felicitando a iniciativa de nossos irmãos colombianos e mexicanos e agradecendo muito o convite que muito me honra.[2]

Desejo, ademais, parabenizar os colegas organizadores por trazer à tona a discussão de um tema tão importante para a cidadania, para o fortalecimento da Democracia e do *Estado Democrático de Direito* na América Latina.[3]

Como bem ressaltam os organizadores desse encontro, nos últimos anos, constatamos a promulgação de várias constituições, que não somente incluíram algumas limitações de reeleições do titular do poder executivo, em caráter relativo ou absoluto, como previram a realização de uma série de reformas (com ou sem os referendos populares), para modificar os termos da reeleição do titular do poder executivo.

Em várias dessas reformas realizou-se o controle de constitucionalidade. Algumas declaradas constitucionais e outras inconstitucionais, seja de forma imediata ou mediata, e mesmo várias décadas depois, como é o caso da Costa Rica.

---

[1]   Este artigo foi originariamente produzido para o seminário sobre o tema da reeleição nas Américas. Aproveito também este estudo para homenagear o renomado constitucionalista de Pernambuco, o caríssimo Professor Ivo Dantas, rogando a Deus que o conserve muito tempo em nosso convívio.

[2]   Agradeço especialmente aos senhores professores Jorge Carpizo, Hector Fix-Fierro, Julio César Ortiz, Nestor Osuna e Imer B. Flores.

[3]   Agradeço o valioso auxílio do Dr. Konstantin Gerber que funcionou como auxiliar de pesquisa no presente trabalho.

2 O parâmetro norte-americano

Embora o tema da reeleição, suas possibilidades e limites, no âmbito do regime democrático e da forma republicana de governo, seja um debate antigo, que advém desde o período Greco-Romano, acabamos por visualizar melhor o assunto a partir da era moderna.

Parece útil trazer a visão do tema nos Estados Unidos da América considerado por muitos, corretamente um grande e importante modelo de Presidencialismo, ou um Presidencialismo forte.[4]

O silêncio do pacto de Filadélfia sobre a possibilidade de reeleição do presidente não significa que tivessem os constituintes descurado o tema. Hamilton[5] (*Federalist papers*) defende a reelegibilidade indefinida. Já Jefferson objetou que isso equivaleria à vitaliciedade.

Quando as colônias americanas declararam a sua independência em 1776, elas em geral optavam por Executivos fracos e Parlamentos fortes. Após a independência, alguns Estados em suas respectivas Constituições limitavam o mandato do Executivo para um período curto do cargo. Inúmeros Estados-membros proibiram expressamente a reeleição.

Mesmo antes, os artigos da Confederação norte-americana adotaram uma posição que desestimulava o reconhecimento de um Executivo forte, independente em nível nacional, em que seu corpo funcional (do Executivo) era controlado pelo Congresso Continental.

Havia o medo de que o Poder Executivo ameaçasse a liberdade duramente conquistada pelos colonos americanos. Os Artigos da Confederação formalmente previam que o Presidente *not serve more than one year in any term of three years*.

Durante a Convenção Constitucional a questão do mandato do Presidente da República foi exaustivamente debatida e em 1787, Edmund Randolph, Governador de Virgínia e autor do *Virginia Plan,* para a Constituição Americana (em grande parte adotado em sua versão final), posicionou-se por um Executivo escolhido pela *national legislature,* e inelegível para mais de um mandato.

Em 26 de julho, a Convenção aprovou uma diretriz, segundo a qual o Executivo deveria ser escolhido pelo Congresso para um período de 7 (sete) anos, sem reeleição.

Adversários dessa posição, incluindo Alexander Hamilton e o Governador Morris, alegaram em favor da reeleição, sugeriram um mandato de 4 (quatro) anos. Em 15 de setembro uma solução foi tomada e a Convenção concordou com um mandato de 4 (quatro) anos com eleição pelo Colégio Eleitoral e sem restrição quanto a reeleição.

---

[4] Não compactuamos da posição segundo a qual a realidade norte-americana deve ser ignorada, pois é imprestável completamente à América Latina. Cremos que em ciência toda experiência comparada é útil desde que se saiba o que fazer com o material comparado. Ademais, a se levar ao extremo o argumento reducionista desta corrente, não se podia fazer nenhum tipo de comparação. Cada país permaneceria enredado e ilhado em sua própria realidade, o que, em um mundo globalizado e integrado da pós-modernidade, parece uma possibilidade impraticável.

[5] Já em *"O federalista"*, no item 69, intitulado "Comparação das Funções do Presidente com as de Outros Executivos", Hamilton afirma: "O Presidente será eleito por quatro anos e reelegível tantas vezes quantas o povo dos Estados Unidos julgá-lo merecedor de sua confiança". Na obra, *"O federalista"*, Alexander Hamilton, James Madison e John Jay, tradução para o português de Heitor Almeida Herrera (Brasília: UnB, 1984. p. 521).

O Governador Morris, autor da Constituição do Estado de Nova York, alegava contra a limitação da reeleição que os Presidentes poderiam perder o *apetite for "public esteem" and their love off fame... the great spring to noble and illustrious action* e curiosamente sustentava que a proibição de reeleição poderia inclinar o Presidente ao caminho da corrupção e da acumulação de fortuna "e dos amigos".

Mas a matéria também foi controvertida durante a Convenção, tanto que os representantes de Virgínia, Nova York e da Carolina do Norte propuseram emendas proibindo o Presidente de ter mais de (2) dois mandatos, mas a tese de Hamilton prevaleceu, dentre outros argumentos o mais conhecido segundo o qual a continuidade eleitoral era necessária para promover políticas públicas estáveis e consistentes.

De outra parte, há um consenso entre os estudiosos do tema segundo o qual (iniciou-se com recusa de George Washington[6] a concorrer a um terceiro mandato, em 1796) a tradição para dois mandatos foi estabelecida nos Estados Unidos da América, ao menos até a reeleição do Presidente Roosevelt para um terceiro mandato em 1940.

A noção estabelecida segundo a qual o Presidente norte-americano deve cumprir não mais do que 2 (dois) mandatos foi estabelecida por George Washington, reforçada por Thomas Jefferson (partidário da tese do *Rotation in Office* e estabelecida ao longo do tempo). Desde que George Washington recusou um terceiro mandato, nenhum outro Presidente norte-americano tentou alcançar mais do que dois mandatos.

Bruce G. Peabody e Scott E. Gant, em excelente artigo sobre o tema,[7] do qual retiramos boa parte de nossa exposição sobre a realidade norte-americana, recordam que o Presidente Jackson, eleito em 1828 e ainda magoado com uma série de episódios de corrupção política que afetaram sua eleição quatro anos antes, propôs uma série de mudanças constitucionais exatamente no período de mandato do Presidente da República.

Em sua tradicional mensagem ao Congresso, em 1829, e em seus sucessivos pronunciamentos, Jackson defendia eleição direta para o Presidente da República e um único mandato de 6 (seis) anos. Entretanto, nenhuma dessas medidas passou no Congresso.[8]

Durante o mandato do Presidente Martin Van Buren, que ocupou o cargo entre Jackson e Lincoln, 10 (dez) Resoluções do Congresso norte-americano foram editadas procurando limitar o mandato do Presidente a uma única reeleição. Já o Presidente Andrew Johnson logo após sua posse no Congresso defendeu um único mandato para o cargo de Presidente dos Estados Unidos da América.

---

[6] Os *framers* da Constituição já sabiam, de antemão, que George Washington seria eleito presidente e queriam que ele continuasse indefinidamente sendo reconduzido ao cargo presidencial. Quando Washington, após o término do segundo período presidencial, foi convidado para candidatar-se e recusou-se, houve uma decepção geral. Lorde Bryce, ao comentar o fato, observa que o grande estadista americano assim agiu para evitar que "as instituições republicanas sofressem o risco de que o mesmo permanecesse constantemente no cargo". Conforme SCHWARTZ, Bernard. *El federalismo norteamericano actual*. Madrid: Cuaderno Civitas, 1984.

[7] The Twice and Future President: Constitutional Interstices and the Twenty-Second Amendment. *Minnesota Law Review*, 83, Minn. L. Rev. 565, Feb. 1999.

[8] Não iremos analisar a (XII) ou 12ª Emenda que estabelece: "no person constitutionally ineligible to the Office of Presidentf shall be eligible to that of Vice President of the United States". Embora relacionada com o tema, sua análise não é fundamental para nossos propósitos. Basta assinalar que a Constituição dos EUA (art. II, seção 1, cláusula 2) não define, originalmente, a candidatura do presidente e do vice-presidente. Votava-se em mais de um nome por partido. O que tivesse mais voto seria o presidente e o menos votado, o vice.

Mas a posição mais estável durante a história dos mandatos dos Presidentes americanos parece ser exatamente aquela segundo a qual a tradição naquele País reclama que nenhum Homem deveria ser elegível para um terceiro mandato no cargo de Presidente (*The Democratic platform of 1896 declared it to be the unwritten Law of this Republic, established by custom and usage of a hundred years, and sanctioned by the example of the greatest and wisest of those who founded and maintained our Government, that no man should be eligible for a third term of the Presidential Office*), embora até então não houvesse nenhuma proibição escrita a respeito.

Procurando adiantar um pouco a história, passamos diretamente à eleição do Presidente Taft que defendia um mandato de 6 (seis) anos sem possibilidade de reeleição. Em fevereiro de 1913, o Senado americano editou uma Emenda para limitar o mandato dos Presidentes a um único período de seis anos; entretanto, a Câmara de Deputados não aprovou a medida.

A questão do terceiro mandato para o cargo de Presidente da República assume relevância nos Estados Unidos da América durante a eleição de 1940. Como todos sabemos, em resposta à eleição de Roosevelt, entre 1940 e 1943, 8 (oito) Estados norte-americanos editaram emendas estabelecendo limites para o mandato dos titulares de seus Poderes Executivos.

A eleição de Roosevelt, *no terceiro e quarto mandatos* para Presidente dos Estados Unidos, segundo (Peadbody e Gant):

> ...both illuminate and obfuscate our understanding of where the nation stood on the question of presidential term limits at the time. On the one hand, the elections of 1940 (with Roosevelt majorities in thirty-eight states) and 1944 (majorities in thirty-six-states), might be understood as representing a national plebiscite on the question of whether a President could serve more than two terms. At the same time, Roosevelt's third-term candidacy energized his political opponents, who objected to his continued service, and, as noted, polls indicate that the percentage of those favoring a two-term limit on presidential service increased steadily between 1940 and 1945.

Para alguns analistas (cientistas) políticos norte-americanos a forte onda para limitação do mandato dos Presidentes norte-americanos na verdade veio à tona, ou foi reforçada, na época do New Deal pelos seus conhecidos "excessos",[9] como a tentativa de forçar a Suprema Corte a aprovar as medidas políticas e sociais daquele período (que levou ao *Court-packing plan* em 1937) e a dramática reorganização do Poder Executivo para um novo modelo de Presidência.

De outro lado, para aqueles que viam em Roosevelt um símbolo de recuperação da economia norte-americana, de unidade nacional e de vitória contra as forçar do Eixo, ele serviu como um argumento perfeito para manter uma porta aberta a mais de dois mandatos presidenciais nos Estados Unidos.

---

[9] Foi nesse período um pouco anterior à segunda guerra mundial e, em seguida, de longa e cruenta guerra que os Presidentes democráticos Roosevelt e Truman, sucessivamente, expandiram de maneira sensível os poderes federais, em geral, como principalmente, o poder discricionário do Presidente da República.

É certo que a *22ª Emenda à Constituição dos Estados Unidos da América* estabeleceu um limite para o mandato do Presidente da República.[10] O Congresso editou a Emenda no dia 21 de março de 1947, tendo sido ratificada pelos Estados-membros necessários (dois terços), em 27 de fevereiro de 1951. A Emenda foi o resultado das recomendações editadas pela *Hoover Commission*, estabelecida pelo Presidente Harry S. Truman em 1947.

Após cinco anos da edição da Emenda nº 22, o Presidente Eisenhower ao pleitear a sua reeleição criticou seu conteúdo proibitivo dizendo que "o povo deveria estar apto a escolher o seu Presidente qualquer pessoa que ele desejasse, sem se preocupar com o número de anos que ele havia ocupado o cargo de Presidente".

De 1956 a 1957 nada menos que cinco Resoluções do Congresso procuraram revogar a Emenda nº 22, todas (sem sucesso) procurando afastar a proibição de um novo mandato a Eisenhower. Em 1959, o ex-Presidente Truman, no Senado, também criticou muito a Emenda nº 22, sem contudo qualquer êxito político no sentido de derrogar tal norma.

O Presidente Nixon também mostrou interesse em derrubá-la, mas em razão do escândalo de Watergate, esse movimento logo perdeu força. O mesmo ocorreu com o Presidente Reagan favorável ao abandono da Emenda nº 22 e mirando um terceiro mandato que não veio a ocorrer.

O movimento para derrubar a citada Emenda nº 22, segundo relata Peabody e Gant, parece continuar. Diz que nos anos mais recentes um grande número de professores e juristas manifestou-se contra a Emenda nº 22.

Em geral, seus críticos afirmam que ela "restringe a escolha democrática do eleitorado". Ela tem se mostrado impopular dentre aqueles que acreditam que ela impede, tolhe a eficácia do trabalho do Presidente.

Vê-se que a questão não tem nada de pacífica ou é isenta de controvérsias, mesmo nos Estados Unidos da América.

3   A realidade brasileira

A primeira República Brasileira, também chamada de República Velha, foi o período da história do Brasil que se estendeu da proclamação da República, em 15 de novembro de 1889, até a Revolução de 1930 que depôs o 13º e último Presidente da República Velha, Washington Luís.

Nesse período, admitia-se *a reeleição de governadores dos Estados*. Porém, os sucessivos abusos cometidos levaram a Constituição a adotar uma norma proibitiva da reeleição.

---

[10]   A Emenda estabelece: Section 1. No person shall be elected to the Office of the President more than twice, and no person who has held the Office of President, or acted as President, for more than two years of a term to which some other person was elected President shall be elected to the Office of the President more than once. But this article shall not apply to any person holding the Office of President when this article was proposed by the Congress, and shall not prevent any person who may be holding the Office of President, or acting as President, during the term within which this article becomes operative from holding the Office of President or acting as President during the remainder of such term.

Section 2. This article shall be inoperative unless it shall have been ratified as an amendment to the Constitution by the legislatures of three-fourths of the several States within seven years from the date of its submission to the States by the Congress.

No Brasil, promulgada a *República* (1889), logo adveio a *Constituição de 1891*. O Executivo federal era chefiado pelo Presidente da República, com mandato de quatro anos. Seguiu-se, nesse particular, o disposto no artigo 77 da Constituição Argentina. O anteprojeto *Werneck/Pestana* tinha sido pela inelegibilidade a qualquer época.

O candidato à presidência da República tinha de ser brasileiro nato. A idade mínima, acima de 35 anos. O Vice-Presidente da República era eleito simultaneamente com o presidente e o substituía ou sucedia. Se tivesse, por qualquer razão, substituído o presidente no último ano do quadriênio, também se tornava inelegível para o cargo de presidente. A escolha de ambos se fazia por sufrágio direto e por maioria absoluta de votos. Se por acaso nenhum candidato tivesse maioria, não havia (naquela época), segundo turno. O próprio Congresso se encarregava de escolher, diretamente e por maioria de votos, um dentre os dois mais votados.

O presidente da República era auxiliado pelos Ministros de Estado, que não compareciam ao Congresso. Só podiam comunicar-se com o Congresso por escrito ou, então, pessoalmente, com as Comissões da Câmara dos Deputados. Também respondiam por crimes de responsabilidade, sendo julgados diretamente pelo Supremo Tribunal Federal (salvo em crimes conexos com os do presidente da República).

A duração do mandato presidencial trouxe também muita polêmica.[11] Ficou em 4 (quatro) anos, à semelhança da Constituição americana. O anteprojeto Werneck/Pestana propôs 7 (sete) anos; o de Américo Braziliense, 4 (quatro anos). Por fim, a Comissão dos Cinco fixou em 5 (cinco) anos. Ruy Barbosa, na redação final, o ampliou para 6 (seis) anos.

Pesaram muito, por certo, as ponderações do velho Conselheiro Saraiva:

> Se pudesse, limitaria as funções do Presidente de seis a quatro anos. Pergunto ao Congresso: há possibilidade, a não ser um gênio predestinado a viver neste país, de uma vida direita e tranquila durante um longo período? Acho muito difícil.

O Brasil desde sua primeira Constituição republicana adotou posição contrária à reelegibilidade.

Segundo Sérgio Sérvulo da Cunha,[12] isso se deve também a influência da América espanhola que sempre foi contrária à reelegibilidade. Diz que os historiadores costumam apontar, como exceção, apenas o ocorrido no México, onde, afinal, a presidência praticamente vitalícia de Porfírio Diaz levaria à enfática vedação da reeleição, inserta na Constituição de 1917.

Pode-se dizer que a tradição brasileira, desde o fim do Império até a República, período que vai de *1889 até 1977*, portanto, 88 (oitenta e oito anos), o Brasil vedava a reeleição do presidente.

Nesse período tivemos as seguintes Constituições: a) Constituição de 1891, b) Constituição de 1934, c) Constituição de 1937, d) Constituição de 1946, e) Constituição de 1967/69.

---

[11] Segundo o magistério de Adhemar Ferreira Maciel (Nossa primeira Constituição republicana à luz do direito comparado. *Revista Trimestral de Direito Público – RTDP*, São Paulo, n. 1, p. 192 *et seq.*).

[12] "Reeleição do Presidente da República", Parecer Elaborado para o Instituto dos Advogados Brasileiros, atendendo a indicação do seu presidente, Dr. Benedito Calheiros Bonfim, publicado na *Revista de Informação Legislativa*, v. 33, n. 130, p. 49-54, abr./jun. 1996.

São os seguintes os textos respectivos:

a) Constituição de 1891:

Art. 43. "O Presidente exercerá o cargo por quatro anos, não podendo ser reeleito para o período presidencial imediato".

Art. 47. "O Presidente e o Vice-Presidente da República serão eleitos por sufrágio direto da Nação e maioria absoluta de votos".

§4º: "São inelegíveis para os cargos de Presidente e Vice-Presidente da República os parentes consanguíneos e afins, nos 1º e 2º graus, do Presidente ou Vice-Presidente, que se achar em exercício no momento da eleição, ou que o tenha deixado até seis meses antes".

b) Constituição de 1934:

Art. 52. "O período presidencial durará um quadriênio, não podendo o Presidente da República ser reeleito senão quatro anos depois de cessada a sua função, qualquer que tenha sido a duração desta".

c) Constituição de 1937:[13]

Art. 80. "O período presidencial será de seis anos".

Art. 137. "O atual presidente da República tem renovado o seu mandato até a realização do plebiscito a que se refere o art. 187, terminando o período presidencial fixado no art. 80 se o resultado do plebiscito for favorável à Constituição".

d) Constituição de 1946:

Art. 82. "O Presidente e o Vice-Presidente da República exercerão o cargo por cinco anos".

Art. 139. "São também inelegíveis:

I – Para Presidente e Vice-Presidente da República:

a) O Presidente que tenha exercido o cargo, por qualquer tempo, no período imediatamente anterior, e bem assim o Vice-Presidente que lhe tenha sucedido ou quem, dentro de seis meses anteriores ao pleito, o haja substituído".

e) Constituição de 1967:

Art. 75, §3º. "O mandato do Presidente da República é de seis anos".[14]

Art. 151, §1º, "a". "a irreelegibilidade de quem haja exercido o cargo de Presidente e de Vice-Presidente da República, de Governador e de Vice-Governador, de Prefeito e de Vice-Prefeito, por qualquer tempo, no período imediatamente anterior".

A Constituição *atual*, de *1988* (já com 62 Emendas), dispõe em seus artigos 14, §5º, e 82 o seguinte:

---

[13] A Constituição outorgada de 1937, também chamada de "polaca", porque inspirada na Constituição polonesa de 1935, instituiu um regime forte. Tinha nítido caráter centralizador dando formidáveis poderes ao Presidente da República que poderia adiar sessões do Parlamento, dissolvê-lo e situações do gênero. Foi fruto de um Golpe de Estado, em 1937.

[14] A Emenda Constitucional de Revisão nº 5, de 1994, reduziu de cinco para quatro anos o mandato do Presidente da República. A ideia, segundo José Afonso da Silva, era acompanhar essa redução com a possibilidade de reeleição para mais um período presidencial, mas a proposta de reeleição foi então rejeitada pelos revisores e agora depois adotada pela Emenda Constitucional nº 16/97.

Art. 14, §5º. O Presidente da República, os Governadores de Estado e do Distrito Federal, os Prefeitos e quem os houver sucedido ou substituído no curso dos mandatos **poderão ser reeleitos para um único período subsequente.**[15]

Art. 14, §6º. **Para concorrerem a outros cargos**, o Presidente da República, os Governadores de Estado e do Distrito Federal e os Prefeitos **devem renunciar aos respectivos mandatos até seis meses antes do pleito.**[16] (negritamos)

Art. 14, §7º. São inelegíveis, no território de jurisdição do titular, **o cônjuge e os parentes** consanguíneos ou afins, até o segundo grau ou por adoção, do Presidente da República, de Governador de Estado ou Território, do Distrito Federal, de Prefeito ou de quem os haja substituído dentro dos seis meses anteriores ao pleito, salvo se já titular de mandato eletivo e candidato à reeleição.

Art. 82 O mandato do Presidente da República é de **quatro anos** e terá início em primeiro de janeiro do ano seguinte ao da sua eleição.

Desde a Constituição de *1891*, portanto, temos a tradição da não reeleição do Presidente da República no Brasil. Entretanto, a partir de 1977 tivemos algumas modificações importantes que afetam direta ou indiretamente o tema da reeleição ou, se quisermos, essa antiga tradição.

Em primeiro lugar cite-se a *Emenda Constitucional nº 8, de 1977*, que alargou para *seis anos* o mandato presidencial. De outro lado, durante a revisão constitucional de *1994*, quatro propostas pretendiam suprimir o parágrafo 5º do artigo 14 da Constituição, acima transcrito, que fazia inelegíveis, no período subsequente, os ocupantes de cargos eletivos do Poder Executivo.

Treze propostas admitiam a reeleição por um só período, sem exigência de renúncia prévia, e quinze admitiam a reeleição, com renúncia prévia seis meses antes do término do mandato.

Quarenta e nove propostas retiravam, ao art. 82 da Constituição, a proibição de reeleição. Destas, 43 reduziam para quatro anos o mandato presidencial.[17]

É certo que o instituto da *reeleição* foi finalmente *aprovado* (como vimos acima), por intermédio da *Emenda Constitucional nº 16, de 1997*. A aprovação dessa Emenda foi cercada de grande polêmica e reação na classe política e jurídica do Brasil.

Paulo Brossard,[18] homem público e ex-Ministro do Supremo Tribunal Federal, sobre a Emenda, declarou à ocasião que sua aprovação era um insulto à Nação. Observou que foi preciso chegar à Presidência da República não um militar, não um general, *mas um civil*, não um homem da caserna, mas um professor universitário, para que o Brasil regredisse ao nível mais baixo da América Latina em matéria de provimento de chefia do Estado.

---

[15] Sobre o dispositivo o Tribunal Superior Eleitoral (TSE) na Resolução nº 20.298, de 12.08.1998 deixou ementado: "Registro de Candidatura Chefe do Poder Executivo Candidato à Reeleição. Emenda Constitucional 16/97 que deu nova redação ao artigo 14, §5, da Constituição Federal. Inexigibilidade de afastamento do cargo. Não configuração de violação do princípio da isonomia". Relator Ministro Eduardo Alckmin.

[16] O Superior Tribunal de Justiça a respeito da norma em tela deixou assentado que "não atende ao disposto no artigo 14, §6, da CF, a circunstância de o Chefe do Poder Executivo licenciar-se do seu cargo, seis meses antes do pleito, querendo concorrer a outro cargo, para, após, se for indicado em convenção de seu partido, converter essa licença em renúncia. Exige-se o afastamento definitivo" (Res nº 21.053, de 1.4.2002, Rel. Min. Barros Monteiro).

[17] Segundo Sérgio Sérvulo, *op. cit.*

[18] BROSSARD, Paulo. A reeleição é um insulto à nação. Prefácio. *In*: NERY, Sebastião. *A eleição da reeleição.*

No mesmo sentido, o então Presidente do Instituto dos Advogados Brasileiros (IAB), João Duboc Pinaud,[19] no *XVI Congresso Brasileiro de Magistrados*, em 9.9.1999, afirmou: "Os militares, com toda a sua condenável violência, violentaram nossa Constituição. Romperam, sim, com o pacto jurídico. Mas não violaram o pacto da Nação".

A doutrina por diversas vozes postulava que a questão deveria ter sido submetida previamente a plebiscito, ou, pelo menos, a referendo popular, para saber se o povo desejava que seus governantes pudessem se reeleger.[20]

De fato em matéria tão sensível à cidadania, parece-nos que seria o caso de ouvir a população brasileira por intermédio dos conhecidos institutos da democracia direta, como o *plebiscito ou o referendo*.[21]

Como bem recorda Clémerson Merlin Clève:[22] "vivemos hoje, um momento em que se procura somar a técnica necessária da democracia representativa com as vantagens oferecidas pela democracia direta".

Aquele momento político no Brasil foi muito bem captado por Francisco Gérson Marques de Lima ao afirmar:

> Imposta à reeleição, por certo o eleitorado teria como um dos candidatos alguém da situação, e este, obviamente, disporiam de toda a máquina estatal a seu favor, o que significaria clara vantagem sobre os demais, em especial se pertencesse a algum partido ligado às lideranças políticas do Palácio do Planalto. A natureza da reeleição era, evidentemente, político-partidária, a par dos interesses da política econômica exterior, manifestados pela vontade do capital estrangeiro em manter o *status quo* da subserviência brasileira. Isto significava, enfim, prolongar por mais alguns anos toda a cúpula política do momento (FERNANDO HENRIQUE CARDOSO), com sua ideologia sobre a forma de conduzir o País. E a manutenção da situação governista, administrativa e econômica agradava ao mercado externo, aos banqueiros, aos grandes empresários.
>
> Para a aprovação da *Emenda da Reeleição*, houve uma sucessão de fatos e acontecimentos inexplicados. Pesquisa feita pelo jornal *Folha de São Paulo* às vésperas da sessão em que seria votada a Emenda indicara a derrota da reelegibilidade presidencial para o período subsequente. Apareceram então denúncias de compras de votos para garantir, na Câmara de Deputados, a vitória da proposta da reeleição. Dois deputados, cujas conversas telefônicas confirmavam esta versão, renunciaram a seus mandatos, lembra Rubem Azevedo Lima. A oposição quis criar uma CPI (Comissão Parlamentar de Inquérito), para investigar as

---

[19] No *Jornal do Magistrado*, set./out. 1999.

[20] Nesse sentido, "inter-plures" (LIMA, Francisco Gérson Marques de. *O STF na crise institucional brasileira*. São Paulo: Malheiros, 2009).

[21] Sobre o *referendum*, Oswaldo Aranha Bandeira de Mello, já nos idos de 1935, ensinava: "A capacidade superior da média dos deputados sobre os cidadãos activos é assumpto discutível... Os congressos estão cheios de indivíduos de nenhum valôr sob o ponto de vista intelectual, cultural e mais ainda com respeito aos princípios morais... A verdade é que o povo já se encontra descrente dos parlamentares e procura reagir pela instituição de processos de governo direto. Defender-se o referendum não significa apoiá-lo para todas as matérias, mas sobre as fundamentais da vida do Estado, sobre seus princípios diretores". E mais adiante: "Pela mesma razão, pois, absolutamente não constitue desautoração ao parlamento dependerem suas soluções de aprovação popular. Ninguém assim considera o veto do Chefe do Executivo ou a rejeição pelo Senado dos projetos da Câmara. São contrapesos naturais em todos os governos constitucionais, verdadeiros freios colocados na Lei Máxima para impedir que um dos órgãos do governo abuse por lhe haver sido concedido poderes de latitude acima do natural" (*O Referendum legislativo popular*. São Paulo: Revista dos Tribunais, 1935. p. 129, 141).

[22] "Temas de direito constitucional e teoria do Estado", p. 16 *et seq.*

suspeitas de corrupção em torno do assunto, mas as lideranças do Governo proibiram que seus liderados concordassem com as investigações. E, efetivamente, nada se apurou.[23]

E a pergunta essencial é feita.

Qual a consequência da aprovação da emenda da reeleição na realidade brasileira?

Aprovada a Emenda da Reeleição, possibilitou ao Presidente Fernando Henrique Cardoso o seu segundo mandato. Foi eleito, em primeiro turno, com apenas um terço dos votos válidos do eleitorado brasileiro e um quinto da população.[24]

À ocasião o processo de votação da Emenda também foi ao Supremo Tribunal Federal. Pretendeu a oposição suspender a votação, em segundo turno, no Senado, do projeto de Emenda (*Mandado de Segurança nº 22.864-DF*, Relator Ministro Sidney Sanches em 04.06.1997).

Alegava a oposição que a tramitação do Projeto estaria viciada, desde a votação, em primeiro e segundo turnos, na Casa de Origem, já que dois Deputados teriam admitido o recebimento de vantagens indevidas, em troca do voto favorável; e três outros teriam sido cooptados, pela mesma forma.

Entretanto, a medida liminar foi *indeferida* pelo Plenário do Tribunal, vencido o Ministro Marco Aurélio. Entendeu o Tribunal (por maioria), que naquele momento, *não havia prova de fraude no processo legislativo,* o que levou ao indeferimento da liminar para sustar o processo legislativo da Emenda e sua consequente aprovação.

Pois bem, mas gostaríamos de insistir, a tradição brasileira, portanto, sempre foi contrária ao instituto da reeleição. Os autores mais tradicionais ao longo do último século sempre a condenaram.

Já por ocasião da Constituinte de 1945 que levou a edição da Constituição de *1946*, considerada uma das Constituições mais liberais que o Brasil já teve, influenciada pelo pós-guerra, Hermes Lima afirmou, combatendo a tese de um *mandato mais longo para o Presidente da República* (um *minus* em relação à reeleição), favoreceria a continuidade administrativa.

Disse então o jurista:

> Fazer a continuidade e a excelência da administração federal dependerem de um mandato mais longo do Presidente da República é colocar mal o problema. Essa continuidade não pode depender, substancialmente, primacialmente, de pessoas, mas da organização da vida política nacional, através da atuação dos partidos nacionais. O Presidente deve encontrar no país os verdadeiros elementos de um bom governo, e não, principalmente, num mandato longo, como se pretende.[25]

E assim, desde a reeleição do Presidente Fernando Henrique Cardoso, tivemos quebrada essa tradição democrática brasileira, permitindo-se uma reeleição.

---

[23] Francisco Gérson, *op. cit.*, p. 442.

[24] Segundo Sebastião Nery: "De 160 milhões de habitantes e 106 milhões de eleitores, Fernando Henrique Cardoso se elegeu com 36 milhões de votos (33,87%). Perdeu para os ausentes, nulos e brancos (36,17%). Teve só mais 4% do que a oposição (29,96%) (*A eleição da reeleição*).

[25] *Apud* Sérgio Sérvulo, p. 51.

Também foi beneficiário da reeleição o Ex-Presidente Luis Inácio Lula da Silva (LULA), que como é sabido, logrou ser eleito e reeleito, (1º de janeiro de 2003 a 1º janeiro de 2011), fazendo em razão de sua grande popularidade sua sucessora[26] a hoje Presidente Dilma Rousseff.[27]

Em outros termos. É sabido que um dos principais problemas ínsito à reeleição diz respeito ao monopólio e abuso do poder de quem permanece no cargo e disputa uma reeleição. O Presidente da República em seu cargo dispõe (sobretudo nos regimes latino-americanos) de superpoderes.

Não é por acaso que Carlos Santiago Nino[28] chamava de presidencialismo hipertrofiado, ou de hiperpresidencialismo, o regime argentino, lembrando o jurista Alberdi, para quem o Presidente argentino, do ponto de vista normativo, é um verdadeiro monarca.

Também no Brasil, Celso A. Bandeira de Mello[29] condenou o instituto da reeleição do Presidente da República ao afirmar que "em um país onde a consciência de cidadania e dos valores democráticos seja quase nula, como ocorre entre nós, tal poder se potencializa enormemente. Propicia aliciar, cooptar ou submeter indivíduos, empresas, instituições, segmentos sociais ou outros poderes da República seduzidas por vantagens ou subjugados por pressões diversas, notadamente econômicas".

No passado e no mesmo sentido manifestou-se o grande jurista brasileiro Carlos Maximiliano,[30] condenando veementemente a reeleição e seus efeitos na realidade política do País:

"O estabelecimento de um regime republicano representa a vitória dos que receiam que a longa posse da autoridade nas mãos de um indivíduo produza a hipertrofia do poder pessoal". E acrescenta: "Nos próprios Estados Unidos, muitos pensam dever ser vedada a reeleição imediata. Ainda mesmo que se abstenha da corrupção e da violência, dispõe de tal prestígio o Presidente que só por si constitui sério embaraço à vitória de outro candidato. (...). *Nos países novos o perigo é maior. Permitida a reeleição, todos a disputariam, e a vitória caberia sempre ao governo, como acontece em todos os pleitos. Dever-se-ia o primeiro triunfo à persuasão, o segundo a corrupção, e os demais à violência*". (Grifamos)

---

26 Do mesmo modo que a era FHC, também no período de LULA foi tomado por escândalos de corrupção. Os mais graves: a) escândalo de obtenção e uso de recursos públicos e privados operados por Marcos Valério de Souza, executado de fora para dentro do Estado, por meio de empréstimos bancários para financiar atividades do Partido dos Trabalhadores (PT) e, por essa via, supostamente financiar o pagamento do "mensalão", um pagamento mensal aos deputados federais para apoiar projetos do governo, b) manipulação fraudulenta de contratos de publicidade, tráfico de influência e participação de executivos de empresas estatais nesses esquemas; c) aparelhamento e inchaço do Estado com indicações meramente político-partidárias, sobretudo nas agências reguladoras, Banco do Brasil, Caixa Econômica Federal e outros órgãos federais. *Vide* a obra, CAVALCANTI, Luiz Octávio. *Como a corrupção abalou o governo Lula*: por que o presidente perdeu a razão e o poder. Rio de Janeiro: Ediouro, 2005.

27 Em 31 de outubro de 2010 a então candidata, hoje Presidente Dilma Rousseff, foi eleita à presidência sem nunca antes ter disputado uma eleição, fato que foi explicado em grande parte dos analistas políticos pela transferência de votos de LULA, que teve seu governo aprovado por 97% dos brasileiros (Datafolha) à época da eleição, 83% lhe deram nota boa ou excelente, e 14% nota regular. Assim LULA tornou-se o primeiro Presidente, desde Getulio Vargas, a fazer o seu sucessor nas urnas e fez com que o Partido dos Trabalhadores (PT) se tornasse o primeiro partido desde a (re)democratização a ficar no governo por 3 três mandatos consecutivos.

28 *Fundamentos de Derecho Constitucional*. Buenos Aires: Astrea, 1992.

29 Reeleição e moralidade política. *Folha de S.Paulo*, São Paulo, 26 nov.1996. Tendências e Debates.

30 *Apud* Sérgio Sérvulo, p. 53.

Outro problema estritamente vinculado à reeleição do Presidente da República diz respeito à necessidade ou não de sua *desincompatibilização*[31] como requisito para sua candidatura.

É dizer, independentemente dessa ou daquela norma concreta, pensamos que a tese da desincompatibilização vai ao encontro do magno princípio da moralidade administrativa, procurando evitar (jamais eliminar – o que seria impossível), os grandes poderes e influência de que dispõe a máquina político-administrativa do poder para aliciar o eleitorado.

Com inteira procedência, pois a lição de Carlos Roberto Siqueira Castro[32] que em alentado parecer sobre a matéria conclui que o permissivo constitucional referente à reeleição do Presidente da República "está a exigir, por imperativo dos princípios constitucionais do regime democrático, da igualdade entre partidos e candidatos e da moralidade eleitoral, a desincompatibilização do seu atual titular, nos mesmos prazos e condições gerais previstos na Constituição e na Lei de Inelegibilidades (Lei Complementar nº 64/90)".

O Supremo Tribunal Federal teve ocasião de enfrentar *parte dessa matéria* no Recurso Extraordinário RE nº 344882/BA, Relator o Ministro Sepúlveda Pertence, julgado em 07.04.2003 (Tribunal Pleno). Nela deixou assentada a referida ementa.[33]

O que, entretanto não se compreende, é por que razão o constituinte de 1988, não aproveitou a oportunidade para no *art. 14, §6º*, (mais acima transcrito), *expressamente afirmar* que o Presidente da República, os Governadores de Estado e do Distrito Federal também devem renunciar seis meses antes de disputarem a reeleição.

É certo que em caso de reeleição do Chefe do Poder Executivo é muito difícil colocar em pé de igualdade as candidaturas que desafiam o candidato a reeleição. Ou

---

[31] Sobre o tema consulte-se ainda o trabalho de Marcos Vinícius Filgueiras Júnior, Desincompatibilização de chefes do executivo para reeleição. *RDA*, v. 229, p. 233 *et seq*, jul./set. 2002.

[32] Reeleição do Presidente da República – Emenda Constitucional nº 16/97 (Exigência de desincompatibilização do Presidente da República como requisito para candidatura à reeleição. *Revista Trimestral de Direito Público – RTDP*, n. 23, p. 76-96, 1998).

[33] Elegibilidade: cônjuge e parentes do chefe do Poder Executivo: elegibilidade para candidatar-se à sucessão dele, quando o titular, causador da inelegibilidade, pudesse, ele mesmo, candidatar-se à reeleição, mas se tenha afastado do cargo até seis meses antes do pleito. 1. A evolução do Direito Eleitoral brasileiro, no campo das inelegibilidades, girou durante décadas em torno do princípio basilar da vedação de reeleição para o período imediato dos titulares do Poder Executivo: regra introduzida, como única previsão constitucional de inelegibilidade, na primeira Carta Política da República (Const. 1891, art. 47, §4º), a proibição se manteve incólume ao advento dos textos posteriores, incluídos os que regeram as fases de mais acendrado autoritarismo (assim, na Carta de 1937, os arts. 75 a 84, embora equívocos, não chegaram à admissão explícita da reeleição; e a de 1969 (art. 151, §1º, "a") manteve-lhe o veto absoluto. 2. As inspirações da irreelegibilidade dos titulares serviram de explicação legitimadora da inelegibilidade de seus familiares próximos, de modo a obviar que, por meio da eleição deles, se pudesse conduzir ao continuísmo familiar. 3. Com essa tradição uniforme do constitucionalismo republicano, rompeu, entretanto, a EC 16/97, que, com a norma permissiva do §5º do art. 14 CF, explicitou a viabilidade de uma reeleição imediata para os Chefes do Executivo. 4. Subsistiu, no entanto, a letra do §7º, atinente a inelegibilidade dos cônjuges e parentes, consanguíneos ou afins, dos titulares tornados reelegíveis, que, interpretado no absolutismo da sua literalidade, conduz a disparidade ilógica de tratamento e gera perplexidades invencíveis. 5. Mas, é lugar comum que o ordenamento jurídico e a Constituição, sobretudo, não são aglomerados caóticos de normas; presumem-se um conjunto harmônico de regras e de princípios: por isso, é impossível negar o impacto da Emenda Constitucional nº 16 sobre o §7º do art. 14 da Constituição, sob pena de consagrar-se o paradoxo de impor-se ao cônjuge ou parente do causante da inelegibilidade o que a este não se negou: permanecer todo o tempo do mandato, se candidato à reeleição, ou afastar-se seis meses, para concorrer a qualquer outro mandato eletivo. 6. Nesse sentido, a evolução da jurisprudência do TSE, que o STF endossa, abandonando o seu entendimento anterior.

se quisermos a grande desigualdade de uma disputa eleitoral desta natureza já, pois o governante já inicia uma campanha com uma ampla vantagem de exposição à mídia e a população em geral, o que naturalmente favorece a candidatura "oficial".

Assim, mesmo o instituto da desincompatibilidade (caso aplicável) não seria de modo a evitar, senão somente minorar os efeitos da candidatura oficial.

Nessa direção é o entendimento de Paulo Peretti Torelly:[34]

> É inequívoco que, em 15 de novembro de 1889, o Brasil decidiu ser uma República, o que foi confirmado de forma serena e irrefutável no plebiscito realizado em 21 de abril de 1993,[35] quando o povo brasileiro soberanamente consagrou a moldura republicana desenhada normativamente pelo Poder Constituinte originário em 1988. A EC 16/97 desconstituiu a identidade e todas as características e propósitos consagrados pelo Poder Constituinte originário ao delinear o princípio republicano brasileiro, dado que privilegiou a continuidade do poder pessoal em detrimento da separação entre os poderes e da alternância nesses entre concepções e projetos políticos distintos, comprometendo o pluralismo democrático e a harmonia e independência entre os poderes, restando fragilizada a própria ordem constitucional enquanto fator de formação e preservação da unidade política nacional.

Embora não compartilhe da visão do autor acima citado no sentido de que a reeleição comprometa a funcionalidade do princípio da separação de poderes ou mesmo a alternância nos projetos políticos, pois afinal em havendo disputa sempre haverá mais de uma concepção para escolha do eleitor, forçoso considerar que a reeleição desequilibra as forças políticas fazendo pender a favor do candidato oficial toda a sorte de vantagens do Poder.

Já sobre a interpretação possível e desejável do instituto da desincompatibilização concordamos integralmente com o Prof. Celso Antônio Bandeira de Mello,[36] quando observa a respeito da correta intelecção dessa norma afirma:

> Ora qualquer pessoa com capacidade de intelecção normal percebe que, se o texto constitucional proíbe que o presidente possa se candidatar até mesmo a vereador se não renunciar seis meses antes do pleito, se impede até o cunhado ou o genro do presidente de disputarem a Presidência, para impedir desigualdade entre os candidatos, isto é, para obstar a que o desfrute do cargo de presidente lhe proporcione vantagem nas eleições ou a proporcione a parentes seus (idem no que concerne ao Governo do Estado e Prefeitura), *seria o mais rematado absurdo, a mais completa inconsistência, a mais radical estultice, a mais cabal incongruência da Lei Magna,* **permitir-lhe, entretanto, disputar justamente sua continuidade no cargo sem ter que dele se afastar seis meses antes das eleições.** (grifos e destaques no original).

---

[34] *A substancial inconstitucionalidade da regra da reeleição*: isonomia e república no direito constitucional e na teoria da Constituição. Porto Alegre: S. A. Fabris, 2008. p. 276 *et seq.*

[35] O Ato das Disposições Transitórias da Constituição brasileira de 1988 dispõe: "Art. 2º. No dia 7 de setembro de 1993 o eleitorado definirá, através de plebiscito, a forma (república ou monarquia constitucional) e o sistema de governo (parlamentarismo e presidencialismo) que devem vigorar no País".

[36] Desincompatibilização e inelegibilidade de chefes de executivo. *Revista Trimestral de Direito Público – RTDP*, v. 18, 1997.

O que é ainda pior foi a interpretação que o Supremo Tribunal Federal veio a dar ao *artigo 14, §5º*, da Constituição Federal ao dizer que:

A reeleição é faculdade assegurada pela norma em tela e que o titular de mandato do Poder Executivo não necessita de se desincompatibilizar para se candidatar a reeleição (STF, RES nº 21.597, de 16.12.2003, Relatora Ministra Ellen Gracie)[37] [38]

Em síntese pode-se dizer que, no Direito brasileiro, o instituto da reeleição não pressupõe a desincompatibilização. Logo, no caso de reeleição do Chefe do Poder Executivo o candidato poderá continuar, por exemplo, no cargo de Presidente da República e disputar as eleições. Todavia, se o Presidente da República candidatar-se a "outro cargo", nesta hipótese, deverá se desincompatibilizar.

Acreditamos que seria possível o Supremo Tribunal Federal realizar uma interpretação mais criativa da Constituição ao interpretar a norma da reeleição e a necessidade de desincompatibilização. Entretanto, reconhecemos que a redação (o texto) do dispositivo constitucional admita a interpretação que lhe deu o Ministro Carlos Velloso de que haveria, na norma um "silêncio eloquente", embora não seja essa a leitura que fazemos do dispositivo.

Conquanto tenhamos, no Brasil apenas duas experiências históricas para fazer um juízo mais definitivo a respeito do tema, podemos ainda dizer que, aparentemente, a reeleição deturpa o processo eleitoral e desequilibra a disputa entre os candidatos. É muito difícil separar a figura do candidato da do governante. Há um evidente desequilíbrio na disputa a favor de quem detém o poder no momento da eleição.

No Brasil, o que se viu nas duas (re)eleições dos candidatos Fernando Henrique Cardoso (FHC) e LULA foram abusos com a manipulação do ferramental administrativo, repasse de receitas e uso direto da máquina administrativa, como também com a visibilidade que a função dá a quem a exerce. Houve ainda em diversas oportunidades o uso indireto do cargo.

O Presidente LULA, por exemplo, "emprestou" sua popularidade a diversos candidatos, estrelando o horário eleitoral de correligionários – com resultados visíveis. Nos Estados-membros em que essa prática foi mais recorrente a tática surtiu efeito. Na Bahia, um tradicional e importante Estado-membro da federação brasileira, Jaques Wagner, candidato do Partido dos Trabalhadores (PT), foi eleito governador, beneficiado por essa política, pela popularidade e pela exposição do Presidente a seu favor.

De fato, a reeleição não faz parte de nossa tradição republicana. A possibilidade da reeleição traz consigo inelutavelmente a utilização da máquina administrativa a favor do candidato à reeleição com toda a sua força e poder. Parece evidente que a máquina

---

[37] No mesmo sentido a Consulta nº 970, Classe 5 – Distrito Federal Relatora a Ministra Ellen Gracie, no Tribunal Superior Eleitoral (TSE). *Vide* ainda, no Supremo Tribunal Federal a Medida Cautelar em ADI (Ação Direta de Inconstitucionalidade nº 1.805-2, de 26/03/1998), DF, Rel. Min. Néri da Silveira.

[38] Nessa ação, aparentemente o único Ministro que adotou nossa posição foi o Ministro Marco Aurélio. Os demais entenderam que a Constituição no particular dispõe de um "silêncio eloquente" (Carlos Velloso), outros entenderam que "somente a Constituição poderia, expressamente estabelecer o afastamento do cargo, no prazo por ela definido", o que resultaria do dispositivo do §5º, do artigo 14, na redação dada pela Emenda" (Néri da Silveira e a maioria que o acompanhou).

A REELEIÇÃO DO TITULAR DO PODER EXECUTIVO NAS AMÉRICAS: A SITUAÇÃO DO BRASIL

administrativa não deva ser utilizada em benefício desta ou daquela candidatura. Ou seja, a coisa do povo (*res pública*) não deveria ser utilizada para se alcançar êxito nas eleições.

Em cada país o instituto tem uma trajetória. Como bem recorda Mônica Herman Salem Caggiano:[39]

> "Em verdade, como assinalado no posso Sistemas Eleitorais x Representação Política, o princípio decorre de interpretação extremamente restritiva do standard republicano que impõe a alternância, evitando-se a perpetuação e a personificação do poder. Na matriz presidencialista, norte-americana, contudo, a restrição é muito mais suave e foi introduzida tão só com o advento da Emenda nº XXII, que estabeleceu: nenhuma pessoa deve ser eleita para o cargo de Presidente por mais de duas vezes". Na França não há qualquer restrição à reeleição e o mandato presidencial, com a duração prevista de sete anos, pode ser renovado indefinidamente. E em Portugal, onde instalado um regime misto parlamentar-presidencial, o artigo 126º da Constituição, que disciplina o tema da reelegibilidade, prevê, em relação à figura do Presidente, impedimento apenas para "um terceiro mandato consecutivo" (art. 126º, I), preconizando, ainda, que "se o Presidente da República renunciar ao cargo, não poderá candidatar-se nas eleições imediatas nem nas que se realizam no quinquênio imediatamente subsequente à renúncia (art. 126º, 2). O continuísmo e o sempre presente perigo anunciado por Montesquieu, de que o poder corrompe o próprio poder, encontram-se como base a servir de respaldo à regra da irrelegibilidade. Ilustrativo a esse respeito o exemplo americano, território em que penetra a limitação ao exercício de dois mandatos presidenciais consecutivos por força da consolidação do costume introduzido por Washington, ao se recusar a concorrer para um terceiro período. Rompida a tradição por Roosevelt, ao acatar terceiro e um quarto mandatos, foi consagrada a regra limitadora, a nível constitucional, mediante retificação da aludida Emenda nº XXII".

Assim, o instituto da reeleição, conquanto possibilite ao povo dar continuidade a uma determinada ação política-administrativa por um período adicional de tempo, tem como inconveniente certo a formação de uma rede não virtuosa, mas viciosa de interesses que se espraia por toda a Federação brasileira.

Por outro lado, a situação de correligionários do Presidente da República (Governadores, Prefeitos) mostra relação direta com as possibilidades de sucesso eleitoral da reeleição do Presidente, relação lógica, uma vez que deve estar vinculada à possibilidade de obtenção de maiores transferências de receita[40] para os correligionários dos Estados e Municípios de seu partido político.

---

[39] A reeleição: tratamento constitucional (breves considerações). *Preleções Acadêmicas*, CEPS – Centro de Estudos Políticos e Sociais de São Paulo, Caderno 1, 97, p. 7 *et seq.*

[40] Em uma pesquisa realizada da relação existente entre a "responsabilidade fiscal" dos governantes e o tema da *reeleição*, Lúcio Rennó e Eduardo Leoni trabalharam com dados relativos de 2.110 municípios brasileiros (temos mais de 5000 Municípios hoje no Brasil) em uma série temporal que se estende de 1996 a 2004. Desse conjunto de dados, retiram algumas conclusões iniciais. Primeiro, o progresso da disciplina fiscal no período, medida pela diferença entre a receita e as despesas sobre a receita. Segundo, a diferença do ajuste produzido como efeito da Lei de Responsabilidade Fiscal. Até sua vigência, receitas e despesas cresciam sem controle. Depois da promulgação da lei, a receita continuou a crescer, enquanto as despesas sofreram queda. Terceiro, a comparação entre candidatos à reeleição e os demais prefeitos *mostra um comportamento ligeiramente mais responsável daqueles que tentam a reeleição.* Quarto, a comparação entre prefeitos no segundo mandato e os demais mostra, por sua vez, *maior irresponsabilidade entre os veteranos,* exceto no último ano de mandato. A análise econométrica dos dados trouxe conclusões adicionais. Mostrou um pequeno diferencial de *irresponsabilidade dos prefeitos reeleitos no seu segundo mandato, a propensão maior à irresponsabilidade nos municípios de economia mais pujante e a importância muito*

Mas procurando o fio central de raciocínio a respeito do tema geral da *reeleição* também parece claro que qualquer análise que se faça do assunto, seria muito pobre sem que outros elementos a ela relacionados não estivessem presentes.

Até aqui foi possível intuir que *a reeleição* está intimamente relacionada aos seguintes assuntos:

a) O equilíbrio de poderes. A pergunta natural no tema seria a seguinte: A reeleição colabora e reforça o equilíbrio entre os Poderes ou desequilibra a balança a favor do Poder executivo? Por quanto tempo?

b) A duração do mandato do presidente da República. É evidente que em países com mandatos de 5, 6, 7 ou 8 anos tem diferente impacto o Instituto da Reeleição.

c) A cultura política do País analisado, amplamente investigada e seus atores. É importante saber o grau de mobilização e participação da população no País analisado. Certamente em democracias mais consolidadas o Instituto da Reeleição impactará de forma diferente a sociedade do que naqueles Estados de tenra experiência democrática.

d) O sistema partidário e eleitoral do País analisado. É relevantíssimo saber como está estruturado o sistema partidário, se há pluralismo partidário, se há Democracia, se o país dispõe de uma Justiça Eleitoral livre e imparcial, tudo afetará o tema da reeleição, ou por ele será afetado.

e) O poder do presidente da República. Qual o poder efetivo de que goza o Chefe do Poder Executivo. Que tipo de Presidencialismo o Estado analisado adota? Ele está controlado pelo Congresso? Os demais poderes lhe impõem freios? Ou estamos diante de um Estado paternalista no qual a figura do Presidente é um caudilho; dispõe ele de formidáveis poderes jurídicos, financeiros e administrativos?

Todas essas variáveis são muito importantes e deveriam ser analisadas e conjugadas com o tema, se tempo e condições houvesse. Não é o nosso propósito nem a nossa intenção nesse trabalho realizar esse estudo que demandaria uma ou mais teses. Apenas chamamos a atenção para a necessidade e importância de relacionar e conectar esses vários temas a fim de desvendar respostas parciais a toda essa problemática.

Parece muito pouco ser simplesmente favorável ou contrário a reeleição. É evidente que o assunto é muito mais complexo e intrincado do que se apresenta do ângulo estritamente técnico-normativo.

4   A realidade Latino-Americana

Ao passarmos em revista a realidade da América Latina no que diz respeito ao tema da reeleição, verificaremos a existência de pelo menos seis possibilidades.

---

mais acentuada da Lei de Responsabilidade Fiscal quando comparada aos efeitos da reeleição (ARAÚJO, Caetano Ernesto P. de. *In*: MULHOLLAND, Timothy; RENNÓ, Lúcio R. (Org.). *Reforma política em questão*. Brasília: UnB; Câmara dos Deputados, 2008. p. 202).

1. Reeleição sem limites.
2. Reeleição imediata por uma só vez.
3. Proibição de reeleição imediata (término do mandato fixado em anos).
4. Proibição de reeleição imediata (mandatos intermediários)
5. Proibição de reeleição imediata e fechada.
6. Proibição absoluta (nunca mais para a mesma pessoa).

Como se pode observar, existem várias possibilidades para enfrentar o tema de como se deve resolver a continuidade ou não de um presidente na América Latina. Caminhamos entre dois extremos. De um lado, a possibilidade de ser reeleito sem limites e a impossibilidade de uma pessoa de repetir a presidência (proibição absoluta). Dentre esses dois extremos, temos algumas variáveis acima expostas.

A matéria foi bem analisada por Mario D. Serrafero[41] que afirma:

La reelección no ha aparecido, al menos todavía, sino en algunos países de la región y en ciertos contextos. No apareció en la primera etapa de las transiciones, cuyos gobiernos democráticos intentaban reflejar la contracara de los valores de los regímenes militares. Esta primera generación de mandatarios fueron relevados por sus oposiciones partidarias, hecho motivado por el difícil trance económico de sus gestiones, el exceso de expectativas de la gente y la apuesta en alternativas más atractivas. Ya en los noventa, aparece otro contexto tras la reformas "neoliberales" adoptadas por los países de la región. Los gobiernos tienen relativo éxito económico medido en la contención de la inflación y el logro de la estabilidad, y cierto ordenamiento mínimo social relacionado con tal cambio. Algunos mandatarios no llegan al estadio de capitalizar los réditos de la emergente estabilidad regional, y sus gestiones rodeadas de corrupción, disminución de apoyo político y movilización cuidadana concluyen en fracasos estrepitosos (Color de Mello en Brasil, Carlos A. Pérez en Venezuela y Abdalá Bucaram en Ecuador). Otros, en cambio, controlando la gobernabilidad (Menem, Franco-Cardozo) o acudiendo a recursos no democráticos (Fujimori), desde el poder asisten y capitalizan para sí los réditos de la estabilidad. Es éste el contexto económico de las reelecciones.

En síntesis, los países que promueven la reelección son aquellos que han vencido el flagelo inflacionario y han estabilizado la economía, a través de la acción visiblemente centrada en el presidente (y/o en su ministro de Hacienda o Economía). Pero no todos los mandatarios bajo cuyo mandato se estabilizó la economía concluyeron en la propuesta de su reelección. En segundo lugar, se trata de países con partidos o sistema de partidos débiles. Perú y Brasil constituyen casos de sistemas multipartidistas débiles y fraccionados, y con un alto grado de volatilidad electoral (al igual que Argentina). Se ha señalado que Perú y Brasil tienen un bajísimo índice de institucionalización partidaria, y la Argentina estaría en un nivel intermedio.

En tercer lugar, se advierte una combinación de estilo plebiscitario-delegativo-populista (según los matices de las distintas visiones) en el liderazgo presidencial. En Perú y en la Argentina sobre todo, Fujimori y Menem apelaron más al pueblo que a la propia institucionalidad, para fundar sus decisiones. En Perú se asistió a una ruptura institucional, en la Argentina el Ejecutivo tuvo el récord de dictado de decretos. Los presidentes fueron elegidos bajo el sistema de doble vuelta electoral, que tiende a polarizar y personalizar las opciones de voto.

---

[41] *Reelección y sucesión presidencial*: poder y continuidad: Argentina, América Latina y EE.UU. Buenos Aires: Editorial de Belgrano, 1997. p. 90 *et seq.*

En cuarto lugar, en todos se apeló al excepcionalismo y al personalismo, para justificar la continuidad del gobernante y la consolidación del régimen. El lema de las reelecciones fue la continuidad del presidente promotor del cambio y la necesidad inexorable de su continuidad física en el poder.

Surge casi por decantación la diferencia entre los distintos países y su nivel de institucionalización Por un lado, Perú, la Argentina y Brasil, y por el otro, países con un reconocido grado de mayor institucionalización, como Chile y Uruguay. En estos dos últimos países no sea promovido la reelección de los presidentes. La tentación, entonces, es establecer una suerte de patrón del reeleccionismo emergente en América Latina de fin de siglo.

Así podría establecerse probabilísticamente que, en América Latina: a menor grado o nivel de institucionalización del régimen político democrático-liberal y en coyunturas políticas y/o económicas favorables, existiría mayor probabilidad de que fuera planteada y de que prosperase una reforma de reelección presidencial inmediata.

Parece efetivamente que o fenômeno da reeleição na América Latina vem fazendo doutrina. Na *Colômbia*, como se sabe, a antiga Constituição de 1886 foi substituída pela Constituição de 1991.

O novo texto constitucional veda a reeleição presidencial relativa ou alternada. Em 2002, é eleito Álvaro Uribe, e em 2004 há um *referendum* para a reforma da Constituição para instalar a reeleição imediata, que propiciou o seu segundo mandato em 2006. Como bem ressalta a convocatória desse seminário, felizmente em fevereiro de 2010, a Corte Constitucional da Colômbia resolveu declarar inexequível a convocatória ao *referendum* que pretende a reeleição e permitirá uma eventual segunda reeleição para um terceiro período ao atual presidente.

No *Peru*, Fujimori é eleito em 1990, depois de haver passado ao segundo turno, com seu opositor político Mario Vargas Llosa, candidato da Frente Democrático (Fredemo).

Em uma evidente contradição entre a oferta eleitoral feita por Fujimori em sua campanha e as medidas postas em ação como presidente, o Congresso se torna um obstáculo para seus propósitos, até que em 5 de abril de 1992, o chamado Congresso Constituinte "Democrático", não eleito, convocado pelo próprio Fujimori, e instalado em 22 de outubro de 1992, expediu em 31 de dezembro de 1993 uma "nova Constituição". A essa Constituição sem a mínima legitimidade Fujimori procurou um *referendum* em 31 de outubro de 1993.

Tal como a constituição colombiana, a constituição peruana apresenta o mesmo vício. Busca a reeleição imediata para mais um período, consagrando o "fujimorismo".

Pode-se ainda lembrar o exemplo *argentino*, cuja reforma da Constituição de 1853 eliminou, em um primeiro momento a diminuição do período presidencial de 6 para 4 anos, assim como a eliminação da reeleição relativa ou não imediata.

Entretanto, logo a seguir, em 1994 permitiu-se a reeleição imediata por uma só vez o que acabou por beneficiar o próprio Presidente Menem em 1995.

De outro lado, a constante instabilidade política do *Equador*[42] é evidente.

---

[42] A respeito da situação do Equador, consulte-se César Astudillo e Hernán Salgado Pesantes, respectivamente, na obra, *Procesos constituyentes contemporáneos en América Latina – tendencias y perspectivas*, coordenado por José Maria Serna de La Garza (México: UNAM, 2009), cada um deles com trabalhos a respeito da realidade equatoriana recente.

De 1979 a 2007, foi governado por 12 (doze) presidentes, dos quais, 8 (oito) foram eleitos para esse cargo diretamente por sufrágio popular, 3 (três) acederam ao poder através de mecanismos de substituição presidencial estabelecidos na Constituição, e Alarcón foi designado presidente interino, ainda que esta figura não constasse na Constituição de 1978. Cada um desses presidentes durou aproximadamente 2,3 anos nos cargos.

É o quanto basta, para colocar o Equador na lista de países instáveis da América Latina, juntamente com os demais já vistos.

Vamos agora falar um pouco sobre um país que tem preocupado muito a todos nós, que é a *Venezuela*.

Michael Penfold[43] em um artigo muito equilibrado sobre a situação da Venezuela afirma que um dos elementos mais enigmáticos e "divisivos" no mundo intelectual latino-americano tem sido o debate entre distintos autores sobre a maneira de caracterizar o sistema político venezuelano, em particular o regime chavista, se é de caráter autoritário ou democrático.

Os que defendem o corte democrático da Venezuela contemporânea assinalam que o país realizou, desde 1998, mais de oito processos eleitorais, que não só incluem eleições presidenciais, legislativas, regionais e locais, mas também diversas formas de consultas populares (*referendums*). Muitos autores ressaltam o caráter inclusivo dos programas sociais como uma demonstração de uma "vocação democrática", popular e progressista desse processo político.

Por outro lado, outros autores sustentam que o chavismo representa uma nova forma de autoritarismo latino-americano que se aproveitou de uso de novas tecnologias e das elevadas receitas do setor petrolífero para obter vantagens oferecidas pelas formas democráticas e minar de modo permanente o princípio da divisão de poderes.

Esses mesmos autores cunham novos termos para etiquetar o regime: "semiautoritarismo", "sultanismo" e "autoritarismo eleitoral", com a intenção de encaixar o sistema político venezuelano em uma tipologia que permita caracterizar o paradoxo que existe entre a existência de eleições competitivas e outros traços autoritários do processo.

Penfold, nesse cuidadoso trabalho chega às seguintes conclusões que procuraremos sumular:

I)

1. A respeito da alegada *democracia eleitoral*: critica o uso de medidas administrativas por parte da Controladoria Geral da República, validadas pelo Conselho Nacional Eleitoral (CNE), para excluir candidatos opositores e oficialistas das eleições na Venezuela. Nas eleições de 2008, a Controladoria inabilitou mais de 300 candidatos dos quais 200 eram oriundos da oposição. Alegou-se a existência de irregularidades administrativas não comprovadas nos Tribunais. Esse precedente outorgou à Controladoria um poder excessivo para determinar quais candidatos podiam ou não ser inabilitados ausente um controle judicial;

---

43 Michael Penfold faz parte do Instituto de Estudos Superiores de Administração da Venezuela, "La democracia subyugada: el hiperpresidencialismo venezolano". *Revista de Ciência Política*, v. 30, n. 1, 2010.

2. Falta de controle do CNE sobre a utilização dos recursos públicos por parte do oficialismo. Essa situação afeta a transparência e o equilíbrio das eleições, oferecendo desvantagens notórias na assimetria de financiamento entre o oficialismo e a oposição para atrair os votos populares. Essa prática viola a Constituição da Venezuela que proíbe o financiamento dos partidos políticos e de suas atividades eleitorais, sem recursos públicos, somente privados;

3. Falta de transparência na utilização de recursos petrolíferos provenientes da P.D.V.S.A. (Petróleos da Venezuela), e seu explícito uso clientelar em tempos eleitorais.

II)

1. A respeito da *democracia constitucional*: A progressiva erosão e o enfraquecimento do princípio da divisão de poderes na democracia venezuelana é sem dúvida a sua maior fraqueza que ocasiona sérios danos ao sistema político. O Poder Executivo tem um claro domínio sobre os poderes Legislativo e Judicial. Este domínio se estende sobre outros poderes como o Conselho Nacional Eleitoral, a Controladoria e a Fiscalia Geral da República. Houve também um notável fortalecimento dos poderes formais e informais do Presidente da República. As vantagens do "chavismo" foram utilizadas para minar os cimentos da divisão de poderes e incrementar o controle político sobre diversas instituições. A discussão sobre a reforma constitucional de 2007 e a proposta de emenda constitucional para eliminar os limites de reeleição da presidência em 2008 evidenciaram a falta de controles horizontais e o domínio do Executivo sobre os outros poderes. Os processos de consulta realizados posteriormente estiveram circunscritos a simpatizantes do processo político "chavista".

As propostas de mudanças das regras do jogo estabelecidas na Constituição Bolivariana emergem do Poder Executivo com pouco debate, tanto político como cidadão. Há falta de controle por parte do Legislativo sobre os atos do Poder Executivo.

A descentralização na Venezuela não foi por completo revertida pois Chaves não pode impedir a eleição direta de alcaides e governadores garantida na Constituição.[44]

2. A respeito da *democracia cidadã*: Apesar da Constituição de 1999 incorporar diversas formas de participação cidadã nas decisões políticas, Chaves criou na esfera territorial os "Consejos Comunales". Seriam instâncias de participação cidadã desenhadas para contrapor-se ao poder formal dos governadores e alcaides. Justificou sua criação como um passo mais radical na direção da descentralização. Entretanto, tais Conselhos na prática revelaram-se não como um instrumento de competição de poder com as autoridades eleitas. Tornou-se um instrumento do Poder Executivo para que penetrassem nas comunidades para obter apoio político em prol do oficialismo.

3. A respeito dos *direitos sociais*: A Constituição Bolivariana de 1999 realizou uma expansão significativa de direitos sociais estabelecendo explicitamente

---

[44] Para maiores detalhes *vide* o texto de Penfold, ora utilizado.

mecanismos de participação popular para sua concretização. Esse esforço foi, sem dúvida, uma fonte de apoio político efetivo, tanto real como simbólico, o qual ampliou a popularidade e o discurso de inclusão do chavismo.

Evidentemente, a existência de vários programas assistenciais permite a população venezuelana uma expansão do acesso da população mais pobre a diversos direitos sociais. Entretanto, também existem evidências que esses mesmos mecanismos e programas foram utilizados de forma clientelista e impregnados de atos de corrupção.

4. A respeito do *Hiperpresidencialismo Venezuelano*: As características da Constituição de 1999, que outorga excessivos poderes ao Presidente da República, e a falta de divisão de poderes, criam dificuldades para que os distintos atores do sistema político aceitem as regras do jogo em um marco de um sistema de partidos débil e pouco estruturado.

Um período presidencial de 6 (seis) anos com *reeleição*, a possibilidade de um período contínuo de 12 (doze) anos é sem dúvida o maior da América Latina e a eliminação da restrição a reeleição torna essa questão ainda mais aguda.

Em segundo lugar, para o Presidente da República é relativamente simples convocar distintos tipos de *referendum* para modificar de maneira unilateral as regras do jogo, incluindo a própria Constituição.

Em terceiro lugar, a Constituição outorga poderes importantes ao Presidente da República na administração das forças armadas, em particular para determinar suas promoções.

Em quarto lugar, a Constituição debilitou os poderes da Assembleia Nacional ao reduzir seu âmbito de ação na condução dos temas federais e na supervisão das forças armadas. Isso foi possível devido a eliminação da Câmara e do Senado e com a adoção do sistema unicameral.

Em quinto lugar, a falta de controles sobre a atividade e receita oriunda do petróleo permite ao Executivo, diretamente contar com recursos extraordinários para financiar diversos projetos. Tais recursos não são fiscalizados por nenhum órgão da República e o que é pior, obedecem a critérios políticos e (clientelistas) para serem alocados.

Finalmente, há acusações sérias de restrições às liberdades públicas, à imprensa livre, ao princípio da livre iniciativa, afetando o conceito moderno de Estado Democrático Direito.[45]

Ante todo o exposto, acreditamos que ainda temos graves problemas na América Latina e certamente esse seminário é um foro importante para melhor conhecê-los e refletirmos sobre essa temática.

Acredito que o aperfeiçoamento da democracia na América Latina é uma tarefa pendente. O autoritarismo popular é uma fraude à democracia que devemos combater com mais *efetiva cidadania* e participação da sociedade civil.

Não devemos desprezar as conquistas da democracia representativa.

---

[45] Consulte-se ainda CARÍAS, Allan B. Brewer. *Reforma Constitucional y Fraude Constitucional (1999-2009)*. Caracas: Academia de Ciencias Políticas y Sociales, 2009. (Serie Estudios, 82).

É evidente que devemos aperfeiçoá-la e colocá-la sob os olhos e controles do povo, mas não devemos abandoná-la por seus defeitos.

De outra parte, os mecanismos da democracia direta (consultas, *referendum* e plebiscitos), como é de amplo conhecimento, podem e devem auxiliar na manifestação da vontade popular, desde que não manipulados por agentes ou órgãos do Estado.

A GREVE E OS SERVIÇOS PÚBLICOS: DA PROIBIÇÃO AO EXERCÍCIO DE UM DIREITO COM RESPONSABILIDADE

1   Introdução

O presente artigo pretende analisar e responder, objetivamente, a seguinte questão: O Estado é responsável em razão da paralisação de serviços públicos ocorridos mediante o exercício de uma determinada greve?

A questão não é simples, pois envolve, no mínimo, a análise do conceito e extensão de dois fenômenos. A greve, como é encarada pelo Direito, e a Responsabilidade Civil na prestação de serviços públicos.

Penso que a primeira questão é sem dúvida a mais delicada. É dizer, saber como é estabelecido o direito de greve em determinado ordenamento, no caso o nacional, e que consequência é possível extrair de seu exercício.

Embora saibamos que cada Estado tem um determinado regime jurídico envolvendo a temática, parece útil verificar como a greve tem sido tratada em alguns ordenamentos jurídicos.

Já em relação à segunda questão – atinente a responsabilidade do Estado – tudo depende de como o direito regulará a greve, será um direito? Se positiva a resposta, deve ser utilizado em que limites e extensão? Se não for um direito, que responsabilidade detém o Estado em caso de mau funcionamento de serviços públicos ou essenciais?

Uma coisa é certa. O Instituto da Responsabilidade Civil já está suficientemente assentado no direito brasileiro.

Não há, propriamente, muitas novidades neste domínio. Ao menos não em relação, a saber-se, se o Estado deva ou não ser responsabilizado em função de greve no serviço público.

Mas insistimos, o problema maior está no difícil balanceamento de como deva ser regrado o fenômeno da greve no âmbito do serviço público. Aí está o nó górdio da questão que nos ocupará o primeiro momento desse artigo.

2   Os serviços públicos e os serviços essenciais

Em primeiro lugar alguns esclarecimentos semânticos que afetam o desenvolvimento do tema sobre o qual pretendemos dissertar. A doutrina nacional distingue serviços públicos, serviços essenciais e serviços de utilidade pública.

Para o cidadão comum essa distinção não é importante.

Saindo de casa para o trabalho o indivíduo depara-se com uma greve nos transportes coletivos, chega a casa e verifica falta de energia, e que seu lixo acumula na calçada por ausência de coleta.

Em todos esses casos, evidentemente, o leigo não estará preocupado com a categorização do direito ou com filigranas jurídicas. Quer ver o serviço funcionando, adequada e regularmente, sem paralisações que afetem o seu bem-estar, ou mesmo, o da sociedade em que vive.

Isso não significa que não existam diferenças entre tais categorias.

Maria Sylvia Zanella Di Pietro define serviço público "como toda atividade material que a lei atribui ao Estado para que a exerça diretamente ou por meio de seus delegados, com o objetivo de satisfazer concretamente às necessidades coletivas, sob regime jurídico total ou parcialmente público".

O que importa efetivamente é o artigo 175 da Constituição Federal, que estabelece:

> Art. 175. Incumbe ao Poder Público, na forma da lei, diretamente ou sob regime de concessão ou permissão, sempre através de licitação, a prestação de serviços públicos.

A Constituição definiu quais são os serviços públicos e dividiu-os entre as pessoas políticas da Federação brasileira. É o que se vê dos artigos 21, XII, 25, §2º e 30, V, a seguir transcritos:

> Compete à União: explorar, diretamente ou mediante autorização, concessão ou permissão:
> a) Os serviços de radiodifusão sonora e de sons e imagens;
> b) Os serviços e instalações de energia elétrica e o aproveitamento energético dos cursos de água, em articulação com os Estados onde se situam os potenciais hidroenergéticos;
> c) A navegação aérea, aeroespacial e a infra-estrutura aeroportuária;
> d) Os serviços de transporte ferroviário e aquaviário entre portos brasileiros e fronteiras nacionais, ou que transponham os limites de Estado ou Território;
> e) Os serviços de transporte rodoviário interestadual e internacional de passageiros,
> f) Os portos marítimos, fluviais e lacustres;
> Os Estados organizam-se e regem-se pelas Constituições que adotarem, observados os princípios desta Constituição.

Cabe aos Estados explorar diretamente, ou mediante concessão, os serviços locais de gás canalizado, na forma da lei, verificada a edição de medida provisória para a sua regulamentação.

Compete aos Municípios: organizar e prestar, diretamente e sob regime de concessão ou permissão, os serviços públicos de interesse local, incluindo o de transporte coletivo, que tem caráter essencial.

Em se tratando especificamente de greve nos serviços essenciais, será o Estado que qualificará o serviço como público ou de utilidade pública. A Lei nº 7.783/89 qualifica a essencialidade dos serviços.

Hely Lopes Meirelles, em passagem já clássica, erige como princípios básicos que conduzem a prestação de serviços públicos:

a) permanência ou continuidade impõe serviço constante, na área e período de sua prestação;
b) generalidade, ou seja, o serviço é proporcionado a todos indiscriminadamente, sem qualquer distinção;
c) eficiência, quer dizer, serviço satisfatório, qualitativa e quantitativamente a exigir contínua atualização do serviço;
d) modicidade, significando que os preços cobrados pelos serviços haverão de ser razoáveis e ao alcance de seus destinatários;
e) cortesia, implicando no bom tratamento do público consumidor.

De outra parte, a Constituição, sobre a matéria, contém diversos dispositivos. Vejamos os principais.

Art. 9º. É assegurado o direito de greve, competindo aos trabalhadores decidir sobre a oportunidade de exercê-lo e sobre os interesses que devam por meio dele defender.
§1º. A lei definirá os serviços ou atividades essenciais e disporá sobre o atendimento das necessidades inadiáveis da comunidade.
§2º. Os abusos cometidos sujeitam os responsáveis às penas da lei.
Art. 37 (...)
VII. O direito de greve será exercido nos termos e nos limites definidos em lei específica;
Art. 114. Compete à Justiça do Trabalho processar e julgar:
(...)
III. As ações que envolvam exercício do direito de greve;
§3º. Em caso de greve em atividade essencial, com possibilidade de lesão ao interesse público, o Ministério Público do Trabalho poderá ajuizar dissídio coletivo, competindo à Justiça do Trabalho decidir o conflito.
Art. 142 (...)
IV. Ao militar são proibidas a sindicalização e a greve;
Art. 162. Não será permitida greve nos serviços públicos e atividades essenciais, definidas em lei.

Esses os principais dispositivos relacionados à questão da greve na Constituição.

Voltaremos ao tema da greve no serviço público mais adiante. Vejamos, em primeiro lugar, ainda que rapidamente, a greve no setor privado até para ter elementos de comparação da situação dos trabalhadores privados e os servidores públicos.

3   A greve no setor privado e nos serviços essenciais e seus limites

A greve deflagrada no setor privado corresponde a um instrumento de pressão muito antigo, tradicional e legítimo dos trabalhadores.

Yone Frediani[1] recorda que as primeiras greves teriam ocorrido no Egito nos idos do século XII a.C, durante a construção do túmulo real do faraó Ramsés II, em face do tratamento desumano que recebiam.

Também em 2.100 a.C, em Tebas, as mulheres dos trabalhadores que atuavam na construção do templo de Mut teriam convencido seus maridos a exigir dois pães extras por dia. Como não foram atendidos, teriam paralisado os serviços e sido enforcados.

---

[1] FREDIANI, Yone. Greve nos serviços essenciais à luz da Constituição Federal de 1988. São Paulo: LTr, 2001. p. 19-20.

A mesma autora recorda que, histórica e classicamente, o termo "greve" teria surgido na praça do Hotel de Ville que se chamava anteriormente "Place de Grève".

Era um grande terreno baldio sobre o qual o rio havia acumulado uma grande quantidade de areia e pedrinhas, daí vindo o seu nome, antes de serem construídos os cais para manter o Sena no seu leito.

Nessa praça reuniam-se, durante muito tempo, os operários sem trabalho: era aí que os contratistas vinham discutir com eles e contratá-los. Quando os operários estavam descontentes com as condições de trabalho ficavam esperando que viessem propor melhores condições.

Modernamente, Octávio Bueno Magano[2] entende que a greve consiste no "poder do grupo social que se manifesta através da atividade tendente à realização de um interesse coletivo, mediante a suspensão coletiva e temporária do trabalho dos trabalhadores pertencentes ao mesmo grupo".

Sem dúvida, a greve tem por objetivo principal fazer pressão sobre os empregadores, na defesa de seus interesses profissionais e econômicos.

Para a lei brasileira (Lei nº 7.783/89) a greve é uma abstenção coletiva do trabalho deliberada por uma pluralidade de trabalhadores para a obtenção de um fim comum.

A questão que mais nos importa no momento será analisar a greve nos serviços essenciais.

A Organização Internacional do Trabalho (OIT) define serviço essencial como aquele cuja interrupção possa colocar em risco a vida, a segurança ou a saúde da pessoa em toda ou em parte da população. Mas alerta: o que se deve entender por serviços essenciais, no sentido estrito do termo, depende em grande parte das condições próprias de cada país.

Além disso, não há dúvida de que um serviço não essencial pode tornar-se essencial, quando a duração de uma greve ultrapassar certo período ou alcance e colocar, assim, em risco a vida, a segurança ou a saúde da pessoa em toda ou parte da população (OIT, 1996, §541).

De acordo com a Lei nº 7.783/89, constituem serviços ou atividades essenciais:

a) tratamento e abastecimento de água; produção e distribuição de energia elétrica, gás e combustíveis;
b) assistência médica e hospitalar;
c) distribuição e comercialização de medicamentos e alimentos;
d) funerários;
e) transporte coletivo:
f) captação e tratamento de esgoto e lixo;
g) telecomunicações;
h) guarda, uso e controle de substâncias radioativas, equipamentos e materiais nucleares;
i) processamento de dados ligados a serviços essenciais;
j) controle de tráfego aéreo;
k) compensação bancária.

---

[2] MAGANO, Octávio Bueno. *Manual de Direito do Trabalho.* v. 3, p. 172. Direito coletivo do trabalho.

Ainda Yone Frediani,[3] na citada obra, ensina que bem andou o legislador ao impor às partes, empregadores e trabalhadores, a garantia de prestação de serviços indispensáveis ao atendimento das necessidades inadiáveis da população durante o movimento de paralisação.

Diz: "Com efeito, considerou o legislador que a falta de atendimento às necessidades básicas ou inadiáveis poderá colocar a comunidade em perigo iminente quanto à sobrevivência, saúde ou segurança, assegurando, ainda, a garantia de que todas as vezes em que as partes envolvidas no litígio não propiciarem a continuidade dos serviços, caberá ao Poder Público sua delimitação (art. 12 da Lei nº 7.783/89)".

Trata-se, portanto de um dever legal do Poder Público. O serviço deve ser prestado, não pode sofrer solução de descontinuidade para assegurar condições de segurança à população que dele necessita.

Cumpre agora aludir, ainda que rapidamente, a respeito dos limites ao direito de greve.

Como sabemos, não existem direitos absolutos em um Estado Democrático de Direito. Assim sendo, mesmo considerando a greve um direito social de natureza básica, o seu exercício deve respeitar os direitos, também constitucionais do indivíduo, igualmente tutelados na Constituição, como a vida, a saúde, a segurança, etc.

Aliás, a Assembleia Geral das Nações Unidas, ao regulamentar a Declaração Universal dos Direitos do Homem, que aprovou em 1948, proclamou que o direito de greve deve ser exercido "de conformidade com as leis de cada país", que podem prever "limitações no interesse da segurança nacional ou da ordem pública ou para proteção dos direitos e liberdades de outrem". (artigo 8º, alíneas "c" e "d", do Pacto Internacional dos Direitos Econômicos, Sociais e Culturais, 1966).

Procura-se uma possível harmonização entre o exercício do direito de greve e os demais direitos individuais e coletivos da pessoa. Para tanto, deve-se utilizar os mecanismos tradicionais da interpretação jurídica, acrescidos dos também métodos da interpretação propriamente constitucional.

Mas quais os limites ao direito de greve?

São ou estão nos serviços ou atividades essenciais; no atendimento das necessidades inadiáveis da população; na punição aos abusos cometidos por conta do exercício da greve; na limitação à greve do servidor público, a qual, de acordo com a Constituição Federal (art. 37, inciso VII), compete à lei específica a ser votada pelo Congresso Nacional e, por fim, a proibição da greve para o servidor público militar (art. 142, inciso IV).

4   A greve na função pública em alguns países

Na verdade, cada ordenamento jurídico cuida de regular a greve de uma determinada maneira.

Examinando o direito alienígena, verificamos que entre o reconhecimento jurídico sem limites do direito de greve e a proibição total, há um ponto comum pacífico, a greve é um poder limitado, na medida em que se lhe contrapõe a tutela de determinados

---

[3]   *Op.cit.*, p. 94.

direitos e interesses que podem ser afetados pelo respectivo exercício, sejam eles dos trabalhadores não grevistas, da entidade empregadora, dos indivíduos alheios ao conflito ou do público em geral.

Como bem ensina Francisco Liberal Fernandes,[4] a greve aparece nos diferentes ordenamentos jurídicos limitada ou mesmo proibida relativamente a determinadas categorias de trabalhadores.

Exemplo dessa denegação é o caso dos funcionários públicos que, em alguns países, se veem privados do direito de autotutela, em virtude de o seu exercício ser considerado intrinsecamente incompatível com a natureza do serviço público[5] e com a relação de fidelidade a que o agente se encontra vinculado perante o Estado.

Neste quadro legal, diz o autor, as exigências de continuidade e de regularidade do funcionamento dos serviços públicos surgem como bens prioritários relativamente aos interesses individuais ou coletivos dos respectivos agentes e ao reconhecimento de certas formas de defesa em interesses de categoria.

Além disso, para justificar semelhante proibição, também se sustenta que a greve, enquanto meio de tutela específico das relações de trabalho, não tem cabimento na função pública, pelo fato de o respectivo regime não possuir natureza laboral, mas constituir um domínio do direito público.

Todavia, outros sistemas aceitam que a atividade dos agentes do Estado integra uma prestação por conta alheia em sentido técnico, pelo que aí é reconhecido o direito de greve àqueles trabalhadores.

Nestes ordenamentos não possui relevo a diferenciação entre natureza laboral ou não laboral do trabalho dependente prestado na função pública para o efeito de se determinar o âmbito subjetivo daquele poder. Nestes casos, porém, dada a natureza específica do respectivo sujeito passivo, o direito é reconhecido com um conteúdo mais restrito do que no setor privado.

Em situação próxima à dos funcionários públicos encontram-se aqueles trabalhadores que prestam atividade em setores considerados imprescindíveis para a sociedade. A eles também é reconhecido o direito de greve, embora sujeito a restrições específicas, diferenciadas do regime comum.

Na Bélgica e em Portugal, ainda segundo Fernandes, a lei obriga à manutenção do funcionamento mínimo dos serviços essenciais, prevendo que os trabalhadores em greve sejam responsáveis pela sua continuidade.

Na Alemanha, este objetivo está consagrado nas diretivas emanadas pela Confederação de Sindicatos; na Itália, encontra-se previsto em algumas normas de autorregulamentação da greve; na França, a lei de 31.07.63 visa acautelar os interesses do público através da imposição de aviso prévio e da proibição das greves rotativas; no Reino Unido, recorre-se a medidas de urgência, como a execução de certos serviços

---

[4] FERNANDES, Francisco Liberal. A greve na função pública e nos serviços essenciais. *Boletim da Faculdade de Direito*, Universidade de Coimbra, Estudos em Homenagem ao Prof. Doutor Afonso Rodrigues Queiró, II, Coimbra, p. 57 *et seq.*, 1993. Número especial.

[5] Sobre o tema do serviço público, consulte-se GROTTI, Dinorá Adelade Musetti. *O serviço público e a Constituição brasileira de 1988*. São Paulo: Malheiros, 2003.

pelos militares; no Canadá, a lei prevê a obrigação de retomar o trabalho, remetendo a solução do conflito para a arbitragem.[6]

Em linhas gerais, segundo Fernandes, os regimes jurídicos de regulamentação da greve na função pública e nos serviços essenciais podem dividir-se em três grupos: o primeiro é constituído pelos países em que vigora a proibição do direito ou a limitação acentuada do número dos sujeitos a quem é reconhecida a titularidade do direito (ou liberdade) de greve.

São exemplos a Alemanha, a Suíça, os EUA e os países baixos. Um segundo grupo abrange países como Itália,[7] França, Suécia, Noruega, cujas ordens jurídicas atribuem o direito de greve aos trabalhadores ou agentes daqueles serviços, embora com algumas limitações. Finalmente, há o grupo daqueles ordenamentos (por exemplo, os sistemas inglês ou maltês), que procedem a uma equiparação de princípio entre trabalhadores do setor público e do setor privado e que aplicam a ambos o mesmo regime jurídico, com a ressalva expressa para certas categorias de funcionários, como os membros das forças policiais e das forças armadas.

5   A greve no serviço público no Brasil

Nos regimes anteriores a 1988, os servidores públicos não tinham direito à organização sindical e, por isso, ao exercício do direito de greve.

Essa realidade muda com a Constituição Cidadã de 1988 que passa a assegurar tais direitos, como já vimos (art. 37, incisos VI e VII), que garantem ao servidor público civil o direito à livre associação sindical e *o direito de greve que será exercido nos termos e limites definidos em lei específica.*

A partir da Constituição de 1988 surgem ao menos duas linhas de entendimento a propósito da extensão do direito de greve dos servidores públicos.

A primeira linha está representada na decisão e no entendimento de que se trata de um direito de eficácia limitada, que por isso, somente poderá ser exercido mediante lei que estabeleça os seus contornos. Nesse sentido, por exemplo, o MI nº 20-DF, Relator Ministro Celso de Mello, *DJU*, 22 nov. 1996.

Nessa decisão, reconheceu-se a impossibilidade do exercício da greve antes da edição de lei complementar anunciada no texto constitucional, ainda que o Congresso estivesse em mora para legislar sobre a matéria.

A segunda linha de pensamento afirma que as normas constitucionais que veiculam o direito de greve têm eficácia contida, com incidência imediata, havendo direito dos

---

[6]   *Op. cit.*, p. 81.

[7]   A situação na Itália, segundo informa Giancarlo Perrone, titular de Direito do Trabalho da Universidade de Roma 2-Tor Vergata, "Na Itália, hoje, não há mais uma regulação diferente da relação de trabalho do serviço público com o Estado. Salvo categorias especiais – juízes, ministério público –, a lei que se aplica ao trabalhador privado e ao público é a mesma. Esta identificação se deu com o Decreto Legislativo n. 165, de 2001. Os servidores podem firmar convenções coletivas (ou contratos coletivos, segundo a nomenclatura italiana), com o Estado, que não dependem de aquiescência ou ratificação do Presidente da República. Para negociar, criou-se as Agência para a Representação Negocial das Administrações Públicas – ARAN – constituída de comitês dos setores da AP e dos sindicatos mais representativos destes setores. A convenção coletiva é redigida e submetida à aprovação do comitê do setor ou do Conselho de Ministros. A seguir é submetida ao Tribunal de Contas que emitirá parecer em 15 dias sobre a compatibilidade do negociado com o orçamento público". Cfr. SILVA, Antônio Álvares da. *Greve no serviço público*. São Paulo: LTr, 2008. p. 164.

servidores exercerem a greve, enquanto não aprovada a lei específica, aplicando-se, por analogia, a Lei de Greve (Lei nº 7.783/89). Como já vimos, a citada lei, embora trate da greve em atividades essenciais, contém regulamentação sobre greve em atividades essenciais, aproximando-se do regime dos serviços públicos ao menos no que tange à pretendida solução de continuidade.

Já no Mandado de Injunção nº 712-8,[8] acolheu-se o entendimento de aplicar-se a Lei nº 7.783/89, *no que couber*, aos servidores públicos. Ao conceder o Mandado de Injunção, houve a regulamentação do artigo 37, VII, através do conjunto integrado dos artigos 1º ao 9º, 14, 15 e 17 da Lei nº 7.783/89, com as alterações necessárias ao atendimento das peculiaridades da greve nos serviços públicos, que introduziu-se no artigo 3º e seu parágrafo único, no artigo 4º, no parágrafo único do artigo 7º, no artigo 9º e seu parágrafo único e no artigo 14.

Sobre a matéria e suas implicações no novo regime consulte-se Antonio Álvares da Silva.[9]

O citado jurista afirma: "Pode-se dividir a negociação no setor público em matéria negociável e não negociável. Não se vai, pela negociação coletiva no serviço, fazer a reforma administrativa nem se mudará a estrutura e a organização do Estado. Isto é tarefa do legislador, num consenso amplo, que só pode ser obtido no plano político. Mas fazer previsões e ajustes orçamentários, criar comissões mistas de conciliação, envolvendo membros do Congresso Nacional e do Executivo, referendar por medida provisória a negociação coletiva, observados os limites do artigo 62, §1º, da CF, projetar parte do encargo a previsões orçamentárias futuras, negociar previamente a lei prevista no art. 37, X, bem como a revisão geral anual, constituem medidas plenamente factíveis que tornam concreta a negociação coletiva, sem maiores concessões da AP e com grande benefício para o Estado e a sociedade como um todo".[10]

"O presidente da República continua com a competência de criar cargos e estabelecer a remuneração. Mas agora, esta função poderá ser complementada e ampliada em negociação coletiva, quando tiver o mesmo objeto".

"Como a paralisação é parcial, o sindicato está obrigado a apresentar um plano de garantia da prestação mínima de serviço que, segundo a lógica do acórdão, deve sempre existir, ainda que em ritmo menor. Problema difícil, que suscitará dificuldade na prática, será a fixação desta 'parcialidade' na prestação dos serviços onde colocar a zona divisória entre o parcial e o insuficiente".

O artigo 15, por fim estabelece que "responsabilidade pelos atos praticados, ilícitos ou crimes, cometidos, no curso da greve, será apurada, conforme o caso, segundo a legislação trabalhista, civil ou penal".

---

[8] Mandado de Injunção nº 712-8, Pará, Relator Ministro Eros Grau, Impetrante: Sindicato dos Trabalhadores do Poder Judiciário do Pará, SINJEP, Impetrado: Congresso Nacional.

[9] SILVA, Antonio Álvares. *Greve no serviço público*. São Paulo: LTr, 2008. p. 133.

[10] Ressalte-se que anteriormente a esse entendimento do STF, o TST entendeu que seria "juridicamente impossível o ajuizamento de dissídio coletivo por ou contra pessoa jurídica de direito público, até mesmo o de greve" (TST, RODC nº 37141-1991, 9ª Região PR – Recurso Ordinário em Dissídio Coletivo decisão de 06.05.1994). Posteriormente vê-se nova postura da Justiça do Trabalho que passa a reconhecer a possibilidade de dissídio coletivo de greve no serviço público estadual da saúde. Nesse sentido, vide o Acórdão nº 2004001257, de 18.05.2004, do TRT da 2ª Região. Hoje o S.T.J. deixou assentado que compete a sua Terceira Seção julgar dissídios coletivos de greve de servidores públicos.

É, portanto, importante registrar que o exercício do direito de greve pode gerar abusos. É dizer, não é porque a greve constitui-se em um direito que seu exercício não é passível de desborde, de abuso.

Surge assim o abuso do direito de greve, figura que sempre existiu no direito privado e que, evidentemente, pode também ocorrer com a "regulamentação" (como pretendeu o Supremo Tribunal Federal) de seu exercício.

A Lei nº 7.783, de 1989, ao regulamentar o direito de greve, tratou como abuso de direito os atos e fatos que configuram violação frontal de suas regras.

De fato, o artigo 14 antes já referido dispõe:

> Art. 14. Constitui abuso do direito de greve a inobservância das normas contidas na presente lei, bem como a manutenção da paralisação após a celebração de acordo, convenção ou decisão da Justiça do Trabalho.

O abuso do direito de greve, segundo a legislação, pode ocorrer em diversos momentos, a saber: a) quando há descumprimento de formalidade essencial (artigos 3º, parágrafo único, 4º e 13); b) em relação à oportunidade da greve, quando proibida na vigência de convenção ou acordo coletivo, ou, ainda, de sentença normativa da Justiça do Trabalho (art. 14), ou da Justiça Especializada, no caso de servidores, federal ou estadual; c) quanto ao objeto ou pretensão, quando insuscetível de atendimento pelos correspondentes empregadores; d) quanto ao curso da greve (art. 6º; 9º e 11), negar-se o sindicato a firmar acordo para a manutenção de serviços cuja paralisação importe em prejuízo irreparável à empresa ou cuja prestação seja indispensável ao atendimento das necessidades inadiáveis da comunidade ou os empregados escalados não prestarem os respectivos serviços; o sindicato ou os grevistas utilizarem meios violentos para aliciar ou persuadir trabalhadores, violar ou constranger direitos e garantias fundamentais de outrem, causar ameaça ou dano a propriedade ou pessoa; e) o sindicato organizar ou os trabalhadores participarem de piquetes obstativos de livre acesso ao trabalho ou de arrastões que retirem do local do trabalho os empregados que não aderiram à greve e ou ocuparem o estabelecimento.

A responsabilidade trabalhista e a penal são de caráter individual: restringem-se ao autor ou autores do ato.

A responsabilidade civil, no entanto, pode atingir tanto o trabalhador que praticou o ilícito como o sindicato que o determinou. *A responsabilidade civil emana do ato Ilícito e independe de ser a greve abusiva.*

Contudo, a participação no ato ilícito há de ser *ativa* (seja por ação seja por omissão consciente) por exemplo: negar-se o empregado a participar de turmas de emergência ou não comparecer injustificadamente ao serviço depois de resolvida a greve. Na simples participação *passiva*, como já decidiu o TST, não há falta do trabalhador suscetível de punição (Ac nº DC-E-1.496/87, Relator Ministro Marco Aurélio de Mello).

6 Da responsabilidade civil por abuso do direito de greve

A greve, como já vimos, enquanto manifestação da pessoa ou da categoria colocada a serviço dos interesses dos trabalhadores, *sob a condição expressa de que se respeite a liberdade de trabalho e não se cometam atos de violência*, estará a salvo a responsabilidade dos grevistas, posto que permaneceriam tais pessoas, nos limites dos interesses legítimos, que constitui o ponto fundamental de toda a teoria do *abuso de direitos*.

Contudo, se ultrapassarem os aludidos limites; se os trabalhadores recorrem a greve por motivos que ultrapassam a sua natureza profissional serão responsáveis pelos danos e prejuízos que, por sua culpa, causarem ao empregador lesado.

Como bem ensina Amauri Mascaro Nascimento,[11] pode-se asseverar que as ações ou omissões que venham a contrariar o conceito de greve, deste se distanciando, são abusivas e bastam para retirar do movimento a legitimidade que lhe é constitucionalmente conferida, gerando, por decorrência disso, a possibilidade de responsabilização.

Razoável afirmar-se que as condutas eventualmente verificadas e que não se achem adequadas aos fins e função do movimento paredista, desnaturando-o e afrontando os limites do razoável, configuram o exercício abusivo do direito, gerando, em decorrência disso, a produção de um ato ilícito com repercussão nas diversas esferas e que, acarretando dano, enseja o dever de reparação respectiva.

O TST já decidiu há algum tempo:

> A greve abusiva, pode acarretar a responsabilidade civil de quem a decretou e dirigiu, quando nada por omissão voluntária ou imprudência ou pelo exercício irregular do direito de greve. Assim se conciliam a Constituição e o Código Civil, não se parecendo sequer sensato supor que a lei Civil fosse inaplicável aos mesmos abusos na esfera trabalhista. (AC. Proc. nº DC-10.566/90, *DJU*, 22 ago. 1990).

A constatação dos excessos cometidos caracteriza conduta abusiva e, portanto, afronta ao direito de greve, equivalendo ao ato ilícito.

Tal conduta repercute na esfera civil, tornando certo o dever de reparar todos os danos que em decorrência dos excessos cometidos se tenha verificado.

Recorde-se que o artigo 186 do Código Civil estabelece em relação aos atos ilícitos que "aquele que, por ação ou omissão voluntária, negligência ou imprudência, violar direito e causar dano a outrem, ainda que exclusivamente moral, comete ato ilícito". Também comete ato ilícito o titular de um direito que, ao exercê-lo excede manifestamente os limites impostos pelo seu fim econômico ou social, pela boa-fé ou pelos bons costumes (CC, art. 187).

O Acordão abaixo, do Tribunal de Justiça de São Paulo, é bem interessante e, por isso, merece ser integralmente transcrito:

TRIBUNAL DE JUSTIÇA DO ESTADO DE SÃO PAULO
ACÓRDÃO
Danos decorrentes de reunião prevista no art. 5o, XVI, da CF – O sindicato que promove reunião de filiados e simpatizantes sem expedir o aviso prévio que permita à Administração controlar o trânsito afetado por movimento de percurso móvel e que atinge região de intenso tráfego e no horário mais agudo da circulação viária, responde pelos prejuízos decorrentes do gigantesco congestionamento e que perturba, indistintamente, milhares de pessoas, competindo compensar, inclusive, os danos morais [difusos] – Provimento,

---

[11] *Direito sindical*. São Paulo: Saraiva, 1989. p. 394.

em parte, apenas para reduzir o *quantum* do dano moral para R$ 906.428,04, em atenção ao art. 944, do CC, apesar dos antecedentes.

Vistos, relatados e discutidos estes autos de APELAÇÃO Nº 570.835-4/8, da Comarca de SÃO PAULO, sendo apelante SINDICATO DOS PROFESSORES DO ENSINO OFICIAL DO ESTADO DE SÃO PAULO [E OUTRO] e apelado MINISTÉRIO PÚBLICO DO ESTADO DE SÃO PAULO. ACORDAM, em Quarta Câmara de Direito Privado, do Tribunal de Justiça do Estado de São Paulo, por votação unânime, dar provimento, em parte, ao recurso.

Reconhece a CF, no art. 5º, XVI, configurar a reunião pacífica [sem armas] de pessoas como exercício fundamental da democracia, o que conduziu a sua estimulação mediante uma única exigência: aviso prévio à autoridade competente. A providência que se reclama não é um item burocrático, mas, sim, controle da cidadania, pois, da mesma forma que a reunião conjuga interesses dos que se reúnem, as demais pessoas que dela não participam são dignas de tutelas preventivas para resguardo de seus direitos básicos fundamentais, como o de segurança e circulação adequada "O aviso prévio, afinal, enseja que a Administração adote as medidas necessárias para a realização da manifestação, viabilizando, na prática, o direito. Cabe aos Poderes Públicos aparelhar-se para que outros bens jurídicos, igualmente merecedores de tutela, venham a ser protegidos e conciliados com a anunciada pretensão de o grupo se reunir. Assim, por exemplo, a Administração deverá, sendo o caso, dispor sobre medidas necessárias para assegurar o tráfego de pessoas e de veículos no espaço marcado para a reunião, bem assim cuidar dos aspectos de segurança pública. Em casos extremos, admite a doutrina que o perigo para o direito de propriedade possa conduzir a Administração a se opor a reunião – mas isso apenas em circunstâncias excepcionais, em que o Poder Público não tenha como, materialmente, proteger a contento outros bens constitucionalmente valiosos – hipótese de difícil ocorrência e que não cabe nunca ser presumida, devendo ser comprovadamente demonstrada". Não se emitiu o aviso prévio, e isso é um fato induvidoso, exatamente porque os requeridos deveriam provar que expediram, com antecedência, o comunicado, sendo que inexistem razões para a omissão, sabido que o aviso não é uma restrição do direito, mas, sim, "mera comunicação". Como os requeridos não produziram prova, o art. 333, II, do CPC, não os favorece, mas, sim, compromete a defesa que esboçaram e que sugere uma provável imprevisibilidade do movimento. Ocorre que as regras de experiência [art. 335, do CPC] autorizam concluir que uma gigantesca manifestação de percurso móvel, com tomada de ruas e avenidas, não acontece por acaso ou de improviso, sendo indispensável uma disciplinada e eficiente organização, sem a qual fracassa qualquer intuito de aglutinação de pessoas para defesa de interesses de uma categoria, ainda que com embalo de carros de som. Aliás, o fato de a APEOSP ter contratado o caminhão que recebeu multa [fl. 77] para a manifestação na Av. Paulista, no dia 5.10.2005, derruba todos os argumentos deduzidos pelos apelantes, por indicar que a reunião foi agendada e preparada com antecedência e com estrutura para resultado positivo. Faltou, sem dúvida alguma, apenas emitir o prévio aviso exigido pela Constituição Federal. O aviso é uma comunicação obrigatória para que a Administração não seja surpreendida com o deslocamento do grupo e a passeata de significativas proporções, como essa deflagrada pela APEOESP, sob o comando do co-requerido, cuja potencialidade é capaz de asfixiar as chances de fluidez do caótico trânsito da capital paulista e que sente, em determinados horários, o peso da circulação da expressiva frota de veículos. Foi o que se sucedeu no dia 5.10.2005, para desespero de milhares de pessoas, cujos direitos foram inferiorizados ou ignorados pelo professores reunidos. A região ocupada pelo movimento abriga importantes sítios de atendimentos médicos e, sitiada como ficou, naturalmente prejudicou deslocamentos emergenciais, o que constitui apenas um ponto a ser destacado sobre o perigo social que representa uma situação em que a administração perde o controle do tráfego urbano. Não cabe discutir sobre as sanções cabíveis para a omissão, sendo legítima a cominação de sanções administrativas e mesmo penais e urge indagar: é permitido aplicar os princípios da responsabilidade civil para compor danos materiais e morais?

Afirmativa será a resposta. Caracterizada está a lesão ao patrimônio de outros titulares de direitos, por uma omissão inexplicável dos requeridos. O aviso prévio foi alçado ao meio de interligação das autoridades e se transformou em medida essencial para que os direitos das demais pessoas sejam resguardados ou minimamente tutelados diante dos efeitos da reunião lícita, de modo que a sua falta constitui a causa da ausência do Poder Público na organização do trânsito nas ruas e avenidas afetadas e bloqueadas pelo movimento. Evidente que a responsabilidade diante do dano decorrente do congestionamento e que prejudica o cotidiano de milhares de pessoas, tanto no espírito como no aspecto material, recai no promotor do mega evento e que se destacou pela negligência quanto ao dever de avisar a Administração para que o trânsito fosse organizado, com desvios e manobras contemporizadoras do engarrafamento Os apelantes já experimentaram concretas e específicas reprovações por práticas anteriores Acórdãos do TJ-SP proferidos nas Apelações 129.040-4/8 e 320.859.4/8 – fl. 144/157 e não lhes favorece a atenuação que se concede aos novatos ou iniciantes, de modo que a antijuridicidade da reunião, diante do interesse das demais pessoas, é algo que causa perplexidade. O caos se instalou pela desafiadora conduta, e isso não poderá ficar impune, como se fosse permitido realizar reuniões sem observar os direitos dos demais cidadãos que, de forma pacifica, igualmente se deslocam para exercício de prerrogativas sociais e sofrem graves e lesivas restrições. A Constituição Federal não poderia conceder o privilégio de permitir reunião sem sanções aos abusos e ilícitos cometidos, tal como anotam CANOTILHO e VITAL MOREIRA [*Constituição da República Portuguesa*, edição conjunta da RT e Coimbra Editora, 1a edição, 2007, vol. I, p. 641] ao comentar o art. 45 da Carta deles e que possui redação semelhante ao nosso texto: "Em contrapartida [à liberdade], não existe qualquer privilégio ou imunidade de reunião ou de manifestação, pelo que as infrações ocorridas durante ou no decurso delas (v.g., danos, injúrias, etc.) ficam sujeitas às regras da responsabilidade civil e penal".

Os apelantes argumentam não ter o Ministério Público legitimidade ativa *ad causam*, o que constitui tese equivocada diante do que consta do art. 1º, caput, VI, da Lei 7347/85, arts. 81, I, 82, I e 6º, VII, da Lei 8078/90 e 127, caput, da Constituição Federal. Há, sem dúvida, o que se pode qualificar de dano moral difuso diante do rebaixamento do nível da qualidade de vida da população e que atingiu um número indeterminado, embora específico, de pessoas, sendo inadmissível supor que alguém preso na armadilha do trânsito confuso e bloqueado pudesse não ter sofrido um malefício indenizável e que é bem diferente do conceito de dissabores cotidianos, o qual sabidamente não se indeniza. A evolução da responsabilidade civil não está sustentada única e exclusivamente na luta pela reparação do dano injusto e consistiu no aperfeiçoamento de técnicas que alcancem situações emblemáticas nas quais o responsável pelos prejuízos procura se livrar dos incômodos que causa por uma suposta falta de determinação do prejuízo concreto. As práticas contrárias ao meio ambiente [de um rio] e condutas poluidoras [visuais ou sonoras] produzem dano moral coletivo ou difuso, o que permite equipará-las com a reunião, que ocorre sem aviso e que, por isso, produz congestionamento lesivo. No caso ocorreu dano difuso porque atingiu a todos e a ninguém em particular, embaraçando, com acentuado grau de nocividade, o direito garantido pelo art. 5º, XV, da CF. O que caracteriza o direito difuso é justamente a indisponibilidade; o interesse diluiu-se por todos, e uma pessoa não poderia dele fruir isoladamente. O que é relevante para definir a ocorrência de um dano difuso consiste na identificação da essência da lesão que atingiu a todos, indistintamente, conforme explica MATILDE ZAVALA DE GONZÁLES [*Actuaciones por danos*, Buenos Aires, Hammurabi,

2004, p. 99]: "El perjuicio coletivo es único, aunque expandido entre los sujetos, a los cuales Nega indivisiblemente, por Ia inserción en ei contexto lesivo: padecer sida, habitar en un cierto lugar, pertenecer a una determinada raza o nacionalidade, ejercer una específica función o actividad profesional". Sobre os danos materiais pouco há para escrever como referendum do que se decidiu em Primeiro Grau, pois o quantum foi estabelecido diante de critério técnico confiável sobre a presumida influência desastrosa do congestionamento e da durabilidade das agruras do trânsito bloqueado. O dano moral, no entanto, foi superestimado pela digna Juíza de Direito, o que comporta diminuição, apesar de se essa a terceira vez que o Judiciário emite sentença responsabilizando a APEOSP por reuniões não comunicadas. O décuplo do valor dos danos materiais representa um arbitramento que se fecha com um valor exorbitante [R$ 3.021.426,80], de sorte que opta a Turma por definir como adequado ao quantum do dano moral o triplo do dano material, ou seja, R$ 906.428,04, lembrando que a cifra é mensurada de acordo com os critérios do art. 944, do CC e da necessidade de se agravar a indenização para que a sentença cumpra outra de sua função importante, qual seja, a "dissuasão de comportamentos incorretos e danosos" GENEVIÉVE VINEY, "As tendências atuais do direito da responsabilidade civil", tradução de Paulo Cezar de Mello, in *Direito Civil Contemporâneo*, organizado por Gustavo Tepedino, Atlas, 2008, p. 54]. Não seria producente para o processo civil de resultados fixar valor de menor expressão, porque a APEOSP não alterou a conduta, apesar das duas outras condenações, revelando uma recalcitrância que somente arrefecerá respondendo à altura de sua obsessiva intenção de causar danos difusos e coletivos, ainda que pretextando defender os interesses da categoria. A pessoa física, como devedor solidário, responde igualmente, até porque não provou ter realizado atos administrativos que pudessem aliviar o grau de sua responsabilidade.

Anote-se, por fim, ter a r. sentença destinado a verba, nos termos do art. 13, da Lei 7347/85, ao departamento que gerencia o fundo dos recursos obtidos com condenações semelhantes e que reverterão em prol da coletividade.

Quanto ao fator publicação da sentença, a Turma Julgadora considera adequado fazê-lo, desde que se publique ou na Folha de São Paulo ou no Estado de São Paulo, dois jornais de grande circulação, um extrato contendo os fatos, a identidade dos responsáveis e as indenizações fixadas, a exemplo do que sucede na Lei de Imprensa de Portugal [art. 34, da Lei 2/99], cujo objetivo é o de esclarecer à coletividade o Poder Público ter tutelado os direitos difusos atingidos. Desde já se advirta que a publicação deve sair com colunas e relevos gráficos importantes, merecendo primeira página, obrigação a ser cumprida em seguida à intimação do Acórdão, sob pena de multa diária de R$ 10.000,00 [dez mil reais], tal como estabelecido na r. sentença. Isso posto, dá-se provimento, em parte, apenas para reduzir o dano moral para R$ 906.428,04, mantida, no mais, a r. sentença, inclusive a publicação de extrato da situação processual, uma única vez, com multa diária pela resistência. O julgamento teve a participação dos Desembargadores **MAIA DA CUNHA** e **TEIXEIRA LEITE**. São Paulo, 25 de junho de 2009. **ENIO SANTARELLI ZULIANI-Presidente e Relator**

7   Da responsabilidade civil do Estado

Por meio da responsabilidade civil se procura pôr fim à situação criada por uma conduta contrária à ordem jurídica que tenha causado um dano e produzir ou restabelecer uma situação conforme ao direito.

No caso da responsabilidade civil do Estado, verifica-se, ao longo da história, sua paulatina ampliação decorrente das mudanças nas formas de exercício das atividades do poder público e no relacionamento deste com a sociedade, bem como no grau de intervenção nesta última.

O Brasil, ao lado da Espanha, é um dos poucos países que consagram uma responsabilidade objetiva e geral do Estado.

Como relata Alexandre Aragão,[12] em França, a regra é a responsabilidade do Estado por culpa, ainda que às vezes presumida em bens ou atividades de risco; na Itália a responsabilidade do Estado é, em princípio, relacionada com a do servidor, havendo inclusive controvérsias quanto à possibilidade de se acionar diretamente o Estado; na Alemanha, fora dos casos de sacrifício legítimo que implique em indenização e responsabilidade dos Entes públicos, que a assumem; e na Inglaterra a Coroa só é responsável se o servidor, pessoalmente, também o for.

Como é de sabença geral, a responsabilidade civil extracontratual do Estado é tratada no capítulo dedicado à Administração Pública, no §6º do artigo 37 da Constituição de 1988, que determina:

> As pessoas jurídicas de direito público e as de direito privado prestadoras de serviços públicos responderão pelos danos que seus agentes, nessa qualidade, causarem a terceiros, assegurado o direito de regresso contra o responsável nos casos de dolo ou culpa.

Prevalece na doutrina e na jurisprudência o entendimento de que tal responsabilidade é objetiva, dispensando o exame da culpa ou do dolo dos agentes públicos. Deve ser perquirida somente a existência dos seguintes requisitos: a) um dano; b) uma atuação imputável a um agente público; c) nexo de causalidade entre a atuação e o dano. O fundamento de tal responsabilidade é o chamado "risco administrativo", sendo nítida a influência da obra de Léon Duguit.

Weida Zancaner[13] ensina que "todas as vezes que o Estado, ou quem lhe faça as vezes, por ação ou omissão, quando da prestação de serviços públicos causar aos administrados um dano antijurídico, ou quando o dano antijurídico for proveniente da ausência desses serviços, isto é, mesmo quando não instituídos, nos casos em que teria sido obrigatório instituí-los (...) que os concessionários de serviços e obras públicas responderão direta e objetivamente pelos danos causados em razão da prestação do serviço ou da obra, tanto por atos comissivos como por atos omissivos, ilícitos ou lícitos, tal qual responderia o Estado se fosse o prestador do serviço ou executor da obra".

Não há dúvida que o usuário do serviço público é detentor de um direito de receber um serviço público adequado.[14] Desse modo, caso o exercício do direito de greve afete o bom funcionamento dos serviços públicos resta clara a responsabilização de quem prestou mal ou inadequadamente o serviço.

O usuário do serviço público que sofreu um dano, causado pelo prestador do serviço, não precisa comprovar a culpa deste. Ao prestador do serviço é que compete,

---

[12] Os fundamentos da responsabilidade civil do Estado. *RDA*, v. 236, p. 263 *et seq.*

[13] Responsabilidade do Estado, serviço público e os direitos dos usuários. *In*: FREITAS, Juarez (Org.). *Responsabilidade civil do Estado*. São Paulo: Malheiros, 2006. p. 337 *et seq.*

[14] Diogo de Figueiredo Moreira Neto elenca oito princípios vetores do serviço público: a generalidade, a continuidade, a regularidade, a eficiência, a atualidade, a segurança, a cortesia e a modicidade (*Curso de Direito Administrativo*. 14. ed. Rio de Janeiro: Forense, 2005).

para o fim de mitigar ou elidir a sua responsabilidade, provar que o usuário procedeu com culpa, culpa em sentido lato.

Se a concessionária, ao prestar seus serviços, ocasiona dano a alguém, devida será a indenização, independentemente de a vítima ser usuária ou terceiro não usuário.

Assim, parece claro que se houver uma greve que cause dano ao usuário ou terceiro haverá a obrigação de indenizar o usuário ou quem utilize o serviço público.[15]

Normalmente nos serviços públicos concedidos o risco da prestação já está inclusive calculado e inserido nas propostas dos licitantes e do vencedor contratado.

Evidentemente se a greve for causada pelo Estado ou por seus agentes diretamente, aplica-se a regra do artigo 37, §6º, não havendo qualquer ponto polêmico a esclarecer.

É importante recordar que uma greve ainda que legítima e deflagrada de acordo com o devido processo legal pode, evidentemente, causar danos a terceiros, danos anormais.

Imaginemos determinada greve no serviço metroviário em uma cidade caótica como São Paulo. Milhões de pessoas seriam afetadas por esse movimento paredista. Cumpre então indagar se todas as providências legais foram tomadas. Se a greve cumpriu todos os requisitos legais para o seu exercício.

Houve abuso no exercício desse direito?

Ainda que a resposta seja negativa, o movimento afetou a regularidade do serviço público prestado, causando um dano concreto na vida, no cotidiano do indivíduo?

Como sabemos, o dano compreende a violação a uma situação juridicamente protegida, que tanto pode ocorrer por atuação lícita como ilícita da Administração, material ou jurídica. O dano deve ser certo, compreendendo eventualmente os danos morais.

A greve, lícita ou ilícita, caso afete um grupo de pessoas, os usuários do serviço público, há de gerar o consequente dever de indenizar pelos incômodos anormais sofridos.

Vejamos algumas decisões do Supremo Tribunal Federal, sobre o tema:

> Responsabilidade Civil do Estado. Acidente. Óbito. Servidor Público. Ausência do Dever de Cuidar. Pensão. Dano Moral.
> .... (omissis)
> 7. Nos termos do §6, do art. 37 da CF, as pessoas de direito jurídicas de direito público, e as de direito privado prestadoras de serviço público, responderão pelos danos que seus agentes, nessa qualidade, causarem a terceiro, assegurando o direito de regresso contra o responsável nos casos de dolo ou culpa.
> 8. Assim, cabe estabelecer, de início, algumas premissas, em torno da responsabilidade civil do Poder Público, para esta hipótese.
> 9. A Suprema Corte tem estabelecido os seguintes requisitos, para a configuração da mesma, a saber: a) o dano; b) ação administrativa; c)e o respectivo nexo causal; esclarecendo que a mesma pode ser excluída, total ou parcialmente por culpa da vítima (STF, RE 178806,

---

[15] Juan Carlos Cassagne a respeito da Responsabilidade Patrimonial do Estado em caso de omissão afirma: "La clave para establecer la responsabilidad estatal por un acto omisivo se encuentra en la configuración de la falta de servicio, concebida ésta como una omisión antijurídica que se produce en la medida en que sea razonable y posible esperar que el Estado actúe en determinado sentido para evitar danos en las personas o en los bienes de los particulares. La omisión antijurídica se genera por el incumplimiento de una obligación legal expresa o implícita y no de un deber genérico o difuso" (*Derecho Administrativo*. 7. ed. Buenos Aires: Lexis Nexis, Abeledo-Perrot, 2001. t. I, p. 565).

DJ 30.6.95); bem como pelo caso fortuito, ou força maior (STF, RE 109615, *DJ* 2.8.96), ou por fato de terceiros ou da natureza (STJ, Resp 44500, *DJ* 9.9.02).

10. Por outra banda, a meu juízo, não obstante as dissensões jurisprudenciais e doutrinárias (STF, RE 258726, *DJ*, 14.6.02), entendo que subsiste a responsabilidade objetiva, em se tratando de conduta omissiva (STF, RE 109615,*DJ* 2.8.96) pelo princípio da efetividade máxima das normas constitucionais (STF, ADIN 2596, *DJ* 27.9.02), devendo esta ser apurada pela existência de um dever jurídico (STF, RE 372472, *DJ*·28.11.03) e, pela observância deste, nas circunstâncias fáticas, por um critério de razoabilidade (STF, RE 215981, *DJ* 31.5.02), inadmitindo-se a designada omissão genérica (STF, AG. Rg.AG 350.074, *DJ* 3.05.02).

11. Por derradeiro, há que se vislumbrar um nexo etiológico entre a conduta, e o dano experimentado (STF, RE 172025, *DJ* 19.12.96), sem o qual, não obstante a presença daqueles, inviabiliza-se o reconhecimento indenizatório (STF, Resp 44500, *DJ* 9.9.02).

12. Nessa ordem de idéias, mesmo que oriunda de, eventual, conduta lícita, o Poder Público responde pelos danos causados a terceiros, a teor do princípio dos ônus e encargos sociais (STF, RE 116685, *DJ* 7.10.02), tendo restado demonstrado ausência do dever de cuidado do mesmo, segundo fundamentação do decisum, amparado no conjunto de provas. (AI 697712-RJ, Relator Ministro Marco Aurélio, Julgado em 3.06.2009).

RE 258726-AL – Relator Min. Sepúlveda Pertence
Julgado em 14.05.2002.
Responsabilidade Civil do Estado. Morte de Passageiro em acidente de aviação: caracterização. 1. Lavra dissenção doutrinária e pretoriana acerca dos pressupostos da responsabilidade civil do Estado por omissão (cf. RE 257.761), e da dificuldade muitas vezes acarretada à sua caracterização, quando oriunda de deficiências do funcionamento de serviços de polícia administrativa, a exemplo dos confiados ao DAC, relativamente ao estado de manutenção das aeronaves das empresas concessionárias do transporte aéreo.2. No caso, porém o acórdão recorrido não cogitou de imputar ao DAC a omissão no cumprimento de um suposto dever de inspecionar todas as aeronaves no momento antecedente à decolagem de cada vôo, que razoavelmente se afirma de cumprimento tecnicamente inviável: o que se verificou, segundo o relatório do próprio DAC, foi um estado de tal modo aterrador do aparelho que bastava a denunciar a omissão culposa dos deveres mínimos de fiscalização. 3. De qualquer sorte, há no episódio uma circunstância incontroversa, que dispensa a indagação acerca da falta de fiscalização preventiva, minimamente exigível, do equipamento: é estar a aeronave, quando do acidente, sob o comando de um "checador" da Aeronáutica, à deficiência de cujo treinamento adequado se deveu, segundo a instância ordinária, o retardamento das medidas adequadas à emergência surgida na decolagem, que poderiam ter evitado o resultado fatal.

Acreditamos que foi possível responder ao longo deste trabalho à questão inicial a que nos propomos.

BREVE SÍNTESE DA POLÊMICA EM TORNO DO CONCEITO DE INTERESSE PÚBLICO E SUA SUPREMACIA: TESE CONSISTENTE OU DEVANEIOS DOUTRINÁRIOS?

1   Introdução

Todos aqueles que militam como professores ou advogados com o direito público têm acompanhado a recente polêmica instaurada por publicistas contemporâneos no sentido de combater a visão tradicional do que se entenda por *interesse público* e, sobretudo, sua *supremacia*.

Afirma-se, em apertada síntese que o princípio da supremacia do interesse público como sendo a base de um autoritarismo retrógrado, ultrapassado e reacionário do direito administrativo.

Nosso objetivo com esse despretensioso artigo é o de sumular os argumentos favoráveis e contrários disputados por ambos os lados desta "contenda" doutrinária e, objetivamente, optar, se for o caso, por um deles.

O conceito de interesse público é indeterminado,[1] plurissignificativo, de difícil definição.

Antonio Francisco de Sousa,[2] por exemplo, enumera pelo menos cinco significados diversos para a expressão *interesse público*:

> O interesse público, por exemplo, tem sido considerado um conceito estritamente político (directiva político-administrativa), como um conceito discricionário por excelência, como um conceito que em certos casos poderia atribuir um poder discricionário, como um conceito que atribui uma "margem de atribuição" e, finalmente, como não passando de um mero conceito que, como qualquer outro, não atribui ao seu intérprete e aplicador qualquer poder discricionário ou margem de apreciação, mas, antes, um poder estritamente vinculado.

---

[1]   Para uma visão do conceito de "interesse público" no direito norte-americano e na Europa Centro-Oriental, veja-se o interessante artigo de Edwin Rekosh (Quem define o interesse público. *Revista Internacional de Direitos Humanos*, n. 2, 2005), publicada pela Rede Universitária de Direitos Humanos SUR.

[2]   *Conceitos indeterminados no direito administrativo*. Coimbra: Almedina, 1994. p. 20 *et seq.*

Todas estas posições têm sido sustentadas por diferentes autores da mais elevada estirpe e pelos tribunais superiores, um pouco por toda a parte.

Luís Roberto Barroso[3] sobre a matéria afirma:

(...) O interesse público primário é a razão de ser do Estado, e sintetiza-se nos fins que cabe a ele promover: justiça, segurança e bem-estar social. Este são os interesses de toda a sociedade. O interesse público secundário é o da pessoa jurídica de direito público que seja parte em uma determinada relação jurídica – quer se trate da União, do Estado-membro, do Município ou das suas autarquias. Em ampla medida, pode ser identificado como o interesse do erário, que é o de maximizar a arrecadação e minimizar as despesas.

2 A visão dos juristas brasileiros contemporâneos

De um lado, temos uma visão mais liberal de "interesse(s) público(s)", como a aproximação formulada por Marçal Justen Filho.

Afirma o jurista paranaense que somente se evidencia um interesse público quando há compatibilidade entre o interesse social e o interesse titularizado por uma pluralidade de sujeitos integrantes da comunidade, em um dado momento.

Não é necessário, por isso, que o interesse público seja o interesse da maioria eventual, em certa situação. O que se exige é a compatibilidade entre o interesse grupal e o interesse de uma parcela da população. Sob esse ângulo, poderia utilizar-se a expressão *interesse coletivo*.

E mais adiante complementa: O exercício das funções estatais apenas pode legitimar-se como instrumento de realização e tutela da dignidade da pessoa humana. Nessa linha, a fórmula da *supremacia do interesse público* tem de ser compreendida em sua inteireza e pensada com cautela. Até mesmo pela força do tempo e da tradição, há o risco de ser interpretada como "prevalência do *imperium* estatal".

Não se pode admitir que a *supremacia do interesse público* seja aplicada como algo bastante em si mesmo.[4]

Humberto Bergman Ávila[5] afirma que o chamado "princípio da supremacia do interesse público sobre o privado", rigorosamente, não é um princípio jurídico ou uma norma-princípio, tampouco pode ser havido como um postulado explicativo do Direito Administrativo.

Gustavo Binenbojm vislumbra a superação de três paradigmas clássicos do direito administrativo no Brasil e que se encontram em xeque na atualidade, a saber:

a) O princípio da supremacia do interesse público sobre o interesse privado, que serviria de fundamento e fator de legitimação para todo o conjunto de

---

[3] Prefácio à obra de Daniel Sarmento, *Interesses públicos* versus *interesses privados*: desconstruindo o princípio da supremacia do interesse público. Rio de Janeiro: Lumen Juris, 2005.

[4] Conceito de interesse público e a "personalização" do direito administrativo. *Revista Trimestral de Direito Público – RTDP*, São Paulo, v. 26, p. 124, 127, 1999.

[5] Repensando o "princípio da supremacia do interesse público sobre o particular". *Revista Trimestral de Direito Público – RTDP*, São Paulo, v. 24, p. 159-180.

privilégios de natureza material e processual que constituem o cerne do regime jurídico-administrativo;

b) A legalidade administrativa como vinculação positiva à lei, traduzida numa submissão total do agir administrativo à vontade previamente manifestada pelo Poder Legislativo;

c) A intangibilidade do mérito administrativo, consistente na incontrolabilidade das escolhas discricionárias da Administração Pública, seja pelos órgãos do contencioso administrativo, seja pelo Poder Judiciário, seja pelos cidadãos, através de mecanismos de participação direta na gestão da máquina administrativa.

Como agente condutor básico da superação dogmática de tais categorias jurídicas, erige-se hodiernamente a ideia de *constitucionalização do direito administrativo* como alternativa ao déficit teórico apontado, (...) pela adoção dos *sistemas de direitos fundamentais e de democracia*, tal como instituídos na Constituição, como vetores axiológicos – traduzidos em parâmetros jurídicos – a pautar a atuação da Administração Pública.

Tais vetores convergem no princípio maior da dignidade da pessoa humana e, (I) ao se situarem acima e *para além* da lei, (II) vincularem juridicamente o conceito de interesse público e (III) estabelecerem balizas principiológicas para o exercício da discricionariedade administrativa, fazem ruir o arcabouço dogmático do velho direito administrativo.[6]

Entende o jurista carioca que há uma inconsistência teórica no princípio *da supremacia do interesse público sobre o particular com uma sistemática constitucional cidadã*, comprometida com a proteção e promoção dos direitos individuais de maneira ponderada e compatível com a realização das necessidades e aspirações da coletividade como um todo.

Para o alcance de tal desiderato, diz Binenbojm, o direito administrativo não tem mais como ser explicado a partir de um postulado de supremacia, mas de proporcionalidade.

Fábio Medina Osório[7] parece também concordar com Humberto Bergmann Ávila, relativamente à funcionalidade das normas-princípios e à impossibilidade de um princípio radical e apriorístico de prevalência do interesse público sobre o privado, na medida em que seria inconcebível e inadmissível um tal princípio constitucional de "supremacia do interesse público sobre o privado", que, de antemão, nas relações do Estado com os particulares, determinasse a invariável preponderância dos interesses públicos em detrimento dos interesses privados, em todas as hipóteses de conflitos ou colisões e de forma radical e absoluta.

Robertônio Pessoa[8] afirma: "a relação entre a Administração e os particulares não se apresenta apenas como uma *relação de poder*, conforme acentuado tradicionalmente. No

---

[6] Da supremacia do interesse público ao dever de proporcionalidade: um novo paradigma para o direito administrativo. *Revista de Direito Administrativo – RDA*, Rio de Janeiro, v. 239, p. 7 *et seq.*

[7] Existe uma supremacia do interesse público sobre o privado no direito administrativo brasileiro?. *Revista de Direito Administrativo – RDA*, Rio de Janeiro, v. 220, p. 81 *et seq.*

[8] *Curso de Direito Administrativo moderno*. 2. ed. Rio de Janeiro: Forense, 2003. p. 45.

Estado Democrático de Direito (CF, art. 1º, *caput*), os particulares encontram-se perante a Administração Pública não como um objeto de poder administrativo, como meros 'administrados'. No Estado de Direito, ao invés de simples 'administrados' (situação que se equipara à de súdito), os particulares, enquanto membros de uma sociedade civil livre e responsável, devem ser considerados ativos colaboradores na realização dos fins do Estado e do Direito, verdadeiros sujeitos de direito, equipados com os correspondentes poderes jurídicos. Enquanto sujeitos jurídicos, ocupam no mundo do direito uma posição definida em relação ao poder público.

Tal relação apresenta-se, fundamentalmente, como uma *relação jurídica administrativa*.

Embora titularize a Administração Pública de poderes e prerrogativas especiais, em atenção os interesses públicos cuja cura lhe compete em primeiro lugar, interesses estes dotados de supremacia em relação aos interesses particulares, tais poderes encontram-se integrados numa relação jurídica administrativa, na qual o particular, para além de uma situação passiva de sujeição, é titular de direitos subjetivos.

No Estado Democrático de Direito (CF, art. 1º, *caput*), onde a Administração Pública e os particulares encontram-se submetidos à ordem jurídica, a relação entre ambos constitui uma verdadeira *relação jurídica administrativa*, cuja principal referência axiológica é a satisfação dos interesses públicos com respeito aos direitos subjetivos, cujo sacrifício somente se impõe em situações extremadas".

3   A visão dos juristas "clássicos" brasileiros

Iniciemos por Celso Antônio Bandeira de Mello.

O renomado jurista paulistano em obra recente[9] afirma sobre a noção jurídica de "interesse público": Em rigor, o necessário é aclarar-se o que está contido na afirmação de que interesse público é o interesse do todo, do próprio corpo social, para precatar-se contra o erro de atribuir-lhe o *status* de algo que existe por si mesmo, *dotado de consistência autônoma*, ou seja, como realidade independente e estranha a qualquer interesse das partes. O indispensável, em suma, é prevenir-se contra o erro de, consciente ou inconscientemente, promover uma separação absoluta entre ambos, *ao invés de acentuar, como se deveria, que o interesse público, ou seja, o interesse do todo, é "função" qualificada dos interesses das partes*, um aspecto, uma forma específica, de sua manifestação.

E mais adiante afirma: *Donde, o interesse público deve ser conceituado como o interesse resultante do conjunto dos interesses que os indivíduos **pessoalmente** têm quando considerados **em sua qualidade de membros da sociedade e pelo simples fatos de o serem***.

Alice Gonzales Borges, em clássico, denso e precioso artigo,[10] baseada nos ensinamentos de Hector Escola, distingue como o interesse público se revela em uma ordem autoritária ou democrática.

---

[9]   *Grandes temas de Direito Administrativo*. São Paulo: Malheiros, 2009. p. 181-191.

[10]   Interesse público: um conceito a determinar. *Revista de Direito Administrativo – RDA*, Rio de Janeiro, v. 205, p. 109-116, 1996.

Na primeira, o *"Príncipe"*, iluminado pela centelha divina, que faz de sua vontade a presumida e incontestável expressão da vontade de todos em geral.

Mas quando se pensa em um *interesse público* livremente aceito pelos *cidadãos*, e, sobretudo, quando os próprios cidadãos assumem a responsabilidade de sua defesa, na qualidade de substitutos processuais de toda a comunidade, cabem algumas mais detidas reflexões.

1. O interesse público é um somatório de interesses individuais *coincidentes* em torno de um bem da vida que lhes significa um valor, proveito ou utilidade de ordem moral, ou material, que cada pessoa deseja adquirir, conservar ou manter em sua própria esfera de valores.
2. Esse interesse passa a ser público, quando dele participam e compartilham um tal número de pessoas, componentes de uma comunidade determinada, que o mesmo passa a ser também identificado como interesse de todo o grupo, ou, pelo menos, como um querer valorativo predominante da comunidade.
3. Sem dúvida, pode bem acontecer que uma parcela da comunidade não reconheça ou identifique aquele interesse como seu, ou cujo próprio interesse se ache, até, em colisão com esse querer valorativo predominante. O interesse público, em uma ordem democrática, não se impõe coativamente. Somente prevalece, em relação aos interesses individuais divergentes, com prioridade e predominância, por ser um interesse majoritário. O interesse público e o interesse individual colidente ou não coincidente são *qualitativamente iguais*; somente se distinguem *quantitativamente*, por ser o interesse público nada mais que um interesse individual que coincide com o interesse individual da maioria dos membros da sociedade. (...)
4. Na medida em que o interesse público e o particular, em uma ordem democrática, são qualitativamente iguais e respeitados, quando o interesse individual é alijado ou substituído pela natural predominância do *interesse público*, tem de ser compensado pela perda de seus direitos e interesses, mediante sua equitativa conversão em outro valor equivalente.

Por sua vez, Maria Sylvia Zanella Di Pietro,[11] em denso artigo sobre o tema, afirma que com o Estado Social o interesse público a ser alcançado pelo direito administrativo humaniza-se, na medida em que passa a se preocupar não só com os bens materiais que a liberdade de iniciativa almeja, mas com valores considerados essenciais à existência digna; quer-se liberdade com dignidade, o que exige maior intervenção do Estado para diminuir as desigualdades sociais e levar a toda a coletividade o bem-estar social. O *interesse público*, considerado sob o aspecto jurídico, reveste-se de um aspecto ideológico e passa a se confundir com a ideia de *bem comum*.

---

[11] O princípio da supremacia do interesse público: sobrevivência diante dos ideais do neoliberalismo. *Revista Trimestral de Direito Público – RTDP*, São Paulo, v. 48, p. 63-76, 2004.

Depois de afirmar que há um exagero ao afirmar-se que o interesse público prevalece *sempre, em qualquer situação* sobre o particular, jamais teve aplicação.[12]

Quanto ao princípio do interesse público, afirma que ele está de fato na base de todas as funções do Estado, e não só da função administrativa, sendo fundamento essencial do direito público.

Afirma categoricamente:

> Para ficarmos apenas com o direito administrativo, podemos dizer que o princípio da supremacia do interesse público está na base dos quatro tipos de atividades que se compreendem no conceito de função administrativa do Estado: serviço público, fomento, intervenção e política administrativa.
>
> E para quem considera a regulação como nova modalidade de função administrativa do Estado, é possível afirmar, sem receio de errar, que o princípio do interesse público também está na base desse tipo de atividade e faz parte de seu próprio conceito.

E mais adiante:

> A defesa do interesse público corresponde ao próprio fim do Estado. O Estado tem que defender os interesses da coletividade. Tem que atuar no sentido de favorecer o bem-estar social[13]. Para esse fim, tem que fazer prevalecer o interesse público em detrimento do individual, *nas hipóteses agasalhadas pelo ordenamento jurídico*. Negar a existência do princípio da supremacia do interesse público é negar o próprio papel do Estado.

Em conclusão afirma, contrapondo-se ao entendimento dos autores contemporâneos acima expostos:

> O princípio da supremacia do interesse público convive com os direitos fundamentais do homem e não os coloca em risco. Ele encontra fundamento em inúmeros dispositivos da Constituição e tem que ser aplicado em consonância com outros princípios consagrados no ordenamento jurídico brasileiro, em especial com observância do princípio da legalidade. A exigência de razoabilidade na interpretação do princípio da supremacia do interesse público se faz presente na aplicação de qualquer conceito jurídico indeterminado; atua como método de interpretação do princípio (na medida em que permite a ponderação entre o interesse individual e o público), e não como seu substituto.

De fato, parece necessário enfatizar que o tão decantado princípio da *supremacia do interesse público sobre o interesse privado*, em *uma ordem constitucional democrática*, não pode ser visto simplesmente como um "simples" (*sic*) antagonismo entre o interesse individual e o interesse público, do qual decorra.

---

[12] De fato, parece que quando o Administrador Público invoca o princípio do interesse público ou de sua supremacia, *deve senão justificá-lo, motivá-lo, prová-lo, estar disposto a fazê-lo em juízo, caso necessário*. Caso contrário, ficaria muito fácil em toda e qualquer hipótese a Administração invocá-lo para tudo fazer, a toda hora em qualquer circunstância. É dizer, um interesse público deve ser justificado, e não simplesmente presumido em todos os casos.

[13] Gabriel de Araújo Lima entende que nada obstante os melhores propósitos de seus próceres, a teoria da supremacia não está, efetivamente, a proteger e promover os valores da democracia, da república, da legalidade e/ou do Estado Social. Afirma que a dissolução do paradigma da supremacia do interesse público sobre o privado, no entanto, independe da crítica de matriz neoliberal (*Revista de Direito Administrativo e Constitucional – A&C*, Belo Horizonte, ano 9, n. 36, p. 123-153, 2009).

Mas a concretização dessa supremacia deve equivaler *sic et in quantum* (nos casos concretos), em benefícios para cada um e todos de uma comunidade ou grupo destacado dela.

Assim, a eventual predominância de um determinado interesse público (sua supremacia) em dada situação, em absoluto, não elimina, anula ou esmaece os interesses individuais que permanecem com seu vigor e força jurídica.

Não vislumbramos contrariedade ou uma relação de tensão direta (teoricamente falando) ou necessária, entre o princípio da supremacia do interesse público e os princípios constitucionais, e mesmo o magno princípio da dignidade humana.

É dizer, em nenhum momento, o exercício da função administrativa, com todas as suas prerrogativas, tem o condão de anular ou comprimir direitos fundamentais do cidadão. Essa relação ocorre diariamente em diversos campos do direito sem que houvesse qualquer dúvida doutrinária séria a respeito do tema.

Prisões (legítimas) são efetuadas todos os dias em todo o país e não se diz que os direitos humanos são necessariamente afetados. Evidentemente que estamos a falar da aplicação legítima e *regular* do Direito. É claro que arbitrariedade, abuso de poder, ilegalidade e despotismo podem existir, sempre.

Entretanto essa a patologia da aplicação do direito, não sua utilização legítima e regular. É preciso, pois, não confundir a supremacia do interesse público com as suas manipulações e desvirtuamentos por determinados agentes mal-intencionados ou despreparados.

Isso também não significa que não possamos localizar aqui ou ali normas jurídicas e leis desbordantes e inconstitucionais que tem como alegado (e falso) suporte jurídico, o princípio da supremacia do interesse público.

Recordem-se os exemplos já citados por Binenbojm,[14] do julgamento da ADIN nº 1.753-2/DF, no qual se discutia a constitucionalidade da ampliação do prazo para a propositura de ações rescisórias pelo Poder Público, de dois para cinco anos.

O relator do feito, Ministro Sepúlveda Pertence, após anotar que a jurisprudência tem transigido com alguns favores legais da tradição do nosso processo civil, como o duplo grau obrigatório e a dilatação dos prazos de resposta e recurso (RE nº 181130, Min. Celso de Mello, *DJ* 12.05.1995; RE nº 196.430, Min. Sepúlveda Pertence, *DJ* 21.11.1997), deixou consignado que tais discriminações só são toleráveis na medida em que não forem arbitrárias e servirem, *v.g.*, para compensar deficiências da defesa em juízo das entidades estatais.

Na sequência, o Ministro Pertence afirma textualmente que as desequiparações que desafiarem a medida da razoabilidade ou da proporcionalidade caracterizam privilégios inconstitucionais.

De fato, há que se concordar (*ao menos em parte*), com Binenbojm, mas é preciso agregar ao seu raciocínio, o que o autor não nega, mas também não destaca, que o princípio da *supremacia do interesse público* é *um dos princípios violados*, **dentre tantos outros**.

Não há, salvo melhor juízo, uma relação direta, automática, logicamente decorrente entre a inconstitucionalidade e o aludido princípio.

---

[14] *Op. cit.*, p. 24.

É dizer, se adequadamente interpretado e manipulado pelos operadores do Direito, não há porque tê-lo como imprestável. Ao contrário, deve ser sim, um válido mecanismo de defesa da comunidade administrada, tendo como parâmetro de aplicação às normas constitucionais e seus princípios.

Lembramos ainda, diversos outros julgados nos quais o *princípio da supremacia do interesse público* foi invocado como razão de decidir:

a) Afirmando que atende *ao princípio da supremacia do interesse público* a realização de concurso público por intermédio de um edital que pode ser alterado, desde que atendidos os princípios basilares da Administração (Superior Tribunal de Justiça), RMS nº 18488/RS, Rel. Min. Celso Limongi (convocado);

b) Reconhecendo que a paralisação das atividades dos servidores da Justiça Eleitoral deflagrada em âmbito nacional, sem o contingenciamento do mínimo de pessoal necessário à realização das atividades essenciais, agravada pela ausência de prévia notificação da Administração e tentativa de acordo entre as partes, nos termos da Lei nº 7.783/89, atenta contra o Estado Democrático de Direito, uma vez que impede o exercício pleno dos direitos políticos dos cidadãos e ofende, expressamente, a ordem pública e os princípios da legalidade, da continuidade dos serviços públicos *e da supremacia do interesse público sobre o privado* (STJ, AgRg na Pet nº 7933/DF, 2010/0087027-1, Min. Castro Meira, *DJE*, 16 ago. 2010);

c) Reconhecendo o dever da Administração em recorrer de ofício de decisão contrária a seus interesses, ainda diante da declaração de inconstitucionalidade dos parágrafos 1º e 2º do artigo 126 da Lei nº 8.213/91, com a redação atribuída pelo artigo 10 da Lei nº 9.639/98 *em face do princípio da supremacia do interesse público* (STJ EDcl no AgRg no REsp nº 1121306/SP, Rel. Min. Benedito Gonçalves, *DJ*, 28 out. 2010);

d) Reconhecendo que nos casos de fornecimento de energia elétrica destinada a serviços essenciais, quando o devedor for ente público, não pode ser realizado o corte de energia indiscriminadamente em nome da preservação do próprio interesse coletivo, sob pena de atingir a prestação de serviços públicos essenciais, tais como hospitais, centros de saúde, creches, escolas e iluminação pública (STJ Ag RG no Ag nº 1329795/CE, Min. Herman Benjamin, *DJE*, 3 fev. 2011);

e) Analisando a possibilidade de deferir-se pedido de exoneração de servidor público quando em curso processo administrativo disciplinar.
Decidiu-se: "Ainda que a finalidade específica de aplicação de penalidade possa resultar prejudicada pelo afastamento voluntário do servidor (pedido de exoneração), restam outros fins a serem alcançados pela investigação na esfera administrativa, qual seja, a possibilidade de conversão da exoneração, *em demissão por interesse público*, impossibilitando a impetrante de nova investidura em cargo público federal pelo prazo de cinco anos, nos moldes do art. 37 da Lei nº 8.112/90" (REsp nº 1186906/SP, Rel. Min. Humberto Martins, *DJE*, 11 nov. 2010);

f) Reconhecendo que o uso de faixas de domínio das rodovias não é, por atenção ao *interesse público*, marcado pela gratuidade (AgRg no REsp nº 1007754/RS, Rel. Min. Humberto Martins, *DJE*, 27 out. 2010);

g) Reconhecendo que encerrada a licitação e assinado o contrato de concessão, a suspensão dos efeitos dos atos jurídicos já praticados podem causar lesão grave ao interesse público de manter funcionando o transporte coletivo no âmbito municipal (AgRg na Suspensão de Liminar e de Sentença nº 1.268-SP, Rel. Min. Presidente do STJ, julgado em 15 de setembro de 2010, Felix Fischer);

h) Reconhecendo-se que o fundamento do poder de polícia é o *princípio da supremacia do interesse público sobre o interesse particular*. O ato administrativo que se pretende anular insere-se no exercício regular do direito do ente administrativo, não configurando violação aos princípios constitucionais da reserva legal, da anterioridade da lei e do direito adquirido (Supremo Tribunal Federal, STF, RE nº 512015/DF, Rel. Min. Dias Toffoli, julgado em 10.06.2010);

i) Afirmando que o interesse público, o interesse social e o interesse da Justiça devem prevalecer ante o sigilo bancário, que é espécie de direito à privacidade, que a Constituição protege no artigo 5º, X (AI nº 823152/MT, Rel. Min. Ricardo Lewandowski, julgamento 26.10.2010).

j) Reconhecendo que a Constituição brasileira, ao fixar as diretrizes que regem a atividade econômica e que tutelam o direito de propriedade, proclama, como valores fundamentais a serem respeitados, *a supremacia do interesse público*, os ditames da justiça social, a redução das desigualdades sociais, dando ênfase especial, dentro dessa perspectiva, ao princípio da solidariedade, cuja realização parece haver sido implementada pelo Congresso Nacional ao editar o artigo 1º, da Lei nº 8.441/92 (ADI nº 1003 MC/DF, Rel. Min. Celso de Mello, julgado em 01.08.1994, Tribunal Pleno);

k) Reconhecendo que *não é possível* invocar o princípio da supremacia do interesse público quando a Administração Pública *causa prejuízo ou dano patrimonial ao fixar preços de produtos por ela vendidos em níveis inferiores aos que seriam devidos*. Responsabilidade do Estado. Setor Sucro-Alcooleiro. Fixação de Preços pelo Setor Público. Critérios. Lei nº 4.807/65 (RE nº 368558 AgR/DF, Rel. Min. Carlos Velloso);

l) Pedido de autorização para operar distribuição de sinais de televisão a cabo. Supremacia do interesse público sobre o privado. Autorização. Ato de natureza privada. Necessidade de preenchimento de requisitos objetivos e subjetivos (conveniência e oportunidade) (RMS nº 22665/DF, julgado em 14.03.2006, Rel. Min. Marco Aurélio).

É hora de finalizar e responder, o quanto possível, objetivamente a questão proposta. Em parte já a respondemos ao longo do texto.

Acreditamos que a celeuma instaurada é interessante, pois chama a atenção para uma tentativa de mudança do paradigma da legalidade para o paradigma da constitucionalidade.

Mas atenção, não há razão para, com isso, negar a existência quer do conceito de interesse público, o que seria rematado disparate, quer para impugnar a existência da "supremacia do interesse público", como princípio e não como dogma, *se* por ele vier suficientemente demonstrado, justificado, amparado, motivado, apoiado nos valores constitucionais.

De outra parte, não é de estranhar que à lista de crises existentes ao longo dos séculos – do Parlamento e do Direito – se acrescente mais uma: *a crise de legitimação da Administração Pública.*

A ela debitamos consciente ou inconscientemente uma boa parte da discussão em torno desses novos paradigmas ou se quisermos, da negativa dos tradicionais pilares em que se assenta o edifício do direito administrativo

A legitimidade da Administração deve resultar da leitura sistemática da Constituição e de seus valores. Nesse sentido é positiva a polêmica travada, não para negar a existência do verdadeiro interesse público que sempre existirá deduzido da ordem jurídica, mas para chamar a atenção que já se foi o tempo do argumento da autoridade ou das "razões de Estado" travestidas ou arbitrariamente exercitadas.

Sendo assim, finalizamos com o respeitado jurista português Paulo Otero[15] que reflete sobre a flexibilidade da legalidade administrativa, que entendemos plenamente aplicável ao contexto do presente artigo. Sobre ela disserta:

> A legalidade administrativa mostra-se dotada, neste âmbito, de uma insuspeita flexibilidade no que diz respeito às formas de actuação administrativa ou, visto de ângulo diferente, os órgãos administrativos gozam aqui de uma considerável margem de liberdade decisória na escolha dos meios formais de decisão e, por arrastamento, na configuração dos respectivos poderes.
>
> No contexto desta alternatividade entre as formas unilaterais e as formas bilaterais de exercício da atividade administrativa, mostra-se mesmo possível encontrar na Constituição um fundamento justificativo da tendência para a contratualização da decisões administrativas, visível, aliás, a três níveis argumentativos: (i) consubstancia um aprofundamento da democracia participativa, fazendo dos particulares colaboradores da Administração na busca de uma melhor prossecução do interesse público dentro da ideia de subordinação da decisão a um princípio de boa administração, (ii) revela, segundo decorre dos princípio da coexistência entre o sector público e o sector privado de propriedade dos meios de produção, um processo de associação ou colaboração da iniciativa econômica privada com a Administração na concretização conciliatória de um modelo de Estado de bem-estar no contexto de uma economia mista; (iii) reforçando o princípio da participação dos administrados nas decisões e deliberações que lhes dizem respeito, traduz ainda uma manifestação de um modelo de Administração Pública aberta à colaboração dos particulares, conduzindo ao elevar (...) do particular à categoria de parceiro da Administração na celebração do contrato administrativo.

---

[15] *Legalidade e Administração Pública*: o sentido da vinculação administrativa à juridicidade. Coimbra: Almedina, 2003. p. 838.

O CONTROLE DOS ATOS POLÍTICOS E DE GOVERNO

Esta pequena investigação procura examinar aspectos jurídicos do chamado "ato político", especialmente sobre a questão de sua fiscalização jurisdicional.

Na consecução dos fins preordenados pelo ordenamento jurídico, o Estado tem que praticar inúmeros atos diariamente. Esses fins não são alcançados pela mera existência do Estado, exigem uma ação administrativa contínua, sucessiva, para corresponder aos ditames – princípios, regras e objetivos constitucionais.

Para tanto, como sabemos, o Estado desenvolve *funções*. Especialização de tarefas governativas à vista de sua natureza, sem considerar os órgãos que a exercem. Assim, tradicionalmente diferenciamos três atividades estatais: a função política (que se subdivide em função legislativa e função governativa, em sentido estrito, consoante se expresse em atos normativos ou em atos não normativos), a função administrativa e a função jurisdicional.[1]

À função política (legislativa e governativa) cabe a definição primária e global do interesse público, a interpretação dos fins do Estado e a escolha dos meios adequados para atingi-los em cada conjuntura. À função administrativa compete a satisfação constante das necessidades coletivas e a prestação de bens e serviços.

Por último, à função jurisdicional é dado declarar o direito e decidir as questões jurídicas, seja na solução de litígios e na aplicação de sanções, seja em abstrato na apreciação de constitucionalidade e da legalidade.

Deve ser desde logo registrado o largo espectro que detém entre nós o princípio da inafastabilidade do controle jurisdicional (constante do artigo 5º, inciso XXXV "a lei não excluirá da apreciação do Poder Judiciário, lesão ou ameaça a direito", princípio que se afigura como um verdadeiro eixo importante na discussão do tema em foco e que deve ser sempre levado em linha de conta quando for invocada a tão decantada "questão política"). De outra parte, como veremos mais abaixo, existem também (tão

---

[1] Ou como postula Eros Roberto Grau, "(i) função normativa – de produção das normas jurídicas (= textos normativos); (ii) função administrativa – de execução das normas jurídicas; e (iii) função jurisdicional – de aplicação das normas jurídicas. A *função legislativa* é maior e menor do que a *função normativa*. Maior porque abrange a produção de atos administrativos sob a forma de leis (lei apenas em sentido formal, lei que não é norma, entendidas essas como preceito primário que se integra no ordenamento jurídico inovando-o); menor porque a *função normativa* abrange não apenas normas jurídicas contidas em lei, mas também nos regimentos editados pelo Poder Judiciário e nos regulamentos expedidos pelo Poder Executivo. Daí que a *função normativa* compreende a função *legislativa* (enquanto produção de textos normativos), a função *regimental* e a função *regulamentar*" (*Direito, conceito e normas jurídicas*. São Paulo: Revista dos Tribunais, 1988. p. 124 *et seq.*).

importantes quanto o princípio da inafastabilidade da jurisdição), os importantíssimos centros de decisão enfeixados nas magnas regras de competência e estrutura de cada um dos "poderes" estatais, outros importantíssimos eixos de discussão da matéria objeto de nossa análise.

Grande parte da doutrina do direito administrativo, sobretudo aquela afirmada durante os dois últimos séculos, fixou o entendimento no Brasil, por força de orientação estrangeira, que pode ser sumulada na frase assaz conhecida de todos: "o poder judiciário não poderia conhecer de questões exclusivamente políticas". Por que chegamos a esse conceito? Quais os antecedentes que influenciaram essa noção brasileira? Teria sido ela uma criação genuinamente nacional ou haveria forte influência estrangeira?

Ademais, a questão traz em si incontáveis problemas jurídicos. Para melhor situá-la ouçamos a doutrina tradicional.

Miguel Seabra Fagundes,[2] em passagem que já se tornou clássica, afirmava: "As Constituições de 1934 e 1937 dispuseram expressamente que o Poder Judiciário não poderia conhecer de *questões exclusivamente políticas*. A atual (do mesmo modo a de 1946) silencia a respeito. Mas, não obstante isto, a vedação persiste [refere-se o autor à Carta de 1967]. É que ela decorre da índole do regime e de imperativos do seu funcionamento. Aos poderes Legislativo e Executivo, a Constituição delega atribuição de cunho estritamente político, que, pela sua natureza específica, são incompatíveis com a interferência do Poder Judiciário. Do mesmo modo que excluem da intervenção do Executivo atos políticos privativos do Legislativos e vice-versa.

Questão exclusivamente política é a que resulta do ato administrativo de sentido exclusivamente político. E assim sendo, para delimitar à restrição que acarreta ao controle jurisdicional faz-se preciso fixar o conceito desse ato".

E mais adiante complementa seu raciocínio: "Para que o ato administrativo seja estritamente político, há de conter medida de fins unicamente políticos (finalidade) e, ao mesmo tempo, há de circunscrever-se no âmbito interno do mecanismo estatal, e, se o exceder, não deve alcançar direitos individuais explicitamente reconhecidos, mas apenas interesses (conteúdo). Tendo em consideração este último aspecto, à primeira vista poder-se-ia dizer supérfluo o estabelecimento do limite do controle jurisdicional à base da natureza do ato, vez que, não afetando ele direito subjetivo, já por esta razão excluiria a oportunidade do exame em juízo. Porque, se a apreciação jurisdicional só tem cabimento em caso de conflito, na aplicação individualizada do direito, não poderia ter lugar onde o conteúdo do ato, por si, afastasse a ideia de lesão. Acontece, no entanto que, se o ato exclusivamente político não afeta, de imediato, direitos subjetivos, pode, em certos casos, implicar na prática de outros com repercussão sobre tais direitos. No primeiro caso, a questão que se suscitasse sobre o ato seria exclusivamente política, mas, no segundo, já não aconteceria o mesmo. Poder-se-ia provocar o pronunciamento jurisdicional, em face de atos consequentes do ato político e remontar até este. O procedimento deixa de ser unicamente político quando, não obstante ter no ato político a sua origem é seguido de medidas que afetem direitos expressamente amparados

---

[2]   FAGUNDES, Miguel Seabra. *O controle dos atos administrativos pelo Poder Judiciário*. 4. ed. Rio de Janeiro: Forense, 1967. p. 161-167.

pela ordem jurídica. E, então, desaparece a impossibilidade do controle. O Judiciário é levado, embora indiretamente, ao exame do ato político".

Na matéria há duas vertentes: uma francesa, alusiva à teoria dos *actes de gouvernement* na jurisprudência do Conselho de Estado; e outra inglesa e norte-americana, em que encontramos a noção de *acts of State* e as *political questions*.

Vejamos muito rapidamente as construções. De um lado a francesa, e de outro a inglesa e a norte-americana, sobretudo esta última.

A temática dos atos políticos como atos de exteriorização de uma função política surgirá no *Ancien Régime*. Segundo Cristina M. M. Queiroz,[3] "a administração pública que ao tempo do Estado de Polícia se havia constituído como instrumento da Coroa, ao serviço da governabilidade do Estado, com o triunfo da revolução vê-se inopinadamente transformada num instrumento ao serviço da 'liberdade política do cidadão' (*palladium libertatis*). Inserida a partir daí no poder executivo estadual, e na ausência de uma normação juspublicística que lhe servisse de *fundamento e limite*, acaba por abarcar, a sua totalidade, o conjunto da repartição interna das tarefas público-estaduais, circunscrevendo-se, definitivamente, a uma esfera independente a um tempo do poder legislativo e do poder judicial. Essa separação entre a administração e a justiça cortará a meio os actos da administração, autonomizando do sector dos actos administrativos os chamados 'actos de governo', isto é, os actos administrativos declarados insindicáveis, por motivos de mera oportunidade política. 'les fonctions judiciaires sont et demeurent toujours séparés des functions administratifs. Les juges ne pourront à peine de forfaiture, troubler, de quelque manière que ce soit, les opérations des corps administratifs, ni citer devant eux les administrateurs pour raison de leur fonctions'".

Vê-se assim que, historicamente, esta separação da Administração enquanto feixe de atribuições e funções determinará a autonomia dos chamados atos de governo, isto é, atos administrativos considerados insindicáveis, por motivos de mera oportunidade política.

Se num primeiro momento a teoria do "móvil político" havia declarado como insindicáveis determinados atos do poder executivo pela simples invocação, no caso concreto, de um motivo de oportunidade política, posteriormente bastava apenas ao Tribunal considerar *in abstracto* que o ato se revestisse de uma natureza política especial para que estes escapassem ao controle jurisdicional. Posteriormente, Léon Duguit será um dos primeiros a negar a existência do "acto de governo" como categoria jurídica autônoma. Ainda segundo Cristina Queiroz, o mérito desta nova construção releva da sua pretensão de reconduzir a temática do acto de governo à sua sede própria: *o domínio do direito constitucional*.

Já na Inglaterra e nos EUA, os *acts of states* vêm a ser "the prerrogative acts of policy in the field of external affaires", de que são exemplos, entre outros, a declaração de guerra, a aprovação e ratificação de convenções internacionais, a anexação de um território ou um ato de reconhecimento internacional. O domínio de aplicabilidade do *act of state* como ato de prerrogativa tem o seu campo de aplicação fora do âmbito de

---

[3] QUEIROZ, Cristina M. M. *Os actos políticos no Estado de Direito*: o problema do controle jurídico do poder. Coimbra: Almedina, 1990. p. 114 *et seq.*

aplicabilidade de um dos princípios básicos do direito constitucional britânico: o princípio do *rule of law*. O domínio de aplicabilidade do *act of state* encontra-se juridicamente *delimitado* pela cláusula do *rule of law*. Daí que a sua relevância jurídica se esgote no domínio das relações internacionais, não tendo por isso qualquer tipo de expressão no âmbito das relações do direito interno.

Ainda com Cristina Queiroz concluímos que, nos EUA, a demarcação de uma "reserva" para a tomada de decisões políticas, também não obedece, como em França, à autonomização de um setor de atos do poder executivo definidos em função do momento judicial de seu controle.

A *political question doctrine* vem a ter o seu campo de aplicação sempre que o Tribunal chegue à conclusão:

a) De que não existe norma jurídica aplicável ao caso concreto;
b) De que a decisão final diz respeito ao princípio constitucional da divisão de poderes;
c) De que se trata de uma questão que em princípio corresponde ao eleitorado.[4]

Para maior aprofundamento do tema das *political questions* na doutrina norte-americana recomendamos a leitura de Laurence H. Tribe.[5] Diz o professor de Harvard: "The political question doctrine, like other justiciability doctrines, at bottom reflects the mixture of constitutional interpretation and judicial discretion which is an inevitable by product of the efforts of federal courts to define their own limitation". Na doutrina alemã, *vide* dentre outros o magistério de Reinhard Mussgnug.[6]

No Brasil, a doutrina assim compreende os atos políticos.

Hely Lopes Meirelles:[7] "são atos políticos os que, praticados por agentes do Governo, no uso de competência constitucional, se fundam na ampla liberdade de apreciação da conveniência ou oportunidade de sua realização, sem se aterem a critérios jurídicos preestabelecidos. São atos governamentais por excelência, e não apenas de administração. São atos de condução de negócios públicos e não simplesmente de execução de serviços públicos".

Já Régis Fernandes de Oliveira:[8] "Não estão, pois, os denominados atos políticos ou de governo fora do alcance da apreciação do Poder Judiciário. Embora digam respeito

---

[4] QUEIROZ, *op. cit.*, p. 130.

[5] *American Constitutional Law*. 2nd ed. New York: Foundation Press, 1988. p. 96, 107 *et seq. Vide* especialmente os casos Baker v. Carr, Luther v. Borden, Pacific States Tel & Tel.Co. v. Oregon, Coleman v. Miller.

[6] El control judicial del poder ejecutivo en la República Federal de Alemania. *In: Estado de derecho y reformas a la justicia*. Publicado pela Universidad de Heidelberg, Universidad de Chile, California Western School of Law; SanDiego y Deutsche Gesellschaft fur Technische Zusammenarbeit (GTZ) GmbH, Chile, 2005. Diz o professor alemão: Em Alemanha, não existe a doutrina do "acto de estado" que considera que a "alta política" é insindicável pelo Poder Judiciário, e, em consequência, proíbe qualquer tipo de intervenção. São os tribunais contencioso-administrativos que decidem quais os casos onde podem ou não intervir. Afirma ainda que modernamente, a Comunidade Europeia com sua Corte em Luxemburgo e com a Convenção Europeia de Direitos Humanos, com a Corte Europeia para os direitos humanos têm contribuído enormemente a aumentar o controle judicial da administração, sem restrição, para que constitua um elemento fundamental da ordem constitucional dos Estados de Direito na Europa.

[7] *Direito Administrativo brasileiro*. 17. ed. São Paulo: Malheiros, 1992. p. 607.

[8] *Ato administrativo*. 3. ed. São Paulo: Revista dos Tribunais, 1992. p. 36.

à vida da nação e dirijam-na, não se pode chegar ao absurdo de tirá-los da apreciação jurisdicional, salvo se se negar a existência do Estado de direito e houver rompimento com toda a ordem jurídica estabelecida. Mas, ainda que admitidas pelo sistema tem seu exercício subordinado a determinadas condições e formalidades que, se desobedecidas, poderão ser objeto de apreciação pelo Poder Judiciário, já que nenhuma lesão de direito individual escapa a seu controle. Apenas não poderá ser apreciado o motivo informador do ato, ou o próprio mérito deste, tal como acontece nos atos administrativos".

Pontes de Miranda[9] aloca o tema na regra de competência. O poder discricionário é, segundo ensina, inerente à atividade política desenvolvida pelo Executivo e pelo Legislativo. Tal discricionariedade, no entanto, encontra limites na órbita de competência de cada um desses poderes. "Não há discricionariedade exterior, pois toda ela ocorre no interior de uma atuação previamente delimitada". Quando se afirma que ao Judiciário não é permitido resolver questões políticas, o que se quer dizer, na verdade, é que não lhe compete intrometer-se em assuntos que a Constituição ou a lei conferiu "a discrição de outro poder", dentro do princípio da competência repartida.

A nosso juízo, embora existam atos estritamente políticos praticados por agentes políticos, como é o caso dos atos privativos praticados pelo Presidente da República, como *v.g.* apresentar ou retirar projetos de lei; sancionar, promulgar e publicar leis, decretar intervenção, celebrar tratados, editar medidas provisórias, tais atividades ou funções não estão deslocadas do eixo constitucional. É dizer, ao exercer tais funções, o Chefe do Poder Executivo deve respeitar a Constituição e se o fizer, *adequadamente*, não há como levar a matéria ao exame do Poder Judiciário. Em outras palavras, a nosso juízo, se o mecanismo dos *freios e contrapesos*, caracterizador da harmonia entre os poderes, for adequadamente implementado, os desmandos e as distorções tendem a diminuir respeitando-se a competência de cada órgão no cenário normativo. Nessa medida, as interferências indevidas devem ser evitadas, para que cada órgão ou unidade administrativa de cada "poder" possa exercer com autonomia política suas funções.

Tem razão o Mestre Seabra Fagundes.

É dizer, qualquer agente que pratique função realiza em primeira e última instância os objetivos constitucionais. Nessa medida, atualiza e concretiza as normas e princípios diretivos e programáticos constantes do texto constitucional. Se é assim, pode, por outro lado, desavisadamente ou não, atritar a Constituição e, por isso, pode ser controlado pelo Judiciário. Não no que toca evidentemente o exercício regular de sua competência, mas ao abuso ao desvio, o que causa um atrito em seu agir em face dos objetivos e tarefas constitucionais.

Aliás, a rigor não existe uma separação precisa e absoluta entre a função política e a função administrativa. É o caso de recordar Ricardo Haro,[10] para quem: "... es cierto que lo jurídico siempre trasunta una dimensión política que lo inspira, también lo es que lo político –como expresión de la voluntad estatal– tiende a implementarse a través del derecho". Em muitos casos, a Administração também concretiza normas da própria

---

[9] *Comentários à Constituição de 1946*. Rio de Janeiro: Borsoi, 1960. III, p. 204 *et seq.*

[10] *Constitución poder y control*. México: UNAM, 2002. p. 206

Constituição, mesmo que ainda não exista uma lei regulamentadora. É a chamada constitucionalização do direito administrativo que avança a cada dia.

Desse modo a afirmação descomprometida de que os chamados atos de governo não são sindicáveis pelo Poder Judiciário deve ser entendida com muitos temperamentos. Leia-se, os atos políticos ou atos de governo se expedidos devidamente ajustados à norma constitucional não deveriam ser contrastados pelo Poder Judiciário. Entretanto, se os atos de governo forem perpetrados com objetivos outros, desrespeitando as metas e objetivos constitucionais, podem ser contrastados pelo Poder Judiciário.

No direito estrangeiro há subsídios interessantes. Na Espanha, por exemplo, Luis María Díez-Picazo[11] ensina que "la potestad legislativa puede y debe operar autonómamente siempre y cuando no lleguen a infringirse princípios o normas constitucionales. En otras palavras, el legislador no necesita títulos habilitantes específicos".

Sobre os problemas de caracterização material dos "atos de governo" afirma. "La visión clásica agrupa los actos jurídicos del Gobierno, según su contenido, en dos grandes apartados: reglamentos o disposiciones, y actos administrativos o resoluciones. Pero hay supuestos que encajan mal en esta clasificación bipartida".

E sobre os atos de governo expedidos no exercício de atribuições que lhe confere diretamente à Constituição? Nesses atos, diz o autor, as atribuições do governo nascem diretamente na Constituição e, assim, implicam uma amplíssima margem de discricionariedade, pressupõem seu exercício, mediante critérios políticos. Pense-se por exemplo em decisões como apresentar um projeto de lei, outorgar o *placet* a um embaixador estrangeiro ou fixar a datas das eleições. Nesses casos, fora os requisitos procedimentais, será muito difícil falar em controle de dados normativos de validade. Para afrontar "esta clase de casos, la Sala de lo Contencioso– Administrativo del Tribunal Supremo ha adoptado el test de los 'critérios judicialmente asequibles': solo cabe controlar aquello que puede ser valorado mediante un razonamiento propiamente judicial. Esta Idea apareció por su primera en la Sentencia del Tribunal Supremo de 28 de junio de 1994, que anuló un nombramiento de Fiscal General del Estado porque el designado no cumplía el mínimo de experiencia profesional requerido por el Estatuto del Ministerio Fiscal; y ha sido luego utilizada, en un asunto mucho más complejo, por las Sentencias del Tribunal Supremo de 4 de abril de 1997, que realizaron una ponderación de los valores constitucionales en juego en una solicitud de desclasificación de secretos oficiales para ser usados como material probatorio en un proceso penal. En la mencionada zona gris de actos del Gobierno, este criterio de la jurisprudencia contencioso-administrativa es básicamente correcto, pues no intenta llevar el derecho más Allá de donde este puede llegar".

E finalmente nos pontos que nos interessam afirma: "Por una parte, es de suma importancia cortar de raíz los recurrentes intentos de resucitar la vetusta y autoritaria doctrina de los llamados 'actos políticos'. Como es sabido, ésta servía para justificar una excepción de la jurisdicción contenciosa-administrativa –nunca, por cierto, a la jurisdicción penal– que convertía en judicialmente inmunes ciertos actos del Gobierno o, incluso, de autoridades inferiores.

---

[11] Tipos de actos de gobierno. *Revista Brasileira de Direito Constitucional*, São Paulo, n. 2, p. 357 *et seq.*, 2003.

Todo acto de Gobierno es susceptible de control jurisdiccional en cuanto a sus elementos reglados, tales como plazos, requisitos procedimentales, etc. Los actos del Gobierno solo son inmunes en aquellos aspectos que el ordenamiento configura como genuinamente discrecionales".[12]

De fato é preciso reconhecer que tanto no Brasil como em outros países os chamados "atos de governo", face à sua natureza, estarão sujeitos, em maior intensidade, a um controle também de ordem política, a ser realizado pelo Legislativo (Parlamento), como é o caso do *impeachment*, pelo próprio povo por ocasião das eleições em que há uma confirmação ou uma renovação de candidatos e opções, ou mesmo por órgãos com competência claramente jurisdicional.

É evidente que em qualquer Estado de Direito, ou em um Estado Democrático de Direito, os direitos da pessoa humana, do indivíduo ocupam o centro das preocupações da ordem jurídica sendo perfeitamente natural que a atividade estatal e o poder (*lato sensu*) seja amplamente controlado por todos aqueles que a Constituição atribui tais funções. De modo, diante de direitos fundamentais atritados, não há falar em "atos políticos" incontrastáveis.

Ademais é preciso desmistificar o termo "político" que muitas vezes é decodificado como unicamente aplicável à atividade política ou à função política do Estado. Parece claro que modernamente não obstante os atos de governo sejam expressão de uma função política, esta, com a democratização do Estado não é uma função específica ou exclusiva de uma determinada província do Estado.

É dizer, em certa medida, a função política é também distribuída por um complexo de órgãos que politicamente são corresponsáveis pelo uso da competência constitucional. *Todos aqueles que têm por função aplicar a constituição exercem de um modo ou de outro, uma "função também política".*

Como temos insistido em manifestações anteriores, o *controle das políticas públicas pelo Poder Judiciário* exercido com prudência realiza os valores constitucionais.[13] Desse modo, são controláveis no que toca aos seus vínculos constitucionais aos princípios constitucionais.

---

[12] *Op. cit.*, p. 370. Sobre a matéria em Espanha, consulte-se ainda o artigo de Luis López Guerra, "El gobierno y su regulación enfoques positivos y negativos" (*Revista Española de Derecho Constitucional*, n. 70, p. 43 *et seq.*, jan./ abr. 2004). É o autor quem afirma: "La cuestión que se plantea, en términos simples, a la hora de llevar a cabo un control jurisdiccional de la acción para verificar su adecuación al ordenamiento, sin substituir al Gobierno en su tarea de dirección política, ni impedir indebidamente su realización. Esta delimitación se ha venido produciendo tanto mediante la intervención del legislador como, sobre todo, mediante la acción jurisprudencial. El complejo carácter de esa labor hace difícil enunciar princípios orientadores que puedam considerarse suficientes para resolver todos los conflictos que se planteen en este respecto; las soluciones habrán de ser propuestas caso por caso, y aún hoy quedan no poças cuestiones abiertas. Aun así, algunas generalizaciones son posibles. Entre ellas, la inaplicabilidad del viejo concepto de acto político para definir ámbitos cerrados radicalmente a la revisión judicial. Pues la presencia, incluso innegable, de una actividad de dirección política y de elección libre entre diversas alternativas, en ausencia de cualquier predeterminación legal, ya no es suficiente para eximir a la acción gubernamental de toda revisión jurisdiccional. En este sentido, la distinción entre 'acto de gobierno' y 'acto de ejecución' o entre 'actividad de dirección' y 'actividad ejecutiva' deja de ser decisiva para determinar si un acto del Gobierno es o no revisable por órganos jurisdiccionales, aun cuando ciertamente pueda serlo para establecer hasta dónde puede llegar esa revisión, a qué órgano jurisdiccional le corresponde y qué sujetos disponen de legitimación para iniciar el correspondiente procedimiento".

[13] Sobre o tema, consultar nosso trabalho: O controle das políticas públicas pelo Poder Judiciário no Brasil. *Revista de Direito do Estado – RDE*, Rio de Janeiro, n. 7, p. 217-253, 2007.

Isso não significa confundir o "ato político" com o "ato administrativo". Como bem expõe Jairo Gilberto Schafer,[14] com apoio nas doutrinas italiana e portuguesa, não obstante uma Constituição principialista como a brasileira tem a pretensão de tudo regular, em larga medida todo ato do poder público deve buscar legitimidade na própria Constituição, inclusive o ato administrativo.

A par disso, também o ato administrativo é um ato constitucional (de acordo com a Constituição). "Todavia, ao se afirmar o assento constitucional enquanto elemento caracterizador do ato político não se está a negar esta evidência, elementar em um Estado de Direito. O que se propõe é a análise da qualidade da relação entre um ato do poder público e a Constituição: o ato político é diretamente vinculado à Constituição, enquanto a relação do ato administrativo com a Constituição é indireta, exigindo intermediação infraconstitucional, ou, nos precisos ensinamentos de Jorge Miranda, a discricionariedade do ato administrativo assenta-se num fim legal, ao passo que a discricionariedade do ato político, num fim constitucional.

Assim, o ato político diferencia-se materialmente do ato administrativo, não obstante a identidade da titularidade, em virtude dos regimes jurídicos a que se encontram submetidos: o ato político está submetido exclusivamente ao direito constitucional, enquanto o ato administrativo, submetido à atividade administrativa, encontra-se regulado pelo direito administrativo".

Após destacar o segundo elemento diferenciador – o caráter de orientação política superior do Estado (*indirizzo político*), que, presente no ato político, não é encontrado no ato administrativo, afirma que o ato político, em linha de princípio, tem uma natureza "aberta" (Vergotini), enquanto caracterização do exercício da atividade política, enquanto que o ato administrativo, ao contrário, possui uma natureza discricionária, traduzida na possibilidade de avaliação concreta de pontuais interesses, sempre nos estritos limites da legalidade. Essa textura aberta do ato político lhe permite veicular as diretrizes governamentais gerais, ou determinar o fim e os objetivos do Estado.

Finalmente afirma Jairo Gilberto Schafer, com quem concordamos:

> Dessa forma argumentando, é possível concluir que não se confundem ato político e ato administrativo, gozando cada um de um estatuto jurídico próprio, não obstante a indiscutível interligação sistêmica existente entre os institutos jurídicos. Desta conclusão, porém, não se pode extrair que o ato político faça parte de uma quarta função estatal, ao lado das três funções clássicas. Em verdade, como ensina Fernandez Valmayor, a atividade política é desempenhada por todos os órgãos do Estado, sendo um *plus lógico* das funções estatais. A complexidade das sociedades modernas não permite aplicação rígida da teoria clássica da separação de poderes, pois ao lado das funções típicas, todos os poderes desenvolvem, mais ou menos, funções atípicas, estas conceituadas como as funções típicas de um poder exercidas por outro, de modo não principal.
> Assim, o Executivo exerce tipicamente duas atividades que são materialmente diferentes: a administrativa (ato administrativo) e a política ou governamental (ato político ou ato de governo), sendo certo que estas mesmas atividades podem ser exercidas, de modo atípico ou não, pelos demais órgãos de soberania.

---

[14] O problema da fiscalização da constitucionalidade dos atos políticos em geral. *Interesse Público,* Porto Alegre, v. 35, p. 79 *et seq.*, 2006.

Cremos que não há razão para confusões. Ao poder legislativo incumbe, precipuamente, a atividade de tomada de decisões fundamentais para o seu povo; ao executivo, as decisões para pôr em marcha (ação) as decisões tomadas pelo primeiro, e finalmente ao Judiciário, cabe, privativamente, exercer o controle sobre todos eles, com base na Constituição.

Vejamos agora como a matéria tem sido enfrentada em grandes linhas pelo Supremo Tribunal Federal no Brasil. Qual é sua casuística.

a) Diante da atuação política das chamadas CPI (Comissões Parlamentares de Inquérito), o STF assim ementou o MS nº 24.831-DF, Relator Ministro Celso de Mello, julgado em 22.6.2005. "CPI. Direito de oposição, Prerrogativa das minorias parlamentares. Expressão do postulado democrático. Direito impregnado de estatura constitucional. Instauração de inquérito parlamentar e composição da respectiva CPI. Tema que extravasa os limites *interna corporis* das casas legislativas. Viabilidade do controle jurisdicional. Impossibilidade de a maioria parlamentar frustrar, no âmbito do Congresso Nacional, o exercício, pelas minorias legislativas, do direito constitucional à investigação parlamentar (art. 58, §3º). Mandado de segurança concedido. Criação de Comissão Parlamentar de Inquérito: requisitos constitucionais.

O controle jurisdicional dos atos parlamentares: possibilidade, desde que haja alegação de desrespeito a direitos e ou garantias de índole constitucional. O Poder Judiciário, quando intervém para assegurar as franquias constitucionais e para garantir a integridade e a supremacia da Constituição, desempenha, de maneira plenamente legítima, as atribuições que lhe conferiu a própria Carta da República, *ainda que essa atuação institucional se projete na esfera orgânica do Poder Legislativo*. Não obstante o caráter político dos atos parlamentares revela-se legítima a intervenção jurisdicional, sempre que os corpos legislativos ultrapassem os limites delineados pela Constituição ou exerçam as suas atribuições institucionais com ofensa a direitos públicos subjetivos impregnados de qualificação constitucional e titularizados, ou não, por membros do Congresso Nacional. *Questões Políticas*. Doutrina. Precedentes. A ocorrência de desvios jurídicos-constitucionais nos quais incida uma CPI justifica, plenamente, o exercício, pelo Judiciário, da atividade de controle jurisdicional sobre eventuais abusos legislativos, sem que isso caracterize situação de ilegítima interferência na esfera orgânica de outro Poder da República".

b) "Constitucional. Administrativo. Medida Provisória: urgência e relevância: *apreciação pelo Judiciário*. Reedição da Medida Provisória não rejeitada expressamente. CF, art. 62. Conselho Nacional da Educação: Câmara de Educação Básica. Medida Provisória 661, de 18.10.94. Lei 9.131, de 24. 11. 95. I – Reedição de medida provisória não rejeitada expressamente pelo Congresso Nacional: possibilidade. Precedentes do STF. II – Requisitos de urgência e relevância: caráter político: em princípio, a sua apreciação fica por conta dos Poderes Executivo e Legislativo, a menos que a relevância ou a urgência evidenciar-se improcedente. No sentido de que urgência e relevância são questões políticas, que o Judiciário não aprecia: RE 62.739-SP, Baleeiro, Plenário, *RTJ* 44/54; *RDP*

5/223. III – Pedido de suspensão cautelar IV – Medida Cautelar indeferida. (ADIMC 1397-DF, Pleno, Rel. Min. Carlos Velloso, julgada em 28.4.1997)."

c) Também no que tange ao *controle judicial de políticas públicas*, o STF toca no tema, ao afirmar: "É certo que não se inclui, ordinariamente, no âmbito das funções institucionais do Poder Judiciário – e nas desta Suprema Corte, em especial – a atribuição de formular e de implementar políticas públicas, pois, nesse domínio, o encargo reside, primariamente, nos Poderes Legislativo e Executivo. Tal incumbência, no entanto, embora em bases excepcionais, poderá atribuir-se ao Poder Judiciário, se e quando os órgãos estatais competentes, por descumprirem os encargos político-jurídicos que sobre eles incidem, vierem a comprometer, com tal comportamento, a eficácia e a integridade, de direitos individuais e ou coletivos impregnados de estatura constitucional, ainda que derivados de cláusulas revestidas de conteúdo programático".

d) Processo político-punitivo de parlamentar. José Elaeres Marques Teixeira[15] relata que a partir do caso Felip Cheidde, de 1990, principalmente a Câmara dos Deputados, mas também o Senado Federal, passaram a punir, na maioria das vezes com a cassação do mandato, os parlamentares infratores das normas constitucionais e regimentais, que exigem conduta compatível com o exercício das suas atividades no Parlamento. Esse, como outros casos foram levados ao STF que se viu obrigado a decidir sobre a matéria até então não apreciada. Alegavam os parlamentares a existência de irregularidades na condução do processo punitivo levado a efeito pelo órgão interno da Casa Legislativa a que faziam parte. Os mandados de segurança foram apreciados, mas no mérito, (ato de cassação) não conhecidos. *Vide* ainda MS nº 21.861-4-DF.

e) Anistia – é também uma matéria considerada pelo Tribunal como imune a ação judiciária, conforme ADI nº 2.306-3-DF.

f) Tratados e Convenções Internacionais – sobre esse tema, Rui Barbosa, no início do século XX, afirmou ser essencialmente político, insuscetível, portanto, de ser apreciado pelo Judiciário. Diversamente, Pontes de Miranda, ao mesmo tempo em que reconhecia que os aspectos políticos desses tratados feitos entre Estados soberanos são imunes ao controle dos juízes, também ensinava que, após a sua incorporação ao ordenamento jurídico interno, sujeitam-se à fiscalização jurisdicional, frente à Constituição. Essa a doutrina que tem sido acolhida pelo STF em várias ocasiões, como quando decidiu o pedido de liminar na ADI nº 1.480-DF. No julgamento do pedido de medida liminar, o Relator, Ministro Celso de Mello, afirmou que a Convenção Internacional nº 158/OIT constituía ato internacional de conteúdo normativo, que, com o Decreto Legislativo nº 68/92 e o Decreto nº 1855/96, fora incorporada ao "sistema de direito positivo interno do Brasil". Assim, as normas contidas na referida convenção, uma vez "reduzidas às dimensões domésticas do

---

[15] *A doutrina das questões políticas no Supremo Tribunal Federal.* Porto Alegre: S. A. Fabris, 2005. p. 203 *et seq.*

ordenamento jurídico brasileiro, estavam sujeitas, em conseqüência, ao pleno controle jurisdicional de constitucionalidade".[16]

g) Caso Humberto Lucena – alegada ruptura do princípio da separação de poderes e interferência indevida do Poder Judiciário em matéria *interna corporis* do Poder Legislativo.

O senador Humberto Lucena foi acusado de utilizar a máquina pública, a gráfica do Senado Federal em benefício próprio, por haver confeccionado calendários em grande quantidade, distribuindo-os ao eleitorado. A questão foi ao TSE, que afirmou: "configurar-se, no caso concreto, abuso de poder de autoridade e uso indevido de recursos públicos, criando-se, também, situação de desigualdade com os demais candidatos. Propaganda eleitoral vedada". No STF, decidiu-se, dentre outros aspectos que não se caracteriza, na hipótese, alegada interferência indevida do Poder Judiciário nem matéria *interna corporis* do Poder Legislativo. (STF, Pleno, RE nº 186.0880/210-DF-PB, Rel. Min. Neri da Silveira, 30.11.1994).

Vê-se que a matéria ainda desafia a doutrina. Há muito mais a ser desenvolvido. Esperamos ter contribuído nessa descoberta de novos horizontes em tão fascinante tema.

---

[16] Segundo notícia José Teixeira, *op. cit.*, p. 224.

NOÇÕES BÁSICAS DA ADMINISTRAÇÃO PÚBLICA BRASILEIRA

A Administração Pública brasileira está, em grande parte, regulada nos princípios e normas constantes da Constituição da República Federativa do Brasil, de 1988. O Brasil não escapou do movimento internacional inaugurado com as Constituições do final da década de 70 do século passado na Europa que marcaram o processo de redemocratização dos países da península ibérica, como Portugal, Espanha e avançando mais adiante, da Itália, Grécia, e tantos outros.

Assim, a Constituição Federal de 1988, que até hoje já conta 62 Emendas Constitucionais (2009), contém um capítulo concernente a "Administração Pública" (arts. 37 a 42), além de inúmeras normas e princípios esparsos em seu texto que também afetam a Administração. Os princípios expressos norteadores da Administração são os seguintes: "legalidade, impessoalidade, moralidade, publicidade e eficiência" ou sistema jurídico-administrativo. Sempre houve dificuldade em precisar o conceito de Administração Pública. Afirma-se, com razão, que a Administração se deixa descrever, mas não se deixa definir, diante da sua complexidade e o caráter multiforme de suas atuações.

Para se ter uma ideia da amplitude não da Administração Pública brasileira, mas do direito administrativo brasileiro, parece útil verificar qual é seu objeto, ou melhor, qual é o seu campo de estudos, sua matéria. Diríamos essencialmente que o Direito Administrativo brasileiro estuda:

I) a sua relação com a Administração Pública, e *nesse campo* encontra-se 1. Os órgãos públicos, 2. Os agentes públicos, 3. Os princípios administrativos constitucionais (já enunciados), 4. Os princípios reconhecidos como o princípio da supremacia do interesse público, 5. O princípio da autotutela, 6. O princípio da indisponibilidade, 7. Princípio da continuidade do serviço público, 8. O princípio da segurança jurídica ou da proteção da confiança, 9. O princípio da precaução, 10. O princípio da razoabilidade, 11. O princípio da proporcionalidade.

II) 1. Os poderes e deveres dos administradores públicos, essencialmente o uso e o abuso do poder e suas várias formas e matizes, 2. Os poderes administrativos, o poder discricionário, 3. O poder regulamentar, 4. O poder de polícia, 5. A hierarquia e a disciplina.

III) 1. O ato administrativo e sua longa matéria, 2. O procedimento administrativo, 3. A invalidação do Ato administrativo e a revogação, 4. Os contratos administrativos, 5. A licitação, 6. Os serviços públicos, 7. As concessões e permissões de serviços públicos, 8. A Administração Pública direta e indireta, 9. As Agências Reguladoras, 10. As Associações e Fundações Públicas, as Empresas Públicas e Sociedades de Economia Mista, 11. A responsabilidade civil do Estado, 12. Os servidores públicos e seu regime jurídico, 13. A intervenção do Estado na propriedade, 14. A atuação do Estado no domínio econômico, 15. A desapropriação, 16. O controle da Administração Pública, 17. As ações ou remédios constitucionais e legais; 18. Os bens públicos e sua gestão.

1 O direito administrativo brasileiro sob influência do direito estrangeiro: sistemas de base romanística e da *Common Law*

Maria Sylvia Zanella Di Pietro[1] nos informa que o direito administrativo brasileiro sofreu influência do direito francês e de outros direitos enquadrados no sistema de base romanística (direito italiano, alemão, espanhol, português, etc.), o regime jurídico-administrativo, no Brasil, também sofreu alguma influência do sistema da *Common Law*, especialmente do direito norte-americano.

No Brasil Colônia, aplicavam-se as leis portuguesas, especialmente as Ordenações do Reino. No período do Império, adotaram-se os princípios do Estado Liberal, sob a influência do direito francês, inclusive com a criação do Conselho de Estado. Só que este não exercia função jurisdicional e sim função consultiva. Também nesse aspecto o direito francês serviu de modelo, porque, na fase inicial do Conselho de Estado francês, o órgão não tinha independência, sendo suas manifestações sujeitas à aprovação do Imperador.

No primeiro período da República, suprime-se o Poder Moderador e o Conselho de Estado, adotando-se o modelo anglo-americano da unidade de jurisdição. Com isso, passou a Administração Pública a submeter-se ao controle jurisdicional. E também, em matéria de direito administrativo sob a influência do direito norte-americano passou o Brasil ao sistema único de jurisdição, à jurisprudência como fonte do direito, à submissão da Administração Pública ao controle jurisdicional.

No direito francês, o direito administrativo brasileiro acolheu a ideia de ato administrativo, com o atributo da autoexecutoriedade, as sucessivas teorias sobre responsabilidade civil do Estado, o conceito de serviço público, as prerrogativas da Administração Pública, a teoria dos contratos administrativos, o princípio da legalidade.

Em decorrência da adoção do princípio da legalidade, o direito administrativo brasileiro, à semelhança de outros direitos, como o espanhol, o português, o dos países sul-americanos, colocou no direito positivo aquilo que no direito francês constituíram teorias e princípios de elaboração jurisprudencial. Aquilo que na França é alterado pela jurisdição administrativa no Brasil depende de alteração legislativa.[2]

---

[1] *Direito Administrativo*. 23. ed. São Paulo: Atlas, 2010. p. 23 *et seq.*

[2] Ainda segundo Maria Sylvia.

2 Tendências atuais do direito administrativo brasileiro

Segundo Maria Sylvia Zanella Di Pietro, as atuais tendências do direito administrativo brasileiro são, em essência, a) o alargamento do princípio da legalidade, para abranger não só a lei, mas também os princípios e valores, b) o fortalecimento da democracia participativa, c) a processualização do direito administrativo, d) o movimento de agencificação, de inspiração norte-americana, com a outorga de função regulatória às agências reguladoras, instituídas como autarquias especiais, e) a aplicação do princípio da subsidiariedade, com a privatização de empresas estatais, privatização de atividades antes consideradas serviços públicos, f) a substituição do quadro de servidores públicos por mão de obra terceirizada; dentre outros.

3 Acepções da expressão "Administração Pública"

Entendemos que em sentido amplo Administração Pública é um sistema de governo, sistema político, o conjunto de manifestações de conduta humana que determina como se distribuem e exercem a autoridade pública e como se atendem aos interesses públicos.

Ademais, pode-se dizer que a Administração Pública é a ciência que tem conexão direta com o governo, que se ocupa principalmente do ramo executivo, ainda que evidentemente haja problemas que se relacionem com os ramos legislativo e judicial.

A doutrina especializada no Brasil afirma que sob o aspecto funcional a Administração Pública "significa um conjunto de atividades do Estado que auxiliam as instituições políticas de cúpula no exercício de funções de governo, que organizam a realização das finalidades públicas postas por tais instituições e que produzem serviços, bens e utilidades para a população, como por exemplo: ensino público, calçamento de ruas, coleta de lixo". É a lição de Odete Medauar.[3]

Na verdade, diz a autora, apresenta-se difícil a caracterização objetiva da Administração Pública, daí por vezes se busca o modo residual de identificá-la: conjunto de atividades que não se enquadram na legislação, nem na jurisdição; assim, nem o Legislativo, nem o Judiciário cuidam do calçamento de ruas, da coleta de lixo, da rede de escolas públicas, por exemplo. Sob o ângulo organizacional, Administração Pública representa o conjunto de órgãos e entes estatais que produzem serviços, bens e utilidades para a população, coadjuvando as instituições políticas de cúpula no exercício das funções de governo. Nesse enfoque predomina a visão de uma estrutura ou aparelhamento articulado, destinado à realização de tais atividades; pensa-se, por exemplo, em ministérios, secretarias, departamentos, coordenadorias, etc.[4]

Lúcia Valle Figueiredo, uma das mais iluminadas juspublicistas brasileiras, de saudosa memória, conceituava a função administrativa do seguinte modo:

---

[3] *Direito Administrativo moderno*. 7. ed. São Paulo: Revista dos Tribunais, 2003. p. 47 *et seq.*

[4] MEDAUAR, *op. cit.*, p. 48.

A função administrativa consiste no dever de o Estado, ou de quem aja em seu nome, dar cumprimento fiel, no caso concreto, aos comandos normativos, de maneira geral ou individual, para a realização dos fins públicos, sob regime prevalecente de direito público, por meio de atos e comportamentos controláveis internamente, bem como externamente pelo Legislativo (com o auxílio dos Tribunais de Contas), atos, estes, revisíveis pelo Judiciário.

De outra parte, a mesma autora enuncia as atividades essenciais da Administração, inerentes à função administrativa, do seguinte modo:

1. Condicionamentos por meio de imposições, de deveres e de abstenção, *com base na lei e na forma da lei*, do exercício da liberdade e da propriedade dos indivíduos, a fim de compatibilizá-las com o bem-estar social. É o chamado por muitos de poder de polícia administrativo,
2. Fomento e auxílio do desenvolvimento e da expansão de atividades privadas de interesse coletivo (subvenções, atuação no domínio econômico);
3. Intervenção em atos e fatos da vida dos particulares para lhes conferir certeza e segurança jurídicas (tabelionatos, cartórios, etc. e todos os atos denominados de "polícia administrativa" ou, em nossa linguagem, atos decorrentes da fiscalização obrigatória do Poder Público);
4. Prestação de utilidade e comodidade aos administrados, propriamente serviços públicos e de utilidade pública.[5]
5. Por fim, vale destacar que o Estado brasileiro, através da Constituição de 1988, adotou como modelo de organização política e administrativa a fórmula republicana e federativa, que deve se articular com um modelo de Estado Democrático de Direito (art. 1º, da CF), combinando democracia representativa e espaços de democracia direta (art. 1º, parágrafo único).

Da organização administrativa da Administração Pública decorrem alguns poderes, tais como: a) o de editar atos normativos; b) o de dar ordens; c) o de controlar, fiscalizar e revisar; d) o de aplicar sanções administrativas; e) o de delegar e avocar funções; f) o de decidir conflitos de competência; g) o de coordenar os diversos órgãos; h) o de descentralizar, desconcentrar e delegar funções, política ou administrativamente.

Por fim, podemos afirmar que mais do que simplesmente à lei, a atividade administrativa se vincula ao *direito*, entendido não apenas como o elenco de normas legisladas em vigor mas como a referência ao ordenamento jurídico vigente com todas as suas aberturas previstas na Constituição, que modernamente, como se sabe, sofre influências e interações constantes do direito internacional, do direito comunitário e do direito supraestatal.

---

[5] *Op. cit.*, p. 77.

O PRINCÍPIO DA SEGURANÇA JURÍDICA
E AS AGÊNCIAS REGULADORAS

1   Introdução

O nosso objetivo com o presente artigo é o de articular a relação (se é que existente) entre o princípio da segurança jurídica e as agências reguladoras no Brasil.

O projeto insere-se na tentativa de reflexão acerca do princípio da segurança jurídica no Direito Público, notadamente administrativo (brasileiro), se possível em uma perspectiva comparada.

Imaginamos tecer considerações sobre a relevância do princípio da segurança jurídica e sua incidência no direito público brasileiro, em especial no direito administrativo material, em especial no tema da regulação em geral e os principais problemas que podem daí decorrer.

2   O princípio da segurança (jurídica)

A ideia de segurança acompanha o desenvolvimento da era moderna.

Já a Constituição francesa de 1793[1] contemplava o termo em seu preâmbulo para afirmar: "A segurança consiste na proteção conferida pela sociedade a cada um de seus membros para conservação de sua pessoa, de seus direitos e de suas propriedades".

A Emenda nº 5 à Constituição norte-americana também previu: *"No person shall be deprived of life, liberty, or property, without due process of law".*

A filosofia do direito oferece um grande aporte para a compreensão sobre a ideia de *certeza* e *segurança* jurídica nos quadrantes do conhecimento.

O grande mestre Miguel Reale ao trazer lição sutil de Radbruch distingue as teorias *jurídica*, *sociológica* e *filosófica* da obrigatoriedade do Direito, apontando as suas antinomias, assim como os absurdos a que chegariam, se rigorosamente seguidas.

---

[1]   O princípio da segurança jurídica já estava consagrado no artigo 2º da Declaração francesa de 1789, e nas seções 1, 3 e 8, da Declaração de Virgínia de 1776, como a igualdade perante a lei, sendo omitida a igualdade na declaração e consagrada no artigo 6º da Declaração francesa.

Dizia o sábio filósofo que o jurista, por exemplo, que fundasse a validade de uma norma tão somente em critérios técnico-formais, jamais poderia negar com bom fundamento a validez dos imperativos decretados por um paranoico que acaso viesse a ser rei.

Aquele que fizesse repousar o Direito em razões históricas ou sociológicas ver-se-ia obrigado a avaliar o grau de obrigatoriedade do Direito pelo grau de sua real eficácia, falho de critério para resolver em caso de conflito entre duas "ordens jurídicas"; e, finalmente, quem identificasse o Direito e o Justo, deveria rejeitar toda lei positiva contrária a seus anseios de justiça, o que nos levaria ao caos, pois são meios científicos de determinação objetiva desse valor supremo do Direito.

Desse modo, arremata, o tríplice aspecto da *validade* corresponde ao tríplice problema dos valores do Direito, às três exigências contidas na *Ideia do Direito: Justiça, certeza jurídica* (segurança e paz social) e *Fim*, entre as quais a História nos revela contradições inamovíveis, não cabendo à Filosofia resolvê-las, pois "a sua missão não consiste em tornar a vida fácil, mas, pelo contrário, problemática".[2]

Vê-se assim que a Justiça e a certeza, pois a segurança seria como que um desdobramento fundamental da certeza, compõem a ideia fundamental do Direito, sua célula básica.

É curioso notar que para além dos filósofos, inclusive os do direito, no Brasil já há algumas décadas, influenciados pela doutrina europeia, sobretudo constitucional-portuguesa e espanhola, foram os professores de direito administrativo os que mais enfrentaram o tema da segurança jurídica[3] nos últimos tempos.

E o fizeram quer pela vertente do princípio da boa-fé dos administrados ou da proteção da confiança, ambos ligados a exigência de maior estabilidade das situações jurídicas, mesmo daquelas que na origem apresentam vícios de ilegalidade.

A segurança jurídica é geralmente caracterizada como uma das vigas mestras, um dos pilares mais importantes do Estado Democrático de Direito. É ela, ao lado do princípio da legalidade, uma coluna ou um subprincípio fundamental do conceito clássico do Estado de Direito.

Almiro Couto e Silva[4] em página já considerada clássica pela doutrina nacional sempre remarcou que no direito público não constitui excrescência ou uma aberração admitir-se a sanatória ou o convalecimento do ato. Ao contrário, em muitas hipóteses o interesse público prevalecente estará precisamente na conservação do ato que nasceu viciado, mas que, após, pela omissão do Poder Público em invalidá-lo, por prolongado período de tempo, consolidou nos destinatários a crença firme na legitimidade do ato.

Em tais circunstâncias, Almiro Couto e Silva ensina que no cotejo dos dois subprincípios do Estado de Direito, o da legalidade e o da segurança jurídica, este último prevalece sobre o outro, como imposição da justiça material.

---

[2] REALE, Miguel. *Filosofia do Direito*. São Paulo: Saraiva, 1953. v. 1, t. II, p. 466.

[3] No direito constitucional pode-se lembrar Canotilho, em seu Curso, e no direito espanhol, Jesus Gonzales Perez, com o seu clássico, *El principio general de la Buena Fe en el Derecho Administrativo*. Madrid: Civitas, 1989.

[4] SILVA, Almiro Couto e. Os princípios da legalidade e da segurança jurídica no Estado de Direito Contemporâneo. *RDP*, v. 84/46.

A saudosa Profa. Lúcia Valle Figueiredo[5] colocava os princípios da segurança jurídica, da lealdade e da boa-fé como de primordial importância para verificação de ter a Administração permanecido dentro dos lindes de sua competência discricionária ao tomar decisões administrativas de cunho político.

Afirmava, "deveras, a segurança jurídica e a certeza do direito são sobreprincípios de todo Estado que se pretenda democrático de direito. Fazem efetivamente parte da possibilidade de existência do *due process*".

Ao lado dos cultores do direito administrativo,[6] também os constitucionalistas no Brasil passaram a escrever sobre o fenômeno mais de perto, muito embora o tema já estivesse secularmente vinculado ao direito constitucional, sobretudo às garantias do direito adquirido, do ato jurídico perfeito, da coisa julgada, em síntese na proteção do indivíduo e da ordem jurídica como instrumento se segurança.

Luís Roberto Barroso[7] recorda que "com o refluxo dos positivismos – normativistas, historicistas e sociológicos – os princípios jurídicos deram nova configuração ao quadro teórico do pós-positivismo, introduzindo ou aprofundando conceitos como os de ponderação, razoabilidade, igualdade e subsidiariedade, dentre outros. A interpretação constitucional, ao servir-se dos limites e possibilidades oferecidos pelos princípios para a busca da solução justa no caso concreto, amplia o poder de criação e a subjetividade do intérprete. Perde-se, assim, em previsibilidade e certeza das decisões, embora a norma escrita sempre permaneça como um parâmetro objetivo, demarcando as fronteiras de atuação. Mas o que se sacrifica, eventualmente, em segurança, é devolvido com lucro na melhor realização da justiça constitucional".

Podemos dizer em uma tentativa de síntese que o princípio da *segurança jurídica* para além de ser um elemento normativo importante dos ordenamentos democráticos contemporâneos, também se apresenta como um arquétipo suscetível de várias leituras.

Assim, a segurança jurídica é buscada por meio do próprio Direito que constrói todo um sistema de garantias para que o cidadão, o indivíduo, a pessoa humana não seja surpreendida pelo próprio Direito. Ela se manifesta com a formulação de regras claras, o quanto possível objetivas, que arbitrem o conviver em uma Democracia.

É claro que houve uma lenta evolução até chegarmos ao que hoje compreendemos como "segurança jurídica" e esse conceito parece estar sempre em evolução ou em renovação de acordo com as necessidades cambiantes da vida.

No passado foram em grande medida as leis e os códigos os principais instrumentos em torno da busca de segurança. Já no século XVI surgem as origens da codificação.

A jurisprudência romano-canônica não foi capaz de resolver todos os problemas que a sociedade apresentava. Tempos depois a corrente humanista e autores como

---

[5] FIGUEIREDO, Lúcia Valle. O devido processo legal e a responsabilidade do Estado por dano decorrente do planejamento. *RDA*, v. 206, p. 101-102.

[6] *Vide* ainda Celso Antônio Bandeira de Mello, "Segurança Jurídica, Boa-Fé e Confiança Legítima" (*RDP*, v. 51/52) e Juarez Freitas, "Agência Nacional dos Transportes (...)" (*Interesse Público – IP*, Belo Horizonte, ano 5, n. 20, jul./ago. 2003), onde há uma página interessante sobre o princípio da segurança jurídica. No campo monográfico, consulte-se a obra de Rafael Valim, *O princípio da segurança jurídica no Direito Administrativo brasileiro*. São Paulo: Malheiros, 2010. (Coleção Temas de Direito Administrativo).

[7] A segurança jurídica na era da velocidade e do pragmatismo. *Revista do Instituto dos Advogados Brasileiros*, ano XXIV, n. 94, p. 79-97, 2000.

Leibniz e Domat se ocuparam em propor soluções para que as compilações de Justiniano pudessem ser reordenadas e purgadas dos vícios que se lhe atribuíam como casuísmos, anacronismos, etc.

Àquela época a falta de segurança jurídica era uma preocupação constante. Tempos depois, a ideia de Constituição aos poucos vai se fortalecendo ao longo do tempo para também revelar um conceito de segurança jurídica e certeza de normas hierarquicamente superiores e também, por que não seguras, magnas, confiáveis.

Atualmente por exemplo reconhece-se o espaço de liberdade, de segurança jurídica e de justiça como um objetivo global na União Europeia cujo objetivo é "manter e desenvolver um espaço de liberdade, segurança e justiça e que... a justiça deve garantir a livre circulação de pessoas conjuntamente com medidas adequadas no que diz respeito ao controle de fronteiras exteriores, o asilo, a imigração e prevenção e a luta contra a delinquência".

Fala-se também hoje no princípio da superioridade do Direito (em francês alude-se ao princípio da *prééminence du droit*» que na verdade é a base sobre a qual se assenta o Direito Europeu dos Direitos do Homem.

O artigo 3º do estatuto do Conselho da Europa dispõe: "Tout membre du Conseil de l'Europe reconnaît le principe de la prééminence du Droit et le principe en vertu duquel toute personne placée sous sa juridiction doit jouir des Droits de l'homme. Il est renforcé par la Convention européenne des droits de l'homme, qui développe les bases statutaires du Conseil de l'Europe: la préambule de la Convention assigne à celle-ci comme *finalité* d'assurer la prééminence du droit dans une société démocratique. La préambule de la Convention guide donc le juge dans la voie d'une interprétation téléologique ou finaliste et on ne s'étonnera pas que la Coura ait à plusieurs reprises affirmé que l'idée de prééminence du droit «inspire la Convention tout entière»".[8]

Evidentemente que a segurança jurídica tem nos Tribunais, no Poder Judiciário, nos Estados, mas não só neles grande projeção como primeiro e último refúgio do indivíduo e dos grupos lesados em seus direitos.

Também o Parlamento deveria ser como sempre se diz uma "caixa de ressonância" da vontade e das aspirações populares, o que lamentavelmente não vem ocorrendo neste século, marcadamente em democracias mais jovens. E finalmente também no Poder Executivo que tem uma grande importância no administrar, no governar e, sobretudo, porque que tem por missão coordenar as ações e políticas públicas constitucionais de modo a dar fiel execução à lei (em sentido amplo).

É sabido de outra parte que no Estado Democrático de Direito que procura consolidar as conquistas do Estado Social e avançar com mecanismos de participação política e transparência social, já não é a lei o instrumento central desse processo catalisador da vontade popular. De fato, hoje temos um mundo plural e atomizado com muitas e plurais fontes de produção normativa, também conhecido como uma sociedade organizada em rede.

Seja como for, a segurança jurídica parece ser além de um princípio jurídico um dever social de todos. Agentes públicos, Estado e entidades privadas que devem

---

[8] Conforme Fréderic Sudre, *La convention Européene des Droits de L'Homme*. 8ᵉ éd. Paris: Puf, 1990. p. 93.

estabelecer regras de convivência ou um verdadeiro *soft law* que também esteja permeado de conceitos que tragam o valor segurança, boa-fé, justiça e previsibilidade. É dizer, também os particulares têm o dever de embeber em suas normas de organização o conceito e o valor segurança.

Evidentemente que estamos falando da "segurança" no universo normativo, portanto "jurídica". Parece evidente que a "segurança" enquanto valor parece cada vez mais fluído no mundo contemporâneo em que vivemos. A crise do Estado de bem-estar social (*welfare state*) ou do Estado Providência assume sua expressão mais visível atualmente e cremos, um dos maiores desafios do século XXI será reinventar saídas para ela.

As políticas públicas baseadas na criação de seguros comunitários em face ao infortúnio individual, que no século passado se chamou de Estado Social, estão sendo total ou parcialmente eliminadas e rebaixadas a tais níveis que não podem confirmar ou sustentar o sentimento de *segurança*, e, portanto, a confiança em si mesmos, de seus atores. O que se conserva das instituições atuais que encarnam a promessa inicial já não oferece esperança, nem muito menos a confiança de sobreviver à futura e iminente onda de cortes e recortes. Tudo parece ser e gerar um sentimento de incerteza endêmica.[9]

3   A regulação – uma visão geral

Conquanto possa se discordar da existência mesmo de um "Estado regulador" enquanto categoria da ciência política ou mesmo do direito constitucional é certo que se consagrou a expressão como um desafio que detém o Estado para resolver as tensões que se apresentam entre os interesses do mercado, próprio da prestação de serviços a cargo dos particulares e não do Estado, e os interesses da cidadania, que respondem a seu papel ativo como protagonista de seu desenvolvimento no Estado Social e Democrático de Direito.

Seja como for, a literatura contemporânea é quase unânime ao afirmar que essa nova manifestação do direito administrativo se caracteriza pela busca de eficácia e eficiência mediante a simplificação normativa e procedimental, a instrumentalização normativa através do poder regulador de agências ou autoridades independentes e não apenas por intermédio do tradicional poder regulamentar do Executivo, e a ampliação dos espaços de autorregulação e autocontrole por parte dos sujeitos supervisionados por tais entes. Por fim, a utilização de instrumentos próprios do direito reflexivo em maior escala do que mecanismos de intervenção.

Maria Sylvia Zanella Di Pietro[10] ao analisar o período atual diz ser difícil qualificar o período atual. Entretanto afirma existir apenas a consciência de que é preciso buscar uma Reforma do Estado, como decorrência da crise financeira que toma conta do mundo, da globalização, do neoliberalismo, da ineficiência na prestação dos serviços

---

[9]   A esse respeito, *vide* a interessante obra de Zygmunt Bauman, *Tiempos liquidos*: vivir en una época de incentidumbre. Barcelona: Tusquets, 2007.

[10]   DI PIETRO, Maria Sylvia Zanella (Org.). *Direito regulatório*: temas polêmicos. 2. ed. Belo Horizonte: Fórum, 2004. Na mesma obra, o texto da mesma autora intitulado, "Limites da função reguladora das agências diante do Princípio da Legalidade", da autora, p. 34-36.

públicos, da corrupção, dentre tantas justificativas comumente apresentadas. Diz existir a preocupação em restabelecer a liberdade individual, afetada em decorrência da aplicação dos princípios do Estado Providência. Há grande influência da doutrina neoliberal e do princípio da subsidiariedade, desenvolvido pela doutrina social da Igreja; este último prega, de um lado, a ideia de respeito aos direitos individuais, pelo reconhecimento de que a iniciativa privada tem primazia sobre a estatal, devendo o Estado abster-se de exercer atividades que o particular tem condições de exercer por sua própria iniciativa; de outro lado, a ideia de que o Estado deve coordenar, fiscalizar a iniciativa privada, especialmente fomentá-la quando seja de interesse público.

Para esse fim, busca-se reduzir o papel do Estado, pelo instrumento da privatização, que, considerada em sentido amplo, compreende a quebra de monopólio, a desregulação, a concessão e a permissão de serviço público, a terceirização, ficando o Estado com sua função de planejamento e regulação (destacamos).

Há uma tendência quase mundial a associar o processo de regulação ao fenômeno das pós-privatizações. Na verdade, enquanto realidade normativa o fenômeno, inclusive em seu país matriz, do qual se originaram a maioria das teorias que as sustentam, é bem mais antigo.

Regulation has, however, been practised in Britain since at least the Tudor and Stuarts periods.[11] O mesmo ocorrendo no Brasil.[12] Mas também é fato que quando falamos em regulação estamos nos referindo a um período histórico mais recente que acompanha mesmo a onda de privatização no mundo e a contenção da figura do Estado como principal agente econômico, o que se deu, sobretudo, a partir dos 80 do século passado.

Basicamente a regulação econômica é a resposta e procura solucionar os problemas econômicos (articulação de oferta e demanda, informação existente no mercado, custos da transação, eficiência geral do sistema...) que surge sobretudo a partir dos setores privatizados.

A função elementar dos reguladores consiste em organizar e estabilizar as ações e movimentos das forças que atuam no mercado como uma espécie de válvula que libera ou comprime os setores econômicos com normas de incentivo, de repressão ou de monitoramento de como o serviço está sendo prestado para o usuário e o público em geral.

Não há tempo para teorizar ou dissertar sobre o conceito de regulação. Passamos diretamente ao conceito de agência no ordenamento jurídico brasileiro.

4   O conceito de agência no ordenamento jurídico brasileiro

As agências reguladoras no Brasil surgem por ocasião de uma grande transformação por que passou o Estado e, portanto, a Administração Pública.

A política do Estado intervencionista – em contraposição ao Estado liberal – gerou duas consequências graves: a) o crescimento desmesurado do aparelho administrativo

---

[11] *Vide*, BALDWIN, Robert; CAVE, Martin. *Understanding regulation*. Oxford: Oxford University Press, 1999.

[12] Sobre o tema escrevemos, *As agências reguladoras*: o Estado Democrático de Direito no Brasil e sua atividade normativa. São Paulo: Malheiros, 2005. (Coleção Temas de Direito Administrativo). *Vide* especialmente o capítulo XVIII da citada obra, de Marcelo Figueiredo.

estatal, sobretudo de empresas públicas e sociedades de economia mista e suas subsidiárias, b) e o esgotamento da capacidade de investimento do setor público, ocasionado pela deterioração dos serviços públicos em geral.[13]

Tais circunstâncias levaram o Governo, na década de 90 do século passado, a implantar o Programa Nacional de Desestatização, previsto na Lei nº 8.031/90 e na Lei nº 9.491/97, tendo como uma de suas metas reordenarem a posição estratégica do Estado na economia, transferindo à iniciativa privada todas as atividades que por ela possam ser bem executadas, de forma a permitir que a Administração Pública se dedique principalmente ao atendimento das necessidades fundamentais da população.

Esta nova atuação do Estado na economia, com a diminuição de sua participação direta na prestação dos serviços públicos, impõe, por outro lado, a necessidade de fortalecimento de *sua função reguladora e fiscalizadora*. E, para esse fim, é indispensável que reestruture a sua administração, de maneira a poder controlar eficientemente as empresas privadas que venham a assumir a prestação dos serviços públicos.

Nesse sentido, algumas premissas básicas devem ser fixadas para que o órgão regulador possa atuar eficazmente no exercício das funções reguladora e fiscalizadora do Estado:

a) Necessidade de possuir ampla autonomia técnica, administrativa e financeira, de maneira a ficar, tanto quanto possível, imune às injunções político-partidárias, aos entraves burocráticos e à falta de verbas orçamentárias;

b) Necessidade de expedir normas operacionais e de serviço, de forma a poder acompanhar o ritmo acelerado de desenvolvimento tecnológico e o atendimento das demandas populares;

c) Necessidade de aplicar sanções com rapidez, respondendo aos reclamos da população e às exigências do serviço;

d) Necessidade de associar a participação dos usuários no controle e fiscalização do serviço.

---

[13] Fala-se hoje, sobretudo na Europa e nos países mais desenvolvidos, em três a cinco tipos ou modalidades fundamentais de regulação de serviços públicos. A primeira delas denominada de *sunshine regulation*. É o tipo mais suave de regulação e a menos interventiva portanto para as empresas. O regulador não dispõe de nenhum poder coativo. Sua força viria exatamente da ameaça que pesa sobre as empresas prestadoras do serviço de ver suas falhas entregues ao tribunal da opinião pública. A segunda delas é chamada de Regulação por Autodisciplina. Consiste em um processo endógeno de um determinado setor, que desenvolve internamente uma instância de autocontrole dos serviços prestados, prestando contas aos usuários do setor. Funciona com "códigos de boa conduta" não coativos por parte do órgão regulador. O terceiro modelo é chamado de *Light-handed regulation*. Consiste em aplicar aos serviços públicos as disposições gerais do direito da concorrência e a confiar a uma única instância todos os setores prestadores de serviço público. O regulador em geral pode dirigir advertências, acordos, multas e relatórios sobre os serviços. Há ainda o modelo do "regulador setorial independente" mais utilizado na França e inspirado na realidade britânica. Nesse modelo a missão do regulador consiste em propiciar a introdução da concorrência nos serviços privatizados com o objetivo de conferir um bom nível de qualidade aos serviços prestados. Os reguladores determinam que tipos de serviços as empresas podem e devem fornecer, seu preço, sua qualidade, suas condições de exploração, o nível de investimentos, etc. De outra parte encontramos também o modelo norte-americano de regulação, que se aproxima muito de um modelo judicial ou jurisdicional (na nossa tradição), no qual todos, empresas, usuários e reguladores participam ativamente das normas a serem aplicadas. As autoridades de regulação, antigamente independentes, são hoje, na maior parte dos casos submetidas a autoridade do Presidente da República. Nesse sentido a lição de Stéphane Braconnier (*Droit des Service Publics*. 2ᵉ éd. Thémis. Paris: Puf, 2003. p. 569-572).

As agências reguladoras,[14] portanto, atuam procurando disciplinar uma das esferas de poder mais estável e permanente em todos os Estados e presente em todas as partes do mundo: o poder econômico. É ele, ao lado do poder político e o poder teológico, o mais estável e permanente ao longo da História.

Esse controle administrativo tem por finalidade conter o exercício abusivo do poder econômico, em prestígio à livre iniciativa, à livre concorrência e à liberdade de empresa – bem como em razão da função social estabelecida constitucionalmente para tais liberdades (arts. 1º, 170, *caput* e incs., 173, §§4º e 5º, 174).

A priori, e num plano conceitual, em sistemas capitalistas o Estado intervém excepcionalmente na economia, dela não participando como parte natural. A própria ideia de intervenção retrata um fenômeno pontual, de curta duração, urgente, que se exaure em si mesmo.

Contudo, não existe um sistema capitalista contemporâneo isento da figura de Estado. O que se tem são sistemas capitalistas mistos ou de iniciativa dual, os quais autorizam – senão determinam – o ingresso do Estado na economia pela ordem jurídico-econômica para controlar determinados aspectos do poder econômico.

Nesse cenário, no Brasil, assume especial relevância a figura das agências reguladoras independentes – que são criadas através de lei com o objetivo de disciplinar e controlar determinado setor econômico e respectivos grupos de agentes, estes detentores de significativo poder econômico com sérias repercussões sociais.

As agências, como veremos, são pessoas administrativas às quais, sob o rótulo de autarquias especiais, é conferida a regência regulamentar de alguns dos mais relevantes setores da economia.

José dos Santos Carvalho Filho[15] classifica as autarquias em dois grupos, quando se leva em conta o seu regime jurídico: a) autarquias comuns (ou de regime comum); b) autarquias especiais (ou de regime especial).

Questiona o mestre carioca quais seriam os elementos definidores das autarquias de regime especial, diante da grande diversidade de "autarquias sob-regime especial" no direito brasileiro. Assim por exemplo, a Lei nº 9.427, de 26.12.1996 (ANEEL), a Lei nº 9.472, de 16.7.1997 (ANATEL), a Lei nº 9.478, de 6.8.1997 (ANP), a Lei nº 9.782, de 26.1.1999 (ANVISA) e assim por diante. Vejamos a atualizada lição do renomado Professor:

> Diante de tão reiteradas referências legais, seria de perguntar-se: quais os elementos definidores das autarquias de regime especial? Sem embargo de os autores não traçarem linhas rigorosamente idênticas a respeito de tais elementos, podemos dizer, numa visão geral, que corresponderiam às seguintes prerrogativas: 1º) poder normativo técnico; 2º) autonomia decisória; 3º) independência administrativa; 4º) autonomia econômico-financeira. O poder normativo técnico indica que essas autarquias recebem das respectivas leis delegação para editar normas técnicas (não as normas básicas de política legislativa) complementares de caráter geral, retratando o poder regulamentar mais amplo, porquanto

---

[14] O "Plano Diretor da Reforma do Estado", representado por exemplo pela Emenda Constitucional nº 19/98, usou a expressão "agências autônomas", sem fazer distinção entre *agências reguladoras*, voltadas para a intervenção em mercados específicos regulando a relação entre oferta, com qualidade e preço acessível, e demanda, e *agências executivas*, ligadas à implementação de política (sem formular políticas, regular ou influir em mercados).

[15] *Manual de Direito Administrativo*. 23. ed. Rio de Janeiro: Lumen Juris, 2010. p. 517 *et seq.*

tais normas se introduzem no ordenamento jurídico como direito novo (*ius novum*). (...) Na verdade não há como alguns estudiosos supõem transferência do poder legiferante a órgãos ou pessoas da Administração, mas tão somente o poder de estabelecer regulamentação sobre matéria de ordem técnica, que, por extremamente particularizada, não poderia mesmo estar disciplinada na lei. (...). O que se exige isto sim, é que as escolhas da Administração regulatória tenham suporte em elementos concretos e suscetíveis de aferição.

A autonomia decisória significa que os conflitos administrativos, inclusive os que envolvem as entidades sob seu controle, se desencadeiam e se dirimem através dos próprios órgãos da autarquia. Em outras palavras, o poder revisional exaure-se no âmbito interno, sendo inviável juridicamente eventual recurso dirigido a órgãos ou autoridades da pessoa federativa à qual está vinculada a autarquia.

A competência decisória da agência abrange todos os conflitos surgidos no âmbito de concessionários, permissionários ou outras sociedades empresarias entre si (todos evidentemente sob seu controle), como também aqueles decorrentes da relação entre tais pessoas e os usuários dos serviços e atividades por ela executados. No caso de irresignação contra a decisão administrativa final, firmada pela instância máxima da entidade, deve o interessado buscar no Judiciário a satisfação de seu interesse.

Quanto à independência administrativa, assim se entende o fato de que alguns de seus dirigentes têm investidura a termo, ou seja, são nomeados para prazo determinado fixado na lei, não ficando à mercê de critério político do Ministério supervisor, nem da usual e condenável prática da descontinuidade administrativa, tão prejudicial às metas que as instituições buscam alcançar. Assim, têm eles alguma estabilidade em seus cargos, sobretudo porque são nomeados pelo Presidente da República, mas sua investidura depende da aprovação do Senado Federal.

Quanto à situação funcional dos dirigentes afirma o professor:

Ocupam na verdade cargo em comissão, com a peculiaridade de ser a investidura a tempo certo. Sua função é eminentemente administrativa, porque, seja como for, atuam dentro dos parâmetros fixados na lei. Desse modo, parece-nos devam ser considerados agentes administrativos, alojados na categoria de servidores públicos comuns de regime especial, cujo regime jurídico, com escora em lei, em nada se assemelha ao dos agentes políticos, que tem suporte básico na Constituição.

A autonomia econômico-financeira demonstra que essas autarquias têm recursos próprios e recebem dotações orçamentárias para gestão por seus próprios órgãos, visando os fins a que a lei as destinou. Daí a instituição das taxas de regulação as quais são contribuintes as pessoas jurídicas que executam as atividades sob controle da agência.

Felizmente já é elevada a publicação de obras que tratam do tema da regulação no Brasil. Não seria o caso de trazer todos os conceitos e definições que encontramos na doutrina sobre o tema. Assim, achamos que seja suficiente mencionar em nota de rodapé quais as principais obras (e publicações) que tratam da regulação no Brasil, ou ao menos as mais festejadas.[16]

---

[16] Assim, dentre as várias, destaque-se, sem qualquer preocupação de ordem de edição: SALOMÃO FILHO, Calixto. *Regulação da atividade econômica*. São Paulo: Malheiros, 2001; AZEVEDO, Fernando Costa de. *Defesa do consumidor e regulação*. Porto Alegre: Livraria do Advogado, 2002; JUSTEN FILHO, Marçal. *O direito das agências reguladoras independentes*. São Paulo: Dialética, 2002; SOUTO, Marcus Juruena Villela. *Desestatização*. 4. ed. Rio de Janeiro: Lumen Juris, 2001; MOREIRA NETO, Diogo de Figueiredo. *Direto regulatório*. Rio de Janeiro: Renovar, 2003; SILVA, Fernando Quadros da. *Agências reguladoras*. Curitiba: Juruá, 2002; MUKAI, Toshio. *Concessões, permissões*

Ademais, pela importância do tema, passamos abaixo a citar algumas decisões judiciais do Supremo Tribunal Federal, porque entendemos que as mesmas vêm alargar a compreensão do que se entenda por função regulatória no Brasil:

A competência da Agência Nacional de Telecomunicações para expedir normas subordina-se aos preceitos legais e regulamentares que regem a outorga, prestação e fruição dos serviços de telecomunicações no regime público e no regime privado. (ADIN nº 1668-DF, Rel. Min. Marco Aurélio, 20.8.1998).

A Portaria é o meio legítimo pelo qual a agência reguladora pode atuar, estando dentro dos limites conferidos pela Lei nº 9.478/97 à ANP para 'regular e autorizar as atividades relacionadas com o abastecimento nacional de combustíveis.' (RE nº 52.8693-RJ, Rel. Min. Cármen Lúcia, julgado em 12.08.2009).

Compete às agências reguladoras avaliar, adotar e supervisionar os critérios essencialmente técnicos das matérias que estejam sob objeto de sua fiscalização, devendo para isso respeitar os dispositivos legais, os princípios constitucionais, inclusive a razoabilidade. (RE nº 60.2219/RJ, Rel. Min. Eros Grau, julgado em 25.08.2009).

A regulação setorial de determinado ramo de atividade econômica, a cargo de uma agência reguladora independente, não afasta a possibilidade de intervenção regulatória de outros órgãos criados por lei para o desempenho da regulação transversal, como é o caso da defesa da concorrência e do meio ambiente. Inteligência dos arts. 1º, III, e 10 da Lei nº 9.478/97 e 17, I e II, da Lei 6.938/81. (AI nº 764065/PR, Rel. Min. Cezar Peluso, julgado em 11.09.2009).

Compete privativamente ao Presidente da República, nomear membro componente de conselho consultivo de agência reguladora, atribuição decorrente do artigo 84, XIV, da Constituição. (MS nº 27270/DF, Rel. Min. Eros Grau, julgado em 24.04.2008).

A jurisprudência do STF é no sentido da impossibilidade da prestação de serviços de transporte interestadual de passageiros a título precário, sem a observância do procedimento licitatório. (RE nº 264.621-CE, Rel. Min. Joaquim Barbosa, 1.02.2005).

A competição visada pela licitação a instrumentalizar a seleção da proposta mais vantajosa para a Administração impõe-se seja desenrolada de modo que reste assegurada a igualdade de todos quantos pretendam acesso às contratações da Administração. A conversão automática de permissões municipais em permissões intermunicipais afronta a igualdade, art. 5, bem assim o preceito veiculado no art. 175 da Constituição do Brasil. Criação de benefício indevido. Inconstitucionalidade dos preceitos que conferem vantagem às empresas permissionárias dos serviços de transporte coletivo intermunicipal no Estado de Rondônia. (RE nº 607.126 Agr/RJ, Rel. Min. Cármen Lúcia, julgado em 02.12.2010).

Por fim, aproveitamos a oportunidade para registrar que o Supremo Tribunal Federal no Brasil aparentemente incorporou o princípio da segurança jurídica como um dos elementos basilares do Estado Democrático de Direito, sobretudo, mas não só, nas relações administrativas. Nesse sentido, confira-se, dentre outras, a Pet (MC nº 2.900 – RS, Relator o Ministro Gilmar Mendes).

Com isso damos por encerrado o capítulo do conceito de agências e passamos imediatamente a verificar como o princípio da segurança jurídica vem incidindo em

---

e privatizações de serviços públicos. 2. ed. São Paulo: Saraiva, 1997; FIGUEIREDO, Marcelo. *Agências reguladoras*. São Paulo: Malheiros, 2005; GROTTI, Dinorá Adelaide Musetti. As agências reguladoras. *Revista Eletrônica de Direito Administrativo Econômico – REDAE*, maio 2006; MAZZA, Alexandre. *Agências reguladoras*. São Paulo: Malheiros; CUÉLLAR, Leila. *As agencias reguladoras e seu Poder Normativo*. São Paulo: Dialética, 2001. *Vide* também CARDOSO, José Eduardo Martins; QUEIROZ, João Eduardo Lopes; SANTOS, Márcia Walquíria Batista dos (Org.). *Curso de Direito Administrativo Econômico*. São Paulo: Malheiros, 2006. Especialmente o v. 3, Direito Administrativo regulatório.

alguns institutos de direito administrativo. Ou em outras palavras, como no dia a dia ele tem sido invocado e trabalhado pela doutrina em casos envolvendo problemas concretos.

5 O princípio da segurança jurídica nas relações jurídico-administrativas – Alguns exemplos

Até o momento foi possível verificar que sempre o princípio da segurança jurídica aparece como uma expressão maior de estabilidade e ordem nas relações jurídicas. Com essa característica ele também incidirá nos temas mais atuais, como por exemplo, nas PPPs.

Juarez Freitas,[17] após dissertar sobre a regulação administrativa de PPPs como um instrumento de uma nova atmosfera de negócios públicos nas PPPs (e a incidência do princípio da segurança jurídica, associado ao princípio da motivação), entende que "o parceiro público deve zelar pela estabilidade e pela ordem nas relações jurídicas como condição para que se cumpram a finalidade do ajuste. A estabilidade fará, por exemplo, que, em excepcionais casos, a Administração tenha o dever de convalidar atos irregulares na origem, assim como oferecerá prazos para correção de falhas. Por mais incertas que sejam as circunstâncias, somente num horizonte de previsibilidade estatal, em que a entropia ceda vez à organização, teremos parceria com respeitabilidade mútua e com taxas de retorno aceitáveis e módicas. Do princípio em voga, infere-se, em suma, a menor precariedade possível nas relações de parceria".

Já Alexandre Santos de Aragão[18] sublinha a relação existente entre o marco regulatório e o serviço público. Aquele não deve engessar a adaptação do serviço público à evolução político-social da sociedade, devendo deixar espaços em que os reguladores possam se mover para, em cada conjuntura, estabelecer as regras que melhor atendam ao interesse público sempre respeitadas às garantias básicas dos delegatários e usuários.

Afirma: "A combinação de segurança jurídica e adaptabilidade às mudanças econômicas e sociais revela a manifestação nos serviços públicos da noção de Sociedade de Confiança, pela qual é a confiança nas instituições que propicia o desenvolvimento das nações (...). Mas a confiança não deve ser confundida com imobilismo e com ausência de mudanças; o que deve ser buscado é a confiança na mudança das regras, de maneira que elas sejam modificadas de forma racional e sempre com vistas aos melhores interesses dos investidores e da sociedade (Maurice Allais)".

Também Ricardo Perlingeiro[19] traz a incidência do princípio da segurança jurídica na lei de procedimento administrativo lembrando a adoção: a) da necessidade de motivação quando não se aplicar jurisprudência administrativa ou súmula vinculante (arts. 50, VII, e 64-A); b) a vedação de interpretação retroativa de norma administrativa (art. 2º, XIII), c) a necessidade de motivação dos atos ou decisões que importem anulação,

---

[17] FREITAS, Juarez. Parcerias público-privadas (PPPs): características, regulação e princípios. *Interesse Público*, Porto Alegre, v. 29, p. 50.

[18] ARAGÃO, Alexandre Santos de. O marco regulatório dos serviços públicos. *Interesse Público*, Porto Alegre, v. 27, 2004.

[19] PERLINGEIRO, Ricardo. Os princípios do procedimento administrativo no Brasil e os desafios da igualdade e da segurança jurídica. *Interesse Público – IP*, Belo Horizonte, ano 13, n. 68, p. 93 *et seq.*, jul./ago. 2011.

revogação, suspensão ou convalidação de ato administrativo (art. 53), d) a decadência de 5 (cinco) anos do poder de anular atos administrativos com efeitos favoráveis, salvo comprovada má-fé (art. 54); e) possibilidade de convalidação de atos com defeitos que não acarretem lesão ao interesse público ou a terceiros (art. 55).

Por fim, entendemos, no que toca ao princípio da segurança jurídica e a atividade reguladora ou regulada, que quando um Estado chama aos investidores internacionais ou nacionais para que compareçam a um processo de privatização, deve indicar claramente a regulação a que aquelas empresas estarão submetidas e irão operar.

Essas condições de operação devem manter-se na medida do possível e do razoável para que os investidores não se sintam enganados, ludibriados, mas por outro lado, também não é possível sustentar ou limitar a capacidade normativa dos Estados de mudar eventualmente tais regras ou princípios em nome do interesse público e social. De outra parte deve-se analisar com prudência e atenção quais foram os incentivos e o regime de regras vigentes quando do chamamento ou do contrato com a(s) empresas que atenderam ao chamado governamental.

Podemos afirmar ainda que nenhum sistema pode repetir ou duplicar em suas representações o mundo real em toda a sua insondável complexidade. Assim há um ineliminável limite para a segurança e para a certeza do direito.

É direito de todo Homem ter esperança e confiança apesar das incertezas que rondam seu ambiente.

A confiança e a segurança jurídica podem assim expandir o horizonte das expectativas legítimas de todos nós.

Parece correto afirmar que é indispensável à harmonia social e à justiça social a exigência de uma "segurança jurídica" (como princípio), de modo a garantir o livre e responsável exercício das atividades públicas e privadas.

No âmbito administrativo é visível a necessidade do princípio da segurança jurídica, como garantia dos administrados, para que, sob pretexto de razão de Estado, não sofram abusos, violências ou ilegalidades, ficando ao arbítrio de autoridades mal preparadas ou de suas interpretações equivocadas.

A segurança jurídica é assim um verdadeiro imperativo da convivência humana.

Tomara possamos todos nós planejar e estimar nossas ações de tal modo a que as incertezas sejam todas, o quanto possível, dissipadas e a segurança estimada nos conforte e nos atenda em nosso dia a dia.

DESAPROPRIAÇÃO

1   Introdução

Nosso objetivo com o presente trabalho é dissertar a respeito da desapropriação no direito brasileiro. Seu conceito, suas características, suas modalidades e sua aplicação nos casos concretos.

Como é de amplo conhecimento, a desapropriação acompanha o desenvolvimento do direito de propriedade. Não há como dissociar a desapropriação do direito de propriedade. De fato pode-se inclusive afirmar que o direito de propriedade é requisito ou condição suficiente para a ocorrência da desapropriação.

Nessa medida não há muito sentido em tentar recuar no tempo para localizar as origens do Instituto, senão para irmos até a Revolução Francesa, período em que, notoriamente, floresceu a concepção do Estado Liberal e, com ele, o direito de propriedade da era moderna.

A propriedade, segundo a Declaração dos Direitos do Homem e do Cidadão de 1789 era um direito inviolável e sagrado. Ninguém dele poderia ser privado, "senão quando a necessidade pública, legalmente verificada, o exija de modo evidente e sob condição de uma justa e prévia indenização" (art. 17).

Está aí configurada a noção de um *domínio eminente*[1] do Estado, que reverbera do interesse geral que se pode sobrepor ao domínio privado, permitindo a transferência da propriedade particular ao patrimônio público, mediante plena compensação.

Forçoso notar que houve a partir do final do século XX uma grande transformação no modo como a intervenção estatal ocorria. O desenvolvimento dos intercâmbios internacionais foi considerável. Os mercados de bens e serviços assim como os mercados financeiros se internacionalizaram. As grandes economias nacionais passaram a se abrir à internacionalização, essencialmente dinâmica e altamente competitiva.

Neste cenário, o Estado não pode mais seguir cumprindo o mesmo papel, o que não significa não cumprir nenhum papel. A competitividade força os Estados a depender das empresas e do mercado em geral. A partir dessa realidade, um bom número de atividades que até então estava à sua competência passa a ser "privatizada", ou "flexibilizada".

---

[1]   É o poder do Estado sobre seu território e propriedade privada, podendo aquele restringir esta última, desapropriando-a ou requisitando-a para atender aos reclamos do interesse público, em razão do princípio constitucional da função social da propriedade.

Entretanto, e aqui o tema nos interessa, o instituto da Desapropriação é um dos poucos que não foram atingidos por esta vaga das privatizações. E por quê?

Por que exatamente o Estado sempre conserva em seus domínios um núcleo central sem o qual ele próprio deixaria de existir, perderia sua substância, seu domínio para gerir o interesse público e o bem-estar da população.

Portanto, é legítimo admitir que o Estado deva permanecer como responsável pelas regulações essenciais da vida social e que, a partir dessa perspectiva, respeite e implemente o *princípio da igualdade e do interesse público e geral*. Esses continuam a ser os grandes pilares em que se assenta o direito de suas intervenções.

Como regulador da vida social o Estado tem e deverá ter por muito tempo um papel fundamental como o fiador e promotor da solidariedade social.

De fato, é preciso ter presente que o mercado também tem seu lado perverso que impõe sacrifícios ao corpo social, sua lógica provoca fraturas na sociedade, como a exclusão e a desigualdade. Sua lógica é o lucro, a mais-valia.

A empresa privada pode, sem dúvida, contribuir para reduzir esses fenômenos negativos, mas isso não é suficiente. A redução das fraturas sociais passa por uma aposta na promoção do princípio da solidariedade social, o qual exige um ator central forte que crie e edite normas jurídicas e conduza políticas públicas no território da ação social, que promova saúde, educação, alimentação, saneamento e outros bens e serviços públicos ou sociais ao maior número possível da população em determinado território.

Esse ator é forçosamente o Estado e suas variadas manifestações.

A desapropriação tem essa finalidade. Em nome do coletivo, do interesse público visa atender a um número maior de pessoas. O interesse individual deve ceder em nome do interesse geral ou coletivo.

Pode-se supor que o Estado para atingir tais objetivos tenha que se valer de poderes extraordinários, de um regime exorbitante do Direito Privado, o que desvirtuaria os eixos do Estado Democrático de Direito.

Como sabemos, o Estado submetido ao Direito implica, dentre outros aspectos, a vigência dos princípios da separação ou divisão de poderes, o império da lei constitucional e o reconhecimento dos direitos e garantias em favor dos indivíduos e dos grupos sociais.

Também inclui a jurisdição, é dizer o controle judicial de sua atividade, de seu agir, mesmo diante de competência discricionária.

O Estado de Direito contemporâneo é caracterizado pelo reconhecimento dos direitos públicos subjetivos e pela outorga aos particulares de meios idôneos para sua defesa. Sua definição é derivada dessa singularidade: a tutela desses direitos se realiza mediante a submissão da Administração à Constituição, à Lei.

Por isso, o chamado *poder exorbitante* não pode predicar-se fora desses marcos, nem entender-se de forma isolada ou abstrata dos limites expostos, pois o regime especial ou exorbitante não é um fim em si mesmo.

Em uma palavra: as chamadas prerrogativas estatais ou as prerrogativas da Administração Pública[2] são justamente um dos meios técnicos para aplicar o poder, que

---

[2] Para muitos os poderes ou prerrogativas da Administração Pública para concretizar o bem comum se dividem em regulamentares, sancionadoras, executivas e jurisdicionais.

enquanto característica do regime exorbitante é um instrumento eficaz para realizar e distribuir o bem comum.

De outra parte, para equilibrar essa relação que tem de um lado o "poderoso" Estado, o particular também detém garantias.

É dizer, temos que ter presente a noção que as chamadas prerrogativas estatais, o regime exorbitante, devem estar confortadas no Direito. Ele é fruto da vigência da juridicidade que permite a coexistência das liberdades, do princípio da ampla defesa, da igualdade.

É preciso lembrar, a guisa de introdução, que já o artigo 1.1 Da *Convenção Americana sobre Direitos Humanos*, subscrita em São José da Costa Rica em 22 de novembro de 1969, que o Brasil faz parte, requer que todos os Estados Partes respeitem e garantam o pleno exercício de todos os direitos lá reconhecidos.

É inquestionável que se trata de obrigações que limitam a autoridade do Estado para impor restrições sobre os direitos lá protegidos.

A própria Corte Interamericana de Direitos Humanos (CIDD) tem reafirmado que o exercício da autoridade pública tem limites nos direitos humanos, superiores ao poder do Estado e que o aparato estatal tem a obrigação de garantir e assegurar juridicamente o livre exercício daqueles.

É dizer, o exercício das prerrogativas públicas, do poder estatal para limitar direitos, não pode afetá-los de tal forma que implique sua extinção.

Por isso se exige um equilíbrio na interpretação dos direitos e liberdades de forma que tais limitações se limitem estritamente às "justas exigências" de uma "sociedade democrática" que leve em conta o *equilíbrio* entre os "distintos interesses em jogo e a necessidade de preservar o objeto e o fim da Convenção".[3]

Por fim podemos dizer que o Estado não é o único protagonista do interesse geral, embora seja o seu porta-voz mais qualificado; e que, ademais, a participação do cidadão é fundamental em uma democracia.

Finalizamos essa introdução com as palavras do Professor Agustin Gordillo.

O mestre argentino assinala que o direito administrativo é por excelência a parte da ciência do direito que mais agudamente coloca o conflito permanente entre *autoridade e liberdade*.

Neste sentido, com clareza explicou que a história registrava primeiro o despotismo estatal sobre os indivíduos, logo depois a reação desses últimos com a exacerbação dos direitos individuais, para posteriormente mostrar ao mundo o "equilibrio razonado de los dos elementos esenciales del mundo contemporâneo libre: individuo y sociedad, individuo y Estado".

Afirma textualmente Gordillo:

...ese equilíbrio que se anhela y busca es harto escurridizo e iprecisable: lo que para unos representa solución de la tensión – en cuanto ellos no están involucrados en la misma – es para otros una submisión o un atropello (...) Es necesario a su vez por ló tanto buscar el equilíbrio del propio critério en base al cual se analizarán las tensiones y contraposiciones

---

[3] Nesse sentido, *vide* a Opinião Consultiva da Corte Interamericana de Direitos Humanos OC-5/85 de 13 de novembro de 1985.

del individuo y el Estado. Y ese equilíbrio primario es equilíbrio espiritual y político, es sensibilidad jurídica y humana; es preocupación constante por llenar no solo formal sino también sustancialmente los requerimientos de la justicia.[4]

2   A expropriação forçada no direito alienígena

A partir da Revolução Francesa e com a Declaração dos Direitos do Homem e do Cidadão de 1789 se consagra, em seu artigo 17, daquela última, o direito de propriedade como um direito inquestionável.

> sendo a propriedade um direito inviolável e sagrado, ninguém pode ser dela privado a não ser quando a necessidade pública, legalmente constatada, o exija evidentemente, e sob a condição de uma justa e prévia indenização.

Não obstante sua intangibilidade o direito se mostra não absoluto; propende a Declaração a assinalar uma função social ao conteúdo do direito de propriedade chamado a cena a necessidade pública de acordo com as leis que as estabeleçam.

A mesma ideia essencial está contida no artigo 17 da Declaração Universal dos Direitos do Homem (DHDH) de 1948: "1. *Toda pessoa tem direito a propriedade, individual ou coletivamente. 2. Ninguém será privado arbitrariamente de sua propriedade*". Se contempla que o direito mediante normas previamente estabelecidas, é dizer o contrário do livre arbítrio, indique os pressupostos em que cabe alguém ser despojado da propriedade.

Ademais, existem regras que se consolidam no Protocolo Adicional número 1 de 20 de março de 1952 à Convenção Europeia para a proteção dos Direitos do Homem e de suas Liberdades Fundamentais, assinada em Roma no dia 4 de novembro de 1950, em cujo artigo 1º afirma:

Toda pessoa física ou moral tem direito a gozar pacificamente de seus bens. Ninguém pode ser privado de seus bens senão em razão de utilidade pública e em condições previstas na lei e nos princípios gerais do direito internacional.

Finalmente há que recordar o Pacto de São José da Costa Rica de 22 de novembro de 1969 que em seu artigo 21, relativo ao direito de propriedade, dispõe:

> 1. Toda persona tiene derecho al uso y goce de sus bienes. La ley puede subordinar tal uso y goce al interés social. 2. Ninguna persona puede ser privada de sus bienes, excepto mediante el pago de indemnización justa, por razones de utilidad pública o de interés social y en los casos y según las formas establecidas por la ley.

Coincidem todos os textos supranacionais com a configuração da expropriação ou desapropriação forçada. Constitui esta um limite ao direito de propriedade privada mediante a autorização administrativa para fazer cessar aquela em conjunção com um sistema de garantias jurídicas para assegurar aos cidadãos afetados pela perda daquele

---

[4]   GORDILLO, Agustin. *Tratado de Derecho Administrativo*. Buenos Aires: FDA, 2003. t. III-2.

direito, mediante o integral ressarcimento, mediante a prévia contraprestação econômica de seu valor pecuniário.[5]

Registre-se que o *Tribunal Europeu dos Direitos do Homem*, com sede em Estrasburgo, decidiu em 23 de novembro de 2000, conforme as obrigações assumidas pelos Estados-Partes da Convenção de Salvaguarda dos Direitos do Homem e das Liberdades Fundamentais de 1950, em uma causa proposta contra a República da Grécia pelo rei deposto Constantino, que a ausência de indenização e o confisco de bens do monarca grego rompia – em detrimento deste último – o justo equilíbrio entre a proteção da liberdade e as exigências do interesse geral.

Na França a desapropriação, segundo Charles-Stéphane Marchiani,[6] consiste:

"à priver autoritariement un individu de son droit de propriété au nom de l'utilité publique, c'est-à-dire au nom de l'intérêt supérieur de la communaute dont l'État es l'expression, alors seuls les organes de celui-ci sont en mesure d'en déterminer l'ocurrence et les modalités". E mais adiante afirma: "Le pouvoir d'exproprier est un attribut du pouvoir souverain, c'est là as nature première. Sans la notion de souveraineté, le pouvoir d'exproprier n'existerait pas. La souveraineté étant, en droit français, l'apanage de l'État, elle justifie son monopole sur l'expropriation. Les liens entre souveraineté et pouvoir d'exproprieer apparaissent à l'occasion de l'exercise de celui-ci. Ces liens entre souveraineté résulter de la contingence inhérente à tout regime juridique; ces sont des liens nécessaires car ils résultent d'une déclinasion de príncipes constitutionnels sur lesquels repose l'ordre juridique interne".[7]

No mesmo autor, o leitor encontrará um sumário do direito expropriatório na Alemanha e na Itália.

Na Alemanha a propriedade e a expropriação vem estipulada no artigo 14 da Constituição, do seguinte modo:

Art. 14.
1. A propriedade e o direito de sucessão hereditária são garantidos. A sua natureza e os seus limites serão regulados por lei.
2. A propriedade obriga. O seu uso deve ao mesmo tempo servir o bem-estar geral.
3. Uma expropriação só é lícita quanto efetuada para o bem comum. Pode ser efetuada unicamente por lei ou com base numa lei que estabeleça o modo e o montante da indenização. A indenização é fixada tendo em justa conta os interesses da comunidade e dos interessados. Quanto ao montante da indenização, em caso de controvérsia admite-se o recurso judiciário perante os tribunais ordinários.

O Tribunal Constitucional Alemão na decisão BVerfGE 31, 229, alusiva aos direitos do autor e ao livro escolar, decidiu que "os direitos de autor, na medida em

---

[5]   Consulte-se Garcia de Enterria, *Los Principios de la nueva Ley de Expropriación Forzosa: potestad expropriatoria, garantia patrimonial, responsabilidad civil*. Madrid, 1984; GONZÁLEZ PÉREZ, J. *La Expropiación Forzosa por razón de urbanismo*. Madrid: Publicaciones Abella, 1965. Sobre a atividade expropriatória na Espanha recomendamos a excelente obra de Juan Alfonso Santamaría Pastor, *Princípios de Derecho Administrativo*. 3. ed. Madrid: Centro de Estudios Ramón Areces, 2002. v. 2, p. 418 *et seq.* (Colección Ceura).

[6]   *Le Monopole de L'État sur L'expropriation*. Paris: L.G.D.J., 2008. p. 356 *et seq.* (Bibliothèque de Droit Publique, t. 257).

[7]   Para uma visão a respeito da proteção constitucional da propriedade pública em França, veja-se COLSON, Jean-Philippe; IDOUX, Pascale. *Droit Public Économique*. 5e éd. Paris: L.G.D.J., 2010. p. 123 *et seq.*

que conferem um direito ao aproveitamento caem dentro do conceito de 'propriedade' no sentido do artigo 14, parágrafo 1º frase 1 da Lei Fundamental alemã".

O Artigo 14, parágrafo 1, frase 1 da Lei Fundamental ordena que, em princípio, o valor econômico assinalado a uma obra seja de seu autor. Não obstante, isso não implica que todas as possibilidades de exploração de uma obra se encontrem confortadas constitucionalmente.

Corresponde ao legislador, no marco do conteúdo do direito de autor, estabelecer os critérios materiais que assegurem a valorização adequada e a utilização do direito, de acordo com sua natureza e com seu significado social.

O interesse geral por um acesso ilimitado aos bens culturais justifica que a obra protegida, a partir de sua publicação, possa ser utilizada – sem aprovação do autor – em coleções em coleções para as igrejas, escolas e classes; isso não implica que o autor deva colocar à disposição sua obra sem remuneração alguma (§46 UrhG). (Decisão da Primeira Sala, de 7 de julho, 1971, 1 BvR 765/66.[8]

Na Espanha, Ramón Martín Mateo[9] com razão afirma que falar hoje em dia em um direito de propriedade com validade absoluta para todos os tipos de propriedades parece absurdo.

Afirma que podemos identificar distintos regramentos do direito de propriedade e, assim, quem detém uma casa não tem os mesmos direitos de quem é proprietário de uma fazenda rústica; o proprietário do solo urbano sabe o que pode fazer em sua residência e o que não deve fazer. Tem limites para edificar, não pode cultivar produtos agrícolas em solo urbano. Do mesmo modo o proprietário de uma fazenda rústica bem sabe tem obrigações ligadas à terra e a sua localização.

Nos Estados Unidos da América[10] a 5ª e a 14ª Emendas resguardam os cidadãos norte-americanos contra a expropriação sem justa indenização. A cláusula intitulada *Eminent Domain* dispõe:

(...) nor shall private property be taken for public use, without just compensation.[11]

Norman Redlich, John Attanasio e Joel K. Goldstein[12] ensinam:

The Fifth Amendment's guarantee against taking without just compensation was one of the earliest protections of economic rights incorporated into the Fourteenth Amendment. The Power of "eminent domain" allows federal, state, or local governments to take private property for public use, so long as government pays the owner just compensation, which is the fair market value of the property.

---

[8] Retirado da Jurisprudência do Tribunal Constitucional Federal Alemão, Extractos de sentenças mais relevantes compiladas por Jurgen Schwabe, Uruguai, Konrad Adenauer Stiftung, 2009. p. 405.

[9] *Manual de Derecho Administrativo*. 18. ed. Madrid: Trivium, 1996. p. 494 *et seq.*

[10] No direito americano o procedimento de tomar a propriedade privada para uso público é chamado de "Condemnation" ou Constructive taking, ou ainda Expropriation.

[11] Sobre o tema, "inter-plures", consulte-se STONE, Geoffrey R. et al. *Constitutional Law*. 2nd ed. Boston: Little, Brown and Company, 1991. Especialmente p. 1565 *et seq.*

[12] *Understanding Constitutional Law*. 2nd ed. New York: LexisNexis; Matthew Bender Ed 1999. p. 199 *et seq.*

The Fifth Amendment does not prohibit government takings of property, but only requires just compensation. The explicit language of the amendment only permits government to take property for public use. In *Hawaii Housing Authority v Mudkiff*, the Court interpreted the "public use" requirement broadly. A Hawaii statute sought to redistribute the state's heavily concentrated land ownership by transferring fee simple title to tenants occupying privately-owned property. The Land Reform Act of 1967 allowed the state to condemn the property, compensate the landowner, and sell to the tenant.

Writing for a unanimous Court Justice O'Connor upheld the statute. Although the Act transferred title from one private owner to another, Justice O'Connor found the attempt to distribute ownership more evenly among the community to be a valid public purpose. Showing deference to legislative judgment, the Court stated that the exercise of eminent domain need only be rationally related to its objective.

Em outros casos, relatados pelos autores, como em *Pennsylvania Coal Co.* v. *Mahon*, o afamado Juiz Holmes fixou o entendimento que prevaleceu durante muitos anos. "He balanced the extend of the property right's diminution with the public interest served by the regulation. Regulation to a certain extend was permissible, but regulation that 'goes too far' was considered a taking".[13]

Na América Latina em geral, encontramos uma similaridade nos regimes expropriatórios, apesar das diferentes normas constitucionais nacionais.

Assim, na Venezuela, por exemplo, consoante lição de Jorge C. Kiriakidis:[14]

la expropiatoria es una facultad de la Administración Pública que sale del ámbito ordinario para irrumpir en una función normalmente reservada al Legislador: la imposición directa de cargas a un derecho fundamental, basadas en razones de *utilidad pública o interés general*. Y es por eso que antes hemos afirmado que es una facultad natural o propia pero extraordinaria de la Administración Pública. Además, resulta extraordinaria en la medida en que la Administración, llamada normalmente a realizar actos y desplegar actuaciones en ejecución de la Ley, cuando actúa para expropiar; lo hace ejecutando de modo directo una previsión constitucional.

Ahora bien, como toda actividade del Estado, la expropiatoria, es una actividad sometida a límites (...) como el principio de legalidad de la actividad administrativa, prevista en el artículo 141 de la Constitución; el principio de responsabilidad, referido tanto en el artículo 141 como en el artículo 139 y 140 de la Constitución; el principio de utilidad y

---

[13] O caso substancialmente era o seguinte: "The Pennsylvania Coal, a state statute prohibited mining in areas where a building might be caused to sink as a result of a quarry. The Kohler Act took part of the coal company's property by prohibiting it from mining certain coal. (...) Justice Holmes found that the Kohler Act served a limited public interest and was not justified by public safety concerns. He invalidated the Act because he found the extend of the taking to be too great. Commenting on the general validity of the Act, Justice Holmes noted that the Kohler Act was not a valid exercise of Police Power because it served only the private interests of the landowners and coal companies affected. Heath and safety concerns would have been adequately addressed by giving notice to the affected homes occupants. Secondly, the Kohler Act lacked validity because it diminished the value of the affected land and made coal mining in the affected areas "commercially impracticable". In Pennsylvania Coal, Justice Holmes also established his "reciprocity of advantage" theory by which property owners are expected to endure certain regulations restricting property rights in the interest of greater societal benefit. For example, in *Miller v Schoene* the Court held that the Takings Clause did not require Virginia to compensate the owners of cedar trees that the state had destroyed to prevent the spread of disease. Regardless of weather the trees constituted a nuisance under common Law or statute, the state destroy them to avert an impending danger".

[14] Notas para una aproximación constitucional a la facultad expropiatoria", na obra, HERNÁNDEZ-MENDIBLE, Victor (Coord.). *Derecho Administrativo IberoAmericano*. Venezuela: Ediciones Paredes, 2007. t. II, p. 1549 *et seq*.

de servicio de la actividad administrativa, a que se refiere igualmente el artículo 141 del texto Constitucional.

3 As constituições brasileiras e o poder expropriatório

A Constituição do Império do Brasil, de 1824, já garantia o direito de propriedade "em toda a sua plenitude", afirmando, ainda que "se o bem público, legalmente verificado, exigir o uso e emprego da propriedade do cidadão, será ele previamente indenizado do valor dela".

O poder expropriatório continuou nas constituições seguintes, na República, até 1946. Confiram-se os textos da Constituição, artigo 72, §17, da Constituição de 1891; o artigo 113, n. 17, da Constituição de 1934; o artigo 122, n. 14 da Carta de 1937; o artigo 141, §16, da Constituição de 1946. Nesta última, houve um acréscimo nos casos tradicionais de utilidade ou necessidade pública mais outra forma: *a desapropriação por interesse social*.

A Emenda Constitucional nº 10, de 9 de novembro de 1964, trouxe uma diferença adicional nas desapropriações de propriedade territorial, admite-se o pagamento das indenizações em títulos especiais da dívida pública, com cláusula de exata correção monetária. Idêntico dispositivo veio com a Constituição de 1967 e a Constituição de 1969 dispensando na desapropriação para fins de reforma agrária, dispensando até mesmo o pagamento prévio das indenizações.

Caio Tácito[15] recorda que a desapropriação alcança no direito brasileiro a partir da Lei de 1941, *todos os bens*, a se entender, portanto, aos bens móveis, sempre foi voltada historicamente para a propriedade imobiliária, posta a serviço do interesse público pela transferência coativa do domínio.

Como observa Seabra Fagundes, embora o texto constitucional não limitasse o alcance, a desapropriação somente abrangia, desde a Lei de 1826, até o Código Civil, os bens imóveis.

A Constituição de 1988 estabeleceu em seu artigo 5º, *caput*, e em seu inciso XXII, ser garantido o direito de propriedade, e o inciso seguinte, XXIII, que a propriedade atenderá a sua função social.[16]

Não foi por outra razão, aliás, que o chamado Estatuto da Cidade, a Lei Federal nº 10.257/01, que ao tratar da *função social da propriedade urbana*, assim dispôs, em seu artigo 39:

A propriedade urbana cumpre sua função social quando atende às exigências fundamentais de ordenação da cidade expressas no plano diretor, assegurando o atendimento das necessidades dos cidadãos quanto à qualidade de vida, à justiça social e ao desenvolvimento das atividades econômicas, respeitadas as diretrizes no artigo 2º desta Lei.

Por sua vez, o artigo 170, II, situa a propriedade privada como um dos princípios da ordem econômica.

---

[15] *Temas de Direito Público*: estudos e pareceres. Rio de Janeiro: Renovar, 1997. v. 1, p. 1014.

[16] Sobre a função social da propriedade, consulte-se o artigo de Carolina Zancaner, na *RTDP*, v. 33, 2001, intitulado, "A função social da propriedade e a desapropriação para fins urbanísticos".

De fato, o artigo 5º, inciso XXIV, dispõe:

Art. 5º. Todos são iguais perante a lei, sem distinção de qualquer natureza, garantindo-se aos brasileiros e aos estrangeiros residentes no País a inviolabilidade do direito à vida, à liberdade, à igualdade, à segurança e à propriedade, nos seguintes termos:
... XXIV – a lei estabelecerá o procedimento para desapropriação por necessidade ou utilidade pública,[17] ou por interesse social, mediante justa e prévia indenização em dinheiro, ressalvados os casos previstos nesta Constituição.

Os casos previstos na Constituição, objetos da ressalva constante do artigo acima transcrito, estão estabelecidos no inciso III do §4º do artigo 182 e no artigo 184, *caput*, nos quais se admite que a indenização decorrente da desapropriação se faça por meio de títulos da dívida pública ou títulos da dívida agrária, resgatáveis em até dez ou vinte anos, conforme o caso, segundo determinam as mencionadas normas.

De outra parte, o artigo 243 da Constituição Federal dispõe sobre hipótese de desapropriação sem o pagamento de qualquer indenização ao proprietário.

Diz o dispositivo:

Art. 243 As glebas de qualquer região do País onde forem localizadas culturas ilegais de plantas psicotrópicas serão imediatamente expropriadas e especificamente destinadas ao assentamento de colonos, para o cultivo de produtos alimentícios e medicamentosos, sem qualquer indenização ao proprietário e sem prejuízo de outras sanções previstas em lei. Parágrafo único. Todo e qualquer bem de valor econômico apreendido em decorrência do tráfico ilícito de entorpecentes e drogas afins será confiscado e reverterá em benefício de instituições e pessoal especializado no tratamento e recuperação de viciados e no aparelhamento e custeio de atividades de fiscalização, controle, prevenção e repressão do crime de tráfico dessas substâncias.

Fora desses casos, a que acabamos de mencionar, a indenização decorrente de desapropriação deverá ser, além de justa, prévia e em dinheiro.

Por todo o exposto, segundo o Direito Constitucional brasileiro, são verdadeiros *pressupostos* da desapropriação:

1. A necessidade ou utilidade pública, ou ainda, o interesse social;
2. Justa indenização ao expropriado, que, em regra, é prévia e em dinheiro, podendo, entretanto, nos casos previstos no inciso III do artigo 182 e no art. 184, *caput*, ocorrer mediante pagamento em títulos da dívida pública ou da dívida agrária, resgatáveis em até dez ou vinte anos, conforme o caso, assegurada a preservação do seu valor real.

De outro lado, a hipótese prevista no art. 243 da Constituição refere-se a "expropriação", mas, na realidade está mais para uma expropriação sanção e não propriamente a verdadeira desapropriação.

---

[17] Sobre desapropriação de imóvel de empresa falida, consulte-se o parecer de Leandro Adiers, na revista *Interesse Público*, Porto Alegre, v. 8, p. 100, 2000.

Por fim, adotamos a definição da desapropriação, segundo o regime jurídico brasileiro, de José Carlos de Moraes Sales,[18] para quem:

> *Desapropriação* é instituto de direito público, que se consubstancia em procedimento pelo qual o Poder Público (União, Estados-membros, Territórios, Distrito Federal e Municípios), as autarquias ou as entidades delegadas autorizadas por lei, ocorrendo caso de necessidade ou de utilidade pública, ou, ainda, de interesse social, retiram determinado bem[19] de pessoa física ou jurídica, mediante justa indenização, que, em regra, será prévia e em dinheiro, podendo ser paga, entretanto, em títulos da dívida pública ou da dívida agrária, com cláusula de preservação do seu valor real, nos casos de inadequado aproveitamento do solo urbano ou de reforma agrária rural, observados os prazos de resgate estabelecidos nas normas constitucionais respectivas.

A nosso parecer toda e qualquer desapropriação para ser legítima deve ter como pressupostos o princípio da legalidade, o princípio da utilidade pública, o princípio da proporcionalidade ou da proibição de excesso e a indenização. É dizer, deve atender a tais princípios para estar confortada pelo Direito.

Podemos ademais lembrar o conceito de Diogenes Gasparini,[20] para quem a desapropriação é:

> O procedimento administrativo pelo qual o Estado, compulsoriamente, retira de alguém certo bem, por necessidade ou utilidade pública ou por interesse social e o adquire, originariamente, para si ou para outrem, mediante prévia e justa indenização, paga em dinheiro, salvo os casos que a própria Constituição enumera, em que o pagamento é feito com títulos da dívida pública (art. 182, §4º. III, da CF) ou da dívida agrária (art. 184, da CF).

Desse modo, podemos dizer que a Constituição de 1988 distinguiu três espécies de Constituição, a saber:

a) A desapropriação ordinária (art. 5º, XXIV);
b) A desapropriação para reforma urbana (art. 182, §4º); e
c) A desapropriação para reforma agrária (art. 184 e 185).

No momento oportuno verificaremos cada uma delas e suas principais características.[21]

Finalmente, cumpre registrar que os direitos em geral são desapropriados. Evidentemente não os da personalidade, tais como a liberdade, a honra, porque além de não terem conteúdo patrimonial, são projeções da personalidade humana.

---

[18] A desapropriação à luz da doutrina e da jurisprudência. São Paulo: Revista dos Tribunais, p. 46.

[19] Sobre a desapropriação de bens públicos, consulte-se o trabalho de Sergio Ferraz, *3 estudos de Direito*. São Paulo: Revista dos Tribunais, 1977.

[20] *Direito Administrativo*. 9. ed. São Paulo: Saraiva, 2004. p. 663.

[21] Consulte-se ainda NOBRE JÚNIOR, Edilson Pereira. Princípios retores da desapropriação. *RDA*, v. 209, p. 121 *et seq.*, bem assim o clássico de Seabra Fagundes, *Da desapropriação no Direito brasileiro*. Rio de Janeiro: Freitas Bastos, 1942.

O dinheiro como sabemos também não é passível de desapropriação, pois é o próprio veículo de pagamento do bem expropriado. Já a moeda estrangeira ou mesmo as moedas raras são passíveis de expropriação.

Não são desapropriáveis as pessoas, mas apenas os bens ou direitos acionários relativos a elas, isto porque, desapropriação implica retirar a propriedade de alguém, de um objeto jurídico e em Direito, somente as pessoas são sujeitos de direitos e não objetos.

Portanto, a desapropriação pode recair sobre qualquer bem ou direito.

Também é possível a *desapropriação de bem público*.

Como ensina a saudosa Profa. Lúcia Valle Figueiredo:

> É possível a desapropriação de bens públicos. Com efeito, a União pode desapropriar bens dos Estados e de suas autarquias e empresas. De seu turno, ao Estado é lícito desapropriar bens de Município. Porém, a recíproca não é verdadeira. Os Municípios não poderão desapropriar bens dos Estados e da União. E nem os Estados os da União.[22]

Finalmente podemos aludir também a desapropriação *indireta*.[23]

Trata-se de um fato administrativo.

Ele ocorre quando o Poder Público, sem observância do devido processo legal, se apossa de um bem ou de parte dele, não tomando nenhuma providência a fim de formalizar a transferência de seu patrimônio ou efetivar o pagamento da indenização devida ao proprietário do bem em tela.

Naturalmente tal conduta administrativa dá ensejo ao expropriado requerer perdas e danos, não só em razão do princípio da igualdade como também em face do que contém o artigo 35 do Decreto-Lei nº 3.365/41.

Segundo entendimento jurisprudencial, o prazo prescricional para a propositura da ação de indenização na desapropriação indireta é de vinte anos.[24]

4   A indenização na desapropriação. Coração do instituto

Sem dúvida um dos principais pilares em que se assenta a desapropriação é aquele relativo à indenização, pois a partir dos critérios e procedimentos que se estabeleçam

---

[22] *Curso de Direito Administrativo*. 9. ed. São Paulo: Malheiros, 2008. p. 340.

[23] Segundo Fabiana Pacheco de Araújo, no trabalho "Desapropriação Judicial por Interesse Social – artigo 1.228, §§4 e 5º do novo Código Civil", o mesmo dispositivo contém uma hipótese de desapropriação, que é o instituto existente em nosso ordenamento jurídico no qual o proprietário perde compulsoriamente a propriedade a fim de que ela passe a atender mais adequadamente sua função social, recebendo em troca uma indenização. Segundo a autora, para os imóveis rurais, não resta dúvida que a indenização deve ser arcada pela União, quer por força do comando do artigo 184 a 186 da Constituição Federal, quer por observância dos critérios estabelecidos pela Lei nº 8.629, de 25.2.93 com a redação conferida pela Lei nº 10.279/2001, e Lei Complementar nº 76, de 1993. Parece que o ônus será do Município em que localizada a área (urbana), haja vista que o comando do plano diretor da cidade é da competência exclusivamente municipal (...). Disponível em: www.buscalegis.ufsc.br/revistas/index.phys/.

[24] O Ministro Cezar Peluso, no STF, no RE nº 554.632, julgado em 28.01.2010, decidiu: "A ação de desapropriação indireta é ação de indenização, de cunho patrimonial, não havendo interesse público que justifique a intervenção do Ministério Público. É velha e aturada a jurisprudência desta Corte no sentido de que a intervenção do Ministério Público é dispensável quando haja apenas interesse patrimonial da Fazenda Pública, já que esta dispõe de defensor próprio e é protegida pelo duplo grau de jurisdição".

para chegar à sua determinação e pagamento dependem a justiça e efetividade do sistema positivo.

O fundamento da indenização, a nosso juízo, está intimamente associado do princípio da igualdade em face dos gravames públicos. Embora seja possível identificar inúmeras teorias que procuram dar explicações ou encontrar fundamento jurídico para a desapropriação.[25]

O Estado tem por obrigação reestabelecer o equilíbrio patrimonial do administrado alterado pela expropriação. Caso somente uma pessoa, um particular, tivesse que suportar o sacrifício que importa na privação de determinado bem ou coisa ou um direito, sem receber em compensação o valor que representa sua perda essa ablação de seu direito, sob o ponto de vista patrimonial seria, ademais, de injusta, inconstitucional e violadora do princípio da igualdade.

Para determinada corrente a desapropriação decorreria do direito de império (*jus imperii*) e da preponderância do princípio do interesse público por impor singular imposição de sacrifício total de direitos patrimoniais.[26]

A indenização por sua peculiaridade de seu regime jurídico é um instituto pertencente ao direito público, embora haja influências naturais provenientes do direito civil alusivas ao direito de propriedade.

Hely Lopes Meirelles[27] há tempos afirmava que o conceito de *justa indenização*, ainda no regime da Constituição anterior (art. 153, §22) representa o pagamento do valor real do bem expropriado, visando cobrir o efetivo desfalque no patrimônio do ex-proprietário.

Bem por isso, dizia, a doutrina e jurisprudência são unânimes no recomendar que a indenização seja a mais ampla possível de modo a propiciar uma verdadeira *restitutio in integrum* da coisa de que o particular se viu despojado, pela pecúnia correspondente ao seu preço atual.

Esta é a orientação correta em tema de desapropriação, e, para concretizá-la são lícitos todos os meios técnicos e econômicos que possam conduzir o Juiz a fixar a justa indenização.[28]

Para o renomado autor, a indenização justa é a que cobre não só o valor real e atual dos bens expropriados, à data do pagamento, como também os danos emergentes e os lucros cessantes do proprietário, decorrentes do despojamento do seu patrimônio. Não há padrões prefixados para obter-se a justa indenização.

Em cada caso concreto cumpre ao Juiz buscar o critério adequado que o conduza a essa realidade econômica: a justa indenização. Normalmente se recorre à perícia avaliatória, e esta adota métodos comparativos de negócios assemelhados, em épocas

---

[25] Para uma análise mais detalhadas dessas teorias remetemos o leitor para a obra de Clóvis Beznos, intitulada, *Aspectos jurídicos da indenização na desapropriação*. Belo Horizonte: Fórum, 2006. p. 23 *et seq.*

[26] É o caso de Juarez Freitas, "Aspectos relevantes da desapropriação". *In*: FREITAS, Juarez. *Estudos de Direito Administrativo*. São Paulo: Malheiros, 1995. cap. 5, p. 74 *et seq.*

[27] Desapropriação: justa indenização. *In*: MEIRELLES, Hely Lopes. *Estudos e pareceres de Direito Público*. São Paulo: Revista dos Tribunais, 1982. v. 6, p. 230 *et seq.*

[28] Sobre o tema consulte-se Juarez Freitas (*Estudos...*, p. 94-97).

próximas, homogeneizando valores, e calculando a sua atualização, para chegar-se ao resultado final, que é o *justo preço* do bem avaliado.[29]

Entendemos, em face das lições sedimentadas ao longo do tempo, que o expropriado não deve experimentar uma perda em seu patrimônio e tem que receber exatamente o equivalente econômico correspondente a privação que teve de suportar com a expropriação e suas consequências indesejáveis. Ou seja, a mais completa possível.

Lamentavelmente por questões outras não é o que ocorre na prática. O particular atingido por uma desapropriação, sobretudo quando tem como entidade expropriante o Estado ou o Município, leva décadas para receber o *quantum* devido, o que frustra completamente o comando constitucional alusivo à prévia e justa indenização em dinheiro.

Afinal, como já ensinava Cármen Lúcia Antunes Rocha,[30] há algum tempo, "há que se encontrar uma fórmula legal, que propicie a definição do valor definitivo da indenização num único momento – sem o risco dos retornos permanentes para atualização do montante a ser pago –, a fim de que o precatório deixe de ser um modelo de contorno e mora para a entrega do que é administrativamente devido ao particular".

Mister remarcar-se também que, depois de expedido o precatório, não se há falar em acordo ou negociação da entidade pública desapropriante com o particular, o que constitui fraude não apenas ao direito dos demais desapropriados, pois, nesse caso, o que se tem é, de uma parte, um agente administrativo ávido em buscar "descontos" no valor devido, como se isso fosse salutar para a Administração Pública e, de outra parte, um particular ansioso por se ver livre da "fila" do precatório, e que negocia seu "lugar na fila" por um "desconto" daquilo que lhe é reconhecidamente devido".

Finalmente voltando ao tema da indenização justa, podemos afirmar que hoje os Tribunais brasileiros não mais divergem no sentido de que devem os lucros cessantes integrar a indenização justa, desde que não sejam meramente hipotéticos, mas decorram de demonstração evidente de que tais ganhos tenham sido obstaculizados pelo ato expropriatório.

Igualmente é devida a indenização pela desvalorização da área remanescente; do fundo do comércio quando o bem expropriado era utilizado para esse fim; das despesas para o levantamento do preço (custas e honorários); juros moratórios pela demora no pagamento do preço; juros compensatórios pela ocupação da coisa; até chegar à correção monetária, com a consideração de que a indenização é dívida de valor.

Em suma, a indenização justa deve ser a mais ampla possível,[31] cobrindo não só o valor do bem, mas também suas rendas, danos emergentes, lucros cessantes, juros compensatórios e moratórios, despesas judiciais, honorários de advogado e correção

---

[29] *Op. cit.*, p. 231.

[30] Observações sobre a desapropriação no Direito Brasileiro. *RDA*, v. 204, p. 49.

[31] Sobre a "Desapropriação da Posse no Direito Brasileiro", consulte-se o artigo de Jefferson Carús Guedes, na *RTDP*, v. 27, 1999. Segundo o autor: "a desapropriação da posse é a regra, mas a posse legítima ou de boa-fé também é expropriável, por ter valor econômico para o possuidor, principalmente quando se trata de imóvel utilizado ou cultivado pelo posseiro. Certamente, a posse vale menos que a propriedade, mas nem por isso deixa de ser indenizável, como tem reconhecido e proclamado os tribunais".

monetária. E ainda ela deve estender-se a terceiros que, não sendo proprietários, possuem algum direito sobre a coisa expropriada.

Sobre a aplicação do princípio da proporcionalidade e o pagamento da indenização, *vide* Juarez Freitas.[32]

Carlos Ari Sundfeld[33] ensina que na desapropriação *ordinária*, a indenização deve ser *prévia* – isto é, paga antes da perda do bem ou direito – *em dinheiro* e *justa*.

Entende-se como justa a indenização que deixe o expropriado indene, sem dano... E mais adiante diz: além disso, à indenização devem ser acrescidos:

a) *Correção monetária*, contada desde a data da fixação da quantia devida (ou da avaliação que lhe tenha servido de suporte), até a de seu pagamento, a fim de impedir sua desvalorização por força da inflação;

b) *Juros Compensatórios* de 12% ao ano, quando houver imissão antecipada do expropriante na posse do bem,[34] contados desde o momento efetivo da perda da posse até o pagamento, de maneira a compensar o expropriado pela perda antecipada do uso;[35]

c) *Juros Moratórios* de 6% ao ano, devidos pelo retardamento na quitação do preço e contados, a partir do trânsito em julgado da decisão que o fixar, até o pagamento;[36][37]

d) *Honorários Advocatícios*, em percentual fixado pelo Juiz e aplicado sobre a diferença entre o valor oferecido pelo expropriante e o estabelecido na decisão judicial;[38]

e) *Despesas Processuais*, como custas e honorários de assistente técnico, a serem reembolsadas pelo expropriante quando sucumbir, é dizer, quando a indenização fixada superar o valor oferecido.

Sobre a justa indenização e a nova avaliação, mesmo diante da coisa julgada, consulte-se o trabalho de Lúcia Valle Figueiredo[39] e o de Clóvis Beznos.

---

[32] Parecer inserido na revista *Interesse Público*, v. 45, p. 94 *et seq.*

[33] *Desapropriação*. São Paulo: Revista dos Tribunais, 1990. p. 24, 25.

[34] Lúcia Valle Figueiredo recorda que querendo a Administração imitir-se provisoriamente na posse do imóvel, poderá, a qualquer tempo, alegar urgência. Deverá, todavia, requerer a imissão provisória na posse do imóvel em 120 dias, improrrogáveis. Também a alegação de urgência não poderá ser renovada. Afirma a renomada administrativista: "Entendemos, de igual modo, que a faculdade da Administração de declarar a urgência não a exime de fundamentar a medida e que esta declaração, se não corresponder à realidade dos fatos, poderá ensejar consequências jurídicas" (*Disciplina jurídica da propriedade*. 2. ed. São Paulo: Malheiros, 2005. p. 88).

[35] *Vide* Súmula nº 113 do STJ. "Os juros compensatórios, na desapropriação direta, incidem a partir da imissão na posse, calculados sobre o valor da indenização, corrigido monetariamente".

[36] Recorde-se a Súmula nº 70 do STJ: "Os juros moratórios na desapropriação direta e indireta, contam-se desde o trânsito em julgado da sentença". *Vide* também a Medida Provisória nº 2.183-56, de 24.8.2001 e também a ADIN MC nº 2.332-DF, no STF.

[37] Considerando-se que as razões para aplicação dos juros moratórios e compensatórios são diferentes, é viável a aplicação cumulativa dos mesmos.

[38] *Vide* Súmula nº 141 do STJ: "Os honorários de advogado em desapropriação direta são calculados sobre a diferença entre a indenização e a oferta, corrigidos monetariamente".

[39] *Curso...*, *op. cit.*, p. 355 e *Aspectos jurídicos...*, *op. cit.*, p. 87.

5 Os requisitos da desapropriação: a utilidade pública, necessidade pública e o interesse social

O artigo 5º inciso XXIV da Constituição Federal alude a desapropriação por *necessidade* ou *utilidade pública* sem fazer qualquer distinção entre essas duas modalidades.

Já o Decreto-Lei nº 3.365/41 ignorou também a distinção entre essas duas modalidades, usando apenas a expressão *utilidade pública*.

As hipóteses que caracterizam a *utilidade pública* estão dispostas em seu artigo 5º, a saber:

a) A segurança nacional
b) A defesa do Estado;
c) O socorro público em caso de calamidade;
d) A salubridade pública;
e) A criação e melhoramento de centros de população, seu abastecimento regular de meios de subsistência;
f) O aproveitamento industrial das minas e das jazidas minerais, das águas e da energia elétrica;
g) A assistência pública, as obras de higiene e decoração, casas de saúde, clínicas, estações de clima e fontes medicinais;
h) A exploração e a conservação dos serviços públicos;
i) A abertura, conservação e melhoramento de vias ou logradouros públicos; a execução de planos de urbanização; o loteamento de terrenos edificados ou não para sua melhor utilização econômica, higiênica ou estética, a construção ou ampliação de distritos industriais;
j) O funcionamento dos meios de transporte coletivo;
k) A preservação e conservação dos monumentos históricos e artísticos, isolados ou integrados em conjuntos urbanos e rurais, bem como as medidas necessárias a manter-lhes e realçar-lhes os aspectos mais valiosos ou característicos e, ainda, a proteção de paisagem e locais particularmente dotados pela natureza;
l) A preservação e a conservação adequada de arquivos, documentos e outros bens móveis de valor histórico ou artístico;
m) A construção de edifícios públicos, monumentos comemorativos e cemitérios;
n) A criação de estádios, aeródromos ou campos de pouso para aeronaves;
o) A reedição ou divulgação de obra ou invento de natureza científica, artística ou literária;
p) Os demais casos previstos por leis especiais.

Segundo o magistério de Celso Ribeiro Bastos,[40] "há utilidade pública quando o bem, ainda que não imprescindível ou insubstituível, é conveniente para o desempenho da atividade pública".

---

[40] *Comentários à Constituição Federal*, p. 131.

A desapropriação por interesse social visa promover a justa distribuição da propriedade ou condicionar o seu uso ao bem-estar social. Visam, sobretudo, a enfrentar o tema das desigualdades sociais.

As hipóteses que a autorizam estão previstas no artigo 2º, da Lei nº 4.132, de 10.9.1962.

São elas:

a) O aproveitamento de todo bem improdutivo ou explorado sem correspondência com as necessidades de habitação, trabalho e consumo dos centros de população a que deve ou possa suprir por seu destino econômico;

b) A instalação ou a intensificação das culturas em cuja exploração não se obedeça a plano de zoneamento agrícola;

c) O estabelecimento de posseiros em terrenos urbanos onde, com a tolerância expressa ou tácita do proprietário, tenham construído sua habitação, formando núcleos residenciais de mais de 10 famílias;

d) A construção de casas populares;

e) As terras e águas suscetíveis de valorização extraordinária, pela conclusão de obras e serviços públicos, notadamente de saneamento, portos, transporte, eletrificação, armazenamento de água e irrigação, no caso em que não sejam ditas áreas socialmente aproveitadas;

f) A proteção do solo e de reservas florestais.

É de dois anos o prazo de caducidade da declaração de interesse social (artigo 3º da Lei nº 4.132/62).

6   O direito de terceiros

O artigo 31 do Decreto-Lei nº 3.365/41 estabeleceu que "ficam subrogados no preço quaisquer ônus ou direitos que recaiam sobre o bem expropriado". Somente nos casos de ônus reais, ou seja, hipoteca, penhor, usufruto, ocorrerá sub-rogação no preço.

Por ocasião da desapropriação surge naturalmente a preocupação com o direito de terceiros já que o Poder Público tem somente o dever de pagar a indenização ao expropriado, sem que seja imposto àquele qualquer limite à ocorrência da transferência do bem. Cabe aos próprios interessados pleitearem a indenização.

O mais comum será, nas locações existentes resolverem-se os contratos locatícios. O locatário, titular de direito pessoal ou obrigacional, não se sub-roga no valor da indenização por não ser titular de um direito real. Isso não significa que não tem direito à indenização; trata-se de responsabilidade objetiva do Estado, cabendo ao prejudicado pleiteá-la em ação autônoma.

7   Competência

Preliminarmente cumpre esclarecer que a desapropriação é um procedimento que tem um começo e um fim. Vai da declaração do Estado até a transferência da propriedade. Desse modo, há que distinguir três tipos de competências, como aliás muito bem esclarece José dos Santos Carvalho Filho,[41] a saber:

a) *Competência Legislativa*

Competência para legislar sobre desapropriação é da União Federal, conforme o artigo 22, II, da CF.

b) *Competência Declaratória*

Competência para declarar a utilidade pública ou o interesse social do bem com vistas à futura desapropriação.

Declarar a utilidade pública ou o interesse social, segundo o ilustre jurista carioca é conduta que apenas reflete a manifestação do Estado no sentido do interesse público que determinado bem desperta com vistas à transferência coercitiva a ser processada no futuro. Portanto, não se pode dizer ainda que, com a declaração, já exista a desapropriação.

Afirma: "A competência para declarar a utilidade pública ou o interesse social é *concorrente* da União, dos Estados, do Distrito Federal, dos Municípios e dos Territórios, e está prevista no artigo 2º do Decreto-Lei nº 3.365/41 (...)".

A regra alcança todas as pessoas federativas, porque é a elas que incumbe proceder à valoração dos casos de utilidade pública e de interesse social que propiciam a desapropriação. Esses casos podem ser de interesse federal, estadual, distrital ou municipal.

A regra, contudo comporta exceções. Assim, atribui-se competência para declarar utilidade pública ao DNIT (Departamento Nacional de Infraestrutura de Transportes), cuja natureza jurídica é a de *autarquia* administrativa (sucessora do antigo DNER), para o fim de ser promovida desapropriação visando à implantação do Sistema Nacional de Viação.

Idêntica competência foi conferida à ANEEL (Agência Nacional de Energia Elétrica), também autarquia federal, com o objetivo de serem desapropriadas áreas para a instalação de concessionários e permissionários de energia elétrica (...).

Em se tratando de desapropriação por interesse social, para o fim específico de promover a *reforma agrária*, a competência para a declaração expropriatória é exclusiva da União Federal, como registra o artigo 184 e parágrafos da CF.

Repita-se, no entanto, com vistas a dirimir eventuais dúvidas, que somente para a reforma agrária a União tem competência privativa; se a desapropriação for por interesse social para outro fim que não o de reforma agrária, as demais pessoas federativas também terão competência para a respectiva declaração expropriatória e, por conseguinte, para promover a desapropriação.

A competência para declarar a utilidade pública de imóvel para *fins urbanísticos* é do *Município*, o que encontra fundamento nos artigos 30, I (interesse local) e VIII (ordenamento do solo), e 182, *caput* (política de desenvolvimento urbano), e §3º, da Constituição. Registre-se que referida competência abrange não somente a desapropriação urbanística sancionatória, prevista no Estatuto da Cidade, como a desapropriação urbanística ordinária, prevista no artigo 5º, "i", do Dec.-Lei nº 3.365/41.

---

[41] Em seu *Manual de Direito Administrativo*. 23. ed. Rio de Janeiro: Lumen Juris, 2010. p. 897 *et seq.*

Por fim Carvalho Filho anota a:

c) *Competência Executória*

Para promover a desapropriação, ou seja, para providenciar todas as medidas e exercer todas as atividades que venham a conduzir à efetiva transferência da propriedade.

É mais ampla das competências. Nos termos do artigo 3º da Lei Geral expropriatória, "os concessionários de serviços públicos e os estabelecimentos de caráter público ou que exerçam funções delegadas do Poder Público poderão promover desapropriações, mediante autorização expressa, constante de lei ou contrato".[42]

São competentes para efetuar a desapropriação ordinária, isto é, para declarar a utilidade pública ou o interesse social, a União, os Estados, o Distrito Federal, os Municípios, (e quando existiam, os antigos Territórios), segundo o artigo 2º do Decreto-Lei nº 3.365/41 e tendo em vista fins rodoviários, o Departamento Nacional de Estradas de Rodagem (art. 14 do Decreto-Lei nº 512/69).

E execução da desapropriação, a produção de atos posteriores à declaração, inclusive a propositura da ação expropriatória, pode ser deferida aos delegatários de atividade estatal como as concessionárias de serviço público e as entidades da Administração indireta.

8 Tipos de desapropriação

Como já vimos, existem várias modalidades de desapropriação, a saber: a) a desapropriação ordinária; b) desapropriação para reforma urbana[43] ou urbanística[44] e a c) desapropriação para reforma agrária.

Em relação à primeira, já tratamos e não há mais o que discutir. Passemos diretamente à segunda. A desapropriação *urbanística*, segundo o magistério autorizado de José Afonso da Silva,[45] "não consiste propriamente num instrumento de transferência de imóveis de um proprietário privado a outro, público ou não – como observa Spantigatti –, mas num instrumento destinado a obter determinada utilização positiva desses bens, na forma prefixada pelas normas do plano urbanístico (...). Por outro lado, a desapropriação tradicional é de caráter casuístico e individualizado, no sentido de que atinge bens isolados para transferi-los, em cada caso, definitivamente, para o poder expropriante ou seus delegados. A desapropriação urbanística, ao contrário, é compreensiva e generalizável, atingindo áreas e setores complexos, retirando os imóveis, aí abrangidos, do domínio privado, para afetá-los ao patrimônio público, para depois serem devolvidos ao setor privado, uma vez urbanificados ou reurbanizados, em cumprimento ao chamado *dever de reprivatização*. Mas não se trata de realizar simplesmente o ciclo *aquisição-urbanificação-alienação*, pois se cuidará de ampliá-lo e de

---

[42] *Op. cit.*, p. 900.

[43] Sobre o tema, *vide* Toshio Mukai, *Direito Urbano-Ambiental brasileiro*. São Paulo: Dialética, 2002. p. 109 *et seq.*

[44] Sobre o tema *vide* de NOBRE JÚNIOR, Edilson Pereira. Desapropriação para fins de reforma urbana, *RDA*, v. 228, p. 85.

[45] *Direito Urbanístico brasileiro*. 2. ed. São Paulo: Malheiros, 1997. p. 374.

superá-lo, mediante novas edificações, ou novas instalações urbanísticas e, não raro, novos usos".

Há ainda a desapropriação por zona que abrange as áreas contíguas necessárias ao desenvolvimento da obra realizada pelo Poder Público e as zonas que vierem a sofrer valorização extraordinária em decorrência da mesma obra, estando prevista no artigo 4º do Decreto-Lei nº 3.365/41.

A desapropriação por interesse social está prevista no artigo 2º da Lei nº 4.132/62. A desapropriação por interesse social nominada *para fins de reforma agrária* tem requisitos e finalidade que a distingue da por interesse social.[46]

A desapropriação *para fins de reforma agrária* se limita à propriedade rural. E como tal, decorre do descumprimento do princípio da função social da propriedade. É sua premissa e sua finalidade. Tem por objetivo a redistribuição de imóveis rurais como uma sanção ao imóvel que desatende tal princípio. Será pago o proprietário com indenização justa e prévia em títulos da dívida agrária.

Desse modo, forçoso distinguir.

Há a desapropriação por interesse social, mediante pagamento em dinheiro e regulada em lei, prevista no inciso XXIV do artigo 5º da CF, incidente sobre qualquer imóvel e, outra, que se destina exclusivamente à reforma agrária, incidente na propriedade rural que não atende a sua função social, mediante o pagamento em títulos da dívida agrária, com base no seu artigo 184.

Sobre a desapropriação para reforma agrária,[47] consulte-se a Lei nº 8.629/93, em especial o seu artigo 2º, e, o seu parágrafo 6º. A propriedade rural que não cumprir a função social prevista no art. 9º é passível de desapropriação, nos termos desta lei.

Fala-se em "propriedade rural que não cumpre a função social". Parece que o imóvel rural e propriedade rural, embora não se confundam, para os fins da reforma agrária, não se distinguem.

9 A desapropriação ambiental

O tema das chamadas "desapropriações ambientais" insere-se na investigação da natureza das restrições ao direito de propriedade impostos pelo Estado em proteção ao meio ambiente, buscando delimitar aquelas situações em que é imprescindível a desapropriação para a regular constituição de *unidades de conservação*.[48]

Nos últimos anos, como bem recorda Flávio Dino de Castro e Costa,[49] multiplicaram-se os casos em que por força do exercício pelo Poder Público da atribuição constitucional (art. 225, §1º, III), proprietários ingressaram em juízo e obtiveram o reconhecimento de estar caracterizada a desapropriação indireta.

---

[46] Sobre a Desapropriação de Imóvel Rural por Estados e Municípios, *vide* o trabalho de Celso Antônio Bandeira de Mello publicado na *RTDP*, v. 29, p. 19 *et seq.*, 2000

[47] Sobre o tema, consulte-se Manoel Lauro Volkmer de Castilho, "O direito à desapropriação e o limite da propriedade", *Interesse Público*, v. 48.

[48] Sobre *A propriedade no direito ambiental* consulte-se a obra de Guilherme José Purvin de Figueiredo (4. ed. São Paulo: Revista dos Tribunais, 2010).

[49] "Da Desapropriação em Matéria Ambiental", *Revista de Direito Ambiental*, v. 18, p. 139 *et seq.*, 2000.

Em algumas dessas situações, de tal reconhecimento tem decorrido a fixação de indenizações de elevado montante – o que tem acirrado a polêmica em torno das desapropriações em questão.

Enfoca o autor citado as hipóteses de criação de unidades de conservação que ensejam desapropriação, ou seja, aquelas em que o grau de vinculação à função social obstaculiza totalmente o exercício dos poderes dominiais.

Segundo Flávio Dino as hipóteses que ensejam desapropriação o aniquilamento do direito dos proprietários particulares. Remete o autor as seguintes normas: Lei nº 4.771/65, artigo 5º, Decreto nº 84.017/79; Lei nº 7.804/89, Lei nº 6.938/81, Lei nº 7.173/83, Medida Provisória nº 1.997-35, e Lei nº 9.985/2000,[50] dentre outras.

Andreas J. Krell[51] após trazer notícia do direito alemão de hoje, disserta sobre a realidade brasileira nos seguintes termos:

> No ramo da proteção à natureza, são comuns intervenções na propriedade privada, principalmente na propriedade rural. No Brasil, o direito de proteção ambiental é regulamentado por normas esparsas em leis federais, estaduais e municipais e decretos (...). Entretanto, não há uniformidade na legislação brasileira em relação às normas indenizatórias de proteção ambiental. Existem leis que preveem indenizações para limitações específicas, muitas vezes ligadas à localização da propriedade, sem necessidade de um exame da (des) proporcionalidade da limitação sofrida. Determinam-se, antecipadamente, quais tipos de limitações são indenizados, e quais não serão.
> A título de exemplo, cita-se o Decreto 10.251/77, do Estado de São Paulo, que criou o Parque Estadual da Serra do Mar, desencadeando, por consequência, várias ações de indenização por desapropriação indireta. O Superior Tribunal de Justiça (STJ), *in casu*, entendeu que as áreas de preservação permanente (APPs) do Código Florestal, por serem insuscetíveis da exploração econômica, não são indenizáveis. Ao mesmo tempo, constatou-se que, caso se tratasse de uma área parte da *reserva legal,* esta seria "indenizável, todavia, com exploração restrita, sem equivalência ao valor da área amplamente explorada".

Sem dúvida, merecem aplausos os avanços recentes da jurisprudência dos tribunais superiores brasileiros sobre o tema. O STJ julgou que a responsabilidade pela recomposição do proprietário de um terreno ecologicamente degradado independe de sua culpa pessoal por constituir uma obrigação civil *propter rem.* Assim, o tribunal limitou e *modelou* o exercício do direito de propriedade à luz do dever fundamental de proteção ambiental, estatuído pelo art. 225 da CF, fazendo preponderar a perspectiva social-objetiva sobre a individual-subjetiva e contrariando a tendência de certo descaso dos integrantes do Judiciário brasileiro com a tutela ambiental, os quais, nos casos que envolvam questões de defesa ecológica e urbanística, até hoje costumam dar preferência a interesses privados.

---

[50] Norma que regulamentou o artigo 225, §1º, incisos I, II, III e VII da CF, e instituiu o Sistema Nacional de Unidades de Conservação da Natureza (SNUC), que define as categorias de unidades de conservação e determina os requisitos necessários para sua criação.

[51] A relação entre proteção ambiental e função social da propriedade nos sistemas jurídicos brasileiro e alemão, na obra SARLET, Ingo Wolfgang (Org.). *Estado socioambiental e direitos fundamentais.* Porto Alegre: Livraria do Advogado, 2010. p. 173 *et seq.*

DESAPROPRIAÇÃO | 115

E por fim afirma: "No entanto, resta duvidoso condicionar a decisão sobre a indenização do proprietário de um imóvel apenas ao fato de que este tem sido enquadrado (ou não) em algum regime jurídico especial de proteção ambiental, seja de uma Área de Preservação Permanente – APP ou da reserva legal do Código Florestal (Lei nº 4.771/65), seja de alguma das Unidades de Conservação (Lei nº 9.985/00). Também não parece cabível a generalização de que a redefinição da propriedade em determinada área (*v.g.* em razão da revogação de uma licença) sempre seja inconstitucional, por ferir as garantias constitucionais da propriedade privada e o direito adquirido. É imprescindível que o julgamento seja orientado pelos *critérios concretos* do caso: se já houve investimento após a licença, se o imóvel está economicamente vinculado a uma atividade específica, etc.".[52]

Concordamos integralmente com a análise de Andreas J. Krell.[53]

10   Procedimento expropriatório

O procedimento expropriatório compreende, basicamente, duas fases distintas: a declaratória e a executória. A fase declaratória é administrativa, materializada em ato declaratório emanado da autoridade competente. A executória pode ser administrativa ou judicial. É administrativa, quando a Administração Pública e o particular acordam amigavelmente depois da publicação do ato declaratório.

Será judicial quando não for possível o acordo. Nesse último caso, a entidade encarregada da execução da desapropriação propõe ação judicial contra o proprietário que teve o seu bem declarado de utilidade pública ou de interesse social.

Naturalmente que em juízo pode também haver transação ou acordo, sobretudo no que toca o valor da indenização, mas o mais comum é o trâmite normal da ação até o trânsito em julgado. Não havendo composição ou transação, o Estado-Juiz decidirá depois de cumpridas as formalidades processuais. Se procedente a ação, fixará o valor da indenização a que terá direito o expropriado, baseado em laudo pericial.

Não seria possível dissecar minuciosamente todas as fases do procedimento judicial o que tornaria esse trabalho um manual do processo expropriatório, proposta que foge aos nossos objetivos.

Contudo, podemos listar os principais pontos alusivos ao procedimento judicial,[54] a saber:

a) Competência jurisdicional. A competência originária para processar e julgar ações de desapropriação, promovidas pela União, é da Justiça Federal, devendo a ação ser proposta no foro da jurisdição cujo imóvel esteja submetido em virtude de sua situação. Quando a desapropriação for promovida por qualquer

---

[52] *Op. cit.*, p. 185.

[53] Sobre o tema confira-se no STF o RE nº 134.297, Relator Min. Celso de Mello; AI nº 612.860, Relator Min. Ricardo Lewandowski, decisão monocrática, RE nº 209.129, Rel. Min. Joaquim Barbosa, decisão monocrática, julgamento em 01.02.2010.

[54] Valemo-nos da didática exposição, resumindo seu pensamento da matéria feita por Edimur Ferreira de Faria, na obra, *Curso de Direito Administrativo positivo*. Belo Horizonte: Del Rey, 2004. p. 399 *et seq.*

uma das outras pessoas da federação, competência será da Justiça ordinária (comum), devendo a petição ser distribuída no foro da situação do bem.

b) Petição Inicial. Além dos requisitos do artigo 282 do Código de Processo Civil, a petição na ação expropriatória deve conter a oferta do preço que o expropriante julga valer o bem; cópia do contrato, quando for o caso, ou recorte do órgão oficial que publicou o decreto de desapropriação.

c) Imissão provisória na posse. O Juiz pode imitir o expropriante, provisoriamente na posse do bem objeto da desapropriação, mediante alegação de urgência e depósito do valor indenizatório nos termos do artigo 15 do Decreto-Lei nº 3.365/41.[55]

Esse dispositivo legal enseja ao expropriado o direto de impugnar o preço oferecido pelo poder expropriante. O direito deve ser exercido no prazo de cinco dias contados da intimação da oferta. Se impugnado, o Juiz, em 48 horas, fixará o valor, valendo-se de perícia, se necessário. Nomeado o perito, este deve, no prazo de cinco dias, apresentar o laudo de avaliação. Se o valor arbitrado pelo Juiz for maior do que o ofertado pelo expropriante, este terá de depositar o complemento perfazendo a metade do valor arbitrado.

O valor do depósito prévio deve corresponder à metade do valor arbitrado, está limitado em 2300 salários mínimos regionais. Essa norma, segundo Edimur Ferreira de Faria, deve estar caduca, pois a atual Constituição proíbe o uso do salário mínimo como medida.

Sintetizando, são condições básicas para a aplicação dessa regra excepcional: tratar-se de desapropriação por utilidade pública; ser o imóvel residencial urbano; estar o mesmo habilitado pelo proprietário ou por promitente comprador, desde que a respectiva promessa de compra e venda esteja registrada no competente cartório de registro de imóveis; e, finalmente, que o expropriante deposite a diferença determinada pelo Juiz.

A imissão de posse na desapropriação para reforma agrária, independente da alegação de urgência. Cumpridos os requisitos, para a postulação, previstos na Lei Complementar nº 76/93, com a redação da Lei Complementar nº 88/96, o Juiz ao despachar a inicial, de plano ou no prazo máximo de 48 horas mandará imitir o autor na posse do imóvel.

Citação do expropriado e atos posteriores. Citado o expropriado, ou concorda com a proposta oferecida pelo poder expropriante, ou contesta a ação que, a partir daí seguirá o procedimento ordinário. Contestado a ação, o expropriado pode levantar 80% do valor depositado em juízo pelo expropriante, ficando os outros 20% em poder do Juiz, em conta com correção monetária até o trânsito em julgado da decisão definitiva.

O direito de contestar a ação de desapropriação é limitado por determinação contida no artigo 20 do Decreto nº 3.365/41. O expropriado, assim, pode alegar apenas em sua defesa vício no processo, ou a impugnação do valor oferecido pelo expropriante. Outras questões devem ser abordadas e resolvidas em ação direta.

---

[55] Sobre as condições dessa imissão, *vide* FIGUEIREDO, Lúcia Valle. *Curso de Direito Administrativo*. 9. ed. São Paulo: Malheiros, 2008. p. 338.

Edimur Ferreira de Faria[56] discorda da vetusta norma do artigo 20 do Decreto-Lei nº 3.345/41 que restringe a discussão ao valor da indenização. Diz que em face do Estado Democrático de Direito e de seus valores, o expropriado poderá trazer outros argumentos na contestação, tais como o desvio de finalidade, a imprestabilidade do bem para o objeto referido no ato declaratório, falso motivo, etc.

De ato, o autor tem razão. O Decreto-Lei nº 3.345/41 deve ser interpretado à luz da Constituição de 1988 que consagrou com todo vigor o princípio do *devido processo legal* e da *ampla defesa*. Restringir a contestação a tais argumentos nos parece uma restrição incompatível com a dimensão constitucional e com seus valores.[57]

Em seguida, passa-se à perícia. A perícia deve ser concluída no prazo assinado pelo Juiz. Esse prazo, entretanto, pode ser prorrogado mediante pedido fundamentado do perito, quando justificada a impossibilidade de o fazer no prazo estabelecido.

O perito será auxiliado por dois assistentes técnicos: um indicado pelo poder expropriante e o outro pelo expropriado. A perícia é materializada em laudo descritivo, fundamentado e comprovado, assinado pelo perito e pelos assistentes técnicos, se com ele estiverem de acordo. Se o assistente discordar de parte ou de todo, o laudo do perito oficial deverá emitir o seu parecer em separado. Nesse caso, tem-se dado ao documento o nome impróprio de laudo do assistente do perito.

O Juiz não está vinculado ao laudo pericial. Ante a divergência pode adotar o laudo do perito oficial ou o de um dos assistentes técnicos. Deve aceitar o que melhor lhe convencer, o que para ele espelha a realidade dos fatos. Pode também não concordar com nenhum na totalidade, mas retirar deles a posição que julgar melhor, ou discordar inteiramente da perícia e determinar a realização de outra, nomeando novo perito e outros assistentes técnicos.

Na apuração do valor, a perícia deve considerar, quando o objeto for imóvel, dentre outros dados, o valor em que se tem vendido imóveis na região, a distância do imóvel em relação à cidade, as benfeitorias, a cobertura arbórea, a atividade agrícola, a pecuária, as restrições decorrentes da desapropriação, quando esta for parcial. O laudo deve espelhar a realidade na data de sua conclusão, levando em consideração a situação do imóvel na data da edição do ato declaratório, principalmente quanto às benfeitorias.

Audiência de instrução e julgamento. Concluída a perícia, o Juiz abre vistas às partes para se pronunciarem quanto ao valor. Qualquer uma das partes, ou ambas, pode discordar do valor contido no laudo, desde que baseadas em fatos e fundamentos convincentes. Havendo concordância das partes, ou mesmo não havendo, depois das formalidades seguintes à impugnação, o Juiz homologa a avaliação.

O ato homologatório, por ser sentença, desafia recurso de apelação. Por isso, o processo é suspenso durante o transcurso do prazo recursal. Transcorrido esse prazo, sem que recurso tenha sido interposto ou, se interposto, o julgamento já for transitado em julgado, o Juiz designará data para audiência de instrução e julgamento, nos termos do CPC.

---

[56] *Op. cit.*, p. 402.

[57] Sobre o tema consulte-se "Desapropriação e devido processo legal", de Guilherme Fredherico Dias Reisdorfer, na revista *Interesse Público*, v. 61, p. 83 *et seq.*

Dessa decisão, obviamente, cabe embargos declaratórios e apelação. Transcorrido o prazo recursal sem recurso, ou transitado em julgado os recursos interpostos, o Juiz remete os autos ao contador, para proceder ao cálculo e apurar o valor da indenização a que tem direito o expropriado.[58]

11 A retrocessão e o direito de preferência

A retrocessão é o direito que tem o expropriado de exigir de volta o seu imóvel caso o mesmo não tenha o destino para que se desapropriou.

Como esclarece Lúcia Valle Figueiredo,[59] "a jurisprudência é tranquila no sentido de que, embora ao imóvel não tenha sido dada a utilidade para a qual foi expressamente destinado (nos termos da declaração de utilidade pública), não caberá a retrocessão se ao bem expropriado foi dada outra utilidade pública".

Carlos Mário da Silva Velloso[60] entende que a retrocessão caracteriza-se toda vez que houver "desvio de finalidade pública, vale dizer, quando ao bem expropriado é dada destinação de interesse privado, com a transferência, por exemplo, do bem desapropriado para o patrimônio de particulares, assim não se alcançando o fim da desapropriação, surge o direito de retrocessão, como consequência da garantia constitucional do direito de propriedade".

Por sua vez, o artigo 35 do Decreto-Lei nº 3.365/41 dispõe: "Art. 35. Os bens expropriados, uma vez incorporados à Fazenda Pública, não podem ser objeto de reivindicação, ainda que fundada em nulidade do processo de desapropriação. Qualquer ação, julgada procedente, resolver-se-á em perdas e danos".

No particular compartilhamos do entendimento da Profa. Maria Sylvia Zanella Di Pietro[61] segundo a qual a retrocessão tem natureza mista. Ao expropriado cabe pleitear tanto a restituição do bem como perdas e danos. Isso porque a retrocessão é, "em princípio um direito real, podendo ocorrer, no entanto, de o bem expropriado, no estado em que se encontra, em razão de alterações nele realizadas, ou, em face de sua deterioração ou perda, não mais atender às expectativas do antigo proprietário, permitindo-lhe pleitear o ressarcimento por perdas e danos".

12 Algumas decisões sobre desapropriação no Supremo Tribunal Federal

Para finalizar esse trabalho, achamos conveniente trazer algumas decisões do STF, concernentes à aplicação dos dispositivos constitucionais do artigo 5º, inciso XXII, XXIII

---

[58] Para maiores detalhes do processo até liquidação consulte a obra de Edimur Ferreira de Faria, já citada. O autor aborda a liquidação do processo de liquidação e a fase de precatório minuciosamente, o que não é o foco de nosso trabalho.

[59] *Curso..., op. cit.*, p. 351.

[60] "A retrocessão nas desapropriações", na obra, *Temas de Direito Público*. Belo Horizonte: Del Rey, 1994. p. 523 *et seq.* No R. Especial nº 570.483-MG, Rel. Min. Franciulli Netto, reconheceu-se o desvio de finalidade pública de parte do bem desapropriado, condenando-se o Município de Maria da Fé ao pagamento de perdas e danos ao recorrente.

[61] *Direito Administrativo*. 23. ed. São Paulo: Atlas, 2010. p. 185 *et seq.*

DESAPROPRIAÇÃO | 119

e XXIV da Constituição Federal, todos alusivos ao tema da desapropriação, o direito de propriedade e sua função social.

Do mesmo modo, trazemos ementas relativas ao artigo 182, §3º e ao artigo 184, *caput* da CF.

a) Art. 5º, inciso XXII – É garantido o direito de propriedade

"A empresa recorrente impetrou ordem de segurança alegando que o Município de Florianópolis exige o pagamento de uma parcela relativa ao solo criado prevista no art. 9º da Lei municipal 3.338, de 28-12-1989. Segundo a impetrante, essa parcela é inconstitucional porque sendo imposto foi criado sem que exista nenhuma 'atividade específica a ser desempenhada pela Municipalidade de Florianópolis' (...). O extraordinário impugna a decisão apontando violação ao art. 5º, XXII (...). (...) nada existe na lei que possa atentar contra o direito de propriedade. Veja-se que o alcance da parcela atacada é a remuneração ao Município pelo proprietário da edificação em decorrência de um aproveitamento maior que 1 (um), o que significa utilização de área maior que a do próprio terreno edificável. (...) Vê-se, portanto, que não se trata de tributo, nem camufla um tributo. Faz parte do poder da administração municipal de ordenar o aproveitamento do solo urbano para evitar que as edificações invadam os limites do terreno (...)." **(RE 226.942),** voto do Rel. Min. Menezes Direito, julgamento em 21-10-2008, Primeira Turma, *DJE* de 15-5-2009.)

"Ação direta de inconstitucionalidade. Lei 10.826/2003. Estatuto do Desarmamento. (...) O direito do proprietário à percepção de justa e adequada indenização, reconhecida no diploma legal impugnado." (**ADI** 3.112, Rel. Min. Ricardo Lewandowiski, julgamento em 2-5-2007, Plenário, *DJ* de 26-10-2007.)

"O processo de reforma agrária, em uma sociedade estruturada em bases democráticas, não pode ser implementado pelo uso arbitrário da força e pela prática de atos ilícitos de violação possessória, ainda que se cuide de imóveis alegadamente improdutivos, notadamente porque a Constituição da República – ao amparar o proprietário com a cláusula de garantia do direito de propriedade (CF, art. 5º, XXII) – proclama que 'ninguém será privado (...) de seus bens, sem o devido processo legal' (art. 5º, LIV)." (**ADI 2.213-MC**, Rel. Min. Celso de Mello, julgamento em 4-4-2002, Plenário, *DJ* de 23-4-2004.)

b) Art. 5º, inciso XXIII – A propriedade atenderá a sua função social

"O direito de propriedade não se reveste de caráter absoluto, eis que, sobre ele, pesa grave hipoteca social, a significar que, descumprida a função social que lhe é inerente (CF, art. 5º, XXIII), legitimar-se-á a intervenção estatal na esfera dominial privada, observados, contudo, para esse efeito, os limites, as formas e os procedimentos fixados na própria Constituição da República. O acesso à terra, a solução dos conflitos sociais, o aproveitamento racional e adequado do imóvel rural, a utilização apropriada dos recursos naturais disponíveis e a preservação do meio ambiente constituem elementos de realização da função social da propriedade." (**ADI 2.213-MC**, Rel. Min. Celso de Mello, julgamento em 4-4-2002, Plenário, *DJ* de 23-4-2004.)

"O direito de edificar é relativo, dado que condicionado à função social da propriedade (...)." (**RE 178.836**, Rel. Min. Carlos Velloso, julgamento em 8-6-1999.)

"A própria Constituição da República, ao impor ao Poder Público dever de fazer respeitar a integridade do patrimônio ambiental, não o inibe, quando necessária a intervenção estatal na esfera dominial privada, de promover a desapropriação de imóveis rurais para fins de reforma agrária, especialmente porque um dos instrumentos de realização da função social da propriedade consiste, precisamente, na submissão do domínio à necessidade de o seu titular utilizar adequadamente os recursos naturais disponíveis e de fazer preservar o equilíbrio do meio ambiente (...)." (**MS 22.164**, Rel. Min. Celso de Mello, julgamento em 30-10-1995, Plenário, DJ de 17-11-1995.)

c) **Art. 5º, inciso XXIV – A lei estabelecerá o procedimento para desapropriação por necessidade ou utilidade pública, ou por interesse social, mediante justa e prévia indenização em dinheiro, ressalvados os casos previstos nesta Constituição.**

"Não contraria a Constituição o art. 15, §1º, do DL 3.365/1941 (Lei da Desapropriação por Utilidade Pública)". (**Súmula 652**.)

"Na desapropriação, direta ou indireta, a taxa dos juros compensatórios é de 12% (doze por cento) ao ano." (**Súmula 618**.)

"Verificada a insuficiência do depósito prévio na desapropriação por utilidade pública, a diferença do valor depositado para imissão na posse deve ser feito por meio de precatório, na forma do art. 100 da CB/1988." (**RE 598.678-AgR**, Rel. Min. Eros Grau, julgamento em 1º-12-2009, Segunda Turma, *DJE* de 18-12-2009.)

"Desapropriação. Depósito prévio. Imissão na posse. Precedentes da Corte. Já assentou a Corte que o 'depósito prévio não importa o pagamento definitivo e justo conforme o art. 5º, XXIV, da Lei Maior de 1988', com o que não existe 'incompatibilidade do art. 3º do DL 1.075/1970 e do art. 15 e seus parágrafos, DL 3.365/1941, com os dispositivos constitucionais aludidos (...)' (RE 184.069/SP, Rel. Min. Néri da Silveira, *DJ* de 8-3-2002). Também a Primeira Turma decidiu que a 'norma do art. 3º do DL 1.075/1970, que permite ao desapropriante o pagamento de metade do valor arbitrado, para imitir-se provisoriamente na posse de imóvel urbano, já não era incompatível com a Carta precedente (RE 89.033 – *RTJ* 88/345 e RE 91.611 – *RTJ* 101/717) e nem o é com a atual' (RE 141.795/SP, Rel. Min. Ilmar Galvão, *DJ* de 29-9-1995)." (**RE 191.078**, Rel. Min. Menezes Direito, julgamento em 15-4-2008, Primeira Turma, *DJE* de 20-6-2008.)

"De há muito, a jurisprudência desta Corte afirmou que a ação de desapropriação indireta tem caráter real, e não pessoal, traduzindo-se numa verdadeira expropriação às avessas, tendo o direito à indenização que daí nasce o mesmo fundamento da garantia constitucional da justa indenização nos casos de desapropriação regular. Não tendo o dispositivo ora impugnado sequer criado uma modalidade de usucapião por ato ilícito com o prazo de cinco anos para, através dele, transcorrido esse prazo, atribuir o direito de propriedade ao Poder Público sobre a coisa de que ele se apossou administrativamente, é relevante o fundamento jurídico da presente arguição de inconstitucionalidade no sentido de que a prescrição extintiva, ora criada, da ação de indenização por desapropriação indireta fere a garantia constitucional da justa e prévia indenização, a qual se aplica

DESAPROPRIAÇÃO | 121

tanto à desapropriação direta como à indireta." (**ADI 2.260-MC**, Rel. Min. Moreira Alves, julgamento em 14-2-2001, Plenário, *DJ* de 2-8-2002.)

"Caracterizado que a propriedade é produtiva, não se opera a desapropriação-sanção – por interesse social para os fins de reforma agrária –, em virtude de imperativo constitucional (CF, art. 185, II) que excepciona, para a reforma agrária, a atuação estatal, passando o processo de indenização, em princípio, a submeter-se às regras constantes do inciso XXIV do art. 5º da CF, 'mediante justa e prévia indenização'." (**MS 22.193**, Rel. p/ o AC. Min. Maurício Corrêa, julgamento em 21-3-1996, Plenário, DJ de 29-11-1996.)

d) **Art. 182, §3º – As desapropriações de imóveis urbanos serão feitas com prévia e justa indenização em dinheiro.**

"Desapropriação. Depósito prévio. Imissão na posse. Precedentes da Corte. Já assentou a Corte que o 'depósito prévio não importa o pagamento definitivo e justo conforme o art. 5º, XXIV, da Lei Maior de 1988', com o que não existe 'incompatibilidade do art. 3º do DL 1.075/1970 e do art. 15 e seus parágrafos, DL 3.365/1941, com os dispositivos constitucionais aludidos (...)' (RE 184.069/SP, Rel. Min. Néri da Silveira, *DJ* de 8-3-2002). Também a primeira Turma decidiu que a 'norma do art. 3º do DL 1.075/1970, que permite ao desapropriante o pagamento de metade do valor arbitrado, para imitir-se provisoriamente na posse de imóvel urbano, já não era incompatível com a Carta precedente (RE 89.033 – *RTJ* 88/345 e RE 91.611 – *RTJ* 101/717) e nem o é com a atual' (RE 141.795/SP, Rel. Min. Ilmar Galvão, *DJ* de 29-9-1995)." (**RE 191.078**, Rel. Min. Menezes Direito, julgamento em 15-4-2008, Primeira Turma, *DJE* de 20-6-2008.)

"Desapropriação. Imissão prévia na posse. Discute-se se a imissão provisória na posse do imóvel expropriado, *initio litis*, fica sujeita ao depósito integral do valor estabelecido em laudo do perito avaliador, se impugnada a oferta pelo expropriado, ou se, por força dos parágrafos do art. 15 do DL 3.365/1941 e do art. 3º do DL 1.075/1970, é possível, aos efeitos indicados, o depósito pelo expropriante da metade do valor arbitrado. O depósito prévio não importa o pagamento definitivo e justo conforme o art. 5º, XXIV, da Constituição." (**RE 184.069**, Rel. Min. Néri da Silveira, julgamento em 5-2-2002, Segunda Turma, *DJ* de 8-3-2002.)

"De há muito, a jurisprudência desta Corte afirmou que a ação de desapropriação indireta tem caráter real e não pessoal, traduzindo-se numa verdadeira expropriação às avessas, tendo o direito à indenização que daí nasce o mesmo fundamento da garantia constitucional da justa indenização nos casos de desapropriação regular. Não tendo o dispositivo ora impugnado sequer criado uma modalidade de usucapião por ato ilícito com o prazo de cinco anos para, através, dele, transcorrido esse prazo, atribuir o direito de propriedade ao Poder Público sobre a coisa de que ele se apossou administrativamente, é relevante o fundamento jurídico da presente argüição de inconstitucionalidade no sentido de que a prescrição extintiva, ora criada, da ação de indenizar por desapropriação indireta fere a garantia constitucional da justa e prévia indenização, a qual se aplica tanto à desapropriação direta como à indireta". (**ADI 2.260-MC**, Rel. Min. Moreira Alves, julgamento em 14-2-2001, Plenário, *DJ* de 2-8-2002.)

e) **Art. 184 – Compete à União desapropriar por interesse social, para fins de reforma agrária, o imóvel rural que não esteja cumprindo sua função social,**

mediante prévia e justa indenização em títulos da dívida agrária, com cláusula de preservação do valor real, resgatáveis no prazo de até vinte anos, a partir do segundo ano de sua emissão, e cuja utilização será definida em lei.

"Pela demora no pagamento do preço da desapropriação não cabe indenização complementar além dos juros." (**Súmula 416**.)

"No processo de desapropriação, são devidos juros compensatórios desde a antecipada imissão de posse, ordenada pelo juiz, por motivo de urgência." (**Súmula 164**.)

"Em conclusão, o Tribunal denegou mandado de segurança impetrado contra ato do Presidente da República que, por decreto, declarara de interesse social, para fins de reforma agrária, imóvel rural. Sustentava-se a nulidade do procedimento administrativo realizado pelo Incra – v. *Informativo* 494.

Relativamente à suposta invalidade da notificação da vistoria prévia, aduziu-se que esta fora recebida por advogado constituído pela impetrante para representá-la em notícia-crime e que funcionário da empresa acompanhara toda a vistoria. Afastou-se, também, a alegada inexistência de intimação sobre a atualização cadastral do imóvel, porquanto juntado aviso de recebimento endereçado à impetrante, intimando-a. Quanto à impossibilidade de desapropriação do imóvel, por sua localização e por ser objeto de plano de manejo, asseverou-se, de início, que a área possuiria cobertura florestal primária incidente no Ecossistema da Floresta Amazônica, conforme demonstrado em laudo agronômico do Incra, o que proibiria a desapropriação, nos termos do art. 1º, *caput*, da Portaria 88/1999. Contudo, entendeu-se que tal norma seria excepcionada pelo seu parágrafo único, bem como pelo §6º do art. 37-A do Código Florestal. Dessa forma, uma vez destinada à implantação de projeto de assentamento agroextrativista – recomendado pela Procuradoria do Incra e solicitado pelos trabalhadores da região – a propriedade estaria disponível para desapropriação. Repeliu-se, ainda, o argumento de que a implantação de projeto técnico na área obstaculizaria a desapropriação, haja vista a existência de controvérsia sobre a veracidade do documento em que afirmado ser o imóvel objeto desse projeto. Salientou-se, ademais, não restar comprovado o atendimento dos requisitos legais, cuja conclusão em sentido diverso ensejaria dilação probatória, incabível na sede eleita. Também não se acolheu o fundamento de falta de notificação de entidades de classe (Decreto 3.250/1997, art. 2º), ante a jurisprudência pacífica do STF quanto à necessidade de intimação da entidade representativa da classe produtora se esta houver indicado a área a ser desapropriada, o que não ocorrera na espécie. Por fim, frisou-se que a impetrante reconhecera que a invasão da propriedade por integrantes do MST acontecera bem depois da vistoria do Incra." (**MS 25.391**, Rel. Min. Ayres Britto, julgamento em 12-5-2010, Plenário, *Informativo* 586.)

"A pequena e média propriedades rurais, cujas dimensões físicas ajustem-se aos parâmetros fixados em sede legal (Lei 8.629/1993, art. 4º, II e III), não estão sujeitas, em tema de reforma agrária (CF, art. 184), ao poder expropriatório da União Federal, em face da cláusula de inexpropriabilidade fundada no art. 185, I, da Constituição da República, desde que o proprietário de tais prédios rústicos – sejam eles produtivos ou não – não possua outra propriedade rural. (...) A notificação prévia do proprietário rural, em tema de reforma agrária, traduz exigência imposta pela cláusula do devido processo legal." (**MS 23.006**, Rel. Min. Celso de Mello, julgamento em 11-6-2003, Plenário, *DJ* de 29-8-2003.)

COLÓQUIO *LA EVOLUCIÓN DE LA ORGANIZACIÓN POLÍTICO-CONSTITUCIONAL DE AMÉRICA DEL SUR*

Minha primeira palavra é de agradecimento. Agradeço o honroso convite formulado pelo Instituto Iberoamericano de Derecho Constitucional, o Centro de Estúdios Constitucionales de Chile de la Universidad de Talca y la Asociación Chilena de Derecho Constitucional, y el apoyo del Instituto de Investigaciones Jurídicas de la Universidad Nacional Autónoma de México.

Cumprimento e saúdo os eminentes Professores Héctor Fix Zamudio, Jorge Carpizo, Humberto Nogueira Alcalá, Hector Fix Fierro, Domingo García Belaúnde, Nestor Pedro Sagués, Carlos Ayala Corao, Francisco Zuniga Urbina y Miguel Angel Fernández pela magnífica iniciativa deste encontro.

El reglamento del colóquio determina que presentemos el informe respecto de nuestros países, referente a la evolución político-institucional entre 1976 y 2005, las que deberán desarrolar:

a) El sistema de gobierno
b) Poder Judicial
c) Derechos fundamentales
d) Partidos Políticos
e) Los Mecanismos de defensa de la Constitución
f) Aspectos singulares de la evolución político-constitucional del país
g) Avances y amenazas a la democracia.

1 De 1964 a 1988

Podemos dizer que a Constituição de 1988 inaugurou uma nova era no constitucionalismo brasileiro rompendo com o ciclo autoritário que dominou o Brasil de 1964 (data da revolução militar que se implantou no país por mais de vinte anos), a meados da década de 80.

As eleições dos Governadores em 1982 marcam o início do processo de abertura política e institucional que culminou com a aprovação da Emenda Constitucional número 26 (promulgada em 27.11.1985), convocando os membros da Câmara de Deputados e do Senado Federal para se reunirem, em Assembleia Nacional Constituinte, livre e soberana, no dia 01.02.1987, na sede do Congresso Nacional.

Em 05 de outubro de 1988 foi promulgada a Constituição de 1988, no dizer de José Afonso da Silva,[1] "um texto razoavelmente avançado. É um texto moderno, com inovações de relevante importância para o constitucionalismo brasileiro e até mundial. Bem examinada, a Constituição Federal, de 1988, constitui, hoje, um documento de grande importância para o constitucionalismo em geral.

"Sua estrutura difere das constituições anteriores. Compreende nove títulos, que cuidam: (1) dos princípios fundamentais; (2) dos direitos e garantias fundamentais, segundo uma perspectiva moderna e abrangente dos direitos individuais e coletivos, dos direitos sociais dos trabalhadores, da nacionalidade, dos direitos políticos e dos partidos políticos; (3) da organização do Estado, em que estrutura a federação com seus componentes; (4) da organização dos poderes: Poder Legislativo, Poder Executivo e Poder Judiciário, com a manutenção do sistema presidencialista, derrotado o parlamentarismo, seguindo-se um capítulo sobre as funções essenciais à Justiça, com ministério público, advocacia pública (da União e dos Estados), advocacia privada e defensoria pública; (5) da defesa do Estado e das instituições democráticas, com mecanismos do estado de defesa, do estado de sítio e da segurança pública; (6) da tributação e do orçamento; (7) da ordem econômica e financeira; (8) da ordem social; (9) das disposições gerais. Finalmente, vem o Ato das Disposições Transitórias. Esse conteúdo distribui-se por 245 artigos na parte permanente, e mais 73 artigos na parte transitória, reunidos em capítulos, seções e subseções".

2   A reforma do Estado no Brasil

Após a Constituição de 1988 e, sobretudo, ao longo da década de 90, o tamanho e o papel do Estado passaram para o centro do debate institucional. E a verdade é que o intervencionismo estatal não resistiu à onda mundial de esvaziamento do modelo no qual o Poder Público e as entidades por ele controladas atuavam como protagonistas do processo econômico.

É a lição de Luís Roberto Barroso que adotamos e passamos a transcrever por sua excelente sistematização do fenômeno das reformas. O modelo dos últimos vinte e cinco anos se exaurira. O Estado brasileiro chegou ao fim do século XX grande, ineficiente, com bolsões endêmicos de corrupção e sem conseguir vencer a luta contra a pobreza. Um Estado da direita, do atraso social, da concentração de pobreza. Um Estado que tomava dinheiro emprestado no exterior para emprestar internamente, a juros baixos, para a burguesia industrial e financeira brasileira. Esse Estado, portanto, que a classe dominante brasileira agora abandona e do qual quer se livrar, foi aquele que a serviu durante toda a sua existência. Parece, então, equivocada a suposição de que a defesa desse Estado perverso, injusto e que não conseguiu elevar o patamar social no Brasil seja uma opção avançada, progressista, e que o alinhamento com o discurso por sua desconstrução seja a postura reacionária.

---

[1]   SILVA, José Afonso. *Curso de Direito Constitucional positivo*. 29. ed. São Paulo: Malheiros, 2006. p. 89-90.

As reformas econômicas brasileiras envolveram três transformações estruturais que se complementam, mas não se confundem. Duas delas foram precedidas de emendas à Constituição, ao passo que a terceira se fez mediante a edição de legislação infraconstitucional e a prática de atos administrativos.[2]

A primeira transformação substantiva da ordem econômica brasileira foi a *extinção de determinadas restrições ao capital estrangeiro*. A Emenda Constitucional número 6, de 15.08.95, suprimiu o artigo 171 da Constituição, que trazia a conceituação de empresa brasileira de capital nacional e admitia a outorga a elas de proteção, benefícios especiais e preferências. A mesma emenda modificou a redação do art. 176, *caput*, para permitir que a pesquisa e lavra de recursos minerais e o aproveitamento dos potenciais de energia elétrica sejam concedidos ou autorizados a empresas constituídas sob as leis brasileiras, dispensada a exigência do controle do capital nacional. Na mesma linha, a Emenda Constitucional número 07, de 15.08.95, modificou o art. 178, não mais exigindo que a navegação de cabotagem e interior seja privativa de embarcações nacionais e a nacionalidade brasileira dos armadores, proprietários e comandantes e, pelo menos, de dois terços dos tripulantes. Em seguida, foi promulgada a Emenda Constitucional número 36, de 28.05.02, que permitiu a participação de estrangeiros em até trinta por cento do capital das empresas jornalísticas e de radiodifusão.

A segunda linha de reformas que modificaram a feição da ordem econômica brasileira foi a chamada *flexibilização dos monopólios estatais*. A Emenda Constitucional número 5, de 15.08.95, alterou a redação do §2º do art. 25, abrindo a possibilidade de os Estados-membros concederem às empresas privadas a exploração dos serviços públicos locais de distribuição de gás canalizado, que, anteriormente, só podiam ser delegados a empresa sob controle acionário estatal. O mesmo se passou com relação aos serviços de telecomunicações e de radiodifusão sonora e de sons e imagens. É que a Emenda Constitucional número 08, de 15.08.95, modificou o texto dos incisos XI e XII, que só admitiam a concessão a empresa estatal. E, na área do petróleo, a Emenda Constitucional número 9, de 09.11.95, rompeu, igualmente, com o monopólio estatal, facultando à União Federal a contratação com empresas privadas de atividades relativas à pesquisa e lavra de jazidas de petróleo, gás natural e outros hidrocarbonetos fluídos, a refinação do petróleo nacional ou estrangeiro, a importação, exportação e transporte dos produtos e derivados básicos de petróleo.

A terceira transformação econômica de relevo – a denominada *privatização* – operou-se sem alteração do texto constitucional, com a edição da Lei número 8.031, de 12.04.90, que instituiu o Programa Nacional de Privatização, depois substituída pela Lei número 9.491, de 9.09.97. Entre os objetivos fundamentais do programa incluíram-se, nos termos do artigo 1º, incisos I e IV: (i) reordenar a posição estratégica do Estado na economia, transferindo à iniciativa privada atividades indevidamente exploradas pelo setor público; (ii) contribuir para a modernização do parque industrial do País, ampliando sua competitividade e reforçando a capacidade empresarial dos diversos setores da economia.

---

[2]   Segundo BARROSO, Luís Roberto. *Temas de Direito Constitucional*. Rio de Janeiro: Renovar, 2003. t. II, p. 274 *et seq.*

O programa de desestatização tem sido levado a efeito por mecanismos como (a) alienação, em leilão nas bolsas de valores, do controle de entidades estatais, tanto as que exploram atividades econômicas como as que prestam serviços públicos e (b) a concessão de serviços públicos a empresas privadas. No plano federal inicialmente foram privatizadas empresas dos setores petroquímico, siderúrgico, metalúrgico e de fertilizantes, seguindo-se a privatização da infraestrutura, envolvendo a venda da empresa com a concomitante outorga do serviço público, como tem se passado com as empresas de energia e telecomunicações e com rodovias e ferrovias.

Acrescente-se, em desfecho do levantamento aqui empreendido, que, além das Emendas Constitucionais números 05, 06, 07, 08 e 09, assim como na Lei nº 8.031/90, os últimos anos foram marcados por uma fecunda produção legislativa em temas econômicos, que inclui diferentes setores, como energia, telecomunicações, criação de agências reguladoras, modernização de portos, concessões e permissões, dentre outros.

Afirma Barroso que a redução expressiva das estruturas públicas de intervenção direta na ordem econômica não produziu um modelo que possa ser identificado com o de Estado mínimo. Pelo contrário, apenas deslocou-se a atuação estatal do campo empresarial para o domínio da disciplina jurídica, com a ampliação de seu papel na regulação e fiscalização dos serviços públicos e atividades econômicas. O Estado, portanto, não deixou de ser um agente econômico decisivo. Para demonstrar a tese, basta examinar a profusão de textos normativos editados nos últimos anos.

De fato, a mesma década de 90, na qual foram conduzidas a flexibilização de monopólios públicos e a abertura de setores ao capital estrangeiro, foi cenário da criação de normas de proteção ao consumidor em geral e de consumidores específicos, como os titulares de planos de saúde, os alunos de escolas particulares e os clientes de instituições financeiras. Foi também nesse período que se introduziu no país uma política específica de proteção ao meio ambiente, limitativa da ação dos agentes econômicos, e se estruturou um sistema de defesa e manutenção das condições de livre concorrência que, embora longe do ideal, constituiu um considerável avanço em relação ao modelo anterior. Nesse ambiente é que despontaram as agências reguladoras da atuação estatal.

3 O sistema de governo[3] e os partidos políticos

a) o sistema de governo e temas correlatos

Com o regime autoritário instalado em 1964, afastou-se qualquer perspectiva de reconsiderar o modelo parlamentarista para o país, pois o pensamento militar rejeitava a ideia de um poder compartilhado com o parlamento. Aliás, um regime centrado no parlamento era a antítese do que os então governantes defendiam.

A redemocratização deu alento aos parlamentaristas, que se animaram a convocação da Assembleia Nacional Constituinte. A comissão constituída para elaborar

---

[3] Nesta seção utilizaremos a argumentação e as conclusões (que encampamos) de Antônio Octávio Cintra, retiradas do seu texto, "O sistema de Governo no Brasil", da obra, AVELAR, Lúcia; CINTRA, Antônio Octávio (Org.). *Sistema político brasileiro*: uma introdução. 2. ed. São Paulo: Konrad-Adenauer-Stiftung; Unesp, 2007. cap. 2, p. 59, 77.

o anteprojeto da nova Carta foi presidida por Afonso Arinos de Mello Franco, um conhecido defensor do parlamentarismo.

Na versão final do anteprojeto, prevaleceu a ideia de parlamentarismo dual. O presidente da república seria eleito diretamente, por maioria absoluta, para mandato de seis anos. Caber-lhe-ia indicar o presidente do Conselho de Ministros, após consulta às correntes partidárias que compõem a maioria do Congresso Nacional. O Presidente da República, por sua vez, poderia exonerar por iniciativa própria o presidente do Conselho, que também poderia cair por moção de censura ou recusa de confiança votada pela maioria absoluta da Câmara de Deputados.

Neste anteprojeto, previa-se ainda o gabinete duplamente responsável, perante a Câmara, mas também perante o Presidente da República. Não se contemplavam decretos-leis, medidas provisórias ou medidas de urgência.

Entretanto, a opção final da Assembleia Nacional Constituinte foi pelo sistema presidencialista. Prevista na mesma constituição, realizou-se um plebiscito, cinco anos após a sua promulgação, no qual o eleitorado confirmou a opção republicana e presidencialista em detrimento à monarquia constitucional.

À ocasião, a decisão dos constituintes de levar a opção entre sistemas de governo a plebiscito foi altamente questionável, pois essa consulta serve quando o assunto a ser votado é redutível a quesitos simples, para resolver com o "sim" ou "não", nunca para assuntos extremamente complexos, sobre cujas opções divirjam, e muito, os próprios especialistas, como é o caso de sistema de governo. Os delegados não quiseram usar de sua delegação e se omitiram de decidir, devolvendo a responsabilidade ao mandante. O plebiscito, realizado em setembro de 1993, deu a vitória ao presidencialismo, por ampla margem.

Por que se deu a recusa ao parlamentarismo? São várias as causas, são fortes os preconceitos relativos a esse sistema, que levam à sua previsível rejeição. Se, no plano da elite, logra o parlamentarismo razoável apoio, seja em sua forma mais pura, seja, crescentemente, sob a forma dos modelos híbridos, esse apoio não se repete na opinião pública.

Acredita-se que a tarefa de desenvolver o país, modernizá-lo, romper os bloqueios a seu progresso e desenvolvimento, requeira concentração de poder em um líder carismático, ungido pelo mandato popular para mudar o sistema. Não se vê, no parlamentarismo, liderança forte. Parece um sistema de poder muito diluído, um governo de deputados que fazem e desfazem governos a seu livre critério. Os parlamentares representariam, em contraposição de interesses circunscritos, paroquiais, em contraposição aos presidentes, supostamente mais sensíveis aos interesses modernos, do país como um todo, pelo fato mesmo de se elegerem, em contraposição aos deputados e senadores, na circunscrição nacional.

Junte-se a tais percepções o desprestígio do Poder Legislativo perante a opinião pública, problema, aliás, de ordem mundial nas democracias contemporâneas. O governo parlamentarista nos prenderia, portanto, de acordo com essas percepções, ao atraso, aos poderes oligárquicos regionais e à inoperância institucional.

São percepções enganosas e, no seu conjunto, deixam transparecer exigências conflitantes sobre nosso sistema de governo presidencial. Um presidente portador de uma missão revolucionária, demiurgo, esbarraria no sistema político cheio de pontos de bloqueio à tomada de decisões e, sobretudo, à implementação delas. O presidente brasileiro tem de compor uma base de sustentação em um congresso pluripartidário, sem uma agremiação majoritária suficiente, sequer, para garantir a aprovação de leis ordinárias. As decisões exigentes de *quorum* especial podem dar, a cada parceiro da coalizão, mesmo às pequenas agremiações, poder de barganha incomensurável em votações conflituosas. Ademais, o Legislativo é bicameral, com o Senado equiparado à Câmara em suas competências e significando mais uma instância legislativa a superar na aprovação de um projeto.

Há um federalismo em que podem prevalecer interesses oligárquicos regionais nos estados menos desenvolvidos. Ademais, a organização do Judiciário é descentralizada e o Ministério Público tem ampla autonomia.

O presidencialismo brasileiro, segundo Abranches e Cintra[4] trabalha em um sistema de composição partidária nos Ministérios. Se nos regimes parlamentaristas europeus se tecem as coalizões segundo a regra da proporcionalidade, dando-se a cada partido uma fatia do ministério aproximadamente proporcional a seu peso na base parlamentar, no caso brasileiro a partilha dos postos ministeriais nem sempre segue essa norma, por terem os presidentes a faculdade constitucional de nomear livremente seus ministros. Entretanto, o conjunto, a correspondência entre o peso parlamentar dos partidos e sua representação ministerial traria solidez legislativa ao gabinete. Quanto maior essa correspondência, tanto maior seria a disciplina dos partidos integrantes do gabinete no apoio às votações de interesse do Executivo. A medida estatística dessa correspondência é o índice de coalescência, tanto maior quanto mais justa a proporcionalidade da distribuição de pastas ministeriais entre os partidos de apoio ao governo.

Os dados de Amorim Neto indicam que o governo de Fernando Henrique Cardoso teria estado muito mais próximo de um governo de coalizão de estilo europeu do que os de Fernando Collor e Itamar Franco. Ou seja, o presidencialismo de coalizão não constitui um modelo estático, mas sim uma situação variável, conforme, sobretudo para esse autor, o grau de coalescência atingido.

Estudos mais recentes, do próprio Amorim Neto e de outros autores, já incorporam os dados do governo Lula. Amorim Neto observa terem os ministérios organizados, desde o governo Sarney até o de Lula, sido arranjos multipartidários com maior ou menor grau de fragmentação e heterogeneidade ideológica. Mas o de Lula foi o que mais ampliou o número de partidos, chegando a nove. Quanto à heterogeneidade ideológica, apenas o segundo e o terceiro de Collor dela escaparam, por se concentrarem mais à direita. Contudo, no caso do governo Lula, como acentua Fabiano Santos, essa heterogeneidade aumentou bastante.

Há ainda que considerar o poder do presidente da república para editar medidas provisórias. Santos discute as consequências dessa prerrogativa sobre o padrão de relação entre o Executivo e o Legislativo. Se os presidentes optam pelo governo de coalizão, sendo os postos principais distribuídos proporcionalmente entre os partidos de apoio, tentarão, ao editar as medidas provisórias (MPs), observar o interesse da maioria governativa e tentarão governar por meios ordinários. É o caso de Cardoso, com

---

[4] CINTRA, *op. cit.*, p. 67.

gabinetes coalescentes e ideologicamente menos heterogêneos, que permitiram que os textos das MPs, nas diversas reedições, sofressem alterações negociadas, mas não o de Collor, cujo ministério não era inclusivo e que abusou de MPs originais.

No governo Collor, o Congresso acenou, num certo ponto, com a possibilidade de uma lei disciplinadora do uso das MPs pelo Executivo, de que resultou o arrefecimento de seu uso. No segundo mandato de Cardoso, aprovou-se a Emenda Constitucional nº 32/2001, que impõe nova disciplina ao uso da medida provisória, ao limitar-lhe a reedição a uma só vez. A não deliberação sobre a MP, decorridos quarenta e cinco dias de sua publicação, leva-a ao regime de urgência, sob o qual ficam "sobreestadas, até que se ultime a votação, todas as demais deliberações legislativas da Casa em que estiver tramitando". É o chamado "trancamento de pauta". Como mostra Santos, em vez de diminuir o uso das MPs, passou-se a editar mais, e maior número delas passou a ser rejeitado.

Por fim, em relação à composição da "classe política", são 513 deputados federais. Em teoria, a Câmara de Deputados representaria o povo, cabendo ao Senado a representação dos Estados. Não é bem assim, porém. Em primeiro lugar, não há deputados nacionais, eleitos na circunscrição do país como um todo, mas sim bancadas estaduais de deputados federais, o que faz que estes também se vejam como representantes das unidades da Federação no plano nacional.

Em segundo lugar, mais importante, a representatividade popular da Câmara é em parte invalidada por não se respeitar, na fixação do tamanho das bancadas estaduais, a proporcionalidade com o tamanho das populações estaduais. Ao contrário, ao fixar um mínimo de oito representantes por Estado, não importa quão reduzida sua população, e um máximo de setenta, a Carta de 1988 apenas deu continuidade ao que tem prevalecido em nossa história republicana. Trata-se da desproporção entre representação e tamanho populacional das unidades da Federação e, consequentemente, a existência de pesos diferentes aos votos dos eleitores, contrária à regra democrática de "um homem, um voto". Apesar de o problema estar muito claro no debate público sobre a matéria, basta compulsar os Anais da Assembleia Nacional Constituinte que elaborou a vigente Carta para nos darmos conta de que a desproporcional distribuição de cadeiras entre os Estados passou a representar na prática, como que uma "cláusula pétrea" de nossa organização política. Os parlamentares dos Estados sobrerrepresentados não admitem a hipótese de redução de sua representação. A grande desigualdade regional, dada a força de São Paulo na Federação, dá peso político aos argumentos dos que defendem uma representação, na Câmara, dos Estados menores e menos desenvolvidos, que não seja estritamente proporcional a suas populações. Considera-se insuficiente a compensação federativa obtida no Senado, que, por ser ele a "Câmara dos Estados", dá a todos eles o mesmo peso na representação, independentemente de sua população.[5]

---

[5] Conforme CINTRA, Antonio Octávio; LACOMBE, Marcelo Barroso. A Câmara dos Deputados na Nova República: a visão da ciência política. *In*: AVELAR, Lúcia; CINTRA, Antônio Octávio. *Sistema político brasileiro*: uma introdução. cap. 6, p. 143 *et seq.*

b) os partidos políticos[6]

O Brasil é uma federação com 26 estados e um Distrito Federal, com eleições diretas em três níveis (federal, estadual e municipal). Tem eleições de dois em dois anos não totalmente coincidentes, e as eleições municipais são defasadas das eleições gerais.

Para compreender o sistema partidário brasileiro atual, temos que buscar suas raízes no período pós-1945. Nestes últimos quase 60 anos, o sistema partidário sofreu dois "realinhamentos" forçados pelo regime militar, em 1965-1966 e em 1979-1980. Com o retorno aos governos civis em 1985, o sistema partidário passou por uma grande expansão até 1993, quando se iniciou um certo "encolhimento". Mas, o sistema fragmentou-se de novo no final dos anos 90, com 18 partidos, elegendo pelo menos um deputado em 1998 e 2002, e 21 em 2006.

Diferentemente dos outros regimes militares no Cone Sul (Chile, Uruguai e Argentina), os generais-presidentes brasileiros não fecharam o Congresso Nacional nem prescreveram os partidos políticos; mantiveram as eleições em intervalos regulares, embora com várias restrições autoritárias – num esforço para vender a imagem de uma "democracia relativa". Assim, a transição (ou transação) para a democracia se processou sem rupturas entre 1974 e 1985. Por essa razão, com a abertura do sistema partidário e com a liberdade de organizar novos partidos (ou reorganizá-los), não ressurgiram os partidos tradicionais do período anterior ao golpe militar de 1964 – como reapareceram a Unión Cívica Radical e o Partido Justicialista na Argentina, os Blancos e Colorados no Uruguai e o Partido Democrata Cristão no Chile, com o fim dos seus respectivos regimes militares.

No período de 1945 a 1965, o Brasil chegou a ter treze partidos representados no Congresso Nacional e dois médios e oito pequenos. Se considerarmos o período de 1980 a 1997, veremos um novo sistema partidário. Nos últimos cinco anos do regime militar (1980-1985), manteve-se um pluripartidarismo moderado, com seis partidos e depois cinco. Com o retorno dos governos civis (Sarney, 1985-1990; Collor, 1990-1992; Itamar, 1992-1994; e F. H. Cardoso, 1995 – 1998), modificou-se a legislação, o que facilitou a criação e o registro de legendas novas. Como consequência, em 1991, mais de quarenta partidos estavam registrados no Tribunal Superior Eleitoral (TSE), vinte dos quais representados no Congresso. Com a nova Lei Orgânica dos Partidos Políticos (LOPP), sancionada em agosto de 1995, anteciparam-se várias fusões entre 1993 e 1996, com um certo encolhimento do sistema, o que promoveu um pluralismo ligeiramente mais moderado nas eleições de 1998 e 2002.

Hoje temos aproximadamente 9 (nove) partidos grandes e médios com projeção nacional.

Do ângulo do eleitorado, podemos acompanhar a análise de Reis,[7] para quem as estatísticas revelam o alheamento de grandes parcelas do eleitorado popular brasileiro perante a política e os assuntos públicos, alheamento este que se liga com a tendência geral ao desapreço pela democracia. Pesquisas por amostragem realizadas em 2002

---

[6] Segundo FLEISCHER, David. Os partidos políticos. *In*: AVELAR, Lúcia; CINTRA, Antônio Octávio. *Sistema político brasileiro*: uma introdução. p. 303 *et seq*.

[7] REIS, Fábio Wanderley. Dilemas da democracia no Brasil, *op. cit.*, p. 476 *et seq.*

em 17 países latino-americanos pelo Latinobarômetro, instituição sediada em Santiago do Chile, mostram o Brasil com o país com menor proporção de respostas em que se aponta a democracia como preferível a qualquer outra espécie de regime (37 por cento). Não obstante certa recuperação relativamente a 2001, também nas pesquisas de anos anteriores realizadas pelo mesmo instituto as proporções brasileiras de apoio à democracia se situam entre as mais baixas da América Latina. E é talvez especialmente revelador observar que, no ano de 2002, a proporção de brasileiros que declaram não saber o que significa a democracia ou simplesmente não responderam à pergunta a respeito é destacadamente mais alta que a dos nacionais de todos os demais países latino-americanos, alcançando 63 por cento (em El Salvador, o segundo colocado, a proporção correspondente não passa de 46 por cento).

Tais constatações têm certamente a ver com a grande desigualdade social brasileira e seus reflexos nas deficiências educacionais do país, e pesquisas diversas mostram a clara correlação positiva entre o apego à democracia (ou, em geral, a atenção e o interesse pela política e o ânimo participante e cívico) e a escolaridade ou a sofisticação intelectual geral dos eleitores.

De qualquer forma, duas observações permitidas por outros dados merecem destaque por sua relevância. A primeira mostra o substrato sociopsicológico com que aparentemente continua a contar o populismo no Brasil, solapando a ideia de uma democracia capaz de operar institucionalmente de forma estável: somente entre os entrevistados de nível universitário não se encontrava, nos dados em questão, a concordância da ampla maioria com um item de claro ânimo anti-institucional, e mesmo autoritário, em que se desqualificavam os partidos políticos e se afirmava que, em vez deles, o que o país necessitava é "um grande movimento de unidade nacional dirigido por um homem honesto e decidido", abrindo assim uma margem para líderes "fortes".

Esse tipo de mentalidade incrementa e incentiva a adoção de programas assistencialistas, como o implementado no governo Lula. O "bolsa família", que atinge 11 milhões de pessoas (aproximadamente 40 milhões de eleitores), serviu claramente como instrumento poderoso de reeleição do Presidente Lula, além dos resultados positivos obtidos no cenário econômico (baixa inflação, mais acesso ao crédito, menos desemprego, etc.)...

4 O Poder Judicial, Constitucional e a defesa dos direitos fundamentais

Como sabemos, o Estado Democrático de Direito é a síntese histórica de duas ideias originalmente antagônicas: democracia e constitucionalismo. Com efeito, enquanto a ideia de democracia se funda na soberania popular, o constitucionalismo tem sua origem ligada à noção de limitação do poder.

A supremacia da Constituição e a jurisdição constitucional são mecanismos pelos quais determinados princípios e direitos, considerados inalienáveis pelo poder constituinte originário, são subtraídos da esfera decisória ordinária dos agentes políticos eleitos pelo povo, ficando protegidos pelos instrumentos de controle de constitucionalidade das leis e atos do poder público.

Assim, a jurisdição em geral e a jurisdição constitucional em particular fazem parte da administração da justiça que tem como objetivo específico a matéria jurídico-constitucional de um Estado.

O Direito prescrito pela Constituição de 1988, em vez de manutenção, em muitas passagens postula uma transformação do *status quo*. A lei, sabemos, deixa de ser apenas a simples reguladora de conflitos intersubjetivos e passa a assumir também uma feição de um instrumento político de governo.

Essa mudança de paradigmas modifica o papel e a função desempenhada pelo Poder Judiciário. Em vez de tratar apenas de conflitos intersubjetivos de menor complexidade, agora tem o judiciário que resolver litígios coletivos. As chamadas *class action*, as ações públicas (civis públicas), as diversas ações fundadas no direito coletivo e no direito difuso fazem parte dessa nova realidade.

4.1 O ativismo do judiciário brasileiro e seus exemplos

O Supremo Tribunal Federal, com sua mais recente composição e principalmente em razão da omissão legislativa sobre importantes questões para a vida nacional – em especial no tocante a problemas políticos e de eficácia dos direitos fundamentais –, vem se revelando como um Tribunal com menos receio de assumir um papel politicamente ativo no exercício da função jurisdicional.

Como explica Gisele Cittadino,[8] se o ativismo judicial é mais favorecido nos países da *common law* – onde se tem a criação jurisprudencial do direito e uma maior influência política do juiz –, nos países da *civil law* tal ativismo também é adotado, especialmente em razão da incorporação dos princípios ao texto constitucional e da fixação dos objetivos fundamentais do Estado na Constituição.

No Brasil, a referida autora menciona que o fortalecimento do ativismo judicial se deve, principalmente, pela incorporação da linguagem do direito ao debate político e ao ordenamento jurídico, com a emergência do movimento dos direitos humanos, nos anos 70, combatendo o regime militar, a luta pela reconquista dos direitos políticos, na primeira metade dos anos 80, a participação, na segunda metade dos anos 80, de setores organizados da sociedade civil no processo constituinte e as frequentes denúncias, a partir dos anos 90, das violações dos direitos fundamentais das camadas populares.

Além disso, segundo Cittadino, o ativismo judicial teria se fortalecido também em razão dos seguintes fatores: a) o reforço das instituições garantidoras do Estado de Direito, como a Magistratura e o Ministério Público, após o período autoritário; b) a constitucionalização de valores da comunidade, exigindo um compromisso da Constituição no sentido de concretizá-los; c) a conversão dos direitos fundamentais no núcleo básico do ordenamento constitucional brasileiro e em critério de interpretação constitucional; d) a percepção dos cidadãos não apenas como destinatários, mas como autores de seus direitos; e) o alargamento do círculo de intérpretes da Constituição (cidadãos, partidos políticos, associações, etc.); f) a ampliação do rol dos direitos

---

[8] CITTADINO, Gisele. Judicialização da política, constitucionalismo democrático e separação de poderes. *In*: VIANNA, Luiz Werneck (Org.). *A democracia e os três poderes no Brasil*. Rio de Janeiro: IUPERJ/FAPERJ; Belo Horizonte: Editora UFMG, 2002. p. 17-42.

fundamentais, que exigem não só a abstenção do Estado, mas, também, um dever de ação estatal; g) a ampliação das ações coletivas; h) a inércia do Poder Legislativo; i) o incremento dos instrumentos de controle da constitucionalidade das leis e dos atos normativos; j) o controle da omissão do Estado pelo Poder Judiciário; k) a atividade construtiva da interpretação constitucional.

Contudo, o protagonismo dos tribunais traz problemas ligados especialmente ao princípio da Separação dos Poderes e da legitimidade democrática do Poder Judiciário, ou seja, acerca da neutralidade política deste órgão estatal.

Rebatendo as críticas dirigidas à judicialização da Política, Ana Paula de Barcelos, adverte, de início, que a separação dos Poderes tem natureza instrumental, na medida em que existe para realizar o controle do poder, evitando o arbítrio. Dessa forma, não se mostra como um obstáculo lógico ao controle pelo Judiciário das omissões inconstitucionais do Poder Público.[9] No tocante à democracia, a mesma autora acentua que, para além da fórmula majoritária, é imprescindível o respeito "aos direitos fundamentais de todos os indivíduos, façam eles parte da maioria ou não".[10] E, então, conclui que o Judiciário tem legitimidade para conferir eficácia positiva aos direitos prestacionais pelos seguintes motivos: a) o Judiciário, tendo em vista que foi criado pela própria Constituição, compõe o poder político nacional da mesma forma que o Legislativo e o Executivo; b) os órgãos de cúpula do Judiciário têm alto grau de representatividade, na medida em que são formados pela vontade do Executivo e do Legislativo; c) os magistrados estão aptos a agir com independência, pois, para tanto, gozam de prerrogativas asseguradas constitucionalmente; d) as atividades jurisdicionais, além de públicas e motivadas, encontram fundamento e limites nas normas jurídicas; e) as decisões judiciais são passíveis de revisão por outros órgãos do Judiciário; f) o processo jurisdicional, uma vez que garante às partes amplo contraditório, é mais participativo do que qualquer outro processo público; g) os grupos minoritários "sempre terão acesso ao Judiciário para a preservação de seus direitos".[11]

4.2 Alguns casos julgados pelo Supremo Tribunal Federal no Brasil

4.2.1 Mandado de Injunção e o direito de greve dos servidores públicos

No Brasil, o mandado de injunção surge como um mecanismo de controle difuso da constitucionalidade por omissão. A Constituição de 1988, a primeira do ordenamento constitucional brasileiro a prever o mandado de injunção, estabelece, em seu art. 5º, LXXI, o seguinte: "conceder-se-á mandado de injunção sempre que a falta de norma regulamentadora torne inviável o exercício dos direitos e liberdades constitucionais e das prerrogativas inerentes à nacionalidade, à soberania e à cidadania."

---

[9] BARCELLOS, Ana Paula de. *A eficácia jurídica dos princípios constitucionais*: o princípio da dignidade da pessoa humana, p. 215-217.

[10] BARCELLOS, Ana Paula de. *A eficácia jurídica dos princípios constitucionais*: o princípio da dignidade da pessoa humana, p. 227.

[11] BARCELLOS, Ana Paula de. *A eficácia jurídica dos princípios constitucionais*: o princípio da dignidade da pessoa humana, p. 231-232.

Por meio do mandado de injunção, pretende-se viabilizar o exercício de um direito previsto na Constituição que, por falta de norma regulamentadora, o impetrante não consegue praticar.

Contudo, até recentemente não tinha sido esse o entendimento predominante do Supremo Tribunal Federal, que, na maioria das vezes, ao julgar procedente o pedido formulado em mandados de injunção, reconhecia a mora do órgão encarregado de regulamentar o dispositivo constitucional e deferia o *writ* para que tal situação fosse comunicada ao referido órgão.[12]

Flávia Piovesan identifica três correntes doutrinárias que buscam explicar os efeitos da decisão proferida no mandado de injunção. Segundo essa autora, ao conceder o mandado de injunção, caberia ao Poder Judiciário: a) elaborar a norma regulamentadora faltante, suprindo, deste modo, a omissão do legislador; ou b) declarar inconstitucional a omissão e dar ciência ao órgão competente para a adoção das providências necessárias à realização da norma constitucional; ou c) tornar viável, no caso concreto, o exercício de direito, liberdade ou prerrogativa constitucional que se encontrar obstado por faltar norma regulamentadora.[13]

Admitir que o Poder Judiciário, ao conceder o mandado de injunção, elaboraria a norma regulamentadora faltante, suprimindo a omissão do legislador,[14] afrontaria o princípio da separação dos poderes, previsto no art. 2º da Constituição Federal.

Aceitar que o mandado de injunção se prestaria, simplesmente, a declarar inconstitucional a omissão e a dar ciência ao órgão omisso para adotar as providências necessárias à realização da norma constitucional, sem possibilidade de imposição de sanção a este, significaria reconhecer a dois instrumentos constitucionais distintos – o mandado de injunção e a ação direta de inconstitucionalidade por omissão[15] – os mesmos efeitos.[16]

---

[12] Mandado de Injunção nº 585/TO, rel. Min. Ilmar Galvão, j. 15.05.2002. Em casos isolados o entendimento não vinha sido esse, como se pode verificar das decisões proferidas no Mandado de Injunção nº 283/DF, rel. Min. Sepúlveda Pertence, j. 20.03.1991; e no Mandado de Injunção nº 562/RS, rel. Min. Carlos Velloso, rel. do acórdão Min. Ellen Gracie, j. 20.02.2003. Neste último caso, parte da ementa do acórdão tem o seguinte teor: "Reconhecimento da mora legislativa do Congresso Nacional em editar a norma prevista no parágrafo 3º do art. 8º do ADCT, assegurando-se, aos impetrantes, o exercício da ação de reparação patrimonial, nos termos do direito comum ou ordinário, sem prejuízo de que se venham, no futuro, a beneficiar de tudo quanto, na lei a ser editada, lhes possa ser mais favorável que o disposto na decisão judicial. O pleito deverá ser veiculado diretamente mediante ação de liquidação, dando-se como certos os fatos constitutivos do direito, limitada, portanto, a atividade judicial à fixação do 'quantum' devido".

[13] PIOVESAN, Flávia. *Proteção judicial contra omissões legislativas:* ação direta de inconstitucionalidade por omissão e mandado de injunção, p. 148.

[14] Essa é a posição, por exemplo, de GRECO FILHO, Vicente. *Tutela constitucional das liberdades*, p. 182-184. Esse autor afirma o seguinte: "Uma solução intermediária seria a de se admitir que, procedente o pedido, o tribunal poderia determinar prazo para que a norma fosse elaborada sob pena de, passado esse lapso temporal, ser devolvida ao Judiciário a atribuição de fazê-la. É certo que, passado o prazo, retornar-se-ia à segunda alternativa, ou seja, o tribunal é que deveria fazer a norma. A solução adequada, portanto, parece a primeira, admitida a alternativa de, antes, ser dada a oportunidade para que o poder competente elabore a norma. Se este não a fizer o Judiciário a fará para que possa ser exercido o direito constitucional".

[15] O art. 103, §2º, da Constituição, ao disciplinar a ação direta de inconstitucionalidade por omissão, prevê o seguinte: "§2º Declarada a inconstitucionalidade por omissão de medida para tornar efetiva norma constitucional, será dada ciência ao Poder competente para a adoção das providências necessárias e, em se tratando de órgão administrativo, para fazê-lo em trinta dias".

[16] Nas palavras de Luís Roberto Barroso (*O controle da constitucionalidade no direito brasileiro, op. cit.*, p. 106), essa interpretação seria inadmissível porque aceitaria a existência de "dois remédios constitucionais para que seja

Ademais, concordar com a argumentação de que o mandado de injunção é um instrumento desprovido de força para viabilizar o exercício do direito previsto na Constituição é o mesmo que negar a esse instrumento a natureza de ação constitucional, o que também não se pode admitir.

Nas palavras de Luís Roberto Barroso – no que é acompanhado por grande parte da doutrina –, o provimento judicial, no mandado de injunção, tem "natureza *constitutiva*, devendo o juiz criar a norma regulamentadora para o caso concreto, com eficácia *inter partes*, e aplicá-la, atendendo, quando seja o caso, à pretensão veiculada".[17] Assim, o mandado de injunção deveria ser entendido como uma ação constitucional voltada a tornar viável, no caso concreto, o exercício do direito previsto constitucionalmente e que se encontra obstado por falta de norma regulamentadora.[18]

O art. 37 da Constituição Federal, ao tratar das disposições gerais da administração pública, estabelece, em seu inciso VII, que o direito de greve do servidor público civil será exercido nos termos e nos limites definidos em lei específica.

As decisões do Supremo Tribunal Federal, há mais de uma década, caminhavam no sentido de interpretar o art. 37, VII, da Constituição, como uma norma de eficácia limitada. Nossa Suprema Corte vinha entendendo que o advento da lei constituiria requisito de aplicabilidade do art. 37, VII, da Constituição Federal. O direito público subjetivo de greve, outorgado aos servidores civis, só se revelaria possível depois da edição da lei especial reclamada pela Constituição. "A mera outorga constitucional do direito de greve ao servidor público civil não basta[ria] – ante a ausência de auto-aplicabilidade da norma constante do art. 37, VII, da Constituição – para justificar o seu imediato exercício" (Mandado de Injunção nº 20-4/DF e, no mesmo sentido, MI nºs 485-4/MT, 585-9/TO e 438/GO).

Contudo, recentemente, ao julgar os Mandados de Injunção nºs 670, 708 e 712, todos de 2007, o Supremo Tribunal Federal determinou a aplicação, aos servidores públicos civis, da Lei nº 7.783/89, que regulamenta o direito de greve para os trabalhadores da iniciativa privada, naquilo que não for colidente com a natureza estatuária do vínculo estabelecido entre os funcionários e a Administração Pública, enquanto o Poder Legislativo não promulgar o diploma legal específico, previsto no art. 37, VII, da CF.

Como se percebe, o Supremo Tribunal Federal passou de um extremo a outro, contrariando, em ambos os casos, a doutrina majoritária sobre a matéria. Antes, o STF reconhecia a inconstitucionalidade por omissão e comunicava o órgão omisso acerca disso. Agora, com os Mandados de Injunção nºs 670, 708 e 712, resolveu a questão não somente para as partes envolvidas, mas suprimiu a omissão, resolvendo a questão para todos os casos, abstratamente.

---

dada ciência ao órgão omisso do Poder Público, e *nenhum* para que se componha, em via judicial, a violação do direito constitucional pleiteado".

[17] BARROSO, Luís Roberto. *O controle da constitucionalidade no Direito brasileiro*, cit., p. 104.

[18] Esse é o entendimento, por exemplo, de PIOVESAN, Flávia. *Proteção judicial, op. cit.*, p. 157 *et seq.*; TEMER, Michel. *Elementos de direito constitucional, cit.*, p. 205; SILVA, José Afonso da. *Curso de Direito Constitucional positivo, op. cit.*, p. 450 e também sempre foi o nosso entendimento, Cf. FIGUEIREDO, Marcelo. *O mandado de injunção e a inconstitucionalidade por omissão*. São Paulo: Revista dos Tribunais, 1991.

4.2.2 Número de vereadores proporcional à população

Em 2002, o Supremo Tribunal Federal julgou o Recurso Extraordinário n° 197.917, decorrente de uma ação civil pública movida pelo Ministério Público com o objetivo de reduzir de 11 para 9 o número de Vereadores da Câmara Municipal de Mira Estrela, Estado de São Paulo.

A alegação do Ministério Público era a de que a previsão da Lei Orgânica do Município violaria o art. 29, IV, alínea "a", da CF,[19] acarretando prejuízo ao erário local, visto que o Município tinha menos de 3.000 habitantes.

Em resposta, a Câmara Municipal de Mira Estrela alegara que tinha autonomia para fixar o número de Vereadores, observados os parâmetros mínimo e máximo fixados pela Constituição

O Supremo Tribunal Federal criou parâmetros aritméticos para a composição das Câmaras Municipais, levando em conta o disposto no art. 29, IV, letras "a" a "c", da CF. Segundo o STF, tais parâmetros preservariam os princípios da igualdade e da proporcionalidade (devido processo legal substantivo), bem como os princípios da Administração Pública (art. 37, *caput*, CF), como a moralidade, a impessoalidade e a economicidade dos atos administrativos.

Na mesma ocasião, o Supremo Tribunal Federal modulou os efeitos da decisão tomada no controle difuso da constitucionalidade e determinou que eles seriam produzidos *pro futuro*. Sob o argumento da preservação da segurança jurídica, o Município somente teria reduzido o número de vereadores de 11 para 9 a partir da legislatura seguinte.

Com essa decisão do STF, o Tribunal Superior Eleitoral editou, em 2004, as Resoluções n°s 21.702 e 21.803, por meio das quais fixou o número de vereadores em todos os Municípios do Brasil.

4.2.3 Verticalização das coligações partidárias

Em 2002, o Tribunal Superior Eleitoral editou a Resolução n° 20.993 estabelecendo que os partidos que lançassem, isoladamente ou em coligação, candidato a Presidência da República, em 2002, não poderiam formar coligação para eleição de Governadores, Senadores, Deputados Federais e Estaduais, com partido político que tivesse lançado, isoladamente ou em aliança diversa, candidato à eleição presidencial.

O Partido da Frente Liberal (PFL) ingressou no Supremo Tribunal Federal com Ação Direita de Inconstitucionalidade (ADIN n° 2.628), alegando que a referida Resolução

---

[19] Tal artigo da Constituição brasileira estabelece o seguinte: "Art. 29. O Município reger-se-á por lei orgânica, votada em dois turnos, com o interstício mínimo de dez dias, e aprovada por dois terços dos membros da Câmara Municipal, que a promulgará, atendidos os princípios estabelecidos nesta Constituição, na Constituição do respectivo Estado e os seguintes preceitos: [...] IV – número de Vereadores proporcional à população do Município, observados os seguintes limites: a) mínimo de nove e máximo de vinte e um nos Municípios de até um milhão de habitantes; b) mínimo de trinta e três e máximo de quarenta e um nos Municípios de mais de um milhão e menos de cinco milhões de habitantes; c) mínimo de quarenta e dois e máximo de cinqüenta e cinco nos Municípios de mais de cinco milhões de habitantes".

do TSE violaria o princípio da anualidade (art. 16, CF),[20] da legalidade (art. 5º, II, CF),[21] do devido processo legal (art. 5º, LIV, CF),[22] da autonomia dos partidos políticos (art. 17, §1º, CF, antes da Emenda nº 52/2006),[23] bem como da competência da União para legislar sobre direito eleitoral (arts. 22, I, e 48, *caput*, CF).[24]

Não havia, na ocasião, previsão constitucional que se ocupasse diretamente das coligações partidárias. O STF, por maioria de votos, não conheceu da ADIN, porque a Resolução do TSE seria um ato normativo secundário, de interpretação da Constituição, que apenas poderia violá-la indiretamente.

Como resposta às atitudes do Poder Judiciário (TSE e STF), o Congresso Nacional, em 2006, produziu a Emenda Constitucional nº 52/2006, que alterou o art. 17, §1º, permitindo expressamente a coligação sem necessidade de respeitar a verticalização: "É assegurada aos partidos políticos autonomia para definir sua estrutura interna, organização e funcionamento e para adotar os critérios de escolha e o regime de suas coligações eleitorais, sem obrigatoriedade de vinculação entre as candidaturas em âmbito nacional, estadual, distrital ou municipal, devendo seus estatutos estabelecer normas de disciplina e fidelidade partidária".

4.2.4   Cláusula de barreira

A cláusula de barreira, também conhecida como cláusula de exclusão ou de desempenho, é a disposição normativa que nega a existência ou a representação parlamentar ao partido que não tenha alcançado um determinado número ou percentual de votos numa eleição.

Os objetivos de tal cláusula são os de coibir um número elevado de partidos, evitar o enfraquecimento partidário, impedir as legendas de aluguel e evitar que se afete a governabilidade.

O artigo 17 da Constituição Federal de 1988 prevê a liberdade de criação, fusão, incorporação e extinção dos partidos, resguardadas: a) a soberania nacional; b) o regime democrático; c) o pluralismo partidário; d) os direitos fundamentais da pessoa; e) funcionamento parlamentar na forma da lei.

---

[20]   Art. 16. A lei que alterar o processo eleitoral entrará em vigor na data de sua publicação, não se aplicando à eleição que ocorra até um ano da data de sua vigência.

[21]   II – ninguém será obrigado a fazer ou deixar de fazer alguma coisa senão em virtude de lei.

[22]   LIV – ninguém será privado da liberdade ou de seus bens sem o devido processo legal.

[23]   A redação do art. 17, §1º, da CF, era a seguinte: "É assegurada aos partidos políticos autonomia para definir sua estrutura interna, organização e funcionamento, devendo seus estatutos estabelecer normas de fidelidade e disciplina partidárias". A Emenda Constitucional nº 52, de 2006, alterou tal dispositivo, que passou a ter o seguinte teor: "§1º É assegurada aos partidos políticos autonomia para definir sua estrutura interna, organização e funcionamento e para adotar os critérios de escolha e o regime de suas coligações eleitorais, sem obrigatoriedade de vinculação entre as candidaturas em âmbito nacional, estadual, distrital ou municipal, devendo seus estatutos estabelecer normas de disciplina e fidelidade partidária."

[24]   O art. 22, inciso I, estabelece a competência da União para legislar sobre direito eleitoral: "Art. 22. Compete privativamente à União legislar sobre: I – direito civil, comercial, penal, processual, eleitoral, agrário, marítimo, aeronáutico, espacial e do trabalho". O *caput* do artigo 48 tem a seguinte redação: "Art. 48. Cabe ao Congresso Nacional, com a sanção do Presidente da República, não exigida esta para o especificado nos arts. 49, 51 e 52, dispor sobre todas as matérias de competência da União [...]".

Portanto, apesar de a Constituição remeter o funcionamento parlamentar à legislação ordinária, não faz menção expressa à cláusula de barreira.

A Lei nº 9.096/95 (Lei dos Partidos Políticos), no art. 12, prevê que o "partido político funciona, nas Casas Legislativas, por intermédio de uma bancada, que deve constituir suas lideranças de acordo com o estatuto do partido, as disposições regimentais das respectivas Casas e as normas desta Lei". E o art. 13 da mesma lei estabelecia que o partido teria direito ao funcionamento parlamentar o partido que, em cada eleição para a Câmara dos Deputados tivesse obtido o apoio de, no mínimo, 5% dos votos apurados, não computados os brancos e os nulos, distribuídos em, pelo menos, um terço dos Estados, com um mínimo de 2% do total de cada um deles.

Na ocasião, somente 7 dos 26 partidos políticos brasileiros teriam funcionamento parlamentar, participando do rateio do saldo do fundo partidário e gozando de 80 minutos por ano de propaganda eleitoral gratuita em cadeias nacional e estadual, por exemplo.

Em 2006, o PSC (Partido Social Cristão), um dos partidos que seriam excluídos do funcionamento parlamentar em razão da cláusula de barreira, ingressou com a ADIN nº 1.354.

O Supremo Tribunal Federal julgou a cláusula de barreira inconstitucional pelos seguintes motivos: a) seria o fim das minorias políticas e a consagração do despotismo da maioria; b) um dos fundamentos da República Federativa do Brasil é o pluralismo político (art. 1º, V, CF); c) a distinção entre partidos fere o direito de associação (art. 5º, XVII, XVIII e XIX, CF); d) ao reduzir a representatividade dos parlamentares eleitos, cassa os direitos políticos dos que os elegeram; e) haveria violação da cláusula do voto igual para todos (art. 14, CF); f) seria ferido o princípio da igualdade de chances e oportunidades, bem como da igualdade de condições no exercício dos mandatos; e g) ocorreria a violação da igualdade entre partidos e entre eleitores.

4.2.5   Fidelidade partidária

No ano de 2007, o Partido da Frente Liberal (PFL, atualmente DEM – Democratas), formulou a seguinte Consulta nº 1.398 ao Tribunal Superior Eleitoral: os partidos políticos e coligações têm o direito de preservar a vaga obtida pelo sistema eleitoral proporcional, quando houver pedido de cancelamento de filiação ou de transferência do candidato eleito por um partido para outra legenda? Em outras palavras, o mandato pertence ao eleito ou ao partido?

O TSE, respondendo à consulta, estabeleceu que a Candidatura depende de filiação partidária (art. 14, §3º, V, CF) e o princípio da moralidade administrativa (art. 37, *caput*, CF) repudia o uso de qualquer prerrogativa pública no interesse particular ou privado. Assim, o mandato pertenceria ao partido e não ao candidato eleito, apesar de o art. 55 da CF não prever a mudança de partido como causa de perda do mandato.

Em 2007, três partidos políticos (DEM – Democratas, PPS – Partido Popular Socialista e PSDB – Partido da Social Democracia Brasileira) impetraram os Mandados de Segurança nºs 26.602, 26.603 e 26.604 perante o Supremo Tribunal Federal com o intuito de reaver os mandatos de parlamentares que foram eleitos por eles e depois mudaram de legenda.

O STF entendeu que o mandato pertence ao partido, mas a declaração de vacância depende de se garantir, ao parlamentar, o direito à ampla defesa (art. 5º, LIV, CF).

Estabeleceu, ainda, que os efeitos da decisão seriam produzidos a partir da resposta do TSE à Consulta nº 1.398, de 27.03.2007, com o objetivo de respeitar o princípio da segurança jurídica, visto que nessa data o TSE mudou de entendimento acerca da matéria.

O TSE, então, ampliou o entendimento sobre a fidelidade partidária aos eleitos pelo sistema majoritário, em consulta respondida no dia 16 de outubro de 2007. E o mesmo Tribunal editou a Resolução nº 22.610/07, disciplinando o processo de perda do cargo eletivo em razão da desfiliação partidária. Segundo esta Resolução, o parlamentar tem justa causa para se desfiliar de seu partido, sem o risco de perder o mandato, nos casos de: incorporação ou fusão do partido; criação de novo partido; mudança substancial ou desvio reiterado do programa partidário; grave discriminação pessoal.

4.2.6   Interrupção da gravidez de feto anencefálico

No Brasil, há vários anos, discute-se a possibilidade de realização de aborto quando a mulher grávida depara com a má-formação do feto, que inviabiliza a vida extrauterina.

Como noticia José Afonso da Silva,[25] durante a última Constituinte, houve três tendências sobre a questão do aborto: "Uma queria assegurar o direito à vida, desde a concepção, o que importava em proibir o aborto. Outra previa que a condição de sujeito de direito se adquiria pelo nascimento com vida, sendo que a vida intrauterina, inseparável do corpo que a concebesse ou a recebesse, é responsabilidade da mulher, o que possibilitava o aborto. A terceira entendia que a Constituição não deveria tomar partido na disputa, nem vedando nem admitindo o aborto".

Com efeito, a Constituição Federal, no *caput* do art. 5º, estabelece que, entre outros direitos, é inviolável o direito à vida e à liberdade, mas deixou para a legislação ordinária a possibilidade de criminalizar o aborto.

O art. 2º do Código Civil de 2002 prevê que a "personalidade civil da pessoa começa do nascimento com vida; mas a lei põe a salvo, desde a concepção, os direitos do nascituro". Por sua vez, a Parte Especial do Código Penal, decretada durante a ditadura getulista, pune a prática do aborto provocado pela gestante ou com seu consentimento, bem como o aborto provocado por terceiro, com ou sem a anuência dela. Já o art. 128 do Código Penal prevê que não se pune o aborto praticado por médico se não há outro meio de salvar a vida da gestante ou se a gravidez é resultante de estupro e o aborto é precedido de consentimento da gestante.

Nota-se que não há permissão legal expressa para a prática de aborto na hipótese de se constatar a má-formação do feto. Mas a jurisprudência, apesar de alguma divergência, passou a admitir tal prática, nos últimos anos.

Algumas decisões judiciais, realizando uma interpretação evolutiva da norma jurídica, consideram que, por ocasião da promulgação do Código Penal, em 1940, não existiam os recursos técnicos que atualmente permitem a detecção de anomalias fetais severas. Assim, não se poderia prever, naquela ocasião, a má-formação do feto entre as causas de exclusão de ilicitude do aborto.

---

[25]   *Curso de Direito Constitucional positivo*, p. 206.

Alguns juízes também passaram a fazer uma interpretação extensiva do art. 128, I, do Código Penal, para admitir a exclusão da ilicitude do aborto não só quando realizado para salvar a vida da gestante, mas quando se mostrar necessário para preservar-lhe a saúde, inclusive psíquica.

Como decidiu o Tribunal de Justiça de São Paulo,[26] se a lei admite o aborto para preservar os sentimentos da mãe, no caso de gravidez resultante de estupro – mesmo quando o feto é sadio e perfeito –, por maior razão deve-se autorizar a interrupção da gravidez quando constatada uma grave má-formação fetal. Com isso, evita-se o sofrimento físico e psicológico não só da gestante, mas também dos outros membros da família.

Ademais, o art. 5º, *caput*, da Constituição Federal procura garantir a inviolabilidade do direito à vida, mas, constatada a inviabilidade de vida extrauterina do feto, não há que se falar em preservação de tal direito. Aliás, o art. 1º, III, da Constituição também prevê que um dos fundamentos da República Federativa do Brasil é a dignidade da pessoa humana. E não parece digno exigir que uma mulher grávida, sabendo que dará à luz um natimorto, não possa ter a liberdade de optar pela interrupção da gravidez.

Aliás, em países onde existem restrições legais à interrupção da gravidez, os abortos provocados têm sido apontados como uma das principais causas de mortalidade materna. Tais restrições levam mulheres de alta renda a clínicas particulares, que utilizam técnicas modernas de interrupção da gravidez, ao passo que induzem mulheres de baixa renda a recorrer a práticas de alto risco à saúde, como procurar um "aborteiro" ou se automedicar com drogas abortivas de eficácia não comprovada e, muitas vezes, vendidas em farmácias, sem prescrição médica.

Contudo, houve casos, espalhados por vários Estados da Federação brasileira, em que o Judiciário não admitiu a interrupção da gravidez, mesmo constatada a inviabilidade de vida extrauterina do feto.

Em junho de 2004, a Confederação Nacional dos Trabalhadores na Saúde (CNTS) propôs, perante o Supremo Tribunal Federal, uma Arguição de Descumprimento de Preceito Fundamental (ADFP) com o intuito de fazer cessar a divergência de decisões judiciais sobre a possibilidade de gestantes de fetos anencefálicos (ausência total ou parcial do cérebro) interromperem a gravidez.

Em abril de 2005, o Supremo Tribunal Federal admitiu, por 7 votos a 4, que a ADPF proposta pela CNTS sobre a descriminalização do aborto nos casos de fetos anencefálicos é um meio hábil para solucionar a divergência de jurisprudência, mas ainda não apreciou o mérito da demanda.

5   Os mecanismos de defesa da Constituição

A Constituição brasileira de 1988 contém vários mecanismos para que suas normas possam, quando violadas, serem o quanto possível restabelecidas. Tem no

---

[26] Mandado de Segurança nº 329.564-3/3-00, rel. Des. David Haddad, j. 20.11.2000.

Poder Judiciário em geral, e no Supremo Tribunal Federal em particular, o guardião de suas normas e valores.[27]

Em primeiro lugar, destaque-se o amplo leque de legitimados do artigo 103 para propor ações diretas de inconstitucionalidade (ADI) ou ações declaratórias de constitucionalidade, a primeira, (por ação – positiva) ou (por omissão – negativa), a saber: 1. O Presidente da República, 2. A Mesa do Senado Federal, 3. A Mesa da Câmara dos Deputados; 4. A Mesa da Assembleia Legislativa ou da Câmara Legislativa do Distrito Federal; 5. O Governador de Estado ou do Distrito Federal; 6. O Procurador-Geral da República; 7. O Conselho Federal da Ordem dos Advogados do Brasil; 8. Partido Político com representação no Congresso Nacional; 9. Confederação sindical ou entidade de classe de âmbito nacional.

Dois são os sistemas de controle judicial de constitucionalidade de leis e atos normativos no Brasil.

Temos o sistema difuso (de origem norte-americana) pelo qual qualquer juiz e qualquer Tribunal podem suspender a norma tida por inconstitucional e o sistema concentrado (de origem europeia) segundo o qual o Supremo Tribunal Federal deve, objetivamente, controlar a constitucionalidade de leis e atos normativos (via abstrata ou direta).

Há ainda a chamada ADPF (Arguição de Descumprimento de Preceito Fundamental), prevista no artigo 102, §1º e na Lei nº 9.882/99, tem por objeto, na modalidade de ação autônoma, evitar ou reparar lesão a preceito fundamental, resultante de ato do Poder Público.

Até o momento o Supremo Tribunal não definiu o que entende por preceito fundamental. Em algumas hipóteses, disseram o que não é preceito fundamental.

Entendeu também o STF que a ADPF pode ser conhecida como Ação Direta de Inconstitucionalidade.

Além portanto dos dois possíveis caminhos para se controlar a constitucionalidade de leis e atos normativos (sistema difuso e sistema concentrado), com suas variantes, positiva e negativa, temos ainda a possibilidade da intervenção.

A ADIN interventiva apresenta-se como um dos pressupostos para a decretação da intervenção federal, ou estadual, pelos Chefes do Executivo, nas hipóteses previstas na Constituição de 1988.

Na ação direta de inconstitucionalidade interventiva, o Judiciário exerce um controle da ordem constitucional tendo em vista um caso concreto que lhe é submetido a análise. O Judiciário não nulifica o ato, mas apenas verifica se estão presentes os pressupostos para a futura decretação de intervenção pelo Chefe do Executivo.

É possível a intervenção da União nos Estados e dos Estados nos Municípios desde que lei ou ato normativo, ou omissão, ou ato governamental desrespeitem os princípios sensíveis da Constituição (forma republicana, sistema representativo e regime democrático, direitos da pessoa humana, autonomia municipal, prestação de contas

---

[27] Sobre o tema, confira-se o nosso trabalho: FIGUEIREDO, Marcelo. Una visión del control de constitucionalidad en Brasil. *Revista Jurídica de Castilla –La Mancha*, Toledo, n. 41, p. 69-135, nov. 2006.

da administração pública; aplicação do mínimo exigido da receita na manutenção do ensino e da saúde).

Finalmente, ressalte-se que a Constituição Federal, mercê da Emenda Constitucional número 45/2004, passou a prescrever a possibilidade de o Supremo Tribunal Federal editar súmula dotada de efeito vinculante em relação aos órgãos do Judiciário e à Administração Pública, nas esferas federal, estadual e municipal.

O dispositivo constitucional, no entanto, é claro ao indicar a reserva de matéria capaz de abrigar a edição da súmula: apenas matéria constitucional.

NOTAS A RESPEITO DA UTILIZAÇÃO DE JURISPRUDÊNCIA ESTRANGEIRA PELO SUPREMO TRIBUNAL FEDERAL NO BRASIL

Nosso objetivo central com esse trabalho será analisar o uso de elementos não nacionais (de cortes estrangeiras), pelos tribunais nacionais no exercício da jurisdição constitucional, especialmente seu exercício pelo Supremo Tribunal Federal no Brasil, tribunal que dá a última palavra a respeito de matéria constitucional.

É dizer, de que maneira são utilizadas as decisões de cortes estrangeiras em algumas decisões do Supremo Tribunal Federal. A função da comparação nestas decisões, por que e para que existem e se possível, qual foi o método utilizado.

Quando examinamos as decisões do Supremo Tribunal Federal no Brasil constatamos a utilização de *jurisprudência estrangeira*, citada em trechos pelos Ministros (juízes) da Suprema Corte.

Entretanto, nem sempre essa prática ocorre de modo a integrar o voto para sustentar os argumentos deduzidos, para esclarecer os argumentos trazidos ou para fundamentá-los.

Em alguns casos há decisões nas quais é difícil encontrar a relação entre o caso concreto e a jurisprudência mencionada pelo juiz, ou ainda casos existem nos quais, apesar da ausência de qualquer relação com a jurisprudência citada, a citação aparentemente busca trazer substância (peso de autoridade) ao voto proferido.

Existe algum tipo de regra ou método que presida a utilização de jurisprudência estrangeira pelos Ministros do Supremo Tribunal Federal no Brasil? Até que ponto é válida a utilização de decisões estrangeiras que não se relacionam com a realidade nacional? Qual a função desses verdadeiros empréstimos? Há perigo em adotar decisões de cortes estrangeiras para solucionar casos nacionais?[1]

Essas são algumas das questões que pretendemos responder ao longo do trabalho. Utilizaremos a seguinte metodologia: escolhemos algumas decisões adotadas após a

---

[1] Como sabemos, esse é um debate essencialmente norte-americano que contrapõe os originalistas a textualistas que se opõem à ideia de utilização de elementos não nacionais em razão da necessidade de preservação da identidade nacional e do caráter integrador que a constituição desempenha em uma determinada sociedade marcada pelo pluralismo.

constituição de 1988, sobretudo casos polêmicos com forte repercussão na mídia e na sociedade.

Examinaremos os julgados a seguir.

a) A Ação de Descumprimento de Preceito Fundamental (ADPF) nº 54, que trata do caso dos fetos anencéfalos

No Brasil, há vários anos, discute-se a possibilidade de realização de aborto quando a mulher grávida se depara com a má formação do feto, que inviabiliza a vida extrauterina.

Como noticia José Afonso da Silva,[2] durante a última constituinte, houve três tendências sobre a questão do aborto: "Uma queria assegurar o direito à vida, desde a concepção, o que importava em proibir o aborto. Outra previa que a condição de sujeito de direito se adquiria pelo nascimento com vida, sendo que a vida intrauterina, inseparável do corpo que a concebesse ou a recebesse, é responsabilidade da mulher, o que possibilita o aborto. A terceira entendia que a Constituição não deveria tomar partido na disputa, nem vedando nem admitindo o aborto".

Com efeito, a Constituição Federal, no *caput* do artigo 5º, estabelece que, entre outros direitos, é inviolável o direito à vida e à liberdade, mas deixou para a legislação ordinária a possibilidade de criminalizar o aborto.

O Código Penal brasileiro, da década de 40, pune a prática do aborto provocado pela gestante ou com seu consentimento, bem como o aborto provocado por terceiro, com ou sem a anuência dela. Já o artigo 128 do Código Penal prevê que não se pune o aborto praticado por médico se não há outro meio de salvar a vida da gestante ou se a gravidez é resultante de estupro e o aborto é precedido de consentimento da gestante.

Note-se que não há permissão legal expressa para a prática de aborto na hipótese de se constatar a má-formação do feto. Mas a jurisprudência, apesar de alguma divergência, passou a admitir tal prática nos últimos anos.

Algumas decisões judiciais, realizando uma interpretação evolutiva da norma jurídica, consideram que, por ocasião da promulgação do Código Penal, em 1940, não existiam os recursos técnicos que atualmente permitem a detecção de anomalias fetais severas. Assim, não se poderia prever, naquela ocasião, a má-formação do feto entre as causas de exclusão de ilicitude do aborto.

Alguns juízes também passaram a fazer uma interpretação extensiva do artigo 128, I, do Código Penal, para admitir a exclusão da ilicitude do aborto não só quando realizado para salvar a vida da gestante, mas quando se mostrar necessário para preservar-lhe a saúde, inclusive psíquica.

A Confederação Nacional dos Trabalhadores na Saúde apresentou ADPF perante o Supremo Tribunal Federal, deduzindo a violação dos artigos 1º, IV, 5º, II, 6º, 196 da Constituição Federal.

Pretendia-se uma interpretação conforme a constituição dos artigos 125, 126, 128, I e II do Código Penal para ver declarada inconstitucional, a interpretação que declara tais artigos como impeditivos da antecipação terapêutica do parto, nos casos de gravidez de feto anencefálico.

---

[2] *Curso de Direito Constitucional positivo*, p. 206.

O Ministro Gilmar Mendes utiliza jurisprudência estrangeira da corte constitucional austríaca e alemã a respeito da solução do conflito entre as leis pré e pós-constitucionais e a Constituição. Após tais citações conclui o Ministro que, considerando o fato da norma impugnada ser pré-constitucional, ela passou a ser incompatível com a Constituição Federal de 1988.

Desse modo, nesse caso não se vê qual a utilidade das citações realizadas no voto ou a conexão com a realidade brasileira. É dizer, a citação era exemplificativa e dispensável.

Em seguida, parte o Ministro para o exame do tema da subsidiariedade da ADPF. Discute-se a extensão do artigo 4º, §1º, da Lei nº 9.882/99, se haveria ou não outro meio eficaz para impugnar a matéria.

Para tanto, traz alguns julgados do Tribunal Constitucional Alemão e Espanhol para corroborar a ideia de que também no direito espanhol o princípio da subsidiariedade é atenuado para conhecer da alegada inconstitucionalidade.

Por fim, traz a colação o Habeas Corpus nº 84.025, no qual o anencéfalo nasceu e faleceu antes do julgamento, para concluir que esta ação não seria a mais adequada pois devido a demora até chegar ao Supremo Tribunal Federal faria com que a gravidez não pudesse ser interrompida, devido a seu avanço.

Sendo assim, o Ministro indaga se caso a criança não tivesse nascido, o Tribunal poderia escusar-se de julgar o caso, respondendo pela negativa.

Finaliza argumentando que, se no caso é admissível um Habeas Corpus, com mais segurança seria admissível a ADPF.

Não integram a decisão do Ministro os argumentos de direito estrangeiro previamente utilizados.

b) Habeas Corpus nº 82.424-2-RGS

O paciente, Sigfried Ellwanger Castan, foi acusado da prática do crime de racismo em face do povo judeu, devido à autoria da obra *Holocausto – Judeu ou Alemão? Nos bastidores da Mentira do Século* que retrata o holocausto como algo inventado pelos judeus, e não como um fato que realmente ocorreu.

Apesar de o paciente apresentar-se como um revisionista histórico e pesquisador, os impetrantes pretendem demonstrar que a obra por ele publicada possui claro conteúdo antissemita.

O julgamento do Supremo Tribunal Federal ateve-se basicamente a dois pontos essenciais. O primeiro buscou analisar se o povo judeu poderia ou não ser considerado raça, sendo o termo "raça" considerado, por alguns ministros, como termo social e histórico e, por outros, como um conceito meramente biológico, segundo o qual a espécie humana não comportaria subdivisões. Caso os judeus não fossem considerados uma raça, portanto, não haveria de configurar-se o crime de racismo. Por fim, analisou-se a questão do conflito entre o direito à liberdade de expressão do paciente e a dignidade da pessoa humana, por parte do povo judeu.

1. Ministro Maurício Corrêa: Traz diversos casos como o da Corte da Apelação da Califórnia (EUA), que havia julgado o caso *United States* v. *Lemrick Nelson* (1999). Segundo o Ministro, a Corte decidiu que, apesar dos judeus não serem

considerados uma raça, tal fato não os retira da proteção contra o racismo dada pela 13ª Emenda à Constituição norte-americana. Traz ainda o voto do *justice White*, no qual decidiu-se que árabes e judeus encontravam-se tutelados pela legislação americana contra a discriminação racial. Cita ainda o caso *Mandla and another* v. *Dowell Lee and another*, no qual a Câmara dos Lordes, em 1983, decidiu que os *sikhs* eram um grupo racial.

Após utilizar todos esses julgados reafirma que o *problema* da segregação racial é enfrentado atribuindo-se ao termo "raça" uma conotação mais complexa, sempre com o objetivo de assegurar o efetivo respeito aos postulados universais da igualdade e dignidade da pessoa humana.

Conclui que os atos do paciente constituem racismo e que, portanto, são imprescritíveis. Percebe-se que o ministro utiliza as decisões para reiterar seu argumento de que os judeus, apesar de não constituírem uma raça aparte, devem ser protegidos pela legislação antirracismo.

2. Ministro Moreira Alves: Apesar de apresentar jurisprudência estrangeira, afirma que tem "reservas quanto a preceitos colhidos do direito comparado, quanto à interpretação do direito nacional com base no direito estrangeiro, porquanto as tradições jurídicas, o raciocínio jurídico, o sistema jurídico e o ordenamento jurídico estão estreitamente vinculados com os aspectos culturais de um povo". Entende ainda que não houve o crime de racismo porque os judeus não constituiriam uma raça.

3. Ministro Gilmar Mendes: na primeira parte de seu voto não interpreta o argumento do direito estrangeiro por ele citado. A jurisprudência é citada para reiterar seu entendimento de que o racismo não pode ser conceituado juridicamente a partir da referência de raça, mas sim enquanto fenômeno social e histórico complexo. Cita ainda o caso *Jacques Isorni e Marie-François Lehideux*, ambos condenados por apologia aos crimes de guerra, ou de crimes de delitos de colaboração, após a publicação de um encarte publicitário no periódico *Le Monde*, apresentando como saudáveis alguns atos de Philippe Pétain. O caso é utilizado para falar da necessidade da *utilização da proporcionalidade* em face de manifestações discriminatórias, como o racismo. A decisão do ministro é influenciada pela jurisprudência estrangeira relativa a proporcionalidade, tão somente.

4. Ministro Nelson Jobim: Traz à colação o caso *United States* v. *Lemrick Nelson* e o caso *Mandla and another* v. *Dowell Lee and another*, incompatíveis entre si ou, se quisermos, o fato do ministro achar que os judeus constituem uma raça não tem relação com as jurisprudências citadas.

5. Ministro Marco Aurélio: São inúmeros os casos citados em seu voto. No primeiro grupo, não há qualquer tentativa de interpretar os argumentos de direito estrangeiro citado, utilizando-os para mostrar como a liberdade de expressão é cara para a Suprema Corte norte-americana. Afinal, o Ministro defere o HC, porém por motivo distinto daqueles apresentados nas decisões citadas. Teria, a seu juízo, ocorrido a prescrição da pretensão punitiva.

6. Ministro Celso de Mello. Cita vários casos da jurisprudência estrangeira, mas sua decisão não decorre ou é influenciada pela jurisprudência citada. Entende que houve racismo no caso em exame.

c) Habeas Corpus nº 73351-4-SP – *Fruits of the Poisonous Tree*

Trata-se do julgamento de um Habeas Corpus no qual foi obtida informação de modo ilícito, por meio de escuta telefônica que levou à interceptação de um carregamento de cocaína.

A Constituição brasileira declara em seu artigo 5º, inciso XII, que é inviolável o sigilo de correspondência e das comunicações telegráficas e telefônicas, salvo, neste último caso, por ordem judicial, nas hipóteses e na forma que a lei estabelecer para fins de investigação criminal ou instrução processual penal.

De outra parte, a Lei das Telecomunicações nº 4.117/62, segundo os Ministros não teria sido recepcionada pela Constituição de 1988. Os Ministros passam a questionar em seus votos se esta única prova ilícita encontrada no processo contamina todas as que a ela se seguiram ou não à luz do precedente ou da doutrina norte-americana.

O Habeas Corpus é deferido por maioria de votos, vencidos quatro Ministros. Vejamos os principais argumentos de jurisprudência estrangeira utilizada:

1. Ministro Ilmar Galvão: Não argumenta com a jurisprudência estrangeira.
2. Ministro Sepúlveda Pertence: Cita o caso *Nordone* versus *United*, de 1939, mas não explora sua eventual aplicação para o direito brasileiro. Afirma que adere a esta teoria ou doutrina dos frutos proibidos.

Certamente se a decisão fosse adotada hoje, talvez o resultado fosse diferente. Isso porque sabemos que recentemente a Suprema Corte norte-americana reverteu esse entendimento no caso *Herring*, julgado ano passado, relativizando essa doutrina da árvore do fruto proibido, relativizando a proibição do uso da prova tida como "Ilícita".

d) ADPF nº 130-7-DF (Cautelar) – Lei de Imprensa – Suspensão parcial – Lei nº 5.250/67, anterior à Constituição de 1988

Neste caso, o Partido Democrático Trabalhista entende que diversos dispositivos da lei de imprensa perderam fundamento de validade em face da Constituição de 1988 e de seus valores democráticos.

Apenas dois Ministros (Celso Mello e Menezes Direito) fazem menção a jurisprudência estrangeira, assim mesmo, em ambos os casos, apenas para reforçar suas posições, sem fazer conexões diretas com o direito nacional.

Menezes Direito cita Oliver Holmes e o caso *Patterson* v. *Colorado* (1907) e *Whitney* v. *California*, mas somente para concluir que a construção da democracia americana prestigiou a ideia da liberdade de expressão do pensamento e do protesto político. Por fim, Celso de Mello cita a Corte Europeia de Direitos Humanos, no caso Lingens, afirmando ser inaceitável a visão daqueles que pretendem negar à imprensa o direito de interpretar as informações e de expender as críticas pertinentes.

e) Ação Direta de Inconstitucionalidade nº 3.128-7-DF

No voto vencido do Ministro Celso de Mello há referência expressa à decisão do *Tribunal Constitucional português* (Acórdão 173/2001), em julgamento que guardava pertinência com a espécie julgada, no sentido de que "não se revela possível ao Estado, violar princípios ou disposições constitucionais autônomas, que é o que sucede quando ela afeta, de forma inadmissível, arbitrária ou demasiado onerosa, direitos ou expectativas legitimamente fundadas dos cidadãos". Tratava-se de discutir a constitucionalidade da incidência de contribuição previdenciária aos inativos, aposentados.

f) Ação Direta de Inconstitucionalidade nº 3.112-1-DF

Tratava-se de discutir o estatuto do desarmamento e eventuais inconstitucionalidades relativas a prováveis invasões de competências estaduais. Não importa aqui o resultado do caso, mas a fundamentação constante do voto de seus Ministros, em especial do Ministro Gilmar Mendes. Em seu voto, faz uma longa explanação acerca de decisões do Tribunal Constitucional Alemão a respeito dos graus de intensidade do controle de constitucionalidade das leis, a saber: a) controle de evidência; b) controle de sustentabilidade ou justificabilidade; c) controle material de intensidade. Ao final, parece que leva em consideração essa doutrina, embora não faça referência expressa a esse fato em sua conclusão.

Há ainda diversos casos em que o Supremo Tribunal Federal leva em conta, direta ou indiretamente, decisões de Supremos Tribunais ou Cortes, como a norte-americana, Tribunais Constitucionais ou Supremas Cortes de Justiça. Assim, em um levantamento pós-1988, encontramos os seguintes julgados mais significativos:

1. Posição dos Tratados de Direitos Humanos no Ordenamento Jurídico Brasileiro. Pacto Internacional dos Direitos Civis e Políticos e Convenção Americana sobre Direitos Humanos – Pacto de São José da Costa Rica, ratificados, sem reserva, pelo Brasil, no ano de 1992. Nova Orientação do Supremo Tribunal Federal. Tais diplomas internacionais de direitos humanos estão abaixo da Constituição, porém acima da legislação interna. (HC nº 95.967)

O presente Habeas Corpus envolve a temática da (in)admissibilidade da prisão civil do depositário infiel no ordenamento jurídico brasileiro no período posterior ao ingresso do Pacto de São José da Costa Rica no direito nacional.

No julgamento colegiado do HC, no Superior Tribunal de Justiça (STJ), considerou-se admissível a prisão civil do depositário judicial, sendo que o foco da discussão se resumiu na natureza do vínculo contratual existente (se contrato de depósito ou contrato de mútuo).

Ocorre que o Supremo Tribunal Federal (STF), no que tange à temática da prisão civil do depositário infiel, filiou-se a orientação acerca da inexistência de sustentação jurídica para prisão civil do depositário infiel.

No voto do Relator destacou-se o caráter especial do Pacto Internacional dos Direitos Civis Políticos (art. 11) e da Convenção Americana sobre Direitos Humanos – Pacto de São José da Costa Rica (art. 7º, 7), ainda, que a esses diplomas internacionais sobre direitos humanos é reservado o lugar específico no ordenamento jurídico, estando abaixo da Constituição, porém acima da legislação interna. Concluiu, assim, que o *status* normativo supralegal dos tratados internacionais de direitos humanos subscritos pelo Brasil, torna inaplicável a legislação infraconstitucional com ele conflitante, seja ela anterior ou posterior ao ato de ratificação.

Este caso revelou uma importante disposição do Supremo Tribunal Federal a estabelecer um diálogo constitucional com a Corte Interamericana de Direitos Humanos, compreendendo que a proteção internacional dos direitos humanos deve ser acolhida por qualquer Tribunal evitando conflitos entre as diversas ordens jurídicas envolvidas.

a) Fiscalização Tributária. Apreensão de Livros Contábeis e Documentos Fiscais realizada em escritório de contabilidade, por agentes fazendários e policiais federais sem mandado judicial. Inadmissibilidade. Espaço Privado, não aberto ao Público, sujeito à proteção constitucional da inviolabilidade domiciliar (art. 5º, XI). Subsunção do conceito normativo de "casa" – Necessidade de Ordem Judicial. Administração Pública e Fiscalização Tributária, Dever de Observância dos limites jurídicos constitucionais. Impossibilidade de Utilização, pelo Ministério Público, de Prova obtida com transgressão à garantia da Inviolabilidade domiciliar – Prova Ilícita – Inidoneidade Jurídica. Hábeas-Corpus Deferido. (HC nº 93.050-6).

Dentre outros aspectos, interessa-nos destacar neste julgado especialmente a questão já mencionada anteriormente, da utilização da doutrina dos frutos da árvore envenenada (*Fruits of the Poisonous Tree*). A questão da ilicitude por derivação.

Decidiu o Supremo Tribunal Federal neste caso que ninguém pode ser investigado, denunciado ou condenado com base, unicamente, em provas ilícitas, quer se trate de ilicitude originária, quer se cuide de ilicitude por derivação. Qualquer novo dado probatório, ainda que produzido, de modo válido, em momento subsequente, não pode apoiar-se, não pode ter fundamento causal nem derivar de prova comprometida pela mácula da ilicitude originária.

Apoiou sua decisão na "teoria dos frutos da árvore envenenada", como sabemos desenvolvida nos Estados Unidos da América. A questão da fonte autônoma de prova (*an independent source*) e a sua desvinculação causal da prova ilicitamente obtida tem como fundamento os casos *Silversthorne Lumber Co* v. *United States* (1920), *Segura* v. *United States* (1984), *Nix* v. *Williaams* (1984); *Murray* v. *United States* (1988).

Há notícia de que a Suprema Corte Norte-Americana recentemente alterou esse entendimento no caso *Herring* v. *United States* de 14 de janeiro de 2009, assim ementado:

> When police mistakes leading to an unlawful search are the result of isolated negligence attenuated from the search, rather than systemic error or reckless disregard of constitutional requirements, the exclusionary rule does not apply. The fact that a search or arrest was unreasonable does not necessarily mean that the exclusionary rule applies.

b) Medida Cautelar em Ação Direta de Inconstitucionalidade. Competência Normativa – Comércio de Produto (Amianto). Lei Estadual Proibindo a comercialização, produção, transporte de amianto no Estado de São Paulo. Questão Federativa. Lei Federal Permitindo a Comercialização. Aparente Conflito. Liminar Concedida pelo Relator para suspender a Lei Estadual. Plenário que nega referendo à liminar. (MC em ADI nº 3.937-7)

Existiam no Supremo Tribunal Federal diversas ações diretas de inconstitucionalidade contra leis estaduais que tratam da comercialização do amianto. Grande parte das variedades de amianto já é proibida no Brasil. Há, no entanto, uma lei federal que autoriza o uso de uma espécie de amianto chamada "crisotila", em todo o território nacional (art. 2º, da Lei nº 9.055/95).

Há diversas questões jurídicas envolvidas nesse julgamento. A primeira diz respeito ao tema das competências. Na ADIN nº 2.656, o Tribunal julgou procedente a ação ao fundamento de que o amianto faria parte do rol de competências exclusivas da União, e que haveria ausência de qualquer interesse local a fundamentar a legislação estadual.

Alegou-se ainda neste julgamento (3937), que os estados da federação têm legislado de forma contrária à Constituição. O Min. Joaquim Barbosa não crê que as normas estaduais são inconstitucionais por que: a) a Convenção nº 162, da OIT, promulgada pelo Decreto nº 126, de 22 de maio de 1991, determina que o Brasil deve desenvolver e implementar medidas para proteger o trabalhador exposto ao amianto; b) a Convenção é uma norma protetora de direitos fundamentais, em especial o direito à saúde e o direito ao meio ambiente equilibrado. Também vai ao encontro do princípio da dignidade da pessoa humana e da ordem econômica fundada na valorização do trabalho humano, justiça social e defesa o meio ambiente.

É dizer, pode-se analisar o conteúdo da competência legislativa dos estados, à luz do conteúdo da Convenção – que tem *status* de norma supralegal e infraconstitucional. Se o Brasil assumiu, no plano internacional, o compromisso de substituir progressivamente a utilização do amianto crisotila, esse compromisso deve ser executado também no plano interno, por todos e cada um dos membros da federação.

Não teria sentido que a União assumisse compromissos internacionais que não tivessem eficácia para os estados (membros) e municípios. Ao atuar no plano internacional o Brasil estaria comprometido com os tratados de direitos humanos. No plano interno, face aos estados e municípios, estaria livre desses compromissos, o que seria inadmissível.

Lembrou ainda o Min. Joaquim Barbosa o decidido pela Corte Europeia de Direitos Humanos no acórdão *Vermeira* v. *Bélgica* (1991), em que se rejeitou o argumento do governo belga de que a adequação da ordem jurídica interna a uma decisão da Corte apenas poderia ser realizada por meio da aprovação de uma lei pelo Parlamento. Tratava-se, no caso, da revisão do Código Civil belga para estender o direito de suceder aos filhos nascidos fora do vínculo matrimonial. Em suas conclusões, a Corte indicou que a "liberdade" de ação concedida aos Estados para promoverem a adequação da ordem jurídica interna a um tratado de direitos humanos (Convenção Europeia dos Direitos Humanos) não poderia "significar a suspensão da aplicação da convenção enquanto espera para que tal reforma seja completada".

Citou ainda o Ministro como razão de decidir precedentes norte-americanos (*City of Philadelphia* v. *New Jersey*, 437 US 617, julgado em 23 de junho de 1978, no qual a Suprema Corte dos EUA considerou inválida uma lei estadual que proibira a entrada, no Estado de New Jersey, de dejetos líquidos ou sólidos provenientes de outros estados). Posteriormente, contudo, a Suprema Corte cedeu ao argumento da validade da proibição fundada em razões de saúde pública ao apreciar a legislação do Maine que proibia o comércio de determinadas espécies de peixes de água doce no território estadual (*Maine* v. *Taylor*, 477, U.S. 131, julgado em 23 de junho de 1986). Naquele caso, a Suprema Corte norte-americana entendeu que o estado conseguira demonstrar que a proibição atendia a um interesse local legítimo e que este interesse não poderia ser atendido por nenhuma outra espécie de medida não discriminatória.

O Ministro negou-se a referendar a cautelar de seu colega Relator, mantendo a lei estadual íntegra.

O Ministro Eros Roberto Grau entendeu que a lei federal era inconstitucional em face do artigo 196 da CF, ao autorizar o uso do amianto.

O Ministro Ricardo Lewandowski entendeu que a competência na matéria é concorrente à luz do artigo 24, incisos VI e XII, da CF indeferindo a medida cautelar.

O Ministro Carlos Ayres Britto acompanhou o Ministro Joaquim Barbosa ao afirmar que a legislação estadual estava mais próxima dos desígnios constitucionais, negando referendo à cautelar.

Registre-se ainda a importante participação de diversos *amicus curiae* como a Associação Brasileira dos Expostos ao Amianto (ABREA) e Associação Brasileira das Indústrias e Distribuidores de Produtos de Fibrocimento (ABIFIBRO).

É possível afirmar, analisando os casos levantados, que aparentemente não existe a aplicação de um determinado método que presida a utilização dessas decisões de cortes ou tribunais estrangeiros.

Parece-nos, ainda, após analisar todos esses casos rumorosos, que a utilização de jurisprudência estrangeira pelo Supremo Tribunal Federal, aparentemente, enquadra-se no conceito de *bricolage*, muito bem explicado por Luiz Magno Pinto Bastos Júnior,[3] técnica por meio da qual, "el intérprete, a partir de una actitud de apertura y predisposición a identificar fuentes normativas que le auxilien en el proceso de tomada de decisión, recurre a experiências extranjeras de manera más o menos aleatória. En ese ultimo enfoque, el magistrado desarolla el trabajo de 'ofrecer razones' como *un bricoleur*".

É preciso registrar que os doutrinadores brasileiros, notadamente os internacionalistas, em suas respectivas matérias se reportavam, usualmente, ao direito estrangeiro, chegando, muitas vezes, a efetuar proveitosas comparações.[4]

Assim, dizia Haroldo Valladão, desde os primeiros tempos de Independência, o direito estrangeiro e, não raramente o direito comparado, sempre estiveram presentes nos escritos dos juristas brasileiros. Também no direito constitucional, em que a tônica sempre foi a inspiração em fontes alienígenas, desde a Constituição de 1824, cujos elaboradores hauriram de elementos das ordens inglesa, francesa e espanhola, notadamente, passando pelas diversas constituições republicanas, para culminar na de 1988, uma das que mais se abeberaram dessas fontes.

Com à intensificação dos movimentos de aproximação das diferentes famílias de direito, traduzidos pelo fenômeno da globalização, facilitados pela instantaneidade dos avanços tecnológicos, é quase natural que o direito comparado assuma renovada importância.

O Supremo Tribunal Federal no Brasil parece que vem, cada vez mais, identificando e utilizando a jurisprudência de Cortes e Tribunais Constitucionais, ora como simples notícia do teor da decisão adotada por aquele Tribunal, ora como reforço de argumento

---

[3] VALLADÃO, Haroldo. Utilización del derecho constitucional comparado en la interpretación constitucional: nuevos retos a la Teoria Constitucional. *Revista Peruana de Derecho Público*, 15, p. 96, 2007.

[4] Confira-se o magistério de Haroldo Valadão, L'étude et l'enseignement du droit compare au Brésil: XIX et XX siècles. *In: Livre du Centenaire de la Société de Législation Comparée.* Paris: Librairie Générale de Droit et Jurisprudence, 1971. v. 2, p. 313.

para a decisão monocrática constante do voto de seus Ministros, ora como fundamento objetivo e concatenado de suas decisões.

Uma vez mais afirmamos, não parece existir nenhum tipo de método ou de princípio que presida essas citações de cortes ou tribunais estrangeiros. Se o caso citado apresenta similaridade com a questão nacional, parece-nos que essa utilização é em princípio benéfica, e só pode acrescentar agregar argumentos ao desenvolvimento da jurisprudência nacional em uma troca de experiências e visões positivas.

O CONTROLE DAS POLÍTICAS PÚBLICAS PELO PODER JUDICIÁRIO NO BRASIL: UMA VISÃO GERAL

A utilização do Poder Judiciário para questionar e obrigar a Administração Pública[1] a desenvolver *políticas públicas* tem frequentado as páginas da jurisprudência e da doutrina no Brasil.

Pareceu-nos interessante essa temática, pois se trata de uma realidade brasileira ou, se quisermos, que tem aparecido mais intensamente na América Latina, sobretudo.[2] Ademais, o problema toca também de perto no tema do desenvolvimento. Não há negar que os chamados direitos sociais, enquanto direitos subjetivos às prestações sociais encontram-se vinculados à tarefa de melhoria e redistribuição dos recursos existentes em dada sociedade, contribuindo para o desenvolvimento do ser humano e de sua qualidade de vida.[3]

Urbano Ruiz,[3] Desembargador do Tribunal de Justiça do Estado de São Paulo, nos oferece alguns casos concretos que bem demonstram a problemática que pretendemos trazer à tona com este artigo. As ementas abaixo são autoexplicativas.

I. A Delegacia do Ensino da cidade de Rio Claro, no interior do Estado de São Paulo, informou ao promotor de Justiça que, no ano letivo que se aproximava o de 1998,

---

[1] Utilizamos o termo "Administração Pública" em sentido amplo. Aqui, pode ser entendido como sinônimo de Poder Executivo ou Governo.

[2] De fato, a falta de cidadania de expressiva parte da sociedade nos países subdesenvolvidos ou em desenvolvimento, leva a uma maior participação do poder judiciário que acaba acolhendo inúmeras demandas sociais e coletivas que não conseguem ser articuladas nos canais intermediários ou "competentes". Ademais, recorde-se que também encontramos Judiciários mais ou menos "ativistas" ou "progressistas" não só na América Latina, mas em todo o mundo, A Suprema Corte de Israel, por exemplo, é considerada uma das mais ativas nesse sentido, rompendo os padrões tradicionais da jurisdição constitucional para ser considerada pró-ativa (não sem resistência doutrinária). Especialmente a partir da década de 80, a Corte tem desenvolvido um grande número de poderosas ferramentas para intervir na ação governamental, inclusive em áreas que, em outros Estados, essa intervenção seria considerada inconstitucional. São exemplos dessa conduta: a) a intervenção nos atos internos do "Knesset"; b) o desenvolvimento da doutrina segundo a qual "uma figura pública detém a confiança popular" através da qual foi possível à Corte determinar ao Primeiro Ministro a demissão de um agente político do Executivo, mesmo na ausência de norma jurídica específica prevendo essa remoção; c) assuntos de segurança do Estado, e outros. É o que nos informa Suzie Navot, na obra *The Constitutional Law of Israel* (Kluwer 2007). Veja-se também da autora o artigo intitulado: "More of the Same: Judicial Activism in Israel". *European Public Law*, v. 7, nº 3. 2001, p. 355-364.

[3] "A utilização do Judiciário para questionar e obrigar a Administração a desenvolver políticas públicas", Contribuição ao VII Seminário do IBCCRIM, publicado na *Revista da Escola Paulista da Magistratura*, ano 6, n. 1, p. 11-18, jul./dez. 2005.

faltariam cerca de 500 vagas na primeira série do ensino fundamental. Muitas crianças não teriam acesso à escola. A instituição documentou os fatos e promoveu ação civil pública para obrigar o prefeito a criar tais vagas, já que a Constituição Federal, nos arts. 211 e 212, obrigava a Municipalidade a atuar prioritariamente no ensino fundamental, investindo 25%, no mínimo, da receita resultante de impostos. Bem por isso, obrigatório o ensino fundamental, gratuito (art. 208), sem que qualquer criança pudesse ficar sem escola (ECA, art. 208), tanto que os pais seriam responsabilizados criminalmente caso deixassem de matricular os filhos (Código Penal, art. 246). O procedimento não previa audiência preliminar de conciliação, mas ela foi designada, ganhando o fato repercussão na imprensa. Embora o alcaide relutasse em criar aquelas vagas; a liminar foi deferi da e o chefe do executivo municipal terminou por permitir que aquelas crianças tivessem acesso ao ensino público, sem contestar a ação.

II. Na Grande São Paulo, os trens de subúrbio viajavam com as portas abertas, por causa do excesso de passageiros, transportados até sobre o teto do vagão. Eram freqüentes mortes e mutilações nos acidentes e quedas. Foi promovida ação civil pública, também pelo Ministério Público Estadual, para obrigar a concessionária daquele serviço público a oferecer transporte digno, regular e seguro aos usuários. A ação terminou sendo julgada procedente, com a aquisição de trens novos e a recuperação daqueles antigos, com melhorias significativas para os usuários.

III. Idêntica ação foi promovida para obrigar a Administração Pública a distribuir gratuitamente remédios para pessoas carentes, sobretudo aidéticos (portadores do vírus HIV), que não tinham condições econômicas de adquiri-los.[4]

IV. Meio ambiente – Lançamento de esgotos domésticos sem tratamento de resíduos industriais em curso d' água que abastece a população – Legitimidade passiva do Município – Responsabilidade solidária com o concessionário de serviço público municipal, com quem firmou convênio para realização do serviço de coleta de esgoto urbano – Ação julgada procedente para condenar concessionária e município a tratarem os efluentes antes lançados no curso d'água.[5]

V. Direito à saúde – Fornecimento de Energia Elétrica para Utilização de Aparelho de Oxigenioterapia. Trata-se de direito à vida e à saúde, garantia constitucional e dever do Estado. O direito à saúde é assegurado a todos, devendo os necessitados, receberem do ente público a assistência necessária. À evidência, o cumprimento dos preceitos constitucionais é dever do Poder Público, no âmbito do Executivo que, em face de sua omissão, pode ser perseguido na esfera judicial. Necessidade da concessão de tutela para fornecimento da energia elétrica necessária à utilização do aparelho de oxigenioterapia, assegurando o direito à vida.[6]

VI. Concedeu-se tutela antecipada para que se faça o destaque nos orçamentos (do Município) de 2005 e subseqüentes dos valores, informados para o fornecimento de água tratada por parte de Sociedade de Economia Mista (fornecedora), de modo a assegurar-lhe meios para o pagamento devido.[7]

---

[4] O caráter polêmico de decisões dessa natureza e sua repercussão jurídica, social e econômica serão objeto de discussão mais a frente.

[5] Os exemplos de I a III são de Urbano Ruiz, obtidos no já citado artigo.

[6] *Boletim AASP*, n. 2528, Ementário, p. 1375.

[7] Trata-se de caso em que atuamos. Cuidava-se de uma ação ordinária proposta pela Companhia de Saneamento Básico do Estado de São Paulo, no caso (fornecedora de água potável a grosso) com o pedido principal para que fosse condenada a ré, Companhia de Saneamento do Município de Diadema (devedora da primeira), a que fossem procedidos destaques nos orçamentos municipais de 2005 e subsequentes. O pedido (e a decisão) foi deveras original, pois fundado no caráter vinculado do orçamento e de seus itens. Requer-se-ia ao Judiciário uma postura mais ativa no sentido de determinar ao Executivo que procedesse à "reservação" orçamentária. Pinçamos

VII. Ação Civil Pública. Direito do Consumidor. Correta informação acerca dos riscos e potenciais danos que o consumo de bebidas alcoólicas causa à saúde. Inscrição necessária nos rótulos de bebidas alcoólicas.

1. É possível e exigível do Judiciário impor determinada conduta ao fornecedor, sem que esta esteja expressamente prevista em lei, desde que afinada com as políticas públicas diretamente decorrentes do texto constitucional e do princípio da plena informação ao consumidor (art. 6º, II, III e IV, da Lei nº 8.078/90), pois traduz-se em dever do Estado, do qual o Judiciário é poder, de acordo com o art. 196 da Constituição.

2. O consumo de alcoólicos não interessa só à comunicação social, à propaganda e ao comércio de tais produtos, mas também sob o aspecto da saúde pública, da proteção do menor e do adolescente, da segurança veicular, do direito de informação e de proteção ao consumidor.

3. O comando do art. 9º do Código do Consumidor indica os direitos básicos do consumidor à informação adequada e clara sobre o produto e sobre os riscos que apresenta, sobretudo, tratando-se de produto potencialmente nocivo à saúde, cuja informação deve ser feita de maneira ostensiva, a despeito da previsão do art. 4º, §2º, da Lei nº 9.294/96 determinar que os rótulos de bebidas alcoólicas conterão advertência para que os consumidores evitem o consumo excessivo de álcool.

4. Não ocorre preclusão de matéria que diz com as condições da ação, caso de legitimidade, sobretudo nas ações civis públicas onde se perseguem direitos difusos, cujo interesse depreende-se da propriedade, das relações privatistas em geral, o que, *in casu*, revelou-se pelo interesse demonstrado pela embargante, tantas vezes reiterado de defender a posição dos associados que são fabricantes de bebidas, tese da co-ré União.

5. Condenada a ré União a exigir na rotulagem de todas as bebidas alcoólicas produzidas ou comercializadas no território pátria, do teor alcoólico e do alerta em expressão, gráfica adequada, de que "o álcool pode causar dependência e em excesso é prejudicial à saúde" e a ABRABE a expedir essa informação a todas as suas associadas e comunicar aos demais produtores de alcoólicos, quanto à necessária adequação.

6. Provido o Recurso. (TRF – 4ª Região, AC – Apelação Cível número 478166). Processo número 200204010006100. UF: PR. Órgão Julgador: 3ª Turma. Julgado em 27.05.2003. Relatora Juíza Marga Inge Barth Tessler.

VIII. Ação Civil Pública. Duplicação de Rodovia Federal. Intervenção do Poder Judiciário na Administração Pública. Possibilidade – Antecipação de tutela. A moderna jurisprudência admite a intervenção do Poder Judiciário na Administração Pública, viabilizando a antecipação de tutela para determinar a execução de obra relativamente à duplicação de rodovia federal, ante a responsabilidade civil do Estado sobre mortes e mutilações decorrentes de acidentes de trânsito havidos na rodovia de sua competência. TRF – 4ª Região, Agravo Regimental no AI número 200404010145703 – SC – julgado em 23.06.2004, Relator Juiz Edgard. A. Lippmann Junior.

---

os seguintes trechos da decisão que acolheu no particular lição do Prof. Régis de Oliveira: "O dever de inserir no orçamento as despesas reais relativas à obrigação permanente, além de representar compromisso contratual, também constitui múnus legal, pois a estrutura do Estado moderno cede a imperativos de boa administração. Já não bastam boas intenções. O Estado, através de seus governantes, tem o dever de planificar a peça orçamentária, de forma a identificar a intenção de cumpri-la. Não pode esclarecer previsões irreais ou fúteis, apenas para desincumbir-se de determinação constitucional. A peça orçamentária há de ser real. A positivação não só do ideário político, mas da concretude da peça orçamentária passa a vincular as ações administrativas e políticas. As finalidades que forem inseridas na peça orçamentária deixam de ser mera ação governamental, mas identificam a solidez de compromissos com o cumprimento dos objetivos ali consignados. Isso equivale a reconhecer que, não é lícito à Administração elaborar peça orçamentária em desconformidade com a realidade, ocultando obrigações e fazendo previsão de gastos aquém da realidade, transformando o prestador dos serviços essenciais em agente financeiro dos seus projetos, já que a ausência das despesas no orçamento traz como conseqüência a exoneração do devedor quanto à quitação dentro daquele exercício" (Agravo de Instrumento número 362.101.5/0-00, TJSP).

Os exemplos poderiam ser multiplicados.

Embora ainda seja em número reduzido o grau de provocação do Poder Judiciário para demandas relacionadas à implementação dos direitos sociais,[8] (proporcionalmente às necessidades populares) e econômicos, há avanços significativos em ações baseadas no Código de Defesa do Consumidor, envolvendo temas como, *v.g.*, a saúde, a educação, a prestação de serviços, o fornecimento de medicamentos[9] etc.

Isso porque a Constituição brasileira de 1988 instituiu um efetivo direito à tutela individual, coletiva e metaindividual (direitos difusos). São várias as possibilidades abertas às pessoas para permitir que políticas públicas atinentes a essas áreas sejam determinadas ou ajustadas conforme o programa constitucional.

A ação civil pública,[10] as diversas ações constitucionais, as ações específicas previstas no controle concentrado de constitucionalidade junto ao Supremo Tribunal Federal,[11] o mandado de injunção, a ação de inconstitucionalidade por omissão,[12] a ação direta de inconstitucionalidade de lei ou ato normativo, a ação declaratória de constitucionalidade (art. 103 da CF), a ADPF (a arguição de descumprimento de preceito fundamental), são exemplos dos caminhos abertos para que entidades ou

---

[8] Os direitos sociais estão espraiados por toda a Constituição brasileira. Seu artigo 6º dispõe: "São direitos sociais a educação, a saúde, o trabalho, a moradia, o lazer, a segurança, a previdência social, a proteção à maternidade e à infância, a assistência aos desamparados, na forma desta Constituição". Já o artigo 7º da Constituição contém XXXIV incisos alusivos ao mesmo tema. Encontramos também um extenso título da "ordem social" que vai do art. 193 ao 232 na Constituição Federal brasileira.

[9] Na área da saúde, a tendência jurisprudencial é a de afastar cláusulas abusivas de contratos de seguro-saúde que nega ou vem a proibir direta ou indiretamente, tratamento de moléstias infectocontagiosas. Tais decisões invocam o princípio da interpretação mais favorável ao consumidor, tendo em vista a relação assimétrica entre ele e o fornecedor. Reconhece-se também o direito à educação fundamental como um dever do Estado, de forma a garantir, por exemplo, o atendimento em creche e pré-escola às crianças de zero a seis anos de idade, ou ainda reconhece-se aos estudantes universitários do ensino superior, que não se pode condicionar a renovação da matrícula ao pagamento de mensalidade atrasada, restando consagrado o direito à renovação de matrícula. A proteção jurídica à parte mais vulnerável de uma relação tem sido consagrada, tal qual no direito do trabalho, ao trabalhador.

[10] Criada pela Lei nº 7.347/85, tem por objeto a proteção de uma ampla gama de valores, em especial o meio ambiente, os consumidores, os bens e valores artístico, estético, histórico, turístico e paisagístico. Posteriormente, ampliou-se também seu objeto, pois o Código de Defesa do Consumidor em seu artigo 110 acrescentou o inciso IV ao artigo 1º da Lei nº 7.347/85, para dizer que também pode referida lei proteger "qualquer outro interesse difuso ou coletivo". Evidentemente que essa proteção a qualquer interesse outro, difuso ou coletivo, deve ser entendida apenas dentro da finalidade da lei civil pública, não pretendendo o legislador autorizar que essa ação possa servir para proteção de direitos meramente individuais. São legitimados à propositura da ação, não só o Ministério Público que tem o dever-poder de ajuizá-la, mas também órgãos públicos e privados ou por associação que esteja constituída a mais de um ano e que inclua entre suas finalidades, institucionais, a proteção ao meio ambiente, ao consumidor, à ordem econômica, à livre concorrência, ou ao patrimônio artístico, estético, histórico, turístico e paisagístico. A LACP no Brasil tem sido poderosa aliada ao combate à corrupção, à probidade administrativa, à defesa do patrimônio público, amplamente considerado, sendo na imensa maioria das vezes o Ministério Público (Estadual ou Federal), o autor desta ação.

[11] *Vide* o nosso artigo "Una Visión dei Control de Constitucionalidad en Brasil", *Revista Jurídica de Castilla*, Toledo, Espanha, La Mancha, n. 41, nov. 2006. *Vide* ainda de nossa autoria, *O mandado de injunção e a inconstitucionalidade por omissão*. São Paulo: Revista dos Tribunais, 1991.

[12] *Vide*, por exemplo, os Mandados de Injunção números, 283-5, de 1991, e MI nº 284-3/92, onde, lamentavelmente, não obstante algum avanço, ainda se restringe à declaração de omissão como mera ciência ao omisso para que adotasse as providências necessárias, mas não avançou mais intensamente para uma solução do caso concreto, como quer a doutrina majoritária no Brasil. Já na inconstitucionalidade por omissão, o STF dá ciência ao poder legislativo para "a adoção das providências necessárias", não podendo ir além para obrigá-lo a editar a regra faltante. Em se tratando de órgão administrativo, diz a CF, que as providências devem ser determinadas em 30 dias (art. 103, §2º).

grupos legitimados possam questionar a omissão do legislador ou do Poder Executivo ensejando, no limite, o ajuste das condutas administrativas aos desideratos e fins previstos na Constituição.

O que essas ações trazem em comum?

Pretendem, ao que parece, obrigar o Administrador Público a alterar um padrão de comportamento não só fundado em alegada ilegalidade ou eventualmente inconstitucionalidade de atos, programas ou políticas públicas, como também objetivam corrigir desvios ou alterar concepções ou objetivos na implantação de determinados programas governamentais, envolvendo uma gama enorme de segmentos, como os relativos à saúde, educação, serviços públicos etc.

Inúmeras questões polêmicas tais decisões encerram. As mais comumente encontradas na doutrina são: 1. violação a larga ao princípio da separação de poderes. Na medida em que o Judiciário – a pretexto de conhecer violações de direito – poderia invadir a esfera de competência reservada atribuída aos demais poderes, praticando assim inconstitucionalidade; 2. Não caberia ao Poder Judiciário a pretexto de corrigir atos ilegais ou inconstitucionais acolher ou formular políticas públicas alternativas, papel do poder eleito e democrático e não do judiciário;[13] 3. Decisões judiciais não poderiam substituir-se ao orçamento público, criando ou alterando despesas regularmente estabelecidas pelos poderes ou autoridades competentes. 4. É papel do Judiciário prestar a justiça distributiva e equitativa desse modo, digamos, criativo e inovador? Em que termos e em que limites?

Todas essas questões são complexas e não pretendemos resolvê-las, mas simplesmente trazer ao debate, iluminá-las, trazendo o atual "estado da arte" no Brasil.

Há ainda outra questão que surge coligada, a saber: a incorporação de tratados à Constituição em diversos países através do reconhecimento de sua hierarquia constitucional[14] também traz problemas relativos ao controle de políticas públicas. Isso porque, vários desses tratados estabelecem direitos, como o direito de trabalhar,

---

[13] A composição do Poder Judiciário brasileiro está fundada em um sistema meritocrático que, por um lado, se inicia com o ingresso na carreira pelo cargo inicial de juiz substituto, por meio de concurso de provas e títulos, e com o processo de promoção de entrância para entrância e acesso aos tribunais, alternadamente, por antiguidade e por merecimento (*vide* artigo 93 da CF). Por outro lado, está baseado em um sistema de garantias: de independência que assegura ao juiz a vitaliciedade, a inamovibilidade e a irredutibilidade de vencimentos; e de imparcialidade: vedação do exercício de outro cargo, exceto o magistério; vedação de receber, a qualquer título, vantagem em razão de sua função; e vedação de dedicar-se à atividade político-partidária.

[14] O Supremo Tribunal Federal no Brasil tem afirmado em jurisprudência mais recente, que os tratados internacionais *de direitos humanos* subscritos pelo Brasil possuem *status* normativo supralegal, o que toma inaplicável a legislação infraconstitucional com eles conflitantes, seja ela anterior ou posterior ao ato de ratificação e que, desde a ratificação pelo Brasil, sem qualquer reserva, do Pacto Internacional dos Direitos Civis e Políticos (art. 11) e da Convenção Americana sobre Direitos Humanos – Pacto de San José da Costa Rica (art. 7º, 7), não há mais base legal para a prisão civil do depositário infiel. HC nº 90172/SP, rel. Min. Gilmar Mendes, 05.06.2007. (HC nº 90 172). Na Costa Rica, país de forte desenvolvimento na área dos direitos humanos, por exemplo, as reformas constitucionais de 1989 colocaram as normas de direitos humanos na mesma hierarquia da constituição e a sala constitucional da Corte Suprema de Justiça (voto 3435/92) estabeleceu que as convenções internacionais são instrumentos válidos para interpretar as normas constitucionais, reconhecendo-se com isso um *status* supraconstitucional quando aqueles outorgam maiores direitos ou garantias às pessoas em comparação à constituição daquele país. Cf. Giselle Molina Subirós, "El sistema axiológico de la CEDAW como parametro de control constitucional en la formulación e implementación de leyes y políticas públicas". *Revista IIDH*, Costa Rica, v. 34/35, p. 417-482, 2001/2002.

direito a determinado nível de vida adequado; direitos esses que se diferenciam dos tradicionais "direitos" em face do Estado.[15]

Essés "novos" direitos, que aqui simplificamos denominando-os "direitos à prestações sociais", não poderiam, ademais, ser outorgados ou reconhecidos pelos Tribunais ou pelo Judiciário (em várias hipóteses), sem a participação ou intervenção ativa dos demais poderes ou órgãos do Estado.

Para a realização e satisfação de tais direitos não bastaria a tradicional remoção de atos ditos ilegais ou inconstitucionais, mas a criação concreta de atos promocionais, prestacionais e efetivos.

Recorde-se por todos a lição de Ingo Wolfgang Sarlet[16] que procura distinguir resumidamente as características dos direitos de defesa e os direitos sociais prestacionais, do seguinte modo:

a) Direitos de Defesa: se identificam por sua natureza preponderantemente negativa, tendo por objeto abstenções do Estado, no sentido de proteger o indivíduo contra ingerências na sua autonomia pessoal. É, segundo pensamos, a clássica lição francesa.

b) Direitos Sociais Prestacionais: têm por objeto conduta positiva do Estado (ou particulares destinatários da norma), consistente numa prestação de natureza fática.

Afirma: "Enquanto a função precípua dos direitos de defesa é a de limitar o poder estatal, os direitos sociais (como direitos à prestações) reclamam uma crescente posição ativa do Estado na esfera econômica e social. Diversamente dos direitos de defesa mediante os quais se cuida de preservar e proteger determinada posição (conservação de uma situação existente), os direitos sociais de natureza positiva (prestacional) pressupõem seja criada ou colocada à disposição a prestação que constitui seu objeto, já que objetivam a realização da igualdade material, no sentido de garantirem a participação do povo na distribuição pública de bens materiais e imateriais".

Enfim, são tantas e tão complexas tais questões que talvez devamos recortá-las para não nos perdermos no cipoal de dúvidas suscitadas.

Assim, iniciamos por fazer uma breve radiografia dos problemas do Estado Constitucional brasileiro, com o objetivo de situar o leitor estrangeiro e contextualizar o tema, para em seguida cuidar da problemática relativa às "políticas públicas".

Flávio Dino de Castro e Costa[17] nos auxilia a compreender esse cenário ao afirmar:

---

[15] O Brasil ratificou os mais importantes tratados internacionais de proteção aos direitos humanos, destacando-se, no âmbito dos direitos sociais e econômicos, a ratificação do Pacto Internacional dos Direitos Econômicos, Sociais e Culturais em 1992 e do Protocolo de San Salvador em matéria de direitos econômicos, sociais e culturais, em 1996. Para maiores detalhes nessa perspectiva, confira-se o artigo de Flávia Piovesan: Justiciabilidade dos direitos sociais e econômicos no Brasil: desafios e perspectivas. *Revista de Direito do Estado*, ano 1, n. 2, p. 55 *et seq.*, 2006.

[16] No magnífico trabalho *A eficácia dos direitos fundamentais*. Porto Alegre: Livraria do Advogado, 1998. p. 257 *et seq.*

[17] A função realizadora do Poder Judiciário e as políticas públicas no Brasil. *Interesse Público*, v. 6, n. 28, p. 64 *et seq.*, nov./dez. 2004. *Vide* também, de José Afonso da Silva, *Poder constituinte e poder popular*. São Paulo: Malheiros, 2000. p. 17, como também *Curso de direito constitucional positivo*. 22. Ed. São Paulo: Malheiros, 2003. p. 120, ambas as obras de José Afonso da Silva. E ele quem afirma ainda: "O certo, contudo, é que a Constituição de 1988 não promete a transição para o socialismo com o Estado Democrático de Direito, apenas abre as perspectivas de realização Social profunda *pela prática dos direitos sociais, que ela inscreve, e pelo exercício dos instrumentos que oferece à*

No Brasil, a teoria do desenvolvimento desigual e combinado demonstra toda a sua pertinência. Trotski, citado por Raymundo Faoro em Os Donos do Poder, afirma: "Índios lançaram fora os arcos e flechas e apanharam imediatamente os fuzis, sem percorrer o caminho que havia entre essas duas armas do passado... (...)". Desta lei universal da desigualdade do ritmo decorre outra lei que, na falta de melhor nome, pode denominar-se lei do desenvolvimento combinado, no sentido da aproximação das etapas diversas, da combinação de fases discordantes, da amálgama de formas arcaicas e modernas.

Esse amálgama revela-se, por exemplo, na inadequação da transposição mecânica para o nosso país do clássico ensinamento acerca da evolução histórica dos direitos fundamentais: direitos individuais (1ª geração), direitos políticos (2ª geração), direitos sociais (3ª geração). O deslocamento desse esquema conceitual da prática brasileira é manifesto. No plano da efetividade, os direitos políticos estão mais universalizados do que os direitos individuais clássicos. No nosso país, o alistamento eleitoral quase universal e as umas eletrônicas (direitos de 2ª geração na "era da pós-modernidade") convivem com a difusão de formas de trabalho escravo e com assassinatos de moradores de rua privados não só do direito à moradia, mas também do direito à integridade e da liberdade de ir e vir (de 1ª geração). Tal amálgama jurídico decorre de vários fatores, merecendo destaque a brutal concentração de renda. Esta "é medida pelo índice de Gini, que vai de O a 1. Zero significaria que cada um dos habitantes de um país teria renda idêntica, situação ideal, mas obviamente utópica. Índice 1, ao contrário, seria o número de um país em que a renda estivesse toda na mão de uma só pessoa, outra situação impossível. O Gini do Brasil, no relatório 2001, mas com base em dados de 1997, era de 0,591. No relatório 2002, com base em dados de 1998, aumentou para 0,607. Renda mais concentrada que a do Brasil só em Serra Leoa, República Centro-Africana e Suazilândia, paupérrimos países africanos". Celso Furtado lembra que: "Nos países de renda *per capita* semelhante à do Brasil (4500 dólares) a percentagem de pobres é de cerca de 10% da população total, portanto, menos de um terço da percentagem brasileira (34%).

Tudo isso é ainda agravado pelas imensas assimetrias regionais que reforçam o citado modelo de desenvolvimento desigual. Na última pesquisa sobre o Índice de Desenvolvimento Humano (IDH) dos Municípios brasileiros dos 20 piores, oito ficam no Maranhão, cinco no Piauí e três no Amazonas".

Podemos trazer ainda a lição de Luís Roberto Barroso[18] que nos auxilia a compreender o momento e o constitucionalismo brasileiro ao afirmar:

O novo direito constitucional brasileiro, cujo desenvolvimento coincide com o processo de redemocratização e reconstitucionalização do país, foi fruto de duas mudanças de paradigma: a) a busca da efetividade das normas constitucionais, fundada na premissa da força normativa da constituição; b) o desenvolvimento de uma dogmática da interpretação constitucional, baseada em novos métodos hermenêuticos e na sistematização de princípios específicos de interpretação constitucional. A ascensão política e científica do direito constitucional brasileiro conduziram-no ao centro do sistema jurídico, onde desempenha uma função de filtragem constitucional de todo o direito infraconstitucional, significando a interpretação e leitura de seus institutos à luz da constituição (destacamos).

---

cidadania e que possibilita concretizar as exigências de um Estado de justiça social, fundado na dignidade da pessoa humana" (destacamos).

[18] BARROSO, Luís Roberto (Coord.). *A nova interpretação constitucional*. Rio de Janeiro: Renovar, 2003 nela encontramos o título: "Fundamentos teóricos e filosóficos do novo direito constitucional brasileiro (pós-modernidade, teoria crítica e pós-positivismo)", p. 43 *et seq*.

De outra parte, importante registrar que o movimento conhecido por "neoliberalismo"[19] que marcou o final do século XX, teve por efeito não só diminuir a presença do Estado como produtor e empresário, mas também relativizar a presença e importância dos chamados "direitos sociais".[20]

Entretanto, esse movimento, a nosso juízo, não teve a força suficiente para desobrigar o Estado de cumprir os objetivos solidários da justiça social e a melhoria das condições de sua vida. Ao menos, todo o arcabouço constitucional brasileiro, todo o travejamento constitucional aponta em larga medida para esses objetivos mais solidários. É evidente que na contemporaneidade há de pensar-se conectado a um sistema regional ou mundial para a concretização solidária desses objetivos, construídos em conjunto ou participativamente, mas forçoso considerar que nem todas as regiões do planeta encontram-se nas mesmas condições. Há assimetrias importantes e barreiras a serem superadas. O esforço deve ser de todos para um mundo melhor.[21]

Reafirma-se: o Brasil não obstante as reformas liberalizantes por que passou na década passada, seguindo o movimento universal nesse sentido, ainda remanesce um Estado Social e Democrático de Direito, sendo obrigação constitucional a realização dos objetivos constantes de seu artigo 3º,[22] a partir de suas políticas públicas, tendo o Poder Judiciário, nesse contexto, importante parcela de responsabilidade social.

Passamos agora a conceituar política pública.

As políticas públicas são um conjunto heterogêneo de medidas e decisões tomadas por todos aqueles obrigados pelo Direito a atender ou realizar um fim ou uma meta consoante com o interesse público.[23]

---

[19] Sobre o tema do "neoliberalismo e direitos humanos", consulte-se a obra com esse título de Antônio José Avelãs Nunes (Rio de Janeiro: Renovar, 2003).

[20] De certo modo encampamos a lição de Canotilho, temperada à moda brasileira, quando afirma: "a Constituição dirigente é um produto acabado de um projecto da modernidade, quer em termos de sujeito histórico, quer em termos de homem triunfante na sua capacidade de transformação. Assim entendida, a Constituição dirigente enfrentou grandes dificuldades, resultantes do ataque das correntes mais conservadoras, mas também das críticas de alguns normativistas sociológicos... Mas isto não pode significar que não sobrevivam algumas dimensões importantes da programaticidade constitucional e do dirigismo constitucional. Em primeiro lugar, em termos jurídicos-programáticos, uma Constituição dirigente – já explicitei isso várias vezes – representa um projecto histórico pragmático de limitação dos poderes de questionar do legislador, da liberdade de conformação do legislador, de vinculação deste aos fins que integram o programa constitucional. Nesta medida, penso que continuamos a ter algumas dimensões de programaticidade: o legislador não tem absoluta liberdade de conformação, antes tem de mover-se dentro do enquadramento constitucional. Esta a primeira sobrevivência da Constituição dirigente em termos jurídicos – programáticos" (*Canotilho e a Constituição dirigente*. Rio de Janeiro: Renovar, 2002. p. 13 *et seq.*).

[21] Recorde-se uma vez mais J.J. Canotilho, quando afirma: "No desenho das constituições civis globais fica por explicar a sua acoplagem com as políticas nacionais, quer estejam ou não plasmadas na Constituição. Se a literatura constitucionalista enfatiza até à exaustão a reserva do possível econômico e social quando se trata de incrementar a realização dos direitos econômicos, sociais e culturais, terá de se questionar como se pode estruturar uma constituição civil global que despreze à partida os pressupostos fácticos e normativos nacionais (e supranacionais, regionais) indispensáveis a essa mesma realização. Se as constituições civis globais, embora sejam constituições juridicamente autônomas, fazem parte de um sistema de redes aglutinador de vários subsistemas nacionais vinculados a regras-quadro ou até mesmo directivas politicamente programáticas das constituições nacionais" (*"Brancosos" e Interconstitucionalidade*: itinerários dos discursos sobre a historicidade constitucional. Coimbra: Almedina, 2006. p. 300).

[22] *Vide* nota de rodapé n. 30 abaixo, onde é transcrito o artigo 3º da Constituição Federal Brasileira.

[23] Rodolfo de Camargo Mancusso afirma: "Neste passo, vale considerar que, se a política pública, por definição, em princípio busca alcançar um fim consoante com o interesse público, nem por isso, todavia, esses dois termos se pressupõem necessariamente: quando o constituinte estabeleceu que constitui objetivo fundamental 'erradicar

Ou ainda, um programa de ação que tem por objetivo realizar um fim constitucionalmente determinado. As políticas públicas são mecanismos imprescindíveis à fruição dos direitos fundamentais, inclusive os sociais e culturais.

Evidentemente, como a Constituição brasileira é indubitavelmente programática (ou dirigente[24]) – traça planos, diretrizes e metas a seus destinatários. Em larga medida, o fundamento da própria política pública está desenhada no texto constitucional, o que gera, em muitos casos, a justiciabilidade desses direitos e toda a polêmica que o tema contém.

É dizer: a Constituição é um importante elemento de referência e validade para o desenvolvimento de inúmeras políticas públicas nos diversos segmentos e atividades por ela regulados, traçando em maior ou menor grau os próprios elementos da política pública que devem ser desenvolvidos e concretizados.

Neste contexto, é evidente que o tema do *judicial review* aparece muito mais como uma atividade rotineira, ordinária do Poder Judiciário, do que seria em um sistema como o norte-americano em que há, como sabemos, uma Constituição sintética e principiológica.

Pode-se afirmar em companhia do jurista brasileiro Fábio Konder Comparato:

> que a política aparece antes de tudo, como uma atividade, isto é, um conjunto organizado de normas e atos tendentes à realização de um objetivo determinado.
>
> Sendo certo ainda que a política, como conjunto de normas e atos é unificada pela sua finalidade. Os atos, decisões ou normas que a compõem, tomados isoladamente, são de natureza heterogênea e submetem-se a um regime jurídico que lhes é próprio.
>
> De onde se segue que o juízo de validade de uma política – seja ela empresarial ou governamental – não se confunde nunca com o juízo de validade das normas e dos atos que a compõem. Uma lei, editada no quadro de determinada política pública, por exemplo, pode ser inconstitucional, sem que esta última o seja. Inversamente, determinada política governamental, em razão de sua finalidade, pode ser julgada incompatível com os objetivos constitucionais que vinculam a ação do Estado, sem que nenhum dos atos administrativos praticados, ou nenhuma das normas que a regem, sejam, em si mesmos, inconstitucionais.[25]

Pode soar um pouco exótico a alguns que o Poder Judiciário se ocupe de fazer valer diretamente, não propriamente os direitos violados da parte, em seu sentido

---

a pobreza e a marginalização e reduzir as desigualdades sociais e regionais', o móvel por certo, é a consecução de um objetivo de justiça social; todavia, daí não se segue, por exemplo, que o programa governamental voltado a implementar a função social da propriedade rural (art. 186) e a política agrícola (art. 187) vá efetivamente ao encontro daquele desiderato, de modo a fixar o homem no campo, assim aliviando a superdensidade populacional nos centros urbanos" (Controle judicial das chamadas políticas públicas. *In*: MILARÉ, Edis (Coord.). *Ação civil pública*. São Paulo: Revista dos Tribunais, 2001. p. 728).

[24] Não estamos neste passo assumindo o compromisso ou entrando na discussão das virtudes ou defeitos da chamada "constituição dirigente". Apenas ressaltamos uma evidência: o caráter compromissório e analítico da constituição brasileira, como de resto de tantas outras constituições contemporâneas em todo o mundo. Em que pese a revisão de posição do Professor J. J. Gomes Canotilho, no prefácio da segunda edição de sua conhecida obra, *Constituição dirigente e vinculação do legislador*, sobre a natureza e o·caráter de vinculatividade operativa das constituições compromissórias, entendemos que nos Estados periféricos, como é o caso do Brasil, onde não houve a realização linear dos direitos fundamentais a partir na noção de dimensões, acreditamos ainda ser o conceito de constituição dirigente valido e útil à nossa realidade.

[25] COMPARATO. Ensaio sobre o juízo de constitucionalidade de políticas públicas. *Revista de Informação Legislativa*, n. 138, p. 45, 1998.

mais estrito, mas se preordene a executar, desde que provocado, concretamente ações e políticas públicas[26] a partir daquela violação.

E nesse ponto é preciso compreender não só o arcabouço teórico que envolve a matéria, mas, sobretudo, e talvez mais importante que o primeiro, a realidade brasileira.

Como um dos temas desse seminário é exatamente o desenvolvimento, parece oportuno recordar que é ele um processo de longo prazo, induzido exatamente por políticas públicas ou programas de ação governamental em três grandes campos interligados: econômico, social e político.

É a lição de Gilberto Bercovici[27] para quem o "elemento social do processo desenvolvimentista é a aquisição da progressiva igualdade de condições básicas de vida, isto é, a realização para todo o povo, dos direitos humanos de caráter econômico, social e cultural, como o direito ao trabalho, o direito à educação, em todos os níveis, o direito à seguridade social (saúde, previdência e assistência social), o direito à habitação e o direito de fruição dos bens culturais. Enfim, o desenvolvimento integral comporta, necessariamente, um elemento político, que é a chave de abóbada de todo o processo: a realização da vida democrática, isto é, a efetiva assunção, pelo povo, do seu papel de sujeito político, fonte legitimadora de todo poder e destinatário do seu exercício".

Não resta dúvida que o Poder Judiciário durante largo período foi o garante dos direitos civis e da liberdade individual.

É ele, no modelo liberal, o fiador da legalidade, da igualdade perante a lei, mas essa realidade se desdobra em outras. Sabemos que independente de discussão do modelo de Estado ou de suas características, é certo que o Judiciário passa a intervir mais diretamente na sociedade de massa.

O direito do consumidor, o direito urbanístico, o direito ambiental são exemplos de como a controvérsia judicial assume um papel social destacado e amplo que transcende as partes para adequar e ajustar as relações sociais e comunitárias.

Não é sem razão, portanto, que a democracia e seu exercício vem associada, *v.g.*, à implementação e gozo dos chamados direitos sociais.[28]

---

[26] O foco nos EUA é um pouco diverso. A intromissão (esse o termo utilizado pelo autor abaixo referido, o que já releva o seu estado de espírito na matéria) judicial das cortes é admitida em geral em nome da proteção dos direitos fundamentais do indivíduo, violados por organizações governamentais ou públicas que deveriam custodiá-los. Essa forma de ativismo judicial é chamado de *remedial law* e ocorre "when violations by public agencies of the rights of children, prisioners, patients, and tenants are found to exist". Seu objetivo é não raro procurar alterar o padrão de comportamento das organizações rés, ouvindo a comunidade jurídica e os *experts* envolvidos na demanda. "Remedial law may go beyond the award of damages and cease and desist orders to mandate programs and administer changes, but it does not intend to 'take over' public executive agencies permanently or manage them forever" (WOOD, Robert C. (Ed.). *Re – medial Law*: when courts become administrators. Arnherst: University of Massachusetts Press, 1990). No Brasil, *vide* também o artigo de José Reinaldo Lima Lopes, "Direitos sociais e justiça: a experiência norte-americana" (*Revista da Faculdade de Direito da USP*, v. 92, p. 201 *et seq.*, 1997). Nele, o autor faz um comparativo entre o poder judiciário norte-americano e brasileiro trazendo a discussão três casos do direito norte-americano, o Golden Clause Cases (1935), Wyatt Cases (1970) e California V. US (1995).

[27] *Constituição econômica e desenvolvimento*. São Paulo: Malheiros, 2005. p. 108.

[28] A alusão aos direitos sociais (*status positivus socialis*) deve ser compreendida em sentido amplo. Queremos nos referir a direitos que demandam prestações, sobretudo em uma dimensão positiva do Estado, ou mesmo de particulares destinatários das normas constitucionais. No Brasil *vide* Ingo Wonfgang Sarlet (*A eficácia dos direitos fundamentais*. Porto Alegre: Livraria do Advogado, 1998), para aprofundamentos. No Brasil há uma gama imensa de direitos considerados sociais, como educação, saúde, previdência, assistência social, etc. Não há uma única tábua de direitos sociais, mas uma série deles espraiados pela Constituição.

Em cada país o tema é tratado de uma maneira.[29]

Aliás, é importante registrar que o Brasil intitula-se um Estado Democrático de Direito que tem como fundamento: a) a soberania; b) a cidadania; c) a dignidade da pessoa humana; d) os valores sociais do trabalho e da livre iniciativa; e) o pluralismo político.[30]

Como diz José Reinaldo de Lima Lopes:

> Por isso, convém subdividir tal questão em dois pontos: num primeiro momento, estabelecer as relações entre democracia, direitos sociais e políticas públicas; num segundo momento, estabelecer as relações entre um modelo de Estado emergente dos anos 80 e o papel do Judiciário nesse contexto.[31]

A tese do professor José Reinaldo de Lima Lopes pode ser sumulada do seguinte modo:

1. As regras do jogo democrático são apenas o mínimo, sem as quais não pode haver democracia, mas que por si só não asseguram a existência da democracia. Em outras palavras, são condição necessária, mas não suficiente, da vida democrática (Bobbio).
2. A democracia está num processo de expansão, ou seja, ela é hoje um processo em si mesmo que almeja mais liberdade em mais lugares. Ou seja, de um Estado democrático, passa-se a procurar uma sociedade democrática.
3. Os novos direitos sociais são representativos dessa realidade e por isto são direitos constitucionais. Estes mesmos direitos constituem elemento essencial da democracia, na medida em que é inerente a esta a concessão de condições reais de possibilidade de vida digna.
4. Se a democracia é o oposto do poder autocrático e se a sua realização depende da eliminação progressiva de oligarquias; de restrição ao acesso ao Estado (cargos de decisão ou de execução), transparência crescente do exercício do poder e participação consciente dos cidadãos, a negativa dos direitos sociais, ou seja, a negativa das condições de possibilidade de vida digna garantida sob o nome de direitos sociais, é negativa da democracia.[32]

---

[29] Para uma visão do que o ocorre com os direitos sociais na Europa, é imprescindível a leitura da obra coordenada por Julia Iliopoulos-Strangas, *La protection des droits sociaux fondamentaux dans les Etats membres de l'Union Européenne:* étude de droit compare. Athénes: Ant. N, Sakkoulas; Bruxelas: Bruylant; Baden Baden: Nomos Verlagsgesellschaft, 2000. (Human Rights, v. 3). Coleção dirigida pela citada autora.

[30] Já o artigo 3º da Constituição brasileira dispõe: "Constituem objetivos fundamentais da República Federativa do Brasil: I – construir uma sociedade livre, justa e solidária; II – garantir o desenvolvimento nacional; III – erradicar a pobreza e a marginalização e reduzir as desigualdades sociais e regionais; IV – promover o bem de todos, sem preconceitos de origem, raça, sexo, cor, idade e quaisquer outras formas de discriminação". Não há dúvida de que o Brasil busca no seu quadro normativo e institucional um Estado Social de Direito onde haja uma maior participação da sociedade civil no Estado e uma maior democratização com a finalidade de efetivar direitos sociais.

[31] LOPES. Judiciário, democracia, políticas públicas. *Revista de Informação Legislativa*, Brasília, n. 122, p. 256 *et seq.*, 1994.

[32] Embora o silogismo no particular seja um pouco simplista, é preciso concordar que os direitos sociais no Brasil encontram-se encurralados, sob o impacto do avanço do liberalismo nas relações capital-trabalho e do predomínio da ideia de que o Estado deve abdicar de suas responsabilidades no campo social, transferindo-as para o mercado.

5. Os direitos sociais, em regra dependem, para sua eficácia, de atuação do Executivo e do Legislativo por terem o caráter de generalidade e publicidade. Assim é o caso da educação pública, da saúde pública, dos serviços de segurança e justiça, do direito a um meio ambiente sadio, o lazer, a assistência aos desamparados, a previdência social, e outros previstos no art. 6º, no art. 7º, sem contar as disposições dos incisos do art. 170, do art. 182, do art. 193, do art. 225, e muitas outras espalhadas ao longo do corpo de toda a Constituição de 1988.

6. Questiona ainda o professor se: a) os cidadãos em geral têm ou não o direito de exigir, judicialmente, a execução concreta de políticas públicas e a prestação de serviços públicos; e b) se e como o Judiciário pode provocar a execução de tais políticas.[33]

E ao responder tais questões, lembra a tentativa do constituinte em procurar encontrar mecanismos constitucionais (e judiciais) de exigir concretamente alguns direitos (iniciativa popular, mandado de injunção), para reconhecer, entretanto, que parece difícil superar algumas dificuldades tais como: 1. A responsabilização do Estado por omissão de serviços essenciais nem sempre é possível; é tarefa complexa e difícil, visto que a maioria dos serviços públicos omitidos são *uti universi* e *uti singuli*, não remunerados diretamente pelos usuários, mas mantidos por meio de impostos gerais; 2. Além disso, a prestação de serviços depende da real existência dos meios: não existindo escolas, hospitais e servidores capazes e em número suficiente para prestar o serviço, o que fazer?

Prestá-los a quem teve a oportunidade e a sorte de obter uma decisão judicial e abandonar a imensa maioria à fila de espera?[34]

Também parece simples afirmar que por intermédio de políticas públicas pode (e deve) o Estado de forma adequada realizar os fins e objetivos traçados na Constituição.

A questão remanesce.

Que papel cabe ao Poder Judiciário nessa temática? Até onde é possível avançar no caminho do Estado Social e Democrático de Direito?

Um bom exercício será alinhavar de um lado os defensores de um ativismo mais agressivo nessa temática, e do outro seus adversários. Quem sabe um balanço pode nos oferecer algumas luzes e posições intermediárias adequadas.

Pode-se afirmar que, em linhas gerais, existem três grandes correntes a respeito da exigência dos direitos sociais, a saber: a) a dos que entendem ser exigíveis todos os

---

Não há dúvida na assertiva segundo a qual o desenvolvimento do Brasil só poderá ocorrer com a transformação das estruturas sociais, o que faz com que o Estado deva estar cada vez mais capacitado e estruturado para promover o desenvolvimento e atender ao artigo 3º da Constituição Brasileira, acima já transcrito.

[33] Tudo de acordo com José Reinaldo Lima Lopes no citado artigo, especialmente p. 257.

[34] Esse só um recorte do tema. O mesmo autor amplia a discussão trazendo não só a realidade orçamentária e fiscal do Estado como um limite objetivo à temática – o regime das finanças públicas bem como a diversidade das políticas públicas. Traz Claus Offe, Jean Overstake e indaga: Qual a responsabilidade do Estado na implementação da política pública? Responsabiliza-se por prejuízos causados a indivíduos singulares, ou não? Responsabiliza-se pelo insucesso, ou seja, pelo resultado da política ou apenas pelos meios? Os membros dos poderes públicos podem ser politicamente responsabilizados pela não implementação de políticas públicas? Podem ser responsabilizados politicamente ou civilmente pela distorção ou desvio de políticas públicas? (*Op. cit.*, p. 259).

direitos classificados pela constituição como fundamentais; b) a dos que entendem ser exigíveis apenas os direitos negativos, já que os positivos, por demandarem recursos, seriam exigíveis sob a cláusula da "reserva do possível", dependendo ademais do legislador e c) a dos que entendem haver um núcleo de direitos positivos ligados ao mínimo existencial que seria sempre exigível. Os demais direitos ficariam também na reserva do possível.

Desde logo é importante circunscrever o objeto da temática. Quando falamos em judiciabilidade das políticas públicas, poderíamos até incluir a defesa de ações de finalidade coletiva, embora não seja essa nossa preocupação central.

E dizer, se inseríssemos em nossa suposta classificação (não anunciada) dentre os temas sindicáveis pelo judiciário, a defesa de ações de finalidade coletiva, não parece haver – ao menos no contexto brasileiro – novidade alguma.

Isto porque, tratar-se-ia do exercício regular de uma competência por assim dizer, ordinária, comum do Poder Judiciário brasileiro.[35]

Na medida em que vivemos sob o signo de um Estado Democrático de Direito em uma sociedade pluralista com instrumentos de democracia participativa, encontramos na Constituição brasileira inúmeros instrumentos a forçar um diálogo normativo entre os poderes e funções do Estado e a sociedade nela inserida.

Assim sendo, colha-se de exemplo além dos clássicos instrumentos da democracia semidireta, como a iniciativa popular (CF, arts. 14, II, e 49, XV), o plebiscito (arts. 14, I, 18, §§3º e 4º), a ação popular (art. 5º, LXXIII), e especialmente, os artigos 10, 11, 31, §3º, 37, §3º, 74, §2º, 194, VII, 206, VI, 216, §1º, todos da Constituição Federal Brasileira.[36]

Aludidas normas constitucionais como que objetivam uma integração Estado-sociedade, fomentando uma participação da população e dos usuários de serviços na gestão e administração dos poderes públicos. Atribui-se informação, incrementa-se a participação e confere-se legitimidade para atuar nos vários setores regulados pela Constituição.

Com isso, amplia-se também por intermédio do Poder Judiciário o controle de legalidade dos atos públicos, a eficiência dos programas governamentais nas várias esferas da federação brasileira, diminuindo consequentemente em muitos casos a margem de discricionariedade do administrador público brasileiro.

Note-se: não se trata apenas de conferir legitimidade (em juízo), a determinadas pessoas, entidades ou associações, mas de incentivar a participação dessas mesmas pessoas, destinatárias das normas constitucionais para que participem enquanto cidadãos das decisões administrativas, formulando alternativas enquanto usuárias de determinadas atividades ou serviços.

No final das contas, evidentemente, caso haja discordância grave e fundamentada, irregularidade, ilegalidade (em sentido amplo), ou inconstitucionalidade, fornecem-se ao interessado ou à entidade competente meios para impugnar determinada opção,

---

[35] Essencialmente dinamizada a partir da Constituição de 1988, muito embora ações coletivas com perfil de defesa do interesse social já existissem anteriormente a essa data, corno é o caso da ação civil pública cuja lei data de 1985 (Lei nº 7.347/85).

[36] O texto integral da constituição brasileira pode ser acessado eletronicamente no endereço: http://www.presidencia. gov.br, no Item "legislação brasileira".

determinada política pública ou programa governamental como estamos pretendendo demonstrar.[37]

Há quem, como Rodolfo de Camargo Mancuso, inclua a judiciabilidade das políticas públicas nas ações de finalidade coletiva. Ademais, segundo o mesmo autor, de reconhecer no judiciário um papel de cogestor dos interesses gerais. O processo não fica mais limitado a uma relação jurídica entre os próprios e diretos contraditores, passando a operar como um veículo idôneo a conduzir conflitos coletivos de largo espectro, como se verifica, por exemplo, nas demandas que contrapõem a classe dos ex-fumantes e a indústria fumígera:

> Ressalte-se ainda que o fenômeno da chamada judiciabilidade das políticas públicas pode ser detectado, essencialmente na defesa de ações de finalidade coletiva, quando presentes ao menos os seguintes requisitos ou elementos: l. onde pretenda-se a defesa ou concretização de certos direitos relativos a sujeitos indeterminados; 2. tenhamos presentes ações com objeto indivisível e; 3. haja a possibilidade da coisa julgada com eficácia *erga omnes* ou também ultra partes.[38]

Outro dado que não pode ser esquecido no Brasil alusivo à judicialização dos direitos sociais diz respeito ao fato de que a Constituição brasileira – ao contrário de

---

[37] Nesse sentido, no Brasil, tanto a doutrina como o Supremo Tribunal Federal tem amplamente utilizado do princípio da razoabilidade e da proporcionalidade (de vertente doutrinária germânica), para explorar as várias facetas do controle judicial dos atos administrativos, legislativos e de governo. Também é de ser lembrado o princípio do devido processo legal (na sua feição processual e substantiva), de matriz norte-americana, contemplado em nossa constituição em seu artigo 5º, inciso LIV.

[38] "Onde e quando a Constituição Federal estabelece um fazer, ou uma abstenção, automaticamente fica assegurada a possibilidade dessas condutas comissiva ou omissiva, em face da autoridade e/ou órgão competente, corno, por exemplo, se dá em caso de descumprimento das normas tuteladoras do meio ambiente, onde o infrator se sujeita 'a sanções penais e administrativas', independentemente da obrigação de reparar os danos causados (art. 225, §3º); ou na política de atendimento aos precatórios judiciais, onde o descumprimento das normas de regência fundamenta o 'seqüestro da quantia necessária à satisfação do débito' (CF, §2º do art. 100), a par de eventual intervenção no ente político faltoso (CF, art. 35, I)". "... É de se reconhecer como ações de finalidade coletiva as manejáveis no controle direto de constitucionalidade (ação direta de inconstitucionalidade e ação direta de constitucionalidade, mandado de segurança coletivo, mandado de injunção, as ações para defesa coletiva de consumidores; a ação popular, as ações coletivas propostas por associações na defesa do grupo que representam; e mesmo, de certo modo, a ação fundada em ato de improbidade administrativa, porque, embora vise à recomposição do erário de uma dada Fazenda lesada, não há negar que o erário é um componente do patrimônio público – seu aspecto pecuniário – donde hoje se reconhecer a legitimação ativa do Ministério Público para sua tutela judicial: o art. 129, III, da CF contém cláusula de extensão, abrindo a ação civil pública para defesa de 'outros interesses difusos e coletivos', o que deve ser compatibilizado com o disposto no inciso IX do art. 129 da CF, autorizando o *Parquet* a 'exercer outras funções que lhe forem conferidas, desde que compatíveis com sua finalidade'. Visto que entre as finalidades do Ministério Público figura a defesa do interesse social (CF. art. 127), também por aí se alcança sua legitimidade, dado ser inegável que a defesa do dinheiro público, bem indisponível por definição, consulta em última análise o interesse social (art. 127). O credenciamento outorgado a vários co-legitimados ativos para as ações de finalidade coletiva representa uma projeção, no plano judiciário, da diretriz constitucional da democracia participativa: à semelhança do apelo à integração da coletividade na boa gestão da coisa pública (plebiscito, referendo, audiências públicas, iniciativa popular de projetos de lei, participação em órgãos públicos colegiados de formação paritária), também essa participação é conclamada no plano judiciário: a OAB, partido político, órgão sindical, no controle direto de constitucionalidade; o cidadão-eleitor, na ação popular; a entidade de classe, no mandado de segurança coletivo; a associação, na ação em defesa de seus aderentes; o Ministério Público, os entes políticos, as associações, os sindicatos, os órgãos públicos, nas diversas ações civis públicas; qualquer pessoa, física ou jurídica, no mandado de injunção" MANCUSO, Rodolfo de Camargo. A projetada participação equânime dos co-legitimados à propositura da ação civil pública: da previsão normativa à realidade forense. *In*: LUCON, Paulo (Coord.). *Tutela coletiva*: 20 anos da Lei de Ação Civil Pública e do Fundo de Defesa de Direitos Difusos 15 anos do Código de Defesa do Consumidor. São Paulo: Atlas, 2006. p. 226 *et seq*.

outras – vinculou muitas das prestações estatais aos direitos fundamentais, de aplicação imediata.

E não há dúvida que o tema "políticas públicas" está intimamente ligado à realização desses direitos considerados imprescindíveis a uma vida livre e digna.

Assim, *v.g.*, o artigo 5º, §1º, da CF,[39] a gerar, em muitos casos, atribuição subjetiva dos direitos sociais diretamente.

Evidentemente, como já ressaltamos, o maior obstáculo é sempre o econômico.

Afirma-se, não sem razão, que não há direitos sem custos.

E mais do que isso, no plano das políticas públicas de caráter social haveria limitações materiais ao atendimento concomitante de todos os programas sociais, cabendo ao Poder Executivo e também ao Legislativo, em última análise, eleger quais as prioridades orçamentárias e políticas, fazendo a distribuição dos recursos orçamentários conforme previsão legal.[40]

---

[39] O artigo 5º, §1º da Constituição Federal brasileira, situado após o exaustivo elenco dos direitos fundamentais do artigo 5º, dispõe: "As normas definidoras dos direitos e garantias fundamentais têm aplicação imediata", o que nos remete ao tema da eficácia e aplicabilidade dos direitos fundamentais e toda a problemática envolvendo a diferente textura desses mesmos direitos. Pode-se afirmar que o esforço da doutrina e da jurisprudência brasileira tem sido no sentido de dar ao dispositivo, aplicação possível e generosa, atenta às dificuldades naturais de implementação dos diferentes tipos de direitos e garantias.

[40] Julia Iliopoulos-Strangas, na obra acima citada, sobre a questão orçamentária nas prestações e direitos sociais na União Europeia, ensina: "Dans la totalité des Etats membres. les prestations sociales doivent en principe être prévues par une loi, en vertu du príncipe de légalité conçu en tant que reserve de la loi. Cela est même explicitement prévu dans la législation sociale de certains ordres juridiques (Allemand). Toutefois, cette régle n'est pas appliquée avec rigueur; comme le démonstrent, par exemple, certains cas dans le domaine des subventions... Dans certains Etats membres, comme exposé d'aprés, il existe, en plus de la réserve de la loi, des contraintes budgétaires prévues dans la Constitution elle-même. En Allemagne, la douctrine souligne que, si le citoyen a un droit subjectif l'Administration ne peut pas invoquer de contraintes budgétaires et que cela n'est possible que si la prestation dépend du pouvoir discrétionnaire de l'Administration ('Ermessensleistungen'). Si une régle ne respecte pas le príncipe d'égalité, elle peut dans certains cas, on l'a vu, être étendue au groupe illégalement exC/U des destinataires; le fait qu'il faille disposer de moyens financiers supplémentaires ne joue pas dans ce caso En Italie, si Ia doctrine a reconnu l'importance des contraintes budgétaires, la Court Constitutionnelle, par ses arrêts en matiére de sécurité sociale, a obligé le Parlement à adopter des mesures directes, et à attribuer des prestations qui n'avaient pas été prévues. La justification de ces arrêts se trouve dans le principe de non-discrimination, qui derive du principe d'égalité. En Irlande, alors même qu'il existe, comme dans les autres pays, des contraintes budgétaires pour les prestations sociales, I établissement du budget n'est toutefois soumis à aucune restriction constitutionnelle ou l'égale, comme celle interdisant un déficit budgétaire". Em relação a sanção do Estado que não cumpre ou determina o cumprimento de um direito social garantido na Constituição, a mesma autora afirma: "s'il existe un moyen de sanctionner Ia carence de l'Etat à ne pas entreprendre une action positive pour sa mise en ouvre, se pose de manière différente selon qu'il s'agit du législateur ou de l'Administration... Parmi les exceptions doit être cité l'ordre juridique du Portugal, ou un recours en inconstitutionnaiité pour omission du législateur est expressement prévu, à l'inclusion des normes législatives nécessaires à l'exécution des droits sociaux consacrés dans la Constitution. Par contre, en Belgique, la Cour d'Arbitrage ne peut pas sanctionner le défaut du legislateur de garantir l'un des 'âroits sociaux fondamentaux garantis à l'art. 23 de la Constitution. En France, non plus, excepté le domaine du droit communautaires, moyen indirect, il n 'existe aucun moyen spécifique pour contraire l'Etat à entreprendre une action positive pour la mise en ouvre d'un droit social. En Austriche, selon la conception traditionnelle des droits fondamentaux, la Court Constitutionnelle peut uniquement abolir des lois et décrets violant un droit fondamental, sans qu 'elle soit autorisée à suppléer par sa décision à une loi contraire à la Constitution. La Cour Constitutionnelle a pourtant répondu à cette problématique – qui résu/te du fait que la carence du législateur ne se prête aucunement, semble-t-il, à être mise en cause juridiquement – en définissant de maniére três souple les dispositions à annuler. De plus, elle s'est déclarée prête, du moins en partie, à suivre Ia jurisprudence des organes de Strasbourg, qui ont dégagé, de Ia CEDH, des obligations de protection ("Schutzpflicht ") des droits fondamentaux de la part du législateur et de l'Administration. La doctrine soutient par conséquence que les droits fondamentaux existants ne se limitent pas à identifier des limites que l'Etat est tenu de respecter mais qu 'ils l'engagent également, bien qu 'à un degré moindre, à agir de manière positive... Enfin, dans certains Etats membres, la doctrine a considere la possibllité d'engager la responsabilité de l'Etat comme un moyen indirect de sanction de la carence du législateur; ainsi, la mise en jeu de la responsabilité

Invoca-se a chamada "reserva econômica do possível", como argumento objetivo e limite aplicável à problemática analisada.[41] A esse tema voltaremos mais adiante.

Antes mesmo de tratar da "reserva econômica do possível", creio que seja importante fixar algumas premissas para que a questão econômica funcione como um dique ao pensamento e embruteça a possibilidade de novas criações.

Afinal de contas, se sempre o argumento econômico é limite objetivo à obtenção e fruição de quaisquer direitos, tudo estaria acacianamente resolvido com a invocação desse argumento.

Há recurso, há direito, não há recurso, não há direito. Parece evidente que a questão se empobrece, e não pode ser posta exclusivamente nesses termos.

Nesse particular, quem iluminou o caminho para o entendimento da questão, a nosso juízo, foram os juristas Stephen Holmes e Cass R. Sustein.[42]

Na obra, *The Cost of Rights: Why Liberty Depends on Taxes*, ambos deixam muito claro todas as implicações envolvendo os custos dos direitos. Dentre outros aspectos, coletamos os seguintes trechos que nos parecem elucidativos:

1. Os cidadãos vigilantes devem saber como os recursos públicos são alocados. A Nação tem o direito de saber onde aloca cada centavo.
2. Os americanos parecem esquecer facilmente que os direitos individuais e as liberdades dependem fundamentalmente de uma ação vigorosa do Estado.
3. Direitos custam, dependem de recursos econômicos. Todos os direitos batem às portas das arcas públicas.
4. Recursos são finitos.
5. De um modo geral, lamentavelmente, indivíduos que não vivem sob um governo capaz de tributar e conceder ordens e medidas judiciais, não têm, na prática, direitos garantidos. Um Estado ausente não raro implica um Estado onde não se garantem direitos a ninguém.
6. O custo dos direitos tem diferentes pesos, "valem" de forma diferente. A liberdade de imprensa é mais valiosa a alguém já bem posicionado na sociedade do que a alguém que mora embaixo da ponte.
7. Os direitos têm um custo social, como também orçamentário.
8. A atenção aos custos dos direitos não se prende a saber apenas o seu valor, mas "quem" decide alocá-los, na proteção de "que tipos" de direitos e "para quem".
9. Todos os direitos são dotados de um custo, sejam os chamados negativos ou os chamados positivos, pois todos implicam e pressupõem o pagamento de tributos para financiá-los, para implementá-los e para executá-los.

---

le légistateur à accomplir la mission prévue dans la Constitution a été défendue par une partie de la doctrine hellénique" (*Op. cit.*, p. 935).

[41] O argumento em si não é novo. Os romanos já diziam: "*ad impossibilia nemo tenetur*", Ninguém é obrigado a coisas impossíveis.

[42] HOLMES, Stephen; SUNSTEIN, Cass R. *The Cost of Rights*: why liberty depends on taxes. New York, London: W. W. Norton & Company, 1999.

10. As deliberações e decisões públicas envolvendo os gastos de recursos públicos deveriam focar as seguintes questões: a) quanto queremos e quanto podemos gastar com cada direito? b) qual a melhor maneira de gastá-los? c) qual a melhor maneira de despender os recursos com máxima proteção com um mínimo custo? d) todo o processo foi motivado e justificado amplamente?[43]

Pois bem, mas como dizíamos, no Brasil podem ser identificadas três grandes linhas a respeito da exigência dos direitos sociais com diversos matizes.

Alguns entendem que todos os direitos sociais previstos como fundamentais na Constituição são exigíveis de pronto.

Outros entendem que exigíveis seriam apenas os direitos negativos, pois os positivos somente estariam disponíveis sob a reserva do possível, e ainda condicionados à mediação legislativa.

Por fim, há aqueles que entendem existir um núcleo de direitos positivos ligados ao mínimo existencial que seria sempre exigível, restando os demais direitos positivos sob a reserva do possível.

A nosso juízo a questão deve ser delimitada, em um primeiro momento, segundo parâmetros do próprio regime constitucional.[44]

E no caso brasileiro é preciso recordar, em primeiro plano: a) a vigência do princípio da inafastabilidade do amplo controle jurisdicional previsto no artigo 5º, inciso XXXV, "a lei não excluirá da apreciação do poder judiciário lesão ou ameaça a direito"; b) o fato de o Brasil ser um Estado Democrático de Direito, conceito amplo e substantivo que merece ser decodificado também pelo Judiciário para aplicar os valores e direitos constitucionais, generosamente; c) ter presente a ideia de que os direitos e garantias fundamentais devem embeber a interpretação da constituição e de seus destinatários, inclusive o Estado; d) compreender o esforço para conferir aplicabilidade e eficácia máxima aos direitos que atendam ao princípio da dignidade humana em sua dimensão mais compreensiva e pluralista possível; e) considerar que os direitos constitucionais fundamentais considerados indispensáveis a uma vida digna (saúde, educação, moradia etc.) são de variada eficácia e aplicabilidade e não raro demandam a integração dos vários poderes para sua total fruição pelos particulares.

Presentes tais premissas de compreensão, é preciso ainda aceitar que o princípio da separação de poderes, com sua dimensão contemporânea renovada, é vigente e deve ser aplicado, não por amor à mecânica do constitucionalismo clássico, mas, sobretudo por reverência aos espaços democráticos de cada função e poder estatal.

É dizer, as políticas públicas não podem ser formuladas originariamente pelo Poder Judiciário em respeito à própria cidadania.

Se de um lado é possível concordar com Andréas J. Krell[45] quando afirma:

---

[43] Tradução e interpretação livre do autor.

[44] Com as suas aberturas do constitucionalismo contemporâneo, naturalmente.

[45] *Discricionariedade administrativa e proteção ambiental*: o controle dos conceitos jurídicos indeterminados e a competência dos órgãos ambientais: um estudo comparativo. Porto Alegre: Livraria do Advogado, 2004. p. 135-136.

Ao mesmo tempo, a justificada cobrança de um controle mais efetivo dos atos administrativos, a ser exercido pelos tribunais em defesa dos direitos e garantias fundamentais, não deve chegar a ponto de querer atribuir "todo o poder aos juízes", sendo ingênuo pensar que as relações de poder econômico e político, estratificadas numa sociedade (ainda) periférica e a falta de qualificação profissional não se reproduziriam também no âmbito do Terceiro Poder.

A condenação do Executivo, em sede de ação civil pública, a realizar obras de saneamento e prestar serviços públicos sociais com efetividade, não pode ser obstruída mediante invocação do princípio da separação dos Poderes, da falta de recursos financeiros ou da pretensa invasão do "mérito" dessas decisões. Nesses casos, a discricionariedade dos órgãos governamentais foi reduzida a zero, visto que as próprias normas legais constitucionais estabelecem, de forma expressa, os deveres de implementação das respectivas políticas públicas, cabendo ao Judiciário corrigir as omissões dos outros Poderes estatais.

Não é possível, de outra parte, estender, dilatar o controle judicial a tal ponto que teríamos inexistente o campo próprio, o núcleo essencial de competências atribuída a cada poder e função estatal.

É na Constituição que a resposta a essa questão (da extensão e limite do controle) deve ser encontrada.

Será a partir das normas e princípios constitucionais, sobretudo aquelas que veiculam proteção à dignidade da pessoa humana no bojo dos direitos fundamentais, que encontraremos os deveres do Estado, positivos ou negativos, e sua regular compostura.

Não caberia ao Poder Judiciário, é certo, substituir-se ao administrador público no exercício de função administrativa, mas é preciso considerar que essa é apenas uma parte do problema.

Concordamos inteiramente com Ana Paula de Barcellos,[46] que em magnífico artigo sobre o controle judicial em matéria de direitos fundamentais identifica cinco objetos que podem sofrer controle jurídico e jurisdicional (sem prejuízo de outros). São eles: I) a fixação de metas e prioridades por parte do Poder Público em matéria de direitos fundamentais; II) o resultado final esperado das políticas públicas; III) a quantidade de recursos a ser investida em políticas públicas vinculada à realização de direitos fundamentais, em termos absolutos ou relativos; IV) o alcance ou não das metas fixadas pelo próprio Poder Público; e V) a eficiência mínima (entendida como economicidade) na aplicação dos recursos públicos destinados a determinada finalidade.

Não seria possível trazer todo o raciocínio desenvolvido pelo longo artigo da professora Ana Paula de Barcellos. Pincemos, no entanto, apenas um deles. O relativo à eficiência mínima na aplicação dos recursos públicos destinados a determinada finalidade.

A citação, apesar de longa, merece ser feita.

Afirma a professora: "Imagine-se que um Município hipotético X declara, em seu relatório de execução orçamentária, haver investido R$1.000.000,00 (um milhão de reais) em saúde no ano de 2005. As questões que surgem aqui são duas. Em primeiro lugar: o que se fez especificamente com os R$1.000.000.00? Que resultado se produziu com tais recursos? Em segundo lugar, e tendo em conta essa informação, será o momento

---

[46] "Constitucionalização das Políticas Públicas em matéria de direitos fundamentais: o controle político social e o controle jurídico no espaço democrático". *Revista de Direito do Estado,* Rio de Janeiro, n. 3, jul./set. 2006.

de apurar se existe uma relação de eficiência mínima entre os recursos investidos e o resultado produzido (seja ele qual for). Teria havido desperdício, ineficiência ou desvio? O resultado produzido concretamente pelo investimento de tais recursos custa razoavelmente 1 milhão de reais?"

Repita-se que esse controle não se ocupa do quanto deveria ou não ter sido investido em determinada área ou mesmo de quais deveriam ter sido as prioridades de investimento nesse particular. Deixando, por ora, a cargo dos Poderes Públicos majoritários a definição desses elementos, o que se procura verificar é a existência – ou não – de uma relação de eficiência mínima entre o que se investiu e o resultado específico desse investimento. Há duas observações a fazer sobre a questão.

O controle da eficiência eventualmente poderá exigir o recurso a parâmetros externos, obtidos junto ao mercado, para que seja possível aferir qual o custo real, ainda que aproximado, dos bens e serviços produzidos afinal pelo Poder Público. Suponha-se que, com os R$1.000.000,00, o Município X afirme ter construído a escola Y e incrementado a qualidade da merenda escolar das cinco escolas já existentes na região, atendendo a um total de 800 crianças. Pois bem: quanto deveria custar, em geral, uma edificação do porte da escola Y e, quanto custa, também em média, a melhoria introduzida na merenda escolar?

A segunda observação envolve a noção de eficiência, embora não seja o caso aqui de examinar o tema com maior profundidade. A doutrina especializada visualiza na eficiência um dever geral de a Administração otimizar o emprego dos meios disponíveis para, com eles, obter os melhores resultados possíveis relevantes para o interesse público. Nada obstante, a economicidade – isto é: a relação custo-benefício sob uma perspectiva financeira – será sempre um aspecto importantíssimo a ser examinado no contexto da eficiência.

Ainda sobre a noção de eficiência, também é certo que a avaliação acerca do que é – ou, mais precisamente, do que foi eficiente ou não – muitas vezes produzirá zonas de certeza negativa, zonas de certeza positiva e também as chamadas "zonas de penumbra".

Dito de outro modo, algumas opções dos Poderes Públicos poderão facilmente ser descritas como ineficientes (zona de certeza negativa), outras como eficientes (zonas de certeza positiva), ao passo que em relação a outras haverá dúvida fundada sobre seu *status*, sobretudo tendo em conta – e esse é também um aspecto importante – as circunstâncias que cercavam e pressionavam o administrador (e eventualmente também o Legislador) no momento em que tomou a decisão que agora o Poder Judiciário examina.

A possibilidade de controle da eficiência mínima das políticas públicas, antes de outros desenvolvimentos maiores e mais aprofundados, envolverá sobretudo o aspecto da economicidade, de modo a verificar o emprego adequado dos recursos no contexto das políticas públicas direcionadas (ou supostamente direcionadas) à realização dos direitos fundamentais. Esse controle, é claro, tem por objetivo principal eliminar as zonas de certeza negativa na matéria. Isto é: impedir ou, no mais das vezes, apenas punir, já que impedir em caráter preventivo nem sempre será viável condutas claramente ineficientes ou mesmo a malversação criminosa do dinheiro público.

De outra parte, aceitamos que seja plenamente possível o controle judicial das políticas públicas no Brasil no tocante à sua adequação ao conteúdo e aos fins estabelecidos na Constituição.

Ao interpretar a Constituição procurando dela sacar todas as suas potencialidades, verificamos que o controle das políticas públicas não é um exercício retórico ou demagógico, mas um verdadeiro dever do Estado-Juiz. Tudo evidentemente com prudência e razoabilidade.

Assim, parece-nos que ao juiz é plenamente possível exercitar o princípio da ampla tutela jurisdicional com os olhos voltados à máxima eficácia dos direitos e garantias fundamentais, para contrastar se a política pública apresenta ineficiência ou omissão em seu cumprimento, sindicar amplamente as causas e motivos que levaram àquela situação, verificar se direitos estiverem ameaçados ou lesados.

De outra parte, parece-nos que a teoria da "reserva do possível" deve ser acolhida com ressalvas. Sempre existirá alguma sorte de limite para o atendimento a direitos, considerando que todos eles têm determinado custo, e os recursos são limitados (Sussekind).

É no mínimo discutível a tese de que, em nome da reserva do possível, pode-se obstaculizar o reconhecimento de direitos a prestações estatais. É intuitivo que esse obstáculo não possa ser invocado como razão absoluta para o desenvolvimento e atendimento dos direitos sociais.

Mas também não podemos nos fixar nas (meras) alegações – useiras e vezeiras – de ausência de recursos, discurso monocórdico do Poder Público. As perguntas que podem e devem ser feitas são as seguintes: Qual o motivo que levou à alegada escassez? Ele é real? Há espaço jurídico para questionar as prioridades adotadas pelo Governo? A Constituição (ou a lei) estabeleceu algum tipo de prioridade material naquela determinada matéria ou assunto em litígio?

Como bem ressalta Américo Bedê Freire Júnior:

> Será que é possível falar em falta de recursos para a saúde quando existem, no mesmo orçamento, recursos com propaganda do governo? Antes de os finitos recursos do Estado se esgotarem para os direitos fundamentais, precisam estar esgotados em áreas não prioritárias do ponto de vista constitucional e não do detentor do poder.
>
> Por outro lado, é preciso observar que, se os recursos não são suficientes para cumprir integralmente a política pública, não significa de per si que são insuficientes para iniciar a política pública.[47]

E como o Supremo Tribunal Federal analisa essa temática? Ao ensejo de responder essa questão, já será possível tocar em dois pontos, intimamente conectados, a saber, a reserva do possível e (*versus*) a teoria do mínimo existencial.

---

[47] *Op. cit.*, p. 74. Silvio Rocha, magistrado federal e professor de direito administrativo da PUC-SP, também aceita um controle substancial ao afirmar: "O magistrado deve investigar no caso concreto: a) se a política pública social contemplada recebeu recursos minimamente condizentes com as necessidades de atendimento, em cotejo com outras necessidades de menor importância contempladas no orçamento, *v.g.*, comparar recursos destinados àquela política pública com recursos destinados à publicidade; b) se os recursos destinados àquela política foram exauridos ou simplesmente contigenciados; c) estabelecer uma política pública mínima para vigorar enquanto não for implantada outra pelo poder público que atenda de modo satisfatório a demanda; d) determinar a abertura de crédito suplementar para suprir os gastos da política pública minimamente eficaz determinada por ele". Resumo oferecido pelo autor, da intervenção no II Congresso Brasileiro de Direito Público realizado em Maceió, Brasil em 2006.

Não se pode dizer que o Supremo Tribunal Federal no Brasil tenha enfrentado a matéria de forma exaustiva ou que tenha uma posição firme a respeito. Foram poucas as vezes que a matéria ascendeu àquela Corte e há poucos pronunciamentos a respeito.

Entretanto, os casos são interessantes e merecem ser trazidos à colação.

O primeiro caso importante decidido no Supremo Tribunal Federal no Brasil relativamente a esse assunto foi a ADPF nº 345, Relator o Ministro Celso de Mello (em 29 de abril de 2004). Não importam os detalhes processuais do caso para nossa análise.

Basta assinalar que o autor da ação questionava, originariamente, o veto presidencial no orçamento de determinado ano, o que implicava desrespeito ao preceito fundamental decorrente da Emenda Constitucional número 29/2000, que foi promulgada para garantir recursos financeiros mínimos a serem aplicados nas ações e serviços públicos de saúde.

Em primeiro lugar, o Relator Ministro Celso de Mello destacou que a ADPF (Ação de Descumprimento de Preceito Fundamental) é um instrumento idôneo e apto a viabilizar e concretizar políticas públicas, quando previstas no texto da Constituição e venham a ser descumpridas, total ou parcialmente, pelas instâncias governamentais destinatárias do comando constitucional.

Afirmou: "Essa eminente atribuição conferida ao Supremo Tribunal Federal põe em evidência, de modo particularmente expressivo, a dimensão política da jurisdição constitucional conferida a esta Corte, que não pode demitir-se do gravíssimo encargo de tornar efetivos os direitos econômicos, sociais e culturais, que se identificam enquanto direitos de segunda geração, com as liberdades positivas, reais ou concretas, sob pena de o Poder Público, por violação positiva ou negativa da Constituição, comprometer, de modo inaceitável, a integridade da própria ordem constitucional".

Sobre o papel do Supremo Tribunal Federal e o controle das políticas públicas afirmou o Relator:

> É certo que não se inclui, ordinariamente, no âmbito das funções institucionais do Poder Judiciário – e nas desta Suprema Corte, em especial – a atribuição de formular e de implementar políticas públicas (José Carlos Vieira de Andrade), pois, nesse domínio, o encargo reside, primariamente, nos Poderes Legislativo e Executivo.
>
> Tal incumbência, no entanto, embora em bases excepcionais, poderá atribuir-se ao Poder Judiciário, se e quando os órgãos estatais competentes, por descumprirem os encargos políticos-jurídicos que sobre eles incidem, vierem a comprometer, com tal comportamento, a eficácia e a integridade de direitos individuais e/ou coletivos impregnados de estatura constitucional, ainda que derivados de cláusulas revestidas de conteúdo programático.

Sobre a reserva do possível, afirmou o Relator que "o caráter programático das regras inscritas no texto da Carta Política, não pode converter-se em promessa constitucional inconseqüente, sob pena de o Poder Público, fraudando justas expectativas nele depositadas pela coletividade, substituir, de maneira ilegítima, o cumprimento de seu impostergável dever, por um gesto irresponsável de infidelidade governamental ao que determina a própria Lei Fundamental do Estado. Não deixo de conferir, no entanto, assentadas tais premissas, significativo relevo ao tema pertinente à 'reserva do possível' (Stephen Holmes/Cass. R. Sustein), notadamente em sede de efetivação e implementação (sempre onerosas) dos direitos de segunda geração (direitos econômicos, sociais e culturais), cujo adimplemento, pelo Poder Público, impõe e exige, deste, prestações estatais positivas concretizadoras de tais prerrogativas individuais e/ou coletivas. É que a realização dos direitos econômicos, sociais e culturais – além de caracterizar-se pela gradualidade de seu processo de concretização – depende, em grande medida, de um inescapável vínculo financeiro subordinado às possibilidades orçamentárias do Estado, de tal modo que, comprovada, objetivamente, a incapacidade econômico-financeira da pessoa estatal, desta não se poderá razoavelmente exigir, considerada a limitação material referida, a imediata efetivação do comando fundado no texto da Carta Política. Não se mostrará lícito, no entanto, ao Poder Público, em tal hipótese – mediante indevida manipulação de sua atividade financeira e/ou política-administrativa – criar obstáculo artificial que revele o ilegítimo, arbitrário e censurável propósito de fraudar, de frustrar e de inviabilizar o estabelecimento e a preservação em favor da pessoa e dos cidadãos, de condições materiais mínimas de existência. Cumpre advertir, desse modo, que a cláusula da 'reserva do possível' – ressalvada a ocorrência de justo motivo objetivamente aferível – não pode ser invocada, pelo Estado, com a finalidade de exonerar-se do cumprimento de suas obrigações constitucionais, notadamente quando esta conduta governamental negativa, puder resultar nulificação ou, até mesmo, aniquilação de direitos constitucionais impregnados de um sentido de essencial fundamentalidade".

Sobre a convivência da "reserva do possível" com o "mínimo existencial", afirmou o Relator:

> A meta central das Constituições modernas, e a da Carta de 1988 em particular, pode ser resumida, como já exposto, na promoção do bem-estar do homem, cujo ponto de partida está em assegurar as condições de sua própria dignidade, que inclui, além da proteção dos direitos individuais, condições materiais mínimas de existência.
>
> Ao apurar os elementos fundamentais dessa dignidade (o mínimo existencial), estar-se-ão estabelecendo exatamente os alvos prioritários dos gastos públicos. Apenas depois de atingi-los é que se poderá discutir, relativamente aos recursos remanescentes, em que outros projetos se deverá investir. O mínimo existencial, como se vê, associado ao estabelecimento de prioridades orçamentárias, é capaz de conviver produtivamente com a reserva do possível.
>
> Vê-se, pois, que os condicionamentos impostos, pela cláusula da 'reserva do possível', ao processo de concretização dos direitos de segunda geração – de implantação sempre onerosa –, traduzem-se em um binômio que compreende, de um lado, (1) a razoabilidade da pretensão individual/social deduzida em face do Poder Público e, de outro, (2) a existência de disponibilidade financeira do Estado para tomar efetivas as prestações positivas dele reclamadas.

Sobre a liberdade do legislador e do executivo para conformar ditos "direitos sociais", afirmou: "Não obstante a formulação e a execução de políticas públicas dependam de opções políticas a cargo daqueles que, por delegação popular, receberam investidura em mandato eletivo, cumpre reconhecer que não se revela absoluta, nesse domínio, a liberdade de conformação do legislador, nem a de atuação do Poder Executivo. É que, se tais Poderes do Estado agirem de modo irrazoável ou procederem com a clara intenção de neutralizar, comprometendo-a, a eficácia dos direitos sociais, econômicos e culturais, afetando, como decorrência causal de uma injustificável inércia estatal ou de um abusivo comportamento governamental, aquele núcleo intangível consubstanciador de um conjunto irredutível de condições mínimas necessárias a uma existência digna e essencial à própria sobrevivência do indivíduo, aí, então, justificar-se-á, como precedentemente já enfatizado – e até mesmo por razões fundadas em um imperativo ético-jurídico –, a possibilidade de intervenção do Poder Judiciário, em ordem a viabilizar, a todos, o acesso aos bens cuja fruição lhes haja sido injustamente recusada pelo Estado".

Em 22.11.2005, no RE AgR nº 410.715/SP, também Relator o Ministro Celso de Mello, a Segunda Turma do Supremo Tribunal Federal decidiu na forma abaixo. A ementa é elucidativa:

> Criança de até seis anos de idade. Atendimento em Creche e em Pré-Escola. Educação Infantil Direito Assegurado pelo próprio texto constitucional (CF, art. 208, IV).
> Compreensão Global do Direito Constitucional à Educação. Dever Jurídico cuja execução se impõe ao poder público, notadamente ao Município (CF, art. 211, §2º). Recurso Improvido. Recorrente: Município de Santo André. Recorrido: Ministério Público do Estado de São Paulo.
> A educação infantil representa prerrogativa constitucional indisponível, que deferida às crianças, a estas assegura, para efeito de seu desenvolvimento integral, e como primeira etapa do processo de educação básica, o atendimento em creche e o acesso à pré-escola (CF, art. 208, IV). Essa prerrogativa jurídica, em conseqüência, impõe, ao Estado, por efeito da alta significação social de que se reveste a educação infantil, a obrigação constitucional de criar condições objetivas que possibilitem, de maneira concreta, em favor das "crianças de zero a seis anos de idade" (CF, art. 208, IV), o efetivo acesso e atendimento em creches e unidades de pré-escola, sob pena de configurar-se inaceitável omissão governamental, apta a frustrar, injustamente, por inércia, o integral adimplemento, pelo Poder Público, de prestação estatal que lhe impôs o próprio texto da Constituição Federal. A educação infantil, por qualificar-se como direito fundamental de toda criança, não se expõe, em seu processo de concretização, a avaliações meramente discricionárias da Administração Pública, nem se subordina a razões de puro pragmatismo governamental. Os Municípios – que atuarão, prioritariamente, no ensino fundamental e na educação infantil (CF, art. 211, §2º) – não poderão demitir-se do mandato constitucional, juridicamente vinculante, que lhes foi outorgado pelo art. 208, IV, da Lei Fundamental da República, e que representa fator de limitação da discricionariedade político-administrativa dos entes municipais, cujas opções, exercidas de modo a comprometer, com apoio em juízo de simples conveniência ou de mera oportunidade, a eficácia desse direito básico de índole social. Embora resida, primariamente, nos Poderes Legislativo e Executivo, a prerrogativa de formular e executar políticas públicas, revela-se possível, no entanto, ao Poder Judiciário, determinar, ainda que em bases excepcionais, especialmente nas hipóteses de políticas públicas definidas pela própria Constituição, sejam estas implementadas pelos órgãos estatais inadimplentes, cuja omissão – por importar em descumprimento dos encargos políticos – jurídicos que sobre eles incidem em caráter mandatório, mostra-se apta a comprometer a eficácia e a integridade de direitos sociais e culturais impregnados de estatura constitucional.

Já em 08 de junho de 2007, a Presidente do Supremo Tribunal Federal, Ministra Ellen Gracie, na SS nº 3205, também enfrentou o tema, indeferindo pedido do Estado do Amazonas que requeria a suspensão da execução de uma medida liminar concedida em um mandado de segurança em trâmite no Tribunal de Justiça daquele Estado, a qual determinou à Secretaria de Estado da Saúde, a "imediata aquisição do medicamento Diazóxido, junto ao respectivo laboratório fabricante da droga, e manutenção de seu fornecimento de forma ininterrupta, enquanto perdurar a necessidade médica de sua ingestão".

Cuidava-se de ação impetrada por menor representada por sua mãe, na qual afirma que sua filha é portadora de hiperinsulinismo congênito, uma rara patologia que cursa com a liberação exacerbada de insulina pelas células beta do pâncreas; cujo tratamento necessita da utilização do medicamento fabricado no Canadá. O governo do Estado manifestou-se, afirmando que não dispunha desse medicamento, pois o mesmo não fazia parte do programa governamental de medicamentos excepcionais. Ademais, alegou que ao ser compelido a adquirir esse medicamento estaria sacrificando toda a coletividade, pois, valendo-se do exemplo do caso concreto, estar-se-ia atendendo uma necessidade individual, em detrimento do equilíbrio financeiro do sistema em relação à coletividade e ainda, que o artigo 196 da Constituição brasileira, ao assegurar o direito à saúde, se refere, em princípio, à efetivação de políticas públicas que alcancem a população como um todo, não garantindo situações individualizadas, como o fornecimento de remédios excepcionais e de alto custo que estão fora da lista oficial do Sistema Único de Saúde (SUS).

Sem adentrar na discussão teórica da justiciabilidade das políticas públicas, simplesmente, a Relatora, atenta às condições de saúde da menor e aos relatórios (laudos) médicos constantes do processo que indicavam que o referido medicamento era o único a possibilitar uma condição possível de vida à paciente, e ainda, atendendo à condição de hipossuficiência econômica da mesma, determinou a importação do medicamento, até a menor completar 2 anos de idade, quando teoricamente poderia o medicamento ser gradativamente suspenso ou substituído.

Vista a posição do Supremo Tribunal Federal no Brasil, podemos avançar explorando um pouco mais a teoria do mínimo existencial.

Sobre a teoria do mínimo existencial acolhida nos julgados do Supremo Tribunal Federal, lembramos uma vez mais Ingo W. Sarlet,[48] que enfrentou o tema do "mínimo indispensável para uma existência digna" trazendo para o direito brasileiro a doutrina alemã.

Afirma: "(...) a discussão em torno da garantia do mínimo indispensável para uma existência digna ocupou posição destacada não apenas nos trabalhos constituintes (o autor refere-se à realidade alemã), mas também após a entrada em vigor da Lei Fundamental.

"Na doutrina, o primeiro nome ilustre a sustentar a possibilidade do reconhecimento de um direito subjetivo à garantia positiva dos recursos mínimos para uma existência digna foi o publicista Otto Bachof, que, já no início da década de cinqüenta, considerou que o princípio da dignidade da pessoa humana (art. 1º, inciso I, da LF) não reclama apenas a garantia da liberdade, mas também um mínimo de segurança social, já que, sem os recursos materiais para uma existência digna, a própria dignidade da pessoa ficaria sacrificada.

"Por esta razão, o direito à vida e à integridade corporal (art. 2º, inciso 11, da LF) não pode ser concebido meramente como proibição de destruição da existência, isto é, como direito de defesa, impondo, ao revés, também uma postura ativa no sentido de garantir a vida".

---

[48] *A eficácia dos direitos fundamentais*, p. 292 *et seq.*

"(...) Em outros arestos a Corte Constitucional Alemã, resultando no reconhecimento definitivo do status constitucional da garantia estatal do mínimo existencial. Para além disso, a doutrina alemã entende que a garantia das condições mínimas para uma existência digna integra o conteúdo essencial do princípio do Estado Social de Direito, constituindo uma de suas principais tarefas e obrigações".

No Brasil, a doutrina alemã tem sido regularmente invocada pelo Supremo Tribunal Federal e explorada por diversos autores brasileiros.[49]

Examinado o panorama do direito brasileiro, seria interessante fecharmos o presente artigo trazendo um exemplo de como a matéria recebeu tratamento no sistema regional interamericano (*Rumo à exigibilidade internacional dos direitos econômicos sociais e culturais nas Américas*: o desenvolvimento da jurisprudência do sistema interamericano).

Para isso, trazemos à colação o trabalho e as ideias desenvolvidas por James Louis Cavallaro e Thamy Pogrebinschi,[50] exatamente com o título acima.

Neste trabalho, os autores pretendem demonstrar – trazendo a jurisprudência da Comissão e da Corte Interamericana de Direitos Humanos – a importância da consolidação e as possibilidades existentes para o desenvolvimento de precedentes que aumentem a exigibilidade desses direitos (sociais, econômicos e culturais) no sistema interamericano.

Procuraremos fazer um resumo do trabalho desses autores,[51] ou seus pontos essenciais, pois a nosso juízo, ele acrescenta e complementa o cenário nacional, apresentando um panorama da realidade regional ou interamericana, demonstrando, do mesmo modo, que o movimento e a necessidade de proteção e promoção desses direitos parece ser mesmo universal.

O trabalho está dividido nos seguintes aspectos:

1. *Contexto histórico: o sistema interamericano de proteção dos direitos humanos*

Recordam que a Organização dos Estados Americanos (OEA), por meio de sua Assembleia Geral, em maio de 1948, aprovou a Declaração Americana de Direitos e Deveres do Homem. Esse documento positivou diversos direitos humanos fundamentais tanto direitos civis e políticos, como também direitos econômicos, sociais e culturais. A Declaração Americana prevê o direito à saúde (art. 11), à educação (art. 12), à cultura

---

[49] Ampliar em Cláudio Pereira de Souza Neto, "Fundamentação e Normatividade dos direitos fundamentais: uma reconstrução teórica à luz do Princípio Democrático". *In*: BARROSO, Luís Roberto (Org.). *A nova interpretação constitucional*. Rio de Janeiro: Renovar, p. 285 *e seq.* Afirma o autor: "Observe-se que, a despeito de sua inspiração eminentemente liberal, não há nesta teoria a pretensão de que as políticas públicas estatais se restrinjam ao mínimo existencial, deixando ao mercado a realização do que estiver além disso. Também o estado, para esse ponto de vista, pode realizar a justiça social (...). Por agora, buscaremos apenas fixar alguns pressupostos, também compartilhados pela teoria do mínimo existencial, que comporão o pano de fundo das reflexões que se seguem: 1) o estado tem legitimidade para concretizar direitos sociais, sobretudo para aqueles que, por uma infinidade de motivos, não conseguiram concretizá-los por conta própria; 2) da totalidade dos direitos sociais, alguns podem ser considerados direitos fundamentais; 3) qualquer sociedade onde tais direitos não estejam respeitados – ou onde não haja iniciativas consistentes para implementá-los – é uma sociedade injusta; 4) o campo da fundamentalidade dos direitos sociais pode ser definido através de critérios materiais.

[50] Na obra *Direitos humanos, globalização econômica e integração regional*: desafios do direito constitucional internacional. São Paulo: Ford Foundation; Max Limonad e Justiça Global, obra coordenada por Flávia Cristina Piovesan, 2001, p. 669-684.

[51] Utilizaremos exclusiva e integralmente, nesta parte, o trabalho já citado de James Louis Cavallaro e Thamy Pogrebisnschi, transcrevendo quase que integralmente suas ideias e conceitos. Quando possível resumiremos suas ideias.

(art. 13), ao trabalho (art. 14) e à previdência social (art. 16). Em 1969 surge a Convenção Americana de Direitos Humanos e, após nove anos e onze ratificações, o tratado finalmente entrou em vigor.

A Convenção, ao contrário da Declaração, falhou ao não especificar os DESC da mesma forma que a Declaração de 1948. Todo o tema dos direitos econômicos, sociais e culturais na Convenção Americana resume-se a um único artigo: o art. 26, intitulado "Desenvolvimento Progressivo", que estabelece:

> Os Estados-partes comprometem-se a adotar as providências, tanto no âmbito interno, como mediante cooperação internacional, especialmente econômica e técnica, a fim de conseguir progressivamente a plena efetividade dos direitos que decorrem das normas econômicas, sociais e sobre educação, ciência e cultura, constantes da Carta da Organização dos Estados Americanos, reformada pelo Protocolo de Buenos Aires, na medida dos recursos disponíveis, por via legislativa ou por outros meios apropriados.

Criticam os autores a ausência de um dever concreto aos Estados-partes. Dizem que eles estão a "tomar providências a fim de conseguir progressivamente (primeira limitação) a plena efetividade (segunda limitação) dos direitos que decorrem das normas econômicas, sociais (...) (terceira limitação)".

E uma vez que os Estados-partes não são obrigados a tomar nenhuma medida imediata e nenhum direito é fixado pelo art. 26 (tais como direitos à educação, moradia, condições adequadas de trabalho, etc.), casos individuais de violação do art. 26 não podem ser apreciados pelos órgãos de direitos humanos do sistema interamericano.

De outra parte, a Comissão e a Corte vinham ativamente defendendo os direitos civis e políticos, até porque durante largo período, essa era a maior necessidade na América Latina, devido a cíclicos movimentos revolucionários ou ditaduras militares deixando de lado os direitos econômicos, sociais e culturais.

Posteriormente, essa lacuna foi preenchida – ao menos em parte – pelo Protocolo Adicional à Convenção Americana sobre Direitos Humanos em Matéria de Direitos Econômicos, Sociais e Culturais, conhecido como o "Protocolo de San Salvador".

Nele se preveem o direito ao trabalho (art. 6º); direito a condições de trabalho justas e equitativas (art. 7º); direitos trabalhistas (art. 8º); direito à seguridade social (art. 9º); direito à saúde (art. 10); direito ao ambiente saudável (art. 11); direito à alimentação (art. 12); direito à educação (art. 13); direito aos benefícios da cultura (art. 14); direito à proteção das famílias (art. 15); direito da criança (art. 16), além da proteção dos idosos (art. 17) e dos portadores de deficiências físicas (art. 18). O artigo 19, de outro lado, autoriza que os direitos estabelecidos nos artigos 8 (trabalho) e 13 (educação), por uma ação imputável diretamente ao Estado, podem dar lugar ao direito de petição individual à Comissão e à Corte.

Informam os autores que há ampla base para defender a exigibilidade no sistema interamericano, de todos os direitos protegidos no Protocolo de San Salvador.

2. *Monitoramento judicial e quase-judicial no sistema interamericano*

Explicam os autores que a Comissão Interamericana de Direitos Humanos, criada em 1959, é um organismo quase judicial que promove os direitos humanos, através de uma série de funções que vão além da adjudicação de casos individuais.

Já a Corte, estabelecida pela Convenção Americana de Direitos Humanos (elaborada em 1969 e posta em vigor em 1978), é um órgão unicamente judicial que tem por atribuição resolver disputas individuais encaminhadas pela Comissão (jurisdição contenciosa), bem como tem o poder de emitir Opiniões Consultivas, a partir da requisição dos Estados-membros da OEA, da Comissão e de outros órgãos da OEA.

A Comissão Interamericana recebe e processa petições individuais de alegações de violações dos direitos humanos garantidos no sistema interamericano. Para encaminhar uma petição para a Comissão, é preciso que tenham sido esgotados os recursos internos, ou que se apresente uma exceção válida para essa regra. O litígio naturalmente pode chegar à Corte Interamericana. Se isso ocorrer, a Comissão pode deixar de ser árbitro e passa a ser parte: ela se torna a peticionária perante a Corte, contra o Estado acusado na petição inicial de ter violado direitos.

3. *Antecedentes de proteção dos direitos econômicos, sociais e culturais*

Recordam os autores que apesar da falha dos DESC, tanto a Comissão quanto a Corte assentaram precedentes que pavimentam um caminho para a defesa desses direitos.

Recordam decisão de 1985 da Comissão do caso envolvendo índios yanomamis na Amazônia brasileira. Nesse caso, um plano governamental de desenvolvimento que visava explorar recursos na Amazônia levou à construção de uma rodovia que atravessava o território yanomami. A entrada maciça de civis nas tradicionais terras indígenas provocou uma série de mudanças radicais no modo de vida daquela população, como prostituição, doenças, perda de terras, etc. Determinou-se que o governo brasileiro violou os direitos à vida, à segurança, ao domicílio, à locomoção, à preservação da saúde e ao bem-estar, todos garantidos na Declaração Americana.

Em outro caso, também envolvendo povos indígenas, a Comissão Interamericana monitorou um acordo negociado entre o governo da Venezuela e peticionários. O caso envolvia a morte de índios e conflitos com garimpeiros. Houve posteriormente um acordo com o governo venezuelano, promovido pela Comissão, em 1999. O governo venezuelano concordou em tomar diversas medidas referentes às violações de direitos econômicos, sociais e culturais.

4. *Jurisprudência da Corte Interamericana*

Em seguida, os autores trazem os casos que entendem mais relevantes da Corte Interamericana de Direitos Humanos envolvendo a defesa de direitos econômicos, sociais e culturais.

Ressaltam que, apesar de poucos os casos, a Corte já se manifestou sobre a exigibilidade judicial de alguns dos direitos contemplados no Protocolo de San Salvador, inclusive em um caso em que teve de decidir se a indigência do peticionário poderia ser considerada fundamento suficiente para uma exceção à regra de esgotamento dos recursos internos, tendo decidido afirmativamente nos seguintes termos:

> Si una persona busca la protección de la ley para hacer valer los derechos que la Convención le garantiza, y encuentra que su posición económica se lo impide (en este caso, su indigencia) porque no puede pagar la asistencia legal necesaria o cubrir los costos del proceso, queda discriminada por motivo de su posición económica y colocada en condiciones de desigualdad ante la ley. La protección de la ley constituye, básicamente, los recursos que esta dispone para la protección de los derechos garantizados por la Convención.

5. *O caso Baena Ricardo*

Em 1990, a Confederação dos Sindicatos de Empresas Estatais apresentou ao governo panamenho uma lista de treze reivindicações, entre as quais constavam a não privatização das instituições do Estado, manutenção de programas de seguro social, pagamento de salários atrasados etc. Houve rejeição das demandas por parte do governo seguida de manifestação nacional e greve pacífica.

Após alguns incidentes políticos, o Presidente enviou à Assembleia Legislativa Nacional um projeto de lei para dispensar todos os servidores públicos que participaram na organização, promoção ou execução da greve citada, dada a determinação do governo de que a greve teria tentado subverter a ordem constitucional e democrática do país e substituí-la por um governo militar (alegações).

Antes de esta lei ser aprovada, dizem os autores, a administração de várias empresas estatais dispensou sumariamente um total de 270 empregados, cujos nomes foram escolhidos pela administração das empresas. A Lei nº 25 autorizou a dispensa de todos os servidores públicos que tiveram participação em atividades que violaram a ordem constitucional, também restringindo severamente as garantias processuais a servidores públicos dispensados, permitindo inclusive a aplicação retroativa dessas restrições.

5.1 *A decisão da Corte*

A Corte divulgou sua análise fundamentada nas violações cometidas pelo Estado panamenho. No que tange à violação do artigo 8º da Convenção, que proíbe a aplicação de sanções criminais sem prévia cominação legal, a Corte citou precedente da Corte Europeia de Direitos Humanos, no sentido de que sejam aplicadas as mesmas garantias de devido processo da esfera criminal aos processos disciplinares de natureza civil.

6. *Casos em trâmite na Corte*

Por fim os autores trazem três casos que estão em andamento na Corte, a saber:

a) *Caso Benvenuto Torres* (direito à seguridade social). A petição foi levada à Comissão em nome de cinco pensionistas do governo peruano, todos idosos e doentes, que tiveram o seu direito de perceber uma pensão do Estado, desconsiderada. Após anos de clara obstrução da justiça por parte do Estado peruano, as vítimas recorreram à Comissão Interamericana de Direitos Humanos. Alegavam violação do direito à proteção judicial e ao devido processo legal, bem como do direito de dispor de garantias judiciais e de contar com um recurso sincero, rápido e efetivo (arts. 8º e 25 da Convenção Americana). Discutem ainda a violação dos direitos à seguridade social, à vida, à integridade da pessoa e à saúde. Afirmam ainda que o Estado peruano violou o direito à seguridade social ao privar os peticionários dos meios de subsistência que, em sua condição de pensionistas, lhes são indispensáveis para uma vida digna e com decoro.

b) *Caso Menéndez Caride e outros*. Em 1988, um grupo de aposentados propôs uma ação judicial na Argentina visando obter o reajuste de suas aposentadorias, de acordo com a lei vigente. Em 1992, os aposentados obtiveram uma decisão judicial favorável: as autoridades argentinas, contudo, se abstiveram de cumprir a determinação.

Um grupo de aposentados apresentou uma petição à Comissão Interamericana de Direitos Humanos, alegando: a) violação dos artigos 4º (direito à vida), 8º combinado com o art. 25 (garantias judiciais) e 21.2 (direito de propriedade), direito à saúde e ao bem-estar do art. XI da Declaração Americana.

Afirmam que a abstenção do pagamento das aposentadorias aos idosos viola o direito destes a uma existência digna, contrariando o artigo 4º. Ao mesmo tempo, consideram que o direito de propriedade inclui o direito a receber uma aposentadoria satisfatória, ou seja, que os anos trabalhados por eles geram uma riqueza que não pode ser indevidamente apropriada pelo Estado.

c) *Caso Odir Miranda*. Nele, através da discussão de violação do direito à vida, os peticionários inseriram em sua fundamentação legal o direito à saúde. Miranda é um portador do vírus HIV. Com o auxílio de amigos e de um médico particular, fez uso da chamada "terapia tripla" de combate à doença, que melhorou muito seu estado clínico. Internado em hospital público, fundou uma associação para difundir o uso dessa terapia, entrando com petição junto ao serviço de saúde de seu país para a aquisição e administração desse tratamento. Indeferida a petição sem nenhum fundamento aparente. A partir daí, Odir ajuizou ação contra o serviço de saúde, acusando-o de violações arbitrárias relativas ao direito à vida, à saúde e de igualdade (não discriminação arbitrária).

O argumento central da petição à Comissão Interamericana de Direitos Humanos, em tramitação, alegava, violação conjunta dos direitos à vida e à saúde. Ademais, que o seu governo não havia feito esforços para o gozo de uma "qualidade de vida adequada" a seus cidadãos. Com base no art. 11 da Declaração Americana e no art. 10 do Protocolo de San Salvador, e ainda no art. 26 da Convenção, os peticionários alegam que o Estado de San Salvador tem a obrigação jurídica de realizar todos os atos que sejam necessários para melhorar a saúde e alcançar um mais alto nível de bem-estar físico, mental e social.[52]

d) *Caso dos menores da Comunidade Paynemil*. Por fim, os autores trazem o caso dos menores da província de Neuquén, na Argentina. Em março de 1997, uma defensora de menores local impetrou ação de amparo para garantir a saúde das crianças e jovens da comunidade indígena local, afetados pelo consumo de água contaminada com mercúrio e chumbo. Em sua requisição, solicitou que o Estado providenciasse água potável necessária para a sobrevivência da comunidade.

O juiz de primeiro grau acatou a solicitação, ordenando a província a tomar medidas, entre elas o fornecimento de 250 litros de água potável diários para cada habitante da comunidade, assim como a realização de medidas necessárias para tratar o problema e garantir que não se repetisse no futuro.

Confirmada a decisão, a Província entregou somente 14 litros de água diária por pessoa, sem realizar nenhuma das outras medidas ordenadas judicialmente.

---

[52] Não estamos afirmando que há direito subjetivo nos casos em exame. Apenas trazemos à colação a discussão para demonstrar como tem sido utilizada essa importante instância de discussão desses direitos perante tribunais e cortes internacionais e como esses mecanismos podem ser invocados e percorridos.

Diante desse descumprimento, a defensora apresentou denúncia à CIDH, na qual expôs os fatos descritos. Além de denunciar o descumprimento estatal, a petição também fez menção à discriminação sofrida pelos membros da Comunidade em seu direito ao acesso à água potável, em relação aos demais habitantes. Ressaltou as violações dos direitos das crianças (art. 19 da Convenção), os direitos à saúde, à vida em um ambiente são, todos protegidos pela Convenção.

A Comissão abriu o caso, e o Estado argentino respondeu à primeira comunicação em dezembro de 1998. Em setembro de 1999, deu-se início a um processo de solução amistosa entre as partes, mediado pela CIDH. Espera-se que a solução amistosa inclua medidas concretas para responder às reivindicações de direitos econômicos, sociais e culturais.

Vê-se que o movimento pela justiciabilidade e responsabilidade pelo cumprimento de direitos sociais, econômicos e culturais é uma constante no mundo contemporâneo.

A título de finalização do presente artigo, procuramos sumular as ideias principais desenvolvidas com objetivo eminentemente didático.

1. No Brasil a Constituição de 1988, que coroou o processo de redemocratização, e que do ponto de vista simbólico, superou o modelo anterior, adotou um figurino programático e dirigente, sendo pródiga na formulação de direitos fundamentais de defesa e de prestação de deveres ao Estado e aos particulares.

2. Na ordem constitucional brasileira, os direitos fundamentais não são concebidos como simples direitos de defesa em face do Estado. Ao contrário, tais direitos exigem comportamentos ativos (proteção e promoção) dos vários poderes públicos da federação brasileira (federal, estadual, distrital e municipal). Ademais, tais direitos são, em grande medida, aplicáveis diretamente às relações jurídico-privadas, com alguns temperamentos.

3. O Poder Judiciário tem sido provocado, sobretudo, pelo Ministério Público brasileiro, a questionar e avaliar políticas públicas, notadamente direitos sociais, econômicos e culturais, quer em função das obrigações e direitos constitucionais diretamente sacados da Constituição, quer em razão de omissão, ilegalidade, desvio de poder ou irrazoabilidade (gênero) dos poderes públicos no cumprimento das metas constitucionais e infraconstitucionais.

4. Tais ações, individuais ou coletivas (conflitos de massa) pretendem, não raro, obrigar o Poder Público ou o Administrador Público a alterar um padrão de comportamento e, assim, também ajustar políticas públicas. Esse modelo é incentivado e promovido pelo desenho das normas constitucionais que pretendem infundir maior participação política e pública às decisões no Estado Democrático de Direito.

5. O Brasil, não obstante as reformas liberalizantes por que passou na década passada, seguindo a tendência universal de enxugamento do Estado, remanesce com a alma e com espinha dorsal de um Estado Democrático de Direito, comprometido com os valores substantivos de promoção de justiça social, igualdade e liberdade. Tais reformas não tiveram o condão de obscurecer o caráter compromissório da Constituição de 1988.

6. O fenômeno da justiciabilidade das políticas públicas se manifesta de várias maneiras, quer no controle de constitucionalidade, quer na defesa de ações de finalidade coletiva.

7. É possível, em determinados casos, de acordo com o desenho constitucional e com o arcabouço legal, às vezes somente com o primeiro, exigir judicialmente que os administradores públicos implementem medidas ou políticas que permitam vida mais digna e justa aos brasileiros.

8. Ao conceder essa ampla tutela, o poder judiciário não deve "invadir" a área de atuação do poder executivo, mas sim pode e deve corrigir inconstitucionalidades, ilegalidades, abusos ou desvios de poder, decisões desproporcionais ou desarrazoadas, como também corrigir ou promover ações afirmativas, compatibilizando as políticas públicas às diretrizes e metas constitucionais.

9. No Brasil, a partir da década de 80, abriu-se a possibilidade ao juiz, para o cumprimento das obrigações de fazer e de não fazer em matéria de interesse difuso e coletivo, ordenar a execução específica ou a cominação de multa, independentemente do pedido do autor nesse sentido. O Código de Defesa do Consumidor e o Estatuto da Criança e do Adolescente são exemplos eloquentes de uma verdadeira revolução processual na busca do melhor atendimento possível ao direito da parte.

10. A teoria da "reserva econômica do possível" como argumento e limite objetivo ao atendimento dos direitos sociais tem sido regularmente invocada pela doutrina e pela jurisprudência brasileira. De um lado, temos partidários fiéis de sua integral aplicabilidade, de outro, há respeitáveis oposições à sua integral adoção em face da realidade constitucional brasileira. Parece prudente aceitar a teoria com temperamentos.

11. Todos os direitos têm custos e dependem da sociedade (Sustein).

12. As deliberações e decisões públicas acerca dos gastos públicos devem ser feitas e conduzidas pelo poder político e democrático nos espaços livres de conformação para que o embate e a criação normativa brotem voluntariamente do espaço social.

13. A constituição não deve ser um instrumento autoritário de modelagem de todos os espaços sociais. Sequer cabe ao Judiciário ou à jurisdição constitucional sufocar o espaço da política, dos indivíduos e a autonomia privada da pessoa humana.

14. É a partir das normas e princípios constitucionais, sobretudo àqueles que veiculam a proteção à dignidade humana, no bojo dos direitos fundamentais que encontraremos os deveres do Estado, positivos e negativos à sua regular compostura.

15. Em face da realidade brasileira, ao Poder Judiciário é atribuída uma importantíssima missão de corresponsável à correção das desigualdades sociais, nos limites de sua atuação criativa e promocional dos direitos fundamentais.

16. Não obstante a formulação e execução de políticas públicas dependam de opções políticas a cargo dos poderes populares, não há liberdade absoluta nesse domínio, quer do legislador, quer do executivo. Se tais poderes agirem de modo irrazoável ou procurarem neutralizar direitos sociais, agindo com

inércia ou abusivamente, afetando a existência digna, cumpre ao Judiciário corrigir tais condutas (STF).

17. A justiciabilidade dos direitos fundamentais alcançou o sistema interamericano e constitui importante remédio para a promoção e correção de rotas em busca da plena eficácia dos princípios cardeais da civilização democrática e pluralista no Estado de Direito.

PERSPECTIVAS DO CONSTITUCIONALISMO LATINOAMERICANO:[1] RUMO À RENOVAÇÃO DO CONSTITUCIONALISMO LIBERAL E SOCIAL

Toda pessoa tem direito a um nível de vida adequado que lhe assegure, assim como à sua família, saúde e bem-estar, especialmente alimentação, vestuário, habitação, assistência médica e os serviços sociais necessários.
Artigo 25 da Declaração Universal dos Direitos Humanos de 1948.

Preliminarmente gostaria de agradecer sinceramente os organizadores desse encontro científico, em especial ao Heidelberg Center para a América Latina, a Universidade de Heidelberg e o Max-Planck por seu "Instituto de Derecho Público Comparado y Derecho Internacional" e seus ilustres dirigentes pela oportunidade de aqui estar e poder participar e debater com *experts* e colegas de todo mundo sobre as transformações na Latinoamérica.

Creio que a primeira pergunta lógica que obrigatoriamente qualquer pessoa faça será: as transformações são fatos verdadeiramente locais, ou são devidos a outros fatores de ordem internacional? É dizer, até que ponto é possível falar de um constitucionalismo latino-americano e, ademais, de um constitucionalismo em transformação?

1   Considerações introdutórias

Inicio por recordar que o Direito Constitucional e, evidentemente, também as Constituições são criações culturais. Quero dizer tanto em seu sentido como em seu conteúdo de normatividade, o direito é uma resposta culturalmente humana a um problema também humano de convivência no mundo e em certo espaço histórico-social.

Como ensina Peter Haberle,[2] a Constituição não é um mero texto normativo, sendo antes expressão de um estado de desenvolvimento cultural.

---

[1]   Simpósio Internacional organizado por Heidelberg Center para América Latina intitulado "El Constitucionalismo Social LatinoAmericano a la Luz del Bicentenario: Desafios y Perspectivas", Santiago de Chile, Sept. 2011.

[2]   Conforme HABERLE, Peter. *Teoría de la Constitución como ciência de la cultura.* Madrid: Tecnos, 2000. p. 34, 140 *et seq.*

Ela é, em outras palavras, expressão viva de um *status quo* cultural e em permanente evolução e, por isso, em última análise, um meio através do qual o povo se encontra a si mesmo através de sua própria cultura.

Neste sentido, a Lei Fundamental de um povo pode ser visualizada como um espelho fiel de sua herança cultural e seu fundamento de esperança, podendo a cultura ser considerada um dos importantes elementos configuradores do Estado Constitucional.

De outra parte é inegável a existência de um Estado Constitucional de origem ocidental. A América do Sul e não só a América Hispânica, mas também a América Portuguesa, sofre a influência direta da cultura jurídica europeia.

Nesse sentido, o Estado Constitucional está permeado de no mínimo duas ideias força. O Estado Constitucional que engloba o Estado de Direito e o Estado democrático.

E como recorda Dieter Grimm[3] estes dois elementos do constitucionalismo – princípio democrático e *rule of law* – são nesta perspectiva, inseparáveis.

Por isso, penso que hoje perante a heterogeneidade e multiplicidade de ordens constitucionais não é fácil distinguir tipos constitucionais ou famílias constitucionais ou mesmo traços de constitucionalismos específicos.

Não obstante tais fatos, forçoso acompanhar o pensamento de Mariela Morales Antoniazzi,[4] para quem

> (...) es sostener la tesis que el *corpus iuris común* en América Latina se han configurado en función de la garantía de la democracia en un sentido amplio, que abarca no solo la procedimental (focalizada en las elecciones y la participación política), sino la substancial (vinculada a la gramática de los derechos humanos), incluyendo la dimensión social y que procura unos estándares mínimos de exigibilidad con base en la no discriminación. América Latina, caracterizada por la desigualdad y la exclusión, pues 180 millones de personas viven en pobreza en la región y 71 millones en indigencia, demanda inexorablemente la concretización de los derechos sociales fundamentales como base de la democracia.

Creio ser importante levar em conta a advertência do Mestre mexicano Jorge Carpizo[5] segundo a qual resta claro que "derecho constitucional comparado latino-americano y derecho constitucional latinoamericano son conceptos diversos".

O primeiro implica o conhecimento do universo constitucional dos diversos países da região, suas aproximações e suas diferenças, com a finalidade primordial de que dito estudo seja útil ao aperfeiçoamento dos sistemas constitucional-democráticos dos Estados da área.

Desde logo que os estudos comparativos se realizam também com o único objetivo de conhecer melhor suas instituições, para que estas possam ser compreendidas em forma mais adequada.

---

[3] GRIMM, Dieter. The Achievement of Constitucionalism and tis Prospects in a Changed World. *In: The Twilight of Constitutionalism?*. Oxford: Oxford University Press, 2010.

[4] MORALES ANTONIAZZI, Mariela. La democracia como princípio del ius constitutionale commune em América Latina?: construcción, reconstrucción y desafíos actuales para la justicia constitucional. *In*: BOGDANDY, Armin von et al. (Coord.). *La justicia constitucional y su internacionalización*. México: Universidad Nacional Autónoma do México; Instituto de Investigaciones Jurídicas; Max-Plack-Institut; Instituto Ibero-Americano de Derecho Constitucional, 2010.t. I, p. 199 *et seq.*

[5] CARPIZO, Jorge. *Concepto de democracia y sistema de gobierno en America Latina*. Mexico: UNAM, 2007. cap. Derecho Constitucional Latinoamericano y comparado.

Por outra parte, o direito constitucional latino-americano principalmente compreende as instituições, organismos, órgãos e associações supranacionais que os países hajam criado, através de tratados, convenções e acordos internacionais, e que se obrigam a respeitar.

Uma grande porção é direito comunitário com instituições próprias. (...) Assim mesmo, se vem desenvolvendo instituições constitucionais que adquirem dimensão ou perspectiva latino-americana.

2 Do constitucionalismo ocidental ao constitucionalismo no espaço da União Europeia

Não obstante a existência de diversos atores globais, a União Europeia tem assumido um papel determinante na formação de um *patrimônio constitucional europeu* para usar a conhecida expressão com que Alexandro Pizzorusso deu azo a uma das suas importantes obras.

É de novo Peter Haberle e Rui Medeiros[6] que recordam que os elementos do tipo *Estado Constitucional europeu* integram, a saber: a dignidade humana e a democracia pluralista, os direitos do homem e as liberdades fundamentais, o Estado de Direito (como a submissão ao Direito, a proibição de excesso), a justiça social, a autonomia autárquica e subsidiariedade, a tolerância e a proteção das minorias, o regionalismo e o federalismo.

Podem enumerar-se como *elementos concretos* do constitucionalismo, sem pretensão de ser completo, pois o tipo Estado Constitucional conhece numerosas variantes nacionais, os seguintes:

1. A *dignidade do homem*, enquanto premissa antropológica-cultural do Estado constitucional (...);
2. A *democracia pluralista*, enquanto sua consequência organizatória (...)
3. Os *direitos fundamentais*, enquanto conjunto multifacetado, em contínuo processo de diferenciação, com a multiplicidade de *status* – desde a doutrina *status activus processualis* (...) e também com uma pluralidade de "dimensões": a do direito individual subjectivo, a objetivo-institucional, a corporativa e a orientada a tarefas estatais;
4. A *divisão dos poderes* (*balance*), no sentido estrito, com a possibilidade de inovações, como a dos tribunais de contas, e do *Ombudsman*, e no sentido social (ex.: entre patrão e trabalhador ou com referência ao pluralismo das "mídias");
5. *A independência dos tribunais*, e, graças a eles, uma "proteção jurídica efetiva";
6. A ideia de *rule of law* – Estado de Direito (...);
7. O *direito organizatório das ordenações constitucionais*, com a ordenação das competências, a legislação, o processo administrativo aberto aos cidadãos

---

6   MEDEIROS, Rui. *Constitucionalismo de matriz lusófona*. Lisboa: Verbo, 2011. p. 23 *et seq.*

(*freedom of information*) – a chamada transparência da Administração (...) – e a jurisdição.

Nessa perspectiva é possível sustentar, ao menos no espaço europeu da existência de um *ius commune* no plano hermenêutico, ou seja, como diz Rui Medeiros e Maria Lúcia Amaral,[7] a existência de

uma comum linguagem científica, nos termos da qual os mesmos *nomes* vão querendo dizer, cada vez mais, *as mesmas coisas* face aos direitos (...). A este léxico partilhado via também correspondendo uma crescente partilha de métodos à resolução dos problemas postos.

Se *os mesmos nomes* vão tendo cada vez mais, na nossa comunidade, os mesmos significados, tal só pode querer dizer que aos *mesmos problemas* vão correspondendo, também cada vez mais, as mesmas soluções.

Assim não há dúvida que o Direito da União Europeia coloca, assim, em primeiro plano, a temática das tradições constitucionais comuns aos Estados-Membros como fonte de Direito Comunitário.

3   Alguns traços de aproximação entre o Direito Lusófono (Português) e o Direito Brasileiro

Devemos ainda registrar a existência de alguns traços comuns entre a Constituição portuguesa de 1976 e a Constituição brasileira de 1988, como por exemplo, o cuidado posto na garantia dos direitos da liberdade, a consagração de numerosos direitos sociais, a descentralização, a abundancia de normas programáticas.

E a Constituição brasileira consagraria regras ou institutos indiscutivelmente provindos da portuguesa; a definição do regime como "Estado Democrático de Direito", alguns direitos fundamentais, o estímulo ao cooperativismo, o alargamento dos limites materiais da revisão constitucional, a fiscalização da inconstitucionalidade por omissão.

A influência da Constituição portuguesa na estrutura e na filosofia da Constituição brasileira, não sofre, pois, contestação. O que não impede que se reconheça que o Brasil, pela sua longevidade e diversificada experiência constitucional, *tem recebido múltiplas influências jurídico-culturais de outros sistemas*, a começar pelo sistema jurídico norte-americano, nomeadamente em matéria de sistema de governo e de sistema de fiscalização da constitucionalidade, desde o início de sua República, em 1891.

É possível assim identificar uma matriz comum que enforma os ordenamentos constitucionais dos Estados de língua oficial portuguesa e, por conseguinte, uma verdadeira família constitucional, que agrega esses sistemas particulares, sem que isso implique a necessária coincidência em relação a todos os critérios de comparação utilizados.[8]

---

[7]   MEDEIROS, *op. cit.*, p. 91 e AMARAL, Maria Lúcia. Será necessária uma harmonização das Constituições para dar efectividade ao exercício dos direitos de participação política. *In: Estatuto jurídico da lusofonia*. Coimbra, 2002. p. 87.

[8]   Conforme MEDEIROS, *op. cit.* e HORBACH, p. 57.

3.1 O Constitucionalismo brasileiro – Uma breve análise

O Constitucionalismo brasileiro desenvolveu-se em duas fases bem distintas – a *monárquica e a republicana* –, nas quais foram produzidas oito Constituições, incluindo a que está em vigor, a Constituição de 1988, que já sofreu 43 Emendas.

O processo histórico do constitucionalismo brasileiro tem sua formação a partir da independência nacional e de seus parâmetros político-institucionais. Algumas causas mais diretas podem ser reconhecidas, como fatores articuladores do constitucionalismo político emergente deste processo.[9]

Dentre elas as influências da Revolução Francesa e Norte-Americana, movimentos do século XVIII que propuseram históricas declarações de ideologias liberais e individualistas; a vinda da Família Real Portuguesa e a instalação da Corte no Brasil, em face da ameaça e da invasão napoleônica em Portugal, abrindo novos horizontes para a emancipação política e para o esboço originário de uma consciência nacional; e, finalmente, a eclosão de um exacerbado nacionalismo aliado à aspiração ardente de independência dos povos latino-americanos.

Como bem ressalta Antonio Carlos Wolkmer,[10] as ideias e os interesses que, politicamente, dominavam no início do século XIX nos países latino-americanos, fortalecidos pelas guerras de independência, iriam oferecer um campo propício para o surgimento de uma forma específica de constitucionalismo, que demarcava a necessária limitação do poder absolutista das metrópoles europeias e sintetizava a luta lenta, tenaz e histórica de todo um povo, em prol de suas liberdades de participação e de seus direitos políticos.

No caso do Brasil, toda a estrutura ideológica da sociedade brasileira, ao longo do Império, amparou-se na "monocultura latifundiária" e na "técnica do trabalho escravo". O primeiro texto constitucional brasileiro (1824), consagrava os interesses dos grandes proprietários de terras, dos senhores de engenho e dos latifundiários, que receberam o novo Direito como uma dádiva, sem qualquer sacrifício de sua parte para conquistá-lo; de outro lado, traduzia o absolutismo do Imperador, que enfeixava nas mãos dois poderes importantes.

Por sua vez, a desagregação desta economia agrária e a perda de poder de parte da classe dominante, despojada da propriedade escravagista, propiciou o crescimento de ideias antimonarquistas, bem como favoreceu um clima liberal-positivista e republicano, segundo Pinto Ferreira.

As duas primeiras constituições, elaboradas no século XIX (1824 e 1891), esta última já Republicana, foram imbuídas do individualismo liberal-democrático, expressando o governo de uma classe sociopolítica predominante, que na verdade não encontrou uma oposição fortemente eficaz e organizada.

Ambos os textos representam o controle político econômico das oligarquias agroexportadoras, que, enquanto parcelas hegemônicas no poder, demarcam todo o quadro da evolução do constitucionalismo político compreendido entre a independência

---

[9] Consulte-se José Afonso da Silva na obra *O constitucionalismo brasileiro*: evolução institucional. São Paulo: Malheiros, 2011.

[10] WOLKMER, Antonio Carlos. *Constitucionalismo e direitos sociais no Brasil*. São Paulo: Acadêmica, 1989. p. 14 *et seq.*

do país e o fim da Velha República. Os textos constitucionais cristalizam negociações em que sobressaíam a predominância de frações definidas da classe dominante e uma instrumentalização ampla do Estado no sentido de suas proposições.

Como bem ressalta Wolkmer, a experiência histórica brasileira tem demonstrado que tanto o Constitucionalismo Político como o Constitucionalismo Social – pelo caráter fragmentário, ambíguo e atípico, reflexo de constantes rupturas – não foram ainda realizados plenamente, de forma linear, responsável e democrática como no modelo clássico do Constitucionalismo ocidental.

A ausência de uma prática verdadeiramente democrática no período em tela fez com que inexistisse na evolução institucional do país, a linearidade de um Constitucionalismo de base popular-burguesa, pois, quer seja o político, quer seja o social, ambos foram sempre construções momentâneas e inacabadas das elites oligárquicas. O Constitucionalismo brasileiro tem sido o contínuo produto da "conciliação-compromisso" entre o autoritarismo social modernizante e o liberalismo burguês conservador.[11]

Durante o período da República Velha, que acaba em 1930 com uma revolução, consolidou-se o domínio político dos Estados de São Paulo e Minas Gerais, conhecido como "Política do Café com Leite", que envolvia um acordo implícito para a alternância na Presidência do Brasil de políticos de São Paulo (produtor de café) e de Minas Gerais (produtor de leite).

O extrato social hegemônico naquela época era ainda a oligarquia rural, que vicejava em um sistema econômico baseado na agricultura e no latifúndio.

Com a quebra do acordo da Política do Café com Leite e outros acontecimentos, propiciaram um clima que levou à Revolução de 1930, com confrontos militares levando Getúlio Vargas ao poder, pondo fim a um período que havia se iniciado em 1891.

Seguem-se as Constituições de 1934, 1937 e 1946. Não vamos analisar todas as Constituições e todos os períodos constitucionais brasileiros. Queremos apenas chamar a atenção para os fatos históricos e sociológicos que mais marcaram o chamado Constitucionalismo Brasileiro, do século XIX ao século XXI.

Desse modo, passamos de um liberalismo democrático burguês e dos princípios clássicos do modo de produção capitalista a um constitucionalismo identificado não só com a democracia social, mas também com o intervencionismo estatal e com a crescente proletarização das massas.

Chegamos ao ano de 1946 e com ele o Brasil teve sua constituição que buscou conciliar liberalismo e democracia com o Estado Social. Ela vigorou por vinte anos, sendo derrogada em janeiro de 1967 por uma nova Carta.

Houve nesse período momentos de democracia e de estabilidade institucional, e outros, extremamente conturbados, em que a constituição teve pouca importância.

Inicia-se em 1964 o período militarista no Brasil como de resto em grande parte da América do Sul (final da década de 60 e 70), período que durou praticamente 21 anos que só se rompe definitivamente com a Constituição vigente de 1988.

Do ponto de vista histórico, a Constituição de 1988 representa o coroamento do processo de transição do regime autoritário em direção à democracia. O texto de 1988

---

[11] *Op. cit.*, p. 35 *et seq.*

tem um forte compromisso com os direitos fundamentais e com a democracia, bem como preocupa-se em mudar as relações políticas, sociais econômicas, no sentido da construção de uma sociedade mais inclusiva, fundada na dignidade da pessoa humana.

Suas maiores influências externas são, sem dúvida, as constituições de Portugal, (1976), da Espanha (1978) sem prejuízo evidentemente de outras inspirações e influencias doutrinárias que já advinham desde a República, como dos Estados Unidos em muitas matérias como no sistema judicial, no desenho de sua Suprema Corte, no Brasil, Supremo Tribunal Federal, e do direito continental europeu, notadamente alemão, no que toca a estruturação da federação, estrutura de competências, etc.

A Constituição de 1988 contava em sua redação original com 245 artigos em seu corpo permanente, acrescidos de 70 no Ato das Disposições Constitucionais Transitórias. É uma constituição longa, analítica, e detalhista em muitas matérias. É uma constituição compromissória ou dirigente para utilizar a expressão do jurista português Canotilho que muita influência teve e tem no Brasil. Isso porque ela não se contenta em organizar o Estado e elencar direitos negativos para limitar o exercício dos poderes estatais. Ela vai muito além, prevendo direitos positivos, e estabelecendo metas, objetivos, programas, políticas e tarefas a serem perseguidas.

Tal configuração, dentre outros aspectos, levou também a um certo ativismo judicial, diante da omissão e inoperância dos partidos políticos e do Congresso Nacional e da hiperatividade do Poder Executivo, o que caracteriza, ao que parece, quase toda a América Latina, com um Hiper-Presidencialismo.

Como bem ressalta Daniel Sarmento,[12] desde que a Constituição de 1988 foi editada, o Brasil tem vivido um período de normalidade institucional, sem golpes ou quarteladas. As crises políticas que surgiram neste intervalo têm sido resolvidas com base nos instrumentos previstos na própria constituição. As instituições constitucionais têm funcionado regularmente – algumas melhor do que outras, como é natural. As forças políticas importantes parecem aceitar as regras do jogo constitucional, e não há atores relevantes que alentem o projeto de subverter estas regras, em benefício dos seus projetos particulares.

Há eleições livres e regulares no país, um Poder Judiciário que funciona com independência, e um razoável respeito às liberdades públicas. Aumentou, na sociedade, a consciência sobre os direitos, e os movimentos reivindicatórios incorporaram a gramática constitucional à sua trajetória de luta.

A Constituição passou a ser encarada com uma autêntica norma jurídica, e não mera enunciação de princípios retóricos, e ela tem sido cada vez mais invocada pela Justiça, inclusive contra os atos ou omissões inconstitucionais dos poderes majoritários. Uma análise histórica desapaixonada concluiria que, se ainda estamos longo de atingir o ideário do Estado Democrático de Direito, a distância hoje é menor do que foi em qualquer outro momento da trajetória institucional do país.

E conclui:

Sem dúvida, subsistem no país gravíssimos problemas, que impactam negativamente o nosso constitucionalismo. O patrimonialismo e a confusão entre o público e o privado

---

[12] SARMENTO, Daniel. *Por um constitucionalismo inclusivo*. Rio de Janeiro: Lumen Juris, 2010. p. 116 *et seq.*

continuam vicejando, a despeito do discurso constitucional republicano. O acesso aos direitos está longe de ser universal, e as violações perpetradas contra os direitos fundamentais das camadas subalternas da população são muito mais graves, frequentes e rotineiras do que as que atingem os membros das elites.

A desigualdade permanece uma chaga aberta, e a exclusão que ela enseja perpetua a assimetria de poder político, econômico e social. Vive-se uma séria crise de representatividade do Poder Legislativo, que hoje não conta com a confiança da população. E a Constituição é modificada com uma frequência muito maior do que seria saudável.

Não há como ignorar estes problemas e déficits do constitucionalismo brasileiro. Mas a sua constatação não deve impedir o reconhecimento do significativo avanço do constitucionalismo brasileiro, sob a égide da Constituição de 1988.[13]

Concordamos integralmente com a análise de Daniel Sarmento.

4   A visão de Rodrigo Uprimy[14]

O cientista político colombiano Rodrigo Uprimy apresentou um trabalho no último Congresso Mundial de Direito Constitucional, ocorrido na cidade do México, sobre a evolução do constitucionalismo latino-americano, suas recentes transformações e finalmente suas tendências.

Nele o autor identifica os seguintes pontos que passo a transcrever por reputar relevante sua contribuição para esse debate:

> (...) Muchas constituciones da América Latina empiezan entonces a definir a sus naciones como pluriétnicas y pluriculturales y establecen como principio constitucional la promoción de la diversidad,[15] por lo cual estamos frente a una suerte de *constitucionalismo de la diversidad*.
>
> (...) la casi totalidad de las reformas ha sido muy generosa en el reconocimiento de derechos constitucionales a sus habitantes, pues no sólo incorporan los derechos civiles y políticos heredados de las tradiciones demoliberales – como la intimidad, el debido proceso, la libertad de expresión o el derecho al voto – sino que también establecieron *ampliamente los derechos económicos, sociales y culturales – como la educación, la vivienda o la salud – e incluso avanzaron en el reconocimiento de formas de derechos colectivos, en especial el derecho al medio ambiente, pero también derechos especiales de autonomía y ciudadanía a ciertos grupos poblacionales, en especial a los indígenas*
>
> (...), este reconocimiento generoso de derechos constitucionales se acompañó en la mayor parte de las constituciones por una *vigorosa apertura al derecho internacional de los derechos humanos, en especial a través del tratamiento especial y privilegiado a los tratados de derechos humanos* (Manili, 2002; Ayala Corrao, 2002; Abregú y Courtis, 2004), que ha llevado a una aplicación importante por jueces nacionales de los estándares internacionales de derechos humanos, a través de figuras como el bloque de constitucionalidad, que ha adquirido un significado especial en América Latina (Uprimny, 2006),.

---

[13]   *Op.cit.*, p. 117.

[14]   No trabalho intitulado: "Las transformaciones constitucionales recientes en America Latina: tendencias y desafios". No prelo.

[15]   Ver, por exemplo, o artigo 7 da Constituição Colombiana, o artigo 215 da Constituição Brasileira, o artigo primeiro da Constituição Boliviana, o preâmbulo da Constituição Venezuelana de 1994 e o artigo 2 numeral 19 da Constituição do Peru.

(...) este generoso reconocimiento de derechos de distintas tradiciones –liberal, democrática y socialista – llevó a varios textos constitucionales a incorporar la fórmula ideológica del llamado "Estado social y democrático de derecho", desarrollada por el constitucionalismo europeo de la *postguerra*, como el marco ideológico de las nuevas organizaciones jurídicas derivadas de estas reformas constitucionales.[16] El uso de esta definición jurídica del Estado no fue sin embargo mecánico, pues no sólo tuvo variaciones nacionales importantes sino que las reformas latinoamericanas incorporaron matices distintos a su formulación en la Europa de los años cincuenta del siglo pasado.[17] Por ejemplo, algunos textos incorporaron la idea de que se trata no sólo de un Estado social de derecho sino también de justicia y de derechos, al parecer para enfatizar la importancia de la búsqueda *de un orden social justo,* que ampare todos los derechos. Igualmente, otros ordenamientos introdujeron una reflexión explícita de búsqueda de nuevas definiciones del tipo de Estado *que se apartaran de las tradiciones europeas, con el fin de enfatizar la búsqueda propia de fórmulas constitucionales, como lo hicieron en especial las constituciones ecuatoriana y boliviana.*

(...) la mayor parte de las reformas quiso explícitamente que el reconocimiento de los derechos fundamentales no fuera puramente retórico sino que tuviera eficacia práctica, por lo que se ampliaron los mecanismos de protección y garantía de dichos derechos. Las *vías fueron diversas* en los distintos países, pero algunos dispositivos institucionales fueron privilegiados. Así, muchas reformas previeron formas judiciales directas de protección de los derechos, como el amparo o la tutela,[18] o reforzaron aquellas que ya existían; igualmente, en varios países se crearon o reforzaron las formas de justicia constitucional, ya sea creando tribunales constitucionales o salas constitucionales en los tribunales supremos o ya sea atribuyendo o *fortaleciendo los poderes de control constitucional a las Cortes Supremas;*[19] finalmente, y ligado a esas formas de protección judicial de los derechos, la mayor parte de las nuevas constituciones previeron, con denominaciones diversas, formas de "ombudsman" o de "Defensores del Pueblo", que tienen a su cargo la promoción y protección de los derechos humanos.[20] Pero en todos los casos, la idea pareció ser la misma: dotar al ciudadano de mecanismos eficaces para reclamar la vigencia efectiva de sus derechos.

Las reformas constitucionales de las dos últimas décadas trajeron igualmente cambios importantes tanto en los mecanismos *de participación ciudadana* como en el diseño de las instituciones, en especial a nivel del régimen político y del ordenamiento territorial.

Primero, la mayor parte de las reformas estuvieron orientadas por la idea de ampliar y fortalecer la democracia y los espacios de participación ciudadana. Por ello en general no se limitaron a restablecer la democracia representativa, lo cual era de por sí trascendental cuando se trataba de superar dictaduras militares, sino que intentaron generar nuevos espacios de participación ciudadana, básicamente por dos vías distintas: el reconocimiento

---

[16] A bibliografia sobre o Estado social, sua formação e sua crise, é muita extensa. Ver, por exemplo, entre outros, Requejo Ferran (1994). Para uma discussão de sua relevância no processo constitucional colombiano, ver Rodrigo Uprimny (2001).

[17] Ver, por exemplo, o artigo primeiro das Constituições brasileira, colombiana e paraguaia e o artigo 2 da Constituição venezuelana.

[18] Por exemplo, a Constituição colombiana de 1991 previu em seu artigo 86 a tutela como mecanismo de proteção direta dos direitos fundamentais, assim como outros mecanismos, como as ações populares, para a proteção de direitos coletivos. Por sua parte, a Constituição brasileira incorporou vários instrumentos de proteção de direitos, como os chamados "mandados de segurança". Ver o artigo 5 LXIX e LXX desta Constituição.

[19] Para uma visão sistemática das estruturas de justiça constitucional e de proteção de direitos na América Latina, ver Losing (2002).

[20] Ver, por exemplo, os artigos 281 e 282 da Constituição colombiana, os artigos 161 e 162 da peruana, o artigo 276 da Constituição paraguaia e o artigo 86 da Constituição da Argentina.

y ampliación de los mecanismos de democracia directa, *como las consultas populares y los referendos;*[21] *y de otro lado, por medio de la creación de instancias ciudadanas de control de la gestión pública, como pueden ser las asociaciones de usuarios que vigilan la gestión de los servicios públicos.* (...) Cuarto, y directamente ligado a esos esfuerzos por ampliar la democracia, ya sea con nuevos mecanismos de participación, ya sea fortaleciendo la democracia local, *las reformas buscaron reforzar las instancias estatales de control, fortaleciendo la autonomía y la capacidad fiscalizadora de las mismas.* Por ejemplo, la constitución venezolana estableció todo una nueva rama del poder, el llamado poder ciudadano, que recoge esas instancias de control, mientras que la constitución colombiana también establece todo un conjunto de instancias de control, como el Ministerio Público (Procuraduría y Defensoría del Pueblo) y la Contraloría General.[22]

Estas instituciones de control juegan entonces un doble papel en estos procesos de reforma, pues no sólo son, según la conocida distinción desarrollada por O'Donnell (1994), mecanismos horizontales de rendición de cuentas, que buscan un mayor equilibrio de poderes, sino que también operan a veces también como formas verticales de rendición de cuentas y de reforzamiento de la capacidad de los ciudadanos de reclamar sus derechos, pues algunas de esas instituciones de control, en especial los Ministerios Públicos y las Defensorías del Pueblo, actúan ante las instancias políticas como voceras de los reclamos de las personas. Ciertos estudios han mostrado, por ejemplo, que la reforma del Ministerio Público en Brasil (Arantes, 2005) le permitió actuar como vocero de los derechos ciudadanos, lo cual fortaleció la protección judicial de derechos.

Este fortalecimiento de instancias de control también se acompaña, en quinto término, de un elemento común a todos los procesos constitucionales en la región, que fue *el esfuerzo por fortalecer también al sistema judicial*, no sólo para incrementar su eficiencia para perseguir el delito y tramitar los conflictos[23] sino también para incrementar su independencia, que era vista, con razón, como supremamente precaria en toda la región,[24] con pocas excepciones. Para este último propósito, un mecanismo común fue la tentativa por sustraer el nombramiento y la carrera de los jueces de la injerencia directa del poder ejecutivo, por medio de la creación de instancias autónomas de administración de la rama judicial y encargadas parcialmente de la selección de los jueces, usualmente denominadas consejos superiores de la magistratura. Por ejemplo, tanto Colombia como Argentina, Perú

---

[21] Por exemplo, a Constituição colombiana incorporou o plebiscito, o referendo, a consulta popular, o *cabildo abierto* e a revogatória de mandato. Ver artigos 103 e ss dessa constituição. Igualmente, a venezuelana prevê em seu artigo 70 a participação cidadã mediante a eleição de cargos públicos, o referendo, a consulta popular, a revogatória de mandato, a iniciativa legislativa, constitucional e constituinte, o *cabildo abierto* e a assembleia de cidadãos e cidadãs. No Equador se consagrou a consulta popular e a revogatória do mandato nos artigos 103 a 113 de sua constituição. Para uma análise desse auge da democracia direta nos processos constitucionais recentes na América Latina, ver Barczak (2001).

[22] Ver os artigos 267 e ss. da Constituição colombiana e os artigos 136, 273 e ss. da Constituição venezuelana.

[23] A bibliografia sobre os esforços de modernização e fortalecimento do sistema judicial na América Latina é muito ampla. Um debate desses esforços e de suas orientações se pode encontrar em Uprimny, García y Rodríguez (2006).

[24] Para exemplos da precariedade da independência judicial na região, ver Gargarella (1997). Um exemplo nacional citado por esse autor pode ser ilustrativo da situação: o caso argentino, pois, nesse país, não somente dita independência se viu profundamente afetada pelas ditaduras e governos de fato, que os próprios juízes da Corte Suprema se encarregaram muitas vezes de legitimar criando a chamada "doutrina de fato", mas também, sobretudo, nos períodos de governos civis, "sistematicamente se modificou a composição da maioria dos juízes na Corte, de modo tal a garantir sempre cúpulas judiciais favoráveis a preferências do poder político de turno (assim nos anos 1947, 1955, 1958, 1966, 1973, 1983, 1990)" (GARGARELLA, 1997: 972).

o Paraguay, por solo citar algunos casos, incorporaron consejos de la magistratura en sus constituciones, para fortalecer la independencia judicial.[25]

Estos esfuerzos por limitar el poder presidencial y reequilibrar la relación entre los poderes se acompañaron, paradójicamente, de una tendencia generalizada a aprobar la posibilidad de la reelección inmediata del presidente, en especial para poder elegir a gobernantes carismáticos, tal y como sucedió en Argentina con Menem, Brasil con Cardozo, Perú con Fujimori, Colombia con Uribe o Venezuela con Chávez. Todo esto muestra pues que los esfuerzos por moderar el excesivo poder presidencial en América Latina terminaron siendo unos esfuerzos bastante moderados. Además, en este tema del equilibrio de poderes, así como en el relativo a la relación Estado y economía, existen procesos divergentes pues algunos textos constitucionales buscaron expresa y conscientemente fortalecer directamente el poder presidencial. Un caso significativo en este aspecto es la Constitución ecuatoriana.

Un séptimo aspecto que conviene destacar de los procesos constitucionales recientes en América Latina a nivel institucional fue la tendencia a reconocer la existencia de *organismos estatales autónomos*, encargados de funciones técnicas de regulación, en especial en materia económica, y que no encajaban dentro de la división clásica de poderes. El caso más significativo fue obviamente el reconocimiento en varios procesos constitucionales de una mayor autonomía a la Banca Central, a fin de sustraer la política monetaria de la influencia directa del gobierno,[26] pero no es el único caso: varios ordenamientos reconocieron una autonomía importante a otros organismos de regulación, como es el caso de ciertas comisiones reguladoras de servicios públicos o la creación de la Comisión Nacional de Televisión en Colombia, que buscó sustraer el manejo de este medio de comunicación de la influencia de los poderes políticos. Pero en este aspecto también las tendencias nacionales distan de ser uniformes, pues mientras que en algunos casos esos esfuerzos por crear órganos autónomos fue fuertemente defendido, como en Colombia, en otros casos, como en Ecuador, no pareció existir esa voluntad.

El reconocimiento de organismos estatales autónomos distintos a los tres poderes clásicos, el fortalecimiento de los organismos de control y de la organización electoral, se acompañó igualmente de un intento por reformular y superar la teoría clásica de las tres ramas del poder, la ejecutiva, la legislativa y la judicial. Esos desarrollos no han implicado un abandono de la idea de la división de poderes como un elemento esencial del constitucionalismo sino la posibilidad de prever otras ramas de poder, como lo hacen la constitución venezolana y la ecuatoriana, o la existencia de órganos autónomos que no pertenecen a ninguno de los poderes clásicos del Estado.

Una reflexión más sistemática permite detectar, a un nivel más abstracto, ciertos rasgos comunes de los ordenamientos constitucionales latinoamericanos en los últimos años.

Primero, y aunque suene obvio, todos los ordenamientos muestran una adhesión no sólo teórica sino incluso práctica por alguna forma de Estado de derecho y de constitucionalismo con gobiernos civiles. En las últimas décadas, con la excepción de la tentativa fracasada contra Chávez y el golpe en Honduras, no ha habido levantamientos militares. Han caído muchos presidentes, como en Ecuador antes de Correa, pero esto no ha sido como consecuencia de intervenciones militares, como ocurría en el pasado sino por otros factores. Esto puede parecer una conquista menor pero implica un cambio profundo en la realidad política e institucional latinoamericana, si se tiene en cuenta la frecuencia de

---

[25] Ver, a respeito, os artigos 254 e 255 da Constituição colombiana, o artigo 114 da Constituição argentina, os artigos 150 e ss. da Constituição do Peru, os artigos 262 a 265 da constituição paraguaia e os artigos 206 e 207 da Constituição do Equador, entre outros.

[26] Sobre a reforma dos bancos centrais na América Latina a fim de dotá-los de maior autonomia, ver Aguirre, Junguito y Millar (Eds) (1997).

las dictaduras militares en la región. En cierta medida, América Latina vive su primera verdadera oleada constitucional.

Segundo, este constitucionalismo es además de un nuevo tipo. Parece claro que la mayor parte de las reformas tenían como propósito la superación de ciertas tradiciones de autoritarismo y de arbitrariedad en América Latina, buscando una mayor consolidación del Estado de derecho y un incremento de la eficacia del Estado, gracias al reforzamiento de la capacidad e independencia de la justicia y de los organismos de control. Sin embargo, parece igualmente evidente que los procesos constitucionales tuvieron propósitos más amplios pues buscaron también, y tal vez especialmente profundizar la democracia y combatir las exclusiones e inequidades sociales. En ese sentido, la mayor parte de las reformas, siguiendo la terminología de Teitel, conducen a textos que más que mirar hacia atrás ("backwardlooking") se proyectan hacia el futuro ("forward looking") (Teitel, 1997: 2014) pues, más que intentar codificar las relaciones de poder existentes, son documentos jurídicos que tienden a delinear un modelo de sociedad a construir. Son pues, en la terminología de otros autores como Mauricio García, constituciones "aspiracionales"[27] o, en la terminología de Boaventura Santos, "constituciones transformadoras" (Santos, 2010: 76 y 77), en la medida en que plantean una propuesta de una democracia incluyente, capaz de incorporar a la democracia y a los beneficios del desarrollo a los sectores tradicionalmente excluidos de las sociedades latinoamericanas, pues son textos llenos de promesas de derechos y bienestar para todos.

Esto explica además ciertas características formales comunes de estos textos y es su considerable extensión, en términos de derecho comparado. Estas nuevas constitucionales latinoamericanas son no sólo mucho más extensas que aquellas que derogaron sino que en general son mucho más largas que las constituciones de otras regiones del mundo, en especial de aquellas del capitalismo desarrollado.

Quinto, una tendencia común fuerte al constitucionalismo latinoamericano reciente es el reconocimiento la revalorización de la diversidad

Por último, la mayor parte de estas constituciones aspiran a ser textos que efectivamente gobiernen la vida en sociedad, por lo que incluyen mecanismos de justicia constitucional que aseguren que sus promesas de derechos y bienestar no sean meramente retóricas sino mandatos normativos con eficacia práctica. En ese sentido, las reformas constitucionales de los años noventa hacen entrar a América Latina en lo que algunos autores llaman "neoconstitucionalismo" (Carbonell, 2003), o conforme a otras terminologías, como las usadas por Ferrajoli, Estados de derecho constitucionales y no puramente legales o formas de constitucionalismo fuerte. Todas estas expresiones indican que estamos frente a ordenamientos que no se limitan a establecer límites al Estado o a diseñar las instituciones, sino que reconocen una amplia gama de derechos y principios, y le imponen metas al Estado, pero también establecen formas de justicia constitucional más o menos fuertes para que esos mandatos se cumplan.

5 A nossa visão: existe um "novo constitucionalismo" na América Latina ou é possível simplesmente falar de alguns avanços?

Creio que não há nenhuma dúvida quando afirmamos que partimos de um Estado Liberal no século XIX para um Estado de Direito no século XX e para um Estado Social de Direito, ou mesmo para um Estado Democrático e Social de Direito no século XXI.

---

[27] Ver o capítulo de Mauricio García sobre constitucionalismo aspiracional em Uprimny, García y Rodríguez (2006).

O que significa essa evolução? Quais os elementos novos ou que se agregam nesta passagem de dois séculos. Sendo objetivo, parto do Estado Social que apela ou evoca a ideia de um Estado que persegue a realização da justiça mediante a atribuição de bens de conteúdo econômico (prestações sociais) em favor de grupos sociais, especialmente dos grupos sociais mais desfavorecidos.

O Estado Social pretende oferecer a todos os cidadãos as mesmas oportunidades no processo econômico, assumindo os poderes públicos a responsabilidade de proporcionar a generalidade daqueles, ou a certos grupos sociais, definidos segundo critérios objetivos, as prestações e serviços sociais, necessários para garantir uma existência digna e decorosa; ou por dizê-lo na clássica terminologia utilizada pela literatura alemã, para velar por uma "procura existencial" (*Daseinvorsorge*).

Evidentemente que o conteúdo do Estado Social engloba diversas medidas, que hão de entender-se variáveis em função das distintas circunstancias e situações concorrentes. O Estado Social ou Estado de Bem-Estar Social repousa em um programa ilimitado que se centra na liberdade dos indivíduos e dos grupos sociais naqueles que necessitam ser prestigiados para alcançar o máximo de igualdade em uma busca de universalidade.

É evidente que os desafios do século XXI enfrentam a concepção clássica do Estado Social de Direito, formulada na Europa nos albores da década de 50, sobretudo a partir da Alemanha.

A onda neoliberal trouxe problemas seríssimos a todos nós sem exceção, do Primeiro ao Terceiro Mundo. O desemprego, a alteração da tecnologia e da organização diferente do trabalho. É cada vez menos metafórico falar em automóvel mundial, em avião mundial, em serviços mundiais, produtos planejados, desenhados, construídos, financiados e distribuídos com talentos e meios materiais dispersos por diferentes países. Isso tudo universaliza os padrões e demandas de produtividade, tanto quanto o efeito destruidor de empregos.

E no que tudo isso afeta o conceito de Estado Social ou de Estado Democrático e Social de Direito? De várias maneiras isso ocorre.

De um lado, há o plano constitucional, as Constituições reformadas que buscam mais justiça social, o pleno emprego, políticas de redistribuição de rendas para atender aos mais necessitados, serviços públicos universais. De outra parte, a realidade econômica e financeira mundial ou transnacional pressiona em outra direção. Exige-se menos intervenção do Estado na economia. Defende a política neoliberal mais radical (felizmente hoje aparentemente em declínio, ao menos em sua versão original), um Estado contido e subsidiário, não um segurador universal ou compreensivo.

Desse modo, não aprecio uma filiação cega a autores ou a teorias. De todo modo acho oportuno recordar Rawls,[28] que em sua Teoria da Justiça defende a ideia de uma sociedade pluralista bem ordenada a exigir a noção de justiça como equidade (*fairness*). Essa noção se explicita em dois princípios:

1. Cada pessoa terá igual direito à mais extensa liberdade básica compatível com semelhante liberdade para as outras;

---

[28] RAWLS, John. *A theory of justice*. Cambridge: The Belknap Press, 1971. p. 60 *et seq*.

2. As desigualdades sociais e econômicas devem ser arranjadas de tal modo que: a) possa razoavelmente esperar-se que sejam vantajosas para todos; b) sejam vinculadas a posições e cargos aberto a todos.

Agora necessitaríamos conciliar essa teoria com mais justiça social pois na América Latina, tal como na África[29] e em algumas partes da Ásia, não tenho dúvida que o maior problema que vivemos é a iniquidade, a fome, a distribuição de renda extremamente desigual e injusta, a falta de serviços essenciais como saúde, educação, moradia, a maioria da população carente.

Diante da evidência de 32 milhões de pessoas ou mais em situação de extrema pobreza e de 60 milhões de condenados a viver com menos de U$60 dólares mensais *per capita*, as elites não têm resposta de maior alcance uma caridosa campanha contra fome[30]...

Desse modo, parece-me que o diferencial da América Latina em termos de constitucionalismo está na tentativa de avanço que se dá em vários países para implementar em condições crescentes e justas os chamados direitos sociais, econômicos e culturais, sobretudo os primeiros.

O descumprimento desejado (dolosa ou culposamente) por quem hoje detenha o poder – uma forte minoria – e o ignora ou não o preocupa que os mesmos se cumpram.

Não ignoro a existência de críticas acerca do Estado Social. Elías Díaz,[31] por exemplo, na linha da descrição do Estado democrático como superação do Estado Social de Direito; e também em Abendroth ou em J. Habermas.[32] Desde esta abordagem sublinha que a igualação que se produz com o Estado Social, não se refere tanto à liberdade quanto à possibilidade de acesso ao consumo.

Elías Díaz reclama a democracia na adoção de decisões, a democracia na divisão dos resultados das decisões e aposta pela necessidade de uma efetiva fundamentalização dos direitos sociais que os retire das necessidades do mercado.

Não vou entrar nessa discussão. Apenas registro que no Brasil o Poder Judiciário (à falta de uma ação mais efetiva do Poder Legislativo) tem cumprido um papel relevante no controle e mesmo, muitas vezes, na concretização dos direitos sociais.[33]

A Constituição *brasileira* de 1988 possui um elenco extenso de direitos fundamentais *sociais*,[34] fazendo com que o constitucionalismo pós-positivista se manifeste na teoria contemporânea do "Direito por princípios", atribuindo aos aspectos de *valoração* um

---

[29] A Constituição da África do Sul, por exemplo, nos artigos ou seções 26 e 27 determinam ao Estado que tome razoáveis medidas legislativas para realizar o direito ao acesso a adequada habitação, serviços de saúde, incluindo serviços de alimentação e seguro social.

[30] Sobre os indicadores sociais no Brasil, *vide* Paulo de Martino Jannuzzi (Campinas: Alínea, 2006).

[31] DÍAZ, Elías. *Estado de Derecho y sociedad democrática*. 9. ed. Madrid: Taurus, 1998.

[32] HABERMAS, J. *Facticidad y validez*. Madrid: Trotta, 1998. p. 500.

[33] Evidentemente que a existência por si só dos direitos sociais não garante a produção desejável de justiça social, mas sua boa implementação caminha firmemente nessa direção. Quanto os recursos não alcançam, os direitos sociais devem ser entendidos como direitos a receber um trato igualitário frente à escassez.

[34] Os direitos sociais são, por sua vez, na ordem constitucional portuguesa, na qual também fomos buscar inspiração com a constituição de 1988, direitos fundamentais e como tal devem ser considerados, isto é, beneficiando do regime e da força normativa que identificam a natureza de um direito fundamental em Estado de Direito: uma garantia jurídica forte constitucional, imposta à observância de todos os poderes constituídos e subtraída da livre

espaço importantíssimo na interpretação de princípios fundamentais e de normas principiológicas – como os Direitos Fundamentais – bem como outros conceitos constitucionais abertos, irradiando para os campos do Direito Administrativo e do Direito Civil.[35]

Evidentemente essa interpretação valorativa não significa em absoluto um retorno ao passado, ao vago jusnaturalismo subjetivista, mas a uma procura de uma flexibilização normativa e uma "recriação" que conduza a lograr a justiça em concreto, ou o objetivamente justo no caso. Trata-se da superação do legalismo estrito, do normativismo positivista cerrado para uma concepção mais axiológica e sistemática.

Estamos com Ingo Sarlet[36] quando afirma que é importante ter em mente que mesmo uma Constituição de um Estado Social de Direito (necessariamente democrático) não poderá jamais negligenciar o patamar de desenvolvimento social, econômico e cultural da comunidade, sob pena de comprometer seriamente sua força normativa e suas possibilidades de atingir uma plena eficácia.

Quanto mais diminuta a disponibilidade de recursos, mais se impõe uma deliberação democrática a respeito de sua destinação, especialmente na forma a que sejam atendidas satisfatoriamente todas as rubricas do orçamento público, notadamente aquelas que dizem com a realização dos direitos fundamentais e da própria justiça social.

Mas não é apenas em relação aos direitos sociais que penso que o Constitucionalismo Latino-Americano (se é que podemos utilizar esta expressão) avança.

Evidentemente que tenho já como pressuposto todo o avanço dos direitos humanos consagrados não só nas Constituições como também nos tratados internacionais. A esse tema não voltarei, até porque parece claro o avanço latino-americano no particular, salvo as exceções já apontadas por Rodrigo Uprimy.

Mas gostaria finalmente de destacar ainda um ponto que destaco em relação ao direito colombiano e que penso deveríamos avançar ainda mais no Brasil.

Nesse particular creio que ainda estamos atrasados. Não sei como estará o Chile. Suponho que muito melhor que o Brasil. Refiro-me ao combate à corrupção em geral, e também a mecanismos constitucionais e legais que possibilitem uma ação mais efetiva do Estado para enfrentar essa situação.

Recentemente estive no Brasil, com o Prof. Julio Ortiz, ilustre jurista colombiano, que me relatou avanços importantes em seu País neste particular aspecto e creio que aqui talvez possamos identificar uma boa influencia em nosso constitucionalismo regional.

Com efeito, na Constituição colombiana de 1991 já apareciam instituições relacionadas com as competências dos juízes em matéria política que somente depois de uma década de vigência adquiriram efetividade notável e abundante, e que hoje surpreendem aos analistas pelo seu vigor sancionador.

---

disponibilidade do poder político. Essa a lição de Jorge Reis Novais (*Direitos sociais*. Coimbra: Coimbra Editora; WoltersKluwer, 2010. p. 12).

[35] *Vide* sobre o tema, por todos Ingo Sarlet, *A Constituição concretizada*. Porto Alegre: Livraria do Advogado, 2000. p. 107 *et seq.*

[36] SARLET, Ingo Wolfgang. Os direitos fundamentais sociais na CF de 1988. *In*: SARLET, Ingo Wolfgang. *O Direito em tempo de crise*: estudos em homenagem a Ruy Ruben Ruschel. Porto Alegre: Livraria do Advogado, 1999. p. 167.

Me refiro neste caso e, em primeiro lugar, à instituição do *fuero penal directo*, absoluto ou pleno em única instância dos congressistas nacionais, leia-se senadores e representantes na Câmara, radicado na cabeça da *Corte Suprema de Justicia nacional de Colombia*.

Com esta instituição processual penal constitucional se eliminam as imunidades penais dos membros do Congresso da República e os submete às faculdades de investigação, instrução e julgamento do máximo órgão da justiça penal do país.

Até hoje se encontram condenados e em juízo mais de setenta membros do poder legislativo colombiano.

Em segundo lugar, me refiro à instituição da chamada Perda de Investidura desses mesmos integrantes do Poder Legislativo nacional, de competência do Conselho de Estado, órgão máximo da jurisdição contencioso-administrativa que faz parte do ramo judicial, e por razões relacionadas ao conflito de interesses, tráfico de influências e violação de regime de inabilidades e incompatibilidades, diga-se.

Trata-se de uma espécie de juízo disciplinar e de correção política que realizou que congressistas tenham restado de fora do direito de ser eleito.

Em terceiro lugar, menciono a recente reforma ao primeiro dos casos, o do *fuero penal directo*, pleno e em única instância ante à Corte Suprema de Justiça que faz por muito firme o procedimento ao estabelecer a chamada *Silla Vacía* – "Cadeira Vazia" – e que consiste na perda da cadeira que ocupa o congressista investigado ou sancionado penalmente por delitos de lesa humanidade como o paramilitarismo.

O Brasil, ou melhor, sua Constituição, nesse aspecto, creio ser muito mais garantista e menos efetiva em relação ao combate à corrupção.

Feita logo após a ditadura militar de 1988, creio que ainda não se adaptou aos novos tempos para ser mais dura e combativa em relação à corrupção. Há exemplos terríveis de políticos condenados em vários processos que seguem como candidatos eleitos porque os processos se eternizam e jamais transitam em julgado.

Um bom exemplo é o chamado projeto de "Ficha Limpa" (Lei Complementar nº 135, de 4.6.2010), originária de um projeto de lei de iniciativa popular, cujo objetivo, dentre outros, era o de impedir que os políticos condenados na Justiça, pelos crimes descritos em seu artigo 2º, pudessem concorrer às eleições.

A validade da lei foi questionada e em parte suspensa por seis votos a cinco no Supremo Tribunal Federal. A maioria dos juízes (ministros) decidiu que, ao estabelecer novos critérios de inelegibilidades, a lei interferiu claramente no processo eleitoral e, assim, violou o artigo 16[37] da Constituição Federal de 1988.

A decisão da não aplicação da lei beneficiou diretamente vários candidatos, cuja elegibilidade havia sido barrada em decorrência da tramitação de processos no Poder Judiciário.

Decidiu o Supremo Tribunal Federal que a "Lei da Ficha Limpa" passa a valer apenas a partir das eleições municipais de 2012, e será de fato aplicada apenas se passar em uma nova votação para decidir sobre sua constitucionalidade.

---

[37] "A lei que alterar o processo eleitoral entrará em vigor na data de sua publicação, não se aplicando à eleição que ocorra até um ano da data de sua vigência".

Embora não concordemos com o mérito dessa decisão, entendemos que um exemplo claro de como há uma forte resistência a melhorar os padrões de moralidade administrativa no trato da coisa pública, em benefício de uma verdadeira *República*.

Note-se que este projeto foi fruto da vontade popular. Não é nada fácil aprovar um projeto de iniciativa popular no Brasil. Há um requisito numérico que deve ser superado. O projeto dever ser subscrito por, no mínimo, um por cento do eleitorado nacional; e há o requisito espacial, tal percentagem deve estar distribuída em, pelo menos, cinco Estados, dos vinte e sete da federação brasileira, com não menos de três décimos por cento dos eleitores de cada um deles.

Evidentemente que não colocamos a "culpa" do fracasso parcial da lei ou de sua suspensão no Supremo Tribunal Federal que tem o direito de dar a palavra final em matéria constitucional no Brasil. Não é esse o ponto que queremos chamar a atenção. O que importa é mostrar como é difícil romper a barreira dos detentores do poder, como é difícil utilizar os mecanismos da democracia direta ou semidireta, como tudo isso pode ser manipulado pelo poder econômico e mesmo político em detrimento da vontade popular.

Assim a meu juízo carecemos de reformas que endureçam ou mesmo aperfeiçoem a prestação de contas e a transparência do poder político em face do povo, da população. Creio que o Brasil nesse aspecto precisa avançar com mais qualidade e audácia, rompendo o ciclo do corporativismo político.

Um outro conceito que penso deveríamos refletir um pouco mais é o de colocar toda a responsabilidade pela realização dos direitos sociais em mãos do Estado. Creio que não é exata essa perspectiva que alia de maneira umbilical o Estado Social a prestações exclusivamente de obrigação estatal.

A Corte Constitucional da Colômbia, a esse respeito, por exemplo, creio, deu mostras de sua independência e criatividade ao decidir que o *derecho a una vivienda* – direito à moradia – (claramente um direito social) é amparado inclusive frente a terceiros, sem que a proteção deste direito social implique, nestes casos, um gasto público para o Estado.

Baseando-se na "função interventiva do Estado", a Corte Constitucional colombiana pôde ordenar assim que se fixem "tetos às taxas de juros que se cobram e a velar para que esses tetos se façam respeitar".

Em referida sentença (C-955 de 2000) a Corte estabeleceu que por "ser o acesso à moradia digna um direito de ordem constitucional que o Estado deve fazer efetivo (...) as taxas de juros aplicáveis (...) não podem ser pactuadas pelos contratantes em um plano de absoluta autonomia enquanto sua determinação seja possível segundo as flutuações do mercado que as instituições financeiras, com a prevalência de sua posição dominante, imponham a seus devedores, taxas e margens de intermediação excessivamente altas, fazendo nulos seus direitos constitucionais à moradia e ao crédito".

Inclusive, deixa-se de lado a questão da proteção dos "direitos sociais" frente a terceiros, também um Estado pode promover o respeito dos direitos sociais através de ações "negativas" (como as interdições), que podem resultar especialmente eficazes para garantir a saúde, a alimentação, ou a moradia.

Por fim, para podermos responder à questão posta neste trabalho, se afinal há ou não uma renovação do constitucionalismo latino-americano?

Podemos responder a essa questão de duas formas. A primeira dizendo que existem sim programas políticos, políticas públicas voltadas a uma correção forte das desigualdades sociais na América Latina, ao menos no Brasil de fato nos últimos 8 a 10 anos isso é uma realidade.

Podemos entender essas políticas como uma concretização do projeto renovado de um Constitucionalismo Social para o século XXI. Evidentemente que alguns dirão que o tema não é propriamente constitucional, mas infraconstitucional. Não me preocuparia com a geografia hierárquica ou dogmática da questão, contanto que os objetivos de uma política constitucional e social mais inclusiva sejam paulatinamente concretizados.

Assim, no campo dos direitos econômicos, sociais e culturais, as diretrizes voluntárias aprovadas em 2004 pela FAO assinalaram o papel das instituições na realização do direto humano à alimentação adequada.

Nesse contexto, o Programa de Transferência de Renda Bolsa Família tornou-se um dos principais instrumentos de combate à fome e de garantia do direito humano à alimentação no Brasil. A proposta vem sendo amplamente elogiada por cientistas sociais e por diversos meios de comunicação em nível mundial.[38]

Segundo Rosa Maria Marques e Áquilas Mendes,[39] o programa de transferência de renda desenvolvido pelo governo LULA de fato alterou as condições de existência das famílias beneficiadas, retirando-as da pobreza absoluta. Contudo, ao não estar associado a mudanças estruturais, pois os determinantes da pobreza não foram alterados, não impede que novos contingentes nessa situação surjam e nem que essas famílias possam, no médio e longo prazo, viverem sem esses recursos.

Apesar do programa Bolsa Família não constituir *um direito*, sendo um benefício decorrente de um programa governamental, a rigor não pode ser comparado com as tradicionais políticas assistencialistas, voltadas para segmentos excluídos "minoritários" que, no falar da literatura, estavam à margem da dinâmica da sociedade.

Assim, acredito que seja preciso atacar as causas sistêmicas que tem a ver, sobretudo (mas não só), com a atuação do Estado. Creio que a redução da pobreza pelo crescimento econômico é necessário mas insuficiente e ineficiente se não vier acompanhada de diminuição da desigualdade entre as várias camadas da população brasileira (e também latino-americana).

Recordo ainda Jorge Carpizo que sempre nos rememora que "en America Latina hay en el grave error de querer resolver con reformas constitucionales problemas que no son de índole jurídica, como la falta de voluntad política para solucionar los asuntos, la ineficácia, la incompetência, la corrupción y la impunidad".

Sabemos todos que o melhor IDH é o do Chile, seguido pela Argentina e Uruguay. Os piores, da Nicarágua, Bolívia e Honduras. O último informe do PNUD revela como "dramático" o problema da desigualdade no continente pelo fato de ele ter sobrevivido a diversas políticas públicas implementadas ao longo das últimas décadas.

---

[38] Sobre o tema, *vide* ZIMMERMANN, Clóvis Roberto. Os programas sociais sob a ótica dos direitos humanos: o caso do Bolsa-Família no governo Lula no Brasil. *Revista SUR*, ano 3, n. 4, p. 145 *et seq.*, 2006.

[39] MARQUES, Rosa Maria; MENDES, Áquilas. Servindo a dois senhores: as políticas sociais no governo Lula. *Revista Katál Florianópolis*, v. 10, n. 1, p. 15-23, jan. 2007.

Há pesquisas recentes que revelam que a desigualdade não é apenas uma doença econômica e social, mas também ela corrói a confiança das pessoas e a vida comunitária, debilitando a sociedade como um todo. E os humanos como seres sociais ficam estressados quando se encontram no patamar mais baixo da hierarquia social.

Esse estresse provoca inclusive mudanças biológicas e psicológicas no Homem, como a liberação do hormônio Cortisol, e o acúmulo de gordura. Os resultados são enfermidades físicas, doenças vasculares, cardíacas, e sociais, como crimes violentos, desconfianças entre as pessoas, comportamentos autodestrutivos e pobreza persistente.[40]

Assim a implantação de um *Estado Social de direito* tem consequências não só a partir do Direito, mas também na saúde do ser humano. A fruição paulatina dos direitos sociais passa a ser uma condição de vida digna para todos em todos os tempos.

Por fim é preciso desmistificar a ideia segundo a qual a justiciabilidade dos direitos é um fenômeno acantonado e existente apenas na América Latina, ou mesmo na América do Sul.

A gramática e a prática dos direitos humanos enquanto realidade internacional positivada em vários documentos, Tratados e Acordos parece força o aparecimento de um "contencioso doméstico, regional e internacional" nessa matéria, independentemente do sistema local ser filiado a *common law* ou a *civil law*.

Finalizo tendo plena consciência da vastidão do tema e de que não pudemos responder a todas as questões formuladas. Apenas registro com base nas lições sempre claras de Amartya Sen que cada dia existe "maior consenso em que a democracia implica necessariamente qualidade de vida. Isto é o que se denomina democracia social, justiça social ou Estado de Bem Estar.

A democracia social promove uma forma de desenvolvimento humano; este, de acordo com os informes do Programa das Nações Unidas para o Desenvolvimento (PNUD), é o aumento das opções para que as pessoas possam melhorar sua vida.

O desenvolvimento humano é o processo de expansão das liberdades reais das quais goza um povo".

Continuo afirmando que nossos maiores problemas e os maiores problemas para a democracia em nossa região não são de índole política, mas social, como a pobreza, a grande desigualdade, a carência de bens educativos, de proteção à saúde e ao trabalho, em resumo a necessidade de dar um salto de qualidade de vida para toda a sofrida população latino-americana.

Espero que este processo seja contínuo e progressivo. Muito Obrigado.

---

[40] Segundo Nicholas D. Kristof, do *New York Times*, jan. 2011.

LA DEMOCRACIA DE CIUDADANÍA: UNA AGENDA PARA LA CONSTRUCCIÓN DE CIUDADANÍA EN LATINOAMÉRICA[1]

I   La aceptación de la palabra "Democracia"

El término *"democracia"* conlleva, como todos sabemos, una gran densidad y pluralidad de significados.

Es un concepto polisémico y complejo que comporta muchos factores. Los ideales de la democracia siempre han sido los valores de la "Libertad" y de la "Igualdad".

En su origen etimológico, la "democracia"[2] se ajusta en cierta manera a la idea del sistema representativo; así, en términos generales y populares, este vocablo pasó a designar, sobre todo, el *sistema político ideal*.

Fue John Locke, (siglo XVII), quien planteó la necesidad de que se mantuvieran separadas no sólo las funciones legislativas de las ejecutivas, sino también las personas designadas para su respectivo ejercicio. Debemos también atribuir a Locke la defensa intransigente de la *libertad* y de la *igualdad*.

---

[1]   Ese es el título de un importante estudio realizado por la Organización de Estados Americanos – OEA, disponible en el sitio www.oas.org, y también en el sitio www.democraciade ciudadania.org, publicación de propiedad de la Secretaría General de la Organización de Estados Americanos y del Programa de las Naciones Unidas para el Desarrollo, 2009. Nos valemos en gran parte de sus constataciones y conclusiones, como veremos a lo largo de este trabajo. Especialmente con el propósito de llamar la atención hacia el tema de la necesidad de *asociar democracia y ciudadanía* hemos reproducido aquel título también en nuestro trabajo.

[2]   Es preciso considerar, además, que la democracia es un tema cultural. La forma como las personas conciben la democracia también se basa en fuentes relacionadas con la percepción y la información. En mayor o menor medida, el concepto de democracia es un componente del sistema de creencias de la sociedad. Los resultados de la Encuesta Hewlett de 1988 indican que los costarricenses, los chilenos y los mexicanos ven a la democracia fundamentalmente en términos de objetivos generales ideales, como libertad e igualdad. La libertad es mencionada de forma abrumadora por los costarricenses, mientras que los chilenos y mexicanos mencionan sendos conceptos. En menor medida se asocian con la democracia "la acción de votar y las elecciones", "una forma de gobierno", "progreso y bienestar" y "respeto e imperio de la ley". Tomados en forma separada, objetivos ideales como la libertad e igualdad definen la Idea de democracia entre los latinoamericanos. Sin embargo, tomados en conjunto, aquellos conceptos que contribuyen para la democracia, como las elecciones, el aparato de gobierno, y el imperio de la ley, son también importantes como conceptos ideales. Los latinoamericanos son tanto idealistas como pragmáticos en lo que respecta a definir la democracia. (De acuerdo con Alejandro Moreno," Democracia y Sistemas Masivos de Creencias en Latinoamérica", en la obra, Visiones Ciudadanas de la Democracia en América Latina, Coordinador, Roderic Al Camp, Editora Signo Veintiuno, México, 2007.

Y a partir de sus lecciones le fue posible a Montesquieu formular la llamada teoría de la *separación de poderes,* con la presunción de que así describía las instituciones vigentes en Inglaterra.

Fue también en la obra de Locke, *"Second Treatise of Civil Government"*, que los libertadores de las trece colonias norteamericanos encontraron inspiración para redactar la conocida Declaración de Independencia.

Es Locke, por tanto, quien ha desarrollado toda una teoría *anti absolutista,* o, si quisiéramos, en pro de la democracia, aunque este término no aparezca en sus obras para designar su ideal político.

Evidentemente estamos suprimiendo a propósito, no sólo por razones metodológicas sino por razones pragmáticas, toda la evolución de la historia griega clásica, para no retroceder mucho más en el tiempo.

Todos sabemos que Aristóteles se refería a la democracia diciendo:

"la forma de gobierno es la democracia, cuando los hombre libres, incluyéndose a los pobres que son la mayoría, gobiernan".

También no ignoramos que Rousseau emplea la palabra *"República"*, al afirmar:

"llamo República a todo Estado regido por leyes, bajo cualquier forma de administración que sea" "no entiendo únicamente por dicha palabra una aristocracia o una democracia, sino en general todo gobierno guiado por la voluntad general, que es la Ley".

Para Rousseau todo gobierno legítimo es el republicano.

Por otro lado, es cierto que la Constitución Francesa de 1791 buscó el régimen de la libertad y la Constitución de 1793 el de la igualdad.

Ambos ideales alimentan lo que hoy entendemos por democracia, en todos sus matices. Democracia liberal o Democracia social.

Es decir, el término democracia puede designar también tanto el sistema representativo parlamentar clásico como el sistema político o de gobierno.

Superadas estas nociones elementares, podemos afirmar que todas las formas de gobierno pueden fallar.

Según nos recuerda el clásico Randolph Lucas:[3]

"las pasiones humanas son poderosas y fácilmente pueden resultar en desastre. La A democracia puede ser desastrosa, tanto para el individuo como para la sociedad en general. Lo mismo puede suceder con la aristocracia y la autocracia. Es bueno saber lo que puede fallar en un gobierno democrático, *pero también es bueno recordar que todas las formas de gobierno pueden errar.*

El gobierno es inherentemente peligroso, y los peligros de la democracia precisan ser evaluados comparados con los peligros a los que están expuestas otras formas de gobierno. Cierta vez Churchill dijo en la Casa de los Comunes:

"Muchas formas de gobierno han sido probadas y se probarán en este mundo de pecado y de dolor… Nadie pretende que la democracia sea perfecta u omnisciente. De hecho, se ha dicho que la democracia es *la peor forma de gobierno, con excepción de todas aquellas otras formas que han sido probadas de tanto en tanto"*. (Destacamos).

---

[3] Democracia e Participação, Editora, UNB, Brasília, 1975, página 199.

Pues bien, hemos dicho que la *Libertad* y la *Igualdad* son las vigas maestras de la Democracia.[4] Y así es, o por lo menos debería ser.

Pero es preciso recordar que la libertad y la igualdad modernamente concebidas no deben ser vistas como *ideales quiméricos.*

Deben eso sí ser vivenciados como valores a conquistar y preservar cotidianamente, por medio de la presión y participación social, y sobre todo, con el amparo y resguardo del Derecho y del orden jurídico.

Creemos que, si fuera posible condensar en una única explicación el complejo y rico concepto de democracia, diríamos que el *telos* de la democracia es la autodeterminación del hombre a través de la participación política de los ciudadanos.[5]

La democracia equivale o pretende ser, también en su esencia, un *proceso de auto organización política de la sociedad.*

John Dewey[6] por ejemplo, se vuelca hacia el concepto de *comunidad* al afirmar que la intención que ha llevado a la creación de las conocidas instituciones de la democracia moderna ha sido la de satisfacer las necesidades y demandas concretas, y no la de promover la "idea" democrática.

Él, por tanto, distingue la democracia, por un lado, como una *idea* y por el otro, como un *sistema de gobierno.* A la democracia, como sistema de gobierno, Dewey llama *democracia política.* Pero es con la "idea" de democracia que Dewey está más preocupado, aunque los dos conceptos estén inevitablemente conectados.

La "idea de democracia" sería tan vasta y tan plena que no se podría ejemplificar a través del Estado; ella se encuentra simultáneamente en todos las formas de asociación humana dentro de la comunidad. Para que la idea de democracia se realice, consecuentemente, ésta precisa tener efectos sobre la familia, la escuela, la religión, la industria, además de otras formas de asociación humana.

Dewey, así, separa y no confunde la "idea de democracia" con sus organismos y estructuras externas.

Parece interesante la manera como Dewey encara la *democracia al desvincularla de la noción del Estado* y las instituciones políticas formales del Estado para considerar el Estado tan solo como uno de los lugares, uno de los momentos, una de las formas que asume la democracia.

---

[4] No obstante se pueda recordar la afirmación de Alan Knight : "la noción de que la democracia está intrínsecamente ligada a la igualdad o al bienestar social es un interpretación equivocada. Podemos por supuesto, intentar especular acerca de la relación causal que vincula a la democracia, definida en los términos dahlianos-procesales, con el desarrollo económico; esto plantea la conocida pregunta de si el funcionamiento de la democracia liberal requiere –o al menos si existe una fuerte correlación con– sociedades relativamente ricas, letradas e industriales. Esto no implica, por supuesto, la existencia de una dimensión económica en nuestra definición de democracia. *La democracia se nutre del desarrollo económico, pero la democracia no necesariamente involucra el desarrollo económico".* (Encuestas, Cultura Política y Democracia. Una Mirada Histórica Herética, en la obra, "Visiones..", ya citada en este trabajo, página 317 y siguientes. Personalmente entendemos que un sistema político, democrático o no, que no tenga la capacidad de resolver el problema económico del país o de la sociedad que gobierna, no tiene muchas posibilidades de subsistir como sistema.

[5] Por supuesto hay otros planteamientos y elaboraciones teóricas que no se desarrollan aquí por razones de espacio y de pertinencia. No ignoramos el verdadero océano de elucubraciones sobre la democracia y su conexión con numerosos temas como el de los derechos humanos, con el sistema electoral, con el sistema de participación política de cada país etc. Además, se puede hablar también de democracia formal, democracia política, democracia electoral, democracia social y democracia económica.

[6] *The public and its problems*, Chicago, Swallow Press, 1954.

La democracia para él, sería la solidificación de las posibilidades inherentes a la vida comunitaria.

J.J. Gomes Canotilho,[7] afirma que las llamadas *teorías normativas de la democracia,* contienen simultáneamente continuidad y cambio.

Existe continuidad cuanto a la discusión de las cualidades esenciales de la democracia: *representación* (Mill), *participación* (Rousseau), *frenos y contrapesos* (Madison), *concurrencia de elites* (Schumpeter), *descentralización* (Tocqueville), *igualdad* (Marx), *libertad* (Hayek), *discusión* (Habermas), *justicia* (Rawls). Y que tales teorías de la democracia se articulan con las concepciones de la política y del proceso democrático en el estado de derecho constitucional, presentando *una perspectiva liberal*, *perspectiva comunitaria* y una *perspectiva deliberativa.*

Por fin, afirma el renombrado constitucionalista portugués que hay una *concepción minimalista de Democracia,* una definición mínima de democracia que implica:

a) *Participación* de un número tan elevado de ciudadanos cuanto posible;

b) *Regla de la mayoría* para la toma de decisiones colectivas y vinculantes;

c) *Existencia de alternativas reales* y serias que proporcionen a los ciudadanos la opción de elegir entre gobernantes y programas políticos;

d) *Garantía de derechos* y libertades y participación política.

Estos requisitos mínimos están reunidos en el estado de derecho democrático.[8]

II   Elecciones en Latinoamérica – Una visión general

Podemos afirmar, sin miedo a equivocarnos, que en este aspecto hemos tenido avances sustanciales en toda Latinoamérica. Si pudiéramos medir la democracia apenas por el aspecto electoral (lo que sería evidentemente un error), estaríamos relativamente contentos con el progreso del tema en nuestra región.

Con excepción de Cuba y Honduras, los demás países del subcontinente cumplen, al menos con los requisitos impuestos por una definición "frágil" de democracia; en ellos se llevan a cabo regularmente elecciones generales, directas, libres y secretas en un ambiente competitivo con alternancia de personas, de fuerzas políticas en el gobierno.

Como bien afirma Ricardo Valverde[9] "podemos decir que hasta la legitimidad y consolidación de la democracia electoral de las Américas en 2009 es sustancialmente diferente a la de 1997, aunque ahora se presentan retos que son también diferentes.

Una prueba de ello es la *regularidad o periodicidad* con la que en el continente americano se realizan elecciones: sólo entre finales de 2005 y 2006 se registraron 40 procesos electorales de diverso tipo en prácticamente todo el continente, y los países

---

[7]   Direito Constitucional, 5ª Edição, Almedina, Coimbra, 1997, página 1396 e 1400.

[8]   Ob. Cit. Idem, página 1400.

[9]   La Democracia en su Contexto, Estudios en homenaje a Dieter Nohlen en su Septuagésimo Aniversario, José Reynoso Núñez, Herminio Sánchez de la Barquera y Arroyo Coordinadores, UNAM; México, 2009, Página 247-248.

que no tuvieron elecciones en este período, las tuvieron en los meses o años en los que su régimen constitucional lo establece.

Ciertamente son democracias electorales estables, aunque con serios problemas para atender los requerimientos sociales y económicos de los pueblos, con el incremento de los índices de *pobreza, desigualdad, marginalidad e inseguridad ciudadana*; a ello hay que sumarle problemas asociados con una severa *crisis de representación de los partidos políticos* y una realidad muy marcada por el impulso de *reformas constitucionales* desde el poder, que en expresiones tanto de derecha como de izquierda, han retomado la reelección presidencial sucesiva como un caballo importante de batalla" (destacamos).

Cláudia Zilla,[10] en la misma obra, comenta, a su vez, la situación contemporánea de Argentina, de Bolivia y la de Venezuela, en los siguientes términos:

a) Argentina

Sobre Argentina, narra que la Presidenta de Argentina, Cristina Kirchner, firmó en marzo de 2009, un proyecto de ley con el fin de adelantar por cuatro meses las elecciones parlamentarias nacionales. De llevarse éstas a cabo en octubre, como estaba estipulado originalmente –así la explicación del gobierno– la campaña electoral se extendería demasiado en el tiempo y limitaría la capacidad ejecutiva del gobierno. Esta iniciativa fue finalmente aprobada días después con clara mayoría parlamentaria.

La fragmentada oposición que votó sin embargo en forma bastante concentrada en contra de la anticipación de las elecciones, llevó ante tribunales el caso peculiar de las candidaturas testimoniales. Se llamó así la postulación de gobernadores e intendentes en funciones encabezando las listas para escaños parlamentarios del oficialista Frente para la Victoria (FPV).

En algunos casos, políticos conocidos llegaron incluso a inscribir como candidatos a parientes propios, originalmente lejanos a la política, pero que portaban el mismo apellido y que por ende podían ser "asociados" con ellos y así sumar votos a las listas.

Por otro lado, la oposición aducía críticamente lo siguiente:

- Puesto que muchos candidatos testimoniales aclararon desde un principio que, en caso de triunfar en las elecciones parlamentarias, renunciarían a tal mandato y se mantendrían en su puesto en el Ejecutivo, se los acusó de fraude electoral.
- Debido a que en la Argentina los congresistas son electos sobre la base de listas cerradas y bloqueadas (listas sábana), las candidaturas testimoniales actuarían como imanes para atraer votos que, a fin de cuentas, acabarían beneficiando a candidatos (desconocidos), situados más abajo en la lista. A través de esta maniobra engañosa se estaría pervirtiendo el principio de representación y la decisión del elector y a electora.

La Cámara Nacional Electoral llegó a confirmar antes de las elecciones, en segunda instancia y con mayoría de dos tercios, la legalidad de las candidaturas testimoniales. En sus considerandos, la Cámara se refiere a la dificultad fundamental de poder juzgar

---

[10] Elecciones en América Latina. El Manejo Problemático de una Institución Democrática, en la misma obra, "La Democracia.." página 117 y siguientes.

las intenciones futuras de los actores, así como a las aseveraciones posteriores de algunos candidatos testimoniales en el sentido de que "eventualmente" sí cambiarían sus funciones ejecutivas por un escaño.

La autora afirma que lo que es cierto es que las candidaturas testimoniales terminaron por darle un nuevo impulso al personalismo y nepotismo de la política argentina. Ellas son sintomáticas de *la falta de democratización de las estructuras partidarias y de la necesidad de una reforma del derecho electoral en Argentina*. El hecho de que algunos partidos contemplaron la posibilidad de imitar al FPV en su política de listas y de postular del mismo modo candidatos testimoniales, *da fe del bajo grado de compromiso en este país*. Por último, el consentimiento por parte de la Cámara de Diputados y de Senadores tanto para el adelantamiento de las elecciones como para la "innovación electoral" de las candidaturas testimoniales *contribuye a la pérdida de legitimación y de poder del Congreso dentro del sistema político – un proceso en marcha en muchos países de Latinoamérica.*

En ese contexto el Congreso y el Poder Judicial se convierten en cómplices de un laissez-faire electoral.

b) Bolivia

En diciembre de 2009 había elecciones presidenciales y parlamentarias en Bolivia, se celebraban referendos autonómicos en los departamentos de La Paz, Oruro, Potosí, Cochabamba, Chuquisaca y en la provincia del Gran Chaco (Tarija). El 4 de abril de 2010 se llevaron a cabo elecciones departamentales y municipales. Este intenso cronograma electoral pudo ser establecido gracias a una ley electoral provisional aprobada por el Congreso el 14 de abril de 2009, a la cual antecedieron enconados debates entre grupos fieles al gobierno y la oposición, así como una huelga de hambre del presidente Evo Morales.

Con la entrada en vigor de esta Ley del Régimen Electoral Transitorio, Bolivia alcanza la recta final en una maratón electoral que comenzó en 2005, con a) elección de prefectos; b) plebiscito vinculante para la instauración de un régimen de autonomías regionales en el marco de Estado Unitario y elección de los miembros de la Asamblea Constituyente; c) referendos autonómicos en cuatro departamentos ; d) referendo revocatorio del presidente, del vicepresidente y de ocho de los nueve prefectos; e) referendo para la adopción del nuevo texto constitucional.

Dice Claudia Zilla que este dinámico ciclo electoral refleja la problemática situación boliviana. La frecuente recurrencia a plebiscitos es expresión de una comprensión específica de la democracia que concede mayor importancia y legitimidad a instrumentos de participación directa que a los mecanismos representativos de intermediación. Dice que debido a la profunda polarización política y social, Bolivia no logra salir por el camino de la negociación y el acuerdo. De ahí que estos bloques antagónicos busquen medir sus fuerzas por medio de elecciones. Sin embargo, los resultados electorales revelan una y otra vez la misma correlación de fuerzas. La volatilidad electoral es muy baja. Dada las grandes deficiencias en la performance del sistema político se busca generar estabilidad mediante la celebración de elecciones y plebiscitos.

La nueva Constitución, aprobada con cerca del 61.5% del voto popular, reforzó además los mecanismos de participación directa en la democracia boliviana. Ahora los jueces serán elegidos directamente por el pueblo. Está prevista la celebración de referendos para revocar mandatos, iniciar proyectos de ley, ratificar determinados tratados y acuerdos internacionales e introducir reformas constitucionales; además, se redujeron las barreras para las mismas. Base de este nuevo texto constitucional es sin duda una concepción de ciudadanía sumamente activa.[11]

Es cierto que *frecuente convocatoria electoral tiende a generar un ambiente de permanente campaña electoral, al fin perjudicial para la gobernabilidad y para la efectiva implementación de políticas públicas.*

c) El caso venezolano: restricción a las libertades

Con casi el 55% de los votos, se determinó en febrero de 2009 por medio de un referendo la reforma de cuatro artículos constitucionales, uno de los cuales abre la posibilidad de la reelección inmediata e ilimitada del presidente de Venezuela y, por lo tanto, del actual hombre en el cargo, Hugo Chávez.

Desde su llegada al poder en 1999, las ciudadanas y los ciudadanos venezolanos han sido llamados repetidamente a las urnas. En este contexto pueden ser identificados dos procesos que merecen una valoración sumamente crítica:

Los procesos electorales en Venezuela son competitivos. Sin embargo, es indiscutible que en un sistema político cuyos rasgos autoritarios van en aumento y en el que gobierno y Estado cada vez se confunden más, la competencia partidaria y electoral terminan por distorsionarse. Estos déficits afectan sobre todo aquellos derechos que constituyen los requisitos indispensables para la celebración de elecciones absolutamente libres y la efectiva selección de opciones políticas.

Según Zilla, algunas organizaciones no gubernamentales, entre ellas *Human Rights Watch,* acusan al "chavismo", entre otras cosas, de:

- Elaborar "listas negras" de opositores en instituciones y empresas del sector público;
- Entorpecer la organización política y civil de ciudadanas y ciudadanos críticos al gobierno;
- Restringir la plena libertad de prensa por medio del hostigamiento de periodistas, de una legislación restrictiva en materia de opinión pública y de una masiva política estatal de medios[12], y
- Ejercer, a través de medidas paternalistas, prácticamente la compra de votos.

Mientras que Chávez[13] rechaza vehementemente toda intromisión externa en los asuntos venezolanos, no deja de inmiscuirse cada vez más en los procesos electorales de los países vecinos. Son explícitos y muy claros sus pronunciamientos por determinados candidatos como también son abiertas las descalificaciones que realiza de otros. En

---

[11] Según Claudia Zilla, Ob. Cit. Página 121 a 123.

[12] Se observa que esta es una tendencia que viene tomando cuerpo en algunos países latinoamericanos lo que, sin duda, constituye un peligro para la libertad de opinión y de comunicación que no debe tolerar ningún tipo de censura o de control, con excepción de la defensa del pluralismo de las fuentes de información.

[13] El jefe carismático ha producido siempre más problemas de aquellos que contribuía a resolver, además de fracasar en dos aspectos centrales: en la formación de estructuras productivas conducentes al crecimiento e integración y en la formación de estructuras institucionales dotadas de dos requisitos irrenunciables: eficacia y credibilidad. La frecuencia con la cual varios gobernantes de la región han modificado las constituciones políticas de sus países para ser reelectos en distintas oportunidades, no parece ser un indicador de salud democrática. Todo lo contrario, más bien, en tanto que multiplicación de los espacios de la excepción sobre los espacios de la regla.

algunos casos, existen incluso indicios de que Chávez apoyó económicamente las campañas electorales de ciertos amigos en la región.

En Venezuela se erosionan los derechos civiles y políticos, absolutamente relevantes en la antesala de cualquier contienda electoral, pues la emisión del voto y su cómputo correcto constituyen sólo dos aspectos singulares de un *proceso electoral que es mucho más amplio y que tiene su inicio muy atrás*.

También es sumamente preocupante y emblemática la decisión de los Tribunales de Venezuela (obviamente controlados por Chávez), que desconsideran abiertamente la jurisdicción de la Corte Interamericana de Derechos Humanos, a pesar de haber suscrito expresamente aquel país su Convención Interamericana, en una actitud de *falta de respeto intolerable* y flagrante de las normas internacionales del sistema interamericano.[14]

Por fin, señala Zilla en su texto que no obstante las elecciones se han vuelto – afortunadamente– un hábito indiscutido en Latinoamérica, debe valorarse además positivamente el hecho de que algunos países como Chile, México y Uruguay hayan resistido (hasta el momento) a la tentación de renunciar a medidas de limitación del poder y por lo tanto hayan mantenido la prohibición constitucional de reelección inmediata del presidente.

d) Brasil

Con respecto a Brasil podemos decir resumidamente que los últimos gobiernos del Presidente Luis Inácio Lula da Silva, (reelecto) han presentado excelentes resultados económicos. Así, el sueldo mínimo nominal subió en la moneda brasileña (real) de R$ 200,00 (doscientos reales), en 2002, a R$ 510,00 en 2010, y en dólares norteamericanos, pasó, en el mismo período de U$S 67,10 a U$S 284,90.

La tasa de desempleo que en 2002 era del 11,7% bajó a un 6,2%; los empleos formales aumentaron de 28,7 millones en 2002 a 43,1 millones en 2010; el volumen de crédito al consumidor subió de 131, 1 mil millones en 2002 a 714,5 mil millones de reales en 2010; la bolsa familia, uno de los principales programas de auxilio social del gobierno federal, que atendió aproximadamente 3,6 millones de familias en 2003 a atendió 12,7 millones en 2010; el consumo en el mismo período aumentó significativamente.

En el campo político el Presidente LULA goza, en 2010, de impresionante apoyo popular (cerca del 80% de la población lo apoya), lo que influyó decisivamente en la elección de su candidata a la Presidencia, Dilma Rousseff,[15] una burócrata sin pasado[16] partidario o histórico electoral.

---

[14] Incluso los jueces nacionales, no solo tienen el deber de respetar los tratados internacionales de derechos firmados por su país, sino que deben estar atentos, también, a los precedentes editados por la Corte Interamericana de Derechos Humanos cuando los Estados nacionales adhieren a los procedimientos y aceptan la jurisdicción de la CIDH expresamente, como en el caso de Venezuela. Como se sabe, existe también el compromiso por parte de los Estados de ajustar su ordenamiento jurídico a la Convención Americana a partir del momento en que la ratifican. La aprobación de una ley manifiestamente contraria a las obligaciones internacionales constituye, por si sola, una violación y genera responsabilidad internacional del Estado.

[15] Dilma Rousseff fue electa con el apoyo del 56% de la población del país. Su principal opositor, José Serra, del PSDB, obtuvo el 44% de los votos, 12 puntos atrás de Dilma. En el cuadro general, la oposición eligió 10 (diez) gobernadores, ocho del PSDB y dos del DEM. Brasil tiene 27 Estados.

[16] Cuando joven la Presidenta electa de Brasil Dilma Rousseff participó activamente en un grupo de izquierda radical que preconizaba la lucha armada contra el régimen militar. Estuvo presa, fue torturada, condenada, cumplió pena y posteriormente fue liberada. Hasta el año 2002 ningún brasileño o brasileña había oído su nombre. Fue a

Desolado con los escándalos políticos de corrupción en su gobierno, LULA, en la oportunidad todavía con alta popularidad pública, perdió gran apoyo de la clase media brasileña. En compensación, conseguirá la adhesión de las clases más bajas, gracias a un trípode de medidas que ha puesto a girar intensamente la rueda del consumo popular. Con tales medidas, logró elegir a su sucesora Dilma Rousseff.

Políticamente, con su popularidad en alta, el Presidente, creemos, intimidó a la oposición o la neutralizó. Ésta, a su vez, demoró a definir su candidato y no tuvo el coraje de apuntar los puntos débiles del gobierno LULA, como el debilitamiento de las instituciones, el autoritarismo, la ocupación de la máquina pública y una política externa (lo mínimo) extremadamente polémica, que buscó, entre otras medidas (y no sin resistencias) alinear a Brasil con dictaduras como las de Irán, Venezuela y Cuba.

En el aspecto político, se critica asimismo el gobierno de LULA, sobre todo por haber inflado exageradamente la máquina pública, por el número desmesurado de indicaciones de servidores públicos nombrados para ocupar cargos llamados "de confianza", aproximadamente 225.000 titulares, no siempre por el criterio del mérito, sino con base en la militancia partidaria y en la indicación política de grupos ligados al partido y sus bases.[17]

Más recientemente ha sido objeto de crítica la iniciativa apoyada por el Gobierno Federal en varios Estados de la Federación[18] de dictar leyes que crean consejos para actuar en el control de los órganos de comunicación, a pesar de que el artículo 5º de la Constitución brasileña contempla la plena libertad de expresión, independiente de censura o licencia.

Se teme que dichos consejos estatales acaben por censurar a los medios de comunicación, a ejemplo de lo que ya viene sucediendo en Venezuela.

Del otro lado, los defensores afirman que al crearlos los Estados no definen nuevas reglas para la radiodifusión, lo que de hecho es competencia federal, pero apoyan la aplicación de los principios constitucionales y leyes ya existentes, muchas veces ignorados por concesionarias de radio y de televisión.

Los consejos estatales tratarían sobre las políticas estatales, como el desarrollo de la precaria radiodifusión pública y comunitaria local, el acceso de la población a la banda ancha, y de criterios democráticos de distribución de verbas publicitarias

---

partir de ese año que el Presidente Lula le confió la coordinación del área energética del gobierno, cuando pasó a divulgar su perfil político, siendo promocionada abiertamente por el Presidente Lula.

[17] Según el diario "Folha de São Paulo", edición del 24 de octubre de 2010, con casi 500 mil funcionarios, las estatales lideran la expansión exagerada de la máquina en la era LULA. De acuerdo con el levantamiento que hizo dicho diario, la plantilla del personal propio de las estatales creció un 30% (treinta por ciento) desde el final de 2002 hasta 2009, llegando a cerca de 500 mil empleados en las estatales. El plantel de servidores civiles activos del Poder Ejecutivo, que motivó acusaciones de haber inflado la máquina administrativa, tuvo una expansión del 14% en el mismo período, lo equivalente a 67 mil contratados más. En los dos casos, el gobierno del PT (Partido de los Trabajadores) recogió dividendos políticos: entes del funcionalismo público están entre las bases del partido, y los empleados de empresas federales componen sindicatos poderosos como el de bancarios o petroleros. Son justamente las gigantes de los sectores bancarios y petrolífero –Banco do Brasil, Caixa Econômica Federal y Petrobras– que responden por dos tercios del aumento de las estatales durante el gobierno LULA. Las justificativas oficiales para el aumento del personal en el Ejecutivo han sido más ideológicas que administrativas. Se alega que LULA estaría reforzando el papel y la actuación del Estado, pero hasta hoy no ha sido presentado un diagnóstico de las potenciales carencias del servicio público.. (FSP, edição de 24/10/2010, especial 1– Presidente 40, cadernos Eleições 2010).

[18] Ceará, Alagoas, Piauí e Bahia.

gubernamentales hechas, por lo general, en forma poco transparente. Defienden también la formalización de alianzas con el Poder Ejecutivo federal para realizar audiencias y escuchar a la población en el momento de la renovación de una concesión de radio o de Televisión.

Finalmente se puede decir acerca de Brasil, según la ONU, que es el país que más avanza en el índice de desarrollo. Brasil pasó a ocupar el 73º puesto, sobre un total de 169 países – desempeño suficiente para que pueda integrar el grupo de naciones consideradas de desarrollo humano elevado.

Sin embargo, es preciso observar que cuando se toma en cuenta las desigualdades regionales – como la concentración de riqueza en una porción pequeña de la población, o la falta de acceso universal a la salud de calidad o al saneamiento básico – Brasil pierde 15 posiciones. Elaborado por el Programa de las Naciones Unidas para el Desarrollo (PNUD), el índice tiene una escala de 0 a 1. Cuanto más aproximado a 1, mejor es la situación del país. Brasil alcanzó el índice de 0,699. Noruega, la primera colocada 0,938. El peor indicador fue el de Zimbabue: 0,140. Chile está situado en la posición 45, Argentina ocupa la posición 46, Uruguay: 52, Panamá: 54, México: 56, Perú: 63, Costa Rica: 62, Rusia: 65, Venezuela: 75, Colombia: 79 y así en adelante.

III   La Democracia Exigible

En el documento titulado "La Democracia de Ciudadanía, Una agenda para La Construcción de Ciudadanía en Latinoamérica[19]", al que ya hicimos mención al comienzo de este trabajo, se plantean cuestiones con el objetivo de *contribuir para la formulación de políticas públicas tendientes a disminuir los déficits de ciudadanía que aquejan a las democracias latinoamericanas.*

Se discuten tres temas centrales para la sostenibilidad de la democracia, desde una perspectiva que no suele ser la habitual:

- Representación Política y Participación
- Democracia y República
- Capacidad estatal o estatalidad

A su vez, el documento deriva de esta discusión tres áreas de política pública en las que se requieren acciones urgentes:
Fiscalidad
Integración social
Seguridad pública

a) Hacia una democracia de ciudadanía

En Latinoamérica existen fuertes desigualdades y asimetrías de poder que se reflejan en la pésima distribución del ingreso.

En las últimas décadas, el 10% más rico de la población ha recibido, en el promedio de la región, el 37% del ingreso. Esa desigualdad económica se refleja en muchas otras

---

[19] A causa de la notable importancia del análisis que presenta utilizaremos su texto y sus conclusiones en este capítulo.

formas de desigualdad, entre las que destaca la desigualdad en el acceso al poder, un hecho que a veces se deja de lado al analizar los desbalances políticos regionales. Tal concentración de poder, a su vez, puede acrecentar la desigualdad económica.

Si no estuvieran reguladas y organizadas, estas desigualdades impedirían la realización de los derechos de los cuales son portadores los individuos, es decir, la ampliación de la ciudadanía.

Nadie entregaría naturalmente a otros parte de los beneficios que disfruta por su posición económica y su acceso al poder si no mediara una acción redistributiva y equilibradora. La función de la democracia es, en este sentido, redistribuir el poder para garantizar a todos los individuos el ejercicio de sus derechos.

Entre la abundancia de pocos y la pobreza de muchos, hay un desarrollo y una distribución más igualitaria, alcanzable, real que debería ser *exigible*.

La distinción entre *democracia de electores y democracia de ciudadanos* propuesta en el informe del PNUD es un punto de partida para su trabajo. Desde este punto de vista, la democracia:

Es una forma de organización del poder que implica la existencia y buen funcionamiento del Estado;

Tiene en el régimen electoral un elemento fundamental, pero no se reduce a las elecciones;

Implica el ejercicio de una ciudadanía integral, de acuerdo con las distintas dimensiones que se detallan más adelante (en su informe);

Es una experiencia histórica particular en la región, que debe ser entendida y evaluada en su especificidad.

La expansión de la ciudadanía parte de lo respecto e de la implementación de tres conjuntos de derechos que componen la ciudadanía:

Ciudadanía Civil (derechos civiles)

Ciudadanía Política (derechos de participación)

Ciudadanía Social (derechos económicos, sociales y culturales).

IV   Después de la transición: una nueva fase en la ruta democrática[20]

Afirma el documento que el fin del militarismo no significa o implica la consolidación de la democracia. Esta es una tarea permanentemente incompleta. Al reflexionar sobre esta etapa en la vida política de la región es útil considerar *el peso* que tienen ciertas transformaciones políticas y económicas que han modificado las condiciones de desarrollo político en el último lustro.

El documento apunta los siguientes hechos como importantes:

El surgimiento de nuevos movimientos políticos.

Un reconocimiento creciente de los derechos de sectores hasta ahora discriminados por adscripción, como el caso de las mujeres, los indígenas y los afro descendientes.

---

[20] Continuamos a utilizar el documento citado de la OEA.

La profundización en varios países de la región de la tendencia a una mayor concentración de poder en el Ejecutivo, con relativa independencia de la inclinación política.

La creciente aceptación, independientemente del signo político del gobierno, de la necesidad del mantenimiento de algunos equilibrios macroeconómicos básicos y del aprovechamiento de las oportunidades que brinda la inserción en la economía mundial.

La pérdida creciente de la influencia del Consenso de Washington y de la receta única que encarnaba, que ha sido sucedido por una creciente diversidad en los patrones de desarrollo económico.

Un aumento de los grados de autonomía en los países de la región respecto de las potencias políticas y a los organismos multilaterales de crédito, que se expresa en este último caso por una menor presión de sus condicionalidades.[21]

La consolidación de la supremacía civil sobre los aparatos militares no significa que nuestras democracias estén libres de riesgos y carencias. Han surgido otros peligros. En los últimos veinte años, 18 presidentes no completaron sus mandatos. Ninguno de ellos fue acusado de asumir el poder de manera ilegal, no se cuestionaba su legitimidad de origen sino su desempeño.

La democracia local también muestra avances, que se reflejan en la generalización de la elección popular de las autoridades locales y el aumento de sus competencias y recursos, aunque en muchos casos sin la suficiente creación de capacidades institucionales. Los espacios locales se han convertido en varios países en fuente de creación de nuevas figuras políticas y de novedosas experiencias de participación ciudadana.

No obstante, en algunos contextos, subsisten relaciones de subordinación a los poderes nacionales e incluso de abierta restricción por parte de éstos al ejercicio de las funciones que la Constitución y la ley entregan a los gobiernos subnacionales. A su vez, en otros casos, puede decirse que los gobiernos subnacionales se alejan de la visión de experiencias democráticas novedosas y, por el contrario, manifiestan vestigios autoritarios.

Hay también avances en la representación de las mujeres en la vida política, que en algunos países incluyen mecanismos de discriminación positiva (cuotas).

Han surgido, además, nuevas formas de participación de comunidades histórica-mente marginalizadas, como los indígenas y afro descendientes, pero su representación política es todavía igualmente insuficiente.

A pesar de los grandes avances en el ejercicio de los derechos políticos, en el establecimiento de procesos electorales y en la ampliación de los espacios de partici-pación ciudadana, en otros aspectos –pobreza, desigualdad, desempleo, informalidad, inseguridad e impunidad– la región ha progresado de manera insuficiente e incluso, en algunos casos, ha involucionado.

El número de personas pobres ha disminuido en 37 millones con respecto a 2002, que incluyen los 29 millones que han salido de la situación de indigentes.

A ello se agrega una mejoría de un amplio grupo de indicadores de salud, educación, provisión de agua potable y servicios de saneamiento y, en general, de desarrollo humano, donde América Latina sigue estando por encima de las otras regiones del mundo en desarrollo.

---

[21] Todo en conformidad con el documento ya mencionado *"La Democracia de Ciudadanía"* OEA, página 17 y siguientes.

Sin embargo, el auge de 2004-2008 no generó una plena reversión del deterioro de las condiciones laborales. A largo plazo, se evidencia un saldo negativo de la calidad de los puestos de trabajo y de la cobertura de la seguridad social. La desocupación se mantiene en niveles relativamente altos.

La longevidad del déficit social en Latinoamérica sigue generando múltiples formas de pobreza y desigualdad. Existen diversas maneras de ser excluido, de ser desempleado, de ser desigual, que tornan muy complejo el planteamiento político de la exclusión, sobre todo cuando se pretende superar lo meramente asistencial.

En todos los países desarrollados, las políticas anticrisis se han basado en una enérgica acción estatal. El papel del Estado es, en la situación actual, esencial, y así lo reconocen los latinoamericanos. El contexto de crisis económica interpela la capacidad de la democracia para dar respuestas efectivas.

Además de la situación socioeconómica, igualmente preocupantes son las carencias en las esfera civil da la ciudadanía. Por un lado, la región tiene el número de homicidios por cada 100 mil habitantes más alto del mundo, y se elevó del 18,9 en 2000 al 21,1 en 2006.

En paralelo, la justicia no llega a todos y hay continuas violaciones de los derechos humanos en la región e la debilidad del aparato del Estado para controlar la fuerza pública.

Hemos logrado en buena medida la democracia electoral pero no hemos alcanzado la democracia de ciudadanía posible exigible por los ciudadanos.

V   Democracia de ciudadanía y democracia exigible

Las democracias latinoamericanas deben resolver viejos déficits de ciudadanía y afrontar nuevas realidades. Una condición indispensable para la transformación social es la construcción de poder democrático desde la política, los partidos y el Estado.

La democracia es una forma de organización del poder para ampliar la ciudadanía. En toda sociedad existen de hecho fuertes desigualdades y asimetrías de poder. Si no estuvieran reguladas y organizadas de cierta manera, éstas impedirían la realización de los derechos de los cuales son portadores los individuos.

Una democracia con un Estado anacrónico, ineficiente e ineficaz no puede resolver las carencias que la debilitan.

La organización democrática del poder posee, en este sentido, tres rasgos que se vinculan estrechamente con su legitimidad:

– Su *origen* en la soberanía popular expresada a través de procesos electorales periódicos, libres y transparentes. La democracia parte de la idea de que el poder descansa en el pueblo y que su ejercicio sólo es delegado. Lo que implica un mandato, capacidad para ser controlado y la posibilidad de alternancia y periodicidad de los mandatos.

– Su *ejercicio* organizado a través de las instituciones republicanas de gobierno y normado en el Estado Democrático de Derecho. Se refiere a cómo se toman las decisiones para formular las políticas públicas y las normas.

– Su *finalidad,* es decir, garantizar, materializar y extender los derechos ciudadanos en sus tres esferas política, civil e social, a partir de la clásica definición de Marshall. La ampliación de los derechos es entendida como su realización efectiva.

Hay mínimos generalmente aceptados para cada una de las esferas de ciudadanía. Existe un razonable acuerdo que por debajo de un cierto umbral carecemos de condiciones necesarias para el desenvolvimiento democrático. La existencia de elecciones libres y transparentes, el respeto de la libertad y seguridad de las personas, la defensa de la libre expresión, son algunos de los derechos indispensables que caracterizan el mínimo de ciudadanía que debe estar presente en una democracia.

Por encima de esos mínimos se abre el camino hacia "la democracia permanentemente incompleta". Pero ella contiene un máximo realizable que depende estrechamente de lo disponible en una sociedad, que podríamos denominar "la disponibilidad factorial". Este máximo depende de restricciones dadas por el grado de desarrollo de una sociedad en un momento histórico que no permite la realización de todos los derechos de los que somos portadores. Los países difieren en sus grados de desarrollo y por tanto difieren los "óptimos realizables de ciudadanía" que puedan alcanzarse.

Aun en estas esferas, que competen especialmente a la ciudadanía social y se caracterizan por un desarrollo progresivo, también es posible establecer mínimos deseables, acorde con los patrones internacionales para países con iguales condiciones de recursos económicos. Estos mínimos deben ser definidos en las constituciones y la ley a través de procesos democráticos siguiendo, en cualquier caso, el criterio que se ha definido en el debate internacional sobre derechos económicos y sociales, de aspirar a lo "máximo entre lo realizable".

De otra parte, lo políticamente popular puede ser social y económicamente insostenible, generar expectativas irrealizables y materializarse en mayores retrocesos y frustraciones para la ciudadanía. El facilismo económico se vuelve así enemigo de los intereses mayoritarios.

Entre la ilegitimidad que tiene lugar a partir de la falta de ciudadanía mínima y el facilismo en materia de políticas públicas, carente de sostenibilidad, existe un espacio posible para la demanda social: la democracia exigible, la que se puede realizar dada la constelación de factores disponibles. Demagogia e ilegitimidad son, en definitiva, los límites de la democracia sostenible. El espacio de la democracia exigible es el ámbito donde debería desarrollarse el debate, las propuestas de políticas públicas de los partidos y la aspiración que dé sentido y finalidad al trabajo político.[22]

Con sus recursos, su grado de desarrollo y sus luchas por la igualdad, Latinoamérica no debería ser la región con mayor concentración de ingresos del mundo.

Por los mismos motivos, 184 millones de pobres y 68 millones de indígenas representan una situación que no se compadece con el nivel de desarrollo y riqueza de la región. Hay recursos para modificar las condiciones de vida de casi 200 millones de latinoamericanos. Otra ciudadanía social es exigible.

Con el grado de desarrollo de nuestras instituciones, 200 años de vida independiente y experiencia en la construcción del Estado, no es aceptable ser la primera región del mundo en homicidios dolosos. Otra ciudadanía civil es exigible.

Con nuestra historia política, partidos que en algunos casos son centenarios, y una historia republicana que recorre nuestra vida independiente, no es comprensible

---

[22] Trabajo OEA ya citado, página 24.

la brecha que se abre entre ciudadanos e instituciones, ciudadanos y partidos, y la profunda crisis de representación. Otra ciudadanía política es exigible.

Hacer efectivo lo exigible, generar las políticas públicas que permitan alcanzarlo, debatir sobre lo que podríamos tener como ciudadanos y no poseemos, es una tarea prioritaria para los partidos políticos de la región.

Lograr la democracia de ciudadanía es, entonces, alcanzar los óptimos realizables. Esto es, el ejercicio sostenible del máximo de derechos a partir de la generación de políticas convalidadas por la sociedad, promovidas por ella y legitimadas para dar poder al Estado para ejecutarlas.

Es una situación de sostenibilidad democrática, de equilibrio estable, donde se asegura la persistencia y reproducción del sistema democrático por la vía de la legitimidad, de la satisfacción de las demandas sociales y de la creciente realización de los derechos.

VI   La Democracia Contemporánea – ¿Hacia dónde caminamos?

La democracia *representativa,* inclusive para sus más arduos defensores, presenta señales de agotamiento. Es preciso combinar el modelo de democracia representativa con otras formas de participación.

Sabemos que la democracia representativa y la democracia directa no son dos modelos alternativos o excluyentes. Es saludable y posible que podamos encontrar y combinar esas y otras formas de democracia.

El espacio abierto para el debate político libre y los diferentes modos como las personas pueden exprimir sus puntos de vista son la esencia de la vida democrática y lo que hace funcionar la toma de decisiones en las democracias.

La participación democrática constituye un objetivo decisivo del desarrollo humano y no apenas un medio de lograrlo.

Investigaciones realizadas por el PNUD[23] apuntan cuales son las instituciones fundamentales para un gobierno democrático por excelencia. Serían las siguientes:

- Un sistema de representación, con partidos políticos y asociaciones de intereses que funcionen bien;
- Un sistema electoral que asegure elecciones libres y justas, así como el sufragio universal;
- Un sistema de fiscalización basado en la separación de poderes, con ramos judiciales y legislativos independientes;
- Una sociedad civil vibrante, capaz de monitorear negocios gubernamentales y privados – y brindar formas alternativas de participación política;
- Medios de comunicación libres e independientes;
- Control civil eficaz de las fuerzas armadas y de otras fuerzas de seguridad.

---

[23] Según Manoel Adam Lacayo Valente, "Democracia enclausurada: um debate crítico sobre a democracia representativa contemporánea. Editora Plenarium, Brasília, 2006, página 110.

Se apuntan además once (11) indicadores e la buena gobernabilidad en diferentes países, a saber:

1. Organización Política
2. Libertades civiles
3. Derechos Políticos
4. Libertad de Prensa
5. Voz y responsabilidad
6. Estabilidad política y ausencia de violencia
7. Ley y orden
8. Reglas Jurídicas
9. Eficiencia gubernativa
10. Índice de percepción de corrupción
11. Control de Soborno (corrupción)

Así, contemporáneamente, según VALENTE, la clara perdida de legitimidad, de credibilidad y de eficacia del sistema de democracia representativa impone su redimensionamiento político con la adición, por complementariedad, de la dimensión participativa, lo que descortinará, en el entorno plural de la esfera pública, nuevas posibilidades de deliberación colectiva respecto de los destinos de las sociedades complejas.

Citando a Boaventura de Souza Santos e Held,[24] que afirma: "La sociedad participativa debe ser una sociedad experimental, una sociedad capaz de experimentar, a raíz de una reforma radical de las rígidas estructuras hasta ahora impuestas por el capital privado, las relaciones de clase y otras asimetrías sistemática del poder".

La praxis de la democracia combinada no posee receta única, sino que es modelada por la relación dialéctica resultante del embate político entre las diferentes fuerzas sociales de cada Estado Nacional. Como ha sido registrado por el PNUD.

Las personas, em todos lados, quieren decidir su destino. El tipo de democracia que ellas eligen no tiene que seguir un modelo particular – de Norteamérica o de Europa Occidental, por ejemplo. El modelo tiene que adaptarse a las circunstancias locales y a la historia.

De todas maneras, es posible enumerar algunas condiciones necesarias para el desarrollo de la democracia combinada:

- La difusión de una cultura democrático-participativa.
- El fortalecimiento y ampliación de los movimientos sociales.
- La promoción de acciones destinadas a conquistar el reconocimiento, por parte del Estado y de la propia sociedad, de la legitimidad de las pretensiones de participación política.
- La institucionalización jurídica de los procedimientos participativos en la esfera estatal (plebiscitos, referendos, etc.).

---

[24] Apud Valente, Ob. Cit página 129.

- La institucionalización jurídica de procedimientos participativos en la esfera privada (gestión compartida, participación en comisiones de fábricas, etc.).

En lo que respecta a procedimientos concretos de participación, en el ámbito de la democracia combinada, se pueden señalar dos clases: la de los procedimientos institucionales y la de los procedimientos no-institucionales. Dentro de la primera clase, figurarían las formas de participación instituidas jurídicamente por el Estado, donde se incluiría, entre otros, los siguientes instrumentos:

Plebiscito

Referéndum

Iniciativa Popular

Recall

Participación en los colegiados de organismos públicos

Audiencias Públicas

Consultas a la Comunidad para recibir sugerencias

Canales libres de comunicación (oidorías, corregidores, etc.)

Presupuestos Participativos.

Ya la segunda clase, relativa a los procedimientos no instituidos jurídicamente por el Estado incluiría, entre otros, los siguientes instrumentos:

Foros de debates.

Acciones de organización no-gubernamentales.

Campañas de aclaraciones

Participación en los colegiados de instituciones privadas.

Monitoreo de acciones gubernamentales.

Utilización de Internet como herramienta de información y de movilización social.

Institución de agendas de prioridades sociales, económicas y políticas y su consecución por medio de todas las formas de participación.

Parece que estos son los caminos que podemos y debemos recorrer rumbo al perfeccionamiento de lo que entendemos y vivenciamos como "democracia".

O MODELO FEDERAL BRASILEIRO: SUA HISTÓRIA, SUA REGULAÇÃO ATUAL E SEU SISTEMA DE RECURSOS FINANCEIROS

O propósito deste artigo é oferecer uma noção geral a respeito do *modelo federal brasileiro*, suas características, suas peculiaridades.

Abordaremos três pontos essenciais: a história do federalismo brasileiro, sua regulação atual e seu sistema de recursos ou, como diríamos em castelhano, seu sistema de *financiación*. No mais, agregaremos dados que possibilitem compreender melhor a complexa e rica realidade brasileira.

1 História – Os antecedentes da República e da Federação – A queda do Império

O federalismo foi introduzido no Brasil juntamente com a promulgação da República em 1889, em substituição ao Estado unitário existente na época do Império. Apenas com a promulgação da Constituição de 1891, no entanto, é que o Brasil assumiu realmente a forma federalista, com pendência para o federalismo dual.

De fato, antes da República, o Brasil era um Império[1] com um sistema político fortemente centralizado que colocava os municípios na dependência dos governos provinciais e as províncias na dependência do governo central.

---

[1] O Brasil foi "descoberto" pelos portugueses em 1500. Durante as primeiras décadas do século XVI, o Brasil praticamente serviu ao reino português apenas como local de abastecimento para os navios que seguiam para as Índias. Os portugueses, estimulados pela necessidade de garantir a posse do território e eliminar a concorrência francesa, que questionava o domínio português sobre terras desocupadas, passaram a explorar geograficamente a região e pesquisar o litoral em busca de riquezas a serem aproveitadas. Desta forma, organizaram e enviaram as primeiras expedições para a colônia. Entre 1503 e 1505, o monopólio de exploração de pau-brasil concedido pela Coroa esteve nas mãos de alguns portugueses. Após constantes invasões de corsários franceses na costa brasileira, que vinham principalmente para contrabandear o pau-brasil, Portugal decidiu fundar o primeiro núcleo colonial na orla litorânea do território que corresponde hoje ao Estado de São Paulo. Lá também implantou o cultivo de cana-de-açúcar e mandou construir o primeiro engenho nas terras brasileiras, lançando as bases da agroindústria açucareira na América Portuguesa. Em 1534, seguindo o princípio de transferir para terceiros as despesas com a colonização no Brasil, a Coroa instituiu o sistema de capitanias hereditárias, no qual as terras que cabiam a Portugal pelo Tratado de Tordesilhas foram divididas em lotes e entregues aos capitães donatários. Estes formavam um grupo heterogêneo, composto de gente da pequena nobreza, burocratas e comerciantes ligados à Coroa e recebia a capitania pela Carta de Doação, um documento que lhes concedia a posse da terra. Como não tinham a propriedade plena desse bem patrimonial, mas apenas a concessão, não podiam vender nem doar a capitania.

No período imperial, a tradição colonial subordinava a Igreja ao Estado, mantinha-se o catolicismo como religião oficial, embora autorizado o culto privado de outras religiões. À ocasião, adotava-se um sistema de eleições indiretas baseado no voto qualificado (censitário), excluindo a maior parte da população do processo eleitoral.

Emília Viotti da Costa[2] ensina a respeito da ambiência daquela época. A professora afirma que, no *Império*, havia uma disputa ávida por títulos de nobreza, o monopólio de posições na Câmara, no Senado, no Conselho de Estado e nos Ministérios. Além disso, a adoção do princípio da vitaliciedade para o Senado e Conselho de Estado assegurou continuidade às elites políticas que se perpetuavam no poder graças ao sistema de clientela e patronagem, vindo a constituir uma verdadeira oligarquia.

O Brasil não teve uma unidade política real nos primeiros dois séculos de sua existência, a não ser em momentos transitórios. A grande realidade eram as capitanias, altamente descentralizadas, formadas por concessões inalienáveis e hereditárias, os seus proprietários tendo prerrogativas típicas e senhoriais, que relembram o feudalismo. Entre outros de seus poderes se contam o de conceder sesmarias, escravizar índios, nomear funcionários locais, conhecer agravos e apelações da capitania, imputar pena de morte para peões, escravos e gentios, além do degredo de até dez anos para os súditos de qualidade.[3]

Em 1822,[4] as elites optaram por um regime monárquico, mas, uma vez conquistada a *Independência* de Portugal, competiram com o Imperador pelo controle da nação,

---

Esse direito cabia exclusivamente ao rei de Portugal. Os direitos e deveres dos capitães-donatários constavam de um documento denominado Foral. No tocante à administração, gozavam do direito de fundar vilas e doar sesmarias (lotes de terra não cultivados), além de exercerem o monopólio da justiça e o comando militar. No setor econômico, cabia-lhes o domínio das moendas de água, dos engenhos de açúcar e das marinhas de sal; também podiam, anualmente, escravizar e mandar vender em Portugal 24 "peças", ou seja, índios apresados; ficavam com a vintena (vigésima parte) do valor da exploração do pau-brasil, a metade do dízimo do pescado, a redízima (um centésimo) das rendas da Coroa, o dízimo dos metais preciosos e, ainda, com os direitos de passagem em rios, portos e outras águas. As capitanias continuaram a existir até o século XVIII, sendo a última a ser extinta, a de São Vicente, em 1759. Durante todo esse tempo, os direitos dos donatários foram cada vez mais limitados pelos governadores-gerais, interessados em consolidar sua autoridade. A partir da fundação da vila de São Vicente (SP), os núcleos de povoamento pontilharam o território brasileiro. Dele surgiam vilas e cidades que se transformavam em bases da administração metropolitana, bem como do poder da elite colonial. O modelo municipal português implantado nas vilas e cidades ocasionou a criação de diversos órgãos político-administrativos. Destes, o mais significativo foi a Câmara Municipal que, teoricamente, representava os interesses da população local. Dentre as funções da Câmara Municipal nas esferas política, social e econômica, destacavam-se a administração municipal; a regulamentação das feiras e dos mercados; a execução de obras públicas, como estradas e pontes; a construção de edifícios, a conservação de ruas, a limpeza urbana e a arborização; além da regulamentação dos ofícios e do comércio local (Conforme BRAICK, Patrícia Ramos; MOTA, Myriam Becho. *História 2*: da conquista da América ao Século XX. São Paulo: Moderna, 2006).

2 COSTA, Emilia Viotti da. *Da Monarquia à República*: momentos decisivos. São Paulo: Editorial Grijalbo, 1977.

3 *Vide* o nosso, Federalismo X centralização: a eterna busca do equilíbrio. *In*: CAGGIANO, Monica Herman; RANIERI, Nina (Org.). *As novas fronteiras do federalismo*. São Paulo: Imprensa Oficial, 2008. p. 117-135.

4 O que se viu em 1822 foi, portanto, uma ruptura controlada e ao mesmo tempo ameaçada pelas divergências internas e pela grande pobreza e marginalização, fruto de três séculos de escravidão e exploração colonial. Ao contrário dos Estados Unidos, onde a independência teve como motor a República e a luta pelos direitos civis e pela participação popular, no Brasil o sonho republicano estava restrito a algumas parcelas minoritárias da população. Quando apareceu nas rebeliões regionais, foi imediatamente reprimido pela Coroa. Por isso, o caminho escolhido em 1822 não era o republicano nem genuinamente revolucionário. Era apenas conciliatório. Em vez de enfrentadas e resolvidas, as antigas tensões sociais foram adiadas e amortecidas. Em nome dos interesses da elite agrária, a escravidão permaneceria como uma chaga na sociedade brasileira até sua abolição, em 1888, com a lei assinada por uma bisneta de D. João VI, a Princesa Isabel. As divergências regionais reapareceriam de tempos em tempos, de forma violenta, como na Confederação do Equador, de 1824, na Guerra dos Farrapos, em 1835,

cuja liderança assumiram em 1831, quando levaram D. Pedro I a abdicar. Nos anos que se seguiram, os grupos no poder sofreram a oposição dos liberais radicais que se insurgiram em vários pontos do país. Ressentiam-se uns da excessiva centralização e pleiteavam um *regime federativo*. Outros propunham a abolição gradual da escravidão, demandavam a nacionalização do comércio, chegando a sugerir a expropriação dos latifúndios improdutivos.

Concebido em 1822,[5] o sistema político parecia pouco satisfatório aos novos setores. As elites urbanas não se sentiam representadas e os fazendeiros das áreas cafeeiras mais novas, que produziam boa parte da riqueza do país, sentiam-se excluídos das estruturas políticas do Império.

O Partido Republicano recrutou adeptos nesses grupos sociais insatisfeitos. Republicanos e abolicionistas adotaram um estilo político novo. Pela primeira vez a política saía dos limites estreitos dos conchavos familiares para a praça pública: políticos falavam às populações urbanas, poetas e escritores voltaram a falar do povo, redescobrindo-o como fonte de inspiração. Apesar dessas tentativas de mobilização popular, a República far-se-ia, como a independência se fizera, sem a colaboração das massas.

O novo regime resultaria de um golpe militar. Nos meios republicanos, a estratégia conspiratória prevaleceu sobre a estratégia revolucionária. O exército apareceu aos olhos das novas elites como o instrumento ideal para derrubar a Monarquia e instituir um novo regime que as colocasse no poder. Desde a guerra do Paraguai, setores do exército se indispuseram com o sistema monárquico. Convencidos de que os políticos civis eram corruptos, entenderam que cabia aos militares uma missão regeneradora, de salvação nacional. Nada mais natural, pois, do que a aliança entre os setores militares e republicanos, culminando na derrubada da Monarquia.[6]

2   A Conjuração Mineira

Dá-se o nome de Conjuração Mineira ao movimento de insurreição abortado em 1789 em Minas Gerais. Foi um levante de natureza iluminista, de vasta repercussão

---

e na Revolução Constitucionalista Paulista, ocorrida em 1932 no estado de São Paulo. A participação popular nas decisões do governo se manteria como um conceito figurativo. Em 1881, quando a chamada Lei Saraiva estabeleceu, pela primeira vez, a eleição direta para alguns cargos legislativos, somente 1,5% da população tinha direito ao voto. Eram apenas os grandes comerciantes e proprietários rurais. Entre a enorme massa de excluídos estavam mulheres, negros, mulatos, pobres, analfabetos e destituídos em geral (Conforme GOMES, *op. cit.*, p. 334).

[5]   Em 07 de setembro de 1822, ocorreu o chamado "Grito do Ipiranga", quando, às margens do riacho Ipiranga, em São Paulo, o Príncipe Regente do Brasil, D. Pedro I, bradou perante a sua comitiva: "Independência ou Morte", referindo-se à mãe terra de Portugal. Outros consideram que o processo de *independência* do Brasil estaria mais associado à transferência da corte portuguesa para o Brasil, no contexto da guerra peninsular, a partir de 1808, com a invasão de Lisboa pelas tropas de Napoleão Bonaparte. É certo que com a invasão francesa de Portugal, iniciou-se a viagem da família real e da corte portuguesa para o Brasil. Dezoito navios de guerra portugueses e treze ingleses escoltaram mais de vinte e cinco navios mercantes de Lisboa até a costa do Brasil. A bordo seguiam aproximadamente quinze mil portugueses. O Reino Português ficava a ser governado por uma Junta de Regência que o General Junot logo dissolveu. Com a presença da família real portuguesa no Brasil, a partir de 1808, registrou-se o que alguns historiadores chamam de "inversão metropolitana", ou seja, o aparelho de Estado Português passou a operar a partir do Brasil que, desse modo, deixou de ser "colônia" e assumiu efetivamente as funções de metrópole.

[6]   Segundo Emília Viotti da Costa, na obra citada.

política, liderado por homens com formação universitária europeia que discutiam as ideias de Voltaire e Rousseau, e, em especial, as condições que tinham levado à Declaração de Independência das Colônias inglesas em 1776.

Como relata Patrícia Ramos Braick e Myriam Becho Mota,[7] em sua maioria os conspiradores não eram pobres nem pertenciam à massa da população. Ao contrário, integravam a elite colonial. Deste grupo, participavam mineradores, fazendeiros, padres, funcionários públicos, advogados, juristas e militares de alta patente.

Os conjurados planejavam instaurar o movimento de separação da Capitania de Minas Gerais (hoje Estado de Minas Gerais), no mesmo dia em que fosse decretada a derrama – cobrança dos quintos de ouro em atraso que o novo governador Visconde de Barbacena, com ordens da Coroa Portuguesa, deveria receber do povo.

Acreditavam os conjurados que a cobrança dos impostos afetaria grande parte da população, que acabaria por aderir ao movimento. Em outubro de 1791, os processos desses revoltosos foram julgados. Pronunciaram-se 34 pessoas como réus do crime de lesa-majestade, das quais cinco eram eclesiásticos e três já falecidos. Onze foram julgados culpados e sentenciados à morte. Um deles, "Tiradentes" (Joaquim José da Silva Xavier), a partir da proclamação da República, em 1889, foi considerado herói do Brasil, por defender os interesses do país contra a coroa e a opressão portuguesa que ela representava.

Outros episódios precursores também tiveram por efeito provocar, mais tardiamente, a independência do Brasil de Portugal. O primeiro foi a Conjuração Mineira. Houve outros. Cada um a seu modo pressionou para uma mudança no futuro. Assim, por exemplo, em 1817, o comerciante Antonio Gonçalves Cruz, conhecido como "Cabugá", era o agente secreto de uma conspiração em andamento no (hoje) Estado de Pernambuco. Viajou do Brasil para Filadélfia, então capital dos EUA. Levava na bagagem 80.000 dólares, o equivalente hoje a aproximadamente 12 milhões de dólares. Tinha três missões: a primeira era comprar armas para combater as tropas de D. João VI. A segunda convencer o governo americano a apoiar a criação de uma República independente no Nordeste brasileiro. A terceira e mais espetacular de todas as missões era recrutar alguns antigos revolucionários franceses exilados em território americano para, com a ajuda deles, libertar Napoleão Bonaparte, prisioneiro dos ingleses na ilha de Santa Helena, no Atlântico Sul, desde a derrota na batalha de Waterloo. Pelo plano de "Cabugá", Napoleão seria retirado da ilha na calada da noite e transportado para Recife (capital do Estado de Pernambuco no Brasil), onde comandaria a revolução pernambucana para, em seguida, retornar a Paris e reassumir o trono de imperador da França.

Os planos de Cruz Cabugá, entretanto, não prosperaram. Quando chegou aos Estados Unidos, com dinheiro arrecadado entre senhores de engenho (cana-de-açúcar), produtores de algodão e comerciantes favoráveis à República, os revolucionários pernambucanos já estavam sitiados pelas tropas leais à monarquia portuguesa. A rendição era inevitável. Sem saber de nada disso, Cabugá conseguiu recrutar quatro veteranos dos exércitos de Napoleão: o conde Pontelécoulant, o coronel Latapie, o

---

[7] *Op. cit.*, p. 241.

ordenança Artong e o soldado Roulet. Todos eles chegaram ao Brasil muito depois de terminada a revolução e foram presos antes de desembarcar.

Mesmo derrotado, o movimento pernambucano custou caro aos planos da corte portuguesa no Brasil. Os revolucionários ficaram no poder menos de três meses, mas conseguiram abalar a confiança na construção do império americano sonhado por D. João VI. Também contribuíram para acelerar o processo de Independência do Brasil em relação a Portugal. O historiador Manuel de Oliveira Lima considerou a rebelião de 1817 como o "primeiro movimento genuinamente republicano do Brasil".[8]

3 De Pedro II à República

O Brasil tornou-se independente ainda sob o signo de uma sociedade conservadora, latifundiária e tradicional, cuja riqueza era impulsionada pelo trabalho escravo, como acontecera no período colonial. No decorrer do Segundo Reinado (1840-1889), o poder no Império escravagista permaneceu sob o controle das oligarquias agrárias. No entanto, as inevitáveis mudanças socioeconômicas e políticas deste meio século da vida brasileira foram corroendo as bases de sustentação do regime monárquico, estabelecido em uma rígida estratificação social.

Na década de 1880, não apenas os setores populares e médios urbanos, mas também segmentos das elites urbanas e rurais aceitavam o projeto abolicionista e republicano. O fim do trabalho escravo, em 1888, representou a sentença de morte do Império. No ano seguinte, o Brasil tornou-se uma República, regime mais aberto a transformações modernizadoras – ainda que as elites agrárias tenham preservado suas posições dominantes e que a sociedade brasileira permaneça, até hoje, marcada por extrema desigualdade.

Em 1847, foi introduzido o parlamentarismo no Brasil. Nele, o imperador detinha a faculdade de nomear e demitir o ministério. Enfim, era um "parlamentarismo ao contrário", no qual o soberano reinava e governava. O Gabinete deveria merecer a confiança do monarca e da Câmara de Deputados. A escolha do presidente do Conselho de Estado era de competência exclusiva do imperador (D. Pedro II), que podia demiti-lo de acordo com sua vontade, utilizando as atribuições do Poder Moderador.

Ao longo do Segundo Reinado, o país assistiu à organização de trinta e seis gabinetes, com uma média de um ano e três meses para cada governo. No total, os conservadores governaram por mais de 29 anos, e os liberais, por mais de 19 anos. A diferença confirma que os conservadores, com seus projetos de centralização, estavam mais próximos do poder imperial.

Assim, o período entre 1850 e 1870 foi considerado pela historiografia como o apogeu do Império. O Estado consolidado e os debates políticos circunscritos ao Parlamento foram as suas marcas. Cabe assinalar que a lavoura cafeeira, em franca expansão, permitiu o crescimento da economia. O suor do trabalho escravo sustentou a estabilidade tão almejada pelas elites.

---

[8] GOMES, Laurentino. *1808*. São Paulo: Planeta, 2007. p. 285.

O Império brasileiro, sobretudo o do segundo reinado, permitiu a formação de um Poder Central forte e evitou que o Brasil seguisse o caminho fragmentador da América hispânica. O legado do Império foi, neste sentido, a manutenção da unidade territorial, a busca da constituição de um sentimento de nacionalidade e, acima de tudo, a criação de um duradouro consenso entre as elites a respeito da necessidade de uma efetiva autoridade central. Mas com a paulatina destruição dos alicerces do Império– sobretudo da escravidão– o conflito entre centralização e descentralização do poder viria à tona na forma de reivindicações federalistas.

Em 1887, o marechal Deodoro da Fonseca, um dos principais líderes do Exército, enviou um documento à princesa Isabel, filha de D. Pedro II, comunicando que os militares se recusariam, dali em diante, a perseguir escravos. No mesmo ano, a Igreja Católica pronunciou-se, pela primeira vez, em favor da abolição.

Finalmente, em 13 de maio de 1888, a princesa Isabel, regente do Império na ausência de seu pai, que se encontrava na Europa, assinou a Lei Áurea, libertando os escravos no Brasil. Quando os escravos foram libertados, a vitória republicana tornou-se uma questão de tempo.

Segundo Braick e Mota,[9] praticamente todas as mobilizações populares do Brasil a partir da segunda metade do século XVIII tinham um projeto de República. No dia 15 de novembro de 1889, o marechal Deodoro da Fonseca, escolhido para liderar o golpe militar, dissolveu o gabinete imperial e proclamou a República no Brasil. Para que não houvesse dúvidas quanto ao sentido da manifestação das tropas, a "proclamação civil da República" foi feita na Câmara de Vereadores do Rio de Janeiro, pelo abolicionista José do Patrocínio, com apoio de membros do Partido Republicano. As camadas populares não participaram da derrubada do imperador.

Emilia Viotti da Costa[10] afirma que a República, longe de corresponder às aspirações populares, não passaria de um mero golpe militar. A prova da escassa receptividade à ideia republicana encontra-se no insignificante número de pessoas inscritas no Partido Republicano e na sua reduzida penetração nos meios parlamentares. A proclamação da República teria sido facilitada pelo desprestígio que recaia sobre a Monarquia, em virtude das críticas que os próprios monarquistas lhe dirigiam.

4   A República e a ideia federativa

Com a proclamação da República em 1889, a ideia federativa empolgou o país. O Decreto nº 1 do Governo Provisório proclamou como forma de governo da nação brasileira a *República federativa*.

As províncias do Brasil, reunidas pelo laço da federação, ficam constituindo-se os Estados Unidos do Brasil, dizia o texto do Decreto. Cada um desses estados, no exercício da sua legítima autonomia, decretará oportunamente a sua constituição definitiva, elegendo seus corpos deliberantes e seus governos locais.

---

[9]   *Op. cit.*

[10] *Da Monarquia à República*. São Paulo, 1985.

O principal inspirador da primeira Constituição republicana do Brasil foi o jurista Rui Barbosa,[11] que em discurso pronunciado em 1890, antes portanto de sua promulgação (1891), assim confessou os seus pendores federalistas:

> Eu era, senhores, federalista, antes de ser republicano. Não me fiz republicano, senão quando a evidência irrefragável dos acontecimentos me convenceu de que a Monarquia se incrustara irredutivelmente na resistência a federação. Esse *non possumus* dos partidos monárquicos foi o seu erro fatal. A mais grave responsabilidade, a meu ver, dos que presidiram à administração do país no derradeiro estágio do império está na oposição obcecada, inepta, criminosa de uns, na fraqueza imprevidente e egoísta de outros contra as aspirações federalistas da nação. A federação teria demorado o advento do regime republicano por pouco tempo; mas teria poupado à República as dificuldades de organização, com que temos arcado, e continuaremos a arcar talvez por não breves dias. A revolução federativa penetrou, pois, nos fatos como torrente violentamente represada, cujos diques se arrasassem de um momento para outro; e, invadindo a atmosfera política do país com a pujança de uma reação sem contrapeso, operou como um princípio eliminador das forças de equilíbrio moral, que devem corrigir-lhe as demasias. Já não há senão federalistas. Já os federalistas antigos se vêem desbancados e corridos pelo fanatismo dos conversos. Já muitas vezes os mais intransigentes no serviço do princípio triunfante são os que ontem embaraçavam as pretensões mais módicas da reforma federativa. Federação tornou-se moda, entusiasmo, cegueira, palavra mágica, a cuja simples invocação tudo há de ceder, ainda que a invoquem mal, fora de propósito e em prejuízo da federação mesma.

Na Constituição de 1891, o regime federativo foi estruturado de acordo com o modelo norte-americano, mas circunstâncias peculiares à nossa formação histórica e política tiveram influência positiva. Como se sabe, nos EUA, partiu-se da confederação que, após 10 anos, se substituiu pela federação.

Enquanto nos EUA partia-se da periferia para o centro, no Brasil o movimento era em sentido inverso. O poder central, organizado e forte durante o Império, é que se demitia de suas prerrogativas, ao fundar-se a República, em benefício da descentralização política e administrativa.

No texto constitucional de 1891, a federação aparece estruturada com menor amplitude do que no modelo norte-americano. A República federativa, como forma de governo, vem inscrita no seu art. 1º, e da união perpétua e indissolúvel das antigas províncias surgem os Estados Unidos do Brasil.

A cada Estado incumbe prover, a expensas próprias, as necessidades de seu governo e administração. A intervenção é prevista para o caso de atentado à forma republicana federativa. Discriminou o texto, a competência da União e a dos Estados em matéria tributária. Em seguida, ao dispor sobre as atribuições do Congresso Nacional, indica a matéria legislativa pertinente à União. Todo o direito substantivo lhe é reservado, ao contrário do que acontece nos Estados Unidos. Ao adotarem as suas Constituições, os estados deveriam respeitar os princípios constitucionais da União e assegurar a autonomia dos Municípios em tudo quanto tocasse o seu peculiar interesse.

---

[11] BARBOSA, Rui. *Comentários à Constituição Federal brasileira*. Coligidos por Homero Pires. São Paulo: Saraiva, 1932. v. 1, p. 60 *et seq.*

Pode-se afirmar que, com o advento da República, em 1899, se implanta a solução federativa. Mas é sabido que, não obstante o sentimento a favor do federalismo ter tido defensores como Rui Barbosa e Joaquim Nabuco, a verdade é que a Federação brasileira foi de certa forma imposta de maneira artificial ao país.

As províncias foram transformadas em estados em 1889, mas tudo isto de uma maneira graciosa ou como uma dádiva do poder central. Na verdade, o que havia no Brasil era um sentimento de autonomia municipal, tradição nossa que já desempenhara um relevante papel na história.

A Constituição de 1891 praticamente ignora a tradição municipalista e a autonomia dos municípios. Esta consta de um único artigo, no qual é dito que os estados se organizarão para que fique assegurada a autonomia dos municípios em tudo quanto respeite o seu peculiar interesse. É muito diferente da realidade do Império, quando o Brasil, através de suas câmaras, compelia o imperador a constitucionalizar o Império.

Não é o caso de fazermos um levantamento histórico minucioso de toda a evolução da federação e da República no Brasil. Basta, contudo apontar a evolução das Constituições brasileiras, até chegarmos à Constituição de 1988, a que atualmente está em vigor no Brasil, com 62 emendas constitucionais até o ano de 2009.

5   As Constituições Brasileiras até 1988

Após a Constituição Republicana de 1891, o Brasil teve as seguintes constituições: a) 1934, b) 1937; c) 1946; d) 1967/1969; e) 1988.

Convocada a Assembleia Constituinte de 1890, o federalismo surgiu como questão prioritária. A Constituição de 1891 institucionalizou formalmente a Federação (ainda que de forma artificial), seguindo o modelo dualista, ou seja, de repartição de competências para duas esferas estanques (União e Estado-Membro), em que pese existir diversidade de condições entre as diversas regiões do país.

Essa nova organização política implantada passou por grandes dificuldades, tanto em razão dos problemas administrativos e financeiros como em função da mentalidade prevalecente no país, de que tudo se espera do centro político (da decisão), da Capital, ou em razão da reiterada utilização do mecanismo da intervenção federal, o que culminou com uma posição isolacionista e independente, uma das outras, das entidades federadas, num movimento antifederativo.

Em resposta a essas circunstâncias, eclodiu em 1930 uma Revolução que trouxe uma nova fase ao constitucionalismo brasileiro. Assim, em contrapartida à alegada defesa das autonomias estaduais, o Decreto nº 19.398, de 11 de novembro de 1930, instituiu o governo provisório, no qual foram dissolvidos o Congresso Nacional, as Assembleias Legislativas dos Estados e as Câmaras Municipais.

Em 1934, a edição de uma nova Constituição fortaleceu os poderes federais e possibilitou o surgimento de um federalismo de caráter cooperativo, tornando as relações entre a União e os Estados-Membros mais próximas e coordenadas. Dessa forma, uma posição e influência preponderante da União no tratamento do interesse geral diminuiu cada vez mais o papel dos Estados.

Essa situação agravou-se como Estado Novo em 1937. A Constituição de 1937 implantou um regime autoritário que duraria até a Constituição de 1946, quando uma forte preocupação de conciliação foi hábil em reestabelecer a realidade da forma federativa, outrora uma circunstância meramente formal.

Novamente, os movimentos militares na América Latina tomaram conta do cenário institucional, (Constituições de 1967 e Emenda nº 1, de 1969), centralizando outra vez o Estado brasileiro até que, paulatinamente, se operou a abertura política com a plena democratização do Estado em 1988, ano da promulgação da Constituição dita cidadã.

5.1   A Constituição de 1988 e a Federação

A Constituição de 1988 refunda a Federação brasileira, amplia competências administrativas e legislativas dos Estados-Membros, outorga-lhes mais recursos tributários; enfim procura reequilibrar o federalismo, garantindo mais autonomia às unidades federadas.

Pode-se dizer que o federalismo brasileiro, acompanhando a tendência mundial, partiu de um federalismo dual, com a repartição de competências exclusivas, caminhou para o federalismo cooperativo e para o almejado federalismo equilibrado da atualidade.

A partilha de competências instituída pela Constituição de 1988 está estruturada em um sistema complexo em que se combinam competências privativas com competências concorrentes cumulativas e não cumulativas.[12] Mantém a forma clássica de distribuição, destinando à União e aos Municípios competências expressas, e aos Estados os poderes residuais e remanescentes.

Esse sistema admite, entretanto, ressalvas. Para os Estados, além da competência residual mencionada no §1º do art. 25, estão previstas competências expressas no art. 18, §4º (criação, incorporação, fusão e desmembramento de Municípios), e no §4º do art. 25 (instituição de regiões metropolitanas, aglomerados urbanos e microrregiões). Em relação à competência tributária, detém a União a competência residual, além das enumeradas como privativas; aos Estados, Distrito Federal e Municípios são enunciadas as respectivas competências privativas.

As competências privativas da União estão arroladas no art. 21 (as administrativas) e no art. 22 (as legislativas). O art. 23 relaciona as competências administrativas comuns à União, Estados, Distrito Federal e Municípios; e no art. 24 estão descritas as competências legislativas concorrentes à União, Estados e Distrito Federal.

No art. 30 estão enunciadas as competências dos Municípios. O inc. I contém a competência para legislar sobre assuntos de interesse local.[13]

---

[12]   *Vide* arts. 22, 23 e 24 da CF.

[13]   Tornou-se voz corrente, no esteio das críticas formuladas à Constituição de 1988, que os Estados e Municípios, embora tivessem ampliado significativamente suas receitas, não teriam aumentado proporcionalmente seus encargos. Existem, entretanto, fortes evidências que contrariam essa tese. De fato, como consequência da ampliação da capacidade financeira dos governos subnacionais, aumentou significativamente a sua participação no total da despesa pública. Os Estados e Municípios respondem hoje por cerca de 80% da inversão pública e 67% do consumo corrente (excluindo-se, evidentemente, as empresas estatais). O Governo federal, por sua vez, concentra sua responsabilidade nos gastos com a previdência social (80,4% do total) e no pagamento dos juros das dívidas interna e externa (81% do total). Mesmo computando todas as despesas correntes e de capital (incluindo os juros da dívida pública e os benefícios previdenciários, mas excluindo as amortizações da dívida), os Estados e Municípios respondem por quase metade da despesa total do setor público (49%), alcançando ou até superando a participação dos governos subnacionais dos países mais desenvolvidos e com longa tradição de descentralização, como os Estados Unidos e a Alemanha (50,5% e 45,7%, respectivamente). Tudo conforme AFFONSO, Rui de Britto Alvares. *A Federação em perspectiva*: ensaios selecionados. São Paulo: Fundap, 1995. p. 66.

Com razão, Celina Souza[14] registrou que os constituintes tiveram vários incentivos para desenhar uma federação em que o poder governamental foi descentralizado e que vários centros de poder, embora assimétricos, tornaram-se legitimados para tomar parte do processo decisório.

Afirma a autora:

> Em algumas questões a Constituição de 1988 contrastou com as anteriores, principalmente nos seguintes aspectos: a) na provisão de mais recursos para as esferas subnacionais; b) na expansão dos controles institucionais e societais sobre os três níveis de governo, pelo aumento das competências dos poderes Legislativo e Judiciário e pelo reconhecimento dos movimentos sociais e de organismos não governamentais como atores legítimos de controle dos governos e c) pela universalização de alguns serviços sociais, em particular da saúde pública, antes restrita aos trabalhadores do mercado formal, tendo como princípio diretivo a descentralização e a participação dos usuários.
>
> No entanto, a Constituição de 1988 conservou certas características das constituições anteriores, tais como: (a) a tendência à constitucionalização de muitas questões, mantida nas emendas constitucionais aprovadas posteriormente; (b) o fortalecimento dos governos locais, vis-à-vis os estados; (c) a tendência à adoção de regras uniformes para as esferas subnacionais, em especial as instancias estaduais, dificultando a adoção de políticas próximas de suas prioridades; e (d) a impossibilidade de avançar em políticas voltadas para a diminuição dos desequilíbrios regionais, apesar da existência de mecanismos constitucionais que ou não foram operacionalizados ou são insuficientes para uma efetiva política de equalização fiscal.

E sobre a Constituição de 1988, observa a mesma autora:

> Desde a promulgação da Constituição de 1988, outorgar o rótulo de centralizado ou descentralizado ao federalismo brasileiro parece não dar conta da sua atual complexidade. A federação tem sido marcada por políticas públicas federais que se impõem às instâncias subnacionais, mas que são aprovadas pelo Congresso Nacional e por limitações na capacidade de legislar sobre políticas próprias – esta última também constrangida, por decisões do Poder Judiciário. Além do mais, poucas competências constitucionais exclusivas são alocadas aos estados e municípios, como também ocorre em outros países em desenvolvimento, tais como O México e a África do Sul. Por outro lado, estados e municípios possuem autonomia administrativa, considerável, responsabilidades pela implementação de políticas aprovadas na esfera federal, inclusive muitas por emendas constitucionais, e uma parcela de recursos públicos poucas vezes concedida pelas constituições anteriores, em particular para os municípios, superior a outros países em desenvolvimento.

6 A partilha de competências na Constituição Federal de 1988

A partilha de competências instituída pela Constituição de 1988 está estruturada em um sistema complexo em que se combinam competências *privativas* com competências *concorrentes cumulativas* e *não cumulativas*.[15] Mantém a forma clássica de distribuição,

---

[14] SOUZA, Celina. Federalismo, desenho constitucional e instituições federativas no Brasil pós 1988. *Revista de Sociologia e Política*, Curitiba, n. 24, p. 105-121, 2005.

[15] É muito longa a redação de todas as competências da constituição brasileira. Assim, sugerimos ao leitor, sobretudo ao leitor estrangeiro que consulte o seu texto integral diretamente na internet, no sítio da presidência da República do Brasil. Disponível em: www.presidencia.gov.br (procurar a versão em castelhano da Constituição brasileira). Ou

destinando à União e aos Municípios de competências *expressas*, e aos Estados os poderes *residuais* ou *remanescentes*.

Entretanto, deve-se desde logo registrar que tal sistema admite ressalvas. Para os Estados, além da competência residual do §1º do art. 25,[16] estão previstas competências expressas no art. 18 §4º, (criação, incorporação, fusão e desmembramento de Municípios), e no §4º do art. 25 (instituição de regiões metropolitanas, aglomerações urbanas e microrregiões).

Em relação à competência tributária, detém a União competência residual, além das competências enumeradas como privativas; aos Estados, Distrito Federal e Municípios são enunciadas as respectivas competências privativas.

Em resumo, e mais diretamente, as competências privativas da União estão dispostas no art. 21[17] (as administrativas) e no art. 22 (as legislativas). O art. 23 relaciona as competências administrativas comuns à União, Estados, Distrito Federal e Municípios;[18] e no art. 24 estão descritas as competências legislativas concorrentes à União, Estados e Distrito Federal.

Ainda no art. 30, estão enunciadas as competências do Município.[19] O inc. I alude à competência para legislar sobre assuntos de interesse local (expressão que veio substituir o já consagrado peculiar interesse).

A Constituição de 1988 inovou no sistema de partilha de competências legislativas concorrentes, na medida em que deu primazia às competências concorrentes limitadas ou não cumulativas. De fato, é marcante a expansão das hipóteses em que estabelece um corte vertical na competência legislativa da União, tornando-a restrita à edição de normas gerais e atribuindo aos Estados a legislação supletiva.

---

mesmo no sítio do Supremo Tribunal Federal. Disponível em: www.stf.jus.br. Excepcionalmente, transcrevemos alguns artigos, apenas os suficientes para a compreensão da matéria, sobretudo ao leitor estrangeiro.

[16] "Art. 25. Os Estados organizam-se e regem-se pelas Constituições e leis que adotarem, observados os princípios desta Constituição. §1º. São reservadas aos Estados as competências que não lhes sejam vedadas por esta Constituição. §2º. Cabe aos Estados explorar diretamente, ou mediante concessão, os serviços locais de gás canalizado, na forma da lei, vedada a edição de medida provisória para a sua regulamentação. §3º. Os Estados poderão, mediante lei complementar, instituir regiões metropolitanas, aglomerações urbanas e microrregiões, constituídas por agrupamentos de Municípios limítrofes, para integrar a organização, o planejamento e a execução de funções públicas de interesse comum".

[17] O art. 21 afirma: Compete à União, e segue uma lista de XXV incisos. Já o art. 22 afirma: Compete privativamente à União legislar sobre, e segue uma lista de XXIX incisos.

[18] Ao lado do art. 23, a norma constitucional mais significativa para a adoção do sistema do federalismo cooperativo no Brasil é o art. 241, da CF, segundo o qual, "A União, os Estados, o Distrito Federal e os Municípios disciplinarão por meio de lei os consórcios públicos e os convênios de cooperação entre os entes federados, autorizando a gestão associada de serviços públicos, bem como a transferência total ou parcial de encargos, serviços, pessoal e bens essenciais à continuidade dos serviços transferidos". *Vide* também a Lei Federal nº 11.107/05 que possibilitará uma maior cooperação entre entes federados no Brasil.

[19] "Art. 30. Compete aos Municípios: I – legislar sobre assuntos de interesse local, II – suplementar a legislação federal e a estadual no que couber; III – instituir e arrecadar os tributos de sua competência, bem como aplicar suas rendas, sem prejuízo da obrigatoriedade de prestar contas e publicar balancetes nos prazos fixados em lei; IV – criar, organizar e suprimir distritos, observada a legislação estadual; V – organizar e prestar, diretamente ou sob regime de concessão ou permissão, os serviços públicos de interesse local, incluído o de transporte coletivo, que tem caráter essencial; VI – manter, com a cooperação técnica e financeira da União e do Estado, programas de educação infantil e de ensino fundamental; VII – prestar, com a cooperação técnica e financeira da União e do Estado, serviços de atendimento à saúde da população; VIII – promover, no que couber, adequado ordenamento territorial, mediante planejamento e controle do uso, do parcelamento e da ocupação do solo urbano; IX – promover a proteção do patrimônio histórico-cultural local, observada a legislação e a ação fiscalizadora federal e estadual".

Competência concorrente é aquela atribuída a mais de um ente federado para legislar sobre a mesma matéria. Essa distribuição de competência entre dois entes da mesma capacidade política para disciplinar igual assunto admite duas modalidades: a clássica, em que não são estabelecidos limites para o seu exercício; e a vertical, pela qual são fixados limites recíprocos para ambos os entes.

Pela competência concorrente não cumulativa ou limitada, no âmbito do mesmo campo material, é reservada ao ente central uma parcela de competência para estabelecer as diretrizes, as bases ou os fundamentos, conferindo assim, um sentido uniforme à matéria; ao mesmo tempo em que é reservado aos entes federados um campo de competência para complementar aquela legislação, com vistas a conformá-la às suas peculiaridades.

Ao examinarmos o art. 24 da CF, verificamos que ao discriminar os campos de competência concorrente entre a União, Estados e o Distrito Federal, a Constituição circunscreveu o poder legiferante da União às normas gerais (conforme seu §1º). Admitiu a competência suplementar dos Estados e também do Distrito Federal, esta não expressa no texto (§2º), bem como as respectivas competências plenas, para o atendimento às suas peculiaridades, na ausência de Lei nacional (§3º). Deixou expresso que a superveniência de normas gerais suspende a eficácia de lei local com elas incompatíveis (§4º).

Em quatro outras hipóteses, a competência da União encontra-se limitada à edição de normas gerais ou diretrizes e bases. Tais hipóteses estão inseridas no art. 22, no qual estão descritas as competências privativas da União: incs. IX (diretrizes da política nacional de transporte), XXI (normas gerais de organização, efetivos, material bélico, garantias, convocação e mobilização das polícias militares e corpo de bombeiros militares), XXIV (diretrizes e bases da educação nacional) e XXVII (normas gerais de licitação e contratação, em todas as modalidades, para a Administração Pública, direta e indireta, incluídas as fundações instituídas e mantidas pelo Poder Público, nas diversas esferas de governo e empresas sob seu controle).

Fernanda Dias de Menezes de Almeida[20] qualifica como "falha técnica" a inclusão das hipóteses de competência concorrente limitada em preceito destinado a enunciar o campo material em que a competência legislativa da União é plena. Observa que a necessidade de lei complementar autorizadora para que os Estados legislem sobre questões específicas das matérias elencadas na forma prevista no parágrafo único do art. 22, não alcança as hipóteses em que a competência da União restringe-se à edição de normas gerais ou diretrizes e bases, por ser inerente a essa espécie de competência, a necessidade de legislação aplicativa.

7   As características do federalismo constitucional

Como bem relata Raul Machado Horta,[21] na estrutura heterogênea que o Estado Federal brasileiro adquiriu na Constituição de 1988, são peças constitutivas e inelimináveis

---

[20]   ALMEIDA, Fernanda Dias Menezes de. Normas Gerais e competência concorrente. *RTDP*, n. 7, p. 16 – 20.

[21]   HORTA, Raul Machado. Tendências atuais da federação brasileira. *Cadernos de Direito Constitucional e Ciência Política*, n. 16, 1996.

na fisionomia da forma federativa de Estado os seguintes elementos de sua configuração constitucional: I. Indissolubilidade do vínculo federativo entre a União, os Estados os Municípios e o Distrito Federal (art. 1º); II. Pluralidade dos entes constitutivos da República Federativa: União, Estados, Distrito Federal e Municípios (art. 18); III. Faculdade de incorporação, subdivisão, desmembramento, anexação, formação de novos Estados, bem como criação, incorporação, fusão e desmembramento de Município, mediante plebiscito (art. 18, §§3º e 4º); IV. Vedações constitucionais da União, Estados, Distrito Federal e Municípios (art. 19, incs. I, II e III); V. Soberania da União e autonomia dos Estados, Distrito Federal e Municípios (arts. 21, incs. I, II e 25, 29, 32); VI. Repartição de competências (arts. 21, 22, 23,24,30,32,§1º); VII. Intervenção federal nos Estados e no Distrito Federal (art. 34); VIII. Intervenção estadual nos Municípios e intervenção federal nos Municípios (art. 35); IX. Organização bicameral do Poder Legislativo federal, assegurada a existência da Câmara dos Deputados, órgão dos representantes do povo e do Senado Federal, órgão dos representantes dos Estados e do Distrito Federal (arts. 44,45, 46); X. A igualdade de representação dos Estados e do Distrito Federal no Senado (art. 46); XI. Iniciativa das Assembleias Legislativas Estaduais, para proposta de emenda à Constituição (art. 60, inc. III); XII. Poder Judiciário da União, com a inclusão neste de um Supremo Tribunal Federal, para exercer a função de *Guarda da Constituição*, e do Poder Judiciário nos Estados (art. 92, inc. I, 102, 125); XIII. Ministério Público, na qualidade de instituição essencial à função jurisdicional do Estado, de órgão da ação de inconstitucionalidade e da representação, para fins de intervenção federal da União e da intervenção estadual nos Municípios (Constituição, art. 36, inc. III; art. 139, inc. IV); XIV. Poder e competência tributária da União, dos Estados, do Distrito Federal e dos Municípios, observada a particularização dos impostos atribuídos a cada pessoa de direito público interno (Constituição, art. 145, incs. I, II, III; arts. 153, 154,155, 156); XV. Repartição de receitas tributárias, objetivando promover o equilíbrio socioeconômico entre Estados e entre Municípios (Constituição, arts. 157, 158, 159 e 161, inc. II).

Essas características constitucionais, ainda segundo Raul Machado Horta, da República Federativa do Brasil abrangem a natureza, as situações, a organização e as competências que se localizam nos domínios da forma federativa do Estado e cuja abolição se acha proibida ao poder de reforma da Constituição, através da proposta de emenda. Vale dizer que somente o Poder Constituinte *originário*, na elaboração de nova Constituição Federal, poderá alterar essa configuração federativa para abolir esta ou aquela característica e introduzir no seu lugar outra regra integradora da forma federativa de Estado.

Por fim, no que toca à chamada crise do federalismo, Raul Machado Horta[22] afirma:

>...suas manifestações agudas residem no sistema eleitoral, no sistema partidário, na composição do Congresso Nacional, refletindo a sub-representação dos Estados mais populosos e a super-representação dos Estados de menor população, e no comportamento monárquico do regime presidencial. A proliferação dos Partidos Políticos decorre de legislação eleitoral permissiva, que tem favorecido o aparecimento de organizações

---

[22] Reconstrução do federalismo na Constituição Republicana de 1988, palestra proferida em 23 set. 94, na Faculdade de Direito da USP.

partidárias destituídas de representatividade. As maiorias se dissolvem no jogo cambiante de interesses, enfraquecendo o exercício das atribuições legislativas e políticas do Congresso Nacional. Em prática compensatória, para preencher as omissões da atividade legislativa, avoluma-se a legislação governamental, que se dissemina pelos temas mais variados e rotineiros, os quais negam a relevância e a urgência, fundamentos constitucionais dessa legislação. A reedição indefinida de Medidas qualificadas como Provisórias tornou-se procedimento habitual e permanente, refletindo o descompasso entre o Congresso e o Poder Executivo. Esse quadro preocupante de instabilidade no Congresso e de exacerbação legislativa do Executivo monocrático tem suas causas no sistema eleitoral, responsável direto pelo multipartidarismo do sistema brasileiro... A fragmentação partidária dificulta a formação de maiorias sólidas das Casas Legislativas e essa fragmentação poderá se transformar em fator de ingovernabilidade.

8 A discriminação de rendas tributárias na federação brasileira

À União, na Constituição de 1988, coube, *com exclusividade*, os impostos aduaneiros (como nos EUA), a) imposto de importação de produtos estrangeiros; b) exportação, para o exterior, de produtos nacionais ou nacionalizados; c) imposto de renda e proventos de qualquer natureza; d)o IPI (imposto sobre produtos industrializados); e)imposto sobre operações de créditos, câmbio e seguro, ou relativas a títulos ou valores mobiliários; f) o ITR (imposto sobre a propriedade territorial rural); e g) imposto sobre grandes fortunas, nos termos de lei complementar. Coube, ainda, em *competência exclusiva*, os impostos extraordinários de guerra, os empréstimos compulsórios, e as contribuições sociais, de intervenção no domínio econômico e no interesse de categorias profissionais ou econômicas, como instrumento de atuação nas respectivas áreas. Aos Estados coube, *com exclusividade*: a) imposto sobre transmissão *causa mortis* e doação, de quaisquer bens ou direitos; b) imposto sobre operações relativas à circulação de mercadorias e sobre prestações de serviços de transporte interestadual e intermunicipal e de comunicação, ainda que as operações e as prestações se iniciem no exterior; c) imposto sobre a propriedade de veículos automotores.

Em relação aos Municípios, compete instituir impostos sobre: a) propriedade predial e territorial urbana; b) transmissão *inter vivos*, a qualquer título, por ato oneroso, de bens imóveis, por natureza ou acessão física, e de direitos reais sobre imóveis, exceto os de garantia, bem como cessão de direitos a sua aquisição; c) serviços de qualquer natureza.

Inseridos na *competência comum* da União, Estados e Municípios, encontram-se as taxas e as contribuições de melhoria, de modo que qualquer um deles pode instituí-los e arrecadá-los, sem que isso redunde em vício de constitucionalidade. E, no âmbito da *competência residual*, com exclusividade, coube à União o poder de instituir novos impostos, mediante lei complementar e desde que não tenham fato gerador ou base de cálculo próprios dos impostos nela discriminados.

José Roberto R. Afonso[23] destaca que em termos de arrecadação direta, os governos subnacionais, que respondiam por pouco menos de 30% da receita nacional ao final da

---

[23] AFONSO, José Roberto R. A questão tributária e o financiamento dos diferentes níveis de governo. *In*: AFFONSO, Rui; SILVA, Pedro (Org.). *A federação em perspectiva*. São Paulo: Fundap, 1995.

vigência do sistema tributário anterior, geravam em 1994 um terço do total arrecadado no País, não computando aí o Imposto Provisório sobre Movimentação Financeira (IPMF). Na divisão do bolo tributário nacional, depois de efetuada a repartição obrigatória de receita, nota-se que, implantado o novo sistema, a União perdeu participação (de 62% passou a 58%), os Estados mantiveram a posição (26%) e apenas os Municípios ampliaram fortemente sua fatia, passando de 11% para 16% da receita nacional.

De outra parte, o tema das transferências tributárias é central no chamado federalismo cooperativo. Existem dúvidas quanto à viabilidade de longo prazo do chamado federalismo cooperativo alemão, que contribuiria para reduzir a competitividade da economia como um todo, pois pode estar emitindo sinais de incentivo equivocados.

Como ressalta Marcelo Piancastelli, Rogério Boueri e Edilberto Pontes Lima,[24] depois da anexação da extinta Alemanha Oriental, as disparidades de nível de vida e de competitividade econômica tem representado enorme dreno de recursos que poderiam ser utilizados mais eficientemente em outras regiões do país. Há um elevado custo social envolvido em tal sistema: a Alemanha tem apresentado níveis de crescimento econômico inferiores à média dos países desenvolvidos e o nível de desemprego tem se mantido, por mais de uma década, bastante elevado, em torno de 10%.

Brasil e Nigéria adotam percentuais fixos para as transferências de recursos federais a Estados e Municípios. No Brasil, a Constituição determina os percentuais a serem repassados aos Estados e Municípios, com base na arrecadação de dois importantes impostos federais: o imposto de renda em todas as suas modalidades de arrecadação (IR) e o imposto sobre produtos industrializados (IPI). O montante de recursos repassados alcança 47% da arrecadação total de tais tributos, o que desestimula o governo central a continuar usando-os como principal instrumento fiscal, tal como ocorre em sistemas tributários modernos e eficientes.

As transferências constitucionais, no caso brasileiro, são essencialmente redistributivas e não levam em conta a capacidade de arrecadação ou o esforço fiscal desempenhado pelas unidades federadas, sejam Estados ou Municípios. Tal postura não considera o conceito de equalização adotado pelos países desenvolvidos, que leva em conta o potencial de arrecadação de receitas próprias e a necessidade de despesas para aí procurar, de alguma forma, cobrir a defasagem de recursos total ou parcialmente. Além das transferências a Estados e Municípios, programas de transferência de renda direta a pessoas foram recentemente implementados no Brasil com grande dinamismo. Mesmo assim, persistem, por várias décadas, desequilíbrios acentuados de renda entre as regiões e elevado diferencial de acesso a bens públicos entre as regiões mais pobres e as mais ricas.

A adoção de percentuais fixos na Constituição tem a vantagem de não permitir ao governo central margem para redução das transferências. Porém tem o grave inconveniente de não observar as contingências macroeconômicas. Além disso, a dependência de transferências não estimula a busca por maior eficiência na arrecadação

---

[24] Descentralização fiscal, harmonização tributária e relações intergovernamentais *In*: REZENDE, Fernando (Coord.). *Desafios do federalismo fiscal*. Rio de Janeiro: FGV, 2006.

de impostos de competência dos governos subnacionais e nem o compromisso com metas econômicas e sociais compatíveis com o volume de recursos transferidos.

No que concerne à repartição de receitas tributárias, a regra geral é esta: a União fica com o produto da arrecadação de seus tributos (impostos, taxas e contribuições de melhoria), o mesmo acontecendo com os Estados, os Municípios e o Distrito Federal.

Além disso, nos termos do art. 147 da CF, a União, nos Territórios Federais (que não existem mais, pois já viraram Estados), fica com o produto da arrecadação dos impostos estaduais (que ela própria cria) e, se o Território não for dividido em Municípios, fica também com o produto da arrecadação dos impostos municipais.

A União arrecada, para si, igualmente, os empréstimos compulsórios (tributos restituíveis), instituídos com respaldo no art. 148, I e II, da CF, e as "contribuições" (tributos qualificados pela destinação), conforme estatui o art. 149, sempre da Constituição da República.

Ainda, a União– agora com apoio no art. 154, II, da CF– pode, no caso ou na iminência de guerra externa, criar "impostos extraordinários", compreendidos, ou não, na competência impositiva ordinária. A ela, naturalmente, pertence o produto de sua arrecadação.

Salienta Roque Antonio Carrazza[25] que, em matéria de *impostos*, a *competência residual* pertence à União (cf. art. 154, I, da CF) e, em matéria de *taxas e contribuição de melhoria*, aos Estados e ao Distrito Federal (cf. arts. 25,§1º, e 32, §1º, da CF). Destarte, o produto da arrecadação dos *impostos residuais* pertence à União, ao passo que, o resultado das *taxas e contribuição de melhorias residuais*, aos Estados ou ao Distrito Federal.

Ainda segundo Carrazza, os Estados, o Distrito Federal e os Municípios ficam com o produto da arrecadação das "contribuições" que cobrarem de seus servidores para o custeio, em benefício destes, de sistema de previdência e assistência social (art. 149,§1º, da CF).

De outro lado, os Estados, o Distrito Federal e os Municípios ficam com "o produto da arrecadação do imposto da União sobre a renda e proventos de qualquer natureza, incidente na fonte, sobre rendimentos pagos, a qualquer título, por eles, suas autarquias e pelas fundações que instituírem e mantiverem" (art. 157, I, e 158, I, da CF).

Os Estados e o Distrito Federal recebem, ainda, 20% do produto da arrecadação dos impostos que a União vier a instituir com base em sua competência residual (art. 154, I, da CF). Tal regra financeira encontra-se alocada no art. 157, II, da CF.

Os Municípios também recebem 50% do produto da arrecadação do imposto territorial rural (ITR), incidente sobre os imóveis localizados em seus territórios e a totalidade deste produto (100%), caso optem por – sem favorecimentos indevidos aos contribuintes – fiscalizá-lo e cobrá-lo, na forma da lei, como lhes faculta o art. 153,§4º, III, da CF.

A União deve entregar, do produto da arrecadação dos impostos sobre a renda e proventos de qualquer natureza e sobre produtos industrializados: 1. ao "Fundo de Participação dos Estados e do Distrito Federal", "vinte e um inteiros e cinco décimos

---

[25] CARRAZZA, Roque Antonio. *Curso de Direito Constitucional Tributário*. 26. ed. São Paulo: Malheiros, 2010. p. 715 *et seq.*

por cento"; 2. ao "Fundo de Participação dos Municípios", "vinte e dois inteiros e cinco décimos por cento"; 3. "três por cento, para aplicação em programas de financiamento ao setor produtivo das Regiões Norte, Nordeste e Centro-Oeste, através de suas instituições financeiras de caráter regional, de acordo com os planos regionais de desenvolvimento, ficando assegurada ao semiárido do Nordeste a metade dos recursos destinados à Região, na forma que a lei estabelecer"; e 4. também ao "Fundo de Participação dos Municípios", "um por cento (...) que será entregue no primeiro decênio do mês de dezembro de cada ano". É o que determina o art. 159, I, "a" e "b", "c" e "d", da CF.

A União está obrigada, ainda a entregar "do produto da arrecadação do imposto sobre produtos industrializados, 10% aos Estados e ao Distrito Federal, proporcionalmente ao valor das respectivas exportações de produtos industrializados" (art. 159, II).

Finalmente, por força do inc. III do art. 159, a União deverá entregar, "do produto da arrecadação da contribuição de intervenção no domínio econômico, prevista no art. 177,29 % para os Estados e o Distrito Federal, distribuídos na forma da lei".

Já em relação aos Estados, a Constituição Federal os obriga a partilharem algumas de suas receitas tributárias com os Municípios localizados em seus territórios. 1. 50% do produto da arrecadação do imposto (...) sobre a propriedade de veículos automotores licenciados em seu território (art. 158, III, da CF); 2."25% do produto de arrecadação do imposto do Estado sobre operações relativas à circulação de mercadorias e sobre prestação de serviços de transporte interestadual e intermunicipal e de comunicação" (art. 158, IV, da CF).

Há ainda minúcias de como esse repasse deve ser feito aos Municípios, mas não acreditamos ser o caso de entrar nessa matéria. Para tanto, remetemos o leitor à obra já citada do Mestre Roque Carrazza.

9 A violação das competências constitucionais e a sanção de inconstitucionalidade dos atos do poder público

O regime constitucional a que está submetido o Estado federal, como sabemos, por razões de coerência lógica do sistema, impõe a necessária obediência ao princípio da constitucionalidade do qual resulta que uma conduta contrária à Constituição não pode produzir efeitos jurídicos, de tal forma que o ato inconstitucional seja desprovido de qualquer valor jurídico ou eficácia no plano do Direito.

No Estado Federal, a inconstitucionalidade dos atos do Poder Público pode se dar no âmbito da própria competência dos entes federados, por ação (inconstitucionalidade por ação), seja por abuso no exercício da própria competência, seja por exceder os limites dos poderes conferidos (excesso de poder), seja por desvio de finalidade, ou desvio de poder, ou por omissão (inconstitucionalidade por omissão); a inconstitucionalidade pode se dar, ainda, fora do âmbito da própria competência, em razão de tentativa de usurpação ou invasão de competência alheia, que constitucionalmente não pertença ao ente federado.

O abuso dos poderes constitucionalmente outorgados aos entes federados, sob os vários matizes em que se pode configurar, por representar ameaça inadmissível aos direitos fundamentais, à supremacia da ordem constitucional e de seus valores e princípios, deslegitima o poder e a autoridade, descaracterizando a atividade pública, que passa a se caracterizar como atividade ilícita e, como tal, pode desestabilizar o próprio Estado de Direito. Por isso a importância de um efetivo controle de constitucionalidade das leis no Brasil, o que ocorre por intermédio de seus juízes (controle difuso) e concentradamente no Supremo Tribunal Federal (controle concentrado).

O Supremo Tribunal Federal poderá ainda editar a súmula vinculante, que tem por objetivo conferir validade à interpretação e à eficácia de normas determinadas, acerca das quais haja controvérsia atual entre os órgãos judiciários ou entre esses e a Administração Pública que acarrete grave insegurança jurídica e relevante multiplicação de processos sobre questão idêntica (art. 103-A, §1º, da CF). Do descumprimento ou aplicação indevida da *súmula vinculante*, caberá reclamação ao Supremo Tribunal Federal que, julgando-a procedente, anulará o ato administrativo ou cassará a decisão judicial reclamada, e determinará que outra seja proferida com ou sem a aplicação da súmula, conforme o caso.

É o Poder Judiciário que, no Brasil, aprecia e julga qualquer lesão que envolva lesão ou ameaça a direito e resulte da Constituição, das leis e Tratados, acompanhando em toda a sua extensão, a competência dos Legislativos e dos Executivos dos entes federados, no campo reservado à ação de uns e de outros.

Para tanto, visando à preservação das autonomias locais, no sistema federal, a função jurisdicional é partilhada na própria Constituição, entre duas ordens paralelas de Juízes e Tribunais, autônomas e independentes (Justiça Federal e Justiça Estadual), cada qual com competências distintas e não subordinadas, mas antes coordenadas, no mesmo pé de igualdade, por um ou mais Tribunais Federais (Supremo Tribunal Federal – STF e Superior Tribunal de Justiça – STJ), incumbidos do controle da constitucionalidade das leis e atos normativos dos Poderes Públicos, bem como da uniformidade jurisprudencial na aplicação do direito federal que, no caso brasileiro, se dá em instâncias de superposição.

E ao contrário do que ocorre em outros sistemas federais, no resguardo da separação e independência dos Poderes (art. 2º da CF), nossa Constituição explicitou minuciosamente a estrutura e as atribuições do Poder Judiciário, estabelecendo e demarcando, a partir do Supremo Tribunal Federal (STF), as atribuições, recursos e os órgãos necessários à ação dos Tribunais Federais Superiores, cujos princípios devem obrigatoriamente ser observados pelas Justiças dos Estados (CF, art. 125), de tal forma que, tanto a estrutura, como as competências demarcadas no texto constitucional, não podem ser alterados pelo Poder Legislativo Federal, que por sua vez detém competência apenas para legislar sobre "direito processual", "organização judiciária", "custas dos serviços forenses", "criação, funcionamento e processo do juizado de pequenas causas" e "procedimentos em matéria processual".

Esperamos ter alcançado os nossos objetivos.

OS DESAFIOS DO FEDERALISMO FISCAL NO BRASIL

1   Introdução

A evolução do Estado brasileiro foi ao mesmo tempo marcada por disputas entre o poder central e as oligarquias regionais. Isso resultou num movimento *pendular*, alternando-se entre centralização e descentralização.

Durante os momentos de descentralização os governadores de estado cresciam no cenário político nacional.

De 1822 até meados de 1990, o Estado brasileiro experimentou 94 anos de governo centralizado e 86 anos de governo descentralizado.

Fazendo um corte na história, partindo da Segunda Guerra Mundial, tivemos a Constituição de 1946, que restaurou o processo democrático no Brasil. Nessa Constituição a pressão para descentralizar foi muito forte. Assim, os Estados ganharam poderes políticos e fiscais.

Logo a seguir tivemos diversos acontecimentos até a entrada do militarismo que durou de meados de 1960-1964 até a década de 1980.

A partir de 1982, tivemos eleições diretas para os governos estaduais; eleição de uma Assembleia Constituinte em 1987 e a consolidação da democracia ao longo da década de 80 do século passado.

2   A Constituição Federal de 1988 e as competências tributárias

O Brasil da Constituição de 1988 é, como sabemos, uma República Federativa. Constitui-se em três níveis: a União, os vinte e seis Estados, o Distrito Federal e aproximadamente 5.500 Municípios. A forma federativa de Estado não pode ser abolida senão por um poder constituinte *originário* (art. 60, §4º, I, da CF).

A Constituição estabelece ainda a soberania da União e a autonomia dos Estados, do Distrito Federal e dos Municípios. Todos estes entes detêm competências tributárias privativas e, assim sendo, também receitas públicas próprias.

Pode-se afirmar que a atribuição de competências tributárias privativas para o nível local (Municípios) e a participação desses governos nas receitas públicas faz do Brasil (ao lado da África do Sul, da Nigéria e da Índia), sob esse aspecto, *uma das mais abertas e descentralizadas federações do mundo*.

Parece que a ampliação do papel dos governos *locais* nos diversos modelos federais é uma tendência. Isso porque as grandes cidades do mundo concentram enorme poder.

Afinal é na cidade, no Município, melhor dizendo, que vive a população e lá mesmo deve ser ela atendida nos inúmeros serviços públicos necessários à boa qualidade de vida.

O desafio de conciliar à descentralização fiscal com a disciplina na gestão das contas públicas tem conduzido à adoção de regras que buscam *evitar uma gestão irresponsável* dos orçamentos públicos.

É certo que os Municípios no Brasil, com a Constituição Federal (CF) de 1988 adquiriram poderes, especialmente fiscais, recebendo diretamente suas receitas constitucionais, que lhes eram anteriormente repassadas pelos Estados em que se encontravam.

Consequentemente cresceu a *importância política dos prefeitos* frente aos governadores, aumentando sua autonomia.

Mas como se dá o exercício da competência tributária no Brasil?

Cada nível de governo tem o direito de instituir os impostos que lhe são atribuídos e que pertençam à sua competência privativa. A Constituição define claramente a atribuição das competências tributárias a cada esfera de governo, não havendo possibilidade de sobreposição de competências em relação aos impostos e à maioria das contribuições.

No entanto, é comum às três esferas de poder a competência para instituir taxas, pelo exercício do poder de polícia e pela utilização de serviços públicos, contribuição de melhoria e contribuição para custeio da previdência e assistência social de seus servidores.

A prática brasileira de atribuição de receitas não diverge muito em relação à teoria econômica. O imposto sobre a renda, as contribuições e os impostos regulatórios (sistema financeiro – IOF – e comércio exterior – II – e IE) estão sob a competência federal. Os Estados arrecadam o imposto geral sobre consumo e os Municípios arrecadam impostos sobre serviços e sobre parte do patrimônio dos imóveis urbanos.

O imposto sobre Propriedade Territorial Rural (ITR), que tradicionalmente tem sido cobrado pelos governos locais, no Brasil é a União que detém a competência para a sua instituição e cobrança. A razão pela qual esse imposto encontra-se sob administração central é a de usá-lo como instrumento de incentivo à utilização produtiva da terra e para fins de reforma agrária.

Outra característica importante do Brasil que foge à tradição internacional é o fato de existirem dois impostos sobre produção e circulação, do tipo imposto sobre valor agregado (IVA), cada um sendo administrado por um nível distinto de governo.

O IPI e o ICMS encontram-se sob competências federal e estadual, respectivamente. Em verdade, as bases desses dois impostos são muito semelhantes, bem como seus métodos de apuração, o que permitiria uma consolidação de modo a obter maior racionalidade econômica e menor custo administrativo, tanto para os fiscos como para o contribuinte.

Nesse sentido, é natural a *dificuldade política* que surge em relação a qualquer proposta que vise a alterar a atual estrutura tributária da federação, envolvendo o ICMS.

De fato, a arrecadação desse imposto é hoje imprescindível para o equilíbrio das finanças estaduais.

Enquanto o ICMS incide, em tese, sobre a venda de qualquer produto, o IPI incide sobre a produção industrial, e é unifásico. Na prática, o *ICMS* incide sobre uma base muito mais ampla do que o IPI, sendo *o imposto de maior importância da federação, em termos de arrecadação.*

Não haveria tempo para dissertar minuciosamente sobre todos os tributos existentes no Brasil, assim, segue uma breve menção e uma tabela ilustrativa contendo toda a exemplificação da competência tributária no país.

As competências tributárias são assim distribuídas:

– União (Governo Federal)

Competem à União os impostos sobre Importação (II), Exportação (IE); Renda e Proventos de Qualquer Natureza (IR); Produtos Industrializados (IPI); Operações de Crédito, Câmbio e Seguro ou relativas a Títulos ou Valores Mobiliários (IOF); Propriedade Territorial Rural (ITR) e sobre Grandes Fortunas (IGF). Este último ainda não se encontra instituído, embora prevista sua instituição em nível constitucional.

Além dos impostos acima relacionados, a União tem competência exclusiva para instituir contribuições sociais, de intervenção no domínio econômico e de interesse de categorias profissionais ou econômicas. Os demais níveis de governos somente podem instituir uma única contribuição, a relativa ao custeio da previdência social de seus funcionários.

As contribuições sociais podem ter três bases de cálculo, a saber: folha de pagamentos, lucro ou faturamento. No Brasil, todas essas bases têm sido utilizadas de modo a financiar a seguridade social. A arrecadação incidente sobre folha de pagamentos não tem sido suficiente para cobrir as despesas da área da previdência social. Aliás, o Brasil, como tantos outros países no mundo, também tem sofrido os efeitos do sistema de repartição simples da previdência pública, levando a que o sistema opere praticamente sem nenhuma poupança.

Nesse sentido, a arrecadação das contribuições incidentes sobre lucro e faturamento foi privilegiada nos últimos anos, passando de 2,71% para 4,05% do PIB entre 1991 e 1996. É importante notar que as contribuições sociais são receitas vinculadas, isto é, toda a sua arrecadação só pode ser direcionada às áreas de saúde, previdência e assistência social.

As principais contribuições instituídas pela União são as seguintes: sobre a Folha de Pagamentos dos empregados; Financiamento da Seguridade Social, tendo por base de cálculo o faturamento das empresas (COFINS); Programa de Integração Social (PIS); Formação do Patrimônio do Servidor Público (PASEP); sobre o Lucro Líquido das Empresas (CSLL); e Movimentação Financeira (CPMF) com destinação específica para a saúde.

– Estados e Distrito Federal

Os Estados e o Distrito Federal têm competência para instituir impostos sobre Circulação de Mercadorias e Prestação de Serviços de Transporte Interestadual e Intermunicipal e de Comunicações (ICMS); Propriedade de Veículos Automotores (IPVA) e Transmissão *Causa Mortis* de bens imóveis e Doação (ITCD) de qualquer bem ou direito.

– Municípios

Por sua vez, competem aos Municípios os impostos incidentes sobre Propriedade Predial e Territorial Urbana (IPTU); Serviços de Qualquer Natureza (ISS) e Transmissão *Inter Vivos* de Bens Imóveis (ITBI).

A TAB. I sintetiza as competências tributárias por categoria de tributo e por nível de governo.

TABELA[1] I

Competência Tributária

Categoria	Governo	Tributo ou Contribuição
Comércio Exterior	União	Imposto sobre Importação (II) Imposto sobre Exportação (IE)
	União	Imposto sobre a Renda (IR) Imposto Territorial Rural (ITR)
Patrimônio e Renda	Estados	Imposto sobre Propriedade de Veículos Automotores (IPVA)
	Municípios	Imposto Predial e Territorial Urbano (IPTU) Imposto sobre Transmissão *Inter Vivos* (ITBI)
	União	Imposto sobre Produtos Industrializados (IPI) Imposto sobre Operações Financeiras (IOF)
Produção e Circulação	Estados	Imposto sobre Circulação de Mercadorias e Serviços (ICMS)
	Municípios	Imposto sobre Serviços (ISS)
Contribuições Sociais	União	Sobre Folha de Pagamentos – Empregado/Empregador Financiamento da Seguridade Social (COFINS) Programa de Integração Social (PIS) Patrimônio do Servidor Público (PASEP) Movimentação Financeira (CPMF) Lucro Líquido (CSLL)

3   A importância das transferências

A ampliação das disparidades e as demandas por maior descentralização na provisão de serviços, em busca de maior eficiência do gasto e de *accountability* dos governantes, aumenta a importância das *transferências intergovernamentais* de recursos no federalismo fiscal. Além de mecanismos de equalização fiscal e de transferências redistributivas, outras transferências, cujo uso é condicionado à aderência a políticas nacionais, crescem em volume e em importância.

A determinação do tamanho das transferências é uma questão que merece maior atenção no desenho de regimes fiscais federativos. Quanto *maior for* a participação das transferências na composição dos orçamentos subnacionais, menor é a possibilidade, segundo alguns autores, de os governos locais agirem em consonância com as demandas de seus eleitores e menor também é a possibilidade de eles exercerem um maior controle sobre a atuação de seus governantes.

Além do tamanho, três outras dimensões importantes das transferências merecem ser destacadas: a sua natureza, a sua operacionalização e os seus destinatários.

Quanto à natureza, as transferências podem ser assim classificadas:

a) livres ou condicionadas;

b) formais ou informais;

---

[1]   As tabelas são de Andréa Lembruger.

c) rígidas ou flexíveis;

d) simétricas ou assimétricas.

Diferentes situações caracterizam os países cujas experiências foram discutidas no Fórum Mundial sobre Federalismo Fiscal, realizado na Bahia.[2]

Observa-se nas federações em todo o mundo um crescimento de transferências condicionadas, principalmente voltadas para a implementação de políticas sociais, em aparente contradição com o movimento em prol da descentralização fiscal.

Sob outra perspectiva, as transferências condicionadas podem ser vistas como uma forma de compartilhamento de políticas nacionais e como um mecanismo de indução à *cooperação intergovernamental* na provisão de serviços públicos prioritários, dos quais a saúde constitui um exemplo importante.

No caso de as transferências condicionadas estarem associadas à implementação conjunta de políticas nacionais, elas precisam estar definidas em normas jurídicas que estipulem objetivos e definam os procedimentos a serem observados na repartição dos recursos entre os entes federados.

Se voltadas para a provisão de serviços de caráter continuado, precisam também de alguma previsibilidade com respeito aos recursos a serem distribuídos, seja esta garantia provida por meio de predefinição de suas fontes, seja mediante o compromisso de cobertura financeira de uma conta em aberto e garantia de continuidade.

Transferências informais, definidas com base em procedimentos *ad hoc* servem melhor a propósitos específicos e a projetos de curta duração.

Continuidade e previsibilidade não significam, entretanto, que as regras instituídas devam ser rígidas e difíceis de ser alteradas.

A mobilidade populacional e as alterações verificadas em todo o mundo com respeito ao perfil demográfico das populações requerem ajustamento das regras a mudanças em demandas e necessidades ditadas pelo ritmo das mudanças socioe-conômicas, o que se torna extremamente difícil quando as regras que governam as transferências estão inscritas na Constituição.

O Brasil é um caso único de *alta rigidez normativa* em comparação com a situação encontrada em outros países estudados.

Um federalismo fiscal rígido, que possua determinações constitucionais como os que constam da Constituição brasileira, que cria limites mínimos para investimento em educação para União, Estados e Municípios não tem os benefícios descritos por Oates e dificilmente pode ser justificado com fundamento exclusivo em considerações de eficiência.

Por outro lado, o federalismo fiscal também depende *de certo grau* de autonomia efetiva para as unidades federadas, sob pena de que, na prática, estes acabem por implementar políticas que reflitam os interesses e as prioridades da União Federal. E a autonomia efetiva, é claro, significa não só a capacidade de fixar o perfil de seus gastos (autonomia orçamentária), mas, sobretudo, a de custeá-los.

---

[2] Conforme REZENDE, Fernando (Coord.). *Desafios do federalismo fiscal.* Rio de Janeiro: FGV, 2006. Com participação de 13 países.

O federalismo fiscal, no que se relaciona à questão de distribuição de encargos e competências tributárias e, sobretudo, em temas como o da guerra fiscal, pode e deve ser entendido a partir de um ferramental teórico que demonstra que, conferida autonomia absoluta aos entes federativos, a ação de cada um tendente a maximizar sua própria utilidade leva a consequências *potencialmente lesivas* para o Estado como um todo.

Um exemplo interessante de flexibilidade é fornecido pela Índia, onde o montante das transferências, assim como as regras a serem adotadas na sua partilha, são definidos por um período de cinco anos, com base em recomendações de especialistas a partir de análises das condições vigentes e das perspectivas para o período mencionado. Tais regras são revistas a cada quinquênio, o que permite adaptar as transferências a mudanças nos cenários econômico e social que afetam a situação fiscal da federação.

Além de normas rígidas, o Brasil destaca-se ainda pela simetria das regras aplicadas às transferências intergovernamentais de recursos. Exemplos notáveis de regras assimétricas são fornecidos pelo Canadá e pela Suíça, mas outros casos com os quais o nosso pode se comparar melhor – Índia e Espanha – também adotam regras diferentes para lidar com situações assimétricas.

Regras assimétricas parecem ser uma solução interessante para situações nas quais conflitos de interesses e demandas por autonomia subnacional criam dificuldades à sustentação da coesão federativa e devem, portanto, ser examinadas com atenção em uma proposta de reforma do federalismo brasileiro.

4 As transferências intergovernamentais no Brasil como mecanismos de redistribuição de renda – Uma boa política ou uma política necessária?

O mecanismo de transferências intergovernamentais tem por objetivo básico corrigir os problemas de desequilíbrios verticais e horizontais existentes em qualquer federação.

Desequilíbrios verticais referem-se a descompassos entre a capacidade de tributar e as responsabilidades de gastos entre os diversos níveis governamentais. Isso ocorre devido ao fato de que alguns tributos são mais bem administrados em nível central e algumas despesas em nível local. De um modo geral, a política de gastos é mais bem desenhada e controlada pelos governos locais, pois estão mais próximos dos cidadãos e de suas necessidades básicas.

Desequilíbrios horizontais são relativos a governos situados no mesmo nível de hierarquia, refletindo as diferenças inter-regionais de renda. Dessa forma, regiões mais ricas e com uma base econômica mais desenvolvida deverão ter maior arrecadação que será repassada às regiões com menor potencial econômico.

O Brasil, em função de sua grande extensão territorial e diversidade regional, possui sérios desequilíbrios verticais e horizontais. No entanto, o mecanismo de partilha tributária realiza as transferências necessárias ao maior equilíbrio de receitas e despesas na federação. Há basicamente dois tipos de transferências possíveis: as constitucionais (que são automaticamente realizadas após a arrecadação dos recursos) e as não constitucionais (que dependem de convênios ou vontade política entre governos).

As transferências tributárias constitucionais entre a União, Estados e Municípios podem ser classificadas em transferências diretas (repasse de parte da arrecadação para determinado governo) ou transferências indiretas (mediante a formação de fundos especiais). No entanto, independentemente do tipo, as transferências sempre ocorrem do governo de maior nível para os de menores níveis, quais sejam: da União para Estados; da União para Municípios; ou de Estados para Municípios.

As transferências diretas são as seguintes:

- pertence aos Estados e aos Municípios o total da arrecadação do Imposto de Renda, retido na fonte, sobre rendimentos pagos, a qualquer título, por eles, suas autarquias e pelas fundações que instituírem e mantiverem;
- pertencem aos Municípios 50% da arrecadação do Imposto Territorial Rural, relativo aos imóveis neles situados;
- pertencem aos Municípios 50% da arrecadação do Imposto sobre Propriedade de Veículos Automotores licenciados em seus territórios;
- pertencem aos Municípios 25% da arrecadação do Imposto sobre Circulação de Mercadorias (3/4, no mínimo, na proporção do valor adicionado nas operações realizadas em seus territórios e até 1/4 de acordo com a Lei Estadual);
- o IOF – Ouro (ativo financeiro) será transferido no montante de 30% para o estado de origem e no montante de 70% para o município de origem. Observe-se que este tributo é instituído e cobrado pela União.

Os fundos mediante os quais se realizam as transferências indiretas têm como base a arrecadação do Imposto sobre Produtos Industrializados (IPI) e/ou do Imposto sobre a Renda (IR) que são os abaixo relacionados:

- Fundo de Compensação de Exportações (FPEx): constituído por 10% da arrecadação total do IPI. É distribuído aos Estados. Sua distribuição é proporcional ao valor das exportações de produtos industrializados, sendo limitada a participação individual a 20% do total do fundo;
- Fundo de Participação dos Estados e do Distrito Federal (FPE): 21,5% da arrecadação do IPI e do IR, distribuídos de acordo com a população e a superfície e inversamente proporcional à renda *per capita* da unidade federativa;
- Fundo de Participação dos Municípios (FPM): composto por 22,5% da arrecadação do IPI e do IR, com uma distribuição proporcional à população de cada unidade, sendo que 10% do fundo são reservados para os Municípios das Capitais;
- Fundos Regionais: para o financiamento de projetos na região Norte e Centro-Oeste – 1,2% da arrecadação total do IPI e do IR, respectivamente. Para o financiamento da região Nordeste – 1,8% da mesma base.

A crescente descentralização de receitas ocorrida nas últimas décadas pode ser verificada a partir da evolução dos percentuais dos fundos de participação. Entre 1969 e 1975, esses percentuais eram de 5% tanto para o FPE como para o FPM. Esses índices tiveram tendência ascendente em todo o período subsequente, atingindo 14% (FPE) e 17% (FPM) antes da Constituição de 88, que os elevou para 21,5% e 22,5%, respectivamente.

TABELA II
Transferências Constitucionais Diretas

Governo Arrecadador	Governo Receptor	Imposto	Repasse
União	Estados	o produto da arrecadação do imposto da União sobre renda e proventos de qualquer natureza, incidente *na fonte* sobre rendimentos pagos, a qualquer título, *por eles*, suas autarquias e pelas fundações que instituírem e mantiverem	100%
União	Municípios	o produto da arrecadação do imposto da União sobre renda e proventos de qualquer natureza, incidente *na fonte* sobre rendimentos pagos, a qualquer título, *por eles*, suas autarquias e pelas fundações que instituírem e mantiverem	100%
União	Estados	vinte por cento do produto da arrecadação do imposto que a União vier a instituir, desde que sejam não cumulativos e não tenham fato gerador ou base de cálculo próprios dos discriminados na Constituição	20%
União	Estados Municípios	Operações Financeiras sobre o Ouro	30% 70%
União	Municípios	Territorial Rural	50%
Estados	Municípios	Circulação de Mercadorias e Serviços	25%
Estados	Municípios	Propriedade de Veículos Automotores	50%

TABELA III
Transferências Constitucionais Indiretas (Fundos)

Fundo	Tributo Federal Partilhado	
	IR	IPI
Participação dos Estados e DF	21,5	21,5
Participação dos Municípios	22,5	22,5
Compensação das Exportações	–	10,0
Financiamento da Região Norte	0,6	0,6
Financiamento da Região Nordeste	1,8	1,8
Financiamento da Região Centro-Oeste	0,6	0,6
TOTAL	47,0	57,0

Portanto, as transferências indiretas destinam 47% e 57% do IR e do IPI, respectivamente, aos governos subnacionais. O Fundo de Participação dos Estados destina 85% de seus recursos às *Regiões Norte, Nordeste e Centro-Oeste e 15%* às *Regiões Sul e Sudeste*. O Fundo de Participação dos Municípios fornece 10% de seus recursos aos Municípios de Capitais de Estados, 86,4% aos Municípios de Interior e 3,6% aos Municípios com mais de 156 mil habitantes. *Ademais, cada Estado ou Município recebe as dotações em função direta de sua* área *geográfica e de sua população e em função inversa de sua renda per capita.* A participação de cada região no FPE é a seguinte: Norte (25,37%), Nordeste (52,46%), Centro-Oeste (7,17%), Sul (6,52%) e Sudeste (8,48%). No caso do FPM, a distribuição é dada da seguinte forma: Norte (8,52%), Nordeste (35,30%), Centro-Oeste (7,46%), Sul (17,54%) e Sudeste (31,19%).

Em 1996, a União arrecadou 19,66% do PIB ou US$148 bilhões, o que correspondeu a 67% da carga tributária total. *Deste volume, apenas cerca de 40% pertenceu ao orçamento fiscal, sendo que os demais 60% corresponderam ao orçamento da seguridade.* Dentre as receitas da União, destacam-se a Contribuição sobre Folha de Pagamentos e o Imposto de Renda (incidente sobre pessoas físicas e jurídicas), que representaram 30% e 22% da arrecadação federal, respectivamente. Em terceiro lugar encontra-se a Contribuição para o Financiamento da Seguridade Social (COFINS), representando 12% das receitas da União.

Vale notar a tendência ascendente do orçamento da seguridade nos últimos anos, especialmente das receitas incidentes sobre o faturamento das empresas. A explicação para esse fato pode ser encontrada nas modificações realizadas pela Constituição de 1988, *que determinou uma maior descentralização de receitas a Estados e Municípios, sem repassar os respectivos encargos.* Em decorrência, a União passou a privilegiar as receitas que não são repassadas aos governos subnacionais (como as contribuições, por exemplo) em detrimento daquelas que são compartilhadas com Estados e Municípios.

Os Estados são responsáveis pela arrecadação de *28% da carga tributária total, principalmente em decorrência de possuírem sob sua competência a administração do ICMS,* o imposto de maior arrecadação do País. *O ICMS responde por cerca de 92% da arrecadação dos Estados e 26% das receitas totais dos três níveis de governo.*

Os Municípios, por sua vez, arrecadam pouco mais de 5% da arrecadação total, embora tenha havido uma tendência crescente nas suas receitas nos últimos anos. *O principal imposto do nível local de governo é o ISS, participando com 45% da arrecadação municipal.*

Ao analisar a distribuição da carga tributária, verifica-se que a União é doadora de recursos para toda a federação. Os Estados, em média, transferem pequena parte de suas receitas para *os Municípios que são, em verdade, os grandes receptores das receitas transferidas.* De acordo com a TAB. IV, a União, em 1996, possuiu arrecadação própria de 65% da carga líquida total e repassou mais de 10% aos níveis subnacionais de governo, ficando com 55% de receita disponível. Os Estados arrecadaram 30% das receitas totais, permanecendo com 28% disponíveis. Os Municípios, que tiveram uma arrecadação própria de cerca de 5% das receitas totais, terminaram com mais de 17% de recursos disponíveis após o recebimento das transferências.

TABELA IV

Transferências Intergovernamentais da Carga Tributária Líquida

em % relativa						
Receitas Governamentais	1991	1992	1993	1994	1995	1996
UNIÃO – REC. DISPONÍVEL	52,55	53,87	56,42	58,55	55,12	54,55
ARRECADAÇÃO PRÓPRIA TOTAL	63,69	64,79	67,87	66,87	65,42	64,96
(–) Transferência para Regiões	0,69	0,66	0,67	0,52	0,61	0,60
(–) Transferência para Estados	5,54	5,40	5,74	4,49	5,12	5,30
(–) Transferência para Municípios	4,92	4,86	5,04	3,30	4,57	4,52

(Continua)

TABELA IV
Transferências Intergovernamentais da Carga Tributária Líquida

(Conclusão)

em % relativa						
Receitas Governamentais	**1991**	**1992**	**1993**	**1994**	**1995**	**1996**
ESTADOS – REC. DISPONÍVEL	29,98	29,63	27,01	25,96	27,27	27,95
ARRECADAÇÃO PRÓPRIA TOTAL	31,27	31,09	27,20	27,71	28,91	29,65
(–) Transferência para Municípios	7,52	7,53	6,61	6,76	7,37	7,60
(+) Transferência da União	6,22	6,06	6,41	5,02	5,73	5,90
MUNICÍPIOS – REC. DISPONÍVEL	17,48	16,51	16,57	15,49	17,61	17,51
ARRECADAÇÃO PRÓPRIA TOTAL	5,04	4,12	4,92	5,42	5,67	5,39
(+) Transferência da União	4,92	4,86	5,04	3,30	4,57	4,52
(+) Transferência dos Estados	7,52	7,53	6,61	6,76	7,37	7,60
TOTAL	100,0	100,0	100,0	100,0	100,0	100,0

Portanto, a composição final da carga tributária mostra que, na prática, *há uma transferência de receitas da União para os Municípios*. Verifica-se, mediante o uso da TAB. V (a seguir), que pelo próprio desenho do mecanismo de transferências constitucionais, toda a arrecadação disponível da União vem de suas receitas próprias. Os Estados arrecadam cerca de 79% de suas receitas disponíveis, enquanto que, para os Municípios, esta relação é de 31%.

TABELA V
Composição Final da Carga Tributária Líquida

em % relativa						
	1991	**1992**	**1993**	**1994**	**1995**	**1996**
UNIÃO – REC. DISPONÍVEL	100,0	100,0	100,0	100,0	100,0	100,0
ARRECADAÇÃO PRÓPRIA	100,0	100,0	100, 0	100,0	100,0	100,0
Transferência dos Estados	0,00	0,00	0,00	0,00	0,00	0,00
Transferência dos Municípios	0,00	0,00	0,00	0,00	0,00	0,00
ESTADOS – REC. DISPONÍVEL	100,0	100,0	100,0	100,0	100,0	100,0
ARRECADAÇÃO PRÓPRIA	79,24	79,53	76,27	80,67	79,00	78,90
Transferência da União	20,76	20,47	23,73	19,33	21,00	21,10
Transferência dos Municípios	0,00	0,00	0,00	0,00	0,00	0,00
MUNICÍPIOS – REC. DISPONÍVEL	100,0	100,0	100,0	100,0	100,0	100,0
ARRECADAÇÃO PRÓPRIA	28,81	24,93	29,70	35,01	32,21	30,79
Transferência da União	28,16	29,45	30,44	21,33	25,96	25,82
Transferência dos Estados	43,02	45,62	39,86	43,67	41,82	43,38

O mecanismo de transferências brasileiro procura corrigir, dessa forma, tanto os desequilíbrios verticais quanto os horizontais, sendo instrumento básico de redistribuição de renda inter-regional.

De um modo em geral, os Estados e Municípios mais pobres, que têm sérios problemas de arrecadação própria, são extremamente dependentes das transferências federais.

Entretanto, há dois problemas básicos nesse mecanismo. O primeiro diz respeito *ao baixo incentivo dado aos Municípios de realizarem esforço próprio de arrecadação*, pois os critérios de partilha não consideram o desempenho tributário como um dos fatores que determinam o montante de recursos intergovernamentais a ser recebido.

O segundo relaciona-se ao fato de que, ultimamente, tem havido um grande movimento em prol da criação de novos Municípios no Brasil, justamente em decorrência do fato de que qualquer governo local já tem assegurada sua fonte básica de receitas, aquela proveniente de transferências intergovernamentais. A vantagem de se criar representação política independente do esforço arrecadatório é bastante atraente e tem gerado um substancial aumento no número de Municípios brasileiros. Vale a pena mencionar que o número de municípios existentes antes da Constituição de 88 era de 4.112 e, atualmente, esse número é de 5.507 municípios, o que representa um crescimento de 34% em menos de 10 anos.

Por último, vale registrar que, além das transferências constitucionais (que devem ser automaticamente repassadas), existem os repasses não constitucionais, realizados mediante leis ordinárias ou de forma direta entre os diferentes níveis de governo. Caso típico são os *convênios*, que representam uma transferência federal de recursos a Estados ou Municípios para que esses possam atuar em nome da União em atividades de responsabilidade federal. Como exemplo, cita-se o caso da saúde, no qual, mediante o Sistema Unificado de Saúde (SUS), os três níveis de governo concorrem para a realização da despesa. Em 1996, o valor das transferências constitucionais atingiu R$21,2 bilhões, enquanto que as transferências voluntárias representaram R$5,6 bilhões.

As transferências constitucionais, no caso brasileiro, são essencialmente redistributivas e não levam em conta a capacidade de arrecadação ou o esforço fiscal desempenhado pelas unidades federadas, sejam estados ou municípios. Tal postura não considera o conceito de equalização adotado pelos países desenvolvidos, que leva em conta o potencial de arrecadação de receitas próprias e a necessidade de despesas para aí procurar, de alguma forma, cobrir a defasagem de recursos total ou parcialmente.

Pode-se afirmar que a adoção de percentuais fixos na Constituição tem a vantagem de não permitir ao governo central margem para redução das transferências, porém tem o grave inconveniente de não observar as contingências macroeconômicas. Além disso, a dependência de transferências não estimula a busca por maior eficiência na arrecadação de impostos de competência dos governos subnacionais e nem o compromisso com metas econômicas e sociais compatíveis com o volume de recursos transferidos.

5   Conflitos federativos e instâncias de mediação

A existência de interesses internos conflitantes pode levar a impasses federativos que dificultam a ação dos governos, tanto os subnacionais quanto o federal, em busca de objetivos comuns de combate às disparidades de desenvolvimento econômico. Portanto, são necessários mecanismos de resolução dos conflitos federativos para que as disputas não se estendam indefinidamente e dessa forma prejudiquem a eficiência do sistema. Logo, a necessidade de criação ou aprimoramento de instâncias de resolução desses impasses torna-se essencial.

A instituição de mecanismos de arbitragem em uma federação, seja qual for o modelo adotado, deve ser precedida por uma ampla discussão sobre os objetivos a serem perseguidos e os instrumentos a serem utilizados. Assim, podem-se extrair critérios de mediação para os embates federativos. Além disso, tais critérios passam a servir como guias para as ações dos governos envolvidos, o que por si só minimizaria a probabilidade de impasses.

Os *mecanismos de mediação podem adotar modelos diferentes*, variando desde instâncias meramente judiciais (nas quais se dá a maioria das resoluções dos conflitos federativos brasileiros), até instâncias de arbitragem externa (como nos casos da União Europeia e seus Países-Membros), passando por instâncias administrativas de resolução de disputas (como no caso da Índia e da África do Sul) e por canais de negociação direta entre os entes federativos, como no caso do Canadá.

Na África do Sul, cujo federalismo é composto por um governo central, nove governos provinciais e 284 municípios, divididos em três categorias (metropolitanos, locais e distritais), são várias as instâncias de conciliação e resolução de conflitos, sendo a mais importante a Comissão Fiscal e de Finanças que tem caráter constitucional. Essa comissão tem a função de verificar o cumprimento dos mecanismos constitucionais que emergiram do processo político de redemocratização da África do Sul. A FFC também auxilia na decisão sobre a repartição das receitas centrais sul-africanas, agindo como mediadora e limitadora do poder discricionário do governo central.

A Espanha tem usado a União Europeia como instância de resolução de conflitos federativos internos. Por exemplo, em certa ocasião, a autonomia regional na cobrança de impostos corporativos levou a conflitos entre o governo central e o governo do País Basco. Este pretendia beneficiar empresas atuantes dentro de seu território com feriados fiscais, períodos nos quais tais empresas ficariam livres do pagamento de impostos. Como o governo espanhol não concordou, foi buscada a mediação da União Europeia para o conflito. Mais uma vez, os benefícios da integração regional foram sentidos na Espanha, uma vez que a decisão da EU foi acolhida pelo governo basco, mesmo sendo contrária a ele.

A discussão sobre a institucionalização de uma instância de mediação dos conflitos federativos no Brasil deve passar por uma série de etapas, que precisam ser desenvolvidas previamente. A primeira delas diz respeito a um diagnóstico da situação que visasse responder à seguinte pergunta: quais os fatores e processos que levaram a que os antagonismos existentes na federação brasileira se aprofundassem tanto? Em segundo lugar, é necessária a estruturação de uma política regional mais eficiente. A ausência de tal política associada com o agravamento das disparidades regionais deixa a guerra fiscal[3] como uma saída emergencial para os Estados. Por fim, a falta de diálogo

---

[3] A expressão "guerra fiscal" denota uma situação em que distintos estados concorrem entre si concedendo vantagens fiscais para que no seu território sejam implantados novos empreendimentos. Isto pode ocorrer no âmbito internacional, entre países, ou mesmo internamente, entre unidades de um mesmo país. No caso brasileiro,

dos representantes estaduais entre si e com os representantes do poder federal é uma barreira que precisa ser vencida, com o objetivo de facilitar decisões sobre uma possível instância mediadora de conflitos federais.

Na situação brasileira atual, o CONFAZ[4] e a Lei Complementar nº 24 de 1975 têm sido sistematicamente desrespeitados como instâncias de mediação de conflitos federativos brasileiros e por isso não têm desempenhado a contento tal função. Tampouco o Senado Federal, que seria outra instância mediadora natural dessas tensões, tem tido capacidade, agilidade ou interesse na matéria. Nesse caso, o Brasil fica desprovido de uma instituição tão relevante ao seu bom funcionamento.

O Supremo Tribunal Federal que hoje responde por processos e conflitos entre as unidades federativas não consegue ser ágil o bastante para responder a essas questões.[5] É fácil perceber que nem todos os problemas deveriam ser resolvidos em sede judicial e litigiosa.

Como aspecto positivo, ressalte-se a implementação da chamada Lei de Responsabilidade Fiscal (LRF), Lei Complementar nº 101, de 04 de Maio de 2000. Todos os partidos a apoiam, bem como os governadores. Foi por seu intermédio que se proibiu a transferência voluntária de recursos a entidades federativas que não preenchessem seus requisitos. Por exemplo, se uma entidade federativa não instituir e coletar impostos de sua competência *estará impedida de receber fundos*. Da mesma forma, entidades que gastarem além de seus meios com pessoal sem fazer os cortes orçamentários devidos serão penalizadas.

Como consequência da LRF, milhares de entidades federativas foram penalizadas. Em sua edição de 11 de fevereiro de 2001, o jornal *Folha de S.Paulo* noticiou que 1.747 Municípios ficaram nessa condição, impedidos de receber fundos federais e mesmo de hipotecar patrimônio em favor de bancos federais. A lei se aplica inclusive a sociedades de economia mista, envolvendo até pagamentos compensatórios de pensões do INSS. Essas penalidades se aplicam a todas as cidades que não obtiveram um Certificado de Regularidade Previdenciária (CRP), mas não incidem sobre transferências voluntárias na área de educação, saúde e assistência social. Pela LRF, limitaram-se os gastos dos governadores e prefeitos, impondo-se:

---

o que se costuma chamar de "guerra fiscal" ocorre quando um Estado-Membro oferta benefícios às empresas que pretendem implantar ou ampliar seus negócios. Na prática, instaura-se um verdadeiro leilão de benefícios. Tais benefícios podem ser variados, sendo os mais comuns a isenção total ou parcial do ICMS, a suspensão, a dilação ou o diferimento no pagamento do tributo, redução de base de cálculo, devolução total ou parcial, direta ou indireta de créditos, parcelamentos, etc.

[4] O Conselho Nacional de Política Fazendária (CONFAZ) tem a missão de elaborar políticas e harmonizar procedimentos e normas inerentes ao exercício da competência tributária dos Estados e do Distrito Federal, bem como colaborar com o Conselho Monetário Nacional (CMN) na fixação da política de Dívida Pública Interna e Externa dos Estados e do Distrito Federal, e na orientação às instituições financeiras públicas estaduais.

[5] O STF, instado a julgar questões levadas ao seu conhecimento através de ações diretas de inconstitucionalidade propostas pelo Ministério Público Federal, usualmente decide pela declaração de inconstitucionalidade da norma estadual concessiva dos benefícios, e a invalidade dos incentivos fiscais concedidos sem o respeito às normas do CONFAZ. Ocorre que, na prática, o que vem acontecendo é que os Estados-Membros insistem no desrespeito ao CONFAZ, pois uma vez julgada inconstitucional uma determinada norma estadual concessiva de benefícios fiscais para atração e manutenção de empresas em seu território, outra é imediatamente proposta perante o Poder Legislativo estadual, votada e aprovada, mantendo o mesmo procedimento, sob outra roupagem jurídica. E isto permanece até que esta nova lei seja arguida de inconstitucional e todo o processo volte a ser refeito.

1. necessidade de equilibrar receita e despesa;
2. um teto de 60% da receita líquida nos gastos com a folha de pagamento; estes gastos, na média, atingiam 75% da receita líquida em 1998, passando a 90% em certos casos;
3. restrições a ações de fim de mandato que impliquem aumento de gastos e contração de dívidas;
4. regras para verificar as contas de governantes;
5. transparência nos gastos, ou seja, quase todo o gasto tem de se seguir a uma previsão orçamentária aprovada pelo Congresso, o que dificultou o clientelismo;
6. o uso em investimento de infraestrutura de recursos obtidos por operações de crédito, sendo expressamente proibido seu uso em salários ou custeio da administração;
7. proibição das operações de crédito entre entidades federativas (contratos de refinanciamento entre estados não seriam renegociados).

Retornando ao tema da resolução dos conflitos federativos, em diversas federações tais instâncias são operacionais. Na Índia, por exemplo, existe o Conselho Interestadual, fundado em 1990, que coordena a resolução de conflitos federativos na Índia. Tal conselho tem a participação do primeiro ministro daquele país e sua atuação tem sido moldada por problemas concretos, tais como a ocorrência de distúrbios públicos em alguns estados e a ameaça de secessão de outros. Naquele país ainda existe uma comissão de finanças que conduz o compartilhamento das receitas entre os Estados e a União.

Do ângulo político no Brasil, verifica-se recentemente um incremento na participação do Governo Federal no bolo da receita nacional de impostos, o que piorou a situação dos Estados, em comparação ao arranjo da Constituição de 1988.

Alguns autores creem que as primeiras medidas do Governo Lula apontam para uma tendência de recentralização da taxação direta e, em menor grau, da receita disponível.

Se existe uma crise na federação, ela é, acima de tudo, estrutural em nível estadual, o que é mais uma prova da redução do poder dos governadores. Se eles tivessem, de fato, o poder de veto, a diminuição das receitas estaduais estaria fora de questão. Na realidade, os governadores ainda perderam as receitas extrafiscais, ou seja, as derivadas dos empréstimos contra os bancos estaduais, as oriundas da contração de dívidas das empresas estaduais e as decorrentes da emissão de títulos.

O jogo político do poder no Brasil favorece o Executivo central, já que ele tem o controle sobre a agenda e o poder de implementá-la, particularmente por meio de medidas provisórias. Desse modo o Governo Federal teve resultados dos mais variados na implementação da agenda de reformas que afetavam diretamente os interesses de Estados e Municípios. Nenhum deles, no entanto, era caracterizado por impasse ou subordinação. Tais entidades não conseguiram impedir que a agenda de reformas do Executivo Federal (muitas necessárias) seguisse adiante.

O novo federalismo brasileiro inaugurou uma era na qual o Presidente da República não precisa mais barganhar com os governadores para implementar sua agenda, já que este não tem mais como sabotar a política econômica presidencial. Por exemplo, durante os dois mandatos de Fernando Henrique Cardoso (FHC) os governadores praticamente não influenciaram na ocupação dos cargos mais elevados da República. O próprio ex-presidente afirma que a nomeação de seus ministros era antes o resultado de barganha com os partidos de base aliada do que em atenção a algum governador.

Na verdade os governadores não têm hoje a capacidade de influenciar decisivamente as carreiras dos candidatos ao Congresso. Tendo perdido os bancos, as distribuidoras de energia elétrica e sujeitos a restrições orçamentárias por parte do Governo Federal, sua capacidade é limitada. Na verdade, o Presidente tem mais influência (direta) do que os governadores. É hoje muito mais vantajosa para um congressista a aproximação com o Governo Federal do que com o governo do seu estado.

Por fim, é preciso recordar que a lei de responsabilidade fiscal fez com que Estados e Municípios e o próprio governo federal conseguissem colocar suas contas em relativa ordem. Receitas extrafiscais para os Estados foram na prática eliminadas. Os Estados ainda podem obter empréstimos do Banco Mundial ou de outros bancos de desenvolvimento. Para isso, contudo, eles precisam da garantia do Governo Federal, com a aprovação do Tesouro e da Comissão de Assuntos Econômicos do Senado. A LRF ainda exige contragarantias dos Estados, como o compromisso de não gastar mais do que arrecadam.

6   Principais pontos abordados

- A evolução do Estado brasileiro foi ao mesmo tempo marcada por disputas entre o poder central e as oligarquias regionais. Isso resultou num movimento *pendular*, alternando-se entre centralização e descentralização.
- A Constituição estabelece ainda a soberania da União e a autonomia dos Estados, do Distrito Federal e dos Municípios. Todos estes entes detêm competências tributárias privativas e, assim sendo, também receitas públicas próprias.
- Parece que a ampliação do papel dos governos *locais* nos diversos modelos federais é uma tendência, isso porque as grandes cidades do mundo concentram enorme poder.
- A prática brasileira de atribuição de receitas não diverge muito em relação à teoria econômica. O imposto sobre a renda, as contribuições e os impostos regulatórios (sistema financeiro – IOF – e comércio exterior – II – e IE) estão sob a competência federal. Os Estados arrecadam o imposto geral sobre consumo e os municípios arrecadam impostos sobre serviços e sobre parte do patrimônio dos imóveis urbanos.
- Observa-se nas federações em todo o mundo um crescimento de transferências condicionadas, principalmente voltadas para a implementação de políticas sociais, em aparente contradição com o movimento em prol da descentralização fiscal.
- O Brasil é um caso único de *alta rigidez normativa* em comparação com a situação encontrada em outros países estudados.
- Um federalismo fiscal rígido, que possua determinações constitucionais como os que constam da Constituição brasileira, que cria limites mínimos

para investimento em educação para União, Estados e Municípios não tem os benefícios descritos por Oates e dificilmente pode ser justificado com fundamento exclusivo em considerações de eficiência.

- O federalismo fiscal, no que se relaciona à questão de distribuição de encargos e competências tributárias e, sobretudo, em temas como o da guerra fiscal, pode e deve ser entendido a partir de um ferramental teórico que demonstra que, conferida autonomia absoluta aos entes federativos, a ação de cada um tendente a maximizar sua própria utilidade leva a consequências *potencialmente lesivas* para o Estado como um todo.
- Regras assimétricas parecem ser uma solução interessante para situações nas quais conflitos de interesses e demandas por autonomia subnacional criam dificuldades à sustentação da coesão federativa e devem, portanto, ser examinadas com atenção em uma proposta de reforma do federalismo brasileiro.
- O mecanismo de transferências intergovernamentais tem por objetivo básico corrigir os problemas de desequilíbrios verticais e horizontais existentes em qualquer federação
- *Ao analisar a distribuição da carga tributária, verifica-se que a União é doadora de recursos para toda a federação.* Os Estados, em média, transferem pequena parte de suas receitas para *os Municípios que são, em verdade, os grandes receptores das receitas transferidas.* De acordo com a TAB. IV, a União, em 1996, possuiu arrecadação própria de 65% da carga líquida total e repassou mais de 10% aos níveis subnacionais de governo, ficando com 55% de receita disponível. Os Estados arrecadaram 30% das receitas totais, permanecendo com 28% disponíveis. Os Municípios, que tiveram uma arrecadação própria de cerca de 5% das receitas totais, terminaram com mais de 17% de recursos disponíveis após o recebimento das transferências.
- De um modo em geral, os Estados e Municípios mais pobres, que têm sérios problemas de arrecadação própria, são extremamente dependentes das transferências federais.
- Entretanto, há dois problemas básicos nesse mecanismo. O primeiro diz respeito *ao baixo incentivo dado aos Municípios de realizarem esforço próprio de arrecadação*, pois os critérios de partilha não consideram o desempenho tributário como um dos fatores que determinam o montante de recursos intergovernamentais a ser recebido. O segundo relaciona-se ao fato de que, ultimamente, tem havido um grande movimento em prol da criação de novos Municípios no Brasil, justamente em decorrência do fato de que qualquer governo local já tem assegurada sua fonte básica de receitas, aquela proveniente de transferências intergovernamentais.
- As transferências constitucionais, no caso brasileiro, são essencialmente redistributivas e não levam em conta a capacidade de arrecadação ou o esforço fiscal desempenhado pelas unidades federadas, sejam Estados ou Municípios. Tal postura não considera o conceito de equalização adotado pelos países desenvolvidos, que leva em conta o potencial de arrecadação de

receitas próprias e a necessidade de despesas para aí procurar, de alguma forma, cobrir a defasagem de recursos total ou parcialmente.

- Pode-se afirmar que a adoção de percentuais fixos na Constituição tem a vantagem de não permitir ao governo central margem para redução das transferências, porém tem o grave inconveniente de não observar as contingências macroeconômicas. Além disso, a dependência de transferências não estimula a busca por maior eficiência na arrecadação de impostos de competência dos governos subnacionais e nem o compromisso com metas econômicas e sociais compatíveis com o volume de recursos transferidos.

- A discussão sobre a institucionalização de uma instância de mediação dos conflitos federativos no Brasil deve passar por uma série de etapas, que precisam ser desenvolvidas previamente. A primeira delas diz respeito a um diagnóstico da situação que visasse responder à seguinte pergunta: quais os fatores e processos que levaram a que os antagonismos existentes na federação brasileira se aprofundassem tanto? Em segundo lugar, é necessária a estruturação de uma política regional mais eficiente. A ausência de tal política associada com o agravamento das disparidades regionais deixa a guerra fiscal como uma saída emergencial para os Estados. Por fim, a falta de diálogo dos representantes estaduais entre si e com os representantes do poder federal é uma barreira que precisa ser vencida com o objetivo de facilitar decisões sobre uma possível instância mediadora de conflitos federais.

- O jogo político do poder no Brasil favorece o Executivo central, já que ele tem o controle sobre a agenda e o poder de implementá-la, particularmente por meio de medidas provisórias. Desse modo o Governo Federal teve resultados dos mais variados na implementação da agenda de reformas que afetavam diretamente os interesses de Estados e Municípios. Nenhum deles, no entanto, era caracterizado por impasse ou subordinação. Tais entidades não conseguiram impedir que a agenda de reformas do Executivo Federal (muitas necessárias) seguisse adiante.

- Na verdade os governadores não têm hoje a capacidade de influenciar decisivamente as carreiras dos candidatos ao Congresso. Tendo perdido os bancos, as distribuidoras de energia elétrica e sujeitos a restrições orçamentárias por parte do Governo Federal, sua capacidade é limitada. Na verdade, o Presidente tem mais influência (direta) do que os governadores. É hoje muito mais vantajosa para um congressista a aproximação com o Governo Federal do que com o governo do seu Estado.

Referências

CAGGIANO, Monica Herman; RANIERI, Nina (Org.). *As novas fronteiras do federalismo*. São Paulo: Imprensa Oficial, 2008.

CONTI, José Maurício (Org.). *Federalismo fiscal*. São Paulo: Manole, 2004.

GRECO, Marco Aurélio; FERRAZ, Tércio Sampaio. Desafios do federalismo fiscal brasileiro. *Revista do IASP*, São Paulo, dez. 1988.

LEMBRUBER, Andréa Teixeira. Federalismo fiscal no Brasil: evolução e experiências recentes. [S. l.]: [S. n], [s.d.]

MARIA HERNÁNDEZ, Antonio (Org.). *La descentralización del poder en el estado contemporáneo*. Córdoba: Asociación Argentina de Derecho Constitucional, 2005.

RÉGIS, André. O *novo federalismo brasileiro*. Rio de Janeiro: Forense, 2009.

REZENDE, Fernando (Coord.). *Desafios do federalismo fiscal*. Rio de Janeiro: FGV, 2006.

CONSTITUIÇÃO E FEDERALISMO NO MUNDO GLOBALIZADO: PODERES EXECUTIVO E LEGISLATIVO NO SISTEMA FEDERAL BRASILEIRO

1   Introdução

Inicialmente gostaria de agradecer imensamente aos organizadores desse magnífico Congresso, à Universidade Federal do Maranhão e seu Centro de Ciências Sociais, sobretudo seu Curso de Direito, na pessoa do Professor Paulo Roberto Barbosa Ramos.

Este Congresso é extremamente atual, na medida em que pretende discutir os efeitos da *Globalização* nas relações de poder estabelecidas no Estado.

É dizer, que tipo de influências recebemos, a partir de um mundo globalizado, e como elas podem afetar as relações no e (do) Estado e na sociedade.

Mais especialmente, devemos conectar esse tema com a *Federação* que é também uma forma de organização e ajuste nas relações de poder que afeta a nossa postura enquanto cidadãos no mundo.

A essência do federalismo, segundo Daniel Elazar,[1] não se encontra em determinado conjunto de organizações, mas na institucionalização das relações entre os interessados na vida política.

Ou podemos lembrar Croisat,[2] para quem o conceito de federalismo adota uma "filosofia compreensiva da diversidade na unidade". Podemos acrescentar ainda a cooperação. Não conheço nenhum federalismo em que não haja implícita ou expressa a ideia de cooperação entre as unidades federadas. Deve haver uma solidariedade intersubjetiva, uma cooperação e não uma separação entre as unidades que compõem um determinado modelo de federação.

Desse modo, podemos dizer que o federalismo não se verifica apenas em sociedades estatais, mas em qualquer tipo social que admita o *pluralismo* e estabeleça um regime de cooperação eficiente entre seus membros.

Podemos dizer que a partir da década de 80 do século XX uma série de reformas na área econômica foram realizadas, sobretudo nos países desenvolvidos e logo a

---

[1]   ELAZAR, Daniel. *Exploración del federalismo*. Barcelona: Hacer, p. 32.

[2]   CROISAT, Maurice. *El federalismo en las democracias contemporáneas*. Barcelona: Hacer, 1995. p. 20.

seguir nos países em desenvolvimento. A modificação profunda do modelo anterior de intervenção econômica e a adoção de novas formas de gestão marcaram o período.

No primeiro caso, o Estado reduziu sua participação direta na economia por intermédio das privatizações, concessões e desregulamentação. Mas ao mesmo tempo em que isso ocorria, foram reforçadas as estruturas públicas regulatórias, especialmente nos setores privatizados.

Assim, houve uma saída de cena do Estado enquanto ator principal, como protagonista econômico indutor direto do desenvolvimento social para uma atividade regulatória forte em face dos agentes privados, nacionais ou multinacionais.

No Brasil, falou-se muito nesse período em Administração Gerencial, transparência governamental, *accountability* e atendimento ao consumidor-usuário do serviço público.

Desse modo, creio que seja importante remarcar que caminhamos de um modelo de Estado centralizado unipolar para um Estado Regulador que funciona cada vez mais em rede.

Lembro-me da lição de Manuel Castells que mostra que os governos nacionais devem atuar em rede com instituições supranacionais (blocos regionais), entidades da sociedade civil, administrações públicas regionais e a iniciativa privada.

As relações intergovernamentais nesse contexto são muito importantes. Mais do que nunca os entes federativos necessitam constituir mecanismos de parceria e de cooperação para a realização de suas políticas.

A bem pouco tempo, participei de um seminário em que se discutia o federalismo brasileiro e a realidade municipal e tive a oportunidade de remarcar que mais do que uma tábua equilibrada de competências na Constituição Federal, o federalismo contemporâneo trabalha com a ideia de cooperação e subsidiariedade.

Mais importante que uma lista de competências constitucionais claras (seja para o Município, seja para os Estados) será a coexistência de diversos graus de intervenção estatal; ações conjuntas entre esferas de governo; autonomia decisória; capacidade de financiamento de parte da despesa por parte das unidades subnacionais (estados e municípios).

Hoje em dia não se procura tanto uma distinção conceitual rígida entre assuntos locais e regionais, cada vez mais autores entendem que não é possível delimitar claramente – como se fossem objetos ou matérias distintas – os assuntos próprios de cada esfera governamental.

Vejam os senhores que constatamos hoje, mais do que nunca, uma forte "sobreposição" de interesses gerando assuntos mistos. Água, esgoto, resíduos, energia, hospitais (saúde), transportes, são temas que hoje são decompostos em tarefas parciais e atribuições a diferentes entes, podendo-se falar de certa "promiscuidade de competências" na Federação brasileira, e em vários modelos federativos contemporâneos.

Compartilho da visão de Andreas J. Krell, para quem seria importante que o futuro sistema regulamentar possibilitasse chegar a um inventário mais realista dos encargos constitucionais, os respectivos deveres, os recursos necessários para a prestação efetiva dos serviços públicos, a forma de atuação conjunta, o nível federativo "ótimo" de intervenção, etc.

Até porque, não só o exercício de competências comuns exige uma melhor articulação entre as diferentes esferas estatais para a prestação desses serviços, mas também é preciso lembrar que o mero fato de se atribuir uma competência ao Poder

Público para realizar determinada atividade não significa necessariamente que essa deva ser desempenhada sob o regime de serviço público.

Nas áreas da educação, da saúde e da agricultura, as empresas privadas podem atuar independentemente de delegação estatal.[3]

Pois bem, vamos então focar com mais clareza o tema da federação no Brasil.

2 A Federação como sistema de organização política

O federalismo é uma forma de organização territorial do poder que se expressa através de uma grande variedade de fórmulas políticos-constitucionais no mundo atual, desde as federações clássicas até os Estados Unitários que nos últimos tempos têm também adotado soluções federais ou federalizadas.

Uma das principais características do federalismo, ou se quisermos o seu "segredo" de sucesso, constitui, sem dúvida alguma, na sua enorme capacidade para a *diversidade*, pois nenhum modelo de organização política é apropriado para todo tipo de circunstancias.

Evidentemente que o federalismo não é uma panaceia ou um remédio para todos os males, nem será sempre a melhor solução, porque como todo sistema tem pontos positivos e negativos.

Também não garante a democracia e um bom governo em comparação a um sistema unitário.[4] Sabemos do mesmo modo que nem todo país pode adotá-lo com sucesso. Tudo dependerá da cultura política em que se instale e onde se instale.

Historicamente o federalismo é a forma mais bem sucedida de (teoricamente) equacionar democraticamente o conflito entre os níveis de governo.

Presente hoje em vinte e oito (28) países, o federalismo nasceu nos Estados Unidos da América, tendo como referência teórica os textos de *O Federalista*, de Madison, Hamilton e Jay.[5]

Esses autores tinham por objetivo político fundar uma nova nação que mantivesse a liberdade das antigas colônias, ou seja, propunham um modelo para conciliar a autonomia dos Estados com a criação de um poder político federal (União), que deveria ser capaz de estabelecer um universo mínimo de regras para todo o território nacional.

O que surgia nos Estados Unidos, portanto, era uma forma de organização política em que o princípio da independência deveria conviver com o da interdependência entre as esferas de poder. Assim, o federalismo segue a fórmula enunciada por Daniel Elazar:[6] *self rule plus shared rule*.

---

[3] KRELL, Andreas J. *Leis de normas gerais, regulamentação do Poder Executivo e cooperação intergovernamental em tempos de reforma federativa*. Belo Horizonte: Fórum, 2008. p. 53 *et seq.*

[4] Entretanto constatamos que quase todas as democracias com territórios muito extensos ou com uma população muito numerosa são Estados Federais. Hoje são Estados Federais: Argentina, Austrália, Áustria, Belau, Bélgica, Bósnia, Brasil, Canadá, Congo, Etiópia, Alemanha, Índia, Iraque, Malásia, México, Micronésia, Nigéria, Paquistão, Rússia, São Cristóvão e Neves, África do Sul, Espanha, Sudão, Suíça, Emirados Árabes Unidos, Estados Unidos da América e Venezuela.

[5] As duas federações mais antigas são os Estados Unidos da América do Norte e a Suíça. Ambas começaram como confederações e depois evoluíram para federações.

[6] ELAZAR, Daniel. *American Federalism*: a view from the states. New York: Harper & Row Publishers, 1984. p. 17 *et seq.*

É muito difícil falar de uma "essência" do federalismo, mas se ela existe certamente ela está na existência (ela pressupõe), ao menos, de duas ordens normativas (e de governo) constitucionalmente estabelecidas com um grau de autêntica autonomia recíproca, sendo que os governos de cada nível são normalmente responsáveis em face de seus respectivos eleitorados.

Como regra geral, como já dissemos, o federalismo requer ou demanda a democracia e o Estado de Direito. Em outras palavras, os regimes não democráticos não permitem o exercício de uma verdadeira autonomia em suas unidades, fazendo com que neles não floresça uma verdadeira federação ou um desejado federalismo.

Em relação à divisão de poderes em uma federação, podemos dizer que existem diversas terminologias ou divisões.

Raul Machado Horta, por exemplo, fala em "federalismo centrípeto" (Georges Scelle) para designar o federalismo por agregação ou associação, com o fortalecimento do poder federal, ou ainda, federalismo centrífugo ou por segregação para designar um federalismo para preservar o poder estadual.

Há ainda o federalismo de cooperação ou de equilíbrio. A ênfase na supremacia da União fará predominar as relações de subordinação dentro do Estado federal, enquanto a tônica no equilíbrio conduzirá a um razoável campo para o desenvolvimento das relações de cooperação, sem prejuízo do primado da União Federal nas questões de suas competências de Estado soberano.[7]

Como regra geral, a distribuição de poderes legislativos e tributários está estabelecida na Constituição. Em algumas federações, as competências do governo de cada unidade podem estar determinadas em acordos ou convênios bilaterais com o governo federal, em outras no próprio texto constitucional.

Algumas federações permitem a delegação de poder legislativo entre as diversas unidades subnacionais, outras não admitem tal delegação.

Os conflitos e sua resolução nas federações a respeito das distribuições de competências normalmente serão equacionados por um Tribunal ou por uma Corte com poderes designados na Constituição do Estado Federal.

3   As transformações constitucionais recentes na América Latina segundo Uprimny

Parece-me interessante trazer em um encontro como este, que pretende discutir os arranjos do Poder no mundo globalizado, a experiência recente das transformações constitucionais na América Latina.[8]

Recentemente estive no México em um Congresso que analisava exatamente essa perspectiva e tive a oportunidade de encontrar diversos colegas latino-americanos que expunham as mudanças em seus países. Tentarei trazer o que colhi daquele encontro,

---

[7]   Conforme HORTA, Raul Machado. *Direito Constitucional*. 2. ed. Belo Horizonte: Del Rey, 1999. p. 305.

[8]   Para uma análise sobre o Federalismo x centralização: a eterna busca do equilíbrio, *vide* meu artigo com esse título. *In*: CAGGIANO, Monica Herman; RANIERI, Nina (Org.). *As novas fronteiras do federalismo*. São Paulo: Imprensa Oficial, 2008. p. 117-135.

sobretudo a partir de um texto que me foi fornecido pelo Professor Rodrigo Uprimny,[9] da Colômbia, que será, segundo o autor, oportunamente publicado na Argentina.

Tentarei fazer uma resenha do trabalho de Uprimny que me parece extremamente interessante, no intuito de demonstrar essas recentes e profundas transformações em nosso continente.

O autor ressalta que desde meados da década de 80, em especial a partir dos anos 90, a América Latina tem conhecido um intenso período de mudanças constitucionais – Brasil (1988), Colômbia (1991), Paraguai (1992), Equador (1998 e 2008), Peru (1993), Venezuela (1999), Bolívia (2009), Argentina (1994), México (1992), Costa Rica (1989) – que introduzem reformas importantes em suas constituições vigentes.

Embora existam naturais diferenças nas alterações de suas constituições entre esses países citados, seja em razão da origem ou natureza do processo, pois enquanto em alguns casos as novas constituições foram resultado natural da queda de regimes militares, em outros, as reformas buscaram reforçar regimes democráticos que já existiam, mas que conheciam problemas de legitimidade, como é o caso do México e da Colômbia, em outros casos como na Venezuela, Equador e Bolívia, a nova constituição se encontra vinculada à queda do sistema de partidos anterior e à ascensão de novas forças políticas, como o "chavismo" na Venezuela, ao movimento indígena na Bolívia e ao "correismo" no Equador.

As reformas variaram também em intensidade. Houve casos de países que adotaram novas Constituições, às vezes muito distintas das derrogadas, como o Brasil, a Colômbia, a Venezuela, a Bolívia e o Equador. Já outras nações mantiveram suas Constituições e introduziram mudanças menos transcendentais, sem que deixassem, entretanto, de ser importantes, como sucedeu com a Argentina, com o México e com a Costa Rica.

Finalmente houve diferenças relativas à orientação ideológica das Constituições. Assim, por exemplo, o Equador (2008) e a Bolívia (2009) apresentam diferenças importantes com a Constituição Peruana de 1993, pois enquanto as primeiras são expressões de um movimento popular ascendente e representam, segundo certos analistas, um constitucionalismo transformador com claras orientações anticapitalistas e anticoloniais, a segunda foi aprovada por uma assembleia constituinte dominada por Fujimori, no momento em que dominava o chamado Consenso de Washington, que trazia em seu bojo a necessidade de reformas neoliberais do Estado.

Contudo, apesar dessas diferenças nacionais, essa verdadeira onda de reformas constitucionais na América Latina parece ter alguns elementos comuns.

Primeiro, em sua maioria, as reformas e os novos textos constitucionais modificam de forma importante, o entendimento da unidade nacional, a fim de enfatizar que esta não se faz por uma homogeneização das diferenças culturais, como tentaram os constituintes do passado, mas por um reconhecimento acentuado das diferenças e por uma maior valorização do pluralismo em todas as suas formas.

---

[9] UPRIMNY, Rodrigo. Las transformaciones constitucionales recientes en America Latina: tendencias y desafios. *In*: RODRIGUES, C. (Coord.). *El derecho en America Latina*: los retos del siglo XXI. Buenos Aires: Siglo XXI Editores, 2011.

Muitas Constituições começam então a definir suas nações como pluriétnicas e pluriculturais e estabelecem como princípio constitucional a promoção da diversidade, firmando uma noção de constitucionalismo da diversidade.

Segundo, as reformas constitucionais amparam, especialmente, grupos tradicionalmente discriminados, como os indígenas e as comunidades negras, as quais inclusive, em determinados países, lhes reconhecem direitos especiais e diferenciados de cidadania, na medida em que estabelecem circunscrições especiais de representação política para essas comunidades, suas línguas, seus idiomas, e até um poder judicial próprio e autônomo em seus territórios para a decisão de certos conflitos, de acordo com suas cosmovisões.

Essas constituições, não só avançaram para uma ideia mais definida de identidade nacional, mas também incluíram e incorporaram elementos e formas de cidadania diferenciada e multicultural.

Essa tendência ao reconhecimento à diversidade e à multiculturalidade e ao reconhecimento de direitos especiais a comunidades indígenas adquire feições ainda mais radicais nas recentes Constituições boliviana e equatoriana, que contemplam a existência de uma nação de povos, de um Estado plurinacional e constitucionalizam concepções provenientes da tradição indígena, como a noção de bem-viver e aos direitos que lhe são associados. Ademais, estas Constituições fortalecem também o reconhecimento de uma maior autonomia dos povos indígenas para o manejo e a solução de seus problemas.

Para muito analistas, essas transformações no constitucionalismo boliviano e equatoriano superam o marco do constitucionalismo liberal e avançam para um constitucionalismo de transformação em sua versão multiétnica e pluricultural.

Terceiro, a quase totalidade dessas reformas foram muito generosas no reconhecimento dos direitos constitucionais de seus habitantes, pois não só incorporam os direitos civis e políticos herdados das tradições demoliberais (como o direito à intimidade, ao devido processo, à liberdade de expressão, ao direito de voto, etc.), como também estabelecem amplamente os direitos econômicos, sociais e culturais, como a educação, a habitação, a saúde, e também avançam no reconhecimento de formas de direitos coletivos, em especial de autonomia e de cidadania, reconhecendo a certos grupos populacionais, em especial aos indígenas, tais direitos.

Nesse sentido, também a Constituição equatoriana traz novidades, pois não só estabelece direitos não reconhecidos em textos anteriores, como o direito à água, como também reconhece direitos à (da) natureza, como o "Pachamama", que é assim, ao menos formalmente, sujeito jurídico, sem que esteja até o momento muito claro quais podem ser a implicações de seu reconhecimento.

Remarque-se ainda que as Constituições latino-americanas reconheceram de forma generosa os direitos constitucionais internacionais dos direitos humanos, por intermédio de tratados ou mesmo de avanços em seus textos.

A própria noção de Estado social e democrático de Direito na América Latina assume uma conotação diferenciada, na medida em que avança e não só incorpora os *Standards* europeus do pós-guerra, mas enfatiza a busca de uma ordem social justa pelo reconhecimento de vários direitos de terceira, quarta e quinta geração.

O fortalecimento e o aperfeiçoamento da Justiça Constitucional com a previsão ou o aperfeiçoamento da Jurisdição Constitucional também foi uma característica das reformas constitucionais na América Latina, como também a criação de escritórios ou agências promotoras dos direitos humanos, com a figura de *ombudsman* ou "defensores do povo", a exemplo do que ocorre no Brasil com o Ministério Público.

Houve ainda importantes alterações nos mecanismos de participação institucional da população com criação de justiças eleitorais especializadas, em países onde elas não existiam, descentralização e participação na gestão orçamentária (orçamentos participativos), fortalecimento do poder judicial com reconhecimento da importância de mecanismos que reforcem a independência dos juízes e do sistema judicial.

O autor anota que aqui e ali houve esforços para limitar o poder presidencial e reequilibrar a relação entre os poderes, mas também é preciso reconhecer que em alguns países ocorreu o inverso. Um forte movimento para ampliar mandatos de presidentes da república, como é o caso da Argentina, do Brasil, do Peru, da Colômbia e da Venezuela.

Finalmente, reconhece a existência e a proliferação de agências reguladoras autônomas, encarregadas de funções técnicas de regulação, sobretudo econômica, rompendo ou desequilibrando uma visão clássica dos poderes e sua dinâmica.

4   Os Poderes Executivo e Legislativo no sistema federal brasileiro

Acabamos nos desviando um pouco do rumo previamente traçado pelos organizadores, que propunham uma análise sobre a relação no Brasil entre os Poderes Executivo e Legislativo. É dizer, como o federalismo brasileiro trata esse relacionamento político e institucional.

Entretanto não foi perdido nosso desvio de rota, pois ao menos permite conhecermos melhor a realidade da América Latina. Vamos então retornar à realidade brasileira para, se for o caso, voltar a um plano um pouco mais elevado de análise do sistema federal.

Se consultarmos os tratados e obras a respeito dos diversos sistemas federais no mundo, vamos encontrar um capítulo sobre as relações intergovernamentais e a política nas federações.

E vamos verificar que em todas as federações existe uma considerável interdependência entre os governos. A maneira como os políticos, os legisladores, o Parlamento e os servidores, os funcionários civis, os cidadãos e os demais agentes políticos, enfim o Executivo age e interage nas decisões do Estado e do governo é algo que está no centro de qualquer sistema federal.

É dizer, existe uma inevitável interdependência do Executivo e o Legislativo, na medida em que ambos estão alocados sob o pacto constitucional e, nessa medida, ambos devem respeitar e implementar a vontade constitucional.

É claro que é no documento constitucional que devemos encontrar como está arranjado o pacto federativo nesse particular, mas também existem países onde há possibilidade de acordos informais ou mesmo *ad hoc* para resolver questões atinentes às relações intergovernamentais.

Podem predominar as relações e, assim, a vontade do Executivo, dos chefes de governo e de seus Ministros, ou do Legislativo, do Parlamento, dos Deputados ou Senadores e dos partidos políticos, tudo a depender de como está "arrumado" aquele determinado sistema político-constitucional.

O que é certo é que em toda federação há certo grau de cooperação e de conflito nas relações interestatais entre os chamados "poderes" ou funções.

Em questões controvertidas, o governo central, no nosso caso, à União procura influir os governos estaduais e municipais através de seus poderes financeiros, de seu poder tributário, de sua força tributária ou jurídica, ao passo que estes podem contrapor-se a essa força quando tenham legalmente poderes e competências para tanto.

Nas federações modernas, o Poder Executivo, em geral, domina ou predomina em relação ao Poder Legislativo. Isso ocorre especialmente nos regimes parlamentares porque os partidos necessitam da disciplina e do apoio do Legislativo para formar o governo. Mas os governos nos regimes parlamentares podem ser débeis, porque carecem de uma maioria estável ou se mantém no poder por uma coalizão fraca de forças políticas.

Os regimes presidenciais ou presidencialistas estabelecem, em geral, uma divisão de poderes entre o Executivo e o Legislativo, e isto pode levar a uma difusão do poder, com um Legislativo que desempenha um papel independente e que se implica diretamente nas relações com os governos constitutivos (os quais fazem *lobby* ante os membros do Legislativo, como é o caso dos EUA).

Mas alguns regimes presidenciais ou presidencialistas têm executivos fortes, como é o caso, em geral, da América Latina, como já vimos, seja porque o Executivo controla o Legislativo, com trocas políticas e benesses, seja porque a Presidência, o Executivo, detém poderes e competências constitucionais supervalorizadas, verdadeiros superpoderes.

Mas vamos mais diretamente ao tema das relações Legislativo-Executivo ou Executivo-Legislativo em uma federação.

Em primeiro lugar, penso que seja importante recordar a lição tradicional segundo a qual Democracia significa consenso, não imposição, mesmo que por intermédio da regra da maioria.

Quando refletimos a respeito da relação entre o Legislativo e o Executivo em uma Federação o que nos preocupa? Evidentemente que estamos preocupados com o *sistema de decisão* em determinado Estado, com a governabilidade.

Por governabilidade, entendemos a capacidade existente em um sistema político para tomar uma ou várias decisões de maneira rápida, e que tal decisão seja eficaz, é dizer, que consiga concretizar políticas públicas a que se preordena.

Também parece claro que essa governabilidade não se apresenta uniforme nos diferentes países, mesmo sendo federais esses Estados analisados. Uma série de circunstâncias influencia a governabilidade de determinado Estado.

Quando o governo (Executivo) em um sistema Presidencialista típico detém maioria no Parlamento (Congresso), é evidente que a governabilidade é menos complicada do que em situação inversa.

A necessidade de formar constantemente grupos de apoio no Congresso, tendo o Executivo fraco com um partido minoritário em princípio, apresentará (em tese) maiores problemas de decidibilidade, de governabilidade.

De todo modo, pensando no continente latino-americano[10] como um todo, não há dúvida de que a balança pesa mais para o poder presidencial, para o Poder Executivo em geral.

---

[10] Sobre o tema, *vide* o trabalho de EGUIGUREN PRAELI, Francisco José. El Régimen Presidencial "Atenuado" en el Perú y su Particular Incidencia en las Relaciones entre Gobierno y Congreso. *In*: CARBONELL, Miguel;

Creio que devemos pensar em reformas que incentivem a colaboração entre os poderes e que premiem ou permitam uma conjugação de esforços e uma corresponsabilidade das várias forças políticas existentes em determinado Estado, inclusive no Brasil.

Por outro lado, não podemos desconsiderar que um equilíbrio desejável entre os diversos braços do poder também passa pela rediscussão das competências federativas.

Assim, se pensarmos principalmente em termos da interação federalismo-democracia, o Estado federal tanto mais propiciará a democracia quanto mais perto dos destinatários estiver a sede do poder decisório.

Raciocinando nestes termos é que Celso Bastos[11] pondera que "a regra de ouro (da Federação) poderia ser a seguinte: nada será exercido por um poder de nível superior desde que possa ser cumprido pelo inferior".

Com razão, também Fernanda Dias Menezes de Almeida,[12] que ao analisar o art. 21 da CF "reconhece que a grande maioria dos poderes arrolados não poderia deixar de ali estar (...). Mesmo assim algumas competências, a nosso ver, poderiam com vantagem sair da esfera privativa da União, para integrar o rol das competências comuns do artigo 23".

Por fim, podemos acompanhar Gilberto Bercovici,[13] para quem que as tensões do federalismo contemporâneo, situadas basicamente entre a exigência da atuação uniformizada e harmônica de todos os entes federados e o pluralismo federal, são resolvidas em boa parte por meio de colaboração e atuação conjunta das diversas instâncias federais.

O grande objetivo do federalismo, na atualidade, é a busca da cooperação entre União e entes federados, equilibrando a descentralização federal com os imperativos da integração econômica nacional.

Por fim, para que não digam que não falei absolutamente nada a respeito da relação constitucionalismo e globalização, digo algumas palavras breves.

Penso que o principal desafio que nos coloca a relação globalização e constitucionalismo é a universalidade de certos direitos, especialmente os sociais.

A pergunta que devemos nos fazer é a seguinte: Estamos realmente dispostos a distribuir e reconhecer os direitos de natureza econômica que sempre supõe a repartição de bens escassos? Até que ponto o chamado mundo desenvolvido de fato tem essa intenção?

O constitucionalismo liberal sempre postulou a universalidade dos direitos; e mais, muitos ainda pensam que um direito só se faz realmente qualificado como "humano" ou "fundamental" quando é um direito universal ou universalizável, quando pode ser usufruído por qualquer pessoa em qualquer parte do mundo.

Aliás, a Declaração de Virgínia de 1776 já dizia que "todos os homens são por natureza igualmente livres e independentes e tem certos direitos que lhe são inerentes".

CARPIZO, Jorge; ZOVATTO, Daniel (Coord.). *Tendências del Constitucionalismo en IberoAmérica*. México: UNAM; IDEA; AECID, 2009. p. 357-388.

[11] BASTOS, Celso Ribeiro. *Curso de Direito Constitucional*. 11. ed. São Paulo: Saraiva, p. 249.

[12] ALMEIDA, Fernanda Dias Menezes de. *Competências na Constituição de 1988*. 5. ed. São Paulo: Atlas, 2010. p. 75.

[13] BERCOVICI, Gilberto. *Dilemas do Estado Federal brasileiro*. Porto Alegre: Livraria do Advogado, 2004. p. 58.

É dizer, ou um direito é moralmente de todos e de cada um, e se postula juridicamente como universal, ou não é um direito fundamental.

O constitucionalismo social não está muito preocupado com a forma de organização do Estado, segundo acredito, desde que ela respeite o padrão democrático. A organização do poder no mundo contemporâneo deve sim respeitar a cidadania, a vontade popular, os grupos majoritários e minoritários, as identidades culturais e multiétnicas.

Lamentavelmente ainda no século XXI encontramos tiranos e tiranias em várias partes do mundo. Hoje há uma degradação da qualidade democrática do poder com uma dissolução do espaço público e com uma banalização da violência, da corrupção.

Verificamos uma mediatização das campanhas eleitorais, das Presidências, do Executivo, dos líderes dos países, impulsionada pelas televisões e mídias (redes sociais, Twitter, etc.), sem a correspondente vinda do cidadão para o debate público.

Será que a cidadania está mais presente e participativa atualmente? Difícil dizer. A crescente complexidade social dá espaço a um populismo e a uma democracia quase plebiscitária. Creio que há uma grande parte da população (a maioria), ao menos no Brasil, que simplesmente fica á margem do debate público, da vida pública, da coisa pública.

E aqueles que têm condições de opinar e participar estão esmagados pela massificação da informação, ou simplesmente estão desencantados da política. Temos que pensar fórmulas que façam com que o cidadão volte a se entusiasmar e a participar da política.

Se conseguirmos isso, já teremos dado um enorme passo na caminhada da democracia.

CONSTITUIÇÕES, MERCADOS GLOBAIS E DESENVOLVIMENTO SUSTENTÁVEL

1 Os fatos

Este painel propõe-se a discutir a relação entre Constituições, mercado global, economia e desenvolvimento sustentado. Talvez possamos começar destacando algumas manchetes contemporâneas da imprensa escrita sobre o tema. Os jornais brasileiros destacavam no segundo semestre de 2009 as seguintes manchetes:

1. França terá imposto sobre CO_2 em 2010 – Presidente Nicolas Sarkozy diz que taxa será de €17 (dezessete euros) por tonelada de gás carbônico emitido, 75% dos franceses se opõem.

A matéria afirma que o imposto se aplicará ao consumo de combustíveis fósseis por indivíduos e empresas. A gasolina deverá ficar 4 centavos de euro mais cara na bomba, e o gás para aquecer as casas também terá aumento. O preço da luz não muda, porque a França gera 80% de sua eletricidade por usinas nucleares, que não emitem gás carbônico. Além disso, os grandes emissores industriais estarão isentos do imposto, porque já fazem parte do esquema europeu de comércio de emissões, adotado no âmbito do Protocolo de Kyoto.

O objetivo da medida é fazer com que a França cumpra a meta de redução de emissões de 80% até 2050. Sarkozy também quer liderar as negociações do novo tratado de proteção ao clima, a ser fechado em dezembro de 2009, em Copenhague. Afirmou o líder francês: "da crise econômica que nós conhecemos, deverá nascer um mundo novo. Não se trata de construir uma sociedade de retração, que dá as costas ao progresso, de escolher entre a economia e a ecologia (...) mas de encontrar os caminhos que conduzirão a um *crescimento mais justo*". Hoje impostos do tipo só existem na Suécia, na Dinamarca, na Finlândia e na Eslovênia. Sem hostilizar o presidente, ambientalistas disseram que a proposta "passa ao largo" do objetivo principal – combater a mudança climática. Para eles, uma taxa de €17 é pequena demais para ter um efeito nas emissões.[1]

2. David Miliband, Ministro das Relações Exteriores do Reino Unido, escreveu um artigo intitulado "Acordo de Copenhague corre Perigo". Destaca o diplomata inglês que na cúpula da ONU em Copenhague serão tomadas decisões que vão determinar

---

[1] *Folha de S.Paulo*, São Paulo, 11 set. 2009. Caderno ciência, p. A13

o futuro do planeta, mas a possibilidade de se chegar a um acordo corre perigo, pois há tantas prioridades que talvez o mais importante não seja bem equacionado. Para ele as mudanças climáticas precisam ser tiradas da caixa intitulada "meio ambiente". Um pacto para enfrentar as *mudanças climáticas* é, *não só desejável, como imperativo para garantir a segurança nacional e a recuperação econômica sustentada no médio prazo.*

As mudanças climáticas resultarão em migrações em massa, secas e falta de água, provocando tensões e conflitos nacionais e internacionais. O aquecimento global hoje não está na agenda do Conselho de Segurança da ONU, mas estará no futuro *se não aprendermos a viver sem carbono.* Cientistas avisam que os efeitos de uma elevação de temperatura de mais de dois graus sobre o planeta seriam catastróficos.

E por fim, o maior empecilho ao pacto diz respeito a encontrar uma *distribuição justa de responsabilidade* entre os países desenvolvidos e os que estão em desenvolvimento. O mundo rico carrega a responsabilidade histórica pelo problema, e suas emissões *per capita* atuais são muito maiores. Mas o mundo em desenvolvimento será responsável pela maior parte do aumento das emissões no futuro e carregará os custos maiores das mudanças climáticas.[2]

3. Ricardo Young, empresário brasileiro, Presidente de uma ONG de responsabilidade social, afirma que não estamos mais no tempo de perguntar "se" é necessária uma economia verde, inclusiva e ética. É tempo de perguntar "como" adotá-la. Devemos falar de uma nova economia, de baixo carbono, que recupera, reusa e recicla incontáveis vezes os seus recursos e insumos. Não será uma economia "de" mercado, mas "com" mercado, na qual o consumo, consciente, será uma vertente, porém não a "razão de ser" dos negócios. A sociedade dela decorrente também terá outros valores e outras expectativas. Assim sendo, pergunta, qual será o papel dos diversos agentes nessa economia? Qual cidadania emergirá desse processo? Qual o papel do Estado? A função da iniciativa privada?

Essas são algumas perguntas difíceis de responder. O empresário afirma que o governo brasileiro está avançando numa proposta de metas de redução de gases estufa até 2020, para apresentar na reunião do clima em Copenhague, no final do ano.[3]

4. No Estado em que vivo, São Paulo, no Brasil, acaba de ser aprovada uma lei (estadual) instituindo uma "política estadual de mudanças climáticas". A lei prevê que o Estado reduza em 20% (vinte por cento) suas emissões de gás carbônico (CO_2) até 2020, em relação aos níveis de 2005. A cada cinco anos, até 2020, o governo poderá fixar metas intermediárias para atingir o objetivo. Essa é a primeira lei estadual com meta de corte de gases de efeito estufa aprovada no País. A lei do Município de São Paulo, por sua vez, é mais ambiciosa: até 2012 pretende cortar em 30% as emissões de gases estufa, em relação aos valores verificados em inventário concluído em 2005. O maior foco do governo estadual para a redução das emissões será o setor de transporte.[4]

---

[2]   *Folha de S.Paulo*, São Paulo, 20 set. 2009. Seção opinião.

[3]   *Folha de S.Paulo*, São Paulo, 25 ago. 2009. Seção opinião.

[4]   *Estado de S.Paulo*, São Paulo, 14 out. 2009.

2 O problema

Parece haver um consenso internacional no sentido de que os atuais padrões de consumo e produção da sociedade ocidental contemporânea sejam revistos. O paradigma de desenvolvimento que predomina é baseado no consumo de combustíveis fósseis. O grande volume de emissões de gases de efeito estufa (GEE) implica impactos ambientais, econômicos e sociais devastadores. O desafio que se apresenta envolve mudança e adaptação do atual modelo de produção e consumo. Espera-se que esta mudança garanta que a capacidade de suporte do planeta para receber e degradar os rejeitos da sociedade seja suficiente e adequada.

Atualmente, geramos mais resíduos (sólidos, líquidos e gasosos) do que a Terra consegue processar e eliminar. Isso volta para nós na forma de poluição, doenças, contaminação das fontes de água, calor (aquecimento global), destruição dos ecossistemas, desaparecimento de espécies, entre outros impactos. A transformação desse modelo depende de um processo de tomada de consciência da sociedade, que está sujeito à ação de muitos personagens, tanto no setor público quanto no setor privado, quer no âmbito doméstico, quer no âmbito internacional.

O *Relatório Stern*, um estudo econômico produzido pelo governo britânico sobre os custos da mudança do clima, introduziu esta discussão na agenda econômica mundial. A partir dele, aparentemente, grande parte das lideranças das áreas econômicas e políticas passaram a referir-se à mudança do clima com mais seriedade. O relatório apresentou conclusões impressionantes. Dentre elas, a de que se não atuarmos desde já, o total dos custos e riscos das alterações climáticas será equivalente à perda anual de no mínimo 5% do atual PIB global. E, se considerados os riscos mais genéricos, as estimativas de danos poderão aumentar para 20%, ou mais do PIB. Os autores do estudo argumentam que a transição para o desenvolvimento sustentável custará menos do que remediar os danos causados pelas mudanças climáticas. O relatório prevê também que a transição para uma economia mundial de baixas emissões de GEE abrirá oportunidades em vários setores industriais e de serviços.

Após a divulgação do IV relatório do Painel Intergovernamental de Mudanças Climáticas (IPCC), em 2007, e da repercussão do documentário do Ex-Vice-Presidente norte-americano Al Gore, "Uma Verdade Inconveniente", o tema das mudanças climáticas está definitivamente fixado na agenda internacional. Pode-se ver isso através da premiação do Nobel da Paz de 2007, que foi dado conjuntamente para Al Gore e para os cientistas do IPCC.

A menos que ações globais de mitigação do aumento de emissões de gases de efeito estufa sejam efetivamente implementadas nas próximas décadas (seria necessária uma redução de cerca de 60% das emissões globais de GEE para estabilizar suas concentrações em níveis considerados seguros para o sistema climático global), a demanda futura de energia, principalmente nos países em desenvolvimento, terá um aumento das temperaturas médias globais entre 1,4 e 5,8 graus Celsius (C) até o final do século, acompanhadas por substantivas e perturbadoras modificações no ciclo hidrológico em todo o planeta.[5]

---

[5] POPPE, Khaled Marcelo; ROVERE, Emilio Lèbre La. Oportunidades para o Brasil no âmbito do mecanismo de desenvolvimento limpo da Convenção do Clima. *Parcerias Estratégicas*, n. 21 dez. 2005.

Tais acontecimentos, aliados ao crescimento das emissões de GEE geradas por inúmeras atividades econômicas, tornaram ainda mais premente a adoção de ações para combater o agravamento do efeito estufa.[6]

3 O desenvolvimento e meio ambiente

Na economia, os recursos naturais são necessários para a satisfação das necessidades humanas e também sofrem os custos decorrentes de uma série de atos de produção ou de consumo. Sua escassez leva à busca de meios mais racionais de aproveitamento, uma preocupação que se justifica pela possibilidade extrema de extinção da vida, inclusive humana, na Terra.

Na busca de uma mudança, a preocupação ambiental passou a constituir fonte de questionamento dos modelos tradicionais de desenvolvimento. Uma das propostas que surgiu nessa tentativa de compatibilizar as preocupações ambientais com o desenvolvimento econômico foi *o desenvolvimento sustentável*. Ela reflete um desejo de harmonização das iniciativas atuais com as expectativas em relação ao futuro e mostrou-se um referencial muito importante numa série de normas jurídicas, quer internacionais, quer internas, como a própria Constituição da República Federativa do Brasil.

O Brasil é reconhecido como um dos países com uma das legislações mais avançadas em relação à necessidade de proteção do meio ambiente,[7] porém é preciso buscar meios para colocá-las em prática e intensificar as já existentes.

Há varias definições de desenvolvimento. É certo, entretanto, que o desenvolvimento expressa-se por mudanças mais amplas do que o simples crescimento econômico. Limitá-lo ao aumento da riqueza não é saudável, especialmente quando pensamos na realidade brasileira, marcada por severas desigualdades, que são próprias do subdesenvolvimento.

No século XX, intensificou-se o debate a respeito do fenômeno do desenvolvimento, pois, no plano econômico, verificou-se o aumento da diferença entre os países ricos e os países pobres, o superendividamento destes, o aumento da devastação ambiental e da poluição. Tais efeitos fomentaram o surgimento de novas concepções sobre o desenvolvimento.

Entre as propostas transformadoras, destacam os trabalhos de Celso Furtado, François Perroux, Amartya Sen, *o desenvolvimento humano* e também a perspectiva do *desenvolvimento sustentável*.

---

[6] Conforme Prefeitura do Município de São Paulo, *Projeto Ambientes Verdes e Saudáveis*. São Paulo, v. III, 2009.

[7] O Supremo Tribunal Federal, mais alta corte do Brasil, decidiu mais de uma vez que "a atividade econômica não pode ser exercida em desarmonia com os princípios destinados a tornar efetiva a proteção ao meio ambiente. A incolumidade do meio ambiente não pode ser comprometida por interesses empresariais nem ficar dependente de motivações de índole meramente econômica, ainda mais se se tiver presente que a atividade econômica, considerada a disciplina constitucional que a rege, está subordinada, dentre outros princípios gerais, àquele que privilegia a 'defesa do meio ambiente' (CFR, art. 170, VI), que traduz conceito amplo e abrangente das noções de meio ambiente natural, de meio ambiente cultural, de meio ambiente artificial (espaço urbano) e meio ambiente laboral". Alude ainda a decisão ao necessário equilíbrio entre o desenvolvimento, a preservação do meio ambiente e o princípio do desenvolvimento sustentável. *Vide* Medida Cautelar em ADI nº 3.540-1, Relator Ministro Celso de Mello, *DJU*, 03 fev. 2006.

O brasileiro Celso Furtado, referência mundial no pensamento econômico relativo ao desenvolvimento, chamou a atenção para a impossibilidade de reprodução nos países pobres dos mesmos padrões de vida dos países ricos.

Mesmo assim, entendemos que os padrões de vida atuais dos países pobres podem ser aprimorados. A referência para apuração do grau de desenvolvimento deve ser a realidade interna, embora os padrões externos, em especial de um país com níveis mais avançados de qualidade de vida, possam ser tomados como exemplos de até onde se pode chegar.

François Perroux, ao discorrer sobre o Novo Desenvolvimento, é claro ao advertir que a teoria geral da economia surgiu a partir da experiência dos países desenvolvidos e que ela atende apenas aos interesses peculiares daquelas realidades. Segundo ele, a aplicação desta teoria aos países em desenvolvimento depende de uma crítica prévia com vistas a sua adequação às diferenças.

Amartya Sen afirma que o desenvolvimento tem na expansão das liberdades seu objetivo e meio. Sua tese é tão importante que lhe rendeu o prêmio Nobel de economia. Como destaca o autor, o *desenvolvimento humano* é um processo de expansão da educação, serviços de saúde e outras condições de vida humana.

Nessa perspectiva transformadora, a última concepção é a do *desenvolvimento sustentável*. Como não podemos universalizar o modelo de desenvolvimento sem atentar para o impacto negativo causado pelo meio ambiente, o conceito de desenvolvimento sustentável foi criado a partir da ideia de *sustentabilidade*, conceito da biologia e da ecologia que revela a tendência dos ecossistemas ao equilíbrio dinâmico, sustentados na teia de interdependências e complementaridades.

São quatro as dimensões do desenvolvimento sustentável: 1. Uma dimensão econômica, que procura demonstrar a insuficiência dos critérios tradicionais de mensuração do grau de aperfeiçoamento que desprezam as consequências negativas dos modelos adotados; 2. A dimensão social, que procura demonstrar a essencialidade da posição do ser humano no processo, que não pode ser esquecido como destinatário das políticas econômicas voltadas ao desenvolvimento; 3. A dimensão cultural, que implica no respeito às diversidades culturais; e, por fim, 4. A dimensão ambiental, que procura fazer com que sejam evitados danos aos ecossistemas e impedir o esgotamento de recursos essenciais.

4 Os benefícios e os riscos da constitucionalização do ambiente

Quando dos trabalhos preparatórios que levaram à aprovação da Constituição brasileira de 1988, discutiu-se se era realmente indispensável a proteção do ambiente na Constituição. A experiência internacional parece indicar que, embora não imprescindível, o reconhecimento constitucional expresso de direitos e deveres inerentes ao nosso relacionamento com o ambiente é, juridicamente e praticamente, útil, devendo, portanto, ser estimulado e festejado.

No passado, antes mesmo do movimento de constitucionalização da proteção ao meio ambiente, o legislador brasileiro trabalhou editando leis e regulamentos que, de uma forma ou de outra, resguardavam os processos ecológicos e combatiam a poluição.

Assim, por exemplo, no Brasil, o Código Florestal (1965), a Lei de Proteção à Fauna (1967) e a Lei da Política Nacional do Meio Ambiente, todas extremamente avançadas, foram editadas em período anterior à Constituição Federal de 1988.

Dois pontos positivos existem no constitucionalizar o meio ambiente. O primeiro é o estabelecimento de um inequívoco *dever de não degradar*, contraposto ao *direito de explorar*, inerente ao direito de propriedade clássico, no modelo brasileiro previsto no art. 5º da CF.[8] Trata-se de dever com força vinculante plena e inafastável, não sujeito à discricionariedade estatal ou à livre opção do indivíduo. Sendo de ordem pública, não cabe escolha entre respeitá-lo ou desconsiderá-lo, abrindo-se, nesta última hipótese, a avenida para os instrumentos reparatórios e sancionatórios, postos à disposição do Estado e das vítimas.[9]

Os comandos constitucionais produzem uma irrecusável redução de discricionariedade da Administração Pública, pois impõem ao administrador o permanente dever de levar em conta o meio ambiente, na formulação de políticas públicas e em procedimentos decisórios individuais, optando sempre, entre várias alternativas viáveis ou possíveis, por aquela que é menos gravosa ao equilíbrio ecológico. Daí a determinação constitucional de que todos os órgãos públicos devem levar em consideração o meio ambiente em suas decisões (art. 225, *caput*, e §1º), faz com que se adicione, a cada uma das missões primárias dos vários órgãos da Administração, a tutela ambiental. Desvio desse dever pode caracterizar improbidade administrativa.

Por outro lado, através da constitucionalização, substituímos o paradigma da *legalidade ambiental* pelo *paradigma da constitucionalidade ambiental*, no qual a constitucionalidade toma o lugar da legalidade na sua função de veículo e resguardo de valores essenciais, firmando-se, a partir daí, uma *ordem pública ambiental constitucionalizada*.

Outra importante vantagem de cunho formal que advém da constitucionalização é permitir o controle de constitucionalidade de atos normativos hierárquicos inferiores (controle formal e material). Temos assim ações de inconstitucionalidade (por ação ou omissão) diante de condutas que desrespeitem o meio ambiente, tal como posto na Constituição. E esse controle pode ser exercido contra o legislativo ou o executivo, seja pelo método difuso, seja pelo método concentrado, junto ao Supremo Tribunal Federal.

Em termos formais, destaca Antonio Herman Benjamim que a proteção do meio ambiente na Constituição brasileira não segue um padrão normativo único. Ora o legislador utiliza-se da técnica da caracterização de *direitos* (por exemplo, a primeira parte do art. 225, *caput*), ora faz uso da instituição de *deveres* explícitos (por exemplo, todo o art. 225, §1º). Em alguns casos, tais enunciados da função socioambiental da propriedade rural e do poluidor-pagador, previstos respectivamente nos arts. 186, II, e 225, §2º e §3º), noutros, como *instrumentos de execução* (por exemplo, a previsão de Estudo Prévio de Impacto Ambiental, no art. 225, §1º, IV).

---

[8] No plano interno, as bases da política econômica brasileira estão inseridas num contexto de proteção de liberdade de mercado, de reconhecimento do direito ao desenvolvimento e da necessidade de preservação do meio ambiente. Contexto que é coerente com a necessidade de imprimir compatibilidade às racionalidades econômica e ambiental.

[9] Conforme BENJAMIM, Antonio Herman. Meio ambiente e Constituição: uma primeira abordagem. *Lawers for a Green Planet*, 10 Anos da ECO-92: O Direito e o Desenvolvimento Sustentável, p. 90 *et seq.*, 2002.

5 O Direito Internacional e a formação do direito ambiental comunitário no Mercosul

Como sabemos, uma primeira referência de manifestação da nova ordem jurídica internacional, que se reproduz nos ordenamentos jurídicos internos dos Estados, foi a Conferência das Nações Unidas sobre Meio Ambiente, realizada em 1972, em Estocolmo, que reconheceu o direito ao meio ambiente saudável.

Logo em seguida, em 1974, a ONU instituiu a Nova Ordem Econômica Internacional, pelas Resoluções nº 3.201 (S-VI) e nº 3.202 (S-VI), e reconheceu expressamente a tensão entre um direito ao desenvolvimento e um dever de preservar o meio ambiente.

Em 1982, a Comissão Mundial sobre Meio Ambiente e Desenvolvimento reconheceu expressamente o *desenvolvimento sustentável* como uma necessidade. No Relatório intitulado Nosso Futuro Comum e também conhecido como *Informe Brundtland*, a Sociedade Internacional demonstra a necessidade de compatibilizar as preocupações econômicas com as ecológicas, que não se opõem necessariamente.

Em seguida, temos a Conferência das Nações Unidas sobre Meio Ambiente e Desenvolvimento, a Rio-92, realizada em 1992 na cidade do Rio de Janeiro, na qual foram produzidas duas Convenções, uma sobre diversidade biológica e outra sobre poluição, além de estabelecer-se a Agenda 21, um programa minucioso, cujo objetivo é o incremento do equilíbrio ambiental para o século XXI, na qual os incentivos à melhoria da qualidade ambiental, como a certificação ambiental, foram reconhecidos como instrumentos adequados ao desenvolvimento sustentável.

Uma última referência que faremos, apesar de haverem outras, é o Protocolo de Kyoto, Convenção-Quadro das Nações Unidas sobre Mudanças do Clima, firmado em 11 de dezembro de 1997, que visa à implementação de reduções nos níveis mundiais de emissões de poluentes, tema que já referimos no primeiro item deste trabalho.

Por fim, devemos nos lembrar do *mercado de carbono*, que surge na atualidade como uma via complementar, alternativa e economicamente viável, ao compromisso assumido por muitos países, empresas e indivíduos para *diminuir as emissões de gases que contribuem para o Efeito Estufa*. Na Europa, destacam-se as agências UK Emission Trading Scheme, no Reino Unido e, mais recentemente, a EU Emission Trading Scheme, na União Europeia.

Mediante o chamado Mecanismo de Desenvolvimento Limpo (MDL), a compra de créditos de carbono confere aos países desenvolvidos e densamente industrializados o direito de poluir e continuar poluindo, apesar de que o imperativo é a drástica redução da poluição. Em termos concretos, o efeito desse mecanismo será apenas sobre emissões incrementais de gás carbônico, não sobre o que já está sendo emitido, que é excessivo e precisa ser reduzido.

Até fevereiro de 2007, foram registrados 504 projetos sobre o MDL. Os projetos desenvolvidos na China, para o primeiro período de obtenção de créditos, colocam o país em primeiro lugar no *ranking* das maiores reduções de emissões anuais (144 milhões de tCO_2 e/ano), seguido da Índia e do Brasil com respectivamente (56 milhões e 26 milhões de tCO_2 e/ano). Isso demonstra que, dentre os países em desenvolvimento, China, índia e Brasil, considerados grandes emissores de gases de efeito estufa, estão incorporando tecnologias alternativas, para garantir que continuem se desenvolvendo de forma menos agressiva ao meio ambiente.

É bastante heterogênea a situação ambiental dos países que hoje integram o Mercosul. Exemplificativamente, como observa Guilherme José Purvin de Figueiredo,[10] no setor agrário, as disparidades existentes nas legislações argentina e brasileira sobre o uso de agrotóxicos já constituem um tema extremamente espinhoso, caso haja intenção de se promover uma harmonização legislativa nesse setor. Sem planejamento adequado, sob a perspectiva comunitária, *a degradação ambiental* poderá acentuar-se à medida que forem ampliadas as estruturas de interligação terrestre entre os Países-Membros.

O que existe de concreto na matéria? Temos um Acordo-Quadro, firmado em Florianópolis-SC em Março de 2001, que estabelece em seu art. 8º: "As controvérsias que surgirem entre os Estados-Partes, com relação à aplicação, interpretação ou descumprimento das disposições contempladas no presente Acordo, serão resolvidas por meio do Sistema de Solução de Controvérsias vigente no MERCOSUL".

A pauta dos debates sobre temas ambientais, numa dimensão comunitária, tende a crescer. A Resolução nº 10/94, do Grupo Mercado Comum (GMC), aprovou o documento *Diretrizes Básicas da Política Ambiental*, com alguns importantes objetivos gerais. Essa Resolução constitui importante marco na construção do Direito Ambiental Comunitário Sul-Americano.

No âmbito estritamente econômico, os Estados-Partes acordaram no sentido de busca de técnicas e métodos que não provoquem degradação ambiental nos processos que utilizam os recursos naturais. A Resolução criou, ainda, um modelo de turismo ecologicamente sustentável.

Recorde-se finalmente a Declaração de Taranco, de 1995, e a Resolução nº 38/95, a centralizar as discussões sobre meio ambiente. Desde então, os representantes dos países do Mercosul vêm se reunindo periodicamente para debater questões mais relevantes para o Direito Ambiental na região. Há também o Acordo-Quadro e a Decisão nº 2/01, que institui o Acordo-Quadro sobre Meio-Ambiente.

Por ocasião de sua IV Reunião Extraordinária, realizada nos dias 13 e 14 de março de 2001, em Florianópolis-SC, no Brasil, os então Estados-Partes do Mercosul, firmaram o Acordo-Quadro sobre Meio-Ambiente, mais conhecido como Acordo de Florianópolis. Nesta ocasião, ressaltam a necessária complementaridade que deve haver entre as políticas comerciais e ambientais para que seja assegurado o desenvolvimento sustentável no âmbito do MERCOSUL e reafirmam os preceitos da AGENDA 21, adotada na Conferência das Nações Unidas sobre Meio Ambiente e Desenvolvimento, em 1992.

É certo que há muito que fazer, mas parece que as Nações do mundo estão se conscientizando da importância da preservação do meio ambiente e da vida no planeta, como vemos na citação abaixo:

> Qualquer vida é única e merece ser respeitada, pouco importando sua utilidade para o homem, e a fim de reconhecer aos outros organismos vivos esse valor intrínseco, o homem deve guiar-se por um código moral de ação. (Preâmbulo da Carta Mundial da Natureza, Assembléia Geral da Organização das Nações Unidas – ONU –, 28 de outubro de 1982)

---

[10] Formação do Direito Ambiental Comunitário no Mercosul. *Revista de Direitos Difusos*, v. 38. (Direito Internacional – Estudos em Homenagem ao Prof. Guido Soares).

Referências[11]

BARACHO JÚNIOR, José Alfredo de Oliveira. *Proteção ao meio ambiente na Constituição da República*. Belo Horizonte: Fórum, 2008.

DERANI, Cristiane. *Direito Ambiental Econômico*. São Paulo: Max Limonad, 1997.

FREITAS, Wladimir Passos de. *A Constituição Federal e a efetividade das normas ambientais*. São Paulo: Revista dos Tribunais, 2000.

OLIVEIRA, Maria Cristina Cesar de. *Princípios jurídicos e jurisprudência socioambiental*. Belo Horizonte: Fórum, 2009.

RIOS, Aurélio Virgílio Veiga; IRIGARAY Carlos Teodoro Hugueney. *O Direito e o desenvolvimento sustentável*: curso de Direito Ambiental. Rio de Janeiro: Peirópolis, 2005.

SAGRERA, Laura Viviana (Coord.). *Derecho Ambiental*. Bueres – Donna – Gozaini – Hutchinson – Sabsay. Fundación Ciências Jurídicas y Sociales, Colégio de Abogados de la Provincia de Buenos Aires, 2006.

SILVA, Geraldo Eulálio do Nascimento e. *Direito Ambiental Internacional*. Rio de Janeiro: Thex/Biblioteca Universidade Estácio de Sá, 1995.

SILVA, José Afonso da. *Direito Ambiental Constitucional*. 4. ed. São Paulo: Malheiros, 2002.

---

[11] Além das obras (artigos e revistas) citadas no corpo do texto.

SEGURANÇA ENERGÉTICA NO BRASIL[1]

1   Introdução

O tema que nos foi atribuído – *segurança energética* – comporta várias possibilidades de abordagem.

Por não haver um subtítulo ou uma questão dirigida a que tipo de análise se requer, fomos obrigados a recortar um dado aspecto do tema para desenvolvê-lo.

Segurança energética pode significar os meios de proteção jurídica oferecidos aos consumidores de energia para evitar que fiquem desprovidos desse relevante serviço.

Pode também significar uma política bem estruturada de determinado Estado ou Região de modo a que todos possam desfrutar da energia, sem interrupções, e se possível limpa.

Poderia também significar as condições técnicas que são oferecidas à população para que não sejam afetados diretamente por acidentes energéticos, como ocorreu recentemente com o Japão em Fukushima ou com a Rússia em Chernobyl.

Seja como for, é possível dizer que assegurar um suprimento seguro de energia a preços estáveis e moderados tem sido uma das prioridades da agenda internacional, um item importante da "segurança energética".[2]

Finalmente, como exercício de aproximação, poderia, como vimos, significar a manutenção de um planejamento adequado, de modo a que a população receba regular e periodicamente serviços energéticos, o que lhes causaria uma *segurança energética*.[3] Reconhecemos que todos são quase que variações sobre o mesmo tema.

---

[1]   Texto preparado para servir de apoio à exposição realizada no I Congresso Internacional no painel sobre "Segurança Energética" do qual participamos na *Faculdade de Direito de Lisboa*, Portugal, em 06 e 07 de julho de 2011, em evento promovido por aquela Faculdade e a Comunidade de Juristas da Língua Portuguesa (CJLP).

[2]   Não ignoramos que o tema oferece a abertura suficiente para vários outros tipos de abordagem, como a geopolítica, mas dela não cuidaremos. Limitamo-nos a indicar, para esse efeito, dentre outros, o trabalho de Darc Costa e Rafael Padula, "La Geopolítica de la Energia, el Gaseoducto del Sur Y La Integración Energética Sudamericana", publicado pelo Centro de Estudios Internacionales – Programa de Integración Regional. Disponível em: www. caei.com.ar.

[3]   *Energy Security* can be described as "the uninterrupted physical availability at a price which is affordable, while respecting environment concerns. The need to increase 'energy security' was the main objective underpinning the establish effective mechanisms for the implementation of policies on a broad spectrum of energy issues: mechanisms that were workable and reliable and could be implemented on a co-operative basis... Energy Security has many aspects: long-term energy security is mainly linked to timely investments to supply energy in line with economic developments and environmental needs. On the other hand, short-term energy security is the ability of the energy system to react promptly to sudden changes in supply and demand. Another way to look at energy

Optamos por trazer a este seminário o tema dos *recursos energéticos renováveis* e a experiência brasileira nesse setor.

Acreditamos que o futuro esteja nas energias renováveis e que a expansão das fontes de energia renováveis terá uma influência decisiva na capacidade em conduzir o planeta para um caminho energético mais seguro, confiável e sustentável.

Não faremos com este trabalho qualquer exercício de dogmática jurídica.

Pretendemos, isso sim, trazer argumentos fáticos e técnicos de como está o "estado da arte" energética no Brasil, e como ela pode contribuir para um desenvolvimento sustentado da população

Nada além disso.

De todo modo, parece-me necessário trazer algumas noções fundamentais, que, afinal, condicionam qualquer análise sobre o tema energético.

1.1 Características da energia elétrica e das atividades da indústria elétrica

A energia elétrica é um bem com *grande diversidade de usos*, em alguns dos quais, como é o caso da produção de calor, é facilmente substituída. Em outros, ao contrário, como ocorre com a iluminação, sua substituição é mais difícil através de soluções de menor conforto.

Trata-se de uma energia de *natureza secundária*, já que se produz a partir de outras formas de energia chamadas primárias (solar, eólica, hidráulica, nuclear, fóssil, biomassa).

A energia *solar* pode converter-se em energia elétrica a partir de células fotovoltaicas coletoras que absorvem calor diretamente e os transferem a outro meio, como a água, e centrais Hélio térmicas que utilizam baterias de espelho para concentrar raios solares sobre um coletor central no qual se forma o vapor que aciona a turbina.

A energia *eólica* é a que se obtém a partir do vento. O aperfeiçoamento do tradicional moinho de vento deu lugar a modernos aerogeradores que aproveitam a energia eólica para gerar eletricidade.

Estes aparatos podem ser instalados isolados ou em grupos que aportam energia às redes de distribuição. O vento se caracteriza por sua imprevisível variabilidade e sua dispersão.

A energia *hidráulica* se produz a partir da energia cinética da água procedente normalmente dos rios.[4] Também existem centrais nos mares que utilizam a energia desencadeada pelas marés, aproveitando a diferença de nível entre a preamar e a baixa-mar. Estas alternativas somente são possíveis onde essas diferenças são consideráveis.

---

security is to study the different energy sources (coal, oil, gas, and renewables), intermediate means (electricity, refineries) and transportation modes (grids, pipelines, ports, ships). All of these have risks of supply interruptions or failures, challenging the security of undisturbed energy supply. Today the need to ensure energy security is more urgent than ever. Since its inception, the IEA has grown in size and expanded its range of expertise. The IEA works towards improving energy security by: promoting diversity, efficiency and flexibility within the energy sectors of the IEA member countries, remaining prepared collectively to respond energy emergencies, expanding international co-operation with all global players in the energy markets". Disponível em: www.iea. org energy agency-IEA.

[4] No Brasil, atualmente, as hidrelétricas dominam a matriz energética. Em termos de participação em percentual temos: a) usina hidrelétrica de energia com 70,25% de participação; b) usina termelétrica de energia com 24,18% de participação; e c) pequena(s) central(is) hidrelétrica(s) com 2,85% de participação, e d) usina termonuclear com 1,86% de participação na matriz energética brasileira.

Outra forma de gerar energia elétrica são as *centrais nucleares*.

Nelas, o valor necessário para mover as turbinas se obtém a partir do calor emitido pela reação nuclear. Como sabemos, após os recentes acontecimentos no mundo, especialmente no Japão, há uma preocupação redobrada em utilizar com segurança esse tipo de energia.

Os Estados e as agências internacionais passaram a recomendar maiores cuidados na utilização de equipamentos semelhantes àqueles do Japão e passaram a reavaliar as vantagens da utilização desta também reconhecida *energia limpa*.

As vantagens e desvantagens de sua utilização passam a ser reavaliadas.

A energia chamada *fóssil* é a que se obtém pela combustão (oxidação) de certas substâncias que se produzem no subsolo a partir da acumulação de grandes quantidades de resíduos de seres vivos presentes naquele ambiente há milhões de anos.

Entre suas manifestações se encontra o petróleo (mistura de hidrocarbonetos, composto de carbono e hidrogênio).

Por diferentes processos se obtém gasolina, diesel, etc.

O gás natural, composto principalmente por metano, correspondente a uma fração mais leve dos hidrocarbonetos, também se encontra no subsolo em estado gasoso. O carvão mineral, igualmente de origem fóssil, também se encontra no subsolo.

A energia da *biomassa* provém em última instância do sol.

Mediante a fotossíntese, o reino vegetal processa a energia solar, utilizando-a para formar substâncias orgânicas.[5]

O reino animal incorpora, transforma e modifica essa energia. Nesse processo de transformação de matéria orgânica se geram subprodutos que podem ser utilizados como combustíveis em diferentes aproveitamentos energéticos.

Em função do tipo e quantidade de biomassa disponível varia a tecnologia mais adequada a empregar para geração de energia elétrica (ciclo do vapor, da turbina a gás, do motor alternativo, etc.).

Quando uma atividade apresenta consumos térmicos e elétricos importantes pode-se instalar um sistema de *cogeração*, consistente na *produção conjunta de energia térmica e elétrica*.

Esta tecnologia apresenta como grande vantagem a obtenção de rendimentos superiores aos sistemas de produção de energia térmica ou elétrica, separadamente.

a) A energia elétrica *não é armazenável*. A oferta e a demanda devem compatibilizar-se a cada instante. Isso determina a necessidade de uma fonte central de produção.

b) A energia elétrica *não pode direcionar-se*, pelo que não é possível determinar quem é o emissor e quem é o destinatário de cada elétron.

c) As atividades no setor de energia elétrica se desenvolvem em *fases sucessivas*: geração, transmissão, distribuição e comercialização, em algumas das quais existem elementos de *monopólio natural*.[6]

---

[5] Já se fala em produção artificial de fotossíntese. Recentemente há notícias de produção de uma "folha artificial" que teria o poder de gerar energia (mas elétrica), tal como as folhas na natureza.

[6] A existência de mais de uma empresa em atividade, não resulta eficiente em termos econômicos. Nesses casos, a demanda inteira em um mercado relevante pode ser satisfeita a um custo inferior por uma só empresa, que por

d) As atividades do setor de eletricidade satisfazem *necessidades coletivas impostergáveis* para a comunidade, por isso, em muitos países, trata-se de um *serviço público* e (em muitos casos) sua remuneração baseada em custos.

e) As atividades da indústria elétrica e de energia em geral têm *caráter estratégico*, pelo que devem submeter-se às técnicas de planejamento conjunta com os agentes envolvidos, incluindo-se aí os objetivos da política energética, como a garantia de atendimento a todos os usuários e consumidores de energia, a eficiência energética, e ainda os efeitos que dela advenha ao meio ambiente.

f) São atividades que requerem aplicação intensiva de capital e grande complexidade técnica, o que implica a necessidade de uma regulação dirigida a manter a segurança da rede e do serviço.[7]

2 A eficiência energética brasileira

No mundo atual, a manutenção e ampliação do progresso e dos níveis de bem-estar da sociedade estão ligadas ao consumo de energia.

Desde o advento da Revolução Industrial até a década de 70 do século XX, os combustíveis *fósseis* dominaram a matriz energética global, descontada a participação marginal das hidroelétricas e da energia nuclear.

Segundo a Agência Internacional de Energia (AIE), ainda hoje, mesmo com os esforços de mitigação do peso dos recursos energéticos de origem fóssil na matriz energética mundial, *os três principais combustíveis (petróleo, gás e carvão), respondem por 80% do consumo de energia global.*

A partir dos anos 70, com a crise do petróleo, passou-se a questionar o modelo de desenvolvimento baseado no consumo intensivo dos recursos energéticos não renováveis, cujos preços tiveram aumento significativo.[8]

O conceito de desenvolvimento sustentável ganhou força com o despertar das questões ambientais e, em período mais recente, com a escalada dos preços do petróleo.

Nesse cenário, os governos realizaram um conjunto de políticas de eficiência energética como meio eficaz de lidar com os desafios econômicos, de meio ambiente e de *segurança energética.*

---

duas ou mais. A regulação, nesse caso, então procurará evitar que essa única empresa monopolística incremente os benefícios de sua atuação em detrimento dos consumidores que atende.

[7] Segundo VÁSQUEZ PEDROUZO, María Cristina. *Marco regulatorio del sector eléctrico en Uruguay*. Montevideo: Universidad de Montevideo, 2005.

[8] Registre-se, a propósito, que o Brasil privilegiou em relação ao modelo de desenvolvimento nacional o sistema rodoviário para a movimentação das cargas, em detrimento de outros modais com enorme potencial a ser explorado em um país de extensão territorial e com as condições geográficas que temos. Por essa razão, hoje, apesar de seus notórios problemas, as rodovias brasileiras concentram quase 60% do trânsito de cargas, enquanto ferrovias e hidrovias recebem apenas 25% e 15% desse trânsito, respectivamente, em números aproximados. É essa situação de desequilíbrio que deve ser revertida. Segundo análises apresentadas no Plano Nacional de Logística e Transportes, a participação do modal rodoviário deveria cair, até 2023, para 33%, ao passo que o ferroviário deveria crescer para 32% e o hidroviário para 29%. De outra parte, a construção de uma infraestrutura de transportes, baseada, sobretudo, no transporte rodoviário, alterou a matriz energética. Em 1940, lenha e carvão vegetal representavam cerca de 80% das necessidades energéticas do Brasil. Neste período, o petróleo representava apenas 6% e a energia hidráulica apenas 5%. Em 2004, somente 13,2% provém de lenha e carvão, a oferta interna de petróleo e derivados passou de 6,9% para 39,1%. Apesar do grande crescimento do uso de combustíveis fósseis, o Brasil ainda apresenta uma matriz energética das mais "limpas" do mundo, com a expressiva participação de 43% de fontes renováveis de energia.

O Brasil dispõe de considerável experiência na área, com projetos desenvolvidos desde a década de 80, do século XX, como o Programa Brasileiro de Etiquetagem (PBE), o Programa Nacional de Conservação de Energia Elétrica (PROCEL), e o Programa Nacional de Racionalização do Uso dos Derivados do Petróleo e do Gás Natural (CONPET).

Na seara internacional, o Brasil participou da criação do G8+G5, do "Processo de Heiligendamm", e é membro fundador da Parceria Internacional para Cooperação em Eficiência Energética (IPEEC).

Nesse contexto, o Brasil tem destacado a necessidade de se levar em consideração a realidade das nações em desenvolvimento, sobretudo no que se refere aos custos adicionais decorrentes da construção de prédios sustentáveis e mais eficientes, bem como a situação urbano-industrial desses países.[9]

Até *2020*, segundo estimativas dos economistas brasileiros, será preciso investir algo em torno de *R$175 bilhões de Reais* na geração de energia para atender à demanda brasileira.

2.1   Os recursos renováveis

O crescente interesse em energias renováveis relaciona-se ao tema mais amplo do desenvolvimento sustentável, em seus três pilares: econômico, social e ambiental.

Nesse sentido, *a busca por fontes renováveis e sustentáveis de energia tem estado no centro do debate internacional contemporâneo.*

Trata-se em última análise, de garantir a democratização do acesso à energia, condição básica da vida moderna, de maneira limpa e sustentável.

Sem deixar de levar em conta outras fontes renováveis, o Brasil considera que os biocombustíveis se apresentam como a fonte renovável de energia com maior potencial de trazer benefícios aos países em desenvolvimento e aos desenvolvidos.

Quando comparados às demais fontes energéticas, renováveis ou não renováveis, *os biocombustíveis apresentam vantagens econômicas, sociais e ambientais.*

Estima-se que mais de 100 países sejam potencialmente produtores de biocombustíveis. A maioria é composta por países em desenvolvimento, com território localizado nas zonas tropicais do planeta. O desenvolvimento desse potencial poderia reduzir a dependência externa desses países e gerar renda para suas populações, o que contribuiria de maneira decisiva para a segurança alimentar.

O desenvolvimento dos biocombustíveis tornou-se ainda mais urgente ao levar-se em conta que grande parte da pobreza mundial encontra-se em regiões rurais, prejudicadas pelos fartos subsídios que os países ricos dão aos seus produtores agrícolas.

O aumento da participação dos biocombustíveis na matriz energética mundial é um modo de democratizar o acesso à energia.

Atualmente, *menos de 20 países são responsáveis pela maior parte do fornecimento mundial de energia.* Dessa forma, os biocombustíveis contribuem para *reduzir as simetrias e desigualdades entre países consumidores e produtores de energia*, ajudando a prevenir potenciais conflitos derivados da competição internacional por recursos energéticos cada vez mais escassos.

---

[9]   Segundo informe do Ministério das Relações Exteriores do Brasil. Disponível em: www.itamaraty.gov.br.

2.2 O Brasil e as energias renováveis

A matriz energética brasileira é uma das mais limpas do mundo, com uma participação das fontes renováveis da ordem de 46%. Por contraste, a média mundial de participação dessas fontes não supera 13%, enquanto nos países da OCDE não passa de 7%.

Na geração de energia elétrica, a participação das fontes renováveis chega a 74%, principalmente de origem hidráulica, apesar de o país aproveitar, aproximadamente, apenas 30% de seu potencial hidrelétrico.

O Brasil tem potencial para geração de energia a partir de diversas fontes renováveis, apresentando-se no cenário internacional, além disso, como líder na produção e no uso de biocombustíveis.

A experiência brasileira de utilização em grande escala de etanol de cana-de-açúcar remonta à década de 1970. Desde então, o uso do etanol em substituição à gasolina promoveu uma economia de mais de um bilhão de barris equivalentes de petróleo e evitou a emissão de cerca de 800 milhões de toneladas de CO_2.

Desde 2003, o Governo Brasileiro tem promovido a produção e o consumo do biodiesel no país. A inclusão do biodiesel na matriz energética tem sido acompanhada de benefícios sociais, ao estimular a agricultura familiar, contribuir para a economia de divisas e reduzir a dependência do *petróleo* importado.[10]

Um dos principais objetivos do Brasil tem sido difundir a produção e o uso de biocombustíveis em outros países. A criação de um *mercado internacional de biocombustíveis*, com maior número de países produtores e consumidores e a harmonização de padrões e especificações técnicas, é condição essencial para garantir *segurança energética* aos países que incluam os biocombustíveis em suas matrizes.

O Brasil tem participado ativamente do debate internacional sobre a sustentabilidade dos biocombustíveis. No âmbito multilateral, o Governo brasileiro tem atuação destacada em foros como a Parceria Global para a Bioenergia (GBEP, em inglês), e o Fórum Internacional de Biocombustíveis. No âmbito bilateral, o esforço diplomático brasileiro foi fundamental para o reconhecimento pelo Governo dos EUA, em fevereiro de 2010, do etanol de cana-de-açúcar produzido pelo Brasil como "biocombustível avançado".

2.3 Os recursos não renováveis – A Bioeletricidade vai ter fatia maior na matriz energética no Brasil

Ainda hoje, mesmo com todos os esforços de mitigação do peso dos recursos energéticos não renováveis no consumo global, os três principais combustíveis (petróleo, gás e carvão) *são responsáveis por 80% da demanda mundial de energia.*

Além disso, há grande concentração geográfica desses recursos (especialmente as reservas de petróleo), geralmente em regiões distantes dos maiores consumidores.

---

[10] Segundo o Presidente da Associação dos Engenheiros da Petrobrás (AEPET), no pré-sal há, certamente, pelo menos *90 bilhões de barris de petróleo*. Para se ter uma ideia do que isso significa, basta considerar que todas as reservas brasileiras, excluído o pré-sal, somam 14 bilhões de barris equivalentes de petróleo. Existem estimativas que apontam que se o Brasil atingir reservas de 104 bilhões de barris, isso vai representar 8,3% das reservas mundiais certificadas em 2007, que eram de 1,26 trilhão de barris.

Assim sendo, é possível dizer que assegurar um suprimento seguro de energia a preços estáveis e moderados tem sido uma das prioridades da agenda internacional, um item muito importante de uma determinada *segurança energética*.

No plano bilateral, o Brasil tem mantido relevante diálogo sobre o tema de energia com Argentina, Chile, EUA e União Europeia. O País acompanha, ainda que não seja membro, as atividades da Agência Internacional de Energia (AIE) e da Organização dos Países Exportadores de Petróleo (OPEP) à luz de sua importância no cenário mundial. Além disso, participa das discussões do Fórum Internacional de Energia (FIE).

No contexto regional, cabe destacar a importância da integração econômica na América do Sul. O País tem atuação expressiva em organismos como a Organização Latino-Americana e Caribenha de Energia (OLACDE), a União das Nações Sul-Americanas (UNASUL) e o Mercado Comum do SUL (MERCOSUL), em seu Subgrupo de Trabalho com enfoque em energia (GST.9).[11]

Os objetivos são a integração energética para o aproveitamento integral, sustentável dos recursos da região e o desenvolvimento de uma infraestrutura para a interconexão regional de acordo com os três pilares de desenvolvimento sustentável: econômico, social e ambiental.

No que concerne aos organismos internacionais, o Brasil tem presença em variados foros, bem como nas cúpulas BRIC (Brasil, Rússia, Índia e China), América do Sul-África (ASA), Índia, Brasil, África do Sul (IBAS), América Latina e Caribe (CALC), Brasil-Caribe (CARICOM).[12]

De outra parte, embora a oferta de energia renovável tenha aumentado razoavelmente entre 2000 e 2010, período em que a participação dessa fonte passou de 41% para 48% – os restantes 52% ainda são de energia não renovável.

A Empresa de Pesquisa Energética (EPE) estima que essa fatia fique nesse patamar nos próximos nove anos. Mesmo assim, a expansão de fontes alternativas entre 2010 e 2019, em termos de acréscimo de potência instalada, está estimada em 14.655MW, o equivalente a pouco mais de três usinas hidrelétricas de Belo Monte.[13]

Desse total, 5400MW (37%) devem vir da geração de biomassa, superando a da eólica (36%) e das PCH (27%), de acordo com as estimativas apontadas no último Plano Decenal de Energia do governo brasileiro.

Isso significa que o momento parece ser favorável para atrair investidores para a geração de energia de biomassa, principalmente de bagaço de cana-de-açúcar e de palha de cana.

Atualmente, das 434 usinas de açúcar e de álcool em operação no país, apenas 100 (23%) exportam energia para o Sistema Integrado Nacional (SIN). Em São Paulo,

---

[11] Consultem-se sobre o tema, as Diretrizes Gerais de Eficiência Energética no âmbito do Mercosul, (Mercosul-CMC-REC – nº 1/90); bem como a Mercosul/GMC/RES nº 57/93; a Resolução/CMC/DEC nº 49/07, alusiva ao plano de ação do Mercosul para a cooperação em matéria de biocombustíveis; e finalmente a Resolução Mercosul/CMC/REC nº 2/09, concernente às diretrizes de fontes renováveis de energia no âmbito do Mercosul.

[12] *Idem.*

[13] A usina hidrelétrica de Belo Monte terá uma potência instalada de 11.182MW, e fará parte de um complexo que envolve quatro usinas: Altamira, Ipixuna, Kakraimoro e Jarina. Praticamente dois terços (63,6%) do potencial hidrelétrico brasileiro encontram-se localizados na região amazônica, principalmente nos rios Tocantins, Araguaia, Xingu e Tapajós.

estado mais importante no cenário sucroalcooleiro, esse percentual é um pouco maior, das 182 usinas, 54 (30%) exportam sua energia ao sistema.

A União da Indústria de Cana de Açúcar (Unica) estima que o potencial de bioeletricidade excedente com a utilização de bagaço de cana e palha possa chegar a 8.158MW médios em 2015 e 13.158MW em 2020.

Seria possível quintuplicar a participação (15%) na matriz elétrica brasileira até esse período. Para isso será necessário que o governo promova um programa de inserção para a bioenergia através da definição de leilões anuais e regulares capazes de manter e expandir a cadeia produtiva da bioeletricidade.

Do mesmo modo, *o Brasil tem grande potencial gerador para chegar a 300 mil MW ou 400 mil MW de energia eólica, de acordo com cálculos do Ministério de Minas e Energia, em função da altura das atuais torres dos aerogeradores de 80 a 110 metros.*

Por enquanto, nos quarenta e quatro parques eólicos em operação no Brasil, são gerados apenas 1.436MW de energia, ou 1,3% da matriz energética. Essa capacidade é duas vezes e meia menor do que a gerada na Dinamarca com a força dos ventos, na qual a China aparece em primeiro lugar com a geração de mais de 42 mil MW.

As perspectivas do setor para os investidores parecem bem promissoras. De fato, se pensarmos que a capacidade instalada eólica nacional aumentará pelo menos 3,6 vezes até 2014, quando poderá gerar 5.250MW, que fariam sua participação na matriz energética brasileira passar para 5,3%.

3 A integração energética sul-americana – O anel energético do Cone Sul

O anel energético do Cone Sul, que já tem o apoio do Banco Interamericano de Desenvolvimento (BID), propõe a ampliação da rede de gasodutos na região com o objetivo de prover Argentina, Chile, Brasil e Uruguai com o *gás natural* de Camisea, no Peru.

Inicialmente orçado em US$2 bilhões, o projeto inclui a construção de um gasoduto de 1.2 mil km ligando Pisco, no Peru, à região chilena de Tocopilla. Prevê-se, ainda, a complementação da rede argentina e a construção de 500km de gasoduto entre as cidades de Uruguaiana e Porto Alegre, no Brasil. Isso permitirá que, num prazo de dois anos ou mais, cerca de 30 milhões de m³ diários (MMCD) de gás natural peruano sejam levados aos demais países.

A busca pela integração energética ganha impulso em um momento em que países sul-americanos passam por uma crise no setor, agravada pela instabilidade política na Bolívia, e questionam os avanços do processo de integração regional.[14]

Além de por fim, em curto prazo, à crise energética no Cone Sul, o projeto reforça a iniciativa de promover, em um cenário de altas do preço do petróleo, *a diversificação das matrizes energéticas dos países envolvidos, especialmente Brasil, Chile e Uruguai.*

---

[14] Sobre o "Processo de integração energética: rumos e percalços", *vide* com o mesmo título o trabalho de Luiz Salomão e José Malhães, publicado no observatório político sul-americano. Disponível em: www.observatorio. iuperj.br.

No Chile, por exemplo, até 1996, o gás natural representava somente 8% do consumo de energia: hoje são 26%.

No Brasil, apesar da pouca penetração do gás natural na matriz energética nacional – que gira em torno de 6% –, a tendência é em prol de diversificação. Depois da crise de 2001, o projeto de construção de termelétricas foi incentivado pelo governo FHC como alternativa viável.

Com efeito, um ponto crucial na integração política do subcontinente, discutida já em 2000, na I Reunião de Presidentes da América do Sul, passa pela promoção de obras de integração física calçadas em *pesados investimentos em infraestrutura, com destaque para o setor de transportes, telecomunicação e energia.*

Nesse sentido é previsível o interesse da União Europeia e de seus investidores na América do Sul, especialmente no Brasil.

O projeto energético do Cone Sul, é bem verdade, não está isento de problemas. O problema energético regional, em especial o do fornecimento de gás natural, não está relacionado à falta de reservas. Ele é o resultado do déficit de regulação e de infraestrutura – que o anel energético pode em parte solucionar.

No caso do gás, a exigência por regras claras tem peso ainda maior em razão de algumas particularidades: não pode ser armazenado com a mesma facilidade do petróleo, necessita determinada infraestrutura mais sofisticada e cara, e, por esse motivo, os contratos de fornecimento são geralmente concluídos antes do início dos investimentos.

O Brasil falta aprovar uma Lei do Gás Natural. A Argentina também necessita esclarecer como atrairá investimentos da iniciativa privada. A Bolívia, por outro lado, deve integrar esse projeto, pois a reserva peruana de Camisea apresenta limitações.

É no Norte, especialmente na Venezuela, que se encontram as maiores reservas de gás natural (cerca de 70%). *No entanto, são os países do Sul, Argentina, Chile, Brasil e Uruguai, onde vivem 70% da população sul-americana,* que possuem a maior demanda e o mercado de gás mais desenvolvido, com um sistema de produção e de gasodutos mais avançado, e que se encontram próximos da dependência da importação.

Como bem ressaltam Darc Costa e Raphael Padula,[15] o Gasoduto do Sul representa a maior obra de integração física na América do Sul e é a maior obra efetiva em prol da integração regional, especialmente entre os países beneficiários do Cone Sul. Esse projeto ainda possibilita a construção do anel energético sul-americano, estendendo-se ao Chile, Bolívia, Peru, Equador e Colômbia, aproveitando, em seu itinerário, as reservas de gás do Peru e da Bolívia.

4   O sistema elétrico brasileiro – Seu padrão regulatório e alguns exemplos da América do Sul

Muito brevemente acreditamos que seja de utilidade oferecer noções básicas do *modelo regulatório brasileiro* no que toca à energia elétrica.

---

[15] "La Geopolítica de la Energía, el Gaseoducto del Sur y la Integración Energética Sudamericana", Centro de Estudios Internacionales. Disponível em: www.caei.com.ar.

A indústria de serviços elétricos surgiu no Brasil no final do século XIX pelas mãos de empreendedores privados. Várias iniciativas localizadas foram se sucedendo no tempo sem planejamento centralizado, dando origem a um conjunto de concessionárias com características técnicas, econômicas e financeiras distintas.

A pulverização fragilizava a maioria das concessionárias e inviabilizava a padronização de parâmetros técnicos. Essa situação aumentava os custos operacionais e dificultava o financiamento dos planos de expansão.

Ao final da II Guerra Mundial, o déficit de infraestrutura tornou-se um dos principais gargalos da economia brasileira, impedindo a constituição de um mercado nacional e limitando o crescimento econômico.

Com a superação deste cenário requeria investimentos significativos e o aval dos governos era indispensável para obter recursos dos organismos internacionais de créditos, criou-se um ambiente favorável para a constituição das *empresas estatais,* que passaram então a desempenhar um papel central na expansão dos setores de infraestrutura de modo geral.

A consolidação dos monopólios públicos ocorreu nos anos 70. No setor elétrico, especificamente, a Eletrobrás assumiu a função de *holding,* controlando quatro geradores regionais, mas com a participação minoritária nas empresas estaduais.

O modelo institucional estatal que regulou o setor elétrico instituído nos anos 60 vigorou no país nos 30 anos subsequentes. No entanto, a partir de 1980 vários fatores levaram *à exaustão deste modelo,* o que favoreceu as reformas dos anos 90. Entre os citados fatores estava a notória incapacidade do Estado brasileiro de preservar os níveis de investimento necessários ao setor energético.

No Brasil as reformas em direção ao mercado no setor elétrico tiveram início no governo Cardoso. Há sempre uma crítica no período porque o governo de então deu início ao processo de privatização das empresas de distribuição sem antes ter estabelecido o marco regulatório e a estrutura da indústria, e isso teria desfavorecido a coordenação e o desenvolvimento ulterior deste setor.[16]

A venda de empresas sem um marco regulatório preestabelecido aumentou o poder de barganha das empresas e supervalorizou os contratos de gestão.[17]

A Constituição Federal de 1988 reconhece a energia elétrica como um *serviço público.* O art. 21, inc. XXI, b, afirma que é competência da União a exploração, de forma direta, ou mediante autorização, concessão ou permissão, dos serviços e instalações de

---

[16] Aponta-se como defeito no modelo de privatização brasileira do setor energético o fato de as geradoras permanecerem federais. Já a privatização ocorreu na distribuição apenas em alguns Estados-Membros da Federação brasileira.

[17] A reestruturação do setor elétrico brasileiro, no plano legal, iniciou-se com a promulgação da Lei nº 8.987, de 13 de fevereiro de 1995, conhecida como Lei de Concessões de Serviços Públicos, e da Lei Setorial nº 9.074, de 07 de julho de 1995, quando foram estabelecidos os fundamentos básicos do novo modelo. Estas leis introduziram significativas alterações, em especial quanto à licitação dos novos empreendimentos, à criação da figura do Produtor Independente de Energia, ao livre acesso aos sistemas de transmissão e distribuição e à liberdade de os consumidores escolherem seus supridores de energia. Outras leis relevantes foram a Lei nº 9.427 de 26 de dezembro de 1996, que instituiu a Agência Nacional de Energia Elétrica (ANEEL), a Lei nº 9.648/98, que, além de alterar dispositivos da Lei de Licitações Públicas (Lei nº 8.666/93 e posteriores), promoveu a reestruturação da Eletrobrás e de suas subsidiárias, e criou o Operador Nacional do Sistema (NOS) e o Mercado Atacadista de Energia (MAE).

energia elétrica e o aproveitamento energético dos cursos d'água, em articulação com os Estados onde se situam os potenciais hidroenergéticos.

De outro lado, são também bens da União "os potenciais de energia hidráulica" (art. 20, inc. VIII), sendo assegurado aos demais entes políticos a "participação no resultado da exploração do petróleo ou gás natural, de recursos hídricos para fins de geração de energia elétrica e de outros recursos minerais no respectivo território" (art. 20, §1º, da CF).

Assim, o suprimento de energia elétrica é prestação de serviço. É serviço público, submetido às normas e princípios de direito público, dentre os quais o da supremacia do interesse público.

A Lei nº 8.631/93 eliminou o regime tarifário pelo custo do serviço no setor elétrico, promovendo o encontro de contas das empresas elétricas com o Tesouro, e eliminou o conceito de remuneração mínima garantida.

A Lei nº 8.987, de 13 de fevereiro de 1995, regulamentou a exploração de serviços de infraestrutura no Brasil e ofereceu as bases para a reforma desses setores, *viabilizando a entrada de investimentos privados no fornecimento de serviços públicos*.

Já a Lei nº 9.074, de 07 de Julho de 1995, estabeleceu condições legais para que os grandes consumidores de energia elétrica, denominados consumidores livres (com carga superior a 3MW), pudessem eleger livremente o seu gerador.

Com esta mudança, permitiu-se a introdução da *concorrência no setor elétrico*. Os demais consumidores são denominados consumidores cativos, uma vez que permanecem sob o monopólio das distribuidoras.

Em agosto de 1997, a Lei nº 9.478 determinou a estrutura e o funcionamento do Conselho Nacional de Política Energética. Em dezembro do mesmo ano, com a Lei nº 9.427, de 26 de dezembro de 1996, foi instituída a Agência Nacional de Energia Elétrica (ANEEL), cuja função era a de regular a fiscalização, a produção, a transmissão e a distribuição e comercialização de energia elétrica em conformidade com as políticas e diretrizes do governo federal,[18] sendo ela regulamentada pelo Decreto nº 2.335, de 06 de outubro de 1997.

O Ministério das Minas e Energia é o órgão do Executivo encarregado do setor energético como um todo no Brasil. Em 2004, no âmbito deste Ministério, foi criado o Comitê de Monitoramento do Setor Elétrico (CMSE), composto pelo Ministro das Minas e Energia e pelos titulares da Agência Nacional de Energia Elétrica, da Agência Nacional do Petróleo, da Câmara de Comercialização de Energia Elétrica (CCEE), da Empresa de Pesquisa Energética e do Operador Nacional do Sistema Elétrico (ONS).

Por meio desse comitê, o Ministério das Minas e Energia (MME) acompanha o desenvolvimento das atividades de geração, transmissão, distribuição, comercialização,[19]

---

[18] Registre-se ainda a existência da Lei nº 9.648, de 27 de maio de 1998, que alterou dispositivos da Lei de Licitações e autorizou o Poder Executivo a promover a reestruturação da Centrais Elétricas Brasileiras (Eletrobrás) e de suas subsidiárias.

[19] No que diz respeito à comercialização, o novo modelo da Lei nº 10.848/04 prevê a existência de dois ambientes de contratação: Ambiente de Contratação Regulada (ACR); e Ambiente de Contratação Livre (ACL). No ambiente regulado, são compradores os distribuidores, podendo ser vendedores os geradores, importadores e comercializadores. Cada contrato de venda de energia deve ter um lastro físico de geração, de forma que não existam contratos sem a correspondente capacidade física de suprimento. O lastro para garantir 100%

exportação e importação não apenas de energia elétrica, mas também de petróleo, gás e seus derivados. Entre as atribuições do Comitê está a avaliação das condições e da *segurança de abastecimento.*

A ANEEL foi criada como uma autarquia especial a fim de assegurar-lhe características particulares, como a autonomia na execução de suas funções, conforme ocorre com as agências reguladoras independentes criadas em países centrais, nos quais o Brasil buscou se inspirar. Todavia, no Brasil, as agências são vinculadas a Ministérios do Poder Executivo.[20]

A ANEEL é vinculada ao Ministério das Minas e Energia, uma vez que a Constituição brasileira não permite que um órgão público opere sem a vinculação a um dos três poderes.

A missão dessa agência reguladora é proporcionar condições favoráveis para que o desenvolvimento do mercado de energia elétrica ocorra com equilíbrio entre os agentes em benefício da sociedade.

Há aspectos importantes em relação à legislação de criação da ANEEL. O primeiro diz respeito à definição das atribuições para que o órgão exerça o cumprimento da *defesa da concorrência*, estabelecendo regras para coibir a concentração de mercado de forma articulada com a Secretaria de Acompanhamento Econômico do Ministério da Fazenda e com a Secretaria de Direito Econômico do Ministério da Justiça.

Em segundo lugar, há a previsão de estabelecimento de convênios com agências estaduais, refletindo a descentralização do setor elétrico no Brasil, o que vem ocorrendo gradativamente, na medida em que os governos dos Estados (membros) se estruturam para, em colaboração com a ANEEL, realizar a fiscalização dos serviços no nível local.

O Operador Nacional do Sistema (ONS) é um órgão colegiado responsável pela coordenação do setor elétrico, visando especialmente minimizar a perda de coordenação ocasionada pela introdução da concorrência no setor e ainda possibilitar o acesso indiscriminado à rede de transporte.

O ONS não é proprietário dos ativos de transmissão. As empresas de transmissão delegam a este órgão os direitos de comercialização dos serviços prestados pelas suas linhas, recebendo uma remuneração pela cessão de seus direitos.

O Conselho Nacional de Política Energética (CNPE) está vinculado à Presidência da República. Trata-se de um órgão de assessoramento cuja função é propor ao Presidente da República políticas nacionais e medidas específicas, visando promover o aproveitamento racional dos recursos energéticos, assegurar que o suprimento de recursos energéticos

---

dos contratos de venda, bem como dos seus mercados, para os distribuidores e consumidores livres, deve ser verificado, mensalmente, com base nos registros feitos na CCEE nos últimos doze meses. É permitido ao distribuidor adquirir 10% de seu mercado a partir de geração distribuída, definida como sendo a fonte geradora conectada diretamente ao sistema do comprador, exceto se hidrelétrico, com capacidade superior a 30MW, e termelétrico com eficiência energética inferior a 75%, exceto biomassa. O ACL permite operações de compra e venda entre geradores, comercializadores, importadores, exportadores e consumidores livres, excluindo-se apenas os distribuidores. Esse novo sistema aumenta o poder do Estado nas decisões do setor, já que o governo passa a ter a responsabilidade sobre o planejamento da expansão, e das concessões e autorizações de novos empreendimentos.

[20] Sobre o conceito constitucional das agências reguladoras no Brasil, consulte nossa obra: *As agências reguladoras*: o Estado Democrático de Direito no Brasil e sua atividade normativa. São Paulo: Malheiros, 2005.

chegue a todo o País e estabelecer diretrizes para programas específicos, considerando as diversas fontes de energia, entre outros.

O Conselho é composto por dez membros, sendo o Ministro das Minas e Energia seu Presidente. Além dele, fazem parte os Ministros da Ciência e Tecnologia, da Fazenda, do Planejamento, Orçamento e Gestão, do Meio Ambiente e do Desenvolvimento Indústria e Comércio, além do Ministro-Chefe da Casa Civil, de um representante dos Estados e do Distrito Federal, de um cidadão brasileiro especialista em energia, e de um representante de universidade brasileira especialista em energia.

A Câmara de Comercialização de Energia Elétrica (CCEE) foi criada em 2004, pela Lei nº 10.848,[21] em substituição ao Mercado Atacadista de Energia Elétrica (MAE), criado em 2002. Trata-se de uma associação civil integrada pelos titulares de permissão, autorização ou concessão e ainda por outros agentes vinculados aos serviços e às instalações de energia elétrica, bem como os consumidores livres. Ela tem por finalidade viabilizar a comercialização de energia elétrica no sistema interligado nacional nos ambientes de contratação regulada e contratação livre, além de efetuar a contabilização e a liquidação financeira das operações realizadas no mercado de curto prazo.

Finalmente, a Agência Nacional de Águas (ANA), vinculada ao Ministério do Meio Ambiente, conforme determina a sua lei de criação, é o órgão responsável pela implementação da Política Nacional de Recursos Hídricos. Cabe a esta agência definir as condições de operação em reservatórios de aproveitamento hidrelétricos por agentes públicos e privados, em articulação com o Operador Nacional do Sistema Elétrico.

Por fim podemos observar que tanto no Brasil como na maioria dos países da América do Sul o processo de formação do setor elétrico deu-se inicialmente pela via do setor privado, como é o caso do Brasil e do Peru, e ainda hoje países como a Venezuela contam com um sistema de propriedade mista no setor elétrico.

O processo de estatização foi empreendido em meados do século XX, como vimos, na medida em que o setor privado não foi capaz de conduzir os investimentos em infraestrutura e garantir a universalização dos serviços, além das dificuldades em gerir empresas em um sistema fragmentado, sem coordenação.

A partir daí, o Estado revelou seu esgotamento em sua capacidade de financiar o setor elétrico e outros setores, o primeiro também em face da crescente demanda na região, além de vários problemas de gestão, predispondo os países a crises energéticas.

---

[21] O novo modelo do setor elétrico brasileiro, instituído em 2004, por meio da Lei nº 10.848 introduziu um modelo baseado em vários itens, a saber: a) modicidade tarifária, b) segurança do suprimento, e c) marco regulatório estável. Foram criados ainda novos agentes: Empresa de Pesquisa Energética (EPE) para subsidiar o planejamento estratégico do setor; o Comitê de Monitoramento do Sistema Elétrico (CMSE); e a Câmara de Comercialização de Energia (CCEE), que substituiu o MAE. Para garantir a modicidade tarifária, o novo modelo instituiu um sistema com o critério de menor tarifa e com contratos bilaterais de longo prazo. As companhias distribuidoras devem prever seus mercados com uma antecedência de cinco anos. Permitiu-se, ainda, a realização dos chamados leilões de ajustes para garantir a segurança do abastecimento. O modelo prevê a realização dos seguintes tipos de leilão: A-5: leilão para entrega cinco anos após o contrato – são leilões de energia de novos empreendimentos de geração; A-3: leilão para entrega três anos após o contrato – também são leilões de novos empreendimentos; A-1: leilão para entrega no ano seguinte – são leilões de energia de usinas existentes; Leilão de ajuste: leilão para que a distribuidora ajuste, no curtíssimo prazo, a quantidade de energia já contratada com o seu mercado – são leilões de energia de usinas existentes e contratos com prazo de duração menor que um ano. Nos leilões também serão levadas em conta fontes alternativas, conforme previsto na citada lei.

Reapareceu assim o setor privado como um importante *player* para o desenvolvimento da infraestrutura na América do Sul.

Atualmente, entretanto, a tendência regional parece ser o estabelecimento de parcerias do Estado com o setor privado, a fim de impulsionar o setor elétrico *que ainda carece de investimentos substanciais*, para então afastar as possibilidades de crise mais sérias no setor.

No Brasil, os governos sucessivos têm se utilizado de mecanismos distintos para planejar o desenvolvimento do setor elétrico, atraindo assim o investimento privado. É o caso do Banco Nacional de Desenvolvimento Econômico e Social (BNDES), que ocupa destacado lugar no apoio a projetos de infraestrutura no Brasil.

Ao analisarmos as recentes reformas nos vários países da América Latina, especialmente no Brasil, Argentina, Peru e Chile, verificamos que o Estado ou transmitiu a propriedade das empresas de eletricidade do Estado para o setor privado, ou concedeu tais serviços ao particular (concessão), introduzindo assim um mecanismo de concorrência, a fim de afastar o velho conceito de monopólio estatal que concentrava por demais o sistema, quer do ponto de vista horizontal, quer verticalmente.

Tanto na área de geração, como na transmissão da energia elétrica foi dada uma tônica à concorrência entre particulares, com introdução de agências reguladoras e órgãos de defesa da concorrência, a fim de regular o mercado adequadamente.

É preciso ainda considerar que faltam nesses países, não só no Brasil, uma melhor articulação entre o tema energético e o tema ambiental.

É dizer, é preciso uma política bem articulada entre a energia, os recursos naturais e sua exploração, a fim de que os agentes econômicos possam atuar com maior segurança jurídica.

Quanto mais homogeneidade regulatória na região, maior possibilidade de investimentos na integração energética sul-americana.

5 O plano decenal de energia e as políticas públicas para fontes alternativas e renováveis e a geração de energia elétrica

O setor energético brasileiro é essencialmente hidrelétrico (mais de 90% da energia consumida). Há poucas instalações de energia atômica, além de o setor de gás estar num período inicial de implantação, embora em franca expansão, como teremos a oportunidade de ver mais adiante.

Nos próximos dez anos, o Brasil dependerá cada vez menos da energia gerada pelas usinas hidrelétricas, consumirá proporcionalmente mais etanol, mas continuará fortemente dependente da energia proveniente de fontes não renováveis.

Dos cerca de R$1 trilhão de reais, de investimentos previstos no Plano Decenal de Expansão de Energia 2020 (PDE 2020), nada menos do que R$686 bilhões de reais (67%, ou dois terços do total) serão investidos na cadeia de petróleo e de gás natural.

Como a Petrobrás, sozinha, aplicará quase 70% (setenta por cento) dos investimentos em combustíveis fósseis (o restante será aplicado por empresas privadas), ela será responsável por quase metade do PDE 2020. Se a empresa executar com eficiência seus próprios investimentos, parte expressiva do plano decenal do governo estará garantida.

De acordo com as projeções feitas pela Empresa de Pesquisa Energética (EPE), responsável pela elaboração do PDE 2020, a produção nacional de petróleo deverá alcançar 6,1 milhões de barris por dia em 2020, contra 2,3 milhões da produção atual, incluídas todas as empresas em operação no País.

O aumento da produção de petróleo terá de ser acompanhado da expansão do parque de refino do País.[22]

A EPE estima que a capacidade de refino tenha de aumentar de 2.041 milhões de barris por dia para 3.505 milhões de barris diários, devendo haver um excedente de 3,2 milhões de barris por dia para ser destinado à exportação. Mesmo assim, a participação do petróleo e derivados na matriz energética do País diminuirá de 38,5% (trinta e oito ponto cinco) no ano passado para 31,8% (trinta e um ponto oito) em 2020.

A participação do gás aumentará, de 10,2% (dez ponto dois) para 14,4% (catorze ponto quatro) no final da década. A descoberta do pré-sal deverá resultar, em 2020, na produção de um excedente de pelo menos 24 milhões de metros cúbicos por dia – volume que pode chegar a 66 milhões de metros cúbicos quando as usinas térmicas não estiverem operando a plena carga, para o qual a Petrobrás terá de encontrar mercado.

Embora lentamente, a energia renovável aumentará sua participação na matriz energética,[23] de acordo com o plano decenal do governo. Isso decorrerá do maior consumo de etanol, cuja fatia na matriz energética deverá crescer de 17,7% para 21,8%.

O Presidente da EPE prevê um aumento extraordinário da produção de etanol nos próximos anos, puxado principalmente pela Petrobrás. Em 2020, a produção estimada é de 73 bilhões de litros por ano, 46% mais do que a produção atual.

Para isso, obviamente, será necessário realizar investimentos que assegurem abastecimento regular a um mercado cuja demanda está crescente. Os investimentos previstos para a oferta de biocombustíveis líquidos são de R$97 bilhões de reais até 2020.

O governo brasileiro baseia sua projeção no aumento da frota de veículos bicombustíveis e na preferência do consumidor pelo álcool combustível, em detrimento da gasolina. A recente crise de abastecimento do etanol mostrou, porém, que, pelo menos por enquanto, o consumidor brasileiro não tem razões para confiar no fornecimento regular de álcool combustível a preços competitivos.

Mesmo recebendo a segunda maior fatia de investimentos previstos no PDE 2020, de R$236 bilhões, o setor de energia elétrica reduzirá sua participação na matriz energética, de 14,2% para 12,5% (doze ponto cinco), já que o aumento da fatia dos biocombustíveis será suficiente para assegurar a maior participação das fontes renováveis na matriz energética.

---

[22] O Brasil, como se sabe, teve a sorte de descobrir recentemente uma grande quantidade de petróleo no subsolo marítimo de seu território, na chamada camada do pré-sal. A área total da província do pré-sal é de 149.000km², sendo que uma área de 41.772km² já está sob concessão.

[23] Assim, por exemplo, o aumento de negócios leva a conhecida multinacional General Eletric (GE) a investir U$500 milhões de dólares nos próximos três anos no Brasil. A GE Energy, uma das unidades da companhia que oferece soluções para o setor energético, encerrou o ano fiscal de 2010, na região da América Latina, com faturamento de U$3,2 bilhões, crescimento de 45% ante o ano anterior. Brasil e México respondem por 60% a 70% desse montante. Os trabalhos e investimentos estão voltados em tecnologias altamente sofisticadas para as indústrias de óleo e gás, energias renováveis, mineração, transporte ferroviário e aviação. A exemplo de outras fábricas do setor de energia, a GE também produz equipamentos destinados à geração de energia à base de bagaço de cana-de-açúcar (Segundo o Caderno Especial de Energia publicado no *Jornal Valor*, São Paulo, 28 abr. 2011, p. F5).

Os novos empreendimentos terão potência total de 19,383 mil megawatts (MW). Ainda não foi iniciado o processo de licenciamento ambiental dessas unidades, a maior das quais, com potência de 6,133 mil MW, é conhecida como Complexo Tapajós, no Rio Tapajós.

Às dificuldades conhecidas para as obras na área de energia elétrica – constituição de consórcios, obtenção de licenças ambientais em prazos que não comprometam os cronogramas, por exemplo – se acrescentará outra: a necessidade de autorização do Congresso Nacional, pois algumas das novas unidades previstas reduzirão áreas de unidades de conservação ambiental, cujos limites só podem ser alterados por lei.

Passemos agora a enfrentar o tema das políticas públicas para fontes alternativas e renováveis para geração de energia elétrica.[24]

As fontes alternativas e renováveis de energia devem compor a matriz elétrica brasileira, pois elas são uma importante alternativa para o País.

Em um momento de crescimento econômico com uma necessidade muito grande de energia elétrica para sustentá-lo, e havendo uma clara opção por projetos hidrelétricos, cujos impactos ambientais tendem a aumentar, fontes alternativas e renováveis de energia são mais que bem-vindas, são uma necessidade, sobretudo para quem pode delas dispor.

As chamadas fontes alternativas e renováveis além de contribuir para a *segurança energética* do país também contribuem para o equilíbrio do meio ambiente.

É conhecido o Programa Nacional do Álcool (Proálcool), criado em 1975, que chegou a abastecer cerca de 85% dos veículos leves do país.

Hoje com a tecnologia dos motores *flex* e com a nova escalada de preços do petróleo, abriram-se novas oportunidades para o álcool combustível, de 2004 a 2006 a produção anual de álcool aumentou de 15 para 17 bilhões de litros.

Em relação à energia elétrica, o grande aumento da oferta foi obtido por meio do aproveitamento dos potenciais hidráulicos de grande porte.[25] O Brasil aproveita somente 26% do seu potencial hidráulico, sendo que a maior parte do potencial não utilizado encontra-se na região amazônica.

---

[24] Interessante registrar que a Dinamarca tem um programa muito avançado de tratamento de lixo e resíduos, o que possibilita a este país inclusive importar lixo para geração de energia. Está anunciada para o ano de 2016 a instalação de mega usina de lixo que, com sua queima, produzirá biogás. Hoje a Dinamarca processa 100% (cem por cento) do lixo que produz em empresas privadas e em cooperativas sem fins lucrativos. A atividade da usina está dentro da proposta do governo de acabar com o uso de combustíveis fósseis no país até o ano de 2050.

[25] Registre-se hoje que o Brasil vive o dilema da construção da *Usina de Belo Monte*. Obra polêmica principalmente pelos seus impactos socioambientais, que continua a provocar protestos das populações ribeirinhas e de indígenas a Usina de Belo Monte, no Rio Xingu, no Estado do Pará, enfrenta também problemas de engenharia financeira. A razão, o custo do empreendimento, inicialmente estimado em R$19 bilhões, depois revisado para R$29 bilhões, e que agora se estima em R$35 bilhões. Apesar da crítica dos ambientalistas, são muitos os técnicos independentes que defendem o uso do potencial hídrico da Amazônia para geração de energia, alegando que o País não dispõe de melhores alternativas em médio prazo. Depois do desastre de Fukushima, a expansão das usinas nucleares será conduzida com cuidados redobrados. A alternativa seria recorrer a termoelétricas movidas a óleo combustível, ou diesel, ou, na melhor das hipóteses, a gás natural. O aumento da potência de hidrelétricas já em funcionamento e a cogeração de energia pelas usinas de cana-de-açúcar são de grande utilidade, mas não serão suficientes. Já o uso mais intenso de energia solar e da energia eólica não é ainda economicamente viável em grande escala, podendo apenas suprir lacunas no fornecimento de eletricidade. Para poder crescer a taxas que satisfaçam suas necessidades, o País precisa adicionar anualmente 5,8 mil MW na capacidade de geração de eletricidade e terá, segundo alguns técnicos que buscá-los em grande parte, na Amazônia, para desespero dos ambientalistas.

De outra parte, as evidências científicas sobre o problema do aquecimento global nunca foram tão sólidas. O aquecimento global se afigura um problema muito sério e, possivelmente, um dos mais difíceis de ser equacionados já enfrentados pela Humanidade.

Interessante que, independentemente do comportamento futuro das emissões antrópicas de CO_2, em razão das escalas de tempo necessárias para a remoção desse gás da atmosfera, as emissões antrópicas passadas de CO_2 ainda continuarão contribuindo para o aquecimento e para a elevação do nível médio dos oceanos por mais um milênio.[26]

Nesse contexto, uma das reais alternativas de mitigação do problema consiste exatamente no uso de energias limpas e renováveis.

Roberto Schaeffer,[27] sobre o tema, ensina que entre os potenciais de mitigação já mapeados, são dignas de nota *as seguintes tecnologias* e práticas por setor, de uso final, todas elas ligadas ao uso de energia por este:

- *Oferta de energia*: melhoria na eficiência de oferta e de distribuição de energia; substituição do carvão por gás natural, maior uso de energias renováveis para geração elétrica e de calor de processo (energia hidrelétrica, energia solar térmica, energia solar fotovoltaica); energia eólica; energia geotérmica; bioenergia (bagaço de cana-de-açúcar, por exemplo); aumento da participação de energia nuclear na matriz energética mundial (desde que questões relacionadas à segurança, proliferação de armamentos e destinação final de rejeitos radioativos sejam equacionadas);uso maior da cogeração (geração simultânea de eletricidade e energia térmica); e captura e armazenamento geológico de carbono em plantas energéticas, dependendo da existência de avanços técnicos, econômicos e regulatórios no setor que garantam a segurança da tecnologia.
- *Transportes*: *uso de veículos mais eficientes*; veículos elétricos; veículos híbridos; veículos a diesel mais limpos; biocombustíveis; mudanças de modal de transporte rodoviário para ferroviário e sistemas de transporte público; transporte não motorizados (bicicletas e deslocamentos a pé); aumento da eficiência no setor de aviação.
- *Edificações residenciais e comerciais*: iluminação mais eficiente e maior uso de iluminação natural; uso de eletrodomésticos e de equipamentos de aquecimento e de resfriamento mais eficientes; uso de fogões mais eficientes; melhoria dos projetos das construções, com um maior aproveitamento de princípios de arquitetura solar passiva e ativa para aquecimento e resfriamento de ambientes; projetos arquitetônicos integrados para prédios comerciais; medidores inteligentes de maneira a proporcionar retroalimentação e controle; painéis fotovoltaicos integrados em prédios.
- *Indústria*: equipamentos elétricos de uso final mais eficientes; recuperação de calor; reciclagem e substituição de materiais; controle de emissão de GEE além

---

[26] A Petrobrás planeja reinjetar o CO_2 dos poços do pré-sal nos próprios reservatórios. Segundo ela isso seria possível, mas um desafio a ser superado com o tempo até o final da extração dos poços do pré-sal.

[27] O papel da energia nas ações de mitigação. *Plenarium,* v. 5, p. 118, out. 2008. Disponível na Biblioteca Digital da Câmara dos Deputados do Brasil.

do CO_2, melhoria de um vasto espectro de tecnologias específicas de processo. O maior potencial de mitigação reside nas indústrias ditas energo-intensivas (ferro e aço, alumínio, papel e celulose, cimento, etc.), mas entende-se que barreiras existem devido à longa vida média das instalações industriais, o que faz com que possibilidades tecnológicas recentes só venham a ser introduzidas muito à frente no tempo, bem como dificuldades de acesso à informação e a recursos técnicos e econômicos.

No Brasil, são dignas de nota os seguintes grandes marcos de fontes alternativas e renováveis.

O primeiro é sem dúvida o Programa de Incentivo às Fontes Alternativas de Energia Elétrica (PROINFA), que se deu com a aprovação da Lei nº 10.438/02.

O referido diploma legal regulamentou alguns incentivos e criou outros que estimulam o uso de *fontes alternativas e renováveis*, tanto em projetos do PROINFA quanto em projetos fora desse Programa. São eles:

- Desconto de 50% nas Tarifas de Uso de Sistema de Transmissão e Distribuição (TUSD) para *projetos eólicos*, de *biomassa* e de cogeração qualificada de até 30MW. Para centrais hidrelétricas, o desconto é dado para projetos com potência até 1MW, ou entre 1MW e 30MW destinadas à produção independente ou à autoprodução.
- Participação das Pequenas Centrais Hidrelétricas (PCHs) no Mecanismo de Realocação de Energia (MRE), possibilitando a repartição dos riscos hidrológicos.
- Comercialização da energia com consumidor ou conjunto de consumidores cuja carga seja maior ou igual a 500MW, com possibilidade de complementação de até 49% da energia média produzida por outras fontes.
- Sub-rogação da CCC (Conta de Consumo de Combustíveis), até 2022, para fontes alternativas de energia elétrica, visando a substituir combustíveis fósseis por fontes renováveis de energia no sistema isolado. A CCC configura-se, atualmente, como o único instrumento para apoiar as fontes alternativas fora do sistema interligado, com um orçamento anual de R$3 bilhões para cobrir o custo excedente da geração de energia em sistemas isolados. No entanto, não existem dados suficientes para informar quanto da CCC já foi direcionada para projetos de fontes de energia alternativa.
- Criação da CDE (Contribuição no Domínio Econômico), que pode também ser utilizada para subsidiar fontes de energia renovável nas áreas atendidas pelo sistema interligado. No entanto, esses recursos, atualmente, estão sendo utilizados, prioritariamente, para a universalização do acesso à energia elétrica, pois os recursos da CDE também podem ser utilizados para a universalização do acesso. Além disso, os recursos da CDE podem ser usados para cobrir diferenças de custo de usinas que utilizem somente carvão mineral nacional e usinas que utilizem gás natural, e não possuem fornecimento canalizado, e para cobrir diferenças de preço entre a energia disponibilizada por termelétricas a carvão mineral nacional e o valor correspondente da energia competitiva.

O PROINFA prevê duas fases distintas.

A primeira fase foi concebida de forma a garantir a contratação de 3.300MW igualmente divididos entre energia eólica, PCH (Pequenas Centrais Hidrelétricas) e biomassa. Na segunda fase, foi estipulada uma fatia de 15% de fontes alternativas no crescimento anual do consumo de eletricidade, de forma que, em 20 anos, essas fontes representem 10% no consumo total.[28]

Segundo o mesmo autor (Shaeffer), são as seguintes as características dessas três energias:

a) *Pequenas Centrais Hidrelétricas*

Apresentam uma vantagem de rápida e eficientemente promover a expansão da oferta de energia elétrica e os menores impactos ambientais.

Possibilita um melhor atendimento às necessidades de carga de pequenos centros urbanos e regiões rurais, complementando o fornecimento realizado pelo sistema interligado.

O Brasil apresenta um potencial de geração a partir de PCHs, significativo de cerca de 7,3GW, dos quais são aproveitados menos de 30%.

Existem cerca de 427 centrais desativadas que podem ser reformadas, de modo a acrescentar cerca de 156MW de capacidade ao parque gerador do país.

b) *Energia Eólica*

O recente Atlas do Potencial Eólico Brasileiro, elaborado pelo Centro de Pesquisas de Energia Elétrica (CEPEL), mostra um potencial bruto de 143,5GW, o que torna *a energia eólica uma alternativa importante para a diversificação da geração de eletricidade no país*.

O maior potencial está no litoral das Regiões Nordeste, Sul e Sudeste. O potencial de energia anual da Região Nordeste é de cerca de 144,29TWh, da Região Sudeste de 54,93TWh e da Região Sul de cerca de 41,11TWh.

As condições climáticas brasileiras apresentam velocidades médias do vento bem mais altas, em torno de 8,5m/s, e mais uniformes que em muitos países, onde este tipo de energia é muito mais disseminado.

As aplicações mais favoráveis dessa fonte de energia no Brasil estão na integração ao sistema interligado de grandes blocos de geração nos sítios de maior potencial.

Outro tipo de aproveitamento de complementaridade seria o *sistema híbrido*, que opera em conjunto com um combustível, óleo diesel, por exemplo, em sistemas isolados.

Atualmente, 92 novas usinas eólicas, com uma capacidade a ser instalada de 6.243MW, foram outorgadas pela ANEEL. A grande maioria delas está situada na Região Nordeste.

c) *Biomassa de Cana-de-Açúcar*

Uma característica importante do uso de biomassa de cana-de-açúcar para geração de eletricidade refere-se a sua diferenciada natureza em relação às demais fontes alternativas.

O seu aproveitamento para geração elétrica não corresponde à atividade fim do investidor, mas decorre do aproveitamento de coprodutos da produção de açúcar e álcool, notadamente *o bagaço de cana-de-açúcar*.

---

[28] Segundo Paulo César Ribeiro Lima, "Políticas Públicas para Fontes Alternativas", jul. 2007, Biblioteca Digital da Câmara dos Deputados, Brasília. Disponível em: bd.camara.gov.br.

No Brasil, a produção e a comercialização de eletricidade excedente a partir desse coproduto de cana-de-açúcar têm oscilado ao longo do tempo e está concentrada no Estado de São Paulo.

Segundo dados da ANEEL, a potência instalada de biomassa de cana-de-açúcar corresponde a cerca de 2% do total da capacidade instalada no país, cerca de 100GW.

Esses dados indicam uma importante oportunidade para novos empreendimentos, diante da estimativa do potencial ainda a ser aproveitado.

Uma das vantagens da geração elétrica com coprodutos da cana-de-açúcar é que ela ocorre, na Região Centro-Sul, durante os meses de estiagem, apresentando, assim, uma importante geração complementar à hidrelétrica.[29]

6 O setor de biocombustíveis no Brasil

Do ponto de vista tecnológico, os biocombustíveis englobam produtos de primeira geração (que incluem o *etanol*, produzido a partir da cana-de-açúcar, e o *biodiesel*, fabricado com base em óleos vegetais) e produtos de segunda geração (os que consomem como matéria prima biomassas de baixo valor – *resíduos e palhas*).

Enquanto a primeira geração pode ser considerada tecnologicamente madura, a segunda apresenta ainda desafios significativos.

A produção de biocombustíveis é entendida como uma das alternativas tecnológicas disponíveis para suplantar os desafios ora enfrentados pela indústria da energia.

Tais desafios, como sabemos, englobam tanto a questão ambiental, com destaque para o aquecimento global, quanto à necessidade de se prover garantia e segurança ao abastecimento energético, fatores que vêm ganhando importância com a perspectiva da diminuição do petróleo ou mesmo dos problemas que envolvem sua utilização intensiva.

Os *benefícios* associados ao desenvolvimento do setor são muitos, dentre eles é possível destacar:

a) o fato de a produção de biocombustíveis possibilitar a diversificação da matriz energética do país e a consolidação, no futuro, de vantagens competitivas na exploração do etanol, de biodiesel e de tecnologia e serviços associados à cadeia de produção setorial;

b) a circunstância de as barreiras tecnológicas para a utilização do biodiesel de primeira geração já terem sido, em grande medida, superadas;

c) o fato de, no caso do etanol, o país contar com a experiência que remonta à década de 70, com o Proálcool;

d) o fato de a disseminação do uso do *carro flex* ter produzido grandes oportunidades para o uso do etanol no país; e

e) o fato de uma possível expansão do mercado mundial de etanol e de outros biocombustíveis constituir, em princípio, um incentivo adicional à produção brasileira.

---

[29] Segundo o autor Paulo Sérgio Ribeiro Lima, *op. cit.*, p. 17.

Por sua vez, entre os principais obstáculos, estão quase sempre arrolados os seguintes:

a) o fato de a estrutura de custos do biodiesel apresentar variações significativas, conforme a matéria-prima utilizada e a inexistência de consenso quanto às vantagens e desvantagens associadas ao uso de cada uma delas;
b) o fato de a viabilidade econômica do biodiesel permanecer condicionada à estrutura de custo da produção e ao fator preço, barreira que pode vir a ser contornada, no futuro, pela incorporação de ganhos de economia de escala e de externalidades positivas;
c) a possibilidade de a utilização de barreiras tarifárias e não tarifárias crescer com a expansão do comércio internacional do setor de biocombustíveis.[30]

6.1 O biodiesel

Segundo Galeno Tinoco Ferraz Filho, é possível afirmar que o desenvolvimento do setor no Brasil é relativamente recente e que apresentou como ponto de partida relevante para o Programa Nacional de Produção de Biodiesel (PNPB), lançado pelo governo brasileiro ao final de 2004, a partir de três diretrizes centrais, a saber:

a) Sustentabilidade e promoção de inclusão social.
b) Garantia de preços competitivos, qualidade e suprimento do produto.
c) Utilização de *diferentes fontes oleaginosas* cultivadas em diversas regiões do País.

Para incentivar a produção doméstica, o governo replicou para o biodiesel mecanismos de suporte que se mostraram exitosos no caso do etanol, como a *renúncia fiscal*, além de introduzir novidades como o *Selo Social*, iniciativa que concede redução de tributos aos fabricantes de biodiesel dispostos a adquirir parte de sua matéria-prima de produtos familiares.

Em 2005, o governo autorizou *a mistura de 2% de biodiesel (B2) ao óleo diesel em caráter voluntário*, mistura que se tornou compulsória a partir de janeiro de 2008 e que foi recentemente elevada para 3%, a contar de julho deste mesmo ano.

De início, as iniciativas do programa mostraram-se insuficientes para assegurar um volume de demanda indutora de investimentos privados compatíveis com as metas estabelecidas para o setor.

Essa circunstância levou o governo a instituir leilões de compra de biodiesel, estratégia que visava antecipar a comercialização do produto e garantir a expansão de capacidade produtiva necessária para a entrada em vigor em 2006 do mercado de biodiesel.

A partir de 2008, todo o óleo diesel consumido no Brasil deve conter 3% de biodiesel, exigência determinada por lei que originará um consumo da ordem de 1.260 milhões de litros/ano.

---

[30] Segundo o estudo de Galeno Tinoco Ferraz Filho, do qual nos valemos essencialmente para este capítulo, "O setor de biocombustíveis no Brasil", na obra, LÓPES, Andrés (Coord.). *La industria de biocombustibles en el Mercosur*. Montevideo: Red Mercosur de Investigaciones Económicas, 2009. p. 133-197.

O Biodiesel é um combustível biodegradável produzido a partir de recursos renováveis, mediante processo produtivo que consome óleos vegetais ou gordura animal como matéria-prima principal.

Pode ser utilizado puro ou misturado com o óleo mineral em diversas proporções em um motor de ignição a compressão (diesel), dispensando, conforme o teor da mistura, modificações e ou adaptações dispendiosas.

Trata-se de um combustível de uso simplificado, não tóxico e essencialmente livre de compostos sulfurados e aromáticos. Sua obtenção se faz mediante diferentes processos químicos, como a esterificação, a transesterificação e o craqueamento.

A transesterificação, processo de separação da glicerina do óleo vegetal (ou da gordura animal), é o método produtivo mais difundido no mundo e no Brasil. Nesse caso, a reação química ocorre entre um ácido (óleo natural ou gordura animal) e duas bases (álcoois simples e um catalisador) e tem como resultado dois produtos: o éster (nome químico do biodiesel) e a glicerina, produto utilizado em várias indústrias tais como a de cosméticos, a de alimentos e a de bebidas.

No Brasil, o biodiesel foi definido pela Lei nº 11.097/05 e teve sua especificação fixada pela Portaria nº 255, de 15 de setembro de 2003, da Agência Nacional de Petróleo (ANP), a qual estabeleceu a especificação inicial para o biodiesel puro a ser adicionado ao óleo diesel automotivo para testes em frotas cativas ou para uso em processo industrial específico, nos termos da Portaria ANP nº 240, de 25 de agosto de 2003.

Em 2004, a Resolução nº 42 da ANP determinou a especificação necessária para a comercialização de biodiesel quando da entrada da obrigatoriedade necessária para a comercialização do biodiesel no país.

Em 2008, a ANP anunciou uma nova especificação para o biodiesel, revogando a resolução anterior. O novo padrão adotado resultou de um longo processo de discussão envolvendo pesquisadores, usinas, representantes de distribuidoras, indústria automobilística e entidades da Europa e dos EUA.

Trata-se de uma especificação mais rígida que a anterior, embora flexível o suficiente para permitir a produção de biodiesel a partir de diferentes oleaginosas brasileiras. A harmonização das especificações do produto é uma tendência mundial que interessa ao Brasil, visto que, no futuro, o país pretende tornar-se exportador de biodiesel.

Já aludimos ao etanol, assim não vamos voltar a esse tema no momento. Podemos passar diretamente ao tema da segurança alimentar e os impactos ao meio ambiente e ao emprego, aspectos também tratados por Galeno Tinoco Ferraz Filho em seu artigo que estamos a utilizar amplamente neste capítulo por se tratar de aspectos técnicos que transcendem o universo estritamente técnico-jurídico.

7   A expansão da produção – Segurança alimentar, impactos sobre o meio ambiente e emprego

O crescimento do setor sucroalcooleiro brasileiro e a possibilidade de um aumento expressivo da produção do etanol nos próximos anos, induzido pelo crescimento das exportações e ou da importância do álcool na matriz energética do país, tem colocado questões controversas no campo da sustentabilidade do setor.

Entre elas se destacam: segurança alimentar; conservação ambiental e uso do solo; utilização de irrigação, o uso de defensivos e fertilizantes; erradicação de queimadas e mecanização das colheitas; condições de trabalho; gestão dos recursos hídricos e utilização dos resíduos da produção (vinhaça e torta de filtro).

Em relação à *segurança alimentar*, ultimamente vem crescendo o debate em torno da tese de que a expansão do setor de biocombustíveis representa uma ameaça para a segurança alimentar, visto que a produção de suas matérias-primas disputa áreas de plantio com o cultivo de alimentos e eleva os preços das *commodities* agrícolas, por ampliar sua demanda.

Para muitos analistas, a subida tendencial dos preços dos alimentos, verificada ao longo de 2007, já seria consequência do aumento da importância da produção de biocombustíveis à escala global. Um exemplo estaria na alta do milho, derivada da política norte-americana de incentivo à produção e ao uso do etanol.

Contra essa tese, argumenta-se que o fenômeno é mais diretamente explicado por outros fatores, como o crescimento da demanda mundial (efeito China e Rússia), os baixos estoques e a quebra de safras de determinados grãos, por questões climáticas.

No caso do Brasil, alega-se que o aumento da produção de etanol não representaria uma ameaça à segurança alimentar, visto que *o plantio da cana ocupa apenas uma pequena parcela das terras agricultáveis do país*, e que a expansão de seu cultivo tem contribuído para recuperar áreas de pastagem degradadas, de baixo ou nenhum potencial agrícola.

Ademais, tal ocupação ocorre em regiões *distantes* da Amazônia, cujo solo e clima são inadequados para a cultura da cana.

Na discussão sobre riscos e vantagens dos biocombustíveis, relatório publicado pela CEPAL/FAO aceita o argumento de que em muitos países da América Latina as áreas agricultáveis não se esgotaram, fato que possibilita a expansão do cultivo de vegetais destinados à produção de alimentos, ou de invasão de mata virgem.

Nesse particular, o Brasil parece estar em situação muito favorável. Entretanto, o mesmo relatório adverte que "no curto prazo é muito provável que uma rápida e forte expansão da produção de biocombustíveis a nível mundial tenha efeitos importantes no setor agrícola".

Tais efeitos podem se manifestar em mudanças na demanda, nas exportações, na alocação de hectares para cultivos de energéticos e não energéticos e, finalmente, nos preços dos produtos agrícolas, colocando em risco o acesso a alimentos pelos setores mais pobres da sociedade.

De outro lado, a avaliação do impacto do uso do etanol na redução das emissões de gases de efeito estufa (GEE) no país é muito positiva.

Finalmente, destaca Tinoco que não existem estudos abrangendo todos os aspectos relativos à sustentabilidade ambiental da cultura de cana-de-açúcar no Brasil.

No Brasil, a relação energia renovável obtida/energia fóssil consumida na produção do etanol é de oito para um, enquanto que no caso do etanol de milho fabricado nos EUA essa relação está próxima de 1,4.

O balanço energético do etanol de cana é, ademais, bem mais vantajoso se calculado para a produção do biodiesel brasileiro, que está em 1,4 para o biodiesel de soja e em 5,6 para o biodiesel de dendê.

Estimativas para o biodiesel produzido na Europa e nos EUA indicam balanços positivos (soja e colza), com uma relação *output* renovável/*input* fóssil entre 2 e 3.

No caso brasileiro, a produção de biodiesel está muito concentrada na soja, fato que para alguns especialistas, ademais de comprometer as metas de inclusão social definidas pelo PNPB, é uma ameaça para a própria sustentabilidade do programa, dada a baixa produtividade por hectare (litros de biodiesel por área plantada), e a baixa produtividade energética da soja.

No que se refere à competitividade em relação ao produto substitutivo, o etanol também apresenta vantagem, quando comparado ao biodiesel.

De fato, no mercado interno, *o álcool* tem revelado poder de competição frente à gasolina, ao passo que estimativas relacionadas ao *biodiesel indicam que o produto não é competitivo vis-à-vis* o óleo diesel, se consideradas externalidades positivas, como o meio ambiente local, clima global, geração e manutenção de emprego e balanço de pagamento.

Os estudos sobre a competitividade internacional mostram que o etanol brasileiro tem custos de produção significativamente inferiores aos do etanol de milho e aos do etanol de beterraba produzidos, respectivamente, nos EUA e na EU.[31]

Acreditamos, por tudo o que vimos, que a expansão das fontes de energias renováveis terá uma influência decisiva na capacidade de conduzir o planeta para um caminho energético mais seguro, confiável e sustentável.

O potencial é incontestavelmente vasto, mas a rapidez com que essas energias contribuírem para atender à demanda energética mundial dependerá decisivamente da solidez dos apoios governamentais para tornar as energias renováveis competitivas em relação a outras fontes e tecnologias energéticas, e para estimular os avanços nesse setor.

As energias eólica e hidroelétrica e os biocombustíveis podem contribuir, e muito, como energias renováveis e limpas para chegarmos mais perto de um sistema energético sustentável.

Esperamos ter tocado em todos os pontos a que nos propomos no início deste artigo.

---

[31] Cf. Tinoco, p. 199.

LA INTEGRACIÓN SUPRANACIONAL, ESPECIALMENTE EL TEMA DEL MERCOSUR Y ASUNTOS CORRELATOS[1]

En el Mercosur de mis sueños está la creación de un Parlamento, un órgano jurisdiccional, la incorporación de la cláusula de supranacionalidad en la Constitución del Brasil, la coordinación de políticas macroeconómicas, la moneda común.

(Carlos Raimundi Diputado Nacional Provincia de Buenos Aires. Secretario de la Sección Argentina de la Comisión Parlamentaria Conjunta de Mercosur)

I   Introducción

El tema que nos han sugerido para tratar en este seminario, no es nada fácil.

No se encuentra en capítulos de obras jurídicas nacionales o extranjeras. Depende, eso sí, de un análisis comparativo y de un ejercicio arquitectónico.

Se debe construir, no es un dato.

En estos días actuales, la cooperación internacional nunca ha sido tan necesaria. Los Estados Nacionales ya no son auto-suficientes. Frente al fenómeno de la globalización, surge una interdependencia bajo varios ángulos, económica, financiera, política y hasta estratégica.

Los Estados modernos son compelidos a agruparse en bloques, con el intuito de promover el desarrollo nacional y regional, así como de poder hacer frente a las grandes potencias y a los bloques que ya existen, en un contexto de competición en escala regional y global.

En dicho contexto, el Estado pierde su pretensión de ser el tenedor absoluto de la soberanía, para verla menguada y compartida con otros Estados e incluso con organizaciones supranacionales.

En efecto, la globalización ha acentuado el surgimiento de regímenes supranacionales, que buscan constituirse en nuevos polos de poder económico y político.

---

[1]   Seminario "La elección de representantes y organismos supranacionales con especial referencia a los parlamentarios del Mercosur", promovido por el Consejo Argentino para las Relaciones Internacionales (CARI), en Buenos Aires el 20 y 21 de Junio de 2011.

Así ha surgido, por ejemplo, el *Derecho Comunitario*, más como una necesidad de integración entre Estados que se reúnen en bloques regionales de acuerdo con sus intereses.

Naturalmente que esa unión o integración exige que se establezcan ciertas reglas de convivencia entre lo que solemos conocer como segmentos de orden jurídico, a saber: a) el derecho interno y sus normas; b) el derecho internacional y sus normas, y c) el Derecho comunitario propiamente dicho.

En Europa, desde el año 1965, (por tanto hace casi cincuenta años) por medio de la Resolución del Parlamento Europeo, durante la reunión plenaria celebrada en Estrasburgo, del 18 al 22 de octubre de 1965, en el ámbito internacional europeo se proclamó la primacía del derecho comunitario sobre el derecho de los Estados miembros de las Comunidades Europeas.[2]

Mariela Morales Antoniazzi[3] afirma que existen "dos fenómenos que se complementan rigen en esta era de la globalización: la integración supranacional y la descentralización subnacional.

Dichos fenómenos se manifiestan a ambos lados del océano Atlántico, en Europa y en Suramérica. Se trata, por una parte, de transferir competencias a un ente supranacional para alcanzar fines que superan las fronteras de los Estados nacionales.

Por otra parte, se transfieren competencias hacia las entidades regionales y locales dentro de un Estado, con el propósito de garantizar mejor calidad de vida para los ciudadanos. La complementariedad entre ambos procesos se enmarca dentro de los objetivos de desarrollo del milenio.

A su vez, los dos procesos están unidos por un hilo conductor: el interés por consolidar los regímenes democráticos en los Estados Miembros de la Unión Europea así como también en los Estados Parte de la Comunidad Andina de Naciones (CAN) y el Mercado Común del Sur (Mercosur)".

Francisco Pedro Jucá[4] por su lado, sobre el tema, también nos enseña:

"Surge claramente, así, la necesidad de la convivencia entre lo nacional, lo internacional y lo regional – integrado, con efectos en una interacción permanente, y consecuentemente, reciprocidad de efectos.

La llave de la articulación necesaria a la convivencia se examina a la conclusión; pasa por algunos puntos:

---

[2] Por esta Resolución, el Parlamento Europeo ha proclamado de que por estar consciente del deber que le corresponde de velar por la correcta aplicación de los Tratados con miras a conseguir todos los fines y a permitir el desarrollo progresivo de las Comunidades Europeas, así como preocupado por las tendencias que se han manifestado en algunas autoridades jurisdiccionales nacionales y que son susceptibles de poner en causa las disposiciones comentarios; como convencido, no obstante, de la necesidad de respetar la independencia del poder judicial de los Estados miembros, que constituye una de las columnas del orden democrático, afirma el principio y la necesidad de reconocer la primacía del derecho comunitario sobre el derecho interno de los Estados miembros. "Aspectos Jurídicos de Los Sistemas de Integración Económica, Universidad Central de Venezuela, Facultad de Derecho, Caracas, XLIV, 1968, de Antonio Linares, página 33.

[3] Federalismo supranacional y democracia: La Unión Europea como fuente de inspiración de la CAN y el Mercosur, en la obra, "Descentralización versus Neocaudillismo", Anuario 2008-2009, Editado por el Instituto Latinoamericano de Investigaciones Sociales, Coordinación de la misma autora y de Carlos Tablante, páginas 415 a 470.

[4] "Parlamento do Mercosur", Ed. LTR, São Paulo, 2002, Página 42.

A. El reparto de la competencia entre los parlamentos nacional y regional, con miras a minimizar las posibilidades de conflictos y roces entre ellos;
B. La determinación de los papeles reales de cada cual, tanto en el ámbito fundamental de la representación política, distintas las dos órbitas de ciudadanía, como también en el de la producción normativa o actividad legiferante, en que se postula una diferencia importante. Al Parlamento Nacional se le atribuye una actividad preponderante en el sistema respectivo; ya al Parlamento Regional, al ejemplo de la práctica europea, que se usa como referencia, se le ha de reservar papel relevante y participación importante en el proceso de producción normativa, sin que, a pesar de ello, se le atribuya equivalencia o exclusividad, pues se debe considerar la realidad de las relaciones entre Estados mediante los mecanismos y estructuras gubernamentales, estructuras gubernamentales, esencialmente vinculadas al Poder Ejecutivo;[5]
C. En otro plano, se ha de considerar un nuevo papel para los Parlamentos Nacionales en las relaciones internacionales de los Estados involucrados en bloques regionales. Han de ser más participativos en el proceso, actuando de manera más directa y efectiva, huyendo un poco del modelo tradicional de acción *a posteriori,* especialmente en la internación de las internacionales a los sistemas jurídicos, por la repartición más pronunciada del *treaty-power;*
D. Finalmente, incluso delante del nuevo papel que se avecina, es preciso reconocer un fenómeno prácticamente universal, que es la creciente conexión entre el Parlamento como institución, y la Gobernabilidad, como tarea. Según este enfoque, cada vez más los Parlamentos precisan (y se les exige, por parte de las sociedades y de la realidad material) una acción más eficaz frente a la gobernabilidad y las actividades propias e inherentes del gobierno del cual participa, aunque con un papel propio, de compromiso con proyectos y actividades de gobierno".[6]

El Mercosur, de todos modos, no puede ser encarado simplemente como una mera zona de libre comercio. Pretende ser mucho más que eso.

---

[5] A este respecto, el diputado Federal Dr. Rosinha demuestra como ha transcurrido la flexibilidad en las negociaciones del protocolo constitutivo del Parlamento del Mercosur en algunos asuntos: "(...) Entonces se depara con todas esas dificultades de construcción, no es una dificultad pequeña, primero el debate sobre lo que representa el parlamento, si representaba al país o al pueblo, que hasta en el artículo primero constaba que *representa al pueblo del Mercosur.* Además de dichas dificultades, también se deparaba con las dificultades para qué sirve el parlamento. Cuando es un bloque supranacional como el de la Unión Europea, el parlamento puede votar definiciones, criterios, leyes, convenios de la Unión Europea; cuando el bloque es intergubernamental igual al Mercosur, nosotros no podemos dictar reglas que valen para todos *porque él es intergubernamental, entonces cada país, cada gobierno decide lo que quiere.* Pues bien, planteando entonces aquella cuestión de lo que hacer en el parlamento, decidimos *que el parlamento puede emitir normas y anteproyectos de normas a ser encaminadas al poder ejecutivo y el poder ejecutivo define si acata aquellas normas y aquellos anteproyectos, o no.* Que nada más son estas normas y estos anteproyectos que un convenio internacional de determinada área. Entonces acabamos buscando un mecanismo que casi es, puedo decir, de sugerencia, porque si el poder ejecutivo no lo acepta, lo deshecha y no hay absolutamente nada que se pueda hacer, porque si fuera un mecanismo de ley él lo vetaría y volvería y el veto podría ser derribado, pero no existe esta cuestión". Entrevista en la tesis, "A construção de uma nova instituição parlamentar no Cone Sul: O Parlamento do Mercosur, de Pedro Araujo Pietrafesa, Brasília-DF, Março 2009, Universidade de Brasília, Instituto de Ciências Sociais, Centro de Pesquisas e Pós-Graduação sobre as Américas (CEPPAC) página 47.

[6] Ob.Cit. página 32.

Se trata de un proyecto político y social de integración regional.

Comencemos inmediatamente examinando la estructura básica del Mercosur.

Al contrario del modelo supranacional[7] europeo, en el Mercosur, según el artículo 2 del Protocolo de Ouro Preto, los órganos con capacidad de decisión son de naturaleza *"intergubernamental"*, característica que se reafirma con la propia composición de estos órganos con miembros designados por los respectivos gobiernos, así como en función de la toma de decisiones por consenso.

De hecho, la principal diferencia entre el Derecho Comunitario y el Derecho Internacional Público, a punto de clasificarse aquél como ramo del Derecho distinto a éste, es la existencia de supranacionalidad.

Éste es el elemento diferenciador entre las relaciones de *subordinación* y las relaciones de *coordinación*.

Según Pierre Pescatore,[8] los componentes esenciales de la supranacionalidad son: el reconocimiento de *valores comunes*, el establecimiento de *poderes efectivos* a servicio de estos valores y la *autonomía* de ese poder con respecto a los Estados partes.

Se nota en el Mercosur la ausencia de algunos de esos elementos de supranacionalidad, como bien destaca Cançado Trindade.[9]

Dice el renombrado internacionalista que la estructura orgánica del bloque regional, como asimismo el sistema de toma de decisiones, se revisten de características esencialmente intergubernamentales.

---

[7] La supranacionalidad puede ser entendida, inclusive, en dos acepciones diferentes. En un primer sentido, se puede definir como la formación de las decisiones del bloque, de modo superior a la voluntad de las partes (decisión por mayoría, calificada o simple, ponderada o no) En otro sentido, tomándose como referencial el derecho a ser aplicado en cada Estado Parte, puede ser comprendida como la consideración de la norma comunitaria en un patatar superior al derecho interno. El primer tipo podría ser denominado supranacionalidad comunitaria, y el segundo, supranacionalidad interna. Según la lección de Saulo José Casali Bahia, "A Supranacionalidade no Mercosul", In, Mercosul, Lições do Período de Transitoriedade. Coordinación Celso Ribeiro Bastos y Cláudio Finkestein, Publicación del IBCD, Celso Bastos Editor, 1998, São Paulo, página 193 y siguientes. El principio de la subsidiariedad en la Unión europea, principio clave para la construcción de la Unión Europea, fue establecido con carácter jurídico en el artículo 3B del Tratado Constitutivo de la Comunidad Europea, (Maastrich), en 1992. Sobre el tema se puede consultar el trabajo del profesor español Manuel Fraga Iribarne, "Subsidiariedad, Una Glosa al artículo 3B del Tratado Constitutivo de la Comunidad Europea", publicado en el Boletín de la Academia de Ciencias Políticas y Sociales, Julio-Diciembre 2002, Caracas, Venezuela páginas 153 a 163.. En este trabajo Iribarne afirma: "La subsidiariedad es un principio que contribuye al respeto de las identidades nacionales de los estados miembros y salvaguarda sus atribuciones porque posibilita que dentro de la Unión Europea las decisiones se tomen de la forma más próxima posible a los ciudadanos. De ese principio deriva el deber de respeto comunitario a los elementos estructurales esenciales de los Estados miembros, particularmente de aquellos que tienen ordenamientos federales o regionales. La correcta aplicación de este principio pasa por el reconocimiento de los procesos de descentralización cumplidos en los diferentes Estados miembros, y la consiguiente asunción de competencias que antes fueron estatales por los entes sub-estatales existentes en los mismos, puesto que ello equivale a respetar las identidades nacionales de los Estados miembros. Sin embargo, esas competencias pueden verse afectadas, y de hecho lo están siendo, por el proceso de consolidación de la construcción europea. Eso requiere que aquellos titulares originariamente llamados a ejercerlas, los poderes regionales y locales, puedan seguir haciéndolo en virtud del principio de subsidiariedad. Eso sí, respetando los criterios de suficiencia y eficacia"

[8] Pescatore, Pierre, Derecho de la integración: nuevo fenómeno en las relaciones internacionales, Buenos Aires, Intal, 1973.

[9] Cançado Trindade, Otávio Augusto Drummond, "A incorporação das normas do Mercosur ao direito brasileiro e a segurança jurídica regional", en la obra, "Novas Perspectivas do Direito Internacional Contemporâneo", Estudios en Homenaje al Profesor Celso D. Albuquerque Mello, Carlos Augusto Menezes Direito y otros (Coordinadores), Editora Renovar, Rio de Janeiro, 2008, página 229 y siguientes.

En primer lugar, la composición de los tres órganos con competencia normativa – Consejo del Mercado Común (CMC), Grupo Mercado Común (GMC) y Comisión de Comercio del Mercosur (CCM) se forma a partir de representantes indicados por cada uno de los cuatro gobiernos que actúan en defensa de intereses nacionales– y por lo tanto, son representantes *del Estado*, y no *del Mercosur*.

Aunque busquen conciliar intereses nacionales con el avance del proceso de integración, sus instrucciones provienen de sus respectivos gobiernos y no de una autoridad comunitaria. En segundo lugar, las decisiones en los órganos del Mercosur se toman por consenso, lo que permite que únicamente un socio vete eventual consenso logrado por los demás.

Por fin, no existen (por lo menos actualmente) elementos inherentes al derecho del Mercosur que lo habiliten para dar el salto supranacional. Del Derecho Comunitario, las características de la aplicabilidad directa e inmediata de las normas, y su primacía sobre el derecho interno de los Estados, han sido construcciones jurisprudenciales creativas logradas gracias a elementos ya existentes en el derecho europeo.

El elemento clave para estas innovaciones es el procedimiento de *reenvío* perjudicial, por medio del cual el juez nacional puede suspender el proceso y pedir al Tribunal de Justicia de las Comunidades Europeas (TJCE) que se pronuncie sobre la aplicación o interpretación del Derecho Comunitario.

Hay cierto diálogo entre las jurisdicciones nacionales y el TJCE. Este procedimiento garantiza la interpretación uniforme del Derecho Comunitario.

En el Mercosur, dice Cançado Trindade, el juez nacional no cuenta con una jurisdicción comunitaria que lo ayude en la interpretación del derecho regional. El magistrado, delante de un conflicto entre normas comunitarias e internas, no tendrá otra alternativa sino la de recorrer a la Constitución de su país y a la jurisprudencia de sus tribunales superiores. Ello refleja la ausencia de supranacionalidad, sin la cual no puede haber Derecho Comunitario.[10]

A despecho de que no sea posible clasificar el derecho del Mercosur como Derecho Comunitario, Cançado Trindade nos recuerda que se trata de un orden jurídico propio.

---

[10] Recordamos que como ha reconocido el Tribunal Constitucional español, en su declaración del 13 de diciembre de 2004, sobre la existencia o inexistencia de contradicción entre la Constitución española y la europea, "el nuevo Tratado no altera sustancialmente la situación creada tras nuestra adhesión a las Comunidades y, si acaso, la simplifica y reordena en términos que hacen más preciso el alcance de la cesión del ejercicio de competencias verificadas por España, por tanto, en virtud del principio de *atribución* (implícito en el artículo 93 de la Constitución española), la Unión actúa dentro de los límites de las competencias que le atribuyen los Estados miembros en el Proyecto de Tratado, de tal manera que las competencias no atribuidas a la Unión corresponden a los Estados miembros. Junto a ese principio se sitúan los de *subsidiariedad* y de *proporcionalidad*. El primero determina que la Unión, en las materias que no sean de su competencia exclusiva, sólo intervendrá cuando los objetivos pretendidos no puedan ser conseguidos suficientemente por los Estados miembros (a nivel central, regional o local). Según el principio de proporcionalidad la acción de la Unión Europea no excederá de lo necesario para alcanzar el objetivo pretendido. Para garantir la efectividad de estos principios, el protocolo de aplicación de los mismos otorga a los Parlamentos nacionales una función de control mediante un dictamen motivado, ajustado al mecanismo de «alerta temprana», que puede ir dirigido a los Presidentes de las tres instituciones de la Unión. Si los dictámenes motivados representan al menos un tercio de los Parlamentos nacionales de los Estados miembros, la Comisión Europea deberá reexaminar la propuesta, pudiendo mantenerla, modificarla o retirarla. A través de los cauces establecidos en los Estados miembros, los Parlamentos nacionales podrán interponer un recurso ante el Tribunal de Justicia, por violación del principio de subsidiariedad. Complementariamente, el Comité de las Regiones podrá interponer recursos ante el mismo Tribunal de Justicia, en relación con aquellos actos legislativos cuya adopción se requiere su consulta.

El Mercosur, a semejanza de la sociedad internacional, no cuenta con un organismo superior a los sujetos de Derecho, encargado de elaborar reglas jurídicas.

Sin embargo, tiene órganos competentes para legislar. El hecho de que las autoridades legisladoras se confundan con los propios sujetos de Derecho y destinatarios de las normas –los Estados– es una particularidad del DIP. La autoridad superior es, tan sólo, un elemento técnico de la organización jurídica.

Además, las normas del Mercosur son fuente de obligaciones jurídicas. Este carácter obligatorio deriva del reconocimiento por parte de los Estados, que así lo han estipulado en el art. 42 del Protocolo de Oro Preto (POP). Estarían cumplidas, así, las dos condiciones para la existencia de un orden jurídico, autoridad con la competencia para crear reglas de Derecho y el carácter obligatorio de estas reglas.

Cançado Trindade recuerda aun a Bobbio para afirmar que las normas del Mercosur también formarían un orden jurídico, pues el incumplimiento de los preceptos emanados de los organismos regionales puede acarrear la responsabilidad internacional del Estado, lo que será decidido por el Tribunal Arbitral. El no cumplimiento del laudo arbitral, a su vez, puede dar lugar a la adopción de medidas compensatorias, de conformidad al artículo 27 del Protocolo de Olivos (PO). Están presentes, por tanto, los elementos de *exterioridad* y de *institucionalización* de la *sanción*.

Por fin, las normas del Mercosur se pueden dividir, con respecto al derecho interno, entre aquellas que exigen aprobación del Congreso Nacional para regir internamente y aquellas que la dispensan.

A pesar de que, por regla, cualquier acto internacional exija aprobación legislativa para tener vigencia en el derecho interno, a lo largo del siglo pasado se ha consolidado la tesis de que dispensan aprobación legislativa, además de actos inherentes a la rutina diplomática, convenios internacionales que se destinan tan sólo a ejecutar un tratado previamente aprobado por el Congreso.

Además, el convenio ejecutivo no puede implicar cargas o compromisos gravosos al patrimonio nacional. Tampoco puede versar sobre materia bajo reserva de la ley, por tratarse del ejercicio del poder reglamentar del Ejecutivo (CF, art. 84, IV).[11]

Volveremos a este tema mas tarde. Veamos, por ahora, otro aspecto conectado a la armonización legislativa en el contexto de estos dos grandes sistemas de integración, la Unión Europea y el Mercosur.

II La Unión Europea y el Mercosur

Desde el punto de vista objetivo, podemos decir que el proceso de integración europea ha comenzado en una etapa de la historia que, bajo la presión de factores de dimensiones mundiales, exigía la concentración de las fuerzas productivas y la creación de grandes mercados indispensables a la recuperación económica y política del continente, capaces de romper los vínculos de una fórmula nacional superada y de construir los cimientos de una soberanía compartida. Con la Declaración del 9 de mayo de 1950, Robert Schuman abrió una nueva era en la historia europea.[12]

---

[11] Todo según Cançado Trindade, Ob. Cit. Página 246.

[12] Según Maria Tereza de Cárcomo Lobo, "Manual de Direito Comunitário", Editora Juruá, 2005, página 25.

Escaparía a los objetivos de este trabajo examinar toda la evolución por la que ha pasado Europa desde 1950 hasta hoy. Numerosos han sido los movimientos y "alargamientos" sufridos por las Comunidades Europeas hasta que llegamos al Espacio Económico Europeo (EEE) iniciado en 1994 con el Tratado de Porto y la definición de la Unión Europea, con el Tratado de Maastricht en ese mismo período, y posteriormente el Tratado de Ámsterdam (1999) y el Tratado de Nice (2001-2003).

Por ahora nos basta un análisis más estructural de la Unión Europea y del Mercosur. Vayamos directamente a éstos, sin más vueltas.

La actual estructura de la Unión Europea está formada por: A) el Parlamento Europeo; B) el Consejo de la Unión Europea. C) la Comisión de las Comunidades Europeas; D) el Tribunal de Justicia de las Comunidades Europeas; E) el Tribunal de Cuentas.

Tenemos también, el Banco Europeo de Inversiones (organismo financiero), el Sistema Europeo de Bancos Centrales – SEBC (cuya función es mantener la estabilidad de los precios) y el Banco Central Europeo-BCE (que tiene funciones de planificación, de orientación, de fiscalización y de ejecución de las políticas comunitarias en el cuadro de la unión económica y monetaria).

Por otro lado, en el MERCOSUR, el Tratado de Asunción, al instituirlo, previó, principalmente, en el Capítulo II (art.9 al 18), la estructura orgánica para el período de transición (hasta el 31.12.1994).

Los Organismos eran: Consejos de Mercado Común[13] (de naturaleza deliberativa), Grupo Mercado Común[14] (de naturaleza ejecutiva), La Comisión de Comercio del Mercosur,[15] la Comisión Parlamentar Conjunta[16] (art. 24) (de naturaleza ínter parlamentar), que fue sustituida por el Parlamento del Mercosur,[17] y la Secretaría Administrativa (de naturaleza administrativa).

---

[13] El Consejo del Mercado Común (CMC) es el órgano superior del Mercosur. Tiene a su cargo la conducción política del proceso de integración y la toma de decisiones para garantizar el cumplimiento de los objetivos establecidos por el Tratado de Asunción y la formación final del mercado común, y también le corresponde ejercer la titularidad de la personalidad jurídica de derecho internacional del Mercosur y negociar y firmar acuerdos en nombre de éste con terceros países, grupos de países y organizaciones internacionales. Se compone de los Ministros de Relaciones Exteriores y de Economía de los Estados-miembros (o equivalentes). La presidencia se alterna, con observancia del orden alfabético de los países integrantes, con mandato de seis meses.

[14] El órgano ejecutivo del Mercosur es el Grupo Mercado Común (GMC), subordinado al Consejo do Mercado Común. Le corresponde organizar las reuniones de éste y prepararle informe y estudios, adoptar las medidas necesarias al cumplimiento de las decisiones tomadas por el Consejo del Mercado Común, fijar programas de trabajo que aseguren avances para la formación del mercado común, aprobar sus presupuestos, adoptar resoluciones en materia financiera y presupuestaria y negociar, por delegación expresa del Consejo del Mercado Común, convenios en nombre del Mercosur con terceros países y organizaciones internacionales.

[15] Órgano situado abajo del Grupo Mercado Común, que tiene función consultiva y de asesoramiento. Le corresponde aplicar los instrumentos de comercio común acordado por los Estados-partes para el funcionamiento de la unión aduanera y asuntos conexos con la política comercial del Mercosur.

[16] Era el órgano representativo de los Parlamentos de los Estados-Partes, responsable de acelerar los procedimientos para la aprobación de las normas emanadas de los órganos del Mercosur y auxiliar la armonización de las legislaciones nacionales requerida por el avance del proceso de integración. Se componía de sesenta y cuatro parlamentares, dieciséis para cada Estado-parte, designados por los respectivos Parlamentos nacionales. Tenía función consultiva, deliberativa y de formulación de propuestas, en el ámbito del Mercosur. No tenía función legislativa. *Se manifestaba por medio de recomendaciones, sin carácter obligatorio, que luego se encaminaban al Consejo del Mercado Común por medio del Grupo Mercado Común.*

[17] Que veremos con más detalles más adelante, en este trabajo

El Protocolo de Ouro Preto, en su artículo 1º, amplió la estructura institucional, pero mantuvo, sin embargo, aquellos órganos ya constituidos.

Los actuales órganos son: el Consejo del Mercado Común (CMC) (art. 3 a 9), Grupo Mercado Común (GMC), arts. 10 a 15, Comisión de Comercio del Mercosur (CCM) (arts. 16 a 21), Comisión Parlamentar Conjunta (CPC), (arts. 22 a 27), Foro Consultivo Económico–Social (FCES),[18] (arts. 28 a 30) y Secretaría Administrativa del Mercosur[19] (SAM), (arts. 31 a 33). Autoriza además, en el párrafo único del artículo 1º, la creación de órganos auxiliares para la consecución del proceso de integración, si necesario.

CMC, GMC y CCM, según el artículo 2º, son los órganos con capacidad de decisión, y tienen naturaleza intergubernamental, o sea, las decisiones se toman por consenso.

Se puede notar que la estructura del Mercosur es muy diferente a la del modelo europeo. Además, la UE entrelaza vertientes supranacionales e intergubernamentales, lo que no ocurre en el ámbito del bloque latinoamericano, al menos hasta la fecha, teniendo en cuenta la elección de un modelo intergubernamental.

Finalmente se observa que en la Unión Europea[20] hay un propósito declarado de que los Estados que la componen formen una unidad, una Unión, un producto de unificación, mientras que en el Mercosur no hay, como vimos, hasta este momento, esa intención de unidad.

Los Estados no han abdicado de su soberanía para constituir una Unión, sino que tan sólo se integran bajo el manto del Tratado de Asunción.

Los pilares de los modelos también son diferentes.

Mientras que en el Mercosur son: consenso, flexibilidad y pragmatismo, en la Unión Europea son integración, cooperación intergubernamental y cooperación.

III   Las Constituciones de Argentina, Brasil, Paraguay y Uruguay

Por otra parte, hay que examinar, aunque sea brevemente, como se plantea el tema en las Constituciones de Argentina, Brasil, Paraguay y Uruguay.[21]

---

[18] Es el órgano representativo de los sectores económicos y sociales del Mercosur, propiciando, así mayor participación de la sociedad en las decisiones que dicen respecto al proceso de integración de la región y, al mismo tiempo, mayor transparencia de los actos emanados de los órganos del Mercosur. Tiene función consultiva y se manifiesta por medio de recomendaciones al Grupo Mercado Común (GMC).

[19] Es el órgano de apoyo operativo, encargado de prestar servicios a los demás órganos del Mercosur, servirle de archivo oficial de la documentación, publicar las decisiones oficiales adoptadas y organizar los aspectos logísticos de las reuniones del Consejo del Mercado Común, del Grupo Mercado Común y de la Comisión de Mercado del Mercosur. Su dirección está a cargo de un Director, indicado por el Grupo Mercado Común, en bases rotativas, tras consulta previa a los países integrantes, siendo nombrado por el Consejo del Mercado Común, para un mandato de dos años, prohibida su reelección.

[20] Mariela Morales en la obra citada entiende que la doctrina actual admite que la Unión Europea tiene una estructura federal. No obstante el Tratado de Lisboa no use esta expresión (federalismo) parece evidente que Europa camine hacia una posición más federativa, más integradora. Cita a Mangas Martín, para quien: "La Unión Europea no es un Estado federal, aunque sólo sea, porque no es un Estado. Todavía, más palmaria es la expresión de Schwarze al sostener que «la Unión Europea, como Werner Von Simson dijo una vez usando una analogía, se parece a un montañero perdido mientras ascendía a la cima. Ni puede volver atrás ni encuentra una forma fácil de llegar hasta ella"... El federalismo está subyacente como principio de organización política en el orden constitucional supranacional" (ob.Cit. página 429).

[21] Constatamos que la participación de Chile y de Bolivia, en el Mercosur, ha producido, sin ninguna duda, un progreso de especial importancia en la geopolítica continental, que exigirá contar con zonas o franjas horizontales

a) Argentina

La Constitución de Argentina, promulgada en 1994, es la más avanzada entre las que componen el Mercosur.

El artículo 75, inciso 24, permite al Congreso argentino: "Aprobar tratados de integración que deleguen competencias y jurisdicción a organizaciones supraestatales en condiciones de reciprocidad e igualdad, y que respeten el orden democrático y los derechos humanos", lo que posibilita la creación de órganos supranacionales en el ámbito del Mercosur, inclusive el Parlamento.

Las normas editadas por dichas organizaciones tendrán jerarquía superior a la de las leyes e inferior a la Constitución. En Argentina, la posibilidad de incorporación automática de normas supranacionales es una realidad de jerarquía supralegal, aunque infraconstitucional.

b) Paraguay

La Constitución de Paraguay, promulgada en 1992, admite, expresamente, en su artículo 145, la existencia de un orden jurídico supranacional, en condiciones de igualdad con otros Estados, que "garantice la vigencia de los derechos humanos, de la paz, de la justicia, de la cooperación y del desarrollo, en lo político, económico y cultural".

Sin embargo, las decisiones oriundas de los órganos supranacionales únicamente se pueden adoptar con el voto de la mayoría absoluta de cada Cámara del Congreso paraguayo. Ya los artículos 144 y 137 apuntan hacia la jerarquía supralegal pero infraconstitucional de los tratados.

c) Uruguay

La Constitución de 1967, reformada en 1989 y en 1994, no contempla un orden supranacional. El Artículo 6º alude "la República procurará la integración social y económica de los Estados latino americanos, especialmente en lo que se refiere a la defensa común de sus productos y materias primas.

A su vez el artículo 4º da Constitución de Uruguay alude a su soberanía sin previsión de delegación a los órganos supranacionales.

d) Brasil

El artículo 4º da CF do Brasil alude a la integración como un objetivo político y social general. El artículo 49, I (v. también el artículo 84, VIII), ambos de la CF, confieren competencia exclusiva al Congreso Nacional para resolver tratados y acuerdos internacionales.

---

para el desarrollo, y contar con buenas vías de comunicaciones que facilitará el tráfico terrestre, ferroviario, de este a oeste, entre los dos océanos, en América del Sur. En lo que respecta a la democracia sudamericana, se firmó, el 24 de julio de 1998, el Protocolo de Ushuaia sobre Compromiso Democrático en el Mercosur, con Chile y Bolivia. Con el citado instrumento, los Estados-Partes del Mercosur, además de Chile y de Bolivia, reafirman, como compromiso esencial del bloque económico, la observancia de las instituciones democráticas, como elemento esencial de los procesos de integración. En el supuesto de eventual ruptura del orden democrático, en alguno de los Estados, se podrán aplicar medidas sancionadoras al Estado infractor, que podrán ser desde la suspensión de sus derechos de participación en los órganos de integración, hasta la suspensión de sus derechos y obligaciones, resultantes de estos procesos.

En Brasil se necesitaría hacer una reforma constitucional (o un plebiscito, según determinada corriente), para que sea contemplada expresamente una deseada supranacionalidad.

Amandino Teixeira Nunes Júnior,[22] sobre el tema diserta: "Como se observa, las modificaciones que habría que hacer en el texto de la Constitución brasileña de 1988, con miras a la existencia y al funcionamiento del Parlamento del Mercosur, en los moldes aquí mencionados, se refieren a la previsión expresa de la admisibilidad de cesión de derechos soberanos a organizaciones supranacionales en los dominios atinentes a la integración (inclusión del art.4º-A); al proceso de aprobación, por parte del Congreso Nacional, a los tratados de integración que deleguen competencias, lo que deberá ser idéntico al de aprobación de enmiendas a la Constitución (inclusión del párrafo único del artículo 4ºA y modificación del inciso I, del art. 49); a la determinación expresa sobre la inclusión de normas provenientes de los tratados de integración en el ordenamiento nacional, que una vez aprobadas, tendrán jerarquía constitucional (inclusión de un párrafo en el art. 59, a ser numerado como párrafo primero, pasando el actual párrafo para segundo); y finalmente, la exclusión de la posibilidad de control de constitucionalidad, por el Supremo Tribunal Federal, de tratados de integración".

Sugiere además el autor la edición de un Decreto Legislativo para convocar un Plebiscito en Brasil, con la finalidad de consultar a los electores sobre modificaciones a la Constitución brasileña de 1988, que autoricen la celebración de tratados de integración, objetivando la delegación de poderes soberanos a organizaciones supranacionales de las cuales Brasil forme parte, especialmente el Mercosur.

Discrepo del autor en este particular.

Pienso que el plebiscito es dispensable. El artículo 4º de la Constitución brasileña, en mi opinión, ya permitiría, a la sombra de una interpretación constructiva de su párrafo único, la reforma de la Constitución por enmienda a fin de proceder a la cesión de una parcela de los poderes soberanos a órganos institucionales del MERCOSUR, pues esa es la intención del constituyente originario de 1988, que no ha sido todavía totalmente implementada.

Tiene razón Renato Salles Feltrin Corrêa,[23] quando afirma que "la opción por la vigencia simultánea de las normativas del Mercosur –única posible en función de las disposiciones constitucionales de sus Estados-miembros– representa otra dificultad para la eficacia de la normativa del Mercosur como instrumento de armonización[24] del derecho en el contexto de la integración del Mercosur.

"Como el Protocolo de Ouro Preto no ha fijado plazo para la incorporación de las normas del Mercosur, la demora anormal de los Estados-miembros para incorporarlas a los respectivos ordenamientos jurídicos puede frustrar, en la práctica, toda la finalidad de las normativas, amplificando antiguos obstáculos del Grupo.

---

[22] Parlamento del Mercosur, Coordinador Alexandre de Maia, Lumen Juris, Rio de Janeiro, 2010, Página 164.

[23] "Lex America: Os Tratados e o Legislativo no Mercosul", Revista E-Legis do Programa de Pós Graduação da Câmara de Deputados do Brasil, n.05,p. 48, 2º semestre de 2010.

[24] Sobre "Harmonização das Normas no Mercosur e na União Européia", consulte Cristiane Dias Carneiro, Revista Ciências Sociais da Universidade Gama Filho, Rio de Janeiro, volume 13, página 49-81, 2007.

"(...) Tal vez como resultado de estas características, las constituciones de los cuatro Estados principales del Mercosur guardan diferencias sutiles en lo que respecta al proceso de integración y de internalización de las leyes. En tesis, no habría necesidad de un formalismo tan imperioso para que las reglas acordadas pudieran tener validad como un todo. Sin embargo, la dimensión constitucional es un dato fundamental para la integración, y por lo tanto, la diferencia entre las normas constitucionales tangencia la dificultad de integración legislativa vivenciada por el Bloque".

Examinemos ahora los parlamentos supranacionales en Europa y en Latinoamérica.

Conocer como funcionan dichos parlamentos puede ser útil para recoger de ellos una experiencia comparada de integración en nuestra región.

IV Parlamentos Supranacionales en Europa y en Latinoamérica[25]

La primera asamblea parlamentar internacional, la Unión Ínter parlamentar (UI) fue fundada en 1889, con el objetivo de promover la paz y la democracia en el mundo. La UIP no fue creada por un tratado internacional. Actualmente reúne 153 parlamentos nacionales y 8 parlamentos regionales. Realiza, ordinariamente, dos Asambleas, una en su sede, en Ginebra, y otra en otro país miembro. La asamblea de octubre de 2008, en Ginebra, eligió el actual Presidente, el Diputado Theo-Ben Gurirab, Presidente de la Asamblea Nacional de Namibia.

El Congreso brasileño, miembro de la UIP desde 1954, integra el Grupo Latinoamericano y del Caribe –GRULAC, que tradicionalmente vota en conjunto.

La más antigua asamblea parlamentar creada por un tratado fue la Asamblea Parlamentar del Consejo de Europa, constituida por el Tratado de Londres, que creó el Consejo de Europa, firmado por diez países europeos en 1949: Bélgica, Dinamarca, Francia, Irlanda, Italia, Luxemburgo, Países Bajos, Noruega, Suecia y el Reino Unido.

Actualmente la Asamblea Parlamentar del Consejo de Europa cuenta con 47 miembros. Desempeña el papel de interlocución con el Consejo y está volcada básicamente a la promoción y garantía de los derechos humanos y de las libertades fundamentales, una vez que el Consejo de Europa tiene, como una de sus atribuciones, monitorear el cumplimiento de los preceptos de la Convención Europea de Derechos Humanos en los Estados-Partes.

Pasemos directamente al Parlamento Europeo, que ha tenido su origen en los tratados constitutivos de la Unión Europea (EU) en los años 50, que constituyeron la Asamblea Parlamentar de la Comunidad Europea del Carbón y del Acero. El nombre Parlamento Europeo pasó a ser utilizado por la Asamblea en 1962, quedando oficializado en la oportunidad en que se firmó el Acto Único Europeo, en febrero de 1986.

---

[25] Sobre el tema, consulte el trabajo de Mariana Vázquez, "La Unión Europea y el Mercosur en su proceso de construcción institucional. Historias diferentes, problemas comunes? Sobre la dimensión parlamentaria de los procesos de integración regional", trabajo presentado en el VI Congreso Nacional de Ciencia Política de la Sociedad Argentina de Análisis Político, Rosario, 5 al 8 de noviembre de 2003, en la página www.soap.org.or/esp/docs-congresos/congresos – soap/VI/areas/03/vazquezm.pdf.

Como sabemos, el primer Parlamento supranacional fue el Parlamento Europeo. Compuesto por representantes de los pueblos de los Estados reunidos en la Comunidad.[26]

Su legitimidad se basa en el sufragio directo y universal de sus miembros – desde 1979 – y su investidura tiene una duración de cinco años. Otros procesos de integración regional han tentado replicar este modelo de asamblea legislativa supranacional, siendo Latinoamérica la región donde la experiencia o mimetismo institucional ha tenido, como veremos, mayor repercusión.

En junio de 2004, la *International Parlamentary Union*, organización internacional que reúne de una manera asociativa a los varios Parlamentos nacionales a nivel mundial, era compuesta por 140 miembros nacionales y 5 asociados, estos últimos de carácter regional-internacional: el Parlamento Andino, el Parlamento Centroamericano, el Parlamento Europeo, el Parlamento Latinoamericano y la Asamblea Parlamentar del Consejo de Europa.

Veamos brevemente cada una de esas experiencias y lo que ellas han aportado, a la luz de su historia.

IV.a   El Parlamento Europeo (PE)

El Parlamento Europeo se ha convertido en un elemento central de la estructura compleja de gobernanza de la Unión Europea. El Parlamento, junto con el Consejo de la Unión Europea, legisla (co-legislación) en materias importantes para la Unión Europea.

Sin embargo, las competencias de los tres cuerpos políticos –Comisión, Consejo de Ministros y Parlamento Europeo– se encuentran entrelazadas a punto de ser difícil establecer una división clara de los conocidos y tradicionales referenciales: Los Poderes Ejecutivo y Legislativo.

La función ejecutiva compartida por la Comisión Europea y el Consejo de Ministros.[27] La Comisión es un cuerpo político supranacional nombrado de común

---

[26] Sobre las relaciones entre el Parlamento Europeo y los Parlamentos Nacionales, ver el trabajo de Allan Tatham, publicado en la Revista de Información Legislativa n. 132, 1996, página 193 a 210.

[27] Son tres las principales funciones del Parlamento: legislativa (codecisión) presupuestaria y de control. El proceso de codecisión confiere al PE el poder de legislar en conjunto con el Consejo de la Unión Europea en determinados temas. En algunos otros (agricultura, política económica, política de visas y de inmigración), el Consejo de la Unión Europea (UE) legisla sólo, pero está obligado a consultar el Parlamento. Dos tercios de las leyes europeas se adoptan por el proceso de codecisión. El presupuesto anual de la Unión Europea es determinado en conjunto, por el Consejo y por el Parlamento, y finalmente, el Parlamento Europeo tiene la facultad de controlar todas las instancias de la Unión Europea.(europa.eu/institutos/inst/parliament/índex_pt.htm.). Según Maria Teresa Cárcomo Lobo, Ob. Cit, página 69, podemos distinguir tres modalidades de participación en el Parlamento Europeo: aquella volcada a un *procedimiento consultivo*, otra volcada a un *procedimiento de cooperación* y finalmente una volcada a un *procedimiento de codecisión*. El procedimiento consultivo consiste en la manifestación obligatoria del Parlamento sobre una propuesta legislativa presentada por la Comisión para ser adoptada por el Consejo. La consulta constituye formalidad esencial, cuya inobservancia, según la jurisprudencia del Tribunal de Justicia, acarrea la nulidad del acto normativo. El procedimiento de cooperación permite al Parlamento mejorar la propuesta de la Comisión, mediante enmiendas. Este procedimiento se aplica en numerosas áreas de actuación comunitaria, como en la cuestión de los fondos estructurales, en materia de investigación de ambiente, de cooperación y de desarrollo. Por fin, el procedimiento de codecisión consagra la importancia del Parlamento en la producción normativa comunitaria, habiendo ampliado, el Tratado de Nice, las competencias del Parlamento en el ámbito de este proceso. El proceso de codecisión permite, inclusive, que el Parlamento haga inviable un acto legislativo propuesto por la Comisión y apoyado por el Consejo. De este proceso participa el Comité de Conciliación, que reúne paritariamente miembros del Consejo o sus representantes y representantes del Parlamento, cuya misión consiste en preparar un proyecto de texto normativo, partiendo de la propuesta de la Comisión y de las posiciones

acuerdo entre los Estados-miembros, pero sus miembros ejercen sus prerrogativas independientemente de las voluntades e intereses de sus respectivos gobiernos.

La Comisión representa los intereses de la comunidad, actúa como "guardián de los Tratados" –en el sentido de garantizar la observancia de los Tratados y del Derecho Comunitario, aunque ello implique infligir sanciones a un Estado miembro o hacer con que responda delante del Tribunal Europeo– y da continuidad a la interfaz central del sistema de decisión.

El Consejo de Ministros es un modelo clásico de cuerpo político intergubernamental compuesto por representantes de los Estados-miembros que defienden los intereses de sus propios gobiernos.

No obstante estas dos instituciones se denominen órganos ejecutivos, también desempeñan funciones legislativas.

La Comisión mantiene un casi monopolio sobre el derecho de iniciativa legislativa, además de ser responsable por la gestión y ejecución de las políticas comunes, fiscalización de la aplicación del Derecho Comunitario (en conjunto con el Tribunal de Justicia) y representación de la EU en el ámbito internacional.

El Consejo tiene poderes amplios de decisión: puede adoptar reglamentos y directrices, celebrar acuerdos y tratados y compartir competencias referentes al Presupuesto, con el Parlamento.

Como respuesta al déficit democrático e institucional que caracterizaba al sistema político europeo, el Consejo decidió adoptar, en 1979, la introducción de elecciones directas de los miembros del Parlamento Europeo.

Este paso ha sido importante para darle al Parlamento Europeo la capacidad institucional necesaria de luchar, en pie de igualdad, por competencias legislativas más amplias y asumir un papel de relieve en el triángulo institucional.

Desde 1979, como ya hemos destacado, el Parlamento Europeo se elige directamente por el voto de los ciudadanos europeos por un período de cinco años y se constituye de acuerdo con una distribución de las sillas parlamentares que refleja, a grosso modo, la dimensión geográfica de los diferentes Estados-miembros, aunque se pueda argumentar que favorece a los más pequeños.

---

divergentes del Consejo y del parlamento. La Comisión participa de los trabajos del Comité, buscando hacer la aproximación de las posiciones de las dos instituciones legisladoras. El proyecto del texto presentado por el Comité puede ser aprobado o rechazado por una de las Instituciones, y en ese caso el acto no se adopta. Los Tratados de Maastricht, de Ámsterdam y de Nice otorgaron al Parlamento una apreciable margen de iniciativa legislativa, en la medida en que, por mayoría, le es permitido solicitar a la Comisión la presentación de propuestas de normación comunitaria. La aprobación del Parlamento se necesita para la celebración de importantes acuerdos internacionales, como la adhesión de nuevos Miembros y acuerdos de asociación con terceros países. Y su consulta es obligatoria para la revisión de los Tratados Comunitarios, según los términos de lo dispuesto por el art. 48 del TUE. El Tratado de Nice reforzó la legitimidad procesal del Parlamento, en la medida que faculta que se pueda enjuiciar acción de anulación contra actos de la Institución, sin tener que demostrar un interés específico. Le ha dado, también, la posibilidad de obtener un parecer previo del Tribunal de Justicia sobre la compatibilidad de un acuerdo internacional con el Tratado y dejó consignado en el Tratado de la Unión Europea la audiencia previa del Parlamento siempre que el Consejo quiera declarar la existencia de un riesgo manifiesto de violación a los derechos fundamentales por parte de un Estado-miembro".

O fortalecimiento del Parlamento Europeo lo ha transformado en la única asamblea parlamentar supranacional del mundo que goza, simultáneamente, de legitimidad democrática, capacidad de decisión legislativa y poderes de censura al gobierno.[28]

Veamos un poco más de cerca, como se estructura y funciona el Parlamento Europeo.

IV.b   El Parlamento Europeo – Una visión más cercana

El Parlamento Europeo, según el artículo 1.19 de la Constitución Europea, considera al Parlamento como una de las Instituciones, lo cual significa el máximo rango dentro de la organización comunitaria. A su vez, el artículo 1.20 y los artículos III. 330 a III. 340 CE (Constitución Europea) se refieren al Parlamento Europeo (PE).

El artículo I.20.2 CE comienza señalando, de modo similar a lo que disponía el antiguo articulo 189 TCE (Tratado de la Comunidad Europea), que:

"El parlamento Europeo estará compuesto por los representantes de los ciudadanos de la Unión".

Sin embargo, el PE no es comparable ni en su representatividad, ni en sus funciones a los Parlamentos nacionales.

Así por ejemplo, el artículo 1, párrafo segundo, de la Constitución Española, dispone que la soberanía reside en el pueblo del que emanan los poderes del Estado, y el artículo 66, que las Cortes representan al pueblo español. Si se comparan estos preceptos con el artículo I.20.2 CE, se observará inmediatamente que éste no se dice que el PE "represente" al pueblo europeo, sino que se compondrá de "representantes" de los ciudadanos de la Unión. De ahí surge un gran número de cuestiones y especialmente la acusación de la CE de "déficit democrático", por cuanto que no es el PE quien ejerce la función normativa o legislativa de la Comunidad.

Es cierto que el clásico esquema de la división de poderes que asigna la función normativa al Poder Legislativo, no es aplicable en la UE, pues tal función, reside conjuntamente en el PE y en el Consejo, cuja legitimidad democrática es de segundo grado (por estar compuesto de Jefes de Estado o de Gobierno, o Ministros, elegidos en sus propios países) y no ostentar la de primer grado que tienen los parlamentarios directamente elegidos.[29]

No obstante lo anterior, las sucesivas reformas de los tratados constitutivos, desde el Tratado de la Unión Europea, fueran reforzando los poderes del PE y especialmente introdujeron el procedimiento de codecisión entre el Consejo y el Parlamento, que puede terminar con el veto de éste a la propuesta de aquél.

La CE ha introducido una serie de novedades en la composición y organización de la institución comunitaria del Parlamento Europeo, que veremos a seguir.

---

[28] Por medio del mecanismo de codecisión, cuando se aplica, atribuye al PE la facultad de veto en el proceso legislativo de la Unión Europea. A partir de la entrada en vigor del Tratado de Ámsterdam, el procedimiento de codecisión se aplica a 39 hipótesis del Tratado de la Comunidad Europea, que permiten la adopción de actos legislativos.

[29] Naturalmente el autor comienta um momiento en el pasado.

IV.c Sistema Electoral

Como ya lo hemos dicho, el Parlamento Europeo se compone de representantes de los pueblos de los Estados-miembros, elegidos por sufragio universal directo para un mandato de cinco años.

Según los términos del Tratado de Nice, el número de diputados no será superior a setecientos treinta y dos (732),[30] y podrá llegar, hasta 2014, a 751 miembros, lo máximo, conforme a lo dispuesto por el Tratado de Lisboa.

Los Parlamentarios Europeos son elegidos por sufragio universal directo, libre y secreto (art. I.20.3 CE). Este sistema se aprobó en 1976, pero hasta 1979 no se celebraron las primeras elecciones por ese sistema. La legislatura tiene una duración de 5 años.[31]

A pesar de que el artículo 190.4 TCE, al igual que el actual artículo III.330 CE, ya preveía un procedimiento electoral uniforme, aún no ha sido aprobado, por lo que en cada país rige la propia Ley Electoral,[32] en lo no regulado por el Acta relativa a la elección de representantes en el Parlamento Europeo por sufragio universal directo, Aneja a la Decisión del Consejo de 20 de septiembre de 1976, modificada por la Decisión

---

[30] Según Maria Teresa de Cárcomo Lobo, "Manual de Direito Comunitario" Ed. Juruá, 2ªEdição, Curitiba, 2005, página 63: "El Parlamento cuenta actualmente con seiscientos veintiséis diputados (626), así distribuidos: Bélgica 25, Dinamarca, 16, Alemania 99, Grecia 25, España 64, Francia 87, Irlanda,15, Italia 87, Luxemburgo 6, Países Bajos 31, Austria 21, Portugal, 25, Finlandia 16, Suecia 22, Reino Unido 87. Según los términos del artículo 11, del Tratado de Adhesión de los nuevos Estados a la Unión Europea, a partir de las elecciones de 2004-2009, se modifica el número de representantes elegidos en cada Estado-miembro, conforme a lo dispuesto en el artículo 190, inciso 2, de dicho Tratado.

[31] Las reglas electorales varían de Estado para Estado de la Unión. Olivier Costa, Florent Saint Martin, afirman sobre el tema: "le reste des modalités électorales est regi par des dispositions nationales qui demeurent parfois très contrastées. Si, dans tous les États membres, l'âge électoral est de 18 ans, des différences sensibles concernent les seuils électoraux, le découpage ou non em circonscriptions électorales et la nature des liste de candidats. La première différence entre les règles électorales en vigueur porte sur l'existence, ou non, et le niveau de seuils minimaux pour l'attribution des sièges. Près de la moitié des États prévoient un seuil minimal qui va de 1,8% en Grèce à 5% en France ou en Allemagne. Cette règle est souvent perçue commme une entrave à l'accès des petits partis au Parlement.Toutefois, ce seuil ne corrige les effets de la proportionnelle que lorsque le nombre de sièges à pourvoir est important: dans ce cas Il peut conduire à exclure une liste qui a pourtant recueilli suffisamment de voix pour obtenir des élus. En revanche, quand le nombre de sièges à pourvoir est faible, le seuil importe peu puisqu'il faut recueillir une proportion de voix pour bénéficier d'um siège, ce qui rend inutile la définition d'un seuil minimal. La deuxième différence concerne les circonscripitons électorales. Dans la majorité des États, le territoire national est une circonscription unique.La France, la Belgique, Le Royaume-Uni ou l'Irlande ont, au contraire, choisi de découper leur territoire en plusieurs ciconscriptions dans le but affiché de rapprocher les élus européens des électeurs....(...). Diviser le territoire en circonscriptions électorales conduit à défavorise les petits partis. ("Le Parlement Européen,Collection Réflexe Europe, La Documentation française, 2009, página 15).

[32] En el Parlamento Europeo en cuanto a su proceso electoral, se permite distinguir intentos de establecimiento de principios comunes y aproximaciones a la regulación de distintos aspectos electorales según se plasma en el Acta Electoral Europea de 2002. Al respecto, la profesora Mangas Martín plantea que en esta acta se puede entender algunos principios predeterminados con las siguientes opciones: 1. La elección tiene que ser por sufragio universal, directo y secreto. 2. El modo de escrutinio es proporcional. 3. Las circunscripciones electorales pueden ser según las características nacionales: únicas (España, Dinamarca, Francia, Luxemburgo, Países Bajos, Grecia y Portugal), o mediante subdivisiones, por ejemplo, regionales (Alemania, Bélgica e Italia), sin que una u otra opción desvirtúen el carácter proporcional del sistema electoral europeo. 4. Se puede permitir la votación de listas con voto de preferencia; así, en algunos Estados la lista está bloqueada (España, Francia, Grecia y Portugal), en otros el elector puede expresar sus preferencias (Dinamarca, Italia, Bélgica, Países Bajos) o mezclar de diversas listas (Luxemburgo-*panachage*). 5. Podrán establecer un umbral mínimo para la atribución de escaños; a escala nacional, ese umbral no podrá ser superior a 5 por 100 de votos emitidos.6. Se pueden fijar limites a los gastos de la campaña electoral de los candidatos. 7. Nadie puede votar más de una vez. 8. Las fechas de las elecciones se predeterminan en el Acta. (Comunidad Andina, documentos jurídicos. En : www.comunidadandina.org/ Mangas Martín, Aracely & Liñan Nogueras, Diogo, 2006, Instituciones y Derecho de la Unión Europea, Madrid, Tenoc.

del Consejo de 25 de junio y de 23 de septiembre de 2002. La principal novedad de dicha normativa consiste en que establece un sistema electoral de carácter proporcional uniforme para todos los Estados miembros,[33] sin perjuicio de que éstos apliquen su normativa electoral nacional en los aspectos no regulados por la Decisión.

A su vez, el Tratado de Lisboa prevé que la representación de los Estados-Partes les será asegurada en forma inversamente proporcional, con un piso mínimo de 6 (seis) escaños por Estado y un máximo de 96 como límite (art. 14 do TUE). El reparto de escaños por Estado es determinado por el Consejo Europeo y no más por el Tratado, a partir de la iniciativa del Parlamento Europeo y con su aprobación.

El reparto con respecto al número de escaños por Estados-Miembros no se prende totalmente a los datos demográficos, ya que aun países pequeños se presentan súper representados, tanto en el Consejo como en la Comisión.

De esta forma, en España las elecciones al Parlamento Europeo se regulan por la Ley Electoral General (arts. 210-227, modificados por la Ley Orgánica 13/1994, para introducir el derecho de sufragio pasivo de los residentes); es de aplicación el sistema proporcional, una sola lista por Partido, y considerando-se todo el territorio nacional como distrito único.

En cualquier caso, el articulo III.330 CE prevé que una ley o una ley marco europea del Consejo establecerá las medidas necesarias para hacer posible la elección de los diputados europeos según un procedimientos uniforme o de acuerdo con principios comunes a todos los Estados miembros.

El artículo I.20.2 CE prevé que el número de Parlamentarios Europeos no excederá de 750, y su número por países se fijará en una Decisión europea aprobada por el Consejo Europeo por unanimidad, a iniciativa del PE. Tal decisión europea deberá ajustarse a los criterios que fija el mismo precepto, es decir:

- La representación de los ciudadanos será inversamente proporcional.
- Cada Estado miembro tendrá un mínimo de 6 diputados.
- No se asignará a ningún Estado más de 96 escaños.[34]

---

[33] Yves Doutriaux e Cristian Lequesne, sobre o tema afirmam: "L´article 223 TFUE prévoit que le Parlement élabore un projet en vue d´établir les dispositions nécessaires pour permettre l´élection de ses membres au suffrage universel direct selon une procédure conformément à des príncipes communs à tous les États membres. Le Conseil, statuant à l´unanimité à une procédure législative spéciale et après approbation du Parlement européen, établit les dispositions nécessaires, qui entrent en vigueur après leur approbation par les États membres en vertu de leurs règles constitutionnelles respectives". (Les Institutions de L´Union européenne après le traité de Lisbonne, 8ª Edition, La Documentation Française, 2010, página 92, notas al pié 1.

[34] El gráfico abajo ha sido retirado de la obra de Yves Doutriaux e Christian Lequesne, ya citada en este trabajo.

États membres (par ordre d'importance démographique)	Répartition des sièges après les élections de 2004 (25 États membres)	Répartition des sièges lors des élections de juin 2009	Répartition des sièges prévue par le traité de Lisbonne pour la législature commençant en 2014
Allemagne	99	99	96
France	78	72	74
Royaume-Uni	78	72	73
Italie	78	72	72
Espagne	54	50	54
Pologne	54	50	51
Roumanie	–	33	33
Pays-Bas	27	25	26
Grèce	24	22	22
République tchèque	24	22	22
Belgique	24	22	22
Hongrie	24	22	22
Portugal	24	22	22
Suède	19	18	20
Autriche	18	17	19
Bulgarie	–	17	18
Slovaquie	14	13	13
Danemark	14	13	13
Finlande	14	13	13
Irlande	13	12	12
Lituanie	13	12	12
Lettonie	9	8	9
Slovénie	7	7	8
Estonie	6	6	6
Chypre	6	6	6
Luxembourg	6	6	6
Malte	5	5	6
Total	732	736	751

IV.d La Organización

El PE se organiza según el siguiente esquema: El Presidente, la Mesa, el Pleno y las Comisiones. La organización funcional descansa sobre los Grupos Parlamentarios. El PE ha establecido su propio Reglamento (art. III. 339 CE, antiguo art.199 TCE), aprobado el 26 de marzo de 1981.

1. *El Presidente y la Mesa* son elegidos entre los miembros del PE (art. I.20.4). Forman parte de la Mesa los Vicepresidentes y los "cuestores" que, con voz pero sin voto, si ocupan de las cuestiones económico-administrativas. De la

"Mesa Ampliada" forman también parte los representantes de los Grupos Parlamentarios, y es la que fija el orden del día de las sesiones.

2. *El Pleno* se reúne en período ordinario de sesiones, sin necesidad de previa convocatoria, el segundo martes de marzo, y en período extraordinario a petición de la mayoría de sus miembros, del Consejo o de la Comisión (art. III.336 CE).

3. *Las Comisiones,* constituyen el cauce por donde discurre el trabajo del Parlamento, integrándose por parlamentarios de diferentes Grupos. Existen las siguientes Comisiones:
   - Comisión de Asuntos Exteriores.
   - Comisión de Desarrollo.
   - Comisión de Comercio Internacional.
   - Comisión de Presupuestos.
   - Comisión de Control Presupuestario.
   - Comisión de Asuntos Económicos y Monetarios.
   - Comisión de Empleo y Asuntos Sociales.
   - Comisión de Medio Ambiente, Salud Pública y Seguridad Alimentaria.
   - Comisión de Industria, Investigación y Energía.
   - Comisión de Mercado Interior y Protección del Consumidor.
   - Comisión de Transportes y Turismo.
   - Comisión de Desarrollo Regional.
   - Comisión de Agricultura.
   - Comisión de Pesca.
   - Comisión de Cultura y Educación.
   - Comisión de Asuntos Jurídicos.
   - Comisión de Libertades Civiles, Justicia y Asuntos de Interior.
   - Comisión de Asuntos Constitucionales.
   - Comisión de Derechos de la Mujer e Igualdad de Género.
   - Comisión de Peticiones.

4. *Los Grupos Parlamentarios,* representan las áreas ideológicas o de los Partidos Políticos, y no responden, por tanto, a criterios de nacionalidad. La CE declara que los Partidos Políticos a escala europea contribuirán a formar la conciencia europea y a expresar la voluntad política de los ciudadanos de la Unión (art. I.46 CE), además, el artículo III. 331 CE prevé la regulación por ley europea de su Estatuto, con especial atención a las normas relativas a su financiación. Los Grupos Parlamentarios más importantes son:
   - Grupo del Partido Socialista Europeo (PSE)
   - Grupo del Partido Popular Europeo – Grupo Demócrata Cristiano (PPE).
   - Grupo del Partido Europeo de los Liberales, Demócratas y Reformistas (ELDR)
   - Grupo Confederal de la Izquierda Unitaria Europea/Izquierda Verde Nórdica (GUE/NGL).
   - Grupo de los Verdes/ Alianza Libre Europea (V).
   - Grupo por la Europa de las Democracias y las Diferencias de Coalición Radical Europea (ARE).

- Grupo por la Europa de las Naciones (EDN).
- No inscritos (NI).

5. *Los Parlamentarios* no están sometidos a mandato imperativo, gozan de determinados privilegios en materia de desplazamientos, y de la misma inmunidad que los parlamentarios nacionales en sus territorios.

6. *La Sede* del Parlamento está regulada en el Protocolo 6 anejo a la CE, sobre las sedes de las Instituciones y de determinados órganos, organismos y servicios de la Unión Europea. De acuerdo con el mismo, la sede del PE está dividida, entre Estrasburgo, donde celebran los doce períodos parciales de sesiones plenarias mensuales, incluida la sesión presupuestaria, Bruselas, donde se celebran los períodos parciales de sesiones plenarias adicionales, y además se reúnen las Comisiones; y Luxemburgo, donde tienen su sede la Secretaría General y los servicios del PE. Este Protocolo viene a recoger lo que ya se establecía en un Protocolo anejo al Tratado de Ámsterdam.

IV.e   Las Competencias

Las competencias del PE se recogen en el artículo I.20.1. CE, según el cual:

"El Parlamento Europeo ejercerá conjuntamente con el Consejo la función legislativa y la función presupuestaria. Ejercerá funciones de control político y consultivas, en las condiciones establecidas en la Constitución. Elegirá al Presidente de la Comisión".

De acuerdo con ello, la competencia del PE puede clasificarse en tres grandes grupos: de control, presupuestarias y normativas.

IV.f   Competencias de Control

El PE ejerce una importante actividad de control político sobre la Comisión y sobre el funcionamiento de la Comunidad, que se efectúa a través de los siguientes medios:

A) *Voto de investidura.* El Presidente y los Comisarios, a partir del TUE (tratado de la Unión Europea), deben someterse colegiadamente al voto de investidura o aprobación del Parlamento antes de ser nombrados de común acuerdo por los Gobiernos de los Estados miembros (art. I.20.1 CE).

B) *Voto de Censura.* El PE puede aprobar con el voto favorable de los dos tercios, que representa la mayoría absoluta, una moción de censura contra la Comisión, que obliga a renunciar colectivamente a sus miembros, al tiempo que el Ministro de Asuntos Exteriores deberá dimitir del cargo que ejerce en la Comisión (art. III.340 CE).

C) *Comisiones de investigación.* El PE puede constituir Comisiones temporales de investigación para examinar presuntas infracciones o mala administración en la aplicación del Derecho Comunitario (art. III.333 CE).

D) *Derecho de petición.* Se reconoce a todo ciudadano de la Unión así como a cualquier persona física o jurídica que resida en un Estado miembro, el derecho de petición ante el PE, individualmente o asociado contra otras personas, sobre los asuntos propios de los ámbitos de la actuación de la Unión que les afecten (arts I.10, 2.d y III-334 CE).

E) *Derecho a acudir al Defensor del Pueblo.* Se reconoce asimismo al ciudadano europeo y a las personas físicas o jurídicas residentes en un Estado miembro el derecho a acudir a un Defensor del Pueblo, que debe nombrar el PE, en relación con supuestos de mala administración en las instituciones, órganos y organismos de la Unión, excepto el Tribunal de Justicia (arts I.10.2.d y III-335, 1 CE).

F) *Informe anual de la Comisión.* El PE debe proceder a la discusión y pronunciarse sobre un Informe General de las actividades de la Comunidad que la Comisión publica todos los años, al menos un mes antes de la apertura del período de sesiones parlamentarias. En este Informe se contiene un programa legislativo con las prioridades de la Comisión (art. III.337.3 y III 352.2 CE).

G) *Preguntas parlamentarias.* El Consejo Europeo y el Consejo comparecerán ante el PE en la condiciones que fijen sus respectivos Reglamentos internos (art. III.337.1.CE). Además, la Comisión podrá asistir a las sesiones del PE, deberá comparecer cuando éste así lo requiera, y debe contestar verbalmente o por escrito, las preguntas que formulen los diputados o el propio Parlamento (art. III.3372.CE). Se trata del procedimiento de control más utilizado. Las respuestas escritas se publican con el DOCE. (Diario Oficial de la Comunidad Económica Europea).

El artículo III.332 CE establece que el PE por mayoría puede solicitar a la Comisión que presente propuestas sobre cualquier asunto que a juicio de aquél precise la aprobación de un acto de la Unión para la aplicación de la Constitución.

IV.g   Competencias Presupuestarias

El Parlamento aprueba los Presupuestos de la Comunidad según el procedimiento regulado en el artículo III. 404 CE. Debe advertirse que la capacidad de maniobra del PE es limitada, porque el Presupuesto contiene unos gastos obligatorios que alcanzan un alto porcentaje, por lo que sólo puede enmendar los gastos operativos. En 1980 y 1985 el PE rechazó los Presupuestos comunitarios, por lo que en 1988 se llegó a un acuerdo interinstitucional entre Parlamento, Consejo y Comisión, renovado periódicamente desde entonces, con el fin de evitar las consecuencias que supone la no aprobación del Presupuesto.

IV.h   Competencias Normativas

Estas competencias, que en los Parlamentos nacionales son las más importantes y habituales, tienen un carácter limitado en el caso de PE, aunque las sucesivas reformas de los Tratados y, especialmente, la aprobación de la Constitución Europea, han supuesto un enorme avance en la importancia del PE como órgano colegislador de la Unión Europea. La CE ha supuesto la desaparición del procedimiento de cooperación, que introdujo el Acta Única Europea, y la conversión del procedimiento de codecisión en el procedimiento legislativo ordinario de la Unión. Además se mantienen diversos casos en los que se requiere el Dictamen de conformidad o el Dictamen consultivo del PE, aunque dicha denominación ha desaparecido de la Constitución Europea.

A) *Dictámenes de conformidad.* Era el nombre con el que se conocía en el TCE (Tratado de la Comunidad Europea) al instrumento o medio de expresar la opinión del PE sobre las cuestiones que se le someten. La Constitución sigue contemplando muchos casos en los que la actuación del Consejo debe ir precedida de la aprobación del PE. En tales supuestos, el PE decide por mayoría de los votos emitidos, salvo disposición en contrario del Tratado. Los "quórum" se fijan en el Reglamento interno, según los casos (art. III.338 CE). Así por ejemplo, exige aprobación del PE el ingreso de un nuevo miembro (art I.58 CE) o la aprobación del sistema electoral uniforme (art. III. 330 CE); también es necesaria la aprobación del PE para que el Consejo adopte leyes o leyes marco europeas que contengan las medidas necesarias para luchar contra la discriminación (art. III.124 CE), o para la regulación de los Fondos Estructurales (art. III.223.2 CE). En general, la Constitución Europea está salpicada de supuestos en los que se exige el "la previa aprobación" del PE.

Por otra parte, existen supuestos en los que la CE señala que la actuación del Consejo se producirá "previa consulta al PE", en cuyo caso, es evidente que estamos ante el supuesto que el TCE conocía como "Dictamen consultivo" en el que la opinión del PE carece de valor vinculante.

B) *Procedimiento legislativo ordinario. Es el antiguo procedimiento de codecisión.* Introducido por el Tratado de la Unión y que constituyó una de las principales novedades del mismo. Se regula en el artículo III. 396 CE, en los siguientes términos y se aplica, entre otras materias, a:
- Circulación de los trabajadores (art. III, 134 CE)
- Derecho de Establecimiento (art. III.138 a III.141 CE)
- Mercado Interior (art. III. 172 CE)
- Educación (art. III.282 CE)
- Cultura (art. III. 280 CE)
- Turismo (art. III 281 CE)
- Salud (art. III 278 CE)
- Industria (art III.279 CE)
- Protección de los consumidores (art. III. 235CE)
- Protección Civil (art. III.284 CE)
- I e D (art. III. 251 CE: programas marco plurianuales).
- Medio Ambiente (art. III.234 CE)

IV.i   El Funcionamiento

1. El Pleno
El Pleno se reúne durante una semana al mes, en Estrasburgo, pero puede celebrar sesiones adicionales (especialmente cuando se discute el Presupuesto), y de urgencia para tratar de temas de actualidad que por sus circunstancias no permiten el paso previo por la Comisión. En cada Pleno se dedica una sesión a preguntas de urgencia. Suelen asimismo celebrarse Plenos de uno a dos días en Bruselas.

2. Las Comisiones
Las Comisiones se reúnen durante dos semanas al mes en Bruselas. Es habitual que las Comisiones Parlamentarias inviten al Comisario correspondiente a comparecer ante las mismas para explicar las posturas de la Comisión o las propuestas e iniciativas

enviadas a través del Consejo. Son también habituales las audiencias públicas en las que comparecen representantes de los sectores afectados, o personalidades del mundo académico y científico para aportar sus opiniones.

La función principal de las Comisiones consiste en que a través de las enmiendas presentadas a las propuestas remitidas, elaboran y aprueban el correspondiente Dictamen que elevan al Pleno. En este sentido su funcionamiento es casi idéntico al de cualquier Parlamento nacional.

Además de las Comisiones ordinarias, que antes hemos enumerado, el artículo III.333 CE, prevé que el PE podrá, a petición de la cuarta parte de sus miembros, constituir comisiones temporales de investigación para examinar alegaciones de infracción o mala administración en la aplicación del Derecho de la Unión. Dicha competencia no altera las que la propia CE pueda reconocer a otras instituciones. El PE no podrá constituir, hasta que concluya el correspondiente proceso judicial, estas comisiones cuando un órgano jurisdiccional esté conociendo de los hechos de que se trate.

3. Procedimiento Legislativo ordinario[35]

El artículo III.396 CE que regula el procedimiento legislativo ordinario, no es de fácil lectura, por lo que nos valemos para su explicación del siguientes diagramas:[36]

I. Alternativa de aprobación.

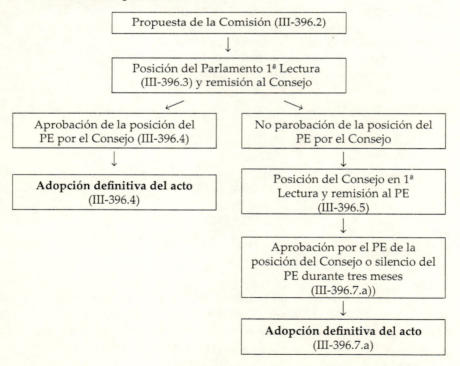

---

[35] En este capítulo nuestra fuente única es la obra de Fernando Díez Moreno: "Manual de Derecho de La Unión Europea", Tercera Edición Adaptada a la Constitución Europea, Thomson Civitas, Madrid, 2005, página 145 a 153.

[36] Los Diagramas fueran retirados de la antes citada obra de Moreno.

II. <u>Alternativa de enmiendas.</u>

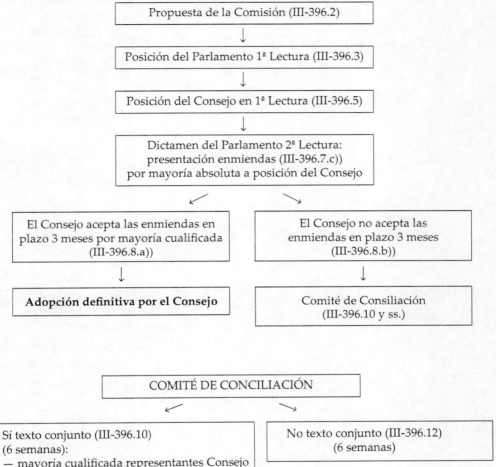

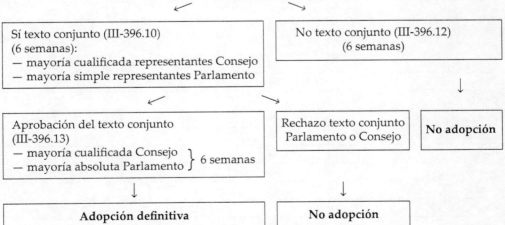

III. Alternativa de rechazo pleno.

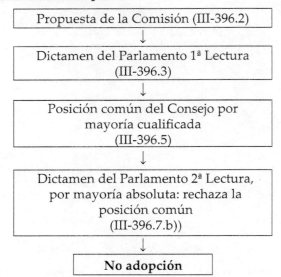

Estado Miembro	Número actual de diputados europeos	Número de diputados europeos hasta 2009	Número de diputados europeos desde 2009
Alemania	99	99	99
Francia	78	78	72
Italia	78	78	72
Reino Unido	78	78	72
Espana	54	54	50
Polonia	54	54	50
Países Bajos	27	27	25
Bélgica	24	24	22
Grecia	24	24	22
Portugal	24	24	22
República Checa	24	24	22
Hungria	24	24	22
Suecia	19	19	18
Austria	18	18	17
Dinamarca	14	14	13
Finlandia	14	14	13
Eslovaquia	14	14	13
Irlanda	13	13	12
Lituania	13	13	12
Letonia	9	9	8
Eslovenia	7	7	7

Estado Miembro	Número actual de diputados europeos	Número de diputados europeos hasta 2009	Número de diputados europeos desde 2009
Estonia	6	6	6
Luxemburgo	6	6	6
Chipre	6	6	6
Malta	6	6	6
Rumania	-	36	33
Bulgaria	-	18	17
TOTAL	732	787	737

V   El Parlamento Latino-Americano (Parlatino)

El Parlamento Latinoamericano (Parlatino) es la asamblea regional unicameral compuesta por miembros de 22 Parlamentos nacionales de Latinoamérica y del Caribe. Fundado en Lima, Perú, en diciembre de 1964, fue posteriormente institucionalizado por un tratado internacional celebrado en Lima, en noviembre de 1987. Desde 1982 su sede se encuentra establecida permanentemente en la ciudad de Sao Paulo, Brasil.[37]

Sus objetivos son la defensa de la democracia, la promoción de la integración regional y el fortalecimiento de la cooperación entre parlamentares y Parlamentos de toda Latinoamérica.

El Parlatino está integrado por delegaciones nacionales enviadas por los Parlamentos-miembros, guiados por la experiencia europea anterior a 1979. Cada delegación nacional puede nombrar hasta el máximo de 12 representantes, en una proporción que refleja el peso de los grupos parlamentares nacionales. Si la delegación fuera inferior a doce miembros, cada uno de los representantes podrá acumular hasta cuatro votos (*Proxy voting*), sin exceder el límite total de doce votos por delegación.

Esta disposición atribuye a todos los países el mismo peso dentro del sistema de deliberación, independientemente de su dimensión real. El *quórum* se obtiene cuando más de la mitad de las delegaciones nacionales están representadas, siempre que sus respectivos miembros representen, por lo menos, un tercio del total de votos.

El Parlamento no tiene poderes de decisión, limitándose, apenas a aprobar acuerdos y a dictar recomendaciones y resoluciones sin cualquier efecto vinculativo ante terceros.

Como destacan los autores citados, el Parlatino se aproxima más al modelo de la asamblea parlamentar del Consejo de Europa que del Parlamento Europeo. Su índole intergubernamental y las escasas competencias que le han sido atribuidas, semejantes también a la asamblea europea mencionada, son comunes a las demás asambleas regionales de Latinoamérica.

---

[37]   Sobre el tema, consulte el trabajo pionero del Prof. Sully Alves de Souza, "Parlamento Latino-Americano", (naturaleza, composición, actividades y asuntos tratados en las reuniones), publicado en la "Revista de Informação Legislativa, Outubro a Dezembro de 1968, páginas 24 a 42.

V.a El Parlamento Centroamericano (Parlacen)

El Parlamento Centroamericano (Parlacen) es el órgano deliberativo del Sistema de Integración Centroamericano (SICA). El SICA fue constituido en 1991 como una organización compleja que reúne a los países de Centroamérica mediante un proceso selectivo de geometría variable y se encuentra edificado sobre el Mercado Común Centroamericano, fundado en 1960.

Mientras el SICA alberga siete países de Centroamérica –Belize, Costa Rica, El Salvador, Guatemala, Honduras, Nicaragua y Panamá– el Parlacen excluye a dos de éstos, Costa Rica y Belize, pero incluye un Estado del Caribe de expresión española: la República Dominicana. A semejanza de la EU, el SICA también tiene una entidad judicial de carácter supranacional, la Corte de Justicia Centroamericana, y una alta autoridad intergubernamental, la Cumbre Presidencial Centroamericana. Introduce también la figura del secretario general, responsable de la coordinación de todo el sistema institucional. No obstante el Parlacen tienda a ser visto como órgano parlamentar del SICA, en realidad no desarrolla ninguna función legislativa.

Desde el 28 de octubre de 1991, el número de diputados del Parlacen ha pasado de un total de 65, representando cuatro países y trece partidos políticos, a los actuales 132 diputados, representando seis países y 42 partidos políticos.

Los diputados son designados directamente para un período de cinco años por los ciudadanos electores de cada Estado-miembro, y cada país puede llenar una cota máxima de veinte representantes. Cada Estado-miembro tiene derecho a enviar dos diputados adicionales, el presidente y vicepresidente al final del mandato.

El Parlamento también está abierto a la participación de representantes, con *status* de observadores, de los demás Parlamentos regionales, tales como el Parlatino, el Parlamento Andino y el Parlamento Europeo, o de los Estados no signatarios de la región, como Puerto Rico y México.

Según lo que dispone el primer artículo del tratado fundador, las competencias legislativas del Parlacen se resumen a la capacidad de propuesta, análisis y recomendación. Sin embargo, el tratado también confiere al Parlamento la facultad de elegir, nombrar y disolver el más alto ejecutivo de todas las instituciones pertenecientes al SICA. Por más extraño que parezca, sin embargo, este órgano parlamentar no ha sido provisto de capacidad legislativa, pero fue capacitado para nombrar y fiscalizar una serie de técnicos y funcionarios.

Cuanto a los procedimientos de votación, el Parlacen decide por mayoría absoluta, excepto en lo que se refiere a la revisión de su estatuto interno: en este caso, se necesita una mayoría calificada.[38]

V.b El Parlamento Andino (Parlandino)

El Parlamento Andino (Parlandino) es el órgano deliberativo do Sistema Andino de Integración (AIS).

---

[38] Según Andrés Malamud y Luís de Sousa, "Parlamentos Supranacionais na Europa e na América Latina: Entre o Fortalecimento e a Irrelevância", Revista Contexto Internacional, Rio de Janeiro, Volume 27, julho-dezembro 2005, páginas 369 a 409.

El Pacto Andino, antecesor del AIS, fue fundado en 1969 con el objetivo de llenar las lagunas y deficiencias de la Asociación Latinoamericana de Libre Comercio (ALALC),[39] un proyecto regional más vasto cuya falta de éxito se debe, sobre todo, a la reproducción interna de la división entre los países más y menos desarrollados, precisamente lo que otrora fuera criticado con respecto al funcionamiento del sistema político internacional.

Los fundadores del Pacto Andino se han inspirado en el proyecto europeo, que empezaba a consolidarse en ese período, y resolvieron formalizar el proceso de integración mediante la creación de un conjunto de instituciones que combinaran, simultáneamente, un sistema de votación mayoritario con poder vinculativo supranacional.

El Parlandino es el órgano de representación de los pueblos de la Comunidad Andina y tiene carácter supranacional. Su tratado fundador fue firmado en 1979 y entró en vigor en 1984. Su sede fue establecida en Bogotá, Colombia, y en 1997 se introdujo la elección directa de sus representantes.

En 1997 se crea el Tratado Constitutivo del Parlamento Andino, que es modificado y reforzado en sus atribuciones a través del Protocolo Adicional al Tratado Constitutivo del Parlamento Andino. Este surge por la necesidad de adecuar las instituciones andinas a las necesidades actuales del proceso integrador, otorgándole personalidad jurídica internacional. A partir de este protocolo adicional queda claro el papel del Parlamento dentro del proceso integracionista andino.

El marco jurídico andino se estructura como verdadero Derecho Comunitario conformado por un Derecho originario y uno derivado; son parte del primero, los tratados constitutivos con sus protocolos adicionales o modificatorios, y del segundo, las decisiones, resoluciones y convenios de complementación industrial.[40]

El Parlandino se compone de 25 deputados, cinco por cada Estado-miembro. Hay cinco comisiones permanentes, integradas por cinco elementos, uno de cada nacionalidad. El Parlandino puede aprobar cuatro tipos de actos –resoluciones, acuerdos, declaraciones y recomendaciones– mediante mayoría absoluta, pero carece de todo poder de decisión.

Sus competencias se limitan a enmarcar y fomentar el proceso de integración, mediante la promoción de normativa entre los Estados-miembros, de la cooperación y coordinación de iniciativas con los Parlamentos nacionales, terceros países u otras organizaciones de integración regional que formulen recomendaciones relativas al presupuesto de la Comunidad Andina.[41]

---

[39] La ausencia de políticas estructurales comunes ha sido una de las razones de la no sustentación de la ALALC, así como otros procesos de integración, ni siquiera como proceso de integración exclusivamente comercial.

[40] Según Silvana Insignares Cera, "Las Elecciones Directas en El Parlamento Andino – Un Camino para Fortalecer su Papel como Institución Promotora de la Integración", Revista de Derecho nº 32, Barranquilla, 2009, página 306 a 333.

[41] Según Silvana Cera, Ob Cit. Página 320, "Sin embargo, una de las diferencias fundamentales entre el Parlamento Andino y el Europeo es, sin duda alguna, la competencia legislativa toda vez que el Parlamento Andino en su tratado constitutivo solo tiene una facultad propositiva: la presentación de una iniciativa legislativa de su parte no genera ningún tipo de obligación que implique la aprobación. Esto surge debido a que la competencia legislativa recae en otro de los órganos del Sistema de Integración Andino, la Comisión". Y más adelante, sobre las elecciones en el Parlamento Andino: "Respecto al ordenamiento jurídico de los Estados miembros, se encuentra que a la fecha no existe ninguna limitación constitucional que dificulte la celebración de elecciones directas al Parlamento Andino. El primer país que realizó elecciones directas fue Perú, cuya consagración constitucional se encuentra recogida en el artículo 44 inc. 2 y reglamentada a través de la Ley 28360, de 2004. (...) En tal sentido, Ecuador consagra a nivel constitucional, específicamente en su régimen de transición, disposiciones relativas al proceso

Andrés Malamud y Luís de Sousa afirman sobre el tema: "Los Parlamentos regionales pueden contribuir a la creación, a largo plazo, de bases complementarias de la integración, tales como: la construcción de una identidad regional entre las elites políticas; el fortalecimiento de la presencia simbólica de la organización regional en el seno de la opinión pública y su promoción en países terceros; y la intensificación de la comunicación intra-regional. Sin embargo, estas funciones no son ni exclusivas, ni características fundamentales de una institución parlamentar".

Para los autores, cuatro son los factores que distinguen la evolución de los Parlamentos regionales examinados.

a) El primero, el tiempo. Existe una diferencia de dos a cuatro décadas entre el comienzo del proceso de integración europeo y los procesos en curso en Latinoamérica. Así, la cuestión de la madurez debe ser ponderada.

b) El segundo factor es la secuencia. La actual estructura de la EU ha sido construida a partir del "método Monnet", o sea, la función precede a la forma y se prefiere el *"incrementalismo"* a la institucionalización prematura. En contraste, algunas experiencias de Latinoamérica han buscado, sin éxito, emular el resultado del proceso de integración europeo, pero descuidando su método.

c) El nivel de integración entre las dos regiones es enorme. Mientras que en la EU ya es un mercado común y continúa consolidando su unión económica, ninguno de los proyectos latinoamericanos ha alcanzado siquiera el nivel de la unión aduanera. Por consiguiente, la estructura institucional necesaria para un tipo de organización puede no ser adecuada a los requisitos de las otras.

d) En cuarto lugar, el grado de éxito en la creación de instituciones regionales no puede estar disociado del modo efectivo como dichas instituciones funcionan a nivel nacional. El carácter precario y de instabilidad de las instituciones nacionales no puede servir de base estable para la construcción de instituciones que buscan la integración política regional.

e) Por fin, la mayoría de los países europeos constituyen regímenes parlamentares o semiparlamentarios, mientras que los países de Latinoamérica son democracias presidencialistas. El papel de los Parlamentos nacionales en todo el proceso de integración es inevitablemente diferente en una y otra región. Aquí, las elecciones, autoridad y supervivencia de los gobiernos son independientes de la voluntad parlamentar. En Europa los Parlamentos nacionales disfrutan de mayor prestigio donde los gobiernos son constituidos y disueltos.[42]

---

electoral de los parlamentarios andinos y normas sobre integración en su artículo 423, que eleva la integración a un nivel de objetivo estratégico del Estado. Igualmente sucede con la Constitución de Bolivia, pues a pesar de no haberse celebrado las elecciones prevista en el 2009, tiene establecido en su articulo 266 la escogencia de representantes del país ante organismos supraestatales como es el Parlamento Andino. Por ultimo Colombia, aunque consagra a nivel constitucional normas relativas a la integración solo reglamenta las elecciones directas en el 2007 a partir de la Ley 1557, actualmente se encuentra próxima a realizar las primeras elecciones al Parlamento Andino".

[42] Conforme Andrés Malamud y Luis de Sousa, Ob. Cit. Página 402.

VI El Parlamento del Mercosur – una visión general

El Parlamento del Mercosur, que sustituyó a la Comisión Parlamentar Conjunta,[43] es el órgano de representación de los pueblos de los Estados-Partes (Protocolo de Constitución del Parlamento del Mercosur, art. 1º).[44]

El Parlamento del Mercosur[45] fue creado el 08 de diciembre de 2005, por medio de la Decisión CMC nº 23/05, que aprobó su Protocolo Constitutivo.[46]

Su composición será supranacional, contando con parlamentares electos por cada Estado-Parte, buscando una participación de las diferentes etnias y regiones que componen a los países.

En la primera etapa de transición, que sucedió en el período del 31 de diciembre de 2006 al 31 de diciembre de 2010, el Parlamento del Mercosur tenía un total de dieciocho representantes por Estado-Parte, indicados por los respectivos Parlamentos nacionales.

En la segunda etapa, que tuvo inicio del 1º de enero de 2011 y se extiende hasta el 31 de diciembre de 2014, todos sus miembros serán elegidos por los ciudadanos de los Estados-Parte mediante sufragio directo, universal y secreto[47] (Protocolo de Constitución del Parlamento, artículo 6, inciso I).

El Parlamento del Mercosur presenta competencia consultiva y propositiva, pero está destituido de capacidad decisoria plena, en lo que respecta a la iniciativa legislativa, a la elaboración de las normas de derecho derivado y al control político de los demás órganos institucionales del Mercosur.

El Parlamento del Mercosur será un órgano independiente, autónomo y unicameral.[48]

---

[43] Sobre "A Comissão Parlamentar Conjunta do Mercosur", puede consultar el trabajo de Maria Cláudia Drummond, así titulado, Revista de Informação Legislativa, Ano 33. N. 132, outubro-dezembro 1996, página 253 a 258. De la misma autora, "A presença do Senado brasileiro no Mercosur", Revista de Informação Legislativa, a.47, n.186 abril/jun.2010 páginas 313 a 329.

[44] Según Maria Cláudia Drummond, Ob. Cit Ant. ("A Presença..) Página 322, en Brasil, la creación del Parlamento del Mercosur ocurrió el 14 de diciembre de 2006, cuando fue constituido formalmente, durante sesión solemne realizada en Brasilia, en el Plenario del Senado Federal, el Parlamento del Mercosur.

[45] Renato Salles Feltrin Corrêa, en su trabajo intitulado "Lex América: os Tratados e o Legislativo no Mercosur", Revista Eletrônica do Programa de Pós-Graduação da Câmara de Deputados do Brasil, E-Legis, n.05, p.48, 2º semestre de 2010 informa que en conformidad con el Acta de la primera sesión del Parlasur, cinco países participaron de la reunión inaugural: Argentina, Brasil, Paraguay, Uruguay y Venezuela, aunque este país en aquella oportunidad estaba en proceso de adhesión al bloque del Mercosur.

[46] Consulte también el Decreto nº 6.105, de 30 de abril de 2007, que promulga, en Brasil el Protocolo Constitutivo del Parlamento del Mercosur.

[47] Marcelo de Almeida Medeiros, Natália Leitão, Henrique Sérgio Cavalcanti, Maria Eduarda Paiva e Rodrigo Santoro, en el artículo, "A Questão da Representação no Mercosur: Os casos do Parlasul e do FCCR", publicado en la Revista Sociologia e Política, Curitiba, v. 18, n.37, página 31-57, afirman: "Además de las elecciones directas, el nuevo parlamento regional introdujo otros tres cambios con respecto a la CPC. En primer lugar, el fin de la necesidad de consenso para la toma de decisiones. *En el Parlasur, el criterio de decisión pasa a ser el establecimiento de mayorías que varían según la materia a ser votada.* Ello aumenta claramente el dinamismo del órgano. Pues aunque las decisiones por unanimidad presenten alto grado de legitimidad, Sharpf señala el problema de que en estos sistemas, el veto de uno puede impedir las preferencias de todos los otros. Completando esta afirmación, Tsebelis apunta que sistemas de negociación con múltiples *vetoplayers* pierden progresivamente su capacidad de innovación política".

[48] Por medio de la Decisión CMC nº 41/04, el Mercosur contempla en su estructura el Foro Consultivo de Municipios, Estados Federados, Provincias y Departamentos (FCCR) con el objetivo de disminuir el déficit democrático en el Bloque.

Sus competencias principales son: velar por la observancia de las normas del Mercosur y por la preservación del régimen democrático en los Estados-Partes; relatar anualmente la situación de los derechos humanos en los Estados-Partes; solicitar información por escrito a los órganos del Mercosur sobre cuestiones vinculadas al proceso de integración; recibir, examinar, y en su caso, encaminar a los órganos decisorios peticiones de cualquier particular,[49] sean personas físicas o jurídicas de los Estados-Partes, relacionadas con los actos o omisiones de los órganos del Mercosur; emitir informes, declaraciones, recomendaciones sobre cuestiones vinculadas al desarrollo del proceso de integración; elaborar dictámenes sobre todos los proyectos de normas del Mercosur que exijan aprobación legislativa en uno o varios Estados-Partes, en un plazo de noventa (90) días a contar de la fecha de la consulta; proponer proyectos de normas para la consideración del Consejo del Mercado Común; realizar reuniones semestrales con el Foro Consultivo Económico-Social para el intercambio de información sobre el desarrollo del Mercosur; preparar estudios y anteproyectos de normas dirigidos a la armonización de las leyes nacionales de los Estados-Partes, que serán comunicados a los Parlamentos nacionales con miras a su eventual consideración; mantener relaciones institucionales con los Parlamentos de Estados terceros y otras instituciones legislativas; y celebrar, en el ámbito de sus atribuciones, con el asesoramiento del órgano competente del Mercosur, convenios de cooperación o de asistencia técnica con organismo públicos y privados, de privados, de carácter nacional o internacional.[50]

En el Parlamento del Mercosur se han creado diez comisiones, a saber: a) Asuntos Jurídicos e Institucionales; b) Asuntos Económicos, Financieros, Comerciales, Fiscales y Monetarios; c) Asuntos Internacionales, Inter-regionales y de Planificación Estratégica; d) Educación, Cultura, Ciencia, Tecnología y Deportes; e) Trabajo, Políticas de Empleo, Seguridad Social y Economía Social; f)Desarrollo Regional Sostenido, Ordenamiento Territorial, Habitación, Salud, Medio Ambiente y Turismo; g) Ciudadanía y Derechos Humanos; h) Asuntos Interiores, Seguridad y Defensa; i) Infraestructura, Transportes, Recursos Energéticos y Agricultura, Pecuaria y Pesca; j) Presupuesto y Asuntos Internos.

VI.a   La Agenda Positiva y el Parlamento del Mercosur

Se nota un creciente esfuerzo en el sentido de aumentar la representatividad en el Mercosur. La propia implementación del Parlamento representa, indudablemente, un paso importante en esta dirección.

---

[49] En el Parlamento Europeo encontramos competencia similar prevista en el artículo 194 del Tratado de la Comunidad Europea: "Cualquier ciudadano de la Unión, así como cualquier persona física o jurídica que resida o tenga su domicilio social en un Estado miembro, tendrá derecho a presentar al Parlamento Europeo, individualmente o asociado con otros ciudadanos o personas, una petición sobre un asunto propio de los ámbitos de actuación de la Comunidad que le afecte directamente".

[50] La Resolución 01/2007 del Congreso Nacional brasileño dispone en su artículo 4º: "Al examinar las materias emanadas de los órganos decisorios del Mercosur, la Representación Brasileña apreciará, en carácter preliminar, si la norma del Mercosur fue adoptada de acuerdo con los términos del dictamen del Parlamento del Mercosur, caso en que esta obedecerá el procedimiento preferente, en conformidad con el artículo 4º, inciso 12, del Protocolo Constitutivo del Parlamento del Mercosur. §1º *Las normas sujetas al procedimiento preferente serán apreciadas solamente por la Representación Brasileña y por los plenarios de la Cámara de Diputados y de Senado Federal*".

Según Eduardo Biacchi Gomes, Raquel Costa Kalil e Hjamar Domgah Fugmann,[51] la agenda positiva del Mercosur incluye la previsión de la implantación de mecanismos de consolidación de un proceso integral, como la mejoría de la unión aduanera, en forma responsable y sostenida, optimizándose los componentes político, institucional, social y cultural.

Los Presidentes de la entonces Comisión Parlamentar Conjunta en 2006 se reunieron en Brasilia y llegaron a la conclusión de que urge elaborar una Agenda Positiva (M21) con la participación de la sociedad. Piensan que se utilizarán nuevas metodologías para la construcción de dicha Agenda, lo que conducirá a una nueva forma de gestión, gobernabilidad y participación regional, incluyendo actores gubernamentales, políticos, sector productivo, movimientos sociales, entre otros.

En este sentido, según los autores, el Parlamento es encarado como un instrumento de legitimidad democrática, de representatividad y de ciudadanía, propiciándose el espacio adecuado para dar inicio a ese intercambio de articulaciones por parte de todos los actores del Mercosur, gubernamentales y no gubernamentales.

Se ha sugerido la creación del "día del Mercosur Ciudadano", con el propósito de promover elecciones simultáneas en todos los países del bloc pues en la segunda etapa del proceso, a partir de 2014 se consolidará la designación de parlamentares mediante elección universal directa y secreta.[52]

A pesar de que la propuesta es extremadamente interesante, con potencial de promover grandes avances dentro del bloque, es necesario que madure, principalmente en lo que respecta a sus competencias y al grado de efectividad de sus decisiones, pues no son vinculantes y tampoco capaces de, por sí solas, motivar medidas coercitivas a las partes que no cumplan lo acordado.

A su vez, los autores elogian la creación del Parlamento del Mercosur. Vislumbran en él un importante factor de aceleración de la incorporación normativa en el Mercosur, al elaborar un dictamen sobre los proyectos de normas del bloque, remitidos por los órganos con capacidad decisoria (en los casos en que se requiere la aprobación legislativa), en carácter consultivo, dentro del plazo de 90 días, antes de su aprobación.

---

[51] "Uma releitura dos processos de integração a partir dos direitos humanos e da democracia. A perspectiva do Mercosur", Revista de Informação Legislativa, Brasília, a. 45, n.177, jan-mar.2008, página 149 a 158.

[52] Rogério Carlos Born, na obra "Direito Eleitoral Internacional e Comunitário", Editora Juruá, Curitiba, 2008, página 84, critica la posición de Fernando Pedro Jucá (que defiende un calendario electoral no coincidente con las elecciones nacionales, para las elecciones del Mercosur para ("preservar el pluralismo necesario y democrático"). En este punto, dice, "nos atrevemos a hacer una crítica a la ausencia de reservas en el Protocolo Constitutivo del Parlamento del Mercosur, en función de las *peculiaridades del sistema electoral brasileño*. Las elecciones para el Mercosur en Brasil se realizarán en el mismo año en que se harán las elecciones generales en Brasil y será imposible conciliar dos calendarios electorales, principalmente al considerar que el alistamiento de electores se cierra en el término de 150 días anteriores a las elecciones. Además, el costo de la realización de una elección estimado en aproximadamente 600 millones de reales y esta opción se podrá realizar, perfectamente, con las elecciones generales liberando esta abultada cifra para educación, salud, asistencia social, seguridad, fomento del empleo, etc. *Discordamos* también de que la ausencia de una fecha única podrá conllevar la influencia de gobiernos para la elección de miembros, una vez que –diferentemente del sistema del Parlamento Europeo – el Parlamento del Mercosur adopta el sistema mayoritario y cuenta con el mismo número de representantes de todos los Estados-Partes, lo que configura un sistema de pesos y contrapesos por la valoración igualitaria de los votos en las deliberaciones. Para la realización de las elecciones al Parlamento del Mercosur de Brasil, surge aun la necesidad de la fijación de la competencia de la Justicia Electoral, mediante ley complementar, por disposición del artículo 121 de la CF".

Por fin señalan que una importante mudanza, con relación a la sistemática anterior radica en el hecho de haberse fijado el plazo máximo de 180 días, a contar del ingreso en el Parlamento nacional, para que la normativa sea incorporada.

En el caso de que ésta no sea aprobada por el Congreso, será reenviada al Jefe del Poder Ejecutivo, quien remitirá la cuestión al órgano decisorio originario, para que se proceda a la debida negociación. A pesar de no haber previsión de sanciones aplicables a los Estados que no observen la reglamentación constante en el Protocolo, existe, teóricamente, la hipótesis de la responsabilidad en el plano internacional, si ocurre omisión en la internalización.[53]

VI.b   La democracia en el Mercosur

Uno de los problemas más graves y aún no totalmente ecuacionado en el ámbito del Mercosur, se refiere sin ninguna Duda, al ejercicio de la democracia. O si quisiéramos invertir la construcción. El Mercosur, como la Unión Europea, sufren del denominado "déficit democrático".

No se trata de una cuestión menor. Por lo contrario, como bien sabemos, la falta de envolvimiento y participación popular, en cualquier organización la conduce, no raro, al descrédito, la deslegitimación y poco a poco, a su desgaste.

El fenómeno no es diferente en la formación de bloques econômicos entre Países y Regiones. Incluso, Carmem Lúcia Antunes Rocha,[54] ya en 1998 publicaba un artículo llamando la atención sobre esa circunstancia.

Afirmava aquela época:

"(...) Hay una excesiva burocracia en la institucionalización del Mercosur, alejándose mucho de los ciudadanos. Estado como la República brasileña, que ya tiene, internamente, tantas y tan grandes diferencias, no llegará a suplir la exigencia democrática si no adopta una política de divulgación y de aproximación de todos los segmentos sociales y entidades federadas con el proceso de integración, hoy muy restricto al sur y sudeste del país.

Solamente se verá el despertar de la sensibilidad social del ciudadano latinoamericano cuando se adopte, de forma efectiva, una agenda social y cultural como punto fundamental del proceso. Dicha agenda es necesaria debido a los principios fundamentales de la República Federativa Democrática de Brasil y de los derechos humanos que hoy dominan el derecho internacional. Sin el hombre sudamericano no hay América del Sur. Sin el pueblo no se construye el Estado democrático. Sin cultura popular no se promueve integración por falta de objeto a ser reunido.

(...) La ética social justa del proceso de la integración pasa por la democratización de las instituciones y de los fines del Mercosur. Hay que convocar al ciudadano latinoamericano a participar politicamente de las tomadas de decisiones, de manera eficiente y permanente, mediante la previa divulgación de los temas, programas, proyectos y

---

[53]   Ob. Cit. Página 154.

[54]   Hoy Ministra del Supremo Tribunal Federal, la entonces profesora de Derecho Constitucional del Estado de Minas Gerais, en el artículo, "Constituição, Soberania e Mercosur", Revista de Informação Legislativa, Brasília, A. 35, n. 139 jul/set. 1998, página 283 a 304.

deliberaciones a discutir y resolver, a fin de que se asegure la legitimidad del proceso que garantiza, en gran parte, la efectividad social de las resoluciones.

Tampoco se puede ignorar que los derechos humanos y los derechos sociales tienen que tener prioridad absoluta en el proceso de la integración, considerándose unos y otros en la contingencia latinoamericana y no como se pasa a su garantía en otros Estados".

Concordamos plenamente con la visión de la Prof. Carmem Lúcia A. Rocha.

Deberían ser los pueblos, de hecho, por sus representantes, los arquitectos de las Instituciones, incluso de aquellas ligadas a la pretendida integración latinoamericana.

Y creemos que el objetivo mayor del proceso de integración debería ser de hecho el progreso económico y social de los pueblos integrados, con la consecuente eliminación de las barreras que separan y dividen a nuestros países y nuestros pueblos.

Entre otros aspectos, la elección directa de los parlamentares del Mercosur mucho puede contribuir al ansiado fortalecimiento de su legitimación, de una cultura cada vez más volcada hacia la integración latinoamericana, la formación de una cultura latinoamericana que, forzoso es reconocer, todavía es un fenómeno en construcción.

Tiene razón Jorge Fontoura[55] cuando afirma:

"Es indudable que las leyes de un bloque económico, así como las leyes de un país, corresponden al componente basilar de su desarrollo. Un ordenamiento jurídico claro, comprensible y estable, que goce de efectiva vigencia, constituye el más eficaz atractivo para las inversiones internas y externas. Las comunidades económicas deben ser comunidades de leyes y no un conjunto de casuismos puntuales e imprevisibles, el voluntarismo tradicional de las relaciones entre Estados. Allí reside la importancia fundamental de sus instituciones legislativas, proveedoras de la legitimidad democrática, que es indisociable de la idea de construcción política de la ley y de la estabilidad institucional".

También nos parece muy criticable la imposibilidad del voto de brasileños residentes en los países miembros del Tratado de Asunción. Sobre este particular, la antigua PEC (propuesta de enmienda constitucional) nº 44, de 2006 nos parecía más democrática al prever la posibilidad que tanto los ciudadanos residentes en Brasil, como aquellos que viven en cualquiera de los países miembros del Tratado de Asunción, eligieran a sus representantes tanto para el Congreso Nacional como para el Parlamento del Mercosur.

Ello habría traído un avance democrático que lamentablemente no logró aprobación. La voz y el voto de las comunidades residentes en el extranjero en un mundo globalizado parece un elemento fundamental del moderno concepto de participación político y de democracia social en el conocido concepto de "Estado democrático contemporáneo".

---

[55] "Limites Constitucionais a Parlamentos Regionais e à Supranacionalidade", Revista de Informação Legislativa, Brasília, A.40, n. 159, jul-set. 2003, página 219 a 224.

Por otro lado, hay que elogiar, por su importancia, la función principal del Parlamento del Mercosur, que es la de defender los valores de la democracia, libertad y paz en la región[56] y evidentemente, a partir de ella, en todo el mundo.

También nos parece un buen camino el que posibilita la participación de diferentes actores de la sociedad civil en la discusión y elaboración de normativas del Mercosur. La participación activa del ciudadano, las audiencias públicas, son importantes instrumentos de apertura y flujo de informaciones de la sociedad para el Parlamento[57]

Finalmente el artículo 3º del Protocolo dispone que el Parlamento deberá seguir las reglas de transparencia para la información y resoluciones, a los efectos de generar confianza y permitir una mayor participación de los ciudadanos en el proceso decisorio del bloque.

Parece importante que en un Parlamento regional se defiendan los valores comunitarios de esa misma región, respetándose las diferencias entre los pueblos y sus distintas culturas, pero, de todos modos, construyendo una ciudadanía regional.

Efectivamente, la novedad de la elección (en esta segunda etapa, denominada de transición) del parlamentar *del Mercosur*, lleva al representante a que tenga que defender los intereses del pueblo del Mercosur. Hay aquí un concepto de supranacionalidad presente en su composición, a pesar de que el Mercosur continúe como un bloque intergubernamental.

Nos parece que la función primordial del Parlamento del Mercosur es la de *articular y coordinar*, también, todas las entidades que ya se dedican a la integración en aquel Espacio latinoamericano.

Naturalmente con criterios que privilegien la ética, la transparencia y el bien común. No será cualquier organización que habrá abierto el ingreso al Parlamento, sino aquellas que respeten a la ley y al Derecho.

Así, por ejemplo, las organizaciones empresariales, patronales, sindicales, cuentan con mayor facilidad para intervenir en los procesos políticos, y por ello, la sociedad civil se debe calificar para influir sobre las diferentes propuestas que ofrezcan y que tramiten en el Parlamento del Mercosur.[58]

Cítese, por ejemplo, el "Consejo de Intendentes", una entidad pública instituida por el artículo 262 de la Constitución de la República Oriental del Uruguay, cuyos objetivos institucionales son: coordinar las políticas de los gobiernos departamentales; celebrar convenios con el Poder Ejecutivo, Entidades Autónomas y Servicios Descentralizados; y organizar y prestar servicios y actividades propias o comunes, tanto en sus respectivos territorios, como de forma regional o interdepartamental.

El área de relaciones internacionales del Congreso de Intendentes ha sido creada recientemente con la finalidad de promover el intercambio de experiencias en áreas

---

[56] La Comisión de Ciudadanía y Derechos Humanos del Parlamento del Mercosur tiene como misión atender a las organizaciones y movimientos sociales, pues su principal competencia es la defensa de los derechos sociales y políticos de los ciudadanos y de las ciudadanas de los Estados-Partes.

[57] Según los artículos 2º, inciso 4, artículo 4, inciso 18, respectivamente del Protocolo Constitutivo del Parlamento del Mercosur.

[58] Cabe mencionar que en el Regimiento Interno del Parlamento del Mercosur hay un capítulo que trata especialmente sobre las reuniones públicas y la participación de la sociedad civil. En este capítulo existe una sección que dispone que sobre las audiencias públicas y los seminarios que se realicen con la participación de las organizaciones sociales y sindicales.

como descentralización, políticas sociales y planificación urbana, entre otras, por medio de alianzas con asociaciones, municipios, prefecturas y gobiernos provinciales de Latinoamérica y del resto del mundo.

Se recuerda, en este mismo sentido, el Consejo de Gobernadores del Paraguay, una institución civil compuesta por los gobernadores de los 17 departamentos paraguayos. Su actuación comenzó en el año 1999, con los gobernadores del período 1998-2003. En 2006, mediante un decreto, fue reconocido como persona jurídica del Poder Ejecutivo.

La organización actúa en la promoción del desarrollo social, económico y cultural de los gobiernos departamentales, en estrecha colaboración con el Gobierno Nacional y con las Juntas Departamentales. Por medio de los gobernadores, el Consejo es miembro activo en diferentes instituciones creadas por Ley, Resoluciones y Decreto en la República del Paraguay.

Se debe hacer constar también Mercociudades, la principal red de municipios del Mercosur. Fue fundada en 1995, por iniciativa de los principales prefectos e intendentes de la región, para fomentar la participación de los municipios en el proceso de integración regional, promover la creación de un ambiente institucional para las ciudades en el "ámbito" del Mercosur y desarrollar el intercambio y la cooperación horizontal entre municipios de la región conforme a lo estipulado en sus estatutos.

Actualmente la red "Mercociudades" cuenta con 213 ciudades asociadas de Argentina, Brasil, Paraguay, Uruguay, Venezuela, Chile, Bolivia y Perú, donde viven más de 80 millones de personas.

Podríamos citar muchas más instituciones, como el CODESUL, o ZICOSUL, o Consejo de Desarrollo de los Municipios Linderos al Lago de Itaipú, entre otros.[59]

Por otro lado, hay un aspecto preocupante que se refiere a la adopción de una fórmula que efectúe una distribución proporcional del número de escaños con respecto a la población. Hasta la fecha todos los miembros cuentan con el mismo número de representantes.

En el caso del Mercosur, ésta es una cuestión delicada, pues Brasil contiene más de la mitad de la población del bloque. De esta manera, para que se llegue a un consenso sobre la distribución de escaños, posiblemente tendremos que aceptar una situación de sub-representación frente a países menores, especialmente Uruguay y Paraguay.

Marcelo Almeida y otros[60] recuerdan que tal como sucede en el Parlamento Europeo, en que la relación representante-representado es favorable a los denominados pequeños países (Luxemburgo, Malta o Chipre) en detrimento de los denominados grandes (Alemania, Francia, Italia o Reino Unido).

A partir de ello, recuerdan, una característica intrínseca de los parlamentos regionales. En éstos, incluso el menor Estado-miembro tiene derecho a ser representado meramente por el hecho de existir; al contrario de lo que sucede con un partido con relación a un parlamento nacional, que no tiene este derecho adquirido. Así, la sobre-representación de los miembros menores del Parlamento Europeo, con relación al tamaño de sus poblaciones, puede ser claramente notada y comprendida.

---

[59] CODESUL (www.codesul.com.br), ZICOSUL (www.zicosurcom) y (www.lindeiros.org.br).

[60] Ob. Cit Anterior, página 40.

La tercer mudanza (apuntan los autores) ocurre con la posibilidad de formación de grupos políticos. Según el Regimiento Interno del Parlamento del Mercosur, un grupo político se debe integrar por pelo menos el 10% (diez por ciento) de todos los parlamentares, si todos son de la misma nacionalidad; o presentar por lo menos cinco parlamentares, en caso de que más de un Estado-miembro esté representado. Ello podrá fortalecer al organismo del Mercosur, puesto que, examinando el caso europeo, Murray afirma que los grupos partidarios del PE, entre 1952 y 1979 fueron importantes instrumentos para proponer el aumento de poder del organismo, siendo elemento de presión frente al Consejo Europeo.

(...) Sin embargo, la creación de grupos políticos permite la transversalidad de lealtades, o sea, si otrora ellas estaban esencialmente restringidas a una base nacional, en adelante ellas se pueden apoyar en comuniones ideológicas supranacionales, y por consiguiente, contribuir para la consolidación de un espacio público común de representación.

En este momento podemos noticiar que, en Brasil el Congreso Nacional aprobó el día 25 de Mayo de 2011 la Resolución nº 1/11, que garantiza un nuevo mandato a la Representación Brasileña en el Parlamento del Mercosur (Parlasur). La Resolución, que ya había sido aprobada por la Cámara al comienzo del mes y ahora fue confirmada por el Senado, eleva además de 18 a 37 el número de integrantes de la representación, de los cuales 27 serán diputados y 10 senadores.

Los nuevos integrantes de la representación ejercerán sus mandatos hasta la posesión de los parlamentares que sean elegidos en el futuro para representar a Brasil en el Parlasur.

Según la enmienda acogida por el Relator del Proyecto de Resolución, senador Cícero Lucena (PSDB-PB), los mandatos cesarán con la posesión de los electos en 2012. En el caso de que las elecciones en el Parlasur no se realicen el próximo año, el relator determinó, mediante una sub-enmienda de su autoría, que los líderes partidarios designarán a los diputados y senadores que deberán componer la representación hasta el final de la legislatura actual. Los mandatos durarán, entonces, hasta la posesión de los parlamentares que sean elegidos para el Parlasur en 2014.

De acuerdo con otra enmienda acatada por el relator, la Mesa del Congreso Nacional fijará las representaciones de los partidos o bloques parlamentares en la representación brasileña, observando "lo máximo posible" el criterio de la proporcionalidad partidaria. La proporcionalidad se determinará de conformidad con el resultado final de las elecciones, proclamado por la Justicia Electoral. La Representación brasileña será instalada acorde con otra enmienda aprobada por el relator, hasta el décimo día a partir de la publicación de la resolución.

La elevación del número de integrantes de la representación se destina a cumplir un convenio celebrado con los demás países del bloque, de implantación paulatina del llamado criterio de "representación ciudadana", que prevé una proporcionalidad mitigada con respecto a las poblaciones de cada país en la definición de los tamaños de las bancadas. Por ese convenio, Argentina pasará a tener, ya este año, 26 parlamentares, mientras que Paraguay y Uruguay mantendrán las bancadas actuales de 18 parlamentares cada uno.

Ésta sería la primera etapa de la implantación de las bancadas definitivas en el Parlasur. A partir de las elecciones directas de los parlamentares por los países del bloque, Argentina pasará a contar con 43 integrantes y Brasil con 75. Paraguay y Uruguay mantendrán 18 cada uno. Falta todavía reglamentar las elecciones en Brasil, mediante un proyecto de ley.

VI.c   Mercosur – 20 años que han transformado el Cono Sur

Nos gustaría concluir este trabajo trascribiendo el artículo de los Ministros de Relaciones Exteriores de Argentina, Brasil, Paraguay y Uruguay, respectivamente Doctores Héctor Timerman, Antonio Patriota, Jorge Lara Castro y Luis Almagro.[61]

Hace exactos 20 años, el 26 de marzo de 1991, Argentina, Brasil, Paraguay y Uruguay firmaban el Tratado de Asunción, instrumento fundador del Mercosur.

La creación del Mercosur acompañó la tendencia de formación de bloques regionales que caracterizaba al escenario internacional en el comienzo de la década de 1990. Constituyó parte importante de una respuesta al desafío de encontrar nuevas formas de inserción de nuestras economías en el mundo.

Pero el proyecto consagrado en el Tratado de Asunción, trasciende, desde su origen, la dimensión económico-comercial –en sí misma muy relevante. Nuestros países vivían, en 1991, un doble reencuentro: con la democracia y con su propia vecindad. El Mercosur es también expresión de este reencuentro. Es la demostración de la capacidad conjunta de los cuatro países de sobreponer, a las diferencias del pasado, una agenda compartida de valores e intereses comunes.

En los veinte años transcurridos desde la fundación del MERCOSUR, las relaciones entre nuestros países se transformaron profundamente. Consolidamos relaciones de confianza mutua, profundizamos nuestros canales de diálogo político y estrechamos nuestros lazos de cooperación en diferentes ámbitos. En el plano económico, los avances son particularmente elocuentes. En 1991, nuestro comercio sumaba U$S 4,5 mil millones. En 2010, el volumen del intercambio de multiplicó por diez, alcanzando U$S 45 mil millones. Hemos avanzado en temas sensibles, como la eliminación de la doble cobranza de la Tarifa Externa Común (TEC) el Código Aduanero y materias comerciales comunes, cuyo acuerdo parecía distante en otros momentos, lo que nos estimula a encarar con gran confianza nuevos desafíos, como la integración productiva y la integración energética, el libre tránsito, la superación de las asimetrías y la evolución permanente de la institucionalidad.

Ese dinamismo y la creciente vinculación de las economías del bloque nos han hecho más fuertes, como demostró nuestra capacidad de reaccionar ante la crisis económica internacional desencadenada en 2008. El año pasado, los países del MERCOSUR crecieron, en promedio, más del 8%.

En dos décadas, caminamos hacia un sistema en que los países del Sur ganan mayor relevancia. Y se refuerza, con eso, la importancia del MERCOSUR como instrumento para la construcción de un futuro de creciente prosperidad para nuestra región.

---

[61]   Publicado en el periódico brasileño, "O Estado de São Paulo", edición del 26 de marzo de 2011, página A2.

Así como en 1991, debemos repensar, hoy, nuestro lugar en el nuevo contexto internacional. Tenemos todas las condiciones para enfrentar ese desafío con optimismo. El Mercosur –como América del Sur, en conjunto– es un espacio de paz y democracia.

Es una potencia energética en expansión y constituye hoy el territorio agrícola más productivo del mundo. Comprende un mercado consumidor significativamente ampliado por políticas consistentes de inclusión social. Atrae el interés creciente de socios extrarregionales, como lo demuestra la participación, en la Cumbre de Foz de Iguazú, en diciembre de 2010, de altos representantes de socios geográficamente distantes como Australia, Emiratos Árabes Unidos, Turquía, Palestina, Siria y Nueva Zelanda.

Diversas iniciativas que están siendo adoptadas en el bloque han servido al imperativo de implementar la agenda ciudadana a la que han dado prioridad nuestros países. Estamos determinados a caminar rumbo a un verdadero estatuto de la ciudadanía del Mercosur, que consolide y otorgue visibilidad a las mudanzas graduales, pero profundas, que ya vienen ocurriendo en la vida de nuestros ciudadanos.

Turistas que viajan por América del Sur sin pasaporte, personas que obtienen con facilidad su residencia permanente en otro país del Mercosur, personas que viven del otro lado de la frontera y unifican el tiempo de trabajo para su jubilación, estudiantes y docentes que circulan por las escuelas y universidades de los cuatro países[62]: para ellos ya es palpable la diferencia que hace la existencia del Mercosur. Turistas que viajan por América del Sur sin pasaporte, personas que obtienen con facilidad su residencia permanente en otro país del Mercosur, personas que viven del otro lado de la frontera y unifican el tiempo de trabajo para su jubilación, estudiantes y docentes que circulan por las escuelas y universidades de los cuatro países: para ellos ya es palpable la diferencia que hace la existencia del MERCOSUR.

Se trata de progresos con grandes consecuencias. Cuando las sociedades se apoderan de una idea –la idea de la integración– ella gana vida propia, trasciende la voluntad de uno o de otro gobierno y se torna irreversible.

De esta forma, al completar 20 años, nuestro proceso de integración alcanza un nivel más elevado de madurez.

Un ejemplo contundente de esa madurez es el Fondo de Convergencia Estructural del Mercosur (FOCEM), que tiene hoy casi mil millones de dólares volcados a reducir las diferencias de desarrollo entre los socios. Los recursos del FOCEM están construyendo carreteras, líneas de transmisión eléctrica y redes de saneamiento básico. Están reformando escuelas y construyendo viviendas. Ayudarán a las pequeñas y medianas empresas a aprovechar las oportunidades que trae la integración. Contribuirán a reducir las asimetrías que, en última instancia, nos debilitan a todos.

El Mercosur trajo una nueva visión de nuestros países sobre sí mismos y sobre su inserción en el mundo. Ya podemos hablar de una "generación Mercosur" que sabe que el desarrollo de cada socio es indisociable del desarrollo de los demás. Sea por el

---

[62] Sin embargo, este mismo periódico "O Estado de São Paulo", en la misma fecha del 26 de Marzo de 2011 en la página B 14, del cuaderno de Economía, afirma que reconocer un diploma o un matrimonio entre los países miembros del Mercosur es aún tarea muy difícil y burocrática. Asimismo, documentos traducidos y legalizados por el consulado de Brasil en Argentina, y viceversa, muchas veces no son aceptados por instituciones en el otro país. También hay problemas en lo que respecta a la jubilación y a la integración de beneficios de la previsión social y tiempo de servicio de un país al otro. El ex-Presidente de Uruguay, Luis Alberto Lacalle, uno de los fundadores del Mercosur, también formula críticas a lo que denomina "desvío político" del Mercosur, "los gobiernos están mezclando los fines económicos y comerciales con fines ideológicos", critica.

intercambio permanente de experiencias, sea por la definición de políticas de alcance regional, el Mercosur ha servido para tejer una red de solidaridad que envuelve los diversos ámbitos de nuestras sociedades.

Debemos seguir perfeccionando el Mercosur, a partir de la comprensión de aquello que éste tiene de único. Aprovechemos esta fecha, por tanto, para reflexionar sobre el sólido patrimonio acumulado a lo largo de este proceso. Patrimonio sobre el cual debemos continuar trabajando, en pro de sociedades más democráticas, prósperas y justas.

Por fin, entendemos que el Mercosur debe, ahora con su Parlamento, trazar políticas más consistentes en sectores estratégicos de la economía.

Bien sabemos que, aislados, los Estados sudamericanos permanecerán subordinados a políticas y directrices del exterior.

Así, la salida parece ser, en efecto, la integración regional. Ésta puede desempeñar um papel importante en el contexto de América del Sur, sobre todo si conseguimos superar la noción de que el paradigma liberal es el único norte de la integración, tomando conciencia que con base en éste, la integración queda subordinada solamente a la evolución del intercambio comercial entre los países.

Parece mucho más relevante que se tome el ejemplo europeo como experiencia histórica, jamás para copiarlo, lo que sería desaconsejable, si no fuera imposible, pero para constatar en él los grandes beneficios que derivan de una acción conjunta en sectores estratégicos como por ejemplo, la energía, la infraestructura.

Estamos con Ricardo Barreto de Andrade[63] cuando afirma, con acierto, que los países latinoamericanos todavía no cuentan con sectores productivos tan desarrollados e internacionalizados como, por ejemplo, el empresariado europeo y el norteamericano. Y, por ende, el papel que el Estado debe desempeñar en la integración de Latinoamérica es muy superior al que ejerció en Europa, tanto en intensidad como en cantidad de sectores socioeconómicos.

Así, el autor propone un modelo de integración sostenida, ampliado el aspecto de integración entre los países de Latinoamérica, que haga viable la creación de vínculos en diversos sectores económicos, de infraestructura, sociales, políticos y culturales, que mantenga viva e intensa la integración regional, aun en momentos de crisis económica y consecuente disminución de los niveles de intercambio comercial.

Sugiere la adopción de un PEC, de una Política Energética Común, que se convierta en el o principal eje de la integración regional. Este es un sector sumamente relevante para América del Sur, sea en función de su importante potencial energético, con una diversidad de fuentes energéticas, sea en función de la innegable fuerza de la energía para el desarrollo económico de los países de la región.

El gas, el petróleo, la energía hidroeléctrica, los combustibles renovables pueden servir como instrumentos de una política sectorial que contribuya para que se establezca el desarrollo socioeconómico de la región.

Es un camino posible, como tantos.

---

[63] Ricardo Barretto de Andrade, "Da Integração Energética à Integração Política: A Adoção de Uma Política Energética Comum: Como Eixo da Integração Sul-Americana", página 149 a163, nos "Cadernos Prolam-USP", Volume 1. Janeiro, Junho, 2009, Editora LTR, São Paulo e PROLAM.

VI.d Proyectos de Ley Presentados en Brasil con respecto a las elecciones, el 7 de octubre de 2012, del Parlamento del Mercosur

Son los siguientes los proyectos de Ley actualmente en trámite en el Congreso Nacional (Cámara y Senado) con respecto al asunto.

"PROJETO DE LEI DO SENADO FEDERAL Nº 126/2001, DE 2011

Estabelece normas para as eleições, em 7 de outubro de 2012, de Parlamentares do Mercosur

Art. 1º Esta Lei regulamenta as eleições a serem realizadas em 7 de outubro de 2012, no Brasil, para o cargo de Parlamentar do Mercosur.

§1º As eleições para Parlamentar do Mercosur serão realizadas simultaneamente com as eleições para Prefeito e Vice-Prefeito e para Vereador.

§2º Serão eleitos, no Brasil, setenta e cinco Parlamentares do Mercosur, para exercer mandatos de quatro anos.

§3º O voto será direto, secreto, universal e obrigatório.

§4º Poderão ser formados coligações livremente de acordo com a decisão de cada Partido.

Art. 2º Dos setenta e cinco Parlamentares Nacionais que constituem a Representação Brasileira no Parlamento do Mercosur, o Pais elegerá quarenta e oito representantes designados de Representantes Federais da Lista de Candidatos de cada Partido ou Coligação.

§1º Esses quarenta e oito Representantes Federais serão eleitos pelo sistema proporcional, com a utilização de listas preordenadas de candidatos, registrados pelo respectivos Partidos ou Coligações.

§2º Para as eleições dos Representantes Federais a circunscrição será o Estado.

Art. 3º Dos setenta e cinco Parlamentares Nacionais, vinte e sete serão eleitos um por cada Estado e um pelo Distrito Federal, designados de Representantes

Estaduais e Representante do Distrito Federal na Lista de Candidatos de cada Partido ou Coligação.

§1º Esses vinte e sete Representantes Estaduais serão eleitos pelo voto majoritário em cada Estado e no Distrito Federal.

§2º Para as eleições dos Representantes Estaduais a circunscrição será o Estado.

Art. 4º Na Lista de Candidatos de cada Partido ou Coligação, a preordenação dos quarenta e oito Representantes Federais observará o seguinte:

I – O número de vagas em cada Estado e no Distrito Federal, para composição da lista de candidatos por Partido ou Coligação a que se refere o *caput*, deverá ser proporcional ao número de lugares que os respectivos Estados e o Distrito Federal ocupam atualmente na Câmara dos Deputados.

II – Na Lista de Candidatos de cada Partido ou Coligação, o mínimo de trinta por cento e o máximo de setenta por cento das vagas poderão ser ocupadas por candidatos de cada sexo, de acordo com a decisão do respectivo Partido ou Coligação.

§1º Cada Partido ou Coligação poderá registrar lista de candidatos a Representantes Federais que não ultrapasse o dobro do número de lugares a serem preenchidos pela Representação Brasileira no Parlamento do Mercosur.

§2º A preordenação das listas de Representantes Federais cabe as direções nacionais dos respectivos partidos e coligações, respeitados os incisos I e II do presente artigo.

Art. 5º Os vinte e sete representantes de cada Estado e do Distrito Federal, eleitos pelo voto majoritário, terão como seus respectivos suplentes no Parlamento do Mercosur o segundo mais votado, ainda que tenha sido candidato por outro Partido ou Coligação.

Art. 6º A candidatura ao cargo de Parlamentar do Mercosul e incompatível com a candidatura simultânea a outro cargo eletivo e também com o desempenho por parte do candidato de mandato eletivo no Poder Legislativo ou no Poder Executivo.

Art. 7º Nas eleições de 7 de outubro de 2012, a urna eletrônica exibirá para eleitor o painel de candidatos na seguinte ordem:

1º) dos Representantes Estadual e Federal ao Parlamento do Mercosur para os quais serão digitados os respectivos números com que cada Partido ou Coligação os registrou como candidatos;

2º) do Vereador para o qual será digitado o numero de candidato escolhido pelo eleitor;

3º) do Prefeito e Vice-Prefeito para o qual será digitado o numero do candidato escolhido pelo eleitor.

Art. 8º O número de candidatos para Representantes Federais eleitos por cada Partido ou Coligação decorrera da aplicação das seguintes regras:

I – determina-se o quociente eleitoral dividindo-se o numero de votos validos apurados pelo de lugares a preencher no Parlamento do Mercosur, desprezada a fração se igual ou inferior a meio, e equivalente a um, se superior;

II – determina-se para cada partido ou coligação o quociente partidário dividindo-se o número de votos validos dados para o mesmo partido ou coligação pelo quociente eleitoral, desprezada a fração;

III – estarão eleitos tantos candidatos registrados por um partido ou coligação quantos o respectivo quociente partidário indicar;

IV – os lugares não preenchidos com a aplicação dos quocientes partidários serão distribuídos da seguinte forma:

a) dividir-se-á o numero de votos validos atribuídos a cada partido ou coligação pelo numero de lugares por ele ou ela já obtido mais um, cabendo ao partido ou coligação que apresentar a maior media um dos lugares a preencher;

b) repetir-se-á a operação para a distribuição de cada um dos lugares restantes.

§1º Os partidos ou coligações que não tiverem obtidos quociente eleitoral poderão concorrer a distribuição dos lugares não preenchidos com a aplicação dos quocientes partidários.

§2º O preenchimento dos lugares com que cada partido ou coligação for contemplado ou contemplada far-se-á segundo a ordem constante na lista registrada.

§3º Considerar-se-ão suplentes dos candidatos eleitos efetivos os demais candidatos constantes da mesma lista, segundo a ordem em que nela figurem.

Art. 9º As emissoras de rádio e televisão e os canais de televisão por assinatura sob a responsabilidade das Casas Legislativas nos três níveis da Federação reservarão, nos quarenta e cinco dias anteriores a antevéspera das eleições de 2012, horário destinados a divulgação em rede, da propaganda eleitoral gratuita para Parlamentar do Mercosur.

§1º A propaganda será feita de segunda-feira a sábado:

I – no rádio, das 7h30 (sete horas e trinta minutos) as 7h50 (sete horas e cinquenta minutos) e das 12h30 (doze horas e trinta minutos) as 12h50 (doze horas e cinquenta minutos);

II – na televisão, das 13h30 (treze horas e trinta minutos) as 13h50 (treze horas e cinquenta minutos) e das 20h30 (vinte horas e trinta minutos) as 20h50 (vinte hora e cinquenta minutos).

§2º Os veículos de comunicação mencionados no *caput* reservarão, ainda, nos quarenta e cinco dias anteriores a antevéspera das eleições de 2012, dez minutos diários para a propaganda eleitoral gratuita das listas de candidatos a Parlamentar do Mercosur, a serem usados com inserções de ate trinta segundos, que serão assinadas obrigatoriamente pelo partido ou coligação.

§3º A divisão do horário de propaganda eleitoral gratuita entre os partidos e coligações obedecera aos critérios utilizados nas eleições de Deputados Federais.

§4º A distribuição do tempo entre os candidatos a Representantes Estaduais e Federais caberá as direções dos respectivos partidos e das coligações.

Art. 10. Nos quarenta e cinco dias anteriores ao período destinado ao horário de propaganda eleitoral gratuita no radio e na televisão, o Tribunal Superior Eleitoral disporá de dez minutos diários nos veículos de comunicação mencionados no art. 8º, a serem usados com inserções de até sessenta segundos, para divulgar o pleito para Parlamentar do Mercosur e informar os eleitores a respeito de sua natureza e características.

Art. 11. As campanhas eleitorais serão realizadas sob a condução e responsabilidade dos órgãos de direção nacional dos partidos ou das coligações, e financiadas exclusivamente com os recursos estabelecidos nesta Lei.

§1º A lei orçamentária referente ao ano de 2012 incluirá dotação, em rubrica própria, destinada exclusivamente ao financiamento das eleições de Parlamentar do Mercosur, de valor equivalente a cinco por cento do valor total a ser destinado ao Fundo Partidário no mesmo ano.

§2º O Tesouro Nacional depositara o valor previsto no §1º no Banco do Brasil, em conta especial a disposição do Tribunal Superior Eleitoral, ate o dia 1º de maio de 2012.

§3º O Tribunal Superior Eleitoral, dentro de cinco dias a contar da data do depósito a que se refere o §2º, fará a distribuição dos recursos respectivos aos órgãos de direção nacional dos partidos, obedecendo aos mesmos critérios usados para a distribuição dos recursos do Fundo Partidário.

§4º Os partidos coligados repassarão a totalidade dos recursos recebidos em função deste artículo a coligação de que fazem parte.

§5º É vedado aos partidos, coligações e candidatos receber, direta ou indiretamente, recursos em dinheiro ou estimáveis em dinheiro, alem dos previstos neste artículo, inclusive através de publicidade de qualquer espécie, para o financiamento das campanhas eleitorais para Parlamentar do Mercosur.

§6º O partido ou coligação que infringir o disposto neste artículo estará sujeito a Cassação do registro da totalidade da lista de candidatos ou dos diplomas de todos os candidatos eleitos, se estes já tiverem sido expedidos.

Art. 12. As normas para formação de coligações, para escolha e substituição dos candidatos e para o ordenamento das Listas de Candidatos a Representantes Federais serão estabelecidas por cada Partido ou Coligação, observadas as disposições legais.

§1º Em caso de omissão do estatuto, caberá ao órgão de decisão nacional do Partido estabelecer as normas a que se refere este artículo, publicando-as no Diário Oficial da União ate cento e oitenta dias antes das eleições.

§2º Os candidatos a Representantes Federais e Estaduais para o Parlamento do Mercosur serão escolhidos em convenção estadual.

§3º As listas dos candidatos para Parlamentar do Mercosur só serão registradas por partidos políticos que ate um ano antes do pleito tenham registrado definitivamente seus estatutos no Tribunal Superior Eleitoral, ou por coligações cujos os partidos integrantes atendam o mesmo requisito, e tenham, ate a data da convenção, órgão de direção constituído na circunscrição, de acordo com o respectivo estatuto, conforme o disposto em lei.

Art. 13. No que não colidir com as determinações desta Lei, aplicam-se às eleições para Representantes Federais ao Parlamento do Mercosur as normas destinadas a regulamentar as eleições para Deputado Federal.

Art. 14. O Tribunal Superior Eleitoral expedira, ate 30 de marco de 2012, resolução para o fiel cumprimento desta Lei.

Art. 15. É parte integrante dessa Lei o Anexo referente a "Composição da Lista de Candidatos por Partido ou Coligação proporcionalmente ao número de lugares que os Estados e o Distrito Federal ocupam atualmente na Câmara dos Deputados".

Art. 16. Esta Lei entra em vigor na data de sua publicação.

JUSTIFICACIÓN

En 2003, los Presidentes de Argentina, Uruguay, Paraguay, y de Brasil resolvieron constituir un Parlamento para el Mercosur.

En 2005, estos mismos Presidentes y sus Ministros de relaciones exteriores firmaron, el 08 de diciembre del mismo año, en Montevideo, el Protocolo Constitutivo del Parlamento del Mercosur.

El Congreso Nacional de nuestro país aprobó el texto del Protocolo prácticamente un año después, el 23 de noviembre de 2006, y el 14 de diciembre del mismo año, en un acto solemne en nuestro Congreso Nacional, en Brasilia, se instaló el Parlamento del Mercosur.

La necesidad de una identidad política de los ciudadanos y ciudadanas que viven en Argentina, Uruguay, Paraguay y en Brasil es vital para la existencia de este Bloque de países y para su integración económica, política y social. Esta identidad, como bien expresó el Diputado Dr. Rosinha, "será construida de una manera gradual, principalmente a partir del momento que sea implantada la elección directa y universal de los y de las parlamentares del Mercosur".

En este sentido, el Protocolo Constitutivo del Parlamento del Mercosur establece en su artículo primero que será "integrado por representantes electos por sufragio universal, directo y secreto, de conformidad con la normativa interna de cada Estado Parte e las disposiciones del presente Protocolo".

Digno de enaltecimiento ha sido el empeño de todos los parlamentares – Diputados y Senadores – en especial el Diputado Dr. Rosinha y del ex-Senador y hoy Ministro de Ciencia y Tecnología, Aloysio Mercadante, para concluir la primera etapa de transición con la realización de elecciones directas al Parlamento del Mercosur, conforme a lo que dispone el Protocolo en su Tercera Disposición Transitoria.

Como el cierre de la primera etapa debería ocurrir el 31 de diciembre de 2010, nuestro país perdió, en las últimas elecciones generales, la oportunidad de designar sus representantes para el Parlasur, por el sufragio directo, universal y secreto.

El proceso de construcción de una representación proporcional de los cuatro países en el Parlamento del Mercosur avanzó con el Acuerdo aprobado por el Consejo del Mercado Común que otorgó a nuestro país la posibilidad de elegir por el voto directo 75 Representantes, 43 Argentina y Uruguay y Paraguay, 18 Parlamentares cada uno. Actualmente los 18 Parlamentares de Paraguay ya fueron elegidos por el voto directo y secreto.

Surge ahora otra oportunidad de celebrar elecciones directas para elegir a nuestros representantes, junto con las elecciones municipales que serán realizadas el 7 de octubre de 2012.

Esta nueva oportunidad, para concretarse, exigirá de nuestro Congreso todo su empeño para aprobar una Ley que reglamente dichas elecciones en tiempo hábil para que la Presidente del la República pueda sancionarla hasta el comienzo de octubre del corriente año, 2011, cumpliendo la anterioridad de un año exigida por la Constitución. El texto que presentamos ahora fue inspirado por el excelente proyecto del Diputado Carlos Zarattini, cuya urgencia ya fue aprobada por la Cámara de los Diputados.

Es importante que el Senado Federal preste también su contribución, a fin de que podamos componer mejor nuestra Representación Brasileña en el Parlamento del Mercosur, de modo que ninguna Unidad de la Federación esté ausente.

Para que ningún Estado y Distrito Federal se quede sin representantes, establecemos en nuestro Proyecto que veintisiete vacantes, de las setenta y cinco que nos corresponde en el Parlasur, deben ser ocupadas por candidatos elegidos uno por cada Unidad de la Federación, mediante voto mayoritario. Son aquellos que nuestro Proyecto denomina Representantes Estatales. Los demás cuarenta y ocho parlamentares serán elegidos según el sistema proporcional, mediante Listas preordenadas, en que el elector marca solamente el número del Partido o Coligación.

Es una innovación –el voto en lista cerrada – que posibilita la financiación pública de estas elecciones. Además, con la aprobación del Proyecto, se hará la primera experiencia de voto en lista en el país. Tras la redemocratización del país que puso fin a la dictadura militar.

Cabe destacar que la presencia de Brasil en el Parlamento del Mercosur contribuirá, no solo para consolidar el orden democrático en la Región, sino, también, para dar un fuerte impulso a su desarrollo económico.

Estamos seguros de que el Parlasur será un instrumento precioso de integración de los cuatro países del Bloque y un ejemplo para toda Latinoamérica. Este Proyecto que presentamos tiene exactamente ese objetivo y nuestra expectativa es que los Ilustres Pares del Senado examinen el texto que aquí presentamos y den su valioso aporte con las enmiendas y sugerencias que consideren pertinentes.

Sala de Sesiones, de marzo de 2011.

Senador LINDBERGH FARIAS PT/RJ

PROJETO DE LEI DO SENADO Nº 393, DE 2008

Dispõe sobre percentual de vagas a ser reservado para candidaturas de cada sexo nas eleições para o Parlamento do MERCOSUL.

O CONGRESSO NACIONAL DECRETA:

Art. 1º Do número de vagas resultante das regras adotadas para o registro de candidatos com vistas às eleições para o Parlamento do MERCOSUL, cada partido ou coligação deverá reservar o mínimo de trinta por cento e o máximo de setenta por cento para candidaturas de cada sexo.

Art. 2º Esta Lei entra em vigor na data de sua publicação.

JUSTIFICAÇÃO

O objetivo do presente projeto é assegurar o cumprimento previsto no Artigo 6º, inciso 2º, do Protocolo Constitutivo do Parlamento do MERCOSUL, promulgado pelo Decreto Nº 6.105, de 30 de abril de 2007, que, ao determinar a eleição por sufrágio direto, universal e secreto dos membros daquela assembléia parlamentar regional, dispõe:

Art.6º. (omissis).

2. O mecanismo de eleição dos Parlamentares e seus suplentes reger-se – á pelo previsto na legislação de cada Estado Parte, e que procurará assegurar uma adequada representação por gênero, etnias e regiões conforme as realidades de cada Estado. Ressalte-se que a participação da mulher nas atividades políticas é conquista relativamente recente, e é de todo recomendável que ela seja estimulada, tanto por meio da adequada educação das meninas com vistas à futura participação política, como também por meio de legislação que assegure essa atuação.

A Constituição Federal do Brasil de 1988, ao proclamar que homens

e mulheres são iguais em direitos e obrigações, traduz grande avanço no sentido da superação do tratamento desigual fundado nas questões de sexo.

Da mesma forma, a Lei nº 9.504, de 30 de setembro de 1997, que estabelece normas para as eleições em nosso País, prevê a destinação, por partidos políticos e coligações, de trinta por cento das vagas para candidaturas de cada sexo.

Importa assinalar, também, que o Protocolo Constitutivo do Parlamento do MERCOSUL determina que o mecanismo de eleição dos parlamentares do MERCOSUL e de seus suplentes reger-se-á pelo previsto na legislação de cada Estado Parte, devendo, assim, as regras que virão a ser adotadas estar em perfeita consonância com a legislação vigente no País. Assim, o projeto de lei visa, precisamente, a garantir que haja adequada representação por gênero na bancada brasileira a ser eleita para o Parlamento do MERCOSUL.

Convictas da importância da presente iniciativa, esperamos a acolhida desse projeto de lei pelos ilustres Pares. Sala das Sessões, Senadora MARISA SERRANO.

TRANSIÇÃO DO BRASIL IMPÉRIO À REPÚBLICA VELHA

Nosso objetivo com o presente trabalho será iluminar como os principais fatos históricos ocorreram nesse período, do Brasil Império à República Velha, interpretando-os. Evidentemente que com esse exercício não temos qualquer pretensão de sermos inovadores.

A história é a senhora absoluta dos fatos (e da razão) e, sendo assim, o máximo que podemos almejar será realizar uma sorte de trabalho comparativo, valendo-nos dos grandes historiadores e cientistas políticos que já se dedicaram – e muito bem, diga-se de passagem –, a analisar essa quadra histórica.

Assim, desde logo advertimos que este não é um ensaio de cunho jurídico, mas será mais uma resenha de natureza histórica/política do que qualquer outra coisa.

Não há como conhecer e apreender a realidade do Brasil Império sem conhecer seu antecedente, o Brasil Colônia. Do mesmo modo, não há como compreender a República sem o seu antecedente, que foi o Império.

Sendo assim, nosso trabalho será o de reconstruir a história brasileira até chegar ao período que se pretende analisar, mas considerando o fato *que todos os períodos históricos são fundamentais e importantes.*

São como elos de uma longa e sucessiva cadeia ou de uma longa corrente, unidos por circunstâncias da vida. Cada um deles nos releva um elemento importante e não há como conhecer um sem o outro, em um verdadeiro *continuum histórico*, mas evidenciando a transformação social ao longo do tempo.

Seja como for, os historiadores fixam o período imperial brasileiro de *1822 a 1889.* Já a Primeira República de *1889 a 1930.* Antes de chegar ao império parece interessante uma breve visita ao *período colonial brasileiro.*

Da mesma forma que a natureza não dá saltos, também nós, para compreendermos o período final do império ao início da república, necessitamos conhecer o suficiente a história do Brasil antecedente.

Assim, vamos a ela, no essencial.

1   A Colônia – O caráter geral da colonização brasileira

A história da colonização brasileira deu-se a partir de uma conquista comercial.

No princípio, entretanto, o Brasil ficou praticamente abandonado. Afora as concessões para exploração do pau-brasil, única riqueza aproveitável e visível àquela ocasião, nada mais fez a Coroa portuguesa em relação à nova descoberta do Brasil.

Assim o período de *1500 a 1530* foi marcado pelo abandono, o que levou franceses e outros povos a também retirar madeira das costas brasileiras em profusão naquele período.

Preocupados com o abandono os portugueses finalmente se convencem de colonizar o Brasil a partir de seu extenso litoral. Implantaram-se assim as chamadas *capitanias hereditárias*, repetindo a fórmula adotada nos Açores e na Madeira.

Não vamos entrar em pormenores das dificuldades do período. Basta assinalar, contudo, que o território brasileiro, vastíssimo, constituía um grande desafio a ser vencido e povoado, sobretudo para um país de pequenas dimensões econômicas como Portugal, mesmo àquela época.

O sistema das capitanias hereditárias de origem e "natureza feudal" não funcionou a contento devido à necessidade de intenso capital e das ingentes dificuldades de desbravar, conhecer e dominar o imenso território brasileiro.

Em *1549*, Portugal decide instituir um governo geral no Brasil, resgatando as capitanias doadas e implantando um sistema de *sesmarias*, distribuindo as terras às pessoas mais abastadas que podiam melhor explorá-las também em benefício da Coroa.

A economia agrária no Brasil colonial foi de intensa exploração rural.

A colonização foi um empreendimento do governo colonial aliado a particulares.

A produção da cana-de-açúcar, muito procurada na Europa, e depois o tabaco marcaram durante séculos a economia e a sociedade brasileiras. Lavouras de cana, engenhos de açúcar e extensos latifúndios dedicados a pecuária marcavam o período.

O latifúndio monocultor e exportador de forte base escravagista[1] caracterizou o Brasil colônia. A grande atividade de fato se dava no meio rural.

Como bem anota Caio Prado Júnior, não havia quase atividade urbana naquela época. Nem a indústria, nem o comércio, estes elementos constitutivos da economia urbana, tinham então importância suficiente para se caracterizar como categorias distintas da exploração primária do solo.

O comércio estava limitado aos pequenos mercadores ambulantes que percorriam o interior à cata de fregueses. O seu desenvolvimento data realmente de meados do século XVII. Quanto à indústria, ela se concentra nos próprios domínios rurais. Estes não recebiam de fora senão o que importavam da metrópole e isto mesmo em reduzida escala.

Deparamos nos domínios com olarias, ferrarias, carpintarias, sapatarias, serrarias. Não é de estranhar, portanto, que em São Paulo,[2] vivam, em *1622*, apenas treze oficiais artífices: cinco alfaiates, três sapateiros, três ourives, um serralheiro e um barbeiro.[3]

---

[1] Àquela época a população colonial era constituída quase toda de alguns pouquíssimos portugueses, de milhares de escravos e semiescravos negros, de índios e de mestiços.

[2] A cidade de São Paulo hoje tem 12 milhões de habitantes. Já a "grande São Paulo", São Paulo e seu entorno, tem aproximadamente 20 milhões de habitantes.

[3] PRADO JÚNIOR, Caio. *Evolução política do Brasil*: colônia e império. 21. ed. São Paulo: Brasiliense, 2008. p. 22 *et seq.*

2 A Corte no Brasil – D. João VI (1808), a Revolução do Porto e a Independência

Paradoxalmente os Estados Unidos da América não eram no século XVII um país muito diferente do Brasil. Sua população contava em torno de 4 (quatro) milhões de pessoas e ocupava uma pequena faixa litorânea.

Como no Brasil, algumas atividades econômicas dependiam dos escravos e também de parcelas significativas dos indígenas, os quais não se deixavam aculturar. A ex-colônia beneficiava-se do fato de que o governo representativo se tivesse consolidado na Inglaterra ao longo do século XVIII e já nascia dispondo de Parlamento, fixadas as regras de funcionamento de regime constitucional.

Tudo isso, segundo Antônio Paim[4] não podia deixar de produzir um grande impacto em toda a América. Acresce o fato de que a Revolução Francesa, iniciada em 1789, trouxe uma grande popularidade para a ideia da Constituição, embora não tivesse conseguido estabelecê-la e consolidá-la, a exemplo da Revolução Americana. Ainda assim, era chegado o tempo de colocar as novas bases às relações entre as metrópoles e suas colônias americanas.

Antônio Paim afirma que no Brasil o quadro se desenvolve aproximadamente nos seguintes marcos:

1. Sucessivos movimentos conspiratórios são abortados. A feroz repressão desencadeada contra a Inconfidência Mineira (*1789*) – quando os líderes são degolados e esquartejados, exibidas as partes mutiladas de seus corpos em vários locais, como que para fazer renascer o terror dos "autos-de-fé" – longe de arrefecer a ideia de Independência talvez até a tenha sedimentado para sempre. Movimentos assemelhados, ainda que sem a mesma amplitude, ocorreram no Rio de Janeiro, na Bahia e em Pernambuco, ao longo da década de noventa.

2. A mudança da Corte para o Rio de Janeiro, em 1808,[5] criou uma situação favorável a um novo arranjo político nas relações com a Metrópole. O Brasil foi elevado à condição de Reino (*1815*), dispondo aqui das instituições que lhe asseguravam plena autonomia, sem depender de Lisboa, ainda que nos marcos do absolutismo. Portugal passava a denominar-se Reino Unido, podendo provavelmente evoluir para uma espécie de confederação de países autônomos. Na transição para o governo representativo, que começa com a Revolução do Porto (1820), tentou-se impor ao Brasil a reintrodução do quadro institucional anterior, virtualmente empurrando-nos para a *Independência*, afinal proclamada em 07 de setembro de *1822*.

3. O processo da Independência é sobrecarregado de diversas questões, as mais importantes, das quais consistem na reestruturação das instituições para

---

[4] PAIM, Antonio. *Momentos decisivos da história do Brasil*. São Paulo: Martins Fontes, 2000. p. 174 *et seq.*

[5] Para aqueles que apreciam uma boa pesquisa histórica com sabor jornalístico do período que medeia a vinda da Corte portuguesa para o Brasil, até seu retorno a Portugal, recomendamos a obra *1808: como uma rainha louca, um príncipe medroso e uma corte corrupta enganaram Napoleão e mudaram a história de Portugal e do Brasil*, do jornalista brasileiro Laurentino Gomes (São Paulo: Planeta, 2007).

permitir o funcionamento de governo representativo, que pusesse termo ao absolutismo, e na relação entre as províncias, de modo que tivessem autonomia nas questões que lhes dissessem respeito diretamente. Os Estados Unidos conseguiam estabelecer um arranjo federativo. Mas a América espanhola não logrou manter-se unida, surgindo, na prolongada luta pela Independência, que durou aproximadamente de 1810 a 1824, diversas nações, notadamente Argentina, Chile, Colômbia, Venezuela e México. Este último modelo instigou o espírito separatista no Brasil, de que se considera tenha sido uma primeira manifestação à revolta pernambucana de 1817. Em consequência, a guerra civil alastrou-se pelo país ao longo dos dois decênios subsequentes à Independência, vencendo por fim a ideia da unidade nacional.

O ano de *1820* trouxe grandes mudanças no panorama político português que afetaria também a realidade brasileira. Em janeiro, eclodia na Espanha a Revolução Liberal. Alertado por seus conselheiros, D. João VI apressou-se em decretar várias medidas procurando beneficiar o comércio português, na tentativa de evitar que a revolução se propagasse em Portugal.

As medidas não foram suficientes para deter o processo revolucionário.

Em 24 de agosto de *1820*, a cidade do *Porto* se sublevava. Constituíram-se as Cortes exigindo a promulgação de uma Constituição nos moldes da Constituição Espanhola. Reclamava-se, ainda, a volta de D. João VI a Portugal.

Emília Viotti da Costa[6] relata que tais acontecimentos repercutiram no Brasil, onde as adesões à revolução constitucionalista do Porto se multiplicaram. Portugueses e brasileiros, comerciantes e fazendeiros, funcionários da Coroa e militares aderiram à revolução pelos mais diversos e contraditórios motivos. Inicialmente, no entanto, as contradições não eram aparentes.

Comerciantes e militares portugueses identificados com os interesses metropolitanos apoiavam a revolução na esperança de restabelecer o Pacto Colonial. Fazendeiros, comerciantes nacionais e estrangeiros, funcionários da Coroa radicados no Brasil, cujos interesses os levavam a se identificar com a causa do Brasil, viam na revolução uma conquista liberal que poria por terra o absolutismo, os monopólios e os privilégios que ainda sobreviviam. Acreditavam que a instituição de um governo constitucional lhes daria a oportunidade de representar nas Cortes os interesses da colônia, consolidando as regalias conquistadas em 1808 e ampliadas em 1815 com a elevação do Brasil à categoria de Reino. (...) D. João VI decidiu-se, enfim, muito a contragosto, a voltar a Portugal, onde sabia esperá-lo uma Assembleia hostil e reivindicadora. Partiu em 25 de abril, deixando como regente seu filho Pedro, que viria a ser, no futuro, D. Pedro I, no Brasil, e D. Pedro IV em Portugal.

Seguiram-se no Brasil uma série de revoltas e levantes que vinham desde o período da Inconfidência Mineira (1789), até a Revolta dos Alfaiates na Bahia (1798), envolvendo militares de baixa patente, artesãos e escravos, sob a influência da Revolução Francesa,

---

6 COSTA, Emília Viotti da. *Da Monarquia* à *República*: momentos decisivos. 8. ed. São Paulo: Unesp, 1998. p. 44 *et seq.*

até a revolta de Pernambuco (1817), liderada por militares de alta patente, comerciantes, senhores de engenho e homens da Igreja.

Na revolta de 1817 apareceram com mais clareza alguns traços de uma nascente consciência de direitos sociais e políticos. Mesmo assim, prosseguimos com a escravidão que só seria formalmente abolida, muitos anos depois, em 1888.

O fato é que chegamos ao fim do período colonial no Brasil com a grande maioria da população excluída dos direitos políticos e civis e sem a existência do sentido de nacionalidade.

Já a proclamação da *Independência* brasileira é magnificamente exposta por Antonio Paim,[7] para quem as Cortes portuguesas não aceitaram o fato de que D. João aqui tivesse deixado seu filho, D. Pedro, como regente. Primeiro estabeleceram que as juntas governativas das províncias,[8] então criadas, deveriam ligar-se diretamente à Metrópole, sendo mesmo bem-sucedidas em alguns casos, o que adiante daria lugar à Guerra de Independência.

A ideia era esvaziar as funções de D. Pedro no Brasil. Em seguida, promoveram a remoção ou extinção daquelas instituições de cúpula que haviam sido deslocadas de Lisboa para o Rio de Janeiro. Diante da resistência no cumprimento de tais disposições, determinaram o regresso de D. Pedro a Portugal.

Aqui se tratou de organizar a resistência.

Atendendo ao movimento que se alastrou pelas províncias mais importantes (Rio de Janeiro, Minas e São Paulo), o regente (D. Pedro), recusou-se a regressar a Portugal.[9] Mais tarde impediria o desembarque de contingentes enviados da metrópole para substituí-la. Tais providências muito contribuíram para a vitória do Brasil na Guerra da Independência.

A tropa fiel às Cortes (ao Parlamento Português) concentrou-se na Bahia e em outras províncias do Norte, preservando assim a possibilidade de organizar outro exército, subordinado ao governo brasileiro, com base no Rio de Janeiro, Minas e São Paulo.

Logo começa a "Guerra" da Independência. Os combates mais sangrentos e prolongados deram-se na Bahia, mobilizando a participação de patriotas de várias partes do país. Somente a 02 de julho de 1823, o comandante português bate em retirada. Em

---

[7] *Op. cit.*, p. 178.

[8] As "províncias" do Império são o embrião do que, posteriormente, na República seriam os Estados-Membros da Federação brasileira.

[9] Emília Viotti da Costa, na obra citada, sobre o momento político afirma: "Sob a presidência da princesa Leopoldina, o Conselho de Estado, reunido durante a ausência de D. Pedro, que se achava em viagem por São Paulo, tomou conhecimento das ordens chegadas de Portugal anunciando o propósito de enviar tropas ao Brasil e contendo afirmações consideradas ofensivas ao príncipe José Bonifácio escreveu ao príncipe: 'o dardo está lançado e de Portugal não temos a esperar senão a escravidão e horrores. Venha Vossa Alteza quanto antes e decida-se porque irresoluções e medida d'água morna à vista desse contrário que não nos poupa, para nada servem e um momento perdido é a desgraça' (...) Diante das disposições agressivas das Cortes nada mais havia a fazer senão proclamar o rompimento definitivo com Portugal. Para D. Pedro havia apenas duas alternativas: ou obedecer às Cortes e voltar degradado a Portugal ou romper definitivamente com elas proclamando a Independência. O príncipe preferiu esta solução. Tomando conhecimento das novas, proclamou oficialmente em 07 de setembro, em São Paulo, a Independência do Brasil" (p. 56).

várias províncias do Norte os combates igualmente se alastraram até muito adiantado o ano de 1823.[10]

A situação também foi decidida militarmente na chamada Província Cisplatina (posteriormente tornada independente com a denominação de Uruguai). Ali, os portugueses renderam-se a 18 de novembro de 1823.

De modo que já nos fins de 1823 a situação encontra-se sob o controle do governo instalado no Rio de Janeiro (...).

O coroamento de D. Pedro como Imperador Constitucional do Brasil, e o título de Pedro I, deu-se a 1º de dezembro de 1822.

A denominação de *Império*, em vez de Reino, parece atender ao desejo de não guardar maiores vínculos com o passado, e talvez, também, de se filiar claramente ao movimento liberal que, de uma forma ou de outra, esteve associado a Napoleão.[11]

3   A Constituinte de 1823, A Constituição Imperial de 1824 e o Primeiro Reinado

A maioria dos juristas e cientistas políticos especializados no período em tela registram que o constitucionalismo no Brasil começa nos últimos dias de D. João VI no Rio de Janeiro.

Na verdade, começou mesmo em Portugal, com a Revolução de 24 de agosto de 1820. Quando as notícias da Revolução do Porto chegaram ao Brasil, houve grande agitação. Todo mundo se intitulava *liberal*. Todos queriam ser *constitucionais*.

Ventos libertários sopravam da Europa. No Rio de Janeiro, militares portugueses forçaram D. João VI a jurar a Constituição que ainda estava sendo elaborada pelas Cortes Constituintes em Lisboa (como já vimos).

Ainda que o Constitucionalismo brasileiro tenha, como se disse, começado em Portugal, deve-se assinalar que pouco antes da Independência uma deputação paulista instou na necessidade de o príncipe D. Pedro convocar uma junta de procuradores das Províncias a fim de que ela, além de zelar por interesses de seus representados, aconselhasse o príncipe nos planos de governo.[12]

---

[10] Cada historiador tem uma visão diferente do período. Assim, para José Murilo de Carvalho, por exemplo, em comparação com outros países da América Latina, a independência do Brasil foi relativamente pacífica. O conflito militar limitou-se a escaramuças no Rio de Janeiro e à resistência de tropas portuguesas em algumas províncias do Norte, sobretudo Bahia e Maranhão. Não houve, segundo o autor, grandes guerras de libertação como na América espanhola. Não houve mobilização de grandes exércitos, figuras de grandes "libertadores", como Simón Bolivar, José de San Martin, Bernardo O'Higgins, Antonio José de Sucre. Para José Murilo de Carvalho, a principal característica política da independência brasileira foi a negociação entre a elite nacional, a coroa portuguesa e a Inglaterra, tendo como figura mediadora o príncipe D. Pedro. Do lado brasileiro, o principal negociador foi José Bonifácio, que vivera longos anos em Portugal e fazia parte da alta burocracia da metrópole. Havia sem dúvida participantes mais radicais, sobretudo padres e maçons. Mas a maioria deles também aceitou uma independência negociada. Na obra, *Cidadania no Brasil*: o longo caminho. 12. ed. Rio de Janeiro: Civilização Brasileira, 2009. p. 28 *et seq*. Também nos entendemos que a Independência brasileira é fruto mais de uma classe política (da elite) que da Nação tomada em seu conjunto.

[11] Conforme exposição de Antonio Paim, na citada obra, *Momentos decisivos...*, p. 180.

[12] Conforme BONAVIDES, Paulo; ANDRADE, Paes de. *História constitucional do Brasil*. 3. ed. Rio de Janeiro: Paz e Terra, 1991. p. 31.

D. Pedro, em 16 de fevereiro de 1822, assinou decreto convocando o Conselho de Procuradores Gerais das Províncias.

Em 23 de maio de 1822, o Senado da Câmara do Rio de Janeiro enviou a D. Pedro um documento protestando pelo descaso do governo de Lisboa, que se achava a duas mil léguas de distância, para com os interesses brasileiros. Bateu-se por uma assembleia geral, que deveria ser formada de pelo menos 100 representantes.

O Conselho, que se reuniu no Rio de Janeiro em junho de 1822, também se manifestou pela convocação de uma assembleia de representantes. Convocada, a Assembleia Geral Constituinte e Legislativa se instalaram em 03 de maio de 1823, sob a presidência do bispo D. José Caetano da Silva Coutinho, capelão-mor.

Nesse mesmo dia, D. Pedro compareceu pessoalmente à instalação dos trabalhos, dizendo que com sua espada defenderia a pátria, a nação e a Constituição, se fosse digna do Brasil e dele.

Repetiu o que dissera em 1º de dezembro de 1822, quando de sua coroação. A seguir, sugere a Constituição que ele esperava: uma Constituição que fugisse às matrizes francesas de 1791 e 1792, "constituições teoréticas e metafísicas". Percebeu-se que D. Pedro queria uma Constituição mais próxima da Carta de Luís XVIII.[13]

A fala do imperador causou mal-estar a alguns setores políticos. O relator do Projeto de Constituição de 1823 foi Antônio Carlos Ribeiro de Andrada. Como ele mesmo reconheceu não se trata de obra original. Diversas constituições e cartas foram *aproveitadas*, como a francesa de 1791 e 1814, a portuguesa de 1822 e a norueguesa de 1814.

Como a Assembleia era *constituinte e legislativa*, alguns de seus membros entendiam que não cabia ao imperador sancionar as leis ordinárias que fossem sendo elaboradas à ocasião. D Pedro, todavia, não abria mão de seu direito de veto. Fomentada por uma imprensa crítica, a crise entre os dois poderes se acentuou.

Alguns historiadores acusam até a marquesa de Santos, amante do imperador, de haver fomentado o fechamento da Assembleia a troco de alguns contos de réis (moeda da época); outros atribuem ao afastamento dos irmãos Andradas do Ministério; outros ainda, à perseguição a portugueses que, de acordo com um dos anteprojetos (Muniz Tavares), seriam expulsos do Brasil.

O fato é que diante da grande perturbação política do período e mediante fortes ataques D. Pedro decide *fechar, com armas, a Assembleia Constituinte*. No dia 12 de novembro de *1823*, D. Pedro manda a tropa cercar o edifício onde funcionava a Assembleia.

No decreto de dissolução, o Imperador frisou que "se a Assembleia não fosse dissolvida, seria destruída a nossa santa religião e nossas vestes seriam tintas de sangue". Canhões foram assentados para o edifício onde funcionava a Assembleia. Anos depois, D. Pedro reconheceria que seu ato foi imprudente e impetuoso, um desastre político, segundo suas palavras.

A Constituição ou o Estatuto Político de 1823 recebeu o nome de "Constituição Política do Império do Brasil – Em nome da Santíssima Trindade". Consagrou o

---

[13] Segundo FRANCO, Afonso Arinos de Melo. *Estudos de Direito Constitucional*. Rio de Janeiro: Forense, 1957. p. 229.

Estado unitário, constituído de Províncias (art. 2º). O regime de governo, "monárquico, hereditário, constitucional e representativo" (art. 3º).[14]

A religião oficial era a Católica Apostólica Romana, porém era permitido o culto doméstico (art. 5º). O regime do padroado continuou.

D. Pedro, conhecedor das obras de Benjamim Constant, fez questão de introduzir ao lado dos tradicionais poderes políticos o *Poder Moderador*,[15] destinado a ser a "chave mestra de toda a organização política", exercido privativamente pelo imperador (art. 98 a 101).

O legislativo era bicameral (Câmara de Senadores ou Senado e Câmara de Deputados). O mandato do senador era vitalício. A legislatura tinha duração de quatro anos. Os presidentes das Províncias eram escolhidos pelo monarca. Havia, ainda, em cada distrito, uma Câmara e, na capital de cada Província, um Conselho Geral. O sufrágio era censitário, com eleições em dois graus.

Recorde-se ainda que a Carta do Império era flexível para emendas: só a "matéria constitucional" é que se achava sujeita a quórum específico. O que não fosse "matéria constitucional" poderia ser alterado por quórum ordinário (art. 178).

O monarca, segundo a *Carta de 1824*, concentrava "todas as atribuições que não são legislativas, em que esse centro, todavia tem parte, ou judiciárias, sobre que ainda assim tem inspeção", esta forma de governo "simboliza a unidade e a força nacional, a estabilidade na vida interior do Estado e nas suas relações internacionais".

É o "princípio homogêneo e harmonioso da ação diretora, que evita os graves inconvenientes, cruzados e entorpecidos por ideias diferentes e opostas, debilitados por vontades ou forças desencontradas, ou antes pelo próprio vício de sua instituição".

O Judiciário, por sua vez, deveria aplicar as leis judiciárias aos casos concretos. As leis judiciárias eram as que regulavam as relações privadas dos cidadãos e as que determinavam a punição dos crimes.

O julgamento desse tipo de questões era atribuído a órgãos independentes por várias razões: em primeiro lugar, como um princípio do governo limitado, no qual os direitos privados dos cidadãos não deviam ser julgados por decisões de tipo discricionário, próprias do governo.

Os direitos dos cidadãos tinham sua origem na natureza, eram atributos permanentes e inseparáveis da entidade moral do homem. Em segundo lugar, em virtude de sua origem, os direitos dos cidadãos tinham caráter fixo e estável, e não deveriam depender do caráter móvel e discricionário próprio da ação governamental.

---

[14] Caio Prado Júnior, na citada obra, *Evolução política...*, p. 54, afirma: "Basta lembrar que as ideias do sistema político adotado por nossos legisladores constitucionais exprimiam na Europa as reivindicações do *Terceiro Estado*, especialmente da burguesia comercial e industrial. Até certo ponto, é o contrário que se dá no Brasil. São aqui os proprietários rurais que as adotam contra a burguesia mercantil daqui e do Reino".

[15] Como resíduo do absolutismo, D. Pedro criou o poder moderador, de seu uso privativo. A principal atribuição desse poder era a livre nomeação dos ministros de Estado, independentemente da opinião do Legislativo. Essa atribuição fazia com que o sistema não fosse autenticamente parlamentar, conforme o modelo inglês. Poderia ser chamado de monarquia presidencial, de vez que no presidencialismo republicano a nomeação de ministros também independe da aprovação do Legislativo.

Em terceiro lugar, a imparcialidade do julgamento somente poderia ser alcançada se os próprios julgadores tivessem independência suficiente para a aplicação exata da lei, sem estarem sujeitos a influências e pressões externas.

A independência dos magistrados estava então em continuidade com a própria finalidade do Império e a garantia própria de sua independência era a perpetuidade, ou seja, o princípio de que não poderiam ser demitidos senão em virtude de sentença definitiva, em ação regular processada pela autoridade competente.

De sua parte, os magistrados não podiam interpretar as leis por disposições genéricas, nem julgar de modo contrário ao sentido evidente destas, porque em caso contrário estariam usurpando as atribuições do Poder Legislativo.

Não podiam ainda julgar segundo critérios de equidade, nem recusar a jurisdição, deixando de julgar, sob pretexto de haver lacuna da lei.[16]

Do ângulo dos direitos políticos, a Constituição de *1824* era essencialmente liberal, mais liberal que as Constituições europeias de sua época. Podiam votar os homens de 25 anos ou mais que tivessem uma renda mínima de 100 mil réis (moeda da época). O voto era obrigatório. As mulheres não votavam e os escravos não eram considerados cidadãos. Os libertos podiam votar na eleição primária.

A limitação de renda não excluía a população mais pobre do direito do voto, pois àquela ocasião havia empregos suficientes. Os analfabetos podiam votar. A eleição era indireta, feita em dois turnos. No primeiro, os votantes escolhiam os eleitores, na proporção de um eleitor para cada 100 domicílios. Os eleitores, que deviam ter renda de 200 mil réis, elegiam os deputados e senadores.

Os senadores eram eleitos em lista tríplice, da qual o imperador escolhia o candidato de sua preferência. Os senadores eram vitalícios, os deputados tinham um mandato de quatro anos, a não ser que a Câmara fosse dissolvida antes. Nos municípios, os vereadores e juízes de paz eram eleitos pelos votantes em um só turno. Os presidentes de província eram de nomeação do governo central.

Essa legislação permaneceu quase sem alteração até 1881. Em tese, ela permitia que quase toda a população adulta masculina participasse da formação do governo. Na prática, o número de pessoas que votavam era também grande, se levados em conta os padrões dos países europeus.

Entretanto, o mesmo Murilo de Carvalho adverte que *do ponto de vista substantivo*, esses eleitores eram (cerca de 85%) analfabetos, incapazes de ler um jornal, um decreto do governo, um alvará da justiça, uma lei municipal. Entre os analfabetos incluíam-se muitos dos grandes proprietários rurais. Mais de 90% da população vivia em áreas rurais, sob o controle ou a influência dos grandes proprietários. Nas cidades, muitos votantes eram funcionários públicos controlados pelo governo.

A Constituição do Império de *1824*, em seu art. 92, privava de votar, nas condições que estipulava, os menores de 25 anos, os filhos-famílias, os criados de servir (estes e aqueles por motivos óbvios), os religiosos, e quaisquer que viviam em comunidade

---

[16] Segundo KOERNER, Andrei. *Judiciário e cidadania na Constituição da República brasileira*. São Paulo: Hucitec, 1998. p. 41 *et seq.*

claustral (pela união entre o Trono e o Altar) e os que não tinham uma certa renda líquida (como já vimos).

O critério censitário era certamente influência franco-americana. Recordamos que a Carta Francesa de 1814, art. 38, exigia o pagamento de mil francos para que o deputado fosse admitido à Câmara. Pode ser detectado, entretanto, entre os romanos, e sob Henrique IV, que os ingleses, para votar, deveriam ter rendimento de 40 *shillings*, como para se candidatar, ainda hoje, devem fazer depósito de 150 libras.

Pimenta Bueno[17] esclarece que, para votar, era necessário "oferecer à sociedade certas garantias indispensáveis, certa idade, condição e prosperidade e, consequentemente, certa inteligência, moralidade e independência".

As eleições eram frequentemente tumultuadas e violentas, o que estava em jogo não era o exercício de um direito do cidadão, mas *o domínio político local*. O chefe político local não podia perder as eleições, a derrota significava desprestígio e perda de controle dos cargos públicos, como o de juiz municipal, delegados de polícia, coletor de impostos, etc.

Ainda pelo lado positivo, note-se que houve eleições ininterruptas de 1822 até 1930. Elas foram suspensas apenas em casos excepcionais e em locais específicos.[18]

Dois anos após a proclamação da Constituição, ou melhor, da outorga pelo Imperador da Constituição Imperial de 1824, em 1826, foi instalada a Assembleia Geral Legislativa. Havia grande temor de dissolução, tal como ocorrera com a constituinte, dois anos antes. Entretanto isso não ocorreu.

Em 1830, com a notícia da queda de Carlos X, na França, os liberais brasileiros se agitaram bastante, hostilizando os partidários dos portugueses. Iniciou-se um período de agitação na imprensa que pregava abertamente por mudanças políticas, inclusive e especialmente a *república e a federação*.

D. Pedro I passou a ser hostilizado pelos liberais extremados que tiveram adesão do exército. Diversos deputados assinaram um manifesto, instando a abdicação do imperador.

Pressionado, D. Pedro I abdica em abril de 1831, *em favor de seu filho*, e parte para a Europa, com destino a Portugal, que continuava imerso na guerra civil.[19]

---

[17] Considerado um dos maiores constitucionalistas do período imperial, *Direito Público brasileiro e análise da Constituição do Império*, p. 462. Edição de 1958.

[18] Segundo magistério de José Murilo de Carvalho, na obra *Cidadania..., op. cit.*, p. 31-33. Entretanto, cremos importante de outra parte registrar que no Brasil o viciado sistema eleitoral do império e da primeira república conviveu com o voto distrital por força das seguintes normas: Decreto Legislativo nº 842, de 19.01.1855 (Lei dos círculos – distrito de um só deputado); Decreto Legislativo nº 1.082, de 18.08.1860, (segunda Lei dos Círculos – distrito de três deputados). Em 13 de agosto de 1870, o deputado João Mendes de Almeida apresentou projeto – que não prosperou – propondo a representação das minorias. Melhor sorte teve o projeto apresentado em 1873 pelo Ministro João Alfredo, dando representação às minorias, e que se transformou na "Lei do Terço" (Decreto-Legislativo nº 2.675, de 20.10.1875). A "Lei do Terço" durou, entretanto, apenas cinco anos. O Decreto-Legislativo nº 3.029, de 09.01.1881 (Lei Saraiva), instituiu a eleição direta, mas recriou o sistema distrital. Com breve interrupção logo após a proclamação da República (Decreto nº 511, de 23.11.1890), o sistema perdurou com a Lei nº 35, de 26.11.1892 (distrito de três deputados), a Lei nº 1.269, de 15.11.1904 (Lei Rosa e Silva – distrito de cinco deputados), Lei nº 3.208, de 27.12.1916, Decreto-Legislativo nº 4.226, de 30.12.1920 e Decreto Legislativo nº 18.991, de 18.11.1929, até a revolução de 1930.

[19] Após a partida de D. Pedro I para Portugal, e sobre o momento político vivido pelo Brasil logo após sua partida, afirma Capistrano de Abreu: "De repente, o Brasil inteiro estrebuchou nas convulsões de um delírio muscular. De Marajó ao Chuí rugiu a onda de anarquia que tudo alagou: manifestações políticas no governicho do Rio

Mas o clima tenso e instável continuou, tanto em Portugal como no Brasil, apesar de a maioria dos analistas do período apontarem que, com a abdicação de D. Pedro I, estaria já consolidado o "estado nacional", o que significou um fato importantíssimo para a cidadania brasileira.

A história do primeiro reinado na visão de Caio Prado Júnior[20]

não é mais que o longo desfilar de choques entre o poder absoluto do imperador e os nativistas. O domínio destes, que se vinha prolongando desde a partida de D. João, com o ministério dos Andradas no poder, deu logo lugar a de seus adversários. E foi a inabilidade de José Bonifácio e seus irmãos – ou sua desmedida ambição – que preparou o terreno para a reação portuguesa. Tal foi à atitude dos Andradas depois da Independência que logo fê-los perder as simpatias dos próprios partidários. No fundo, o que eles queriam era uma coisa impossível: um quase absolutismo do imperador – por eles naturalmente exercido – equidistante de brasileiros e portugueses.[21]

4   O Segundo Reinado

O período abrangido pelo Segundo Reinado, ao menos cronologicamente, compreende a Regência, entre abril de 1831, com a abdicação de D. Pedro I, e a decretação da maioridade e posse de seu filho D. Pedro II (em *24 de julho de 1840*).

O fato mais importante registrado no segundo reinado foi sem dúvida alguma a abolição do tráfico de escravos, que ocorreu em 1850. A pressão exercida pela Inglaterra, à ocasião foi imensa e sistemática. Posteriormente, em 1881, decreta-se a chamada Lei do Ventre Livre, isto é, os filhos nascidos de escravos perdiam automaticamente esta condição.

Em *1885* deu-se a libertação dos escravos sexagenários, e, finalmente, em 13 de maio de *1888*, é adotada a Abolição da Escravidão.

Grande do Sul, na sabinada da Bahia, nas correrias de Pinto Madeira no Ceará; manifestações incorporando agravos seculares de classes oprimidas, como a cabanagem do Pará, a balaiada do Maranhão, a cabanada em Pernambuco. Sobressaía a Corte onde se encarniçavam soldados dissolutos, capoeiras desaçaimados, sicários, caramurus partidários da volta do ex-imperador, nativistas xenófobos, federalistas, republicanos, um verdadeiro pandemônio. A tudo resistiram os Regentes. A existência, por assim dizer, simbólica do imperador-menino comunicou-lhe força sobrenatural; o desinteresse com que se batiam colocou-os a coberto de desconfianças. Quase sem interstício batalharam por dez anos. Por seus esforços quase todo o Brasil apaziguou-se, o vírus subversivo atenuou-se, quase todo o país volveu ao aprisco e, até foi perdendo a capacidade de novas revoluções" (*Fases do segundo Império*. Leituras Brasileiras, Fundação Projeto Rondon – MINTER e SESU).

[20] *Evolução...*, p. 60.

[21] A figura de José Bonifácio na história do Brasil é importantíssima, como sabemos. Mas seu papel, sua imagem é controvertida. Uns ainda o veem como o Patriarca da Independência. Outros apesar de reconhecerem e criticarem sua destacada liderança como Ministro conservador e monarquista reconhecem sua avançada visão das políticas públicas e sociais, como um legítimo defensor da integração nacional, da modernização do país, do combate sistemático ao latifúndio improdutivo, e a escravidão. Pessoalmente acreditamos que o José Bonifácio brasileiro é muito similar à figura do Marques de Pombal em Portugal. Seja como for ainda é visto no Brasil como o Patriarca da Independência, o homem público e culto que representou os anseios da emancipação do jugo colonial brasileiro, um nacionalista convicto. Para uma análise ampla das mais variadas perspectivas de José Bonifácio *vide* a obra de Emília Viotti da Costa, *Da Monarquia à República*, especialmente o seu capítulo 2, intitulado "José Bonifácio, mito e história".

O impacto não só político, mas também econômico dessa medida, segundo Caio Prado Júnior,[22] fez-se sentir na vida comercial do país, que se intensifica em atividade. Afirma o autor:

> Esta intensa atividade se manifesta nos primeiros grandes empreendimentos materiais do país, todos posteriores a 1850. Em 1854 começa a trafegar a primeira estrada de ferro brasileira, do porto de Mauá a Fragoso. No ano seguinte, inicia-se a construção da Estrada de Ferro Pedro II (Central do Brasil).[23] O telégrafo é inaugurado em 1852, e fazem-se na mesma época as primeiras concessões para linhas de navegação.

Sustenta ainda que na verdade ingressa o país a partir de então "numa forma produtiva superior: a forma *capitalista*".

Mas mesmo antes do tema da liberação dos escravos, é preciso lembrar aos leitores que o movimento por mudanças políticas e sociais era latente com a abdicação de D. Pedro I. Assim o sentimento *revisionista* da Constituição de 1824 eclodiu em *06 de Maio de 1831*.

Nesta ocasião iniciou-se o processo de reforma com o requerimento do deputado Cesário de Miranda, que pediu a instauração de uma Comissão para indicar os artigos que reclamavam reforma. Aprovado o requerimento, foram eleitos Miranda Ribeiro, Paulo Souza e Costa Carvalho. Na sessão de 09 de julho essa comissão apresentou um anteprojeto de reforma. Após várias discussões prevaleceu o substitutivo de Miranda Ribeiro.

Era a Câmara de Deputados (Câmara Baixa) a mais representativa do pensamento liberal da época, segundo Paulo Bonavides,[24] e o ramo do poder parlamentar que mais de perto se identificava com os princípios da reforma impostos pelas aspirações nacionais em voga.

As disposições do substitutivo Miranda Ribeiro, afinal aprovadas, importavam numa *mudança considerável* do ordenamento imperial.

Os avanços mais notáveis constantes da proposta em tramitação abrangiam: a abolição do Poder Moderador, a substituição da monarquia unitária do Império por uma monarquia federativa, a temporariedade e elegibilidade do Senado, a legislatura bienal, o enfraquecimento do poder de veto do Imperador em proveito da autoridade legislativa, a supressão do Conselho de Estado, a substituição da regência trina pela regência una, e a criação das assembleias legislativas provinciais.

A adoção de uma monarquia federativa marcava o ponto culminante do processo de mudança institucional a que se propunham os liberais atados às inspirações mal dissimuladas do modelo americano, para o qual pareciam propender, como bem assinalou Afonso Arinos de Melo Franco.[25]

---

[22] PRADO JÚNIOR. *Evolução...*, p. 94.

[23] Ao acabar o Império, o Brasil possuía cerca de 9 (nove) mil quilômetros de estradas de ferro.

[24] BONAVIDES, Paulo; ANDRADE, Paes de. *História constitucional do Brasil*. 10. ed. Brasília: OAB; Universidade Portucalense Infante D. Henrique, 2008. p. 120 *et seq.*

[25] *Apud* BONAVIDES, *op. cit.*

Ainda segundo Bonavides, com efeito, a "republicanização" da monarquia corria parelhas com a sua "federalização", sendo a esse respeito deveras visíveis e sintomáticos a cópia da legislatura bienal ou do mandato senatorial de seis anos ou a regência una, reminiscências presidenciais da Constituição americana introduzidas na reforma proposta pelo projeto oriundo da Câmara, conforme judiciosamente ressaltou este publicista.

Entretanto, no Senado (de base conservadora e leal ao trono), às reformas propostas não acolheu de bom grado as emendas profundas propostas que, a seu juízo abalavam o poder da realeza constitucional, ao mesmo tempo que reforçavam o braço representativo da Casa legislativa mais identificada com o sentimento transformador e progressista da época.

Por fim houve um acordo possível entre as duas Casas (Câmara e Senado) quanto a autorização para reformar a Constituição Imperial. Observa Bonavides que a negociação foi precedida de uma tentativa malograda de golpe de Estado, inspirada por Feijó e pelos liberais, contra os restauradores (adeptos de D. Pedro II).

Nem o Poder Moderador caiu nem a Federação se proclamou. Mas ainda assim a onda liberal suprimiu o Conselho de Estado, instituindo também as assembleias legislativas provinciais, dotadas para a época – e, sobretudo para uma forma de Estado unitário como era o império – de considerável autonomia.[26]

É certo que com a promulgação da *Lei de 12 de Agosto de 1834, também chamada de Ato Adicional*, a Regência passou a ser una, pondo-se fim ao colégio triunviral.

Estabeleceu-se que o respectivo titular, durante a menoridade do Imperador, seria eleito por quatro anos. O Regente se tornava a figura dissimulada de um chefe republicano, de um Presidente da República. Sua investidura era feita pelos eleitores da respectiva legislatura, reunidos nos seus colégios. Votavam eles em dois brasileiros natos, nascidos em províncias diferentes. Estatuía-se para tanto escrutínio secreto.

Da votação lavravam-se três atas: uma enviada à Câmara Municipal a que pertencesse o colégio; outra ao Governo Geral por intermédio do presidente da província; finalmente, uma terceira, remetida diretamente ao presidente do Senado.

Reunida a Assembleia Geral, o presidente do Senado abria as atas e proclamava o eleito por maioria. No caso de empate decidiria a sorte. Enquanto, porém, o Regente não tomasse posse, ou durante sua falta e impedimento, governava o ministro do Império. Faltando este ou ocorrendo impedimento, assumia o Governo o ministro da Justiça.[27]

A Regência, sem embargo da reação conservadora que se fortaleceu também das defecções do campo liberal, sendo de todas a mais célebre a de Bernardo de Vasconcelos, foi um período *fecundo de consolidação das liberdades constitucionais*. Acabaram estas entrando na consciência representativa nacional de forma estável e definitiva por todo o Segundo Reinado.

Registre-se ainda que a tensão entre liberais e absolutistas nas províncias do Rio Grande do Sul deu ensejo a manifestações separatistas daquela província e a proclamação da "Independência da República do Rio Grande", que apesar de infrutífera na época não deixou de assentar as bases para no futuro alvorecer da República.

---

[26] *Vide* BONAVIDES, *op. cit.*, p. 124, para mais detalhes das reformas realizadas.

[27] *Idem*, p. 128.

É certo que a chamada revolução rio-grandense (da então província do império, hoje Estado-Membro do Rio Grande do Sul), buscava o estabelecimento de uma ordem constitucional estável, mas o movimento acabou retardando muito a convocação de uma Constituinte, o que provocou a sua própria autodissolução, provocada pelo dissenso interno do movimento.[28]

D. Pedro II assumiu o trono do Brasil aos 14 (quatorze) anos, em julho de 1840. Serviu ao Estado no longo e relativamente estável Segundo Reinado, entre 1840 e 1889, ano da Proclamação da República.

O período do Segundo Reinado, ao menos em sua primeira parte, foi marcado por uma centralização política e administrativa. Foi reestabelecido o Conselho de Estado e o Código de Processo Criminal, modificado em 1841. Toda a máquina administrativa e judiciária voltou às mãos do governo central, com exceção dos juízes de paz. A política passou a ter várias competências, inclusive a de investigar e processar pessoas e aplicar penas.

Reformou-se ainda a Guarda Nacional e o Exército. A primeira cuidaria da manutenção da ordem e a defesa dos grupos dominantes em nível local, ficando o Exército encarregado das fronteiras e da estabilidade geral do país.

No campo político houve revoltas liberais em 1842 e depois em 1848 em várias províncias do império. Os grandes proprietários rurais opunham-se ao governo imperial por suas tentativas de evitar a sonegação de impostos que incidiam sobre o café e as medidas de combate ao tráfico de escravos.

De 1848 a 1850, no Nordeste em geral e no Recife em particular ocorreram várias rebeliões e guerrilhas (Praieira), algumas sustentadas por senhores de engenho ligados ao partido liberal que se queixavam do controle da província pelos conservadores ligados ao Imperador.

Segundo Boris Fausto[29] começou a funcionar um sistema de governo assemelhado ao parlamentar que não se confunde, porém, com o parlamentarismo,[30] no sentido próprio da expressão. Em primeiro lugar, a Constituição de 1824 não tinha nada de parlamentarista. De acordo com seus dispositivos, o Poder Executivo era chefiado pelo Imperador e exercido por ministros de Estado livremente nomeados por ele.

Durante o Primeiro Reinado e a Regência, não houve prática parlamentarista. Ela foi se desenhando e, mesmo assim, de forma peculiar e restrita, a partir de 1847. Naquele ano, um decreto criou a figura do presidente do Conselho de Ministros, indicado pelo Imperador.

Esse personagem político passou a formar o ministério, cujo conjunto constituía o Conselho de Ministros ou Gabinete, encarregado do Poder Executivo. O funcionamento do sistema presumia que, para se manter no governo, o Gabinete devia merecer a confiança tanto da Câmara quanto do Imperador. Houve casos em que a Câmara forçou

---

[28] Ensina Bonavides que o projeto dos rio-grandenses, apesar de fracassado, lançou as bases para a queda da monarquia "Foi obra precursora do constitucionalismo republicano e federativo que vingou depois no Brasil, com a queda da monarquia" (*Op. cit.*, p. 197).

[29] FAUSTO, Boris. *História concisa do Brasil*. São Paulo: Edusp, 2001. p. 96 *et seq.*

[30] Sobre o parlamentarismo no Império do Brasil, consulte-se o trabalho de Carlos Bastide Horbach, na *Revista de Informação Legislativa* editada pelo Senado Federal, n. 173/174, abr./jun. 2007.

a mudança de composição do Conselho de Ministros. Mas o Imperador detinha uma considerável soma de atribuições através do Poder Moderador, distinguindo-se, pois, o sistema político imperial do parlamentarismo mesmo na fase que vai de 1850 a 1889.

O Imperador usava as prerrogativas do Poder Moderador quando a Câmara não apoiava o Gabinete de sua preferência. Nesse caso, com base no Poder Moderador, dissolvia a Câmara após ouvir o Conselho de Estado e convocava novas eleições. Como nas eleições o peso do governo era muito grande, o Imperador conseguia eleger uma Câmara que se harmonizava com o Gabinete por ele preferido.

Através desse mecanismo houve, em um período de cinquenta anos, a sucessão de 36 gabinetes, com a média de um ano e três meses de duração. Na aparência, isso indicaria uma grande instabilidade. Mas, de fato, apesar das crises, o sistema político permitiu o rodízio dos dois principais partidos no governo. Para o que estivesse na oposição, havia sempre a esperança de ser chamado a governar. O recurso às armas se tornou assim desnecessário.[31]

É preciso ainda recordar um fato econômico importante no Segundo Reinado. O surgimento na economia brasileira nas primeiras décadas do século XIX da produção de café para exportação, a modernização do sistema de transportes, sobretudo ferroviário e o impulso da navegação a vapor revolucionaram a economia de então.

Surge a burguesia do café, sobretudo na província de São Paulo, dando-se início à imigração de italianos, seguida posteriormente de alemães e suíços no Sul do Brasil (1846 a 1875).

Boris Fausto, na mesma obra citada, afirma que enquanto o café seguia sua marcha no Oeste Paulista (São Paulo), e as propostas de abolição gradual da escravatura davam os primeiros passos, um acontecimento internacional iria marcar profundamente a história do Segundo Império – a Guerra do Paraguai.

Ouçamos o historiador brasileiro acerca desse importante período:

Na primeira metade do século XIX, a posição do Brasil diante de seus vizinhos pode assim ser resumida. A maior preocupação do governo imperial se concentrava na Argentina. Temia-se a unificação do país, que poderia transformar-se em uma República forte, capaz de neutralizar a hegemonia brasileira e atrair a inquieta província do Rio Grande do Sul.

No que diz respeito ao Uruguai, houve sempre uma política de influência brasileira no país (...). As relações do Brasil e do Paraguai, na primeira metade do século XIX, dependeram do estado das relações entre o Brasil e a Argentina. Quando as rivalidades entre os dois países aumentavam, o governo imperial tendia a aproximar-se do Paraguai. Quando as coisas se acomodavam, vinham à tona as diferenças entre o Brasil e Paraguai. As divergências diziam respeito a questões de fronteira e à insistência brasileira na garantia da livre navegação pelo rio Paraguai, principal via de acesso à província brasileira do Mato Grosso.

Aparentemente, as possibilidades de uma aliança Brasil/Argentina/Uruguai contra o Paraguai e, mais ainda, uma guerra com este tipo de configuração pareciam remotas.

---

[31] Segundo FAUSTO, *op. cit.*, p. 97.

Mas foi o que aconteceu. A aproximação entre os futuros aliados teve início em 1862, quando Bartolomé Mitre chegou ao poder na Argentina, derrotando os federalistas.

O país foi reunificado sob o nome de República Argentina e Mitre foi eleito presidente. Ele começou a realizar uma política bem vista pelos liberais brasileiros que haviam assumido o governo daquele mesmo ano. Aproximou-se dos "colorados" uruguaios e se tornou defensor da livre negociação dos rios.

Esses acertos deram espaço para as rivalidades entre Brasil e Paraguai. Embora houvesse competição entre os dois países pelos mercados de erva-mate, as disputas, sob o ângulo do governo brasileiro, tinham um conteúdo predominantemente geopolítico (fronteiras, livre navegação dos rios). Buscando romper de vez o isolamento do Paraguai e ter uma presença na região, Solano López aliou-se aos "blancos" e aos adversários de Mitre, líderes das províncias argentinas de Entre-Rios e Corrientes.

> (...). Após a apreensão de navios mercantes brasileiros pela Marinha britânica estacionada no Rio de Janeiro, o Brasil rompeu relações diplomáticas com a Inglaterra no início do ano de 1863. Criou-se no país um clima de exaltação patriótica, incentivado também por notícias de que cidadãos brasileiros estavam sofrendo violências no Uruguai, onde os "blancos" se encontravam no poder. O governo do Império invadiu o Uruguai, em setembro de 1864, com o objetivo de ajudar a colocar os "colorados" no governo.
>
> López decidiu então tomar a iniciativa. Em 11 de novembro de 1864, uma canhoneira paraguaia aprisionou no rio Paraguai o navio brasileiro *Marquês de Olinda*, seguindo-se a esse ato de rompimento das relações diplomáticas entre os dois países. As operações de guerra começaram efetivamente em 23 de dezembro de 1864,[32] quando López lançou uma ofensiva contra Mato Grosso. Logo depois, pediu autorização à Argentina para passar com tropas pela província de Corrientes, visando atacar as forças brasileiras no Rio Grande do Sul e no Uruguai. O pedido foi negado.[33]

A partir da década de 1870, começou a surgir uma série de sintomas de crise do Segundo Reinado, como o início do movimento republicano e os atritos do governo imperial com o Exército e a Igreja. Surgem no mínimo duas correntes. Os republicanos dispostos a uma revolução popular para chegar à República, e outros partidários de uma transição pacífica de um regime para o outro, aguardando-se, se possível a morte de D. Pedro II.

Vários fatores levaram ao fim da monarquia, mas quem a empurrou ao desfiladeiro foi sem dúvida o Exército e um setor expressivo da burguesia cafeeira de São Paulo, organizado politicamente no PRP. As iniciativas do Imperador no sentido de extinguir gradualmente o sistema escravagista provocaram fortes ressentimentos entre os proprietários rurais, e não só entre eles.

Segundo Boris Fausto, os fazendeiros de café do Vale do Paraíba desiludiram-se do Império, de quem esperavam uma atitude de defesa de seus interesses. Com isso, o regime perdeu sua principal base social de apoio. Por sua vez, os barões fluminenses, únicos adversários frontais da abolição da escravatura, perderam força em 1888, como força social.

---

[32] E terminaram em 1870.

[33] *Op. cit.*, p. 119 *et seq.*

O quadro levou ao fim da monarquia.

Finalizando a análise do *Império brasileiro*, em seus dois períodos, podemos afirmar que o regime monárquico, mais do que a república presidencialista, apresentou uma conformação político-ideológica menos afastada do imaginário popular de então, e aí podemos indagar o porquê.

Poderíamos atribuir essa maior legitimidade das instituições monárquicas ao fato de que o regime imperial representava, ao menos formalmente, a sequência de um sistema de governo que nos governara desde o início da colonização portuguesa, continuando, assim, a permear decisivamente o imaginário cotidiano dos habitantes do país. Isso provocaria a chamada *nostalgia imperial*; uma nostalgia que, embora mais presente entre as camadas mais cultas do país, estaria

> articulada com a própria constituição da consciência coletiva dos brasileiros. O que importa reter é que, se difuso ao nível popular e acentuado nas elites intelectuais, há a presença de um sentimento de que houve um tempo em que o Brasil era mais respeitável, mais honesto, mais poderoso que atualmente.[34]

Esta nostalgia derivaria do fato de que o Estado monárquico teria tido uma penetração profunda na forma de o brasileiro pensar-se enquanto nacionalidade, por um lado, e pelo próprio alcance limitado da obra republicana, por outro. Esta, ao invés de diferenciar-se da herança monárquica, acabou por procurar, depois de algumas décadas, em função da decepção que inspirara na nação, associar sua imagem à da monarquia.[35]

Por outro lado, o Império

> realizara uma engenhosa combinação de elementos importados (...) Tratava-se, antes de tudo, de garantir a sobrevivência da unidade política do país, de organizar um governo que mantivesse a união das províncias e a ordem social (...) Se o governo imperial contava com as simpatias populares, inclusive da população negra, era isso devido antes ao simbolismo da figura paternal do rei do que à participação real dessa população na vida política do país.[36]

Nessa engenhosa combinação, predominavam duas instituições políticas que se situavam no alto do aparelho estatal e que, em última instância, resolviam as questões cruciais referentes à política e à administração do Império – o Poder Moderador – que já vimos delegado ao Imperador, e o Conselho de Estado, órgão consultivo do monarca.[37]

---

[34] Segundo SALLES, Ricardo. *Nostalgia imperial*: a formação da identidade nacional no Brasil do Segundo Reinado. Rio de Janeiro: Topbooks, 1996. p. 15.

[35] Segundo CARVALHO, José Murilo de. *A formação das almas*: o imaginário da República no Brasil. São Paulo: Cia das Letras, 1990. p. 23.

[36] CARVALHO. *A formação...*, p. 23.

[37] Sobre o Conselho do Estado no Império, consulte-se a obra de LOPES, José Reinaldo Lima. *O Oráculo de Delfos*: o Conselho de Estado no Brasil-Império. Saraiva, 2010. Registre-se que o primeiro Conselho de Estado durou de 1824 a 1834, e o segundo Conselho de Estado de 1841 a 1889. Para uma análise minuciosa dos Conselhos de Estado, consulte-se o trabalho de LYNCH, Christian Edward Cyril. A ideia de um Conselho de Estado brasileiro: uma abordagem histórico-constitucional. *Revista de Informação Legislativa*, Brasília, ano 42, n. 168, out./dez. 2005. Ressalte-se que nas décadas de cinquenta e sessenta, a ideia do Poder Moderador gozou de grande prestígio no país. Suas decisões eram longamente amadurecidas pelo Conselho de Estado, integrado por homens cultos,

A *Primeira República* foi a idade de ouro do coronelismo. A base do coronelismo era na lição clássica de Victor Nunes Leal, a estrutura agrária do país, onde o latifúndio, a pobreza e o isolamento deixavam a grande maioria da população à mercê dos proprietários rurais, seu funcionamento se dava, sobretudo, no âmbito do sistema político.

A Primeira República adotou o regime federativo, ampliou a base eleitoral montando sólidas máquinas eleitorais pelos chefes estaduais, os quais, no entanto, tinham a necessidade de encontrar apoio político nos municípios.

Desse modo, os chefes locais conduziam seus dependentes a votar nos candidatos governistas em troca da concessão pelo governo do estado de autonomia total na gestão municipal.

A "essência" do compromisso coronelista consistia então no seguinte; "da parte dos chefes locais, incondicional apoio aos candidatos do oficialismo nas eleições estaduais e federais; da parte da situação estadual, carta-branca ao chefe local governista (de preferência o líder da facção local majoritária) em todos os assuntos relativos ao município, inclusive na nomeação de funcionários estaduais do lugar".[38]

5   A Primeira República (1889-1930)

Como já vimos, a organização agrícola dominou nossa economia, constituindo o açúcar e o algodão, em princípio, e depois o café, os principais produtos exportáveis e os principais elementos da riqueza nacional.

Como resultado dessa organização econômica, o regime da propriedade territorial tornou-se o regime dominante. A classe que predominava economicamente era *capitalista agrícola*, feita o centro de todas as relações. A propriedade era imóvel e a renda só assumia um caráter – renda agrária.

Desse predomínio, nasceu a sua soberania política, contra a qual era inútil qualquer resistência das outras classes sociais, sem forças econômicas para deslocarem o centro de gravidade da soberania política a seu favor.

Essa realidade dominou o Brasil Colônia e de certo modo, também o Brasil Imperial.

A centralização política e administrativa, a abolição da escravatura e a forte reação da burguesia da época que dela dependia,[39] o parlamentarismo híbrido, o regime eleitoral corrompido e o governo pessoal do soberano foram, em resumo, as principais causas ou fatos que impulsionaram, a nosso juízo, o império à ruína.

---

possuidores de experiência política, já que eram as pessoas que se haviam destacado no processo de compor em harmonia as instituições do Império no ciclo subsequente.

[38] Segundo KOERNER, Andrei. *Judiciário e cidadania*. São Paulo: Hucitec USP, 1998. p. 25.

[39] Maria Garcia traz o magistério de Cruz Costa e sobre o tema disserta. "A Abolição da Escravatura levaria os barões rurais, irritados contra a Monarquia, que não os indenizara da propriedade do negro, a desinteressarem-se pela sorte do regime que haviam servido e do qual se serviram e, até, a se colocarem contra ele, ingressando no Partido Republicano que, diga-se de passagem, talvez por 'habilidade' política, nunca fora muito claro em relação ao problema da escravidão. Talvez, a muitos desses barões, ainda lhes ficava a ilusão de que o novo regime os indenizaria pelas perdas sofridas. Desapareceria, assim, a instituição sobre a qual se assentara, por mais de 60 anos, a Monarquia. Não faltaria muito para realizar-se a profecia de um dos grandes políticos do Império, o Barão de Cotegipe, quando disse à Princesa Isabel que ela ganhara a Abolição mas perdera o trono" (*A República no Brasil*: curso modelo político brasileiro. Brasília: Programa Nacional de Desburocratização (PRND); Instituto dos Advogados de São Paulo, 1985. v. 2, p. 26.).

Ao dissertar sobre o fim do segundo reinado e do império no Brasil, Felisberto Freire[40] aduz:

> As apreensões mais sérias eram nutridas pela sorte das instituições. Esse estado subjetivo, se transluzia através dos fatos. A libertação dos escravos, as questões militares, a decadência do prestígio da autoridade civil, a moléstia do Imperador, a perspectiva do Terceiro Reinado tão mal visto pela opinião e através do qual iriam renascer a intervenção e o prestígio estrangeiros na pessoa do príncipe consorte, iniciando-se uma política pouco inteligente e cheia de intolerância pelos defeitos de educação da princesa; os excessos dos partidos dominados pela ambição do poder, que procuravam galgá-lo à custa das maiores violências e corrupções; a decadência e a miséria econômica das províncias, absorvidas pela centralização do governo imperial, tudo isto dava uma feição especial à situação política do país e trazia para as instituições a influência dissolvente de todos estes fatos. A mais completa transformação se tinha operado na economia nacional pelo modo por que se resolveu o problema do trabalho escravo, encaminhando-se o país para uma fase crítica de suas finanças. Todos o previam.

As questões militares no final do Império destruíram a disciplina do Exército, solidarizando generais com subalternos, nas hostilidades ostensivas ao Ministério Civil. Por outro lado, como bem recorda Aliomar Baleeiro:[41]

> O *establishment* dos velhos políticos, dos barões, viscondes e marqueses, banqueiros exportadores, desfalcadas as fileiras pela deserção dos fazendeiros e militares, não conseguira captar a lealdade dos filhos, os jovens, que desde 1870 se deixavam fascinar pela sereia republicana, ou pelo positivismo e pelas instituições norte-americanas, às quais creditavam o formidável desenvolvimento econômico dos Estados Unidos nos dois decênios após o término da Guerra de Secessão. Nas classes médias, muitas crianças nascidas por esse tempo ganhavam como prenome "Washington", "Hamilton", "Jefferson", do mesmo modo que um menino nascido em meio do século XIX, no fastígio da Carta de 1824, fora batizado Benjamin Constant Botelho de Magalhães. Os que esperavam ascensão social e política com o próximo 3º reinado armaram o braço ameaçador dos libertos da "Guarda Negra" e dos capoeiristas contra os propagandistas da República. Um deles, Silva Jardim, escapou do assassínio. E, por fim, a velha estrutura monárquica, que, somada à tradição portuguesa contava oito séculos, desmoronou-se toda em poucas horas na madrugada de 15 de novembro de 1889.

No dia 03 de dezembro de *1889*, dezoito dias depois da proclamação da República, portanto, o governo provisório do Marechal Deodoro da Fonseca baixou o Decreto nº 29, criando uma comissão de cinco membros, para elaborar o projeto da Constituição republicana. A comissão dos cinco elaborou o projeto definitivo e entregou-o ao Governo Provisório, em 30 de maio de 1890.

O projeto, baseado nas Constituições norte-americana e argentina, com algumas ideias da Suíça, foi retocado por Rui Barbosa.

---

[40] FREIRE, Felisberto. *História constitucional da República dos Estados Unidos do Brasil*. Brasília: Editora UnB, 1983. v. 43, t. I, p. 300. (Coleção Temas Brasileiros).

[41] BALEEIRO, Aliomar. A Constituição de 1891: os pródromos da República, o clima emocional de 1889-1891. *In: Constituições Brasileiras (1891)*. Brasília: Senado Federal; CEE/MCT; ESAF/MF, 2002. p. 14.

Segundo Octaciano Nogueira,[42] "o desejo de apressar a votação da Constituição, para que o país entrasse o quanto antes no regime legal, levou os constituintes a só discutirem os pontos principais do projeto – a organização federativa, a discriminação de rendas, a unidade do Direito, a dualidade de magistratura, o sistema de eleição presidencial, a liberdade religiosa, a organização dos estados e alguns outros, tendo havido não poucos requerimentos de *rolha* (encerramento da discussão), para o encerramento do debate".

Em 24 de fevereiro de *1891*, isto é, três meses e dias depois de instalada, a Constituinte republicana publicava a Constituição aprovada.

A Monarquia era popular e legitimamente aceita pelo povo, o imperador, sobretudo D. Pedro II, tido como um homem culto, afável e moderno para a época,[43] mas a Monarquia como Instituição, pelas razões que acabamos de examinar, foi perdendo vigor. Todos os que davam sustentação ao regime encontravam-se revoltados contra ele.

A transição da Monarquia para a República fez com que a Constituição Brasileira não viesse de imediato, mas tivesse de aguardar pouco mais de um ano para a sua realização e promulgação. A Constituição de *1891* regulou a Primeira República Brasileira e perdurou até 1930, quando o Decreto nº 19.398, de 11 de novembro, passou a exercer o papel de autêntica Constituição no País.

A Constituição de 1891 expressava valores assentados na filosofia política republicana-positivista, bem como em princípios do clássico liberalismo individualista. Mantinha-se uma ordem socioeconômica que beneficiava somente segmentos oligárquicos regionais.

As duas primeiras Constituições brasileiras (1824 e 1891), como vimos, representam o modelo de constitucionalismo clássico e apresentam uma forte influência do individualismo liberal-conservador.

As Cartas constitucionais estendiam a todos os cidadãos brasileiros a possibilidade de exercício dos direitos civis, mas limitavam a possibilidade de exercício de direitos políticos. Nesse âmbito, a concessão de direitos políticos aos estrangeiros naturalizados brasileiros há mais de quatro ou seis anos denota um aspecto democrático. O princípio da cidadania política universal, ou seja, que estende a participação política a todos os brasileiros, homens e mulheres, esteve presente apenas no Código Eleitoral de 1932 e na Constituição de 1934.

De outro lado, os direitos sociais não são previstos nas Constituições brasileiras do século XIX, particularmente na Republicana. A Constituição do Império de 24, é

---

[42] NOGUEIRA, Octaciano. A Constituinte Republicana. *In*: PORTO, Walter Costa (Coord.). *A Constituição de 1891*. Brasília: Programa Nacional de Desburocratização (PRND); Fundação Projeto Rondon (MINTER), [s.d.] (Série As Constituições do Brasil).

[43] Cármen Lúcia Antunes Rocha, com apoio no magistério de Leôncio Basbaum, disserta sobre o período em tela: "Ao contrário dos demais Estados latino-americanos, cujas Repúblicas se sustentavam, em geral, nas hostes militares, a Monarquia brasileira, mantinha sua base de sustentação na aristocracia rural, pelo que, até 1865, a organização de forças armadas nacionais sequer era questão relevada, prioritariamente, pelo Imperador. Também diversamente dos Chefes de Estados latino-americanos, em geral fardados ainda que interiormente, D. Pedro II, 'não era nenhum Lopez, sem dúvida. Ao contrário, era a negação do espírito militar e militarista, não andava sequer a cavalo, raramente usava farda, nem tinha amigos entre os militares se excetuarmos Caxias'. Até 1874, sequer era obrigatório o serviço militar e, mesmo após a sua imposição, não se tinha o estrito cumprimento da lei quanto a essa determinação" (*República e Federação no Brasil*: traços constitucionais da organização política brasileira. Belo Horizonte: Del Rey, 1887. p. 51).

verdade, previa pelo menos os "socorros públicos e a instrução primária". A Constituição Republicana silencia sobre o direito à educação, muito embora preveja princípios relativos a esta, e seja notório que o Governo Republicano desenvolveu uma política para a educação. Verifica-se a inclusão dos direitos sociais somente após, e, de certa forma, como derivados dos direitos políticos no século XX.

Nesse sentido, evidencia-se que a conotação do instituto cidadania no Brasil se origina de uma concepção positivista-liberal, flexibilizada no decorrer do último século por intermédio da inserção de direitos sociais e de solidariedade, expressando elementos ligados à dignidade da pessoa humana.

Do ponto de vista da representação política, a Primeira República (1889-1930) não significou grande mudança.

Ela, segundo José Murilo de Carvalho,[44] introduziu a federação de acordo com o modelo dos Estados Unidos. Os presidentes dos estados (antigas províncias) passaram a ser eleitos pela população. A descentralização tinha o efeito positivo de aproximar o governo da população via eleição de presidentes de estados e prefeitos. Mas a aproximação se deu, sobretudo, com as elites locais. A descentralização facilitou a formação de sólidas oligarquias estaduais, apoiadas em partidos únicos, também estaduais. Nos casos de maior êxito, essas oligarquias conseguiram envolver todos os mandões locais, bloqueando qualquer tentativa de oposição política. A aliança das oligarquias dos grandes estados, sobretudo de São Paulo e Minas Gerais, permitiu que mantivessem o controle da política nacional até 1930.

A Primeira República ficou conhecida como *República dos Coronéis*. Coronel era o posto mais alto da hierarquia da Guarda Nacional. O coronel da Guarda era sempre a pessoa mais poderosa do Município. Já no Império ele exercia grande influência política. Quando a Guarda Nacional perdeu sua natureza militar, restou-lhe o poder político de seus chefes. Coronel passou, então, a indicar simplesmente o chefe político local. O coronelismo era a aliança desses chefes com os presidentes dos estados e desses com o presidente da República. Nesse paraíso das oligarquias, as práticas eleitorais fraudulentas não podiam desaparecer. Elas foram aperfeiçoadas. Nenhum coronel aceitava perder as eleições. Os eleitores continuaram a ser coagidos, comprados, enganados, ou simplesmente excluídos.

Os primeiros anos da República foram agitados. Revoltas, conflitos, conspirações surgiam em várias partes do Brasil. As forças armadas estavam muito ativas nesse período e assim o militarismo. Em 1910 o país teve de escolher entre um militar e um civil.

Na campanha eleitoral apresentou-se Rui Barbosa, jurista, político, como candidato civilista, combatendo o marechal Hermes e o militarismo. A opinião pública foi chamada a manifestar-se. Venceu Hermes e em vez das tensões eliminadas elas se agravaram.

Na década de 1920 a animosidade entre civilistas e militaristas recrudesceu principalmente em razão de levantes militares. A Primeira Guerra Mundial acentuou as contradições e polarizou os descontentamentos. A Primeira República parecia e de fato era dominada pelas oligarquias. A República parecia ser mesmo o fruto de

---

[44]   *Cidadania...*, *op. cit.*, p. 41-42.

ressentimentos acumulados, do clero contra a Monarquia, dos fazendeiros contra a Coroa, dos militares contra o governo, dos políticos contra o imperador.

A Constituição Republicana, por outro lado, inaugurou o sistema presidencialista de governo. O Poder Executivo, que antes coubera ao Imperador, seria exercido por um presidente da República, eleito por um período de quatro anos. Como no Império, o Legislativo era dividido em Câmara de Deputados e Senado, mas os senadores deixaram de ser vitalícios. Os deputados seriam eleitos em cada Estado, em número proporcional ao de seus habitantes, por um período de três anos. A eleição dos senadores se dava para um período de nove anos, em número fixo: três senadores representando cada Estado e três representando o Distrito Federal, isto é, a capital da República.

Fixou-se o sistema do voto direto e universal, suprimindo-se o censo econômico. Foram considerados eleitores todos os cidadãos brasileiros maiores de 21 anos, excluídas certas categorias, como os analfabetos, os mendigos, os praças militares. A Constituição não fez referência às mulheres, mas considerou-se implicitamente que elas estavam impedidas de votar. Excepcionalmente, os primeiros presidentes e vice-presidentes da República seriam eleitos pelo voto indireto pela Assembleia Constituinte, transformada em Congresso ordinário.

Deixou de haver uma religião oficial no Brasil. A República só reconhecia o casamento civil e os cemitérios passaram às mãos da Administração Municipal.

Paulo Bonavides e Paes de Andrade,[45] sobre a Revolução de 1930 e a crise fundamental do constitucionalismo da Primeira República, afirmaram:

A revolução de 1930 marcou a queda da primeira Constituição republicana. As mesmas armas que derribaram a monarquia, e ergueram a República constitucional de 1891, depois do golpe de 15 de novembro de 1889, inspiraram a caminhada revolucionária da Aliança Liberal e desfizeram o sonho constitucional de Rui Barbosa: a Carta de 91.

> O movimento de 30 permanece ainda em grande parte uma incógnita . Decorridos cerca de sessenta anos desse evento marcante de nossa história política, verifica-se que ele batiza efetivamente o fim da Primeira República e o início de uma nova fase existencial para o sistema republicano e federativo deste País.
>
> Não é em vão que se faz a pergunta se houve realmente em 1930 uma revolução. Trinta e quatro anos depois a mesma indagação se lançaria com mais dúvida ou ceticismo ao cabo de outro movimento, igualmente armado, com pretensões também de haver modificado o curso da história e atuado sobre os fundamentos da vida pública nacional: a chamada Revolução de 1964.
>
> Em rigor, não passou esta de um golpe. Se reflexos teve sobre a coletividade e os rumos históricos da Nação, foi precisamente pela via oposta de retardar ou embargar a marcha revisora das injustiças sociais e preparatória de um novo pacto ou aliança em favor de condições mais humanas e democráticas de existência e participação para a sociedade brasileira.
>
> (...)
>
> Tornemos, no entanto, à de 1930 que, se não foi na praxes uma Revolução em toda a sua latitude – pois acerca dessa conclusão há razões impeditivas que não consentem

---

[45] *História constitucional do Brasil*, 10. ed., p. 257.

reconhecer-lhe tal crédito – certamente o foi, vista pela imaginação romântica de suas lideranças em confronto com a situação política decadente da Pátria velha.

(...)

Hoje se percebe que a Primeira República institucionalizou vícios muito mais graves que invalidavam a presença do cidadão na esfera governativa do que o Império em todos os seus 53 anos de vida. Em certos aspectos o País piorou, tanto que o sebastianismo imperial dominou a primeira década republicana. De certo modo até embaraçou, de início, a consolidação do novo regime, não por constituir-se uma ameaça restauradora séria, mas por afrouxar os laços de apoio e convicção que deveriam prender governados e governantes. Esse quadro de amargura e descrença confirmou de imediato, com a ditadura de Floriano, para a qual acabou o País resvalando.

(...)

Em verdade 89 alterava a forma de Estado e a forma de Governo, substituindo um Estado unitário por uma federação e uma monarquia por uma república.

Pouco importa que toda essa mudança fundamental se haja processado por decreto, sem o disparo de um único tiro, por via do golpe de Estado. Houve uma revolução política nas instituições, e isto ninguém há de contestar. Mas em 1930 ocorreu algo diferente, e muito mais diferente se passou a cousa de 1964. É óbvio que em 1930 a preparação revolucionária da Aliança Liberal aconteceu abertamente nos comícios, com o apelo às armas.

Quase todas as lideranças jogavam fundo nos aspectos emocionais, esperançosas de precipitar, pelo clamor público e o apoio armado, o fim de uma república cujos vícios de representatividade eram exprobados com a raiz de todos os males que infelicitavam o País.

E com isso chegamos ao fim de nosso artigo, esperando ter esclarecido ao leitor o período histórico que tratamos.

A DURAÇÃO DO TRABALHO E TEMAS CORRELATOS NO CONTEXTO DA GLOBALIZAÇÃO ECONÔMICA

1   A evolução da duração da jornada de trabalho

O presente artigo pretende discutir a assim chamada *flexibilização das relações de trabalho*, especialmente o tema da *redução da jornada de trabalho*, pois a organização do seminário atribui-me "a duração do trabalho no Brasil" para desenvolvimento. Quero inicialmente agradecer profundamente aos organizadores portugueses e brasileiros a honra e a oportunidade para aqui estar trocando ideias e experiências com nossos irmãos europeus. A proposta desse trabalho no fundo pretende responder a seguinte questão: que tipo de regulamentação deve o Direito (do Trabalho) conter para, da melhor forma possível, zelar pelas partes envolvidas nessa relação, essencialmente, o empregador e o empregado, ou se quisermos a empresa, o empregado e o Estado, visualizando tais atores em um mundo globalizado.

Cremos que todos os países do mundo vêm tomando medidas para enfrentarem a crise da empregabilidade, que é o principal problema nesta passagem da idade moderna para a pós-moderna, quando então talvez diminuirá sensivelmente a relação de trabalho subordinado, substituída por um outro tipo de prestação de trabalho sobre o qual até agora não há previsão nem consenso. Por isso é que se fala a todo instante em desregulação, flexibilização, redução de custos, negociação por empresa, cogestão e participação, trabalho cooperado, contrato de atividade, etc.

No mundo inteiro tenta-se enfrentar a crise da empregabilidade. Na Alemanha, por exemplo, tradicionalmente rígida na proteção do trabalho, foi realizada reforma no sentido da desregulação, flexibilização e modernização da dispensa, da cogestão no estabelecimento na lei de fomento ao emprego, na lei do horário de trabalho, permitindo-se através de convenções coletivas, horário flexível com compensações anuais.

Antes mesmo de discutir a questão da flexibilização que tem no Brasil dividido a doutrina do Direito do Trabalho, em ao menos duas correntes – os que admitem a inevitabilidade de sua ocorrência (com vários matizes) e os que simplesmente a negam –, vamos verificar como a carga horária de trabalho vem sendo distribuída ao longo do tempo.

É evidente que na essência toda essa problemática decorre da mudança do perfil das relações de trabalho no mundo contemporâneo. De fato, houve uma época em que alguns tipos de trabalhadores detiveram em suas mãos os meios de produção, determinando o ritmo e a duração do trabalho.[1]

A duração diária do trabalho chegou há atingir 14 horas e mais de 3.750 horas anuais ao tempo da primeira Revolução Industrial (1780-1830). A insatisfação geral com a precariedade das condições de trabalho levou às sucessivas revoltas operárias em torno da redução da jornada de trabalho e por suas melhores condições, inclusive salariais.

Após diversos conflitos, em 1847, a Inglaterra fixou em 10 horas diárias a jornada, equivalentes a 3.000 horas de duração anual. A França fez o mesmo no ano seguinte em relação à capital. Tinha início, como consequência da revolução econômica, a revolução jurídica que levou ao surgimento do *Estado intervencionista,* e com ele as leis trabalhistas protetoras.[2]

Até o advento da Primeira Guerra Mundial a duração do trabalho foi reduzida de 3.000 horas anuais para cerca de 2.600 horas. Contribuíram para essa redução a legislação de proteção ao trabalho feminino e infantil, as limitações à jornada diária e a ampliação dos dias de descanso.

Em 1919, a OIT já aconselhava aos países convenentes a jornada de 8 horas diárias. No período entre guerras, a jornada média manteve-se em declínio, atingindo cerca de 2.200 horas. Tal não ocorreu, por exemplo, na Alemanha, em que o governo nazista aumentou a duração anual do trabalho.

Finda a Segunda Grande Guerra, durante os anos de reconstrução, muitos países europeus praticaram jornadas elevadas. Austrália, EUA e Canadá, que não foram diretamente atingidos pela guerra, adotaram a duração semanal de 40 horas.[3]

Excluídos os períodos de exceção, verificou-se a tendência reducionista. A partir de 1950, até os anos 70, a redução da duração anual persistiu direta e indiretamente.

---

[1] José Celso Cardoso Júnior, no artigo intitulado "Crise e Desregulação do Trabalho no Brasil", afirma que houve uma precarização ou piora na qualidade dos postos de trabalho no Brasil a partir da década de 90, "com aumento da assimetria já existente entre capital e trabalho, especialmente para as categorias ocupacionais tidas como informais, no interior das quais parecem residir as atividades mais precárias, do ponto de vista da qualidade da ocupação – caso claro dos trabalhadores por conta própria – e de mais frágil inserção profissional, do ponto de vista das relações de trabalho – caso evidente dos sem registro em carteira. Embora reconhecendo a complexidade conceitual e empírica em definir e mensurar o fenômeno da precarização é possível constatar particularmente junto aos assalariados sem carteira, que a ausência de mediação institucional pelo Estado torna mais frágeis e assimétricas as relações capital-trabalho, favorecendo uma flexibilidade quantitativa (dispensa e contratação de mão de obra) muito elevada, que apenas serve para engendrar uma alta rotatividade de trabalhadores nestas ocupações. Como se sabe, níveis muito altos de rotatividade produzem, de um lado, postos de trabalho de baixa qualidade e praticamente nenhum investimento em recursos humanos e, de outro, trabalhadores sem especialização definida, que rodam intensamente por ocupações distintas, sem perspectivas de ascensão profissional nem salarial. De outro lado, a ausência ou precariedade dos mecanismos de proteção social conferidos pelo Estado a seus cidadãos tende a transferir aos âmbitos familiar e individual a responsabilidade pela sobrevivência numa sociedade marcada por uma crescente redundância de trabalho vivo. Esse aspecto é particularmente dramático junto aos trabalhadores por conta própria de menores rendas, que tendem a não recolher contribuição previdenciária e tampouco tendem a ter registrados nas administrações públicas seus pequenos negócios" (*Revista de Sociologia da USP,* v. 13, p. 44, nov. 2001).

[2] Conforme DAL ROSSO, Sadi. *A jornada de trabalho na sociedade*: o castigo de Prometeu. São Paulo: LTr, 1996. p. 90.

[3] Conforme BELMONTE, Alexandre Agra. Redução da jornada de trabalho. *Revista LTr*, v. 68, n. 2, p. 165, fev. 2004.

A DURAÇÃO DO TRABALHO E TEMAS CORRELATOS NO CONTEXTO DA GLOBALIZAÇÃO ECONÔMICA | 375

Em 1979 estava situada entre 1.600 e 1800 horas de trabalho. O Japão, com 2.100 horas e a Suécia, com 1.450 horas eram exceções.

Observa Dal Rosso[4] que de 1980 em diante a tendência à redução nominal de horas diárias de trabalho tornou-se significativamente menos acentuada.

A crise do petróleo e os problemas decorrentes das novas estratégias de valorização do capital e dos novos padrões de concorrência internacional *interromperam a tendência de concessão de direitos trabalhistas.*

A competição decorrente da globalização da economia tem obrigado a pessoas, empresas e países a trabalharem mais, não obstante o aumento de produtividade possibilitasse uma redução ainda maior das horas de trabalho.[5]

Sustenta que meios econômicos avançados não trazem automaticamente menores jornadas de trabalho e que a repartição da acumulação capitalista e a regulação da quantidade de trabalho é "assunto político".

2   O tema da flexibilização das relações de trabalho – As diferentes visões

Nos últimos oitenta anos, as transformações econômicas, políticas, tecnológicas, sociológicas e culturais foram de tal magnitude, a ponto de se dizer que superaram todos os milhões de anos de história da civilização. O mundo do trabalho também foi atingido por esse fenômeno.

Parece que há consenso da doutrina ao assumir que a finalidade do Direito do Trabalho é a de propiciar o *equilíbrio possível entre os fatores de produção: empresa, capital e trabalho.* Por isso, o Direito do Trabalho, mais que qualquer outro ramo do Direito, recebe direta influência dos acontecimentos sociais e dos rumos da atividade econômica.

A mundialização da economia, a alta competitividade exigida na abertura dos mercados e o advento da nova tecnologia são os fatores que mais têm contribuído para o *aumento do desemprego* que se observa atualmente no mundo.[6]

O mundo estava acostumado, até bem pouco tempo, com a coincidência entre o fim da vida profissional, a obtenção de aposentadoria e o envelhecimento biológico. Mas o desemprego está atingindo ainda a quem está na vida ativa.

Diante da perspectiva de perder o emprego, o trabalhador/consumidor corta seus gastos. As empresas, consequentemente, diminuem a produção e demitem mais trabalhadores, o que vai enfraquecer a economia nacional.

---

[4]   *Op. cit.*

[5]   O chamado "custo-Brasil" para alguns prejudicaria a competitividade internacional das empresas privadas. Entretanto esquece-se que ele é formado por impostos e taxas estranhos à regulação das relações de emprego. É dizer, existem outras variáveis além dos custos salariais, tanto na dimensão macroeconômica como microeconômica, relacionadas à forma de organização da produção e ao padrão de gestão empresária. Não parece ser, portanto, o custo salarial o único vilão dessa história, talvez nem mesmo seja o vilão, já que a média do salário-hora do trabalhador brasileiro, acrescido dos "encargos sociais", seria de somente US$2,70, enquanto que no Japão é de US$16,00, nos Estados Unidos da América de US$17,00, e na Alemanha, de US$24,00.

[6]   Conforme excelente artigo de BARROS, Cássio Mesquita. A redução da jornada de trabalho como estímulo à ampliação dos empregos. *Revista LTr,* v. 67, 05/537.

O desemprego se converteu, segundo o autor, num dos graves e múltiplos problemas a resolver, não só no Primeiro Mundo, mas também no Segundo e Terceiro Mundo.

Desde 1993, os americanos nunca estiveram tão ocupados com suas perspectivas de emprego.

O nível do otimismo em geral foi prejudicado não tanto pelo fraco mercado de trabalho, mas pelos temores da guerra, do terrorismo e da alta do petróleo. Não só grandes, mas também empresas menores estão contratando menos.

Em uma pesquisa da Federação Nacional de Empresas Independentes, apenas 8% das pequenas empresas nos Estados Unidos pretendiam expandir-se em janeiro de 2003.

Segundo alguns doutrinadores, como a proteção ao emprego no Brasil se limita à multa de 40% sobre o FGTS, aviso prévio, férias proporcionais e 13º salário, o empregador prefere demitir para depois contratar no período de maior produção.

Os custos com a manutenção de um trabalhador ocioso são maiores do que os gastos com a demissão. Além disso, o custo de demissão será menor, se menor o tempo de serviço do trabalhador.

Evidentemente as visões variam. Há autores que, pelo contrário, entendem que no panorama internacional, *o desemprego não é uma fatalidade* e que *não haveria uma relação relevante* entre desemprego e leis de proteção ao trabalho. É o caso de Giddens:[7]

> No período de 1983 a 1996, houve larga variação nas taxas de desemprego dos países europeus membros da OCDE, de 1,8% na Suíça a 20% na Espanha. Dos países da OCDE, 30% durante estes anos tiveram taxas médias de desemprego mais baixas do que as do EUA. Aqueles com as taxas mais baixas não têm mercados de trabalho desregulamentados (Áustria, Portugal, Noruega). A rigidez do mercado de trabalho, assim como a rigorosa legislação protetiva do emprego não influenciam fortemente no desemprego. Desemprego alto é causado por seguros desemprego de duração ilimitada e por baixos Standards educacionais nos extratos mais baixos do mercado de trabalho – o fenômeno da exclusão. Por isto, a posição da terceira via não deveria ser a de que a desregulamentação é a resposta para o desemprego.

E mais adiante afirma:

> Se o emprego não desaparecerá, também não parece confirmada a hipótese dos "fundamentalistas de mercado", ou "liberais ortodoxos", segundo os quais o pouco de emprego remanescente dependerá da ausência de regulamentação estatal do mercado de trabalho. Os estudos sobre o impacto das chamadas leis de proteção ao emprego (LPE) no mercado de trabalho tem sistematicamente refutado a hipótese, como bem exemplifica o Relatório Anual de 1999, da OCEDE sobre o Emprego. A quase totalidade dos países que integram a organização, alguns com índices de desemprego tão baixos quanto os da Holanda, Noruega, Suíça e Áustria, possui densa regulamentação das relações de trabalho. Estas regulamentações envolvem leis, contratos coletivos, decisões judiciais e práticas costumeiras. Uma boa parte destes ordenamentos chega a ponto de impor a reintegração de trabalhadores quando a despedida de iniciativa do empregador contraria os parâmetros definidos como

---

[7] *Apud* RANDS, Maurício. Desregulamentação e desemprego: observando o panorama internacional. *Revista TST*, Brasília, v. 67, n. 3, p. 83, jul./set. 2001.

unfair dismissal. Sobre a questão da dispensa, é de se notar que rigorosamente nenhum dos países da OCDE permite que o empregador dispense trabalhadores ao seu inteiro arbítrio. Mesmo os EUA, onde a doutrina da liberdade de dispensa (*Employment at Will Doctrine*) tem suas raízes, a dispensa está sujeita a inúmeros limites.

Recentemente, Richard Freeman,[8] Professor de Economia na Universidade de Harvard, criticou a flexibilização ao afirmar:

> No começo dos anos 90, muitos analistas consideravam que a baixa sindicalização, as práticas de emprego sumárias, a proteção judicial limitada e o alto giro de mão de obra dos EUA representavam fatores importantes para que o país registrasse desemprego inferior ao da maioria das nações da União Européia. Muitos países da OCDE deram início a diversas modalidades de reforma trabalhista para promover a flexibilidade, na esperança de conseguir que suas economias melhorassem em linha com as práticas do EUA.
>
> A idéia de que a flexibilização é um fator essencial para o emprego deixou de ser sustentável. Em sua perspectiva de emprego para 2009, a OCDE observou de forma rigorosa as políticas de reforma que sempre defendeu e descobriu que elas deixavam a desejar no que tange a ajudar países a enfrentar uma recessão causada por motivos financeiros. De acordo com o órgão, "não parece haver qualquer razão forte para esperar que as recentes reformas estruturais signifiquem que os mercados de trabalho da OCDE sejam hoje significativamente menos sensíveis a retrações econômicas severas".
>
> Assim, a lição da recessão é clara. O ponto fraco do capitalismo não é o mercado de trabalho, mas o mercado financeiro. Na pior das hipóteses, as falhas do mercado de trabalho impõem modestos custos sociais por ineficiência, enquanto as falhas do mercado de capitais prejudicam severamente a sociedade, e os mais graves problemas são infligidos aos trabalhadores, e não aos responsáveis pelos desastres financeiros. Além disso, a globalização significa que uma falha nos mercados do EUA espalha miséria por todo o mundo.
>
> Devemos aos trabalhadores vítimas da recessão uma reinvenção das finanças de maneira que funcionem como forma de enriquecer a economia real, em lugar de só enriquecer só os financistas. Isto significa mudar os incentivos e as regras que governam os setores financeiros. Já que as economias e os empregos de outros países também estão em jogo, é obrigação dos EUA realizar reformas financeiras significativas.

Mas, como dissemos, as visões variam. Existem aqueles que defendem e apregoam que o papel do Estado não é mais o de regulador e promotor das forças socioeconômicas, mas de regulador do desenvolvimento, a ser promovido fundamentalmente pela atividade empresarial.

3   A visão da centralidade da atividade econômica da empresa

Entendem os defensores dessa posição que o papel do Estado não é mais o de regedor e promotor das forças socioeconômicas, mas o de regulador do desenvolvimento, a ser promovido fundamentalmente pela atividade empresarial.

---

[8]   FREEMAN, Richard. Uma recuperação sem empregos?. *Folha de S.Paulo*, B 7, 10 jan. 2010.

Essa é, por exemplo, a visão do Professor Renato Rua de Almeida,[9] de nossa Pontifícia Universidade Católica de São Paulo, que a respeito doutrina:

> Daí que a regulação do conteúdo da relação de emprego inclinar-se necessária e fundamentalmente para a realidade das empresas, sobretudo das pequenas e médias empresas, que se tornaram as grandes promotoras do pleno emprego, conforme é reconhecido pela Recomendação número 189 de 1988 da OIT, o que acarretou a flexibilização pelo processo de adaptação dos paradigmas tradicionais de regulação, resultantes do intervencionismo do Estado-Nação, e, como visto, caracterizado pela legislação trabalhista protecionista e completada pela negociação coletiva e esta instrumentalizada pela convenção coletiva de trabalho, com condições sempre mais favoráveis aos trabalhadores.
> Esta flexibilização dá-se pelos instrumentos jurídicos resultantes da autonomia da vontade coletiva dos particulares mais próximos da vida da empresa (acordos coletivos de trabalho), contemplando os interesses coletivos dos empregados, e também pelo renascimento da chamada individualização da vontade.

Neste artigo, o ilustre Professor apregoa a tese de que a centralidade da atividade econômica deslocou-se do Estado para a empresa, que se tornou o grande foco de produção de bens e serviços. Entende que a teoria da empresa adotada pelo Código Civil de 2002 justifica a regulação da relação de emprego no contexto da empresa.

Afirma: "Portanto, é a atividade empresarial, como profissão voltada à atividade econômica organizada para a produção ou circulação de bens ou serviços e não mais como ato de mercancia, que possibilita dizer que a empresa é uma instituição fundamental da ordem econômica".

E é por essa razão, que a articulação da mão de obra, como fator de produção, deve ser encarada na perspectiva da empresa, como propriedade, tem também função social, à medida que incentivar a participação dos trabalhadores na gestão, ao lado da função social de produzir ou circular bens ou serviços para o consumo da sociedade.

Após trazer alguns argumentos constitucionais entende que a interpretação jurídica do Direito do Trabalho deve ser mais realista e menos racionalista, tendo em vista o contexto da empresa moderna, sobretudo da pequena empresa, por ser fonte privilegiada do pleno emprego.

Pois bem, a flexibilização da ordem pública social significa uma legislação trabalhista mais dispositiva e menos imperativa, revalorizando a autonomia da vontade individual em situações cruciais da relação de emprego. Significa ainda a retipificação do contrato de trabalho, sobretudo com novas modalidades de contrato a prazo, bem como formas de trabalho a tempo parcial, módulos mais amplos de fixação e, por último, até a suspensão do contrato de trabalho para a formação profissional do trabalhador.

4 Novas formas de trabalhar

O desenvolvimento da alta tecnologia e a tentativa de *combate ao desemprego* tem propiciado a criação de novos institutos de Direito do Trabalho e a modificação ou redução da jornada, flexibilizando as relações de trabalho.

---

[9] ALMEIDA, Renato Rua de. A teoria da empresa e a regulação da relação de emprego no contexto da empresa. Separata de: *Revista LTr*, p. 573, maio 2005.

Juan Antonio Sagardoy Bengoechea,[10] defensor da flexibilização, observa:

Não há uma definição aceita da palavra flexibilização. Entre outros aspectos, cabe citar a mobilidade geográfica e profissional dos trabalhadores, a flexibilidade dos custos de mão de obra, incluindo a flexibilidade dos salários quando a situação econômica se modifica e as diferenças dos salários entre setores e ocupações, flexibilidade de gestão de recursos humanos em cada empresa (que compreende tudo o que se relaciona com a contratação de pessoal, certos aspectos da supressão de postos de trabalho, as condições que precedem a contratação do trabalho temporário e o trabalho mediante contratos de duração limitada), a organização do tempo de trabalho e no sentido mais amplo deste conceito, o valor do salário mínimo das empresas e aquelas as quais se devem aplicar diversas disposições da legislação social e fiscal.

5 As alterações flexibilizadoras da legislação brasileira – O contrato a prazo, o banco de horas, o trabalho a tempo parcial e a suspensão do contrato de trabalho para a participação do trabalhador em curso ou programa de qualificação profissional

A Lei nº 9.601, de 21 de janeiro de 1998, ao dispor sobre a nova modalidade do contrato de trabalho por prazo determinado, flexibilizou, em condições especiais, a regra do art. 433 da CLT que, a teor do seu §2º, só admitia a validade do contrato por prazo determinado nas hipóteses de prestação de serviço de natureza transitória, das atividades empresariais de caráter transitório e do contrato de experiência.

Observa-se que a tendência flexibilizatória do contrato por prazo determinado é vista na Suécia, onde o prazo máximo de sua duração é de seis meses; na Grã-Bretanha verifica-se a modalidade com prazo máximo de dois anos; na França, a Lei de 1990 fixa a duração do contrato por prazo determinado em uma escala que vai de seis meses, nove meses, até vinte e quatro meses para o trabalho sazonal; na Espanha, há dez modalidades de contrato por prazo determinado com duração máxima de três anos, segundo autorizado em lei; na Argentina, a Lei de 1991 estabelece alguns tipos diferentes de contratos por prazo determinado, como o de aprendiz; no Uruguai, há três modalidades de contratação; no Chile há quatro, todas elas sujeitas a limite máximo e fiscalização do Governo e sindicatos.

De fato, a Lei nº 9.601, de 1988, permite um novo tipo de contrato de trabalho a prazo em qualquer atividade desenvolvida pela empresa, desde que as admissões representem acréscimo no número de empregados em proporção àqueles anteriormente admitidos por prazo indeterminado.

Por sua vez, o Decreto nº 2.490, de 04 de fevereiro de 1998, a pretexto de regulamentar a lei em tela, vedou a contratação de empregados por prazo determinado em substituição de pessoal regular e permanente contratado por prazo indeterminado. Não discutiremos a constitucionalidade desse decreto, pois não é este o nosso foco.

---

[10] *Apud* BARROS, *op. cit.*

O propósito dessa modalidade especial de contrato foi o de ampliar a oferta de trabalho subordinado, sobretudo porque, além das vantagens fiscais previstas para o empregador, desobriga-o de pagar verbas rescisórias de caráter indenizatório, quando da extinção do contrato.

5.1   O banco de horas

O sistema de compensação de horas, pelo qual o excesso de horas e dias de trabalho nos períodos de pico de produção é compensado com a correspondente diminuição quando a atividade empresarial é menor, já existe em várias partes do mundo. Na União Europeia, a compensação de horas é quadrimestral. Na França, as normas trabalhistas já permitem a compensação anual de horas de trabalho.

No Brasil, mesmo antes da Lei nº 9.601/98 e do Decreto nº 2.490/98, o banco de horas já era adotado por meio de cláusulas específicas inseridas em convenções coletivas. Algumas empresas automobilísticas, por exemplo, adotaram desde o final de 1995 a jornada flexibilizada, segundo a qual o funcionário trabalha até 44 horas quando o mercado está aquecido e até 36 horas quando a demanda é menor.

A Lei nº 9.601, de 1998, em seu art. 6º, adota outra medida flexibilizadora, no sentido de manter o vínculo de emprego, ao criar a possibilidade de maior prazo para o acordo de compensação de horas extraordinárias, configurando-se o banco de horas.

Assim, o §2º do art. 59 da CLT foi alterado, no sentido de que o excesso de horas de um dia – provocado pela necessidade de aumento de produção em atendimento a pedidos de clientes – poderá ser compensado pela correspondente diminuição em outro dia, não mais na semana seguinte, como era entendido, mas no prazo máximo de cento e vinte dias.

Forma-se um banco de horas extraordinárias a serem compensadas num prazo maior, sem onerar a empresa com o seu pagamento, caso se visse na necessidade de manter o mesmo ritmo de produção na semana seguinte.

Na hipótese de extinção antecipada do contrato, sem que tenha havido a compensação integral da jornada extraordinária, fará o empregado jus ao pagamento das horas extras não compensadas.

Dentro desse mesmo espírito, a Medida Provisória nº 1.709, em seu art. 8º, ampliou o prazo máximo de compensação das horas extras de cento e vinte dias para o período máximo de um ano, dando assim uma maior elasticidade ao banco de horas.

5.2   O trabalho a tempo parcial

Uma das modalidades de redução de jornada de trabalho é o *trabalho a tempo parcial*, que implica na aceitação do empregado em ganhar menos para ter mais tempo livre disponível.

Nas duas últimas décadas, a jornada holandesa foi reduzida graças à presença significativa de trabalhadores com emprego de tempo parcial. Em 1973, por exemplo, 13% dos trabalhadores holandeses tinham um emprego de até 30 horas semanais. Em 1996, como resultado dos pactos entre o governo e os sindicatos patronais e de trabalhadores que, tentando combater o desemprego e atender às necessidades das empresas, queriam adequar o tempo de trabalho de seus funcionários com o ritmo de produção, esse percentual elevou-se para 37%.

Segundo estudiosos, o trabalho em tempo parcial é adequado para países extremamente homogêneos, como a Holanda, no qual 38% da força de trabalho tem emprego *part-time*.

Nos EUA, o trabalho a tempo parcial também cresceu, mas não por acordo entre as partes. Foi como imposição, gerando um crescimento da desigualdade social no primeiro mandato de Bill Clinton.

Na Alemanha, ainda que o empresariado esteja ainda reticente, vale citar duas empresas de grande porte, a Volkswagen e a Siemens, que tiveram resultados bastante favoráveis com a redução de jornada.

A VW, diante de prejuízos sofridos em 1993 e da alternativa de dispensar 30 mil dos 128 mil trabalhadores das suas dez unidades, propôs e os trabalhadores aceitaram reduzir em 10% a jornada de trabalho, que passou a ser de 18,8 horas semanais. O corte salarial foi de 15%. Com essas modificações, a VW voltou a ter lucro e 75% dos funcionários, segundo pesquisa feita em 1996, estavam satisfeitos.

Acordo com o sindicato permitiu à Siemens, que possui 197 mil funcionários e é a maior empregadora alemã, reduzir à metade a jornada de trabalho dos empregados de 55 anos ou mais. O corte salarial foi de 18%.

O trabalho a tempo parcial vem a ser aquele cuja jornada semanal não exceda a vinte e cinco horas (a jornada integral é de quarenta e quatro horas, a teor do art. 7, XIII, da CF/88).

Sem dúvida, o trabalho a tempo parcial haverá de aumentar a oferta de emprego, uma vez que implicará, para as empresas, um menor custo salarial.

Com efeito, os empregados submetidos ao regime de tempo parcial receberão seus salários em proporção à sua jornada semanal, pois serão inferiores aos recebidos pelos empregados, exercentes das mesmas funções, mas submetidos à jornada de tempo integral.

Embora o padrão salarial seja o mesmo, em respeito ao princípio da isonomia salarial e do instituto da equiparação salarial (art. 461 da CLT), o pagamento efetivo do salário total será inferior, porque será calculado pela jornada semanal contratada.

Também haverá menor custo para as empresas, em virtude da redução dos dias de férias a serem concedidas, na proporção da jornada reduzida, que varia de dezoito dias de férias, para a jornada semanal superior a vinte e duas horas, até vinte e cinco horas, a apenas oito dias de férias, para a jornada semanal igual ou inferior a cinco horas, ao passo que o regime de férias para a jornada de tempo integral varia de trinta dias de férias ao mínimo de doze dias.

Vantagens da redução de jornada

Alguns veem vantagens nas duas modalidades de redução do horário de trabalho, que podem ser eficazes para frear o ritmo das demissões.

A grande preocupação da corrente contrária à redução do horário de trabalho é no tocante à perda dos direitos constitucionalmente assegurados. No entanto, essa preocupação é excessiva, até porque, constitucionalmente, só podem ser flexibilizados dois direitos: jornada de trabalho e salário.

A flexibilização possibilita o sindicato acordar a redução de salário.

À primeira vista, a redução de salário pode parecer sempre negativa. No entanto, em face ao caso concreto e considerando a totalidade dos direitos e garantias, o que se deve indagar é, se há, efetivamente, perda ou não. Não se pode esquecer que, no conjunto, a redução do salário poderá até ser mais vantajosa para a totalidade da categoria. A supressão ou diminuição de algum direito pode ser benéfica tanto para o trabalhador quanto para o empregador.

Entretanto, no Brasil, a Lei nº 9.601/98, ao exigir a celebração de convenções e acordos coletivos de trabalho para a validade da nova modalidade de contrato de trabalho por prazo determinado, em grande parte, acabou diminuindo a eficácia possível da lei.

É que o sindicato brasileiro, sob a égide do monopólio da representação, caracterizado pela unicidade sindical e pela representação por categoria (art. 8, II, da CF), politiza em demasia as questões trabalhistas, como se viu com a nova modalidade do contrato por prazo determinado, quando os sindicatos filiados à CUT, em atitude refratária, negaram-se a celebrá-los com as empresas de suas bases de representação, sob o argumento de precarização dos direitos trabalhistas dos empregados.

Para evitar-se a politização seria bastante a contratação direta entre a empresa e o empregado, mas esta já é outra história...

5.3 A suspensão do contrato de trabalho para a participação do trabalhador em curso ou programa de qualificação profissional

As reformas que tratamos também alteraram o art. 476 da CLT, prevendo a hipótese de suspensão do contrato de trabalho por um período de dois a cinco meses, para participação do empregado em curso ou programa de qualificação profissional oferecido pelo empregador, com duração equivalente à suspensão contratual, mediante previsão em convenção ou acordo coletivo de trabalho e aquiescência formal do empregado.

O contrato não poderá ser suspenso mais de uma vez no período de dezesseis meses.

O empregador poderá conceder ao empregado ajuda compensatória mensal, sem natureza salarial, durante o período de suspensão contratual, com valor a ser definido em convenção ou acordo coletivo de trabalho.

Ainda que não ocorra a ajuda compensatória mensal, que depende de negociação coletiva, o art. 2º da MP nº 1.726 instituiu a bolsa de qualificação profissional, a ser custeada pelo Fundo de Amparo ao Trabalhador (FAT), à qual fará jus o trabalhador que estiver com o contrato de trabalho suspenso em virtude de participação em curso ou programa de qualificação profissional oferecido pelo empregador, na conformidade do disposto em convenção ou acordo coletivo celebrado para este fim.

Durante todo o período de suspensão contratual para participação em curso ou programa de qualificação profissional, o empregado fará jus aos benefícios voluntariamente concedidos pelo empregador.

Se ocorrer a dispensa do empregado no transcurso do período de suspensão contratual ou nos três meses subsequentes ao seu retorno ao trabalho, o empregador pagará ao empregado, além das parcelas indenizatórias, multa a ser estabelecida em convenção ou acordo coletivo, sendo de, no mínimo, cem por cento sobre o valor da última remuneração mensal anterior à suspensão do contrato.

Se também durante a suspensão do contrato de trabalho não for ministrado o curso ou programa de qualificação profissional, ou o empregado permanecer trabalhando para o empregador, ficará descaracterizada a suspensão, sujeitando o empregador ao pagamento imediato dos salários e dos encargos do período, às penalidades cabíveis, bem como às sanções previstas em convenção ou acordo coletivo.

Como ressalta Renato Rua de Almeida,[11] essa medida flexibilizadora "vai no mesmo sentido das anteriores na busca da manutenção do emprego, quer porque, diante da dificuldade momentânea da empresa para manter o nível do emprego, ela evitaria a dispensa do empregado, optando pela suspensão do contrato de trabalho, quer porque estaria capacitando profissionalmente o empregado na procura de novo emprego, caso fosse dispensado após o decurso dos três meses subsequentes ao seu retorno ao trabalho."

Com efeito, é preferível, para a empresa, a manutenção de seu empregado, evitando-se o custo de sua dispensa, além da perda de empregado adaptado às suas condições de produção.

Para o empregado, diante da crise do emprego, é conveniente a suspensão do trabalho, por manter o emprego e receber ajuda compensatória mensal, durante o treinamento profissional, além de obter capacitação a ser agregada à sua qualificação profissional, que muito lhe valerá na eventual busca de novo emprego no mercado de trabalho.

Aliás, a própria OIT incentiva os cursos e programas de qualificação profissional, por meio de recomendações, convenções e promoções de treinamento, mesmo porque a capacitação profissional e a polivalência são hoje a melhor garantia de emprego.

6   O setor público

Os trabalhadores do setor público também têm sido atingidos pela chamada "desregulamentação da legislação existente", na medida em que se procurou flexibilizar a estabilidade no serviço público para promover, com isso, o ajuste quantitativo no quadro de pessoal. A MP nº 1.522, editada em dezembro de 1997, autoriza a demissão de servidores públicos, conforme critérios estabelecidos em regulamento, se for de interesse da Administração federal. Os servidores exonerados deverão receber indenização de um mês de remuneração por ano de efetivo exercício no serviço público federal e os cargos vagos em decorrência da exoneração ficam automaticamente extintos.

Em adição, a Lei Complementar nº 96 definiu os limites para as despesas, conforme o art. 169 da Constituição, modificado pela Emenda Constitucional nº 19, de junho de 1998. Para tanto, ela disciplina em seu art. 1º que as despesas com pessoal não podem ultrapassar 50% da receita corrente líquida, no caso da União; 60% da receita corrente líquida, no caso dos Estados e do DF; e 60% da receita corrente líquida municipal.

---

[11] A nova modalidade de contrato a prazo, o trabalho a tempo parcial, o banco de horas e a suspensão do contrato de trabalho para a qualificação profissional do trabalhador e o direito do trabalho. *Revista do Advogado*, São Paulo, n. 54, dez. 1998.

Estes limites foram reafirmados mais tarde pela Lei de Responsabilidade Fiscal (LRF) aprovada em 2000, por meio da Lei Complementar nº 101.

A LRF estabelece, para os entes federados que não estiverem dentro daqueles limites, as condições em que prioritariamente se cortarão gastos, definindo também as penas para os que não convergirem aos limites estipulados em lei. Adicionalmente, obriga aos entes federados a publicação, em órgão oficial de divulgação, do demonstrativo de execução orçamentária do mês e do acumulado dos 12 meses anteriores, em que fique explícito os valores e a forma de cálculo destes, das receitas correntes líquidas e das despesas totais com pessoal.

As condições para a perda do cargo público por excesso de despesa, conforme o estabelecido no art. 169 da CF, foram regulamentadas em junho de 1999, através da Lei nº 9.801, que prevê a exoneração de servidores estatais, "precedida de ato normativo motivado dos chefes de cada um dos poderes da União, dos Estados, dos Municípios e do Distrito Federal". Esse ato normativo especificará a economia dos recursos, o número de servidores a serem exonerados, o órgão e a atividade a serem objeto de redução de pessoal, os critérios para a escolha do servidores estáveis a serem desligados, além de outras especificações. Ficam também definidas as situações em que os servidores que desenvolvem atividades exclusivas de Estado serão passíveis de serem demitidos, sendo para isso necessário que os servidores dos demais cargos do órgão ou unidade administrativa objeto da redução de pessoal tenham atingido pelo menos 30% do total desses cargos.

Na esteira da flexibilização das condições de contratação e demissão do emprego público, foram baixadas no começo de 2000, a Lei nº 9,962 e a MP nº 1.970. A primeira estabelece que os admitidos na categoria de emprego público serão regidos pelas normas da Consolidação das Leis do Trabalho (CLT). A segunda institui o Programa de Desligamento Voluntário (PDV), a jornada de trabalho reduzida com remuneração proporcional e a licença sem remuneração com incentivo pecuniário. Essa MP destina-se aos servidores submetidos ao RJU da União Federal, sendo que as duas últimas novidades representam novas modalidades de flexibilização da legislação trabalhista aplicada ao setor público, em conformidade ao que também vem sendo feito para os trabalhadores do setor privado.

7   Considerações finais

As relações entre a Economia e o Direito do Trabalho são múltiplas e a influência das regras de Direito do Trabalho sobre o mercado de trabalho é considerável.

Por isso, não surpreende que o Direito do Trabalho seja acusado de causar desenvolvimento negativo do mercado de trabalho, notadamente nos índices de desemprego elevado.

Quando uma empresa não pode mais reagir flexivelmente às exigências do mercado porque o Direito do Trabalho lhe impede, é preciso adaptar as regras às circunstâncias. Se essa medida não for suficiente deve-se abolir a regra.

O Direito do Trabalho deverá seguir as mudanças das relações de trabalho. Se essa adaptação não for realizada, o Direito do Trabalho não fará mais parte da realidade do mundo do trabalho.

Por isso, significativa é a tendência entre empresários, trabalhadores e governo para a negociação livre entre trabalhadores e empregadores no tocante à fixação da jornada de trabalho, que permite diminuir ou alongar o tempo de trabalho, segundo as necessidades do mercado.

Nesse sentido, vale lembrar a experiência brasileira, bem-sucedida, das montadoras de automóveis, que reduziram a jornada para 40 horas ou menos, trabalhando quando há aquecimento do mercado com as chamadas jornadas turbinadas que incluem até os sábados e os domingos. Essa situação não poderia ter se verificado se a redução fosse estabelecida em lei.

Vale lembrar que a lei das 35 horas só foi implantada na França após uma adaptação das empresas, mediante negociação. Os trabalhadores concordaram em encurtar os dias de férias e várias paradas anuais, assim como trabalhar sábados e domingos, se necessário. Por isso, o impacto sobre a jornada anual foi mínimo. Nesse sentido, a redução da jornada provocou um aumento de empregos temporários e de tempo parcial e uma diminuição dos empregos fixos e de tempo integral.

Dessa forma, a jornada de trabalho e as horas extras não deveriam ser impostas por lei. Deveriam ser objeto de negociação, sempre pautadas pela produção e competitividade da economia e das empresas brasileiras na esfera nacional e internacional.

Parece que quantidade de emprego e qualidade devem caminhar juntos. Um trabalho decente significa um trabalho produtivo no qual se protegem direitos que proporcionam remuneração e proteção social adequados.

Devemos evitar os exageros.

Recentemente li no *Le Figaro* (edição de 27 de novembro de 2009 – Capa) que os escritores também têm o direito de parar de trabalhar. A matéria afirmava, com tom de ironia, que determinado escritor, em um período de pouca inspiração, conversava com um funcionário do serviço social francês e ele dizia: Monsieur, vous savez que vous avez le droit à des indemnités d'arrêt de travail. Comme tous les salariés! L'auteur de Zebre ouvre grands ses yeux, se demandant s'il est en train de vivre dans un récit de Kafka. Mais le romancier de poursuivre avec sérieux: Si je touche ces indemmités, est-ce que j'ai le droit de continuer à écrire? Si je suis "arrêté", puis – je penser à mon prochain livre? Y a-t-il un créneau horaire Durant lequel jepeux observer la vie qui passe, et pendre des notes? Je ne serai pas contrôlé par un inspecteur de travail?

O fato é verídico. L'arret de travail doit être médicalement constate. Et l'indemnisation démarre à compter du quatrième jour d'arrêt. Un écrivant en panne d'inspiration peut-il être considere comme malade?

O CARÁTER CONTRAMAJORITÁRIO DO PODER JUDICIAL: O CASO *MARBURY* VS. *MADISON* – UMA PREOCUPAÇÃO SOBRETUDO NORTE-AMERICANA?

> *Auctoritas, non veritas, facet legem.*
> *...o Poder Judiciário, por mais ilustrados e íntegros que sejam os seus integrantes, não acerta sempre. Ele também erra. E decidindo originária e conclusivamente, o seu erro não tem reparação.*
> (Paulo Brossard)

1   Introdução

Não há dúvidas que as decisões adotadas no célebre caso *Marbury* vs. *Madison* e seu precedente inglês no caso *Bonham* constituem importantíssimos antecedentes que iluminam o tema do controle de constitucionalidade no mundo ocidental.

Os dois princípios enunciados por John Marshall no célebre *Marbury* vs. *Madison*: a) a constituição é a lei fundamental retirando sua autoridade do povo, não podendo ser alterada como uma lei comum; b) os Tribunais têm o dever de sindicar a constitucionalidade das leis e deixar de lado leis e atos que sejam inconstitucionais.

Essas duas ideias fundamentais ganharam o mundo ocidental a partir do célebre caso.

O caso histórico repercute tanto nos países que adotaram o sistema do *judicial review* como naqueles onde referido sistema não foi adotado de forma pura, nos países que adotam a "jurisdição mista", com controle concentrado e difuso, como é o caso do Brasil.[1]

No caso julgado em 1803, *Marbury* vs. *Madison*, a Suprema Corte dos Estados Unidos arrogou a si própria a prerrogativa de examinar a constitucionalidade de leis

---

[1] Na célebre passagem de Marshall. "The constitution is either superior paramount law, unchangeable by ordinary means, or it is on a level with ordinary legislative acts, and, like other acts, is alterable when the legislature shall please to alter it. If the former part of the alternative be true, then a legislative act contrary to the Constitution is not Law; if the latter part be true, then written Constitutions are absurd attempts, on the part of the people, to limit a power in its own nature illimitable".

(*judicial review*) que tivessem sido aprovadas, mesmo que de forma procedimentalmente correta, por representantes legitimamente eleitos.

A suposição da Suprema Corte para se autoatribuir tal competência naquele momento foi precisamente aquela que o argumento de Jeremy Waldron[2] considera ser *problemático*: a de que se a Constituição protege certos valores substantivos – no caso, a Carta de Direitos incorporada nas dez primeiras emendas à Constituição dos Estados Unidos –, então a autoridade final para decidir sobre a constitucionalidade das decisões legislativas deveria ser investida no órgão de cúpula do Poder Judiciário.

O que efetivamente esse arranjo institucional assegura? O princípio da supremacia da Constituição – e de certos valores substantivos – sobre a tomada de decisões por meio do processo democrático, ou a supremacia do Poder Judicial sobre o Poder Legislativo (Parlamento), ou ainda a supremacia da interpretação que o Tribunal ou Corte faz da Constituição?

Em última análise deve haver prevalência, em decisões políticas que envolvam valores constitucionais, da autoridade de juízes sobre a autoridade de legisladores eleitos pelos cidadãos?

Como diz Dworkin,[3] "uns poucos juízes têm poder imensamente maior do que qualquer outra pessoa sobre a decisão acerca de, por exemplo, a pena capital, a ação afirmativa, ou se as leis que restringem o aborto devem ser admitidas. É por isso que a revisão judicial costuma ser vista como antidemocrática, mesmo por alguns de seus partidários ocasionais e também por seus admiradores radicais".

É dizer, se os membros do Tribunal, no caso do Brasil (do Supremo Tribunal Federal), não são eleitos, parece teoricamente injustificável que possam invalidar uma decisão tomada pelo legislador representativo. Tribunais ou Cortes não teriam, nesse sentido, capacidade superior a qualquer cidadão (membros da pólis) para resolver grandes dilemas.[4]

Ou ainda, como observa Oscar Vilhena Vieira:

> A idéia de que o intérprete constitucional deve sempre buscar a resposta moralmente mais correta para preencher o conteúdo aberto das normas constitucionais ou para solucionar um conflito entre princípios decorre da percepção de que as Constituições não podem ter sua legitimidade limitada à sua positividade legal, a uma questão de fato. As

---

[2] WALDRON, Jeremy. A right-based critique of constitutional rights. *Oxford Journal of Legal Studies*, v. 13.

[3] DWORKIN, Ronald. *A virtude soberana*: a teoria e a prática da igualdade. Tradução de Jussara Simões. São Paulo: Martins Fontes, 2006. p. 287.

[4] MENDES, Conrado Hubner. *Controle de constitucionalidade e democracia*. Rio de Janeiro: Elsevier; Campus Jurídico, 2008. p. 117 afirma: "Waldron afirma que a decisão judicial é tão majoritária quanto a legislativa. Para Dworkin, o fato de a Corte decidir por maioria é um detalhe menor. O que importa é a busca do melhor argumento. Não há porque supor, *a priori*, segundo Waldron, que o fundamento da decisão legislativa, nas questões de princípio, seja menos valioso do que o da Corte. Sequer eventuais constatações empíricas acerca da freqüência de decisões legislativas mal fundamentadas ou irracionais ajudariam essa hipótese, pois, no plano da teoria normativa, não se deveriam fazer tais concessões". E mais adiante: "As decisões legislativas são tomadas por maioria e se legitimam por esse motivo nas questões de *policy* (transferências sensíveis). As decisões da Corte são também tomadas por maiorias. Todavia, suas decisões não são legítimas por isso, mas porque todos ali estariam comprometidos com a busca sincera do melhor argumento de princípio. Ou seja, legitimam-se porque tomam uma decisão aberta e transparente ao argumento moral". E mais adiante: "Revisão judicial é instância de veto, uma agência recursal, um contrapoder. Não há nessa instituição uma dignidade especial de proteção e promoção de direitos. Essa é uma descrição fantasiosa".

Constituições se pretendem ser válidas, devem ser intrinsecamente boas, funcionando como *"reserva de justiça"* para os sistemas políticos e jurídicos que organizam. O critério de legitimidade do poder constituinte não é a mera posse do poder, mas a concordância ou conformidade do acto constituinte com *"as idéias de justiça"* radicadas na comunidade. Poderia talvez dizer-se que o fundamento de validade da Constituição (= legitimidade) é a dignidade de seu reconhecimento como ordem justa (Habermas) e a convicção, por parte da colectividade, da sua "bondade intrínseca".[5]

Esse o debate já clássico no ambiente norte-americano jusfilosófico e político.

Nesse sentido, nas democracias representativas, *i.e.* segundo a visão de Ely, Rawls e Dworkin, as decisões morais devem ser tomadas pelos *representantes do povo, e não por magistrados*, que não possuem qualquer responsabilidade política, a partir de teorias filosóficas que sequer os filósofos reconhecem consensualmente como verdadeiras.

Parece útil também trazer esse debate para a América Latina, até para verificar se por aqui esse é mesmo um tema relevante em face de nossas tradições, de nossa experiência cultural, ou ao contrário, se esse debate não faz sentido em nossa realidade.

Nosso objetivo, portanto, com o presente artigo será o de trazer à discussão o tema do caráter contramajoritário do poder judicial e *alguns aspectos* ligados à democracia e o exercício e limites do chamado poder judicial.

Dentre outras questões centrais, analisaremos a finalidade e legitimidade da jurisdição constitucional, assim como as principais objeções que se formulam em nome de uma *perspectiva democrática* a respeito do seu caráter contramajoritário.

O tema situa-se ainda no território dos conflitos existentes entre a jurisdição constitucional e o legislador a partir da perspectiva histórica de Hans Kelsen.

Como sabemos, para o renomado jurista o Tribunal Constitucional deve exercer seu papel como "legislador negativo", noção que de tempos a esta parte vem perdendo força devido a uma atuação ampla ("positiva") dos Tribunais Constitucionais ou Supremas Cortes na América Latina.

Por fim, existem aqueles que simplesmente não veem no tema um verdadeiro conflito político ou de legitimação na atuação do poder judiciário.

Assim por exemplo Antonio Manuel Peña Freire:

> Decir que la legitimidad del poder judicial es constitucional significa que aquélla se localiza en la constitución y en el derecho y *no sólo en la ley*. Esta afirmación es consecuencia de la superación del Estado legislativo de derecho y del principio de legalidad como império de la ley. En el Estado constitucional no hay *poderes soberanos* en el sentido de señores del derecho preponderantes a los demás poderes (Zagrebelsky) sino que todos los poderes, incluso el legislativo, están sometidos a la constitución. Admitir una vinculación *tout court* del juez a los comandos del legislativo sería una forma de reducción de un poder al otro, como ya fue realizada en el Estado legislativo, y que converteria al poder legislativo em señor del derecho. De este modo, la existencia de relaciones y zonas de roce entre los dos poderes son formas de garantia de las opciones constitucionales y, particularmente, de aquella que proscribe la existencia de poderes ilimitados o señores del derecho.[6]

---

5   VILHENA, Oscar Vieira. *A Constituição e sua reserva de justiça*: um ensaio sobre os limites materiais ao poder de reforma. São Paulo: Malheiros, 1999. p. 203.

6   PENÃ FREIRE, Antonio Manuel. *La garantia en el Estado constitucional de Derecho*. Madrid: Trotta, 1997. p. 239.

Não há dúvida que a legitimidade do Direito não deflui simplesmente do fato de este ter sido produzido conforme procedimentos preestabelecidos pelo próprio Direito. Parece que razão assiste a Habermas e a Ely – (e nesse ponto o debate é profícuo), ao vislumbrarem a legitimidade do Direito como tema obrigatoriamente associado à sua produção por procedimentos democráticos.

O esforço dos jusfilósofos contemporâneos, como Ronald Dworkin, John Hart Ely, John Rawls e Stephen Holmes, contribui decisivamente para entrelaçar os problemas (e as possíveis soluções) do constitucionalismo, a partir de uma perspectiva da ciência política, superando um legalismo estéril e formalista e conectando o direito constitucional com o tema da democracia e da legitimidade.

Deveras, na maioria dos países latino-americanos, prioritariamente o exercício da democracia pressupõe condições prévias e indispensáveis ao exercício dos direitos políticos.

Assim, antes de votar, o cidadão tem que sobreviver. Por isso a visão da democracia como um simples regime de garantia de direitos de primeira geração (ou dimensão) mostra-se insuficiente e insatisfatório para compreender que papel deva ocupar o poder legislativo e o poder judicial nesse ambiente diferente das democracias europeias ou norte-americanas.

É preciso, seria necessário, portanto, agregar a esse debate, além do elemento *procedimental*[7] às peculiaridades dos respectivos sistemas político-jurídico, o papel da jurisdição constitucional em cada país analisado.

Mas começamos fazendo alusão ao importante precedente *Marbury* vs. *Madison* e seus antecedentes. Vamos a ele de forma o quanto possível breve.

2 Evolução histórica do controle de constitucionalidade

Como bem recorda Temístocles Brandão Cavalcanti,[8] embora não seja princípio pacífico na doutrina inglesa, o certo é que, já no século XVII, se proclamava a supremacia absoluta da *Common Law* mesmo sobre a legislação. No dizer de Allen:

> This general attitude toward a statute has led to a theory that the only recognized as "sovereign" was the fundamental Common Law, a body unwritten tradition recognized as authoritative by judges and by the profession generally.

Mas foi E. Coke quem, no *Bonham's Case* (1610), deu mais ênfase ao princípio:

---

[7] Como ressalta Oscar Vilhena, na obra citada: "A Constituição americana é para Ely um documento preponderantemente procedimental, voltado a viabilizar o autogoverno de cada geração. A função dos tribunais é fortalecer a democracia, defendendo a realização do processo democrático, com a inclusão do maior número e da forma mais igualitária (politicamente) possível. *Sendo os tribunais treinados para assegurar o devido processo legal – questão de procedimento – e postados fora do campo da política, estariam mais habilitados que qualquer outro órgão para realizar a fiscalização procedimental do regime político...* Não sendo os magistrados portadores das verdades transcendentes, devem se limitar – e já estarão fazendo muito – a preservar o sistema político daquelas decisões que sejam fruto de uma vontade distorcida pela não realização do sistema democrático; de decisões que ponham em risco a continuidade da democracia; ou, ainda, de decisões discriminatórias" (*Op. cit.*, p. 216, grifamos).

[8] CAVALCANTI, Themistocles Brandão. *Do contrôle de constitucionalidade*. Rio de Janeiro: Forense, 1966. p. 48 *et seq.*

And it appears in our books, that in many cases the Common Law will control Acts of Parliament and sometimes adjudge them to be utterly void: for when an Act of Parliament is against common right and reason, or repugnant, or impossible to be performed, the Commow Law will control it and adjudge such act to be void.

No período colonial americano a anulação de atos legislativos por estarem em conflito com as constituições ou cartas de algumas colônias americanas, no período anterior aos artigos da Confederação, era processo de controle que estava, portanto, na tradição inglesa, aplicada às suas colônias.

No período de 1700 a 1762, aproximadamente 1.865 atos foram sujeitos ao Conselho Privado e, destes, 469 foram revogados. Na maioria dos casos, a invocação era do conflito entre ato e a carta do Estado particular.

O caso mais conhecido foi de *Winthrop* vs. *Lechemere* (1727-1728), no qual se impugnava a validade de um ato da Assembleia de Connecticut em face da Carta, tendo sua Majestade o Rei da Inglaterra, em virtude do parecer do Conselho Privado, declarado o ato nulo, sem vigor e sem efeito.

Depois da revolução, no caso *Commonweath* vs. *Catan*, Virgínia, 1782, foi a tese da inconstitucionalidade esboçada por Whyte, então professor de Marshall, mas sem solução eficaz.

Até o caso *Marbury* vs. *Madison*, múltiplas foram as manifestações do poder judiciário dos diferentes Estados, notadamente Virgínia, New Jersey, North Carolina, Massachusetts.

Com diversas variantes, ora se reportando à decisão de Coke no caso Bonham, ora à opinião de Habart no caso Calwin, ora se baseando nos princípios fundamentais de direito e na supremacia da Constituição, é uma constante na vida judiciária da antiga colônia e nos primeiros dias da Federação Americana a preocupação de estabelecer *uma hierarquia das normas e a supremacia daquela que é a expressão maior da vontade popular.*[9]

2.1   O caso *Marbury* vs. *Madison* – Uma visão rápida

A decisão tomada no caso *Marbury* vs. *Madison* foi a primeira na qual a Suprema Corte afirmou seu poder de exercer o controle de constitucionalidade, negando aplicação a leis que, de acordo com sua interpretação, fossem inconstitucionais.

Muito embora a Constituição norte-americana silenciasse a respeito, apenas atribuindo ao Poder Judiciário a função de *aplicar a Constituição e as leis* (art. III, sec. II), declarando ser a Constituição "lei suprema do país, obrigando os juízes de cada Estado, não obstante qualquer disposição em contrário nas Constituições ou leis estaduais" (art. VI), *a competência dos tribunais para declarar inconstitucionais*, deixando de aplicá-las, as leis contrárias à Constituição, foi exemplarmente deduzida da simples natureza rígida da Constituição, em 1803, pelo *Chief Justice Marshall* da Suprema Corte, nesta decisão.

Ao julgar o caso, segundo Barroso,[10] a Corte procurou demonstrar que a atribuição decorreria logicamente do sistema. A argumentação desenvolvida por Marshall acerca

---

[9]   Tudo segundo CAVALCANTI, *op. cit.*, p. 49-50.

[10]   BARROSO, Luís Roberto. *O controle de constitucionalidade no Direito brasileiro*. São Paulo: Saraiva, 2004. p. 5 *et seq.*

da supremacia da Constituição, da necessidade do *judicial review* e da competência do Judiciário na matéria, é tida como primorosa. Mas não era pioneira nem original.

No plano teórico, Alexander Hamilton, no Federalista n. 78 havia exposto analiticamente a tese, em 1788. Nada obstante, foi com *Marbury* vs. *Madison* que ela ganhou o mundo e enfrentou com êxito resistências políticas e doutrinárias de matizes diversos.

No desenvolvimento de seu voto, Marshall dedicou a primeira parte à demonstração de que *Marbury* tinha direito à investidura no cargo. Na segunda parte, assentou que, se *Marbury* tinha o direito, necessariamente deveria haver um remédio jurídico para assegurá-lo. Na última parte, enfrentou duas questões distintas: a de saber se o *writ of mandamus* era a via própria e, em caso positivo, se a Suprema Corte poderia legitimamente concedê-lo.

À primeira questão respondeu afirmativamente. O *writ of mandamus* consistia em uma ordem para a prática de determinado ato. Marshall, assim, examinou a possibilidade de se emitir uma determinação dessa natureza a um agente do Executivo que não era passível de revisão judicial: os atos de natureza política e aqueles que a Constituição ou a lei houvessem atribuído a sua exclusiva discricionariedade. Fora essas duas exceções, nas quais a Constituição e a lei impusessem um dever ao Executivo, o Judiciário poderia determinar seu cumprimento. Estabeleceu, dessa forma, a regra de que os atos do Poder Executivo são passíveis de controle jurisdicional, tanto quanto à sua constitucionalidade como quanto à sua legalidade.

Ao enfrentar a segunda questão – se a Suprema Corte tinha competência para expedir o *writ* –, Marshall desenvolveu o argumento que o projetou na história do direito constitucional. Sustentou, assim, que o §13 da Lei Judiciária de 1789, ao criar uma hipótese de competência originária da Suprema Corte fora das que estavam previstas no art. 3º da Constituição, incorria em uma inconstitucionalidade. É que afirmou uma lei ordinária não poderia outorgar uma nova competência originária à Corte, que não constasse do elenco constitucional. Diante do conflito entre a lei e a Constituição, Marshall chegou à questão central do acórdão: pode a Suprema Corte deixar de aplicar, por inválida, uma lei inconstitucional?

Ao expor suas razões, Marshall enunciou os três grandes fundamentos que justificam o controle judicial de constitucionalidade. Em primeiro lugar, a *supremacia da constituição*. Em segundo lugar, e como consequência natural da premissa estabelecida, afirmou a *nulidade da lei que contrarie a Constituição*: "Um ato do Poder Legislativo contrário à Constituição é nulo". E, por fim, o ponto mais controvertido de sua decisão, ao afirmar que é o Poder Judiciário o intérprete final da Constituição: "É enfaticamente da competência do Poder Judiciário dizer o Direito, o sentido das leis. Se a lei estiver em oposição à constituição a corte terá de determinar qual dessas normas conflitantes regerá a hipótese. E se a constituição é superior a qualquer ato ordinário emanado do legislativo, a constituição e não o ato ordinário deve reger o caso ao quais ambos se aplicam".[11]

Na tradução de Meirelles Teixeira:

---

[11] Tudo segundo BARROSO, *op. cit.*, p. 8.

Ou havemos de admitir que a Constituição anula qualquer medida legislativa que a contrarie, ou anuir que a legislatura possa alterar a Constituição por medidas ordinárias. Não há por onde se contestar o dilema. Entre as duas alternativas não se descobre meio termo. Ou a Constituição é uma lei superior, soberana, irreformável mediante processos comuns, ou se nivela com os atos da legislação usual e, por estes é reformável à vontade da legislatura. Se a primeira proposição é verdadeira, então o ato legislativo, contrário à Constituição, não será lei; se é verdadeira a segunda, então as Constituições escritas são esforços inúteis do povo para limitar um poder pela sua própria natureza ilimitável. Ora, com certeza, todos os que têm formulado Constituições escritas, sempre o fizeram no objetivo de determinar a lei fundamental e suprema da Nação, e conseqüentemente, a teoria de tais governos deve ser a da nulidade de qualquer ato da legislatura ofensivo da Constituição. Esta doutrina está essencialmente ligada às escritas, e assim, deve-se observar como um dos princípios fundamentais da nossa sociedade.[12]

2.2 A evolução do caso *Marbury* vs. *Madison* e a política da supremacia judicial

Talvez mais importante que o caso *Marbury* vs. *Madison* em si mesmo considerado foi a sua repercussão ao longo do tempo, durante os séculos XIX e XX. Essa é uma história praticamente desconhecida na literatura jurídica latina (ou ibero)-americana, ao menos não conhecemos obras específicas que cuidam ou exploram esse particular aspecto da história judiciária norte-americana.

Como já observamos anteriormente, a decisão de John Marshall não era original, quando tomada em 1803. De fato, ele próprio declarou que o tema dos poderes judiciais de anulação de leis inconstitucionais (*judicial review*), "was not of an intricacy proportioned to its interest requiring only the recognition of principles long and well established". Havia referências a mesmos poderes e possibilidades (de revisão) na Convenção de Filadélfia, bem assim nos debates de Alexander Hamilton (*Federalist 78*). Diversos Tribunais estaduais já haviam exercido o poder de revisão de leis inconstitucionais quando a decisão de Marshall foi tomada. Até mesmo a própria Suprema Corte invalidou legislação datada de 1790, sem qualquer elaboração doutrinária mais sofisticada. Três anos antes do caso *Marbury*, diversos juízes da Suprema Corte norte-americana julgaram casos aplicando o *judicial review*, sem qualquer sobressalto.

Deveras, a própria Suprema Corte não iria citar o caso *Marbury* como um precedente para a *judicial review* até o ano de 1887; e mesmo nesta ocasião, a decisão é rememorada mais pelo seu sofisticado estilo linguístico que por seus méritos jurídicos.

Keith E. Whittington,[13] em excelente artigo[14] afirma que a decisão de *Marbury* teve pouco efeito durante a maior parte do século dezenove. A Suprema Corte explicitamente invalidou apenas uma lei federal antes da Guerra Civil, no conhecido caso Dred Scott, e posteriormente foi mais ativa invalidando leis estaduais. Afirma: "The federal courts

---

[12] TEIXEIRA, José Horácio Meirelles. *Curso de Direito Constitucional*. São Paulo: Forense Universitária, 1991. p. 408.

[13] WHITTINGTON, Keith E. Marbury v. Madison: and the Politics of Judicial Supremacy. *In*: ZOLLER, Élisabeth (Dir.). *Marbury v. Madison, 1803-2003*: un dialogue franco-américain. Paris: Dalloz, 2003. p. 172 *et seq*.

[14] Artigo que passamos a utilizar amplamente nesta seção, traduzindo-o, pois nos oferece um excelente panorama histórico evolutivo do controle judicial e seu ambiente histórico ao longo do tempo, suas marchas e contramarchas.

and the power of judicial review were relatively minor features of the American constitutional landscape through much of the nineteenth century".

Esse quadro paulatinamente mudaria a partir dos últimos anos do mesmo século dezenove. O mesmo autor, no excelente artigo que ora utilizamos, afirma que o Congresso norte-americano acaba impulsionando as Cortes federais norte-americanas com mais pessoal e recursos, expandindo sua jurisdição para tomar conhecimento de mais e variados casos, aumentando assim seu poder de decisão.

Na primeira década no século XX, a Suprema Corte já havia julgado uma lei federal e três leis estaduais por ano inconstitucionais, o que, para a época era considerado um fato novidadeiro. Whittington lembra Charles Grove Haines, que àquela época observou a respeito do poder da Suprema Corte: "the judiciary, a coordinate branch of government, becomes the particular guardian of the terms of the written constitution, for most practical purposes the judiciary exercises supreme power in the United States by possessing the sole right to place an authoritative interpretation upon the fundamental written law".

A partir de então, o poder de julgar leis inconstitucionais (*judicial review*) tornou-se muito importante e passou a ser incrementado por intermédio de decisões da Suprema Corte com frequência

Ainda Whittington ensina que a importância política das decisões da Suprema Corte aumentou com o tempo. Assim, em 1890, a Suprema Corte impôs novas restrições constitucionais no que tange ao poder dos Estados-membros de regular as tarifas de ferrovias,

Em 1890, a Suprema Corte impôs novas restrições constitucionais à autoridade dos estados em regulamentar as tarifas ferroviárias, o que constituiu o ponto mais alto de progressiva regulamentação econômica, no final do século XIX. No caso Chicago, Milwaukee e Empresa Ferroviária de St. Paul *versus* Minnesota, a Suprema Corte decidiu que, embora fosse permitido aos estados estabelecer uma comissão com o poder de estabelecer tarifas ferroviárias, de acordo com as garantias de devido processo legal previstas na Décima Quarta Emenda à Constituição, os estados não poderiam evitar que as decisões de tais comissões fossem objeto de exame por parte do Judiciário.

A legislação de Minnesota permitia apenas a cobrança, por parte das ferrovias, de tarifas "razoáveis",[15] e a questão da "razoabilidade" da cobrança de uma tarifa de transporte por empresa ferroviária, envolvendo, como de fato o faz, o conceito de "razoabilidade" – tanto no que diz respeito à empresa quanto no tange ao público – é uma questão eminentemente de investigação (de sindicância judiciária) pelo poder judiciário, e que exige *devido processo* para sua determinação.

Em 1895, a Suprema Corte proferiu três importantes decisões com implicações constitucionais. Manteve seu entendimento que reconhecia amplo poder à justiça federal para conceder "injunções" com o fim de evitar que perturbações na área trabalhista viessem a afetar o comércio interestadual e manteve a prisão do líder socialista Eugene V.

---

[15] No original, *"reasonable rates"* que pode ser traduzido por "tarifas cabíveis", "tarifas aceitáveis" ou "tarifas razoáveis" ou até mesmo "tarifas justas".

Debs por violação à ordem contida nessas injunções durante uma greve de trabalhadores em ferrovias.

Alguns meses antes, entretanto, a Suprema Corte havia permitido, apesar das objeções do governo, que prosseguisse uma fusão entre empresas que daria a uma única empresa o controle de 98% do mercado de açúcar refinado do país, ao decidir que o poder regulatório federal não se estendia aos produtos manufaturados, com isso, limitando acentuadamente o alcance do *Sherman Antitrust Act* (lei antitruste que regula a concorrência desleal). Respondendo à acusação feita pelo advogado de um recorrente, de que o imposto sobre a renda em 1894 era "comunístico" (refere-se o autor a movimentos socialistas, ainda do século XIX) em suas finalidades e tendências, a Suprema Corte por pouco não considerou tal entendimento ilegal e não passível de ser obedecido, por ir além do poder de tributar conferido ao Congresso, salientando, ainda, que a Constituição viera destinada "a impedir um ataque à riqueza acumulada pela simples força de números (*to prevent an attack upon accumulated property by mere force of numbers)".

As respostas políticas a tais decisões não tardaram. Em 1892, o candidato a presidente James Weaver divulgou um manifesto expressando seu assombro pelo fato de que os juízes pudessem assumir a responsabilidade de avaliar a razoabilidade das tarifas ferroviárias. Entendia que estariam os juízes se pronunciando em assuntos que dizem respeito às urnas. Em 1896, William Jennings Bryan e seus aliados populistas lutavam pelo controle do partido democrata e os ataques continuavam. De acordo com os democratas insurgentes, tais decisões da "oligarquia judicial" roubaria do povo o poder de se autogovernar.

Em assim procedendo estava lançado o argumento crítico que vigora até hoje contra o poder judiciário federal, segundo o qual a Suprema Corte seria "contramajoritária e antidemocrática" (Bickel). A partir de então, as decisões da Suprema Corte foram criticadas por populistas ou por progressistas por não proferir decisões corrigindo erros de direito ou restabelecendo a legalidade, mas anulando políticas votadas por maiorias democráticas.

O problema central, segundo esses críticos, é que a Suprema Corte não advém de um poder popular e assim não representa o povo, nessa medida o "judicial review" seria uma ameaça constante aos governos democráticos. A Suprema Corte seria assim a "Terceira Casa do Congresso" (the Third House of Congress).

Após vinte anos de disputas eleitorais entre democratas e republicanos, estes últimos vencem as eleições de 1896 ganhando o então Presidente uma sólida maioria no Congresso. A eleição do partido republicano foi interpretada, à ocasião, como uma determinação do povo norte-americano em manter a dignidade e a supremacia dos Tribunais.

Em 1897, a Suprema Corte julga o caso *Allgeyer* vs. *Louisiana*, relativo à liberdade contratual, o devido processo e a 14ª Emenda. Nesta decisão, a Suprema Corte bloqueou os esforços da Louisiana para excluir dos Estados-membros as companhias vendedoras de seguros marítimos de mercadorias embarcadas no porto de New Orleans. A Suprema Corte, à unanimidade, sublinhou que: o direito de comerciar, adquirir, vender, comprar propriedades, é uma garantia da décima quarta emenda.

Ademais, a Suprema Corte chamou para si o direito de definir o que era "razoável" na legislação econômica e ao contrário, quando referida legislação podia ser considerada "arbitrária" ou "injusta". Em 1905, a Suprema Corte em votação estreita rejeitou uma lei de Nova York que limitava a jornada de trabalho dos padeiros em dez horas por dia no caso conhecido de *Lochner* vs. *New York*.

Se o legislador pode impor limites na liberdade de contratar no caso de uma ocupação legítima como a dos padeiros, então, "there would seem to be no length to which legislation of this nature might not go (...) and everyone on that account, would be at the mercy of legislative majorities (...) and no trade, no occupation, no mode of earning one's living, could escape this all – pervading power".

Na medida em que as Cortes federais e estaduais tornaram-se mais ativas anulando ou restringindo o alcance da legislação, surgem reformistas questionando o valor do judicial review e de um judiciário independente. Um grande debate acadêmico surgiu para questionar se o judicial review era uma inovação perigosa ou se estava previsto no texto original da constituição. Embora a maioria tenha concluído que algum tipo de controle judicial era inerente à constituição, muitos autores argumentavam que o crescimento do controle judicial de constitucionalidade na virada do século não era, todavia, revolucionária. Theodore Roosevelt, que sucedeu o Presidente MacKinley quando este último foi morto em exercício em 1901, tornou-se o mais crítico do poder das Cortes até deixar o seu posto em 1908. Roosevelt gozou de um grande prestígio como resultado de sua façanha na guerra hispano-americana, bem como de sua eleição para o governo de Nova York em 1898. Em 1900, Roosevelt foi indicado como Vice-Presidente. Em 1912 concorreu à Casa Branca com uma campanha voltada a criticar o poder judiciário.

Roosevelt declarava que decisões judiciais que invalidavam leis sob fundamento de inconstitucionais "should be subject to revision by the people themselves thorough a 'right to recall' individual judicial decisions". Afirmava que acreditava na democracia pura, alegava que se os Tribunais têm o poder final a respeito de atos do legislador e se o povo não tem recurso perante os Tribunais a partir dessa decisão, então o judiciário é um poder irresponsável perante o povo.

A plataforma política do partido progressista em 1912 advogava uma restrição no poder dos Tribunais. Entendia que o povo é quem deveria ser a última autoridade para determinar questões fundamentais relativas ao bem-estar social e políticas públicas em geral. O partido socialista, liderado por Eugene Debs, clamava pela abolição do poder usurpador do *judicial review*. O partido de Roosevelt (progressista) obteve 27% da votação popular na eleição para Presidente em 1912 e Debs obteve 6%.

A proposta de Roosevelt foi combatida por diversos e influentes membros do partido republicano como absurda e desrespeitosa ao poder dos Tribunais. O Presidente William Howard Taft, sucessor de Roosevelt, foi um grande apoiador do poder dos Tribunais, ele mesmo havia sido juiz federal de segundo grau até 1890. Taft e Roosevelt foram opositores históricos.

Taft vetou a pretensão de soberania dos estados do Arizona e do Novo México porque adotavam *recall provisions* que Taft considerou "injurious to the cause of free government, and encouraging of tyranny of a popular majority".

A cruzada de Roosevelt contra o poder dos Tribunais atraiu contra si os Republicanos mais ao centro enquanto Taft procurava a sua reeleição. Em carta aos seus eleitores,

Taft se colocava como uma opção mais segura: "I represent a safer and saner view of our government and its Constitution than does Theodore Roosevelt, and wheather beaten or not I mean to labor in the vineyard for those principles".

Por outro lado, Taft denunciava Roosevelt por plantar as sementes da tirania e tinha a certeza que o povo americano jamais abdicaria da Constituição. O candidato democrata indicado, Woodrow Wilson, silenciava a respeito do papel do judiciário. Taft, ao contrário, continuava a insistir que a Constituição era o tema principal daquela eleição. Após deixar a Casa Branca Taft tornou-se professor de direito constitucional na Universidade de Yale continuando seu combate a favor de seus princípios e ideais. Quando os republicanos voltaram à Casa Branca, Taft foi recompensado com sua indicação à Suprema Corte como *Chief Justice*.

Nos anos seguintes a fraqueza do poder majoritário congressual em face da Corte fez com que seu poder fosse expandido. Essa situação perdurou até a Grande Depressão americana. A vitória de Woodrow Wilson contra um partido republicano dividido provou ser uma interrupção eficaz na dominação do poderio republicano na política nacional. Todavia, neste período a Suprema Corte alcançou altos níveis de ativismo judicial em face do governo federal (1920 até meados de 1930) derrubando e anulando leis estaduais.

Nas eleições de 1924, o candidato Robert M. La Follette, um senador republicano do estado de Wisconsin, expunha uma visão crítica do papel de um judiciário conservador. Os candidatos republicanos e democratas novamente aproveitaram a oportunidade para engrossar o coro a favor de um poder judicial forte. Calvin Coolidge afirmava: "Majorities are notoriously irresponsible, and judicial review was essential to prevent political majorities from voting away even the 'most precisous rights'".

O candidato democrata indicado a Presidente foi John W. Davis, um advogado de Wall Street e ex-presidente da *American Bar Association*, amigo do poder judicial ativo. Amigo do juiz Taft, que fazia declarações a seu favor afirmando que, se fosse eleito, continuaria seu trabalho na preservação dos princípios constitucionais e da dignidade da Suprema Corte. Coolidge ganhou as eleições com uma vitória global esmagadora; La Follette, entretanto, foi relativamente bem considerando a votação do eleitorado popular.

A Suprema Corte continuava a desenvolver doutrinas constitucionais que impediam o sucesso de progressivos planos para fortalecer o poder dos governos estaduais e federal, especialmente para intervir na economia, mas a mudança nessa situação acabou vindo em 1932.

Neste ano, o democrata Franklin D. Roosevelt derrotou o seu oponente Presidente Herbert Hoover. Roosevelt finalmente lograra quebrar a confiança dos eleitores urbanos nos candidatos do partido republicano assegurando assim uma base do partido democrata nos estados do sudeste e do oeste. Um veterano de políticas progressistas, Roosevelt foi apoiado por largas maiorias no Congresso. Sua campanha não foi focada no poder dos Tribunais, como era de se supor, mas nos problemas que afligiam o povo norte-americano, a Grande Depressão.

A política de Roosevelt consistia no *new deal for the American people*, postulava um governo comprometido com o maior número de pessoas com compromisso com o bem-estar social do povo norte-americano. Na medida em que a Administração de Roosevelt comprometia-se em prover à massa o alívio necessário a seus problemas causados pela Grande Depressão, com reformas econômicas de base, iniciaram-se os conflitos com a Suprema Corte.

Como plataforma política Roosevelt chamava a si a responsabilidade para lutar contra o que chamava o *undue private power* (o abusivo poder privado) *and economic royalists*. Por diversas vezes, a Suprema Corte manteve as inovações legislativas que fixavam preços e salários em políticas emergenciais. A Suprema Corte em votação apertada aprovou uma lei de Nova York que prefixava o preço do leite e uma lei de Minnesota que concedia moratória no pagamento de hipotecas. Por outro lado, em dez casos importantes para Roosevelt, diante da Corte, envolvendo a política do New Deal, de 1935 a 1936, o governo perdeu oito.

Diversas leis foram rejeitadas pela Suprema Corte (ao argumento de excessivo poder [legislativo] delegado ao poder executivo sem limites claros), também diversas leis foram anuladas ao argumento de violação ao poder (competência legislativa) dos Estados-membros; violação dos direitos de propriedade dos credores dentre outros temas.

Neste primeiro período do governo Roosevelt, como sabemos, foram intensos os debates do Presidente com a Suprema Corte. Aquele pondo em execução leis de marcado cunho interventivo na economia, fixando preços, salários e limitando o poder concorrencial (de competição) o que levou a Suprema Corte a anular diversas dessas leis e medidas ao argumento de um poder delegado ilimitado e inconstitucional.

Roosevelt atacava o que chamava de conservadorismo da Corte e afirmava sua crença na democracia e na regra da maioria (*majority rule... is the safeguard of both liberty and civilization*).

Logo após a eleição de 1936, Roosevelt encaminhou ao Congresso um plano de reorganização do poder judiciário federal. No centro dessas propostas, como sabemos, estava a imediata indicação presidencial de até mais seis juízes para a Suprema Corte *for each sitting justice over the age of seventy who would not resign from the bench*.

Roosevelt, em seu primeiro período como Presidente, não teve a oportunidade de indicar nenhum juiz da Suprema Corte a despeito da idade avançada dos *nine old men* que compunham a maioria conservadora da Corte (*"the conservative four horsemen" who formed the core of anti-progressive coalition on the Court*). Seis dos nove juízes da Suprema Corte estavam acima dos setenta anos quando o Presidente encaminhou sua proposta e a administração federal temia que os juízes conservadores lá ficassem sem requerer a aposentadoria.

Roosevelt sugeriu que os juízes mais antigos poderiam prejudicar e obstaculizar a necessidade de mudança que a Corte demandava para modernizar-se. Chegou a afirmar: "A constant and systematic addition of younger blood will vitalize the courts and better equip them to recognize and apply the essential concepts of justice in the light of the needs and the facts of an ever-changing world".

Foi o que realmente ocorreu no futuro, Roosevelt ao longo do tempo nomeou nove juízes, logrando realizar a "sua maioria" em 1940. Ao longo de dez anos, nesta época, a Suprema Corte anulou trinta e duas de suas decisões anteriormente tomadas, incluindo oito precedentes que haviam sido adotados por unanimidade. Após rejeitar treze leis federais entre 1934 e 1936, a Corte eliminou somente duas leis federais nos seguintes quinze anos.

O alargamento do *judicial review* encontrou sua melhor justificação quando a Suprema Corte "empowered itself to give voice to the conscience of the country in behalf of poor people against local prejudice and unfairness".

Finalizamos com o mesmo pensamento de Keith E. Whittington, que utilizamos exaustivamente nesta seção: "it was in the twentieth century that *judicial* review in the modern sense was truly established and *Marbury* took on the significance that it has for us today. It was only then that the judicial power to investigate the constitucionality of legislation became a routine and highly valued aspect of the American constitutional system, and it was only then that the judiciary claimed for itself a superior power to fix constitutional meaning. Such power, however, could only be established with the cooperation of other political actors, in particular national elected officials. By the end of nineteenth century, conservatives had come to recognize the value of judicial review to their substantive political commitments. Throughout the late nineteenth and early twentieth century, progressive forces challenged the new judicial power in the electoral and legislative arena with little success. Judicial review was truly made secure when even liberals came to accept its value and abandoned efforts to dismantle judicial review in favor of plans to make use of it".

3   As críticas à supremacia judicial e as eventuais alternativas

Como vimos nos parágrafos antecedentes, existem aqueles que entendem que o *judicial review* seria uma contingência de uma escolha política.

Para assegurar a supremacia da constituição haveria necessidade do Poder Judiciário dizer por último, o que é a constituição, assumindo o papel de seu guardião.[16]

Há ainda aqueles que opõem argumentos de natureza democrática que, variando de intensidade e grau, atingem a própria legitimidade do sistema de controle.

Roberto Gargarella,[17] por exemplo, teme que em razão da interpretação constitucional os juízes terminem tomando o lugar que deveria ocupar a vontade popular.

Como as constituições modernas apresentam um denso conteúdo material, integrado por valores, princípios e direitos fundamentais os quais, por estar usualmente formulados com um conteúdo geral, demandam assim um trabalho interpretativo mais intenso por parte do juiz constitucional. Seria, pois, um risco grande dos juízes ocuparem o lugar do povo, ou se substituírem a vontade popular.

Há, por exemplo, desde uma vertente mais conservadora, que de forma crítica descreve o controle judicial como sendo um imperialismo judicial (Bork) até o chamado "popular constitucionalism" que sustenta, em linhas gerais, a inclusão de visões do povo (sociedade civil) sobre a constituição, no processo de elaboração das decisões constitucionais, isto é, uma participação popular mais ativa no processo de interpretação da constituição.

---

[16]   O artigo 102 da Constituição Federal brasileira dispõe que "Compete ao Supremo Tribunal Federal, precipuamente, a guarda da constituição".

[17]   GARGARELLA, Roberto. *La justicia frente al gobierno*. Barcelona: Ariel, 1996. p. 59 *et seq.*

Nesse sentido Bickel e Ely. Para Bickel,[18] o *judicial review* apresenta, como já destacamos, um déficit democrático que se revela em três grandes objeções.

Em primeiro lugar, como o argumento mais conhecido, figura o caráter contra-majoritário, que se revela no fato de um órgão não eleito pela vontade popular dizer o que é a constituição, mesmo contra a vontade da maioria, expressa pelos órgãos de representação democrática.

Em segundo lugar, o *judicial review*, com o passar do tempo, se torna uma fonte potencial de enfraquecimento do processo democrático, já que pode gerar no Poder Legislativo um certo acomodamento em produzir normas constitucionais, posto que a Suprema Corte ou o Tribunal competente para julgar a constitucionalidade sempre estará à disposição para corrigir os erros legislativos, o que ao longo do tempo não leva a um aprimoramento do regime democrático, mas sim um efeito inverso.

E terceiro, o *judicial review*, por ser contraditório com o sistema democrático, por fim acaba por ser ineficiente: "O fato é que o *judicial review* segue em sentido fundamentalmente tão contrário ao da teoria democrática que, em uma sociedade em que todas as outras considerações repousam sobre esta teoria, *judicial review* não pode ser em última análise eficaz".

De outra parte, como já referimos no início do trabalho, Ely advoga a tese do que deve ou não ser objeto de controle da constitucionalidade, já que, para o autor, o juiz acaba por aplicar seus próprios valores ao caso decidido, o que compromete o sistema democrático.

Sustenta Ely que o Judiciário deva ter um papel mais reduzido, portanto apenas interferindo para assegurar o devido processo legal nas deliberações da maioria. Adota uma visão democrática *procedimental* a que já nos referimos anteriormente.

Carlos S. Nino, também entende que a justiça constitucional tem como missão garantir as condições necessárias para que a democracia floresça. A questão reside na dificuldade em determinar quais são essas condições e, por conseguinte, até onde se estendem as possibilidades de que os órgãos encarregados de exercer o controle de constitucionalidade cumpram esse papel.

A esse respeito, Nino[19] considera que tais condições poderiam ser interpretadas de maneira restritiva ou de maneira ampla. Assim, se se opta pela primeira alternativa, o papel dos órgãos de controle de constitucionalidade será limitado, pois se reduzirá a verificar as condições procedimentais do debate e a decisão democrática; mas se se opta pela segunda alternativa, a validade de uma decisão majoritária dependerá de outras questões, tais como: o acesso à educação, o da relativa igualdade dos recursos que permitam as pessoas participarem do debate democrático em igualdade de condições (entre outras questões igualmente importantes).

---

[18] BICKEL, Alexander M. *The Least Dangerous Branch*: the Supreme Court at the Bar of Politics. New Haven: Yale U. Press, 1986. p. 23 *et seq.*

[19] SANTIAGO NINO, Carlos. La filosofia del control judicial de constitucionalidad. *Revista del Centro de Estudios Constitucionales*, Madrid, Centro de Estudios Políticos y Constitucionales, n. 4, 1989.

Francisco Eguiguren Praelli e Liliana Salomé,[20] em interessante trabalho apresentado no Congresso Ibero Americano realizado em Lima, Peru, assim se manifestam a respeito do tema:

Por su parte, Victor Ferreres formula la siguiente tesis: Justicia constitucional y democracia, el controle judicial de la ley se justifica la contribución que puede hacer el juez al mantenimiento de una cultura de deliberación pública, pero esse control debe llevar-se a cabo bajo la presunción de que la ley a enjuiciar es constitucional. De esta manera, el juez actuará con deferência hacia el legislador. Sin embargo, el autor admite que con esta propuesta se presenta uma nueva cuestión fundamental a resolver: cuál será la fuerza de esta presunción de constitucionalidad? Y a resolver esta interrogante dedica buena parte de su libro.
No olvidemos que muchos tribunales constitucionales han adoptado como pauta para sus decisiones el principio de "interpretación conforme a la Constitución" según el cual, solo deberá declararse la inconstitucionalidad de una ley como ultima ratio; es decir, luego de haber intentado, infructuosamente, encontrar y adoptar una interpretación de la misma que la haga compatible con la Constitución, excluendo con ello las outras posibles interpretaciones, evitando así tener que declarar inconstitucional la ley y derogarla.
Es importante tener en cuenta, además, que para Ferreres, resulta preferible que la Constitución incluya disposiciones relativamente abstractas en matéria de derechos y liberdades, aunque con ello se eleve su nível de indeterminación intepretativa. En efecto, este autor *rechaza la propuesta a favor de un modelo procedimental de Constitución, pues considera que defender sólo los derechos de participación política no es coherente con los valores que justifican la democracia.* Tampoco considera aceptable una *"Constitución de detalle"*, que dé preferência a cláusulas específicas, puesto que una Constitución de este tipo podría ser muy limitada, lo cual dificultaría la protección de los derechos y el desarollo de aquellos procesos que permitan integrar a los miembros de una sociedad plural.

3.1 As eventuais alternativas

Não obstante todas as objeções apresentadas ao papel do Poder Judiciário e seu natural déficit democrático, entendemos que esse debate se apresenta mais fortemente na realidade norte-americana. No Brasil, por exemplo, excetuando algumas manifestações da doutrina especializada, tanto dos constitucionalistas como dos cientistas políticos, não percebemos essa crítica pelo viés original norte-americano.

Como observa Renato Stanziola Vieira:

além dos componentes políticos que permearam a atuação do Supremo Tribunal Federal ao longo de nossa história republicana, tornando fácil a percepção de permanente tensão entre os poderes não por ativismo, mas sim por subserviência ou incapacidade de afrontar decisões do poder executivo, esse modelo consagrou-se até 1988.[21]

---

[20] Función Contra-Majoritária de La Jurisdicción Constitucional, su Legitimidad Democrática, Y Los Conflictos entre el Legislador Constitucional y el Legislador. *In*: CONGRESSO IBERO-AMERICANO DE DERECHO CONSTITUCIONAL, 10., 16-19 sept. 2009, Lima. *Anais...* Lima, Pontificia Universidad Catolica del Perú, Asociación Peruana de Derecho Constitucional y Instituto Ibero-Americano de Derecho Constitucional.

[21] VIEIRA, Renato Stanziola. *Jurisdição constitucional brasileira e os limites de sua legitimidade democrática.* Rio de Janeiro: Renovar, 2008. p. 330.

E mais adiante:

> A premissa deste trabalho foi a imprescindibilidade de Jurisdição Constitucional no sistema democrático brasileiro, com vistas à melhor proteção dos direitos constitucionais fundamentais, e, por isso, diagnosticaram-se manifestações de ilegitimidade democrática, quer sob o prisma do excesso de jurisdição, quer sob o viés de sua falta.
>
> *Defendeu-se, enfim, que o Brasil não passou pela mesma problemática dos Estados Unidos da América, no qual a Jurisdição Constitucional surgiu a partir de autoassunção desse importante papel institucional. Aqui, a previsão de Jurisdição Constitucional datou sempre de textos constitucionais escritos que se sucederam um ao outro.*
>
> *Por essa razão, a pergunta acerca da legitimidade democrática da Jurisdição Constitucional brasileira não se dirige à sua origem, mas propriamente, a seu desenvolvimento, à sua conformação atual e atuação.*

Isso não significa dizer que não temos *déficit democrático* no Poder Judiciário na América Latina e mesmo no Brasil. É claro que se transcendermos o aspecto meramente formal e positivista, encontraremos inúmeros problemas de legitimidade em vários países da América Latina.[22]

Em outras palavras, obviamente, não é porque algumas Constituições da América Latina e do Sul preveem, em sua maioria, a *Jurisdição Constitucional* que elas não estão isentas de problemas envolvendo o tema da democracia e de sua legitimidade, embora essa questão apresente maior interesse no debate norte-americano pelo seu viés histórico.

Não seria possível fazer uma análise caso a caso da maioria dos países latino--americanos para verificar como se comporta a estrutura e a dinâmica de sua justiça constitucional para tentar responder as questões iniciais.[23] O que podemos, entretanto, dizer no âmbito teórico é que existem sempre possibilidades de se avançar nesse debate.

Podemos sempre *aperfeiçoar* os mecanismos de oferecimento da jurisdição constitucional, tendo como premissa teórica que podemos estar diante de uma *justiça constitucional legítima*, não só porque encontra assento em uma Constituição *democrática*, mas ainda considerando que sua estrutura seja composta de juízes independentes e fortemente comprometidos com os valores constitucionais, ou não.

Javier Pérez Royo,[24] por exemplo, entende: "respecto de los poderes políticos, la legitimación democrática es *visible*. Los cuidadanos elegimos periódicamente a los diputados y senadores y el Congreso de los Diputados inviste al Presidente del Gobierno al comienzo de cada legislatura, pudiendo exigirle la responsabilidad política en cualquier momento a lo largo de la misma.

"En lo que al poder jurídico se refiere, la legitimación democrática es *invisible*. Los cuidadanos no intervenimos, ni directa ni indirectamente, en la desginación o

---

[22] Para detalhes e evolução da situação brasileira, *vide* o nosso texto: La evolución político-constitucional de Brasil. *In*: NOGUERA ALCALÁ, Humberto (Coord.). *La evolución político-constitucional de América del Sur, 1976-2005*. Santiago: Librotecnia, 2009. CECOCH, IBDC e ACDC.

[23] *Vide* por exemplo, o trabalho de José Luis Lovo Castelar, "Experiência de América Central sobre El Poder Judicial", inserto na excelente obra: CARBONELL, Miguel; CARPIZO, Jorge; ZOVATTO, Daniel (Coord.). *Tendências del Constitucionalismo en IberoAmérica*. México: UNAM; IDEA; AECID, 2009.

[24] PÉREZ ROYO, Javier. *Curso de Derecho Constitucional*. Undécima Edición. Madrid: Marcial Pons, 2007. p. 760 *et seq*.

remoción de los miembros del poder judicial. Puede parecer, en consecuencia, que tal legitimación democrática no existe. Y sin embargo, 'la justicia emana del pueblo...' y también tiene que tener una legitimación democrática. Como se consigue esto y cómo se consigue no de uma manera fictícia, sino de forma real y efectiva?

"A través de la 'sumisión del juez a la ley'. El juez tiene legitimidad democrática porque, cuando actúa, dictando cualquier resolución (sentencia, auto, providencia...), no es su voluntad la que se impone, sino que lo que se impone es la voluntad general, es decir, la voluntad de los cuidadanos a través de sus representantes objetivada en la ley. El juez no tiene voluntad própria, sino que es el portador de una voluntad ajena, de la voluntad general, de la ley".

Ademais, é preciso que esses mesmos juízes e Tribunais ofereçam não só proteção substancial aos direitos fundamentais da pessoa humana, motivando e fundamentando suas decisões amplamente, da forma mais racional possível, como também garantindo acesso ao maior número possível de pessoas ou entidades à própria jurisdição constitucional, isto é, democratizando também o acesso a jurisdição das mais variadas formas.

É preciso perceber que seria uma simplificação muito grande acreditar que as conquistas da civilização, seus direitos estejam radicadas [exclusivamente] na atuação do Poder Judiciário e dos juízes.

Parece intuitiva que a resposta a essa questão só pode estar radicada na complexidade e na pluralidade de atores que compõem hoje as sociedades contemporâneas.

É inegável que a influência de fatos políticos, sociais, econômicos e culturais, capturados no sistema político pelos poderes eleitos afetam as bases de compreensão da norma constitucional dentro do sistema jurídico.

É preciso ainda considerar que mesmo nos Estados Unidos da América, onde este debate contramajoritário surgiu, há novas teorias sendo elaboradas. Há autores que consideram que a questão contramajoritária não é importante.

Assim, por exemplo, Stephen M. Griffin[25] firma a concepção de *Democracia de Direitos* para designar um sistema estatal de proteção aos direitos fundamentais em que Legislativo e Administrativo desempenham papel tão importante quanto o Judiciário.

Griffin entende que a *questão contramajoritária* não é importante, haja vista a constituição, baseada em uma teoria de constitucionalismo, acabar por ampliar seus limites para além do sistema jurídico, de modo que os valores fundamentais da sociedade norte-americana, próprios do sistema político, sempre servirão como pano de fundo para o desenvolvimento das normas constitucionais e para a proteção dos direitos civis. Desse modo, a questão contramajoritária, fundada na crítica democrática do *judicial review*, é posta da seguinte forma: qual dentre os três poderes é mais eficiente em criar e dar efetividade a direitos? Se a decisão sobre quais direitos e sua extensão é tomada dentro do jogo democrático, não pode haver garantia de que a posição jurídico-normativa irá prevalecer. Decorrente dessa posição, a constituição não pode ser vista apenas como lei escrita (constituição formal), mas como base institucional para o desenvolvimento da sociedade.

---

[25] *Apud* DUARTE, Fernanda et al. Ainda há supremacia do judiciário?. *In*: DUARTE, Fernanda; VIEIRA, José Ribas (Coord.). *Teoria da mudança constitucional*: sua trajetória nos Estados Unidos e na Europa. Rio de Janeiro: Renovar, 2005. p. 87 *et seq.*

Por fim, podemos afirmar que seria necessária uma análise caso a caso em cada país para compararmos como a *jurisdição constitucional tem se comportado no quesito relativo à legitimação e democracia*. É dizer, somente com uma análise pontual e acurada da estrutura, da estática e da dinâmica de cada justiça constitucional de determinado país, seria possível responder objetivamente às questões inicialmente propostas.

Por outro lado, podemos desmistificar a figura do *legislador negativo* de Kelsen em face do atual desenvolvimento da justiça constitucional no mundo ocidental, sobretudo na América Latina. É dizer, parece um *non sense jurídico* ficarmos apegados a essa discussão sobre a solução da "dificuldade contramajoritária", que em si mesma parece insolúvel.

Cremos ser importante considerar qual o papel ou a relação entre a justiça constitucional e os direitos fundamentais da pessoa – é dizer – que papel exerce os Tribunais Constitucionais na difusão, generalização e implementação dos direitos reconhecidos e tutelados como fundamentais? Responder essa pergunta parece mais importante que discutir o ultrapassado mito do legislador negativo.

O importante será perceber que no desenvolvimento da justiça constitucional sempre haverá tensões inelimináveis entre os poderes e funções do Estado. O importante, afirmamos, será perguntar qual o resultado prático dessas tensões no oferecimento concreto da justiça constitucional para o cidadão ou para a entidade requerente.

É dizer, a decisão preserva ou atualiza o sentido da norma constitucional? A decisão é respeitada pela sociedade civil, pelos meios de comunicação social; está bem fundamentada, apresenta-se como uma decisão racionalmente posta e bem lançada? Conquanto não tenhamos respostas exatas para tais questões, elas podem se constituir em indicativos importantes para um bom caminho a seguir.

Como muito bem anotou Francisco Eguiguren Praelli e Liliana Salomé,[26] eminentes juristas peruanos:

> Sin embargo, con el tiempo, la concepción original del Tribunal Constitucional como "legislador negativo" fue cambiando sustancialmente y, en buena medida, ha quedado superada tanto desde el punto de vista teórico como en la práctica. En la actualidad, es frecuente que los tribunales constitucionales también se consideren competentes para cumplir una tarea "positiva" o creativa, que se materializa mediante la emisión de las denominadas *"sentencias interpretativas"*... Adicionalmente, puede ocurrir que el Tribunal Constitucional anule, adicione o sustituya alguna palabra o frase en la disposición legal impugnada, cambiando con ello su sentido. Ello ocurre cuando se emiten las denominadas *"sentenças manipulativas"*, que pueden ser *reductoras, aditivas o substitutivas*.
> *Es importante advertir que en el caso peruano, al igual que sucede en muchos otros países, las sentencias interpretativas o manipulativas no han sido expresamente previstas ni en la Constitución ni en las leyes; pero – al igual que en otras latitudes – han sido incorporadas por la jurisprudencia de los próprios tribunales constitucionales, con el propósito de preservar el texto de las leyes impugnadas y darles un sentido acorde con la Constitución, que evite tener que declararlas inconstitucionales y derogarlas".*
> *En conclusión*, mediante las distintas modalidades de sentencias "interpretativas" o "manipulativas", *el Tribunal Constitucional "crea" o agrega un contenido normativo y un sentido*

---

[26] Artigo já citado.

de interpretación que no aparecen propriamente del texto de la disposición constitucional, sino que es estabelecido por este órgano jurisdiccional para que dicha disposición legal sea compatible con la Constitución y pueda mantener vigencia.
No obstante, mientras que algunas veces esta labor creativa de la interpretación constitucional plasmada en *la sentencia puede resultar positiva y progresista*, al adaptar una norma a las nuevas circunstancias sociales o darle un sentido compatible con la Constitución, del que podría carecer en principio; no cabe excluir el riesgo de que, *en otras ocasiones, conlleve una actitud "conservadora"*, que propicie la permanencia de normas inconstitucionales. (grifamos)

Assim, também a justiça constitucional pode dar respostas democráticas às demandas sociais. É dizer, também o Poder Judiciário os Tribunais ou Salas Constitucionais podem, em determinadas condições, apresentarem-se como *um dos instrumentos* possíveis de oferecimento de direitos à cidadania no contexto do Estado Democrático de Direito contemporâneo.

Pretendeu-se ainda demonstrar que parece necessário um movimento de redução de expectativas sobre as funções que os Tribunais Constitucionais devam ou possam cumprir na democracia e na proteção de direitos. Vários são os "atores" que devem encenar essa peça que é a realidade constitucional.

A Constituição deve ser vista como se fora um organismo vivo, donde é possível sacar uma série de pautas e argumentos políticos. Todos os intérpretes que tenham o texto constitucional a seu alcance devem utilizá-lo como meio de defesa ou como instrumento de luta de suas posições perante todos os órgãos do Estado e também perante particulares.

A Constituição a todos pertence. É evidente que os Tribunais Constitucionais ocupam lugar de destaque como intérpretes dos valores constitucionais na medida em que vertem decisões – que em alguns casos podem significar a última palavra a respeito daquele tema –, até que a ordem política tenha força suficiente para alterar aquela decisão.

Deve-se finalmente alertar para a ideia central de que o movimento do pós-constitucionalismo vê no Poder Judiciário um importante aliado na defesa dos direitos do Homem, mas também considera que não se esgota nele a tarefa de consolidar a democracia no complexo mundo plural em que vivemos.

Acreditamos que quanto maior o debate o escrutínio público e a participação (em sentido amplo) as decisões afetas aos Tribunais Constitucionais tiverem, tanto melhor os resultados para o exercício cívico e cultural daquele determinado povo e daquela determinada sociedade.

Os Tribunais Constitucionais, de outra parte, tem uma enorme responsabilidade, pois devem ouvir a comunidade e os interessados no processo devendo perseguir respostas ótimas, após uma ampla motivação e fundamentação de suas decisões a partir dos parâmetros constitucionais.

Embora os Tribunais Constitucionais possam, na prática, "limitar" autonomia do poder político, acreditamos que podem também contribuir para frear o absolutismo das maiorias governamentais – tudo isso considerando que para interpretar o texto de uma Constituição democrática é mais prudente proceder do ponto de vista da minoria.

Os Tribunais ou Cortes Constitucionais no mundo contemporâneo ocupam um papel de destaque no sentido de serem árbitros do pacto constitucional e do pacto constituinte e como tutores de sua eficácia e aplicabilidade.

Sua função, de natureza arbitral, cremos, procura solucionar os conflitos utilizando modernas técnicas tendo como parâmetros e referências os programas e normas constitucionais que expressam, em última análise, o pacto fundamental de forças que deu vida ao processo constituinte.

Parece imprescindível nos tempos atuais que a tutela dos direitos reconhecidos e garantidos necessita da justiça constitucional e dos Tribunais Constitucionais como foros de defesa objetiva da constitucionalidade das leis e das políticas públicas constitucionais.

Parece útil ainda considerar e classificar os diversos sistemas de justiça constitucional com base nas técnicas e modalidades previstas para a defesa dos direitos fundamentais, mas isso já seria objeto de outro trabalho...

4   O caso brasileiro (a visão de Vilhena)

No Brasil, é o Supremo Tribunal Federal (STF) que ocupa a posição de guardião precípuo da Constituição. A partir da Constituição de 1988, o Supremo Tribunal Federal passou a ocupar uma posição de centralidade no sistema político brasileiro.

Acumula funções de verdadeiro Tribunal Constitucional (embora não o seja[27]), e também de Tribunal recursal. Como bem o diz Oscar Vieira Vilhena,[28] a posição institucional (do STF) vem sendo paulatinamente ocupada de forma substantiva, em face da enorme tarefa de guardar tão extensa constituição. A ampliação dos instrumentos ofertados para a jurisdição constitucional tem levado o Supremo não apenas a exercer uma espécie de poder moderador, mas também de responsável por emitir a última palavra sobre inúmeras questões de natureza substancial, ora validando e legitimando uma decisão de órgãos representativos, outras vezes substituindo as escolhas majoritárias. Se esta é uma atribuição comum a outros tribunais constitucionais ao redor do mundo, a distinção do Supremo é de escala e de natureza. Escala pela quantidade de temas que, no Brasil, têm natureza constitucional e são reconhecidas pela doutrina como passíveis de judicialização; de natureza, pelo fato de não haver qualquer obstáculo para que o Supremo aprecie atos do poder constituinte reformador. Neste sentido, a Suprema Corte indiana talvez seja a única que partilhe o *status supremocrático* do Tribunal brasileiro,[29] muito embora tenha deixado para trás uma posição mais ativista.

A hiperconstitucionalização da vida contemporânea, no entanto, é consequência da desconfiança na democracia e não a sua causa. Aponta Vilhena para uma mudança no equilíbrio do sistema de separação de poderes no Brasil. O Supremo, que a partir de 1988 já havia passado a acumular as funções de tribunal constitucional, órgão de cúpula do poder judiciário e foro especializado, no contexto de uma Constituição normativamente ambiciosa, teve o seu papel político ainda mais reforçado pelas Emendas de número 3/93,

---

[27]   Seus juízes são, a exemplo da Suprema Corte norte-americana, indicados pelo Presidente da República e "sabatinados" pelo Senado Federal. Uma vez nomeados, têm atuação vitalícia e aposentadoria compulsória aos 70 anos de idade.

[28]   VILHENA, Oscar Vieira. Supremocracia. *Revista Direito GV*, São Paulo, v. 4, n. 2, p. 441-446, jul./dez. 2008.

[29]   Sobre os casos mais eloquentes julgados pelo STF *vide* o nosso artigo, FIGUEIREDO, Marcelo. Interpretación constitucional por el Supremo Tribunal Federal de Brasil. *In*: CARBONELL, Miguel; CARPIZO, Jorge; ZOVATTO, Daniel. *Tendências del constitucionalismo en Ibero-América*. México: UNAM; IDEA; AECID, 2009.

e número 45/05, bem como pelas Leis nºs 9.868/99 e 9.882/99, tornando-se uma instância singular em termos comparativos, seja com sua própria história, seja com a história de cortes existentes em outras democracias, mesmo as mais proeminentes. *Supremocracia*, é como Vilhena denomina, de maneira certamente impressionista, esta singularidade do arranjo institucional brasileiro. *Supremocracia* tem aqui um duplo sentido.

Em um primeiro sentido, o termo *supremocracia* refere-se à autoridade do Supremo em relação às demais instâncias do judiciário. Criado há mais de um século (1891), o Supremo Tribunal Federal sempre teve uma enorme dificuldade em impor suas decisões, tomadas no âmbito do controle difuso de constitucionalidade, sobre as instâncias judiciais inferiores. A falta de uma doutrina como a do *stare decisis* do *common law*, que vinculasse os demais membros do Poder Judiciário às decisões do Supremo, gerou uma persistente fragilidade da nossa Corte Suprema. Apenas em 2005, com a adoção da súmula vinculante, completou-se um ciclo de concentração de poderes nas mãos do Supremo, voltado a sanar sua incapacidade de enquadrar juízes e tribunais resistentes às suas decisões. Assim, a *supremocracia* diz respeito, em *primeiro* lugar, à autoridade recentemente adquirida pelo Supremo de governar jurisdicionalmente (*rule*) o Poder Judiciário no Brasil. No caso específico o "s" minúsculo do adjetivo vale mais que o "S" maiúsculo que convencionalmente reservamos aos órgãos máximos da República.

Em um segundo sentido, ainda de acordo com Vilhena, o termo *supremocracia* refere-se à expansão da autoridade do Supremo em detrimento dos demais poderes. A ideia de colocar uma corte no centro de nosso sistema político não é nova. Como lembra Leda Boechat Rodrigues, o próprio D. Pedro II, no final de seu reinado, indagava se a solução para os impasses institucionais do Império não estaria na substituição do Poder Moderador por uma Corte Suprema, como a de Washington...

Enfim o tema é complexo e demanda uma série de desdobramentos. Esperamos ter alcançado nosso objetivo inicial – que foi o de demonstrar se a doutrina norte-americana tem ou não sentido – em terras sul americanas –, parece que a preocupação teórica é um tema relevante – mas sem dúvida, também parece que temos muitos outros desafios e prioridades mais importantes a enfrentar.

Esta obra foi composta em fonte Palatino Linotype, corpo 10
e impressa em papel Pólen Bold 70g (miolo) e Supremo 250g (capa)
pela Gráfica Laser Plus.